HISTOIRE GÉNÉRALE DE PARIS

COLLECTION DE DOCUMENTS

FONDÉE

AVEC L'APPROBATION DE L'EMPEREUR

PAR M. LE BARON HAUSSMANN, SÉNATEUR

PRÉFET DE LA SEINE

ET PUBLIÉE SOUS LES AUSPICES DU CONSEIL MUNICIPAL

TOPOGRAPHIE HISTORIQUE

DU

VIEUX PARIS

TOUS DROITS RÉSERVÉS.

HISTOIRE GÉNÉRALE DE PARIS

TOPOGRAPHIE
HISTORIQUE
DU VIEUX PARIS

PAR FEU A. BERTY

CONTINUÉE

PAR H. LEGRAND

ARCHITECTE TOPOGRAPHE

ATTACHÉ AUX TRAVAUX HISTORIQUES DE LA VILLE DE PARIS

RÉGION DU LOUVRE ET DES TUILERIES

II

Sceau de la Prévôté des Marchands en 1412.

PARIS
IMPRIMERIE IMPÉRIALE

M DCCC LXVIII

AVANT-PROPOS.

Dans la séance publique annuelle tenue par l'Académie des Inscriptions et Belles-Lettres, le 7 décembre 1860, M. Alfred Maury, aujourd'hui directeur général des Archives de l'Empire, dont la compétence en matière d'érudition est si hautement reconnue, avait ainsi apprécié les premiers travaux de topographie ancienne, accomplis par M. A. Berty :

La Topographie historique du Vieux Paris appréciée par l'Institut.

« Le vieux Paris nous inspire une curiosité qui devient d'autant plus vive
« que nous en voyons disparaître aujourd'hui les derniers vestiges. Mais cette
« curiosité ne saurait être satisfaite qu'au prix de difficiles et de patientes
« recherches. Ce n'est pas chose aisée de rétablir les vieilles rues du moyen
« âge, les innombrables églises, les abbayes, les clos, les jardins, les mai-
« sons qui se voyaient, il y a cinq ou six siècles, quand deux ou trois couches
« de démolitions les recouvrent. Ce n'est plus, en vérité, de l'archéologie,
« mais de la géologie qu'il faut faire. Toutefois on a ici des textes que les
« géologues voudraient bien posséder.

« Je sais qu'on a déjà beaucoup écrit sur Paris, mais la majorité des his-
« toriens de la capitale n'ont guère fait que se copier les uns les autres.
« Sauval, Félibien n'ont pas tout dit; on s'est même souvent chargé de leur
« faire dire ce dont ils n'avaient pas parlé. Nous sommes, d'ailleurs, mainte-
« nant plus exigeants; nous tenons à l'exactitude la plus minutieuse; et cette
« reconstruction du vieux Paris, quartier par quartier, que d'enquêtes ne
« demande-t-elle pas? Un si rude labeur n'a pas effrayé M. A. Berty, qui l'a
« abordé résolûment. Muni, en guise de pioche et de pelle, de pièces iné-
« dites et de témoignages contemporains, il s'est mis à déblayer le sol de la
« capitale et à en composer une topographie rétrospective. Nul n'avait encore
« porté tant de rigueur et de précision dans les descriptions. Architecte et
« érudit, M. Berty refait son ancien Paris avec autant d'ardeur et d'enthou-
« siasme que nos pensionnaires de Rome refont la ville éternelle au temps

«d'Auguste ou de Néron. Les chapitres détachés de son grand ouvrage, qu'il
«nous soumet, sont dignes de tous vos encouragements. Nous leur décernons
«la septième mention très-honorable. Puisse le Gouvernement fournir à
«l'auteur les moyens d'achever un livre qui ne laissera plus rien ignorer des
«transformations qu'a subies notre capitale avant d'arriver à la splendeur
«que lui donne le règne nouveau [1] ! »

Le vœu exprimé par M. Alfred Maury fut, on le sait, promptement entendu : à défaut du Gouvernement, la Ville de Paris pensa qu'il lui appartenait de favoriser un travail à peine commencé et déjà en possession d'une si haute estime. Dès le mois de janvier 1861, le Conseil municipal fournissait libéralement à M. Berty les moyens de poursuivre son œuvre, et, en 1866, paraissait un premier volume, consacré à la *Région du Louvre et des Tuileries*. Celui que nous publions aujourd'hui en est le complément. Malheureusement, la mort n'a point laissé à l'auteur le temps d'y mettre la dernière main; ce que nous offrons aujourd'hui au public est donc, en grande partie, une œuvre posthume[2].

Idée générale de ce volume.

Chargé de continuer la longue et patiente élaboration qui a été, depuis vingt ans, toute la vie de M. Berty[3], nous avons dû, tout d'abord, nous rendre compte du plan qu'il comptait suivre et de la méthode qu'il avait cru devoir adopter, pour mener à bonne fin une entreprise aussi considérable. En nous livrant à cette première étude, nous avons acquis la conviction que les recherches nécessaires à la composition d'un pareil livre

---

[1] Rapport fait à l'Académie des Inscriptions et Belles-Lettres, au nom de la Commission des antiquités de la France, par M. Alfred Maury, p. 102.

[2] M. Berty est décédé le 18 août 1867, quelques mois après la publication du premier volume de cet ouvrage.

[3] Dans les vingt dernières années de sa vie, uniquement consacrées à la science, M. Berty avait publié un assez grand nombre de travaux historiques et archéologiques. Nous avons tenu à en donner ici la liste aussi complète que possible :

1° *Dictionnaire de l'architecture du moyen âge, etc.* Paris, Derache, 1845, in-8°.

2° *Vocabulaire archéologique français-anglais et anglais-français*, London, Parker, 1853, grand in-8°.

3° *De l'enceinte du faubourg septentrional de Paris, antérieure à celle de Philippe-Auguste, et de la possibilité d'en retrouver les fragments* (Revue archéologique, année 1855).

4° *Les enseignes de Paris avant le XVIIe siècle. — Recherches sur l'origine et la situation du Grand-Pont de Paris et des ponts aux Changeurs, aux Meuniers et de Charles le Chauve. — Études historiques et topographiques sur les Deux Prés-aux-Clercs et la Petite-Seine* (Revue archéologique, année 1855).

5° *Recherches historiques et topographiques sur les terrains de la paroisse Saint-Sulpice de Paris, qui étaient encore en culture au XVIe siècle* (Revue archéologique, année 1856).

6° *L'École Saint-Thomas du couvent des Jacobins*

AVANT-PROPOS.

doivent aller bien au delà de ce qui suffit habituellement à une œuvre, même savante, où l'auteur appuie ses idées personnelles de quelques documents, et cherche simplement à les faire prévaloir. M. Berty, dont l'ambition était de produire un ouvrage définitif, avait donc beaucoup plus à faire que ses devanciers : après avoir largement exposé, dans le premier volume, ses découvertes et les inductions qu'il en tirait, il lui fallait encore rassembler, coordonner et expliquer une multitude de documents précieux, que recèlent les bibliothèques et les archives. C'est là, en effet, que sont enfouies des liasses de comptes et de plans dont l'interprétation et l'application au terrain présentent, à côté de difficultés très-sérieuses, d'inappréciables avantages pour les topographes.

Notre laborieux prédécesseur a certainement cherché avec une consciencieuse activité et réuni avec une louable persévérance les éléments écrits ainsi que les matériaux graphiques de son ouvrage; il a déployé, pour les mettre en œuvre, un zèle infatigable; mais peut-être a-t-il trop succincte-

à Paris (Revue d'architecture, publiée par César Daly, année 1856).

7° *Le fanal du cimetière à Château-Larcher* (Vienne) (même recueil, année 1856).

8° *Le Napoléonium, monographie du Louvre et des Tuileries réunis, avec une notice historique et archéologique* (par A. Berty), Paris, Grimm, in-8°, 1856.

9° *Les rues de l'Ancien Paris* (Revue archéologique, année 1857).

10° *Sur une croix appartenant au cimetière de la Ferté-sous-Jouarre* (Revue d'architecture, publiée par César Daly, année 1857).

11° *Exposition des beaux-arts de 1857* (même recueil et même année).

12° *Les Piliers de l'église Saint-Séverin; leur style, leur agencement* (même recueil et même année).

13° *Les Androuet Du Cerceau et leur maison du Pré-aux-Clercs* (1549-1645), Paris, 1857, in-8° (Extrait du Bulletin de la Société de l'histoire du protestantisme français).

14° *Trois îlots de la Cité, compris entre les rues de la Licorne, aux Fèves, de la Lanterne, du Haut-Moulin et de Glatigny*, Paris, 1860, in-8°, avec deux plans (Extrait de la Revue archéologique).

15° *Les grands architectes français de la Renaissance : P. Lescot, Ph. de l'Orme, J. Goujon, J. Bul-*

lant, les Du Cerceau, les Métezeau, les Chambige, etc. Paris, Aubry, 1860, in-8°.

16° *La Renaissance monumentale en France, spécimens de composition et d'ornementation architectoniques, empruntés aux édifices construits depuis le règne de Charles VIII jusqu'à celui de Louis XIV*, Paris, Gide, puis Morel, 1861-1864, 2 vol. in-4°, avec 100 planches sur acier.

17° *La Grande et la Petite Galerie du Louvre*, Paris, Gide, 1861, in-4°, avec planches (Extrait de la Renaissance monumentale).

18° *Annuaire de l'archéologue, du numismate et de l'antiquaire, pour l'année 1862* (seule année publiée), en collaboration avec M. L. Lacour; Paris, Claudin, 1862, in-12.

M. Berty a donné en outre de nombreux dessins dans la *Statistique monumentale de Paris*, publiée par Albert Lenoir, dans les *Monuments anciens et modernes*, etc. dans l'*Architecture du Ve au XVIIe siècle*, publiée par J. Gailhabaud, et dans la *Renaissance monumentale*, dont il a fait le texte. Enfin il a inséré quelques articles dans l'*Intermédiaire, Journal des Chercheurs et des Curieux*, ainsi que dans le *Moniteur des architectes*, et dans la *Vie moderne* (vieux Paris et Paris moderne; les nouveaux noms des vieilles rues), 30 novembre 1859, sous le pseudonyme de J. Corrozet.

ment expliqué le parti qu'il espérait en tirer. Quand il a commencé la description de la *Région du Louvre et des Tuileries*, il ne pensait pas assurément que la suite de ce travail, entièrement préparée, ne serait point publiée par lui. C'est dans un second volume, conduisant le lecteur jusqu'en 1610, date de la mort de Henri IV, qu'il se proposait de résumer les enseignements de toute espèce résultant des faits, des révolutions topographiques et autres, qui ont transformé le sol du vieux Paris. Les fouilles du Louvre, exécutées en 1866, grâce aux espérances que ses recherches et ses calculs avaient fait concevoir, lui donnaient dès lors, pour continuer et développer son système d'études, une autorité vraiment incontestable. Aussi comptait-il exposer, dans son résumé, les idées qui devaient ramener bien des incrédules et ouvrir de nouveaux horizons aux savants et aux chercheurs. Cette tâche, que la mort ne lui a pas permis de remplir, nous est dévolue aujourd'hui.

Continuation du travail topographique. Difficultés de la tâche.

Nous sommes loin de nous dissimuler l'importance des devoirs que nous impose la continuation des travaux de M. Berty, et nous aurions reculé devant une pareille entreprise, sans les bienveillants encouragements qui nous ont été donnés par les membres de la Sous-Commission des Travaux historiques de la Ville de Paris. Assurément, nos études persévérantes et des travaux spéciaux, analogues à ceux de M. Berty, nous permettaient de songer à produire un ouvrage du même ordre ; toutefois ce n'est point sans une certaine défiance de nous-même que nous avons accepté une telle mission.

On comprendra facilement qu'un auteur s'aventure à publier, sous sa responsabilité personnelle, un ouvrage utile et consciencieusement fait, parce que ses idées hardies, ses erreurs même ne peuvent être attribuées qu'à lui seul ; mais, ici, nous ne saurions nous dissimuler que l'honneur de continuer, pour la Ville, la *Topographie historique* du sol parisien, nous impose l'obligation de ne marcher que sur un terrain solide et éprouvé, de n'avancer rien qui ne puisse être bien établi ou ne résulte de preuves indirectes, comparées et analysées, enfin de fournir, par nos recherches et nos restitutions, des documents graphiques de toute nature, exécutés ou reproduits avec une scrupuleuse fidélité. Les études topographiques sont, en effet,

AVANT-PROPOS.

le lien commun et nécessaire qui unit toutes les parties du vaste ensemble historique auquel nous collaborons. De ce fait résulte, pour nous, un double devoir : dans la préparation du texte, les recherches exigent une exactitude rigoureuse, et, dans l'exécution, la perfection de la forme doit être digne d'une œuvre publiée par la Ville de Paris. Sous ce double rapport, notre prédécesseur, aidé par des collaborateurs dévoués, secondé par d'habiles artistes, a posé les bases d'une œuvre véritablement monumentale, et notre plus vif désir est de n'en point amoindrir les proportions.

M. Berty a laissé, entièrement achevé, le texte des deux chapitres qu'on trouvera en tête de ce volume. Il se proposait d'y ajouter seulement quelques appendices, destinés à justifier ou à éclaircir certains points obscurs; mais les résultats si remarquables des fouilles pratiquées, en 1866, dans la cour du vieux Louvre, en mettant à découvert la moitié de l'ancien château, avec le mur d'enceinte de Philippe-Auguste, l'obligèrent à modifier quelques parties de son texte et de ses dessins. Ce dernier travail, qu'il avait fort à cœur, n'a pu être élaboré aussi complètement que l'auteur l'aurait voulu. Nous donnons la description des fouilles du Louvre, telle que nous l'avons trouvée dans ses papiers; quant aux planches, nous avons continué les corrections qu'il avait indiquées lui-même, et l'on pourra, par comparaison, constater avec quel soin ses recherches étaient dirigées, et ses preuves présentées ou déduites. Il nous a paru convenable et respectueux de conserver son œuvre intacte. Toutefois, lorsqu'une erreur matérielle, rendue manifeste par des découvertes ou des vérifications postérieures, s'est glissée dans ses dessins ou dans ses écrits, nous avons eu soin de la rectifier dans une note, tout en laissant subsister la première expression que l'auteur avait donnée à sa pensée.

Texte primitif et modifications.

Les plans d'époques, annoncés et préparés par M. Berty, n'ont pu être terminés, ni même amenés à un état suffisant d'exécution. Nous avons dû reprendre tout ce travail, en y ajoutant nos propres découvertes, et nous nous proposons de le compléter, de manière à en faire ultérieurement un résumé général des transformations topographiques et historiques de chaque région parisienne.

Plans d'époques.

TOPOGRAPHIE HISTORIQUE DU VIEUX PARIS.

Distribution des matières de ce volume.

Pour ne rien changer aux dispositions primitives, nous avons adopté l'ordre suivant dans la succession des parties dont se compose le présent volume :

1° Les deux chapitres qui terminent le texte de M. Berty et conduisent le lecteur jusqu'en 1610;

2° Les fouilles du Louvre, notice en deux parties, dont l'une est composée du texte succinct de M. Berty, et dont l'autre contient une explication détaillée des planches gravées relatives aux fouilles, avec un résumé des inductions topographiques, architecturales et historiques, que les découvertes permettent de tirer;

3° Une série d'appendices, reproduisant des pièces importantes ou curieuses, et accompagnées de notes explicatives étendues, qui n'auraient pu être intercalées dans le texte de la première partie, sans occasionner de fastidieuses répétitions;

4° Une table analytique, comprenant les matières traitées dans les deux volumes.

Conclusion.

Nous ne terminerons pas ce court avant-propos, sans témoigner notre reconnaissance à la Sous-Commission des Travaux historiques de la Ville de Paris, qui, après nous avoir désigné au choix de M. le Sénateur Préfet de la Seine, pour continuer une œuvre de cette importance, nous a constamment soutenu de ses encouragements et aidé de ses conseils. Nous adressons en même temps nos profonds et sincères remercîments aux membres du Service des Travaux historiques, pour le concours éclairé et bienveillant qu'ils nous ont toujours prêté. Enfin nous ne pouvons oublier la constante obligeance que nous ont témoignée les érudits préposés à la garde des riches collections de la Bibliothèque impériale et des Archives de l'Empire. Cette réunion de bons offices nous permettra de continuer et d'achever un ouvrage que tous nos efforts tendront à rendre digne du haut patronage sous lequel il est publié.

H. L.

RÉGION

DU LOUVRE ET DES TUILERIES.

II.

SOMMAIRES.

CHAPITRE XI.

Le Château des Tuileries au temps de Catherine de Médicis. De 1564 à 1589. — Catherine de Médicis fait démolir le palais des Tournelles (1564). — Elle veut créer le palais des Tuileries et acquiert des propriétés dans cette région. — Copie d'un contrat de vente : *Le jardin des Cloches* (1564). — Acquisitions sur le terrain des Quinze-Vingts (1565). — Établissement d'un bac sur la Seine (mai 1564.) — Ressources pécuniaires employées pour les travaux des Tuileries (1565-1567). — Plans adoptés par Catherine. — Les écuries (1568). — Description de l'ancien Palais. — L'escalier. — Les architectes. Commencements de Philibert de l'Orme. — Philibert de l'Orme à Lyon (1542). — Il est ingénieur militaire, architecte du Roi (1548). — Il est abbé commendataire (1548). — Ses armoiries. — Sa disgrâce (1559). Plaisanteries de Ronsard. — Jugement porté sur Philibert de l'Orme. — Son livre d'*Architecture*. — Jean de l'Orme, frère de Philibert, architecte (1558). — Testament de Philibert de l'Orme. — Jean Bullant. — Ses ouvrages. — Il devient architecte des Tuileries (1570). — Sa famille. — Son testament. — Les Jardins des Tuileries (1571-1578). — Copie d'une lettre de Catherine de Médicis (1567). — La Grotte du Parc. — *Devis* de Bernard Palissy. — Découverte des fours et des moules de Bernard Palissy (1865). — Dépenses pour les travaux des Tuileries. — Comptes relatifs aux travaux de la famille Palissy. — Craintes superstitieuses de Catherine de Médicis. Interruption des travaux des Tuileries. Hôtel de Soissons (1571-1577). — Henri III abandonne les travaux 1

CHAPITRE XII.

Le Louvre et les Tuileries sous Henri IV et Louis XIII. De 1589 à 1624. — Henri IV reprend les travaux du Louvre (1594). — Les ressources qu'il crée. — La Grande Galerie. — Le chiffre de Gabrielle d'Estrées sur la Galerie (1594-1599). — La Petite Galerie du Louvre. — Les peintures. Traité d'Antoine de Laval. — Peintures de la voûte de la Galerie. — Le pavillon *de Lesdiguières*. — Achèvement de la Galerie (1608). — Boileau et Morel; Biart, Prieur et les L'Heureux, sculpteurs. — Du Breul et Bunel, peintres. — Plain et Fournier, architectes de la Petite Galerie. — Les architectes de la Grande Galerie. La famille Métezeau. — Louis Métezeau : sa généalogie. — Du Pérac. — La famille Androuet Du Cerceau. — Jacques Androuet Du Cerceau. Ses ouvrages. — Généalogie des Du Cerceau. — Les entrepreneurs de la Grande Galerie. — Le pavillon *de Flore* (1608). — Claude Mollet, jardinier des Tuileries (1600). — Importance des travaux de Henri IV pour l'achèvement du Louvre et des Tuileries. — Fresque de Fontainebleau : projet de réunion du Louvre et des Tuileries. — Lettres patentes de Henri IV relatives à la destination de la Grande Galerie. — L'Orangerie du Louvre sous Louis XIII 57

Résumé de l'histoire monumentale du Louvre et des Tuileries 105

TOPOGRAPHIE HISTORIQUE DU VIEUX PARIS.

Pages.
LES FOUILLES DU LOUVRE EN 1866 109

NOTICE SUR LES FOUILLES DU LOUVRE, PRÉPARÉE PAR FEU M. A. BERTY.

Considérations générales sur l'opportunité des fouilles du vieux Louvre. — Éléments de la restitution. — Première erreur. — Deuxième erreur. — Comparaison des dimensions données au Louvre. — La Grosse-Tour. — Son pont-levis. — Bâtiments du Louvre primitif. — Bâtiments de Charles V. — Le Passage au Donjon. — La Grande-Vis. — Aile orientale de Charles V. — Les tours extérieures. — Observation sur l'ancien sol du Louvre. — Les portes de l'ancien Louvre. — Les marques de tâcherons. — Les courtines; description. — Les fossés extérieurs. — Le pont-levis oriental. — Le mur d'enceinte de Philippe-Auguste. — L'hôtel de Bourbon. — La Tour du Coin. — Conclusion. — Résumé... 115

TABLEAU DES PRINCIPALES DIMENSIONS DU VIEUX LOUVRE 134

NOTICE COMPLÉMENTAIRE SUR LES FOUILLES DU LOUVRE, PAR M. H. LEGRAND.

I.

Description du plan général et des autres planches. — Marques de tâcherons. — Tracé des substructions dans la cour du Louvre. — Restitution du vieux Louvre d'après les fouilles. — Pourquoi cette notice supplémentaire. — État primitif du château sous Philippe-Auguste. — La Grosse-Tour. — Pourquoi elle avait un fossé si large. — Les origines du terrain sur lequel le Louvre est bâti. — Le pont-levis de la Grosse-Tour. — Ses agrandissements au temps de Philippe-Auguste. — Saint Louis. — L'état du château à l'avénement de Charles V 135

II.

Charles V fait construire l'aile septentrionale du Louvre. — Il élève d'un étage certaines parties du château. — Raymond du Temple, architecte. — Le Passage au Donjon. — La Grande-Vis. — La Galerie en encorbellement sur la Contrescarpe. — L'état du Louvre après Charles VI. — François Ier rase la Grosse-Tour. — Ses projets de reconstruction totale. — Pierre Lescot entreprend la reconstruction du Louvre. — Comparaison du plan de Clarac avec le plan réel restitué d'après les fouilles. — Conclusion 153

APPENDICES.

Pages.
I. — HÔTEL DE BACQUEVILLE... 171
II. — HÔTEL DE BOURBON... 171
III. — TOMBE DE PIERRE LESCOT... 172
IV. — RETABLE DU PALAIS DE JUSTICE...................................... 174
V. — GRANDE ÉCURIE DES TUILERIES....................................... 176
VI. — MÉMOIRE MANUSCRIT DE PHILIBERT DE L'ORME, sur sa vie et ses œuvres.... 179
VII. — TESTAMENT DE PHILIBERT DE L'ORME................................. 185
VIII. — CENSIER DE SAINT-DENIS-DE-LA-CHARTRE EN LA CITÉ DE PARIS, pour l'année 1540...... 189
IX. — PROVISIONS DE MÉTEZEAU... 191
X. — COMPTE DES RESTES ATTRIBUÉS À L'ACHÈVEMENT DU PALAIS DES TUILERIES.... 192
XI. — SOMMATION AU TRÉSORIER DES BÂTIMENTS, à propos des travaux de la Grande Galerie du Louvre. 201
XII. — EXTRAITS DES ÉTATS DES GAGES DES OFFICIERS DES BÂTIMENTS ROYAUX, de 1608, 1618 et 1624. 204
XIII. — CONSTRUCTION DES TUILERIES....................................... 222
XIV. — LES COMPTES DE CATHERINE DE MÉDICIS.............................. 223
XV. — MARIE DE PIERREVIVE, DAME DU PÉRON, et les dames comptables........ 229
XVI. — JARDIN DES TUILERIES. — COMPTES DE LA FONTAINE (1571)............. 233

PLANCHES.

		Pages.
XVII.	Comptes de la grotte émaillée du Jardin des Tuileries	236
XVIII.	Jardins des Tuileries. — Fêtes données dans les Jardins	238
XIX.	Finances de Catherine de Médicis	244
XX.	Maison de la rue des Poulies, appartenant à Catherine de Médicis	246
XXI.	Les Terrasses du Palais des Tuileries	252
XXII.	Note sur la Petite Galerie et le Passage du Louvre	254
XXIII.	Documents officiels relatifs aux fouilles du Louvre	256

PLANCHES SUR ACIER.

I.	Château des Tuileries. Plan du projet primitif d'après Du Cerceau	9
II.	—————— Plan restitué des parties construites par Catherine de Médicis et par Henri IV	11
III.	—————— Élévation occidentale du Pavillon central et du Pavillon de Bullant, vers 1600	12
IV.	—————— Partie centrale, côté de la cour, vers 1600	13
V.	Portrait de Philibert de l'Orme. Fac-similé réduit d'une planche de son traité d'Architecture (Hélioplastie)	26
VI.	Projet d'une Grotte rustique pour le Jardin des Tuileries. Fac-similé d'un dessin attribué à Bernard Palissy et appartenant à M. Destailleurs	40
VII.	Fours de Bernard Palissy. Fragments de figures dont les moules ont été trouvés dans un des fours, aux Tuileries	45
VIII.	—————— Fragments de figures et ornements dont les moules ont été trouvés dans un des fours, aux Tuileries	46
IX.	—————— Plans et coupes	48
X.	Château du Louvre. Restitution de la façade occidentale sous Henri IV	57
XI.	Petite Galerie du Louvre. Élévation orientale sous Louis XIII	62
XII.	Décoration d'un Trumeau de la Galerie du Roi au Louvre, d'après une gravure de Thomas de Leu	66
XIII.	Grande Galerie du Louvre. Élévation partielle de la façade méridionale. État ancien	70
XIV.	—————— Coupe transversale et plan partiel, coupe des substructions	72
XV.	Projet pour la Grande Galerie du Louvre, Façade intérieure. Fac-similé d'un dessin exécuté sous Henri IV	73
XVI.	Signature des constructeurs du Louvre et des Tuileries	89
XVII.	Château des Tuileries. Élévation occidentale du Pavillon d'angle et de l'aile adjacente	91
XVIII.	—————— Détails du Pavillon d'angle	92
XIX.	Parterre du petit Jardin des Tuileries au temps de Henri IV	93
XX.	Les Jardins des Tuileries en 1652, d'après le plan de J. Gomboust	94
XXI.	Projet de réunion du Louvre aux Tuileries, adopté par Henri IV, d'après une peinture murale contemporaine découverte au château de Fontainebleau	97
XXII.	Château du Louvre. Restitution de la façade méridionale du Louvre sous Henri IV	103
XXIII.	Le Louvre et l'hôtel de Bourbon. Fac-similé d'un dessin de 1615 communiqué par M. Viollet-le-Duc	104
XXIV.	Fouilles du Louvre en 1866. Plan général	111
XXV.	—————— Coupe longitudinale et transversale des substructions	115
XXVI.	—————— Plan et élévation des contre-forts butant la Contrescarpe du Donjon	118
XXVII.	—————— Profils des contre-forts de la Contrescarpe	119

TOPOGRAPHIE HISTORIQUE DU VIEUX PARIS.

Pages.
- XXVIII. — Fouilles du Louvre en 1866. Partie méridionale de la Contrescarpe............ 122
- XXIX. — ———————————— Contrescarpe et Donjon...................... 123
- XXX. — ———————————— Plan et coupe des tours orientales.............. 126
- XXXI. — ———————————— Plans et coupes de l'avant-corps de l'aile orientale et d'une cave voisine de la Tour de la Taillerie...... 127
- XXXII. — ———————————— Coupes de l'avant-corps de l'aile orientale et de la cave voisine de la Tour de la Taillerie. Élévation de la porte orientale. Coupe sur le pont-levis et coupe des caniveaux de l'aile orientale................... 128
- XXXIII. — ———————————— Plan et élévation de la Tour de l'enceinte de Philippe-Auguste. Plan et coupe de la Tour de la Taillerie et son carrelage........................... 130
- XXXIV. — ———————————— Encoignure de l'hôtel de Bourbon. Tour de l'enceinte de Philippe-Auguste...................... 132
- XXXV. — Vue du Louvre en 1620, d'après un tableau appartenant à la Ville de Paris. (*Gravure sur bois.*).. 164
- XXXVI. — Plan comparatif du Louvre, d'après les fouilles de 1866 et d'après M. de Clarac.... 165
- XXXVII. — Dalle tumulaire de Pierre Lescot dans l'église Notre-Dame de Paris. *Fac-simile* réduit d'un ancien dessin............................:.................. 172
- XXXVIII. — Registre des comptes de Catherine de Médicis, première page. *Fac-simile* héliographique. 224

BOIS GRAVÉS.

- I. — Armoiries de Philibert de l'Orme................................. 19
- II. — Chiffre de Henri IV et de Gabrielle d'Estrées....................... 61
- III. — Armoiries de R. Marquelet.................................... 90
- IV. — Chiffre de Henri IV et de Marie de Médicis......................... 93
- V. — Marque de tâcheron du vieux Louvre............................. 138
- VI. — Tracé des substructions dans la cour du Louvre..................... 139
- VII. — Signature de Raymond du Temple............................... 154
- VIII. — Plan restitué de la Grande-Vis du Louvre.......................... 159
- IX. — Signature de Henri IV et fin d'un registre de 1608................... 208
- X. — Plan et coupe de la terrasse du palais des Tuileries, vers le jardin........ 252
- XI. — Corniche de l'ancien Louvre.................................... 254

PLANCHES DU PREMIER VOLUME

RECTIFIÉES D'APRÈS LES RÉSULTATS DES FOUILLES DU LOUVRE EN 1866.

- I. — Plan restitué du vieux Louvre.................................. 126
- II. — Plan restitué du Louvre de la Renaissance. Rez-de-chaussée............ 228
- III. — ————————————————————— Étage supérieur............. 229

SOMMAIRES.

CHAPITRE XI.

Le Château des Tuileries au temps de Catherine de Médicis. De 1564 à 1589. — Catherine de Médicis fait démolir le palais des Tournelles (1564). — Elle veut créer le palais des Tuileries et acquiert des propriétés dans cette région. — Copie d'un contrat de vente : *Le jardin des Cloches* (1564). — Acquisitions sur le terrain des Quinze-Vingts (1565). — Établissement d'un bac sur la Seine (mai 1564.) — Ressources pécuniaires employées pour les travaux des Tuileries (1565-1567). — Plans adoptés par Catherine. — Les écuries (1568). — Description de l'ancien Palais. — L'escalier. — Les architectes. Commencements de Philibert de l'Orme. — Philibert de l'Orme à Lyon (1542). — Il est ingénieur militaire, architecte du Roi (1548). — Il est abbé commendataire (1548). — Ses armoiries. — Sa disgrâce (1559). Plaisanteries de Ronsard. — Jugement porté sur Philibert de l'Orme. — Son livre d'*Architecture*. — Jean de l'Orme, frère de Philibert, architecte (1558). — Testament de Philibert de l'Orme. — Jean Bullant. — Ses ouvrages. — Il devient architecte des Tuileries (1570). — Sa famille. — Son testament. — Les Jardins des Tuileries (1571-1578). — Copie d'une lettre de Catherine de Médicis (1567). — La Grotte du Parc. — *Devis* de Bernard Palissy. — Découverte des fours et des moules de Bernard Palissy (1865). — Dépenses pour les travaux des Tuileries. — Comptes relatifs aux travaux de la famille Palissy. — Craintes superstitieuses de Catherine de Médicis. Interruption des travaux des Tuileries. Hôtel de Soissons (1571-1577). — Henri III abandonne les travaux 1

CHAPITRE XII.

Le Louvre et les Tuileries sous Henri IV et Louis XIII. De 1589 à 1624. — Henri IV reprend les travaux du Louvre (1594). — Les ressources qu'il crée. — La Grande Galerie. — Le chiffre de Gabrielle d'Estrées sur la Galerie (1594-1599). — La Petite Galerie du Louvre. — Les peintures. Traité d'Antoine de Laval. — Peintures de la voûte de la Galerie. — Le pavillon de *Lesdiguières*. — Achèvement de la Galerie (1608). — Boileau et Morel; Biart, Prieur et les L'Heureux, sculpteurs. — Du Breul et Bunel, peintres. — Plain et Fournier, architectes de la Petite Galerie. — Les architectes de la Grande Galerie. La famille Métezeau. — Louis Métezeau : sa généalogie. — Du Pérac. — La famille Androuet Du Cerceau. — Jacques Androuet Du Cerceau. Ses ouvrages. — Généalogie des Du Cerceau. — Les entrepreneurs de la Grande Galerie. — Le pavillon *de Flore* (1608). — Claude Mollet, jardinier des Tuileries (1600). — Importance des travaux de Henri IV pour l'achèvement du Louvre et des Tuileries. — Fresque de Fontainebleau : projet de réunion du Louvre et des Tuileries. — Lettres patentes de Henri IV relatives à la destination de la Grande Galerie. — L'Orangerie du Louvre sous Louis XIII 57

Résumé de l'histoire monumentale du Louvre et des Tuileries 105

TOPOGRAPHIE HISTORIQUE DU VIEUX PARIS.

LES FOUILLES DU LOUVRE EN 1866... 109

NOTICE SUR LES FOUILLES DU LOUVRE, PRÉPARÉE PAR FEU M. A. BERTY.

Considérations générales sur l'opportunité des fouilles du vieux Louvre. — Éléments de la restitution. — Première erreur. — Deuxième erreur. — Comparaison des dimensions données au Louvre. — La Grosse-Tour. — Son pont-levis. — Bâtiments du Louvre primitif. — Bâtiments de Charles V. — Le Passage au Donjon. — La Grande-Vis. — Aile orientale de Charles V. — Les tours extérieures. — Observation sur l'ancien sol du Louvre. — Les portes de l'ancien Louvre. — Les marques de tâcherons. — Les courtines; description. — Les fossés extérieurs. — Le pont-levis oriental. — Le mur d'enceinte de Philippe-Auguste. — L'hôtel de Bourbon. — La Tour du Coin. — Conclusion. — Résumé... 115

TABLEAU DES PRINCIPALES DIMENSIONS DU VIEUX LOUVRE 134

NOTICE COMPLÉMENTAIRE SUR LES FOUILLES DU LOUVRE, PAR M. H. LEGRAND.

I.

Description du plan général et des autres planches. — Marques de tâcherons. — Tracé des substructions dans la cour du Louvre. — Restitution du vieux Louvre d'après les fouilles. — Pourquoi cette notice supplémentaire. — État primitif du château sous Philippe-Auguste. — La Grosse-Tour. — Pourquoi elle avait un fossé si large. — Les origines du terrain sur lequel le Louvre est bâti. — Le pont-levis de la Grosse-Tour. — Ses agrandissements au temps de Philippe-Auguste. — Saint Louis. — L'état du château à l'avénement de Charles V 135

II.

Charles V fait construire l'aile septentrionale du Louvre. — Il élève d'un étage certaines parties du château. — Raymond du Temple, architecte. — Le Passage au Donjon. — La Grande-Vis. — La Galerie en encorbellement sur la Contrescarpe. — L'état du Louvre après Charles VI. — François Ier rase la Grosse-Tour. — Ses projets de reconstruction totale. — Pierre Lescot entreprend la reconstruction du Louvre. — Comparaison du plan de Clarac avec le plan réel restitué d'après les fouilles. — Conclusion 153

APPENDICES.

I. — Hôtel de Bacqueville.. 171
II. — Hôtel de Bourbon... 171
III. — Tombe de Pierre Lescot... 172
IV. — Retable du Palais de Justice... 174
V. — Grande Écurie des Tuileries.. 176
VI. — Mémoire manuscrit de Philibert de l'Orme, sur sa vie et ses œuvres.... 179
VII. — Testament de Philibert de l'Orme...................................... 185
VIII. — Censier de Saint-Denis-de-la-Chartre en la cité de Paris, pour l'année 1540...... 189
IX. — Provisions de Métezeau... 191
X. — Compte des restes attribués à l'achèvement du Palais des Tuileries..... 192
XI. — Sommation au trésorier des bâtiments, à propos des travaux de la Grande Galerie du Louvre. 201
XII. — Extraits des états des gages des officiers des bâtiments royaux, de 1608, 1618 et 1624. 204
XIII. — Construction des Tuileries... 222
XIV. — Les comptes de Catherine de Médicis................................... 223
XV. — Marie de Pierrevive, dame du Péron, et les dames comptables.......... 229
XVI. — Jardin des Tuileries. — Comptes de la Fontaine (1571)................. 233

PLANCHES.

		Pages.
XVII.	Comptes de la grotte émaillée du Jardin des Tuileries....................	236
XVIII.	Jardins des Tuileries. — Fêtes données dans les Jardins.................	238
XIX.	Finances de Catherine de Médicis....................................	244
XX.	Maison de la rue des Poulies, appartenant à Catherine de Médicis.........	246
XXI.	Les Terrasses du Palais des Tuileries.................................	252
XXII.	Note sur la Petite Galerie et le Passage du Louvre.....................	254
XXIII.	Documents officiels relatifs aux fouilles du Louvre.....................	256

PLANCHES SUR ACIER.

I.	— Château des Tuileries. Plan du projet primitif d'après Du Cerceau............	9
II.	— ———————— Plan restitué des parties construites par Catherine de Médicis et par Henri IV..	11
III.	— ———————— Élévation occidentale du Pavillon central et du Pavillon de Bullant, vers 1600....................................	12
IV.	— ———————— Partie centrale, côté de la cour, vers 1600.............	13
V.	— Portrait de Philibert de l'Orme. *Fac-simile* réduit d'une planche de son traité d'Architecture (Hélioplastie)...	26
VI.	— Projet d'une Grotte rustique pour le Jardin des Tuileries. *Fac-simile* d'un dessin attribué à Bernard Palissy et appartenant à M. Destailleurs................	40
VII.	— Fours de Bernard Palissy. Fragments de figures dont les moules ont été trouvés dans un des fours, aux Tuileries....................	45
VIII.	— ———————— Fragments de figures et ornements dont les moules ont été trouvés dans un des fours, aux Tuileries...........	46
IX.	— ———————— Plans et coupes.................................	48
X.	— Château du Louvre. Restitution de la façade occidentale sous Henri IV..........	57
XI.	— Petite Galerie du Louvre. Élévation orientale sous Louis XIII	62
XII.	— Décoration d'un Trumeau de la Galerie du Roi au Louvre, d'après une gravure de Thomas de Leu...	66
XIII.	— Grande Galerie du Louvre. Élévation partielle de la façade méridionale. État ancien.	70
XIV.	— ———————— Coupe transversale et plan partiel, coupe des substructions.	72
XV.	— Projet pour la Grande Galerie du Louvre, Façade intérieure. *Fac-simile* d'un dessin exécuté sous Henri IV...	73
XVI.	— Signature des constructeurs du Louvre et des Tuileries.....................	89
XVII.	— Château des Tuileries. Élévation occidentale du Pavillon d'angle et de l'aile adjacente.	91
XVIII.	— ———————— Détails du Pavillon d'angle........................	92
XIX.	— Parterre du petit Jardin des Tuileries au temps de Henri IV................	93
XX.	— Les Jardins des Tuileries en 1652, d'après le plan de J. Gomboust............	94
XXI.	— Projet de réunion du Louvre aux Tuileries, adopté par Henri IV, d'après une peinture murale contemporaine découverte au château de Fontainebleau............	97
XXII.	— Château du Louvre. Restitution de la façade méridionale du Louvre sous Henri IV..	103
XXIII.	— Le Louvre et l'hôtel de Bourbon. *Fac-simile* d'un dessin de 1615 communiqué par M. Viollet-le-Duc..	104
XXIV.	— Fouilles du Louvre en 1866. Plan général	111
XXV.	— ———————— Coupe longitudinale et transversale des substructions..	115
XXVI.	— ———————— Plan et élévation des contre-forts butant la Contrescarpe du Donjon...	118
XXVII.	— ———————— Profils des contre-forts de la Contrescarpe...........	119

		Pages.
XXVIII. —	Fouilles du Louvre en 1866. Partie méridionale de la Contrescarpe............	122
XXIX. —	———————————— Contrescarpe et Donjon.....................	123
XXX. —	———————————— Plan et coupe des tours orientales...............	126
XXXI. —	———————————— Plans et coupes de l'avant-corps de l'aile orientale et d'une cave voisine de la Tour de la Taillerie......	127
XXXII. —	———————————— Coupes de l'avant-corps de l'aile orientale et de la cave voisine de la Tour de la Taillerie. Élévation de la porte orientale. Coupe sur le pont-levis et coupe des caniveaux de l'aile orientale.....................	128
XXXIII. —	———————————— Plan et élévation de la Tour de l'enceinte de Philippe-Auguste. Plan et coupe de la Tour de la Taillerie et son carrelage............................	130
XXXIV. —	———————————— Encoignure de l'hôtel de Bourbon. Tour de l'enceinte de Philippe-Auguste........................	132
XXXV. —	Vue du Louvre en 1620, d'après un tableau appartenant à la Ville de Paris. (Gravure sur bois.)...	164
XXXVI. —	Plan comparatif du Louvre, d'après les fouilles de 1866 et d'après M. de Clarac....	165
XXXVII. —	Dalle tumulaire de Pierre Lescot dans l'église Notre-Dame de Paris. Fac-simile réduit d'un ancien dessin...	172
XXXVIII. —	Registre des comptes de Catherine de Médicis, première page. Fac-simile héliographique.	224

BOIS GRAVÉS.

I. —	Armoiries de Philibert de l'Orme...	19
II. —	Chiffre de Henri IV et de Gabrielle d'Estrées.................................	61
III. —	Armoiries de R. Marquelet..	90
IV. —	Chiffre de Henri IV et de Marie de Médicis...................................	93
V. —	Marque de tâcheron du vieux Louvre..	138
VI. —	Tracé des substructions dans la cour du Louvre..............................	139
VII. —	Signature de Raymond du Temple...	154
VIII. —	Plan restitué de la Grande-Vis du Louvre....................................	159
IX. —	Signature de Henri IV et fin d'un registre de 1608............................	208
X. —	Plan et coupe de la terrasse du palais des Tuileries, vers le jardin.............	252
XI. —	Corniche de l'ancien Louvre..	254

PLANCHES DU PREMIER VOLUME

RECTIFIÉES D'APRÈS LES RÉSULTATS DES FOUILLES DU LOUVRE EN 1866.

I. —	Plan restitué du vieux Louvre...	126
II. —	Plan restitué du Louvre de la Renaissance. Rez-de-chaussée.................	228
III. —	———————————————————————— Étage supérieur..................	229

TOPOGRAPHIE
HISTORIQUE
DU VIEUX PARIS.

RÉGION
DU LOUVRE ET DES TUILERIES.

CHAPITRE XI.
LE CHÂTEAU DES TUILERIES AU TEMPS DE CATHERINE DE MÉDICIS.
DE 1564 A 1589.

Sommaire. — Catherine de Médicis fait démolir le palais des Tournelles (1564). — Elle veut créer le palais des Tuileries et acquiert des propriétés dans cette région. — Copie d'un contrat de vente : *Le jardin des Cloches* (1564). — Acquisitions sur le terrain des Quinze-Vingts (1565). — Établissement d'un bac sur la Seine (mai 1564). — Ressources pécuniaires employées pour les travaux des Tuileries (1565-1567). — Plans adoptés par Catherine. — Les Écuries (1568). — Description de l'ancien Palais. — L'escalier. — Les architectes. Commencements de Philibert de l'Orme. — Philibert de l'Orme à Lyon (1542). — Il est ingénieur militaire, architecte du Roi (1548). — Il est abbé commendataire (1548). Ses armoiries. — Sa disgrâce (1559). Plaisanteries de Ronsard. — Jugement porté sur Philibert de l'Orme. — Son livre d'*Architecture*. — Jean de l'Orme, frère de Philibert, architecte (1558). — Testament de Philibert de l'Orme. — Jean Bullant. — Ses ouvrages. — Il devient architecte des Tuileries (1570). — Sa famille. — Son testament. — Les jardins des Tuileries (1571-1578). — Copie d'une lettre de Catherine de Médicis (1567). — La grotte du Parc. — *Devis* de Bernard Palissy. — Découverte des fours et des moules de Bernard Palissy (1865). — Dépenses pour les travaux des Tuileries. — Comptes relatifs aux travaux de la famille Palissy. — Craintes superstitieuses de Catherine de Médicis. Interruption des travaux des Tuileries. Hôtel de Soissons (1571-1577). — Henri III abandonne les travaux.

Henri II ayant été blessé mortellement au palais des Tournelles, sa veuve sembla prendre cette demeure en aversion, et bientôt après elle résolut de la détruire. Elle fit donc publier, le 28 janvier 1564 (n. s.), au nom du jeune roi

<small>Catherine de Médicis fait démolir le palais des Tournelles. (1564.)</small>

Charles IX, des lettres patentes ordonnant la démolition totale de l'hôtel [1]. A cette époque elle était sur le point de commencer la construction d'un château magnifique, dont la grandeur devait effacer celle de toutes les autres résidences souveraines, et, si elle ruinait le vieux manoir de Charles VI, c'était pour le remplacer par le palais moderne des Tuileries.

<small>Elle veut créer les Tuileries et acquiert les propriétés contiguës.</small>

La maison acquise en 1518 par François Ier n'avait été donnée à Tiercelin et à sa femme que pour en jouir leur vie durant, et non pour la transmettre à leurs héritiers. Cette condition fut de nouveau exprimée dans le don de la « maison « appellée les Tuileries, » fait en 1549 ou 1550 à Vespasien Calvoisin Vivier, « écuyer de l'Écurie, » et sans doute aussi dans un troisième don qui eut lieu, au mois d'octobre 1559, en faveur de Scipion Provène (?), premier écuyer du Roi [2]. Vers ce temps néanmoins les réparations de la maison étaient à la charge de la Couronne, car les comptes des bâtiments pour l'année 1558-59 indiquent des travaux de vitrerie faits par Jean de la Hamée en divers lieux, y compris « l'hostel des Tuileries, » lequel, probablement, ne s'étendait point encore au delà de ses anciennes limites. Ces limites, assez restreintes, n'étaient nullement compatibles avec les dimensions de l'édifice et du parc que rêvait Catherine ; pour disposer du vaste espace qui lui était devenu nécessaire, elle fut donc obligée d'acquérir une partie considérable des terrains voisins. Or les propriétés environnant l'hôtel des Tuileries appartenaient à un grand nombre de particuliers, et, conséquemment, elles ne purent être achetées qu'au moyen d'une suite de transactions isolées, consacrées par autant d'actes. Cependant les renseignements sur ces transactions sont restés pour nous extrêmement rares, et il ne s'en trouve aucun là où nous comptions bien en rencontrer, par exemple dans les archives du fief de l'Évêché, dont relevait toute la région. Le seul contrat de vente parvenu jusqu'à nous est celui du logis des Cloches, qui fut passé le 15 janvier 1564 (n. s. ou 1563 v. s.) et dont voici la copie [3] :

<small>Copie d'un contrat de vente. (1564.) Le jardin des Cloches.</small>

« A tous ceulx qui ces présentes lettres verront, Anthoine Duprat, chevallier, « seigneur de Nantoillet, de Précy et Rozay, baron de Thiert et de Toury, con- « seiller du Roy, nostre sire, gentilhomme ordinaire de sa chambre et garde de la

---

[1] Il est dit dans ces lettres qu'une partie des sommes provenant de la vente des matériaux et du terrain pourrait servir à la construction du Louvre.

[2] Inv. des Mém. PP et AAA de la Chambre des comptes ; Arch. de l'Emp. reg. PP 119, p. 37, et PP 120, p. 10. — Le compte de l'Argenterie pour 1559 mentionne simplement le « sieur Scipion, es- « cuyer d'escuirie du Roy, » et il n'est point non plus qualifié de premier écuyer dans d'autres documents postérieurs, qui ne portent que le nom de Scipion.

[3] Cette pièce a été achetée, à la vente des archives de Joursanvault, par M. Leber ; elle porte le numéro 5730 dans le catalogue de sa bibliothèque, aujourd'hui réunie à la bibliothèque publique de Rouen, où nous l'avons copiée en 1858. Elle a déjà été publiée par M. de Montaiglon dans l'*Annuaire du département de la Seine*, de M. L. Lacour, année 1860, p. 786 et suiv.

« Prévosté de Paris, salut. Savoir faisons que pardevant Claude Borcau et Pierre
« Cayard, notaires jurez du Roy, nostredict seigneur, en son Chastellet de Paris,
« furent présens en leurs personnes noble homme maistre Jehan Morlet de Mu-
« seau, conseiller du Roy, nostre sire, en sa court de Parlement, et dame Anne
« de Museau, femme de messire Jehan de Beaune, chevallier, seigneur de la Tour-
« d'Argy, conseiller et maistre d'hostel ordinaire de la Royne, auctorisée par justice
« au reffuz dudict seigneur son mary, frère et seur, et héritiers par bénéfice d'in-
« ventaire de feue noble dame Marie Briçonnet, en son vivant dame de Charson-
« ville, leur mère, jadis vefve de feu messire Morlet de Museau, en son vivant
« chevallier, conseiller et maistre d'hostel ordinaire du Roy. Lesquelz recongnu-
« rent et confessèrent, et par ces présentes confessent avoir vendu, ceddé, quicté,
« transporté et délaissé du tout, dès maintenant à tousjours, et promectent ga-
« rentir de tous troubles et empeschemens généralement quelzconques, à très-
« haulte et très-excellente princesse Catherine, par la grâce de Dieu Royne de
« France, mère du Roy, absente; hault et puissant seigneur messire Anthoine,
« comte de Crussol, chevallier de l'ordre du Roy, cappitaine de cinquante hommes
« d'armes de ses ordonnances, et chevallier d'honneur de la Magesté de ladicte
« Dame, noble homme maistre Martin de Beaune, conseiller du Roy, nostre sire, et
« maistre des requestes ordinaires de son hostel et chancellier de ladicte Dame,
« et noble homme maistre Pierre de Picquet, conseiller, trésorier et receveur
« général des finances de ladicte Dame, ès noms et comme stipullans en ceste
« partie, et eulx faisans et portans fors d'icelle Dame, par laquelle ilz promectent
« faire ratiffier et avoir pour bien agréable le contenu cy-après, dedans deux jours
« prochainement venans, à ce faire présens et acceptans, achepteurs et acquesteurs
« pour ladicte Dame, ses hoirs ou aians cause ou temps advenir, ung jardin cloz
« de murailles de tous costez, ouquel y a deux pavillons couvertz d'ardoize, *faictz*
« *en façon de cloche*. Ledict lieu ainsi qu'il se poursuit et comporte, appellé *le Jardin*
« *des Cloches*, qui fut et appartint à ladicte deffuncte dame, Marie Briçonnet, leur
« dicte mère, et faisant partie du lieu des Thuilleries, assis hors et près la Porte-
« Neufve, près les fauxbourgs Sainct-Honoré de ceste ville de Paris. Tenant le-
« dict jardin, d'une part, à ladicte dame Royne, à cause de l'acquisition par elle
« faicte de Mons. de Villeroy; d'aultre part, aux terres labourables estans entre
« les fossez cy-devant faictz pour la fortiffication de la Ville et le mur dudict jar-
« din; d'un bout, pardevant, sur le quay ou chaussée de la rivière de Seine,
« allant de ladicte Porte-Neuve aux Bons-Hommes; d'aultre bout, par derrière,
« aux terres labourables estans entre lesdictz fauxbourgs Sainct-Honoré et ledict
« lieu des Thuilleries; ausdits vendeurs appartenant par le décez et trespas de
« leurdicte feue mère; estant en la censive de monseigneur l'Évesque de Paris, et
« chargé envers luy du cens que ce peult devoir, que lesdictz vendeurs n'ont sceu
« dire ne déclarer, pour toutes charges; pour en joir par ladite dame Royne, ses-

« dictz hoirs et aians cause, et en faire et disposer à tousjours comme de sa
« propre chose, vray et loyal acquest. Cestz vente, cession et transport faictz à la
« charge dudict cens seullement, et oultre, moyennant et parmi le pris et somme
« de six mil cinq cens livres tournoys. Sur laquelle a esté présentement baillé et
« payé ausdictz vendeurs, par les mains dudict de Picquet, la somme de quatre
« mil cinq cens livres tournoys; laquelle somme leur a esté baillée, payée, comp-
« tée, nombrée et délivrée en testons du Roy et douzains bons et aians de présent
« cours, présens les notaires; dont lesdictz vendeurs se sont tenuz et tiennent pour
« contens, et en ont quicté et quictent ladicte dame Royne et tous aultres de la-
« dicte somme de quatre mil cinq cens livres tournoys. Et le reste de ladicte
« somme, montant deux mil livres tournoys, lesdits sieurs de Crussol, de Beaune
« et de Picquet, oudict nom, et encore ledict de Picquet en son propre et privé
« nom, renonçant par luy au bénéfice de division et ordre de discussion, promec-
« tent et gaigent bailler et payer ausdictz vendeurs, dedans le jour et feste sainct
« Jehan-Baptiste prochainement venant; et, pour seureté du paiement de ladicte
« somme de deux mil livres tournois, lesdictz sieurs de Crussol, de Beaune et de
« Picquet, oudict nom, ont, par exprès et espécial ypothecque, obligé et ypothecqué
« envers lesditz vendeurs, ledict lieu présentement vendu, et généralement toutes
« les aultres terres, seigneuries, héritaiges et biens de ladicte dame Royne, sans ce
« que la généralle obligation desroge à l'espéciàlle, ne l'espécialle à la généralle.
« Et, en ce faisant, lesdictz vendeurs ont céddé, transporté, et par cesdictes pré-
« sentes ceddent et transportent à ladicte dame Royne tous les droitz de propriété,
« fons, saisine, seigneurie et possession, droictz, noms, raisons et actions qu'ilz
« avoient et pouvoient avoir ores et pour le temps advenir, en et sur ce que dict est
« présentement vendu ; et de ce s'en sont desmis, dessaisiz et desvestus du tout
« ès mains desdictz notaires, comme ès nostres souveraines pour le Roy nostre dict
« seigneur, pour ou nom et au proffict de ladicte dame et Royne et de sesdicts
« hoirs et aians cause. Voullans, consentans et expressément accordans qu'elle en
« feust et soict saisie, vestue, mise et receue en bonne et suffisante saisine et
« possession par celluy ou ceulx et ainsi qu'il appartiendra; et d'abondant pour ce
« faire voulloir, réquérir et consentir estre faict partout duement et ainsi qu'il ap-
« partient, lesdictz vendeurs ont faict et constitué leur procureur général et certain
« messagier espécial le porteur de cesdictes présentes, auquel ilz ont donné et
« donnent pouvoir et puissance de ce faire, et tout ce que au cas appartiendra et
« sera nécessaire. Laquelle présente vente, cession, transport, promesses, obliga-
« tions, garanties, gaigeries, et toutes et chacune les choses susdictes, et en ces-
« dictes présentes contenues et escriptes, lesdictes parties èsdictz noms et chacune
« d'elles endroict soy, promisdrent et jurèrent par leurs sermens et foy ès mains
« desdictz notaires, comme en nostres souveraines pour le Roy nostredict seigneur,
« avoir et tenir pour bien agréables, fermes et stables à tousjours, sans jamais

« à nul jour, par elles ne l'une d'elles ne par aultres, aucunement y contrevenir,
« fust ou soict par voye d'erreur, d'ignorance, lézion, circonvention, ne aultrement,
« commant que ce soict ou puist estre; ains rendu et paier l'une d'elles à l'aultre à
« pur et à plain et sans aucun plaict ou procez tous coustz, fraiz, missions, despens,
« dommages et intérestz qui faitz, euz, souffertz, soustenuz et encouruz seroient,
« par deffault de garentie, paiement ou d'aucunes des choses susdictes non faictes,
« tenues, entretenues, et non duement accomplies ainsi que dict est; et en ce pour-
« chassant et requérant soubz l'obligation de tous et chacuns leurs biens et ceulx de
« leurs hoirs, meubles et immeubles présens et advenir qu'ilz, èsdictz noms, mes-
« mement icelluy sieur Picquet en son propre et privé nom, en ont pour ce soubzmis
« et soubzmectent du tout à la justice, juridiction et contraincte de ladicte Prévosté
« de Paris et de toutes aultres justices et juridictions où trouvez seront; et renon-
« cèrent, en ce faisant, expressément lesdictes parties èsdictz noms et chacune
« d'elles endroict soy, à toutes choses génerallement quelzconques à ces lettres con-
« traires, mesmes icelluy de Picquet au bénéfice de division et ordre de discussion,
« comme dessus et endroict disant généralle renonciation non valloir. En tesmoing
« de ce, nous, à la rellation desdictz notaires, avons faict mectre à cesdictes
« présentes le scel de ladicte Prévosté de Paris, qui passées furent tripples, l'an
« mil cinq cens soixante-troys, le samedi quinziesme jour de janvier. — Ces
« lettres pour ladicte dame Anne de Museau.
« P. Cayard. C. Boreau. »

« Le dimanche treiziesme jour d'aoust, l'an mil cinq cens soixante-quatre, a esté
« payé par noble homme Pierre de Picquet, conseiller, trésorier et receveur gé-
« néral des finances de la Royne, mère du Roy, nommé au contrat cy-devant es-
« crit, à noble homme et saige maistre Jehan Morelet de Museau, et dame Anne
« de Museau, sa sœur, ès qualitez déclarez audict contrat, la somme de deux
« mil livres tournois faisant le reste et parpaye de la somme de six mil cinq cens
« livres tournois contenue en icelluy contract; dont a esté baillé quictance parti-
« cullière audict de Picquet, passée pardevant les notaires soubzscriptz les jour
« et an susdictz, laquelle est ce présent escript et ung autre escript au pied du
« semblable contract estant en la possession dudict sieur maistre Jean Morelet de
« Museau, ne serviront que pour ung mesme acquict.
« R. Contesse. B. Viard. »

L'emplacement du jardin des Cloches forma l'extrémité occidentale du parc de Catherine. Le texte qui précède montre que le clos Le Gendre, attenant au jardin des Cloches et distinct des dépendances de la maison des Tuileries, était déjà aux mains de la Reine au mois de janvier 1564, et qu'elle l'avait acheté du seigneur de Villeroy. Nous avons cherché sans succès la date de cette transaction; il est à croire qu'elle fut conclue peu de temps auparavant, parce que les maisons en bordure sur la rue Saint-Honoré qui sont dites aboutir aux propriétés de la Reine en 1564 sont encore dites aboutir à celles de Villeroy en 1563.

Acquisitions sur le terrain des Quinze-Vingts. (1565.)

En janvier 1564, les terres de Villeroy et le jardin des Cloches ayant été réunis au pourpris de l'hôtel des Tuileries, qui, on se le rappelle, faisait le coin du quai et du chemin sur les fossés, il ne restait plus, pour atteindre les dimensions que Catherine se proposait de donner à son parc, qu'à y annexer une zone de soixante et onze toises de large, à prendre sur le clos des Quinze-Vingts, alors morcelé en une foule de parcelles. Cette zone était occupée par une quinzaine de maisons faisant front sur le chemin des Fossés, et par les jardins ou dépendances de celles qui avaient leurs façades sur la grande rue du Faubourg. Nous avons cité un titre du 22 février 1565, où une de ces maisons est énoncée « aboutissant par « derrière à demy-arpent dix-sept perches et deux tiers de terre ausdicts ven- « deurs appartenans, et qu'ilz dient la Royne mère avoir faict mesurer pour com- « prendre avec les bastimenz qu'elle faict à présent faire, et faisant partie ledict « lieu du cloz des Quinze-Vingts. » Ainsi, au commencement de 1565, on s'occupait de l'expropriation de la partie du clos qu'il fallait acquérir, mais l'opération n'était point tout à fait consommée. Les archives de l'Hospice ne nous ont point appris la date précise à laquelle elle eut lieu définitivement; nous y avons vu simplement que, le 30 janvier 1569, les Aveugles reçurent la somme de 19 livres 8 sous 9 deniers pour « le rachapt de dix-neuf perches deux toises et huit pieds de terre « estans du cloz des Quinze-Vingts, que la Royne mère » avait, « cedict jour, faict « rachapter par ledict maistre Jehan de Verdun, au pris de 200 livres tournoys « l'arpent[1]; » puis, que le rachat général des droits perçus par les Quinze-Vingts sur les parties de leur clos dont s'empara la Reine s'effectua au moyen de la constitution, par la Ville, d'un contrat de rente de 37 livres 13 sous tournois, transaction passée en présence des notaires Jean Yver et François Ymbert, le 16 décembre 1567. Dans le compte de l'Hospice pour l'année 1565-66, les maisons du clos, situées sur le chemin des fossés, sont mentionnées comme existant encore; on n'y voit point d'ailleurs qu'elles appartinssent à la Reine, mais bien qu'elles aboutissaient à son palais. Le compte de 1566-67 porte : « La Royne a « prins la plus grande partie des maisons sur lesquelles les rentes se preignent, et « a ordonné rentes sur l'Hôtel de Ville, au lieu des rentes que devoient les mai- « sons estans au cloz. » Enfin, dans le compte de 1567-68, les maisons dont la démolition était nécessaire pour la réalisation des projets adoptés sont déclarées « abatues et apliquées au pallais de la Royne mère. » Quant à des détails sur les ventes successives des diverses parcelles, et notamment de la pièce de trois ar-

---

[1] La maison dont ce terrain dépendait est celle sur l'emplacement de laquelle fut percée la rue du Dauphin. (Voir t. I, p. 294.)

LE CHÂTEAU DES TUILERIES AU TEMPS DE CATHERINE DE MÉDICIS. 7

pents et demi enclavée dans les terres de Villeroy, il n'en existe pas même de trace dans les anciens inventaires, ce qui est fort singulier. Plusieurs documents nous portent à croire que l'acquisition des terrains sur lesquels Catherine de Médicis éleva son palais et planta son parc se fit entre les années 1563 et 1567; que la Reine mère acheta d'abord les propriétés de Villeroy, puis le jardin des Cloches, et en dernier lieu les dépendances du clos des Quinze-Vingts.

C'est des carrières de Vaugirard et de Notre-Dame-des-Champs que furent tirées les pierres destinées aux bâtiments des Tuileries, et, pour leur faire franchir la rivière, au lieu où se trouve actuellement le Pont-Royal, un bac fut établi, qu'on donna à bail à la communauté des maîtres passeurs, le 14 mai 1564. Dans une nouvelle concession de ce bac, datée du 29 novembre 1594, nous lisons : « Veu la « requeste à nous présentée par la communaulté des maistres passeurs d'eaue en « cette ville de Paris, contenant que, pour la commodité du bastiment du pallais « des Thuilleries et au commencement d'iceluy bastiment, ilz auroyent esté com- « mis à garder le bac qui fut ordonné et mis audevant ledict lieu des Thuilleries, « pour y passer et rapasser toutes les pierres, matériaulx et aultres choses néces- « saires pour ledict bastiment, et dont bail leur auroyt esté faict tant par dame « Marie de Pierrevive, dame du Péron et d'Armentières, l'une des dames de la « Chambre de la Royne, commise par la Majesté de ladicte Dame à la construction « du bastiment du pallais des Thuilleries, révérend père en Dieu, messire Phil- « bert de l'Orme, conseiller et aulmosnier ordinaire du Roy, abbé de Sainct-Ciergue « et architèque de la Majesté de ladicte dame Royne, que par noble homme Guil- « laume de Marle...... prevost des marchans...... le quatorziesme jour de « may, mil cinq cens soixante-quatre[1]. » Ce passage justifie l'opinion commune re- lativement à l'époque où fut commencé l'édifice[2], et nous révèle ce fait bizarre que les travaux avaient lieu sous la surveillance d'une sorte de commission comp- tant parmi ses membres une femme, la dame Du Perron. Aussi bien a-t-on la preuve que Catherine confia plusieurs fois à des femmes certaines fonctions qu'on a tou- jours été dans l'habitude de voir exercer par des hommes, et nous retrouverons plus loin la dame Du Perron délivrant des ordres de payement pour les ouvrages des Tuileries.

Pourvoir avec ses seules ressources aux dépenses considérables de la construc- tion de son nouveau palais n'eût point été chose facile pour la Reine, dont les finances étaient sans cesse embarrassées. Le 29 janvier 1565, elle se fit donc

<small>Établissement d'un bac sur la Seine. (Mai 1564.)</small>

<small>Ressources pécuniaires employées pour les travaux des Tuileries. (1565-1567.)</small>

---

[1] Arch. de l'Emp. cart. Q 1 1 47-48. — Pour conduire au bac on ouvrit, dans les terres en culture, un chemin qui est devenu la rue du Bac, dont la véritable origine n'est indiquée nulle part, et dont nous reparlerons avec détails dans l'histoire du fau- bourg Saint-Germain.

[2] Au mois de mai, suivant Félibien, qui parle nous ne savons d'après qu'elle autorité.

délivrer par le Roi, son fils, alors à Moulins, des lettres qui furent confirmées le 12 février suivant et enregistrées le 18, lesquelles lettres portaient donation d'une somme de 100,000 livres tournois à prendre sur les restes des comptes; cette somme devait être remise à « René Lupin, commissaire ordinaire de nos guerres, » dit le Roi, « et par nous commis à tenir compte et faire le payement des frais et « dépenses nécessaires pour la construction des bastimens du pallais que la Royne, « nostre très-honorée dame et mère, faict construire et édiffier aux Tuilleries. » Le don de 100,000 livres était insuffisant; il fut suivi quelques mois après, le 18 novembre, d'un autre de 150,000 livres, pareillement assigné sur le fonds des restes, et, comme le recouvrement ne s'en opérait qu'avec lenteur, le banquier Vincent Bonnisy proposa d'avancer à Catherine 60,000 livres à compte, devant être versées avant le 1er avril 1567. L'offre fut approuvée par Charles IX, qui la ratifia par lettres patentes données à Saint-Maur-des-Fossés, le 22 novembre 1566, et enregistrées le 4 décembre. Le 27 octobre précédent, le Roi avait fait don à sa mère de 8,000 livres « pour emploier en l'achapt de certaines maisons et héri« taiges, qu'elle » désirait « recouvrer pour la décoration et acrument de son pallais « des Thuilleries. » Cependant la rentrée des sommes allouées à Catherine s'effectuant avec toutes sortes de difficultés qui menaçaient d'interrompre les travaux, le 2 juillet 1567, le Roi, alors à Saint-Germain-en-Laye, lui abandonna pour quatre années le fonds entier des restes, et, le 29, Jacques Ligier fut chargé d'en faire la recette, en remplacement de Guillaume Le Jars. Des lettres du 25 août 1570 reconnurent ensuite à la Reine le droit de choisir le comptable présidant à la perception des restes. Elle dut néanmoins recourir à de nouveaux emprunts, et il existe un contrat passé entre elle et le banquier florentin François Sixte, par lequel celui-ci s'engage à lui prêter 120,000 livres en deux années, soit 5,000 livres par mois, et à déposer un cautionnement de 15,000 livres, qu'il consent à perdre s'il n'exécute pas fidèlement le traité. La transaction fut conclue à Boulogne le 31 janvier 1571, et reçut le jour même l'approbation du Roi; de plus, « en considération du notable service libéralement et à propos offert par « ledict Sixte, et au temps qu'on estoit en peine de trouver homme qui entrast en « party et fist quelque advence pour empescher la ruyne de ce » qui était « com« mancé audict pallais des Thuilleries, laquelle ruyne » aurait été « en danger de « s'ensuivre sans lesdictes offres, » Charles IX gratifia Sixte de 10,000 livres, à prendre également sur le fonds des restes, dont il lui fut permis de faire diriger la gestion par ses créatures. Les lettres patentes à ce relatives furent enregistrées le 14 février 1571 [1]. Catherine, d'ailleurs, continua plus tard à disposer d'une portion du fonds des restes, sur lequel elle fut autorisée à prendre, le 27 mai 1575,

---

[1] Arch. de l'Emp. Mémoriaux de la Chambre des comptes, reg. EEE, fol. 255; FFF, fol. 359; KKK, fol. 190; LLL, fol. 44, 46, 47. Ces registres nous ont été obligeamment signalés par M. Huillard-Bréholles. Voir aux Appendices.

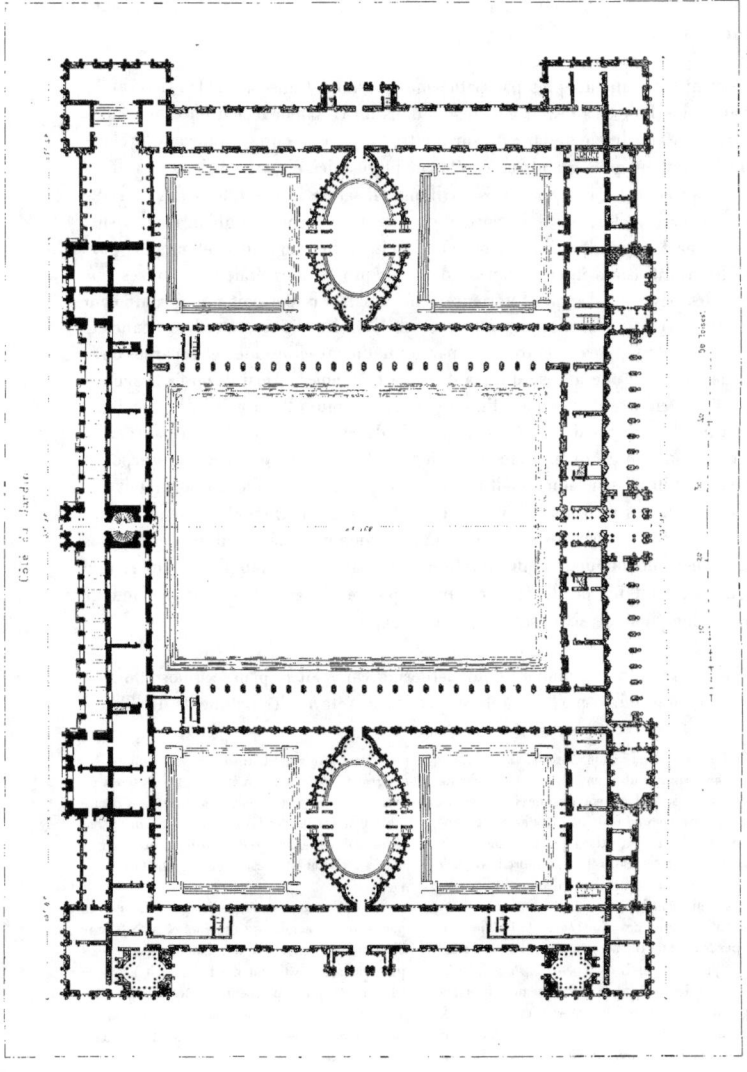

LE CHÂTEAU DES TUILERIES AU TEMPS DE CATHERINE DE MÉDICIS. 9

29,000 livres, le 19 novembre 1576, 31,000 livres, et le 5 décembre suivant, 35,000 livres.

Suivant les plans adoptés par Catherine, et à nous transmis par Du Cerceau[1], le palais des Tuileries devait être inscrit dans un rectangle d'environ cent trente-quatre toises et demie de largeur sur quatre-vingt-trois toises un pied de profondeur[2], dont les plus grands côtés étaient perpendiculaires à la Seine. (Voir la planche ci-contre.) Entre les gros pavillons en saillie formant les coins de l'édifice, les petites ailes, celles du nord et du sud, ne présentaient qu'un avant-corps, tandis que les grandes ailes en offraient trois, celui du centre étant plus petit que les avant-corps intermédiaires, dont les proportions étaient moindres que celles des pavillons d'angle. Intérieurement le palais renfermait une grande cour centrale carrée, cantonnée de quatre cours latérales d'une superficie beaucoup plus restreinte, séparées entre elles par un bâtiment elliptique, et séparées de la grande cour par une aile se dirigeant de l'est à l'ouest. Ainsi disposé, le monument était entouré d'un espace limité par quatre murailles : celle de l'occident, remarquable par un décrochement, servait de clôture au jardin ou parc; celle du midi longeait le quai; celle de l'orient n'était autre que la contrescarpe du fossé de la Ville[3], sur lequel était jeté un petit pont; la muraille du nord était mitoyenne avec des maisons faisant front sur la rue Saint-Honoré, et deux écuries s'y appuyaient. Ces écuries se composaient chacune d'un bâtiment de trente toises quatre pieds de longueur et de cinq toises six pouces de profondeur, à l'extrémité duquel s'élevait un pavillon en retour d'équerre, de cinq toises de profondeur sur une longueur de six toises cinq pieds trois pouces.

Tel était le projet grandiose dont Catherine caressait la pensée; mais elle n'en réalisa qu'une faible partie. Tout ce qu'elle vit s'élever des bâtiments des Tuile-

Plans adoptés par Catherine pour le Palais des Tuileries.

Les Écuries. (1568.)

---

[1] Dans le second volume *Des plus excellens bastimens de France*, publié en 1579. La planche de Du Cerceau est évidemment très-inexacte dans ses détails; mais, comme nous ne sommes point absolument certain des corrections qu'il conviendrait d'y apporter, nous avons préféré la reproduire telle qu'elle a été gravée, sauf en ce qui concerne les parties réellement bâties.

[2] On juge mal des dimensions de l'édifice projeté par le plan de Du Cerceau, dont l'échelle manque de précision; mais on y peut constater que les petits côtés devaient avoir identiquement la même longueur que les bâtiments construits du temps de Catherine, lesquels existent encore et offrent un développement de quatre-vingt-trois toises un pied. Pour avoir le chiffre de la longueur entière des grands côtés, à ces quatre-vingt-trois toises un pied il faut ajouter deux fois vingt-cinq toises quatre pieds pour les pavillons d'angle et les bâtiments par lesquels ils se seraient reliés aux pavillons intermédiaires; le total est de cent trente-quatre toises trois pieds.

[3] Du Cerceau représente les grandes ailes du palais comme parallèles entre elles et avec le mur d'enceinte de Paris; or ce mur biaisait sensiblement par rapport aux bâtiments des Tuileries; il faut donc en conclure que le parallélisme eût été impossible à obtenir. On doit encore observer que les plans de Du Cerceau comportent un assez grand rétrécissement du fossé.

10   TOPOGRAPHIE HISTORIQUE DU VIEUX PARIS.

ries se borna effectivement à une des écuries, celle de l'ouest, et à un peu plus de la moitié des corps de logis en façade sur le jardin. Cette moitié consistait dans le pavillon central, les deux galeries contiguës, le pavillon attenant à la galerie du midi, lequel ne fut terminé que sous Henri IV, puis les fondations, et peut-être l'étage inférieur du pavillon attenant à la galerie du nord. Elle fit plus pour le parc, qu'elle conduisit à peu près à son entier achèvement, à en juger par le plan de Du Cerceau, qui, publié en 1579, est dit représenter le jardin tel qu'il était alors, et le château tel qu'il serait. Du reste, nous ne pouvons suivre chronologiquement les progrès des travaux des Tuileries, car les historiens n'en disent rien[1], et le seul compte existant encore ne fournit guère de renseignements que sur le parc[2]. Toutefois nous devons croire que l'écurie était faite en 1568[3], puisque, dans les comptes des Quinze-Vingts pour cette année, la maison de l'Image Notre-Dame et celle qui lui était contiguë sont énoncées aboutissant aux «escuyries du pallais «de la Royne mère,» auxquelles nous savons, d'autre part, qu'on travaillait en 1570. En 1572, il est de nouveau question de «l'escurie de la Royne,» qu'en 1609 on appelait «l'Escurie du Roy,» et que, depuis, on a nommée *la Grande Écurie*, pour la distinguer d'autres dépendant pareillement du château. Le manége annexé à la Grande Écurie, et longeant les murs du jardin, remontait à la même époque. Dans le compte de l'année 1570-71, il est parlé de cette «carrière

---

[1] Il y a bien, dans le grand ouvrage de de l'Orme, publié en 1567, quelques passages où il est fait allusion à l'état des travaux des Tuileries; mais les conséquences qu'on en peut tirer sont insignifiantes; on voit néanmoins qu'au moment où il écrivait (1565 ou 1566) on était en train de bâtir les portes du pavillon central et des galeries. De l'Orme dit, en outre, qu'il n'a point encore eu à s'occuper des «ornemens et enrichissemens des «épistyles (architraves), zophores (frises), et cor- «niches ioniques du palais.»

[2] Les planches de Du Cerceau ne semblent point reproduire tout ce qui était déjà construit lorsque parut le volume dont elles font partie, en 1579. Du Cerceau ne nous apprend d'ailleurs que peu de chose dans sa courte notice, dont voici le texte: «Ce «lieu estoit, n'a pas longtemps, une place aux faulx-«bourgs de Sainct-Honoré, à Paris, du costé du «Louvre, et est costoyé de la rivière de Seine, où il y «avoit certaines maisons dédiées à faire les thuilles, «et près d'iceluy y avoit quelques beaux jardins. La «Royne, mère du Roy, ayant trouvé ce lieu bien «commode pour faire quelque bastiment plaisant, «fist commencer à y bastir, et ordonna première- «ment le dessein que vous en ay figuré: avec ce, «fist dresser les jardins suyvans, et ainsi que vous «les voyez par mes portraicts. Icelle dame ayant «bien considéré le premier dessein du plan, ne l'a «de guères depuis changé, excepté quelques aug- «mentations qu'elle a délibéré y faire. Ce bastiment «n'est de petite entreprinse, ne de petit œuvre; et «estant parachevé, ce sera maison vrayment royale. «Une partie des fondemens sont assis il y a jà assez «longtemps : mais il n'y a encor qu'un corps double «eslevé, portant deux faces, servant iceluy corps de «membres de commoditez et d'une gallerie joincts «ensemble. En l'une des faces est la gallerie du costé «du jardin ; en l'autre sont les commoditez du costé «de la court. Le portail qui est au milieu de ce corps «est garny de coulonnes fort enrichies de certains «marbres et jaspes. Tout ce qui est basty est faict «de bonne matière de pierre de taille, avec bonne «ordonnance et symmétrie ; or, d'autant qu'il n'y a «élévation que d'un corps, je ne vous en déclare- «ray point davantage, et aussi que les élévations «et commoditez se pourront changer. Tant y a que «par le plan et élévation vous pourrez cognoistre ce «qui y est.» . . . . .

[3] Voir l'Appendice V, *Grande Écurie des Tuileries*.

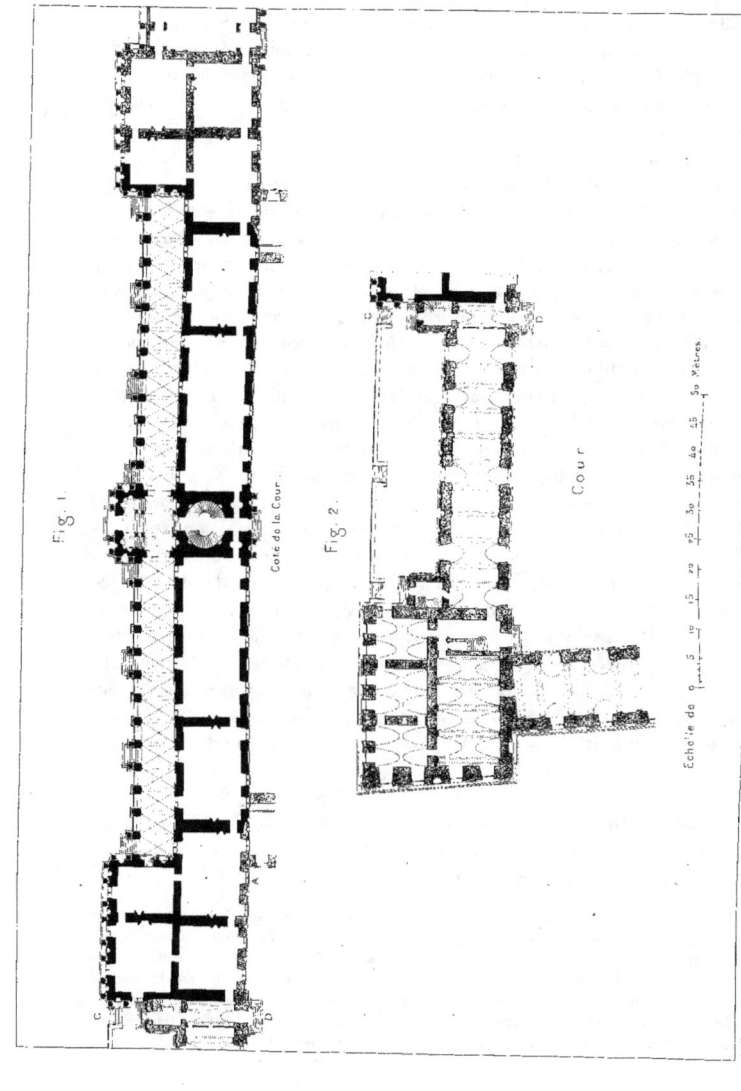

CHÂTEAU DES TVILERIES.

PLAN RESTITVÉ DES PARTIES CONSTRVITES PAR CATHERINE DE MEDICIS (fig. 1) ET PAR HENRI IV (fig. 2)

LE CHÂTEAU DES TUILERIES AU TEMPS DE CATHERINE DE MÉDICIS. 11

« à picquer les chevaulx, » ainsi que du tertre qu'on fit à l'extrémité; dans un titre de 1587, il est aussi question de la « carrière de l'escurie du Roy; » dans un autre de 1602, de « l'académie du Roy, » et, sur le plan de Mathieu Mérian, on trouve enfin employée l'appellation *le Manége*, qui est restée en usage jusqu'au percement de la rue de Rivoli, dont l'emplacement correspond exactement à celui de la « carrière. »

Avant la construction de l'hôtel d'Armagnac, le premier écuyer du Roi logeait dans le pavillon en retour d'équerre de la Grande Écurie. « Ce bâtiment, » écrivait Sauval vers 1660, « bien qu'il ne soit que commencé, ne laisse pas de renfermer « une écurie où il tient quarante chevaux d'un seul côté; de la clef des croisées « de ses greniers sortent des têtes de chevaux; au-dessus de la porte est élevée une « figure de cheval, qui n'a plus de tête, et même à qui on a rompu les pieds et « les jambes, ouvrage cependant de maître Ponce, l'un des meilleurs sculpteurs du « siècle passé qui soit venu d'Italie en France. » Dans la relation de l'ambassadeur Lippomano, il est dit que les écuries ressemblaient à un palais somptueux, qu'il y avait un appartement pour courir la bague et faire des armes. Les belles planches du Manége de Pluvinel ne donnent que des vues médiocrement fidèles et très-incomplètes de l'édifice [1], qui comprenait deux étages, était ornée de bossages, et muni de lucarnes arrondies à leur sommet. L'angle que le bâtiment de l'écurie faisait avec le pavillon était racheté par une sorte de tourelle à face portant de fond et disposée en tour creuse; cette tourelle était coiffée d'un dôme avec fronton brisé, sur les rampants duquel s'appuyaient des figures couchées. Le pavillon ressemblait à l'écurie; mais, destiné à être habité, il était percé de plusieurs fenêtres, qui ne se répétaient point au bâtiment de l'écurie. La cour située au-devant était close par une porte monumentale, dont la baie, en plein cintre, offrait une clef ornée d'une tête de cheval sculptée en ronde bosse [2]. L'ouvrage de Pluvinel renferme également des vues de la carrière; on y aperçoit ces ressauts cylindriques et rectangulaires du mur séparant la carrière d'avec le jardin, lesquels sont indiqués sur le plan de Du Cerceau, et, vus en perspective, figuraient des tours.

Le palais actuel des Tuileries, considérablement modifié sous Louis XIV, ne donne plus qu'une idée fausse de ce qu'il était au XVIe siècle. Ainsi qu'on l'observe sur diverses vues ou plans, et particulièrement sur les élévations de Du Cerceau et de

Description de l'ancien Palais des Tuileries.

---

[1] *Le Manège royal*, par M° Antoine de Pluvinel; in-fol. pl. Paris, 1623. — On ne signale pas d'autres vues de l'Écurie, malgré l'époque peu éloignée où cet édifice a été abattu.

[2] Callet, attribuant, on ne sait pourquoi, cette tête à Germain Pilon, rapporte que, lorsqu'on abattit la porte, l'architecte Heurtaut, inspecteur des travaux des Tuileries, fit enlever le bas-relief avec grand soin et en décora l'entrée d'un manége qu'il bâtissait rue Saint-Honoré. Le bas-relief en question a disparu à la suite des diverses transformations du manège de Heurtaut, connu maintenant sous le nom de *Salle Valentino*. Callet, qui avait pu étudier les ornements de l'écurie des Tuileries, parle

Blondel, les ailes contiguës au pavillon central, semblables entre elles, consistaient chacune en un corps de bâtiment auquel était adossée une galerie ou promenoir. (Voir les planches ci-jointes.) Les galeries, couvertes d'une terrasse, prenaient jour l'une et l'autre par treize arcades ouvertes en plein cintre, dont quatre, munies de marches, formaient portes et communiquaient avec le jardin. Ces dernières, un peu en ressaut, étaient décorées de colonnes, tandis que les autres étaient séparées par de simples pilastres ioniques, à bossages. Des pilastres ioniques[1] marquaient aussi les travées du corps de bâtiment, qui offraient toutes une fenêtre rectangulaire, vraie ou feinte. Le corps de bâtiment n'avait qu'un étage, de même hauteur que celui de la galerie, mais il avait, au lieu de terrasse, un toit élevé, à la naissance duquel était disposée une sorte d'attique interrompu par des lucarnes. Vers la cour, les deux lucarnes les plus rapprochées du pavillon central étaient réunies sous un même fronton. Des figures étaient couchées sur ce fronton et sur quelques-uns de ceux de l'attique occidental; elles avaient été sculptées par M⁰ Ponce, au dire de Sauval. Dans la décoration des deux façades apparaissaient des écussons partis de France et de Médicis, la lettre H couronnée et le chiffre ⱻ, dont la présence aux Tuileries confirme pleinement ce que nous avons dit, tome 1, page 228.

Le pavillon situé au bout de l'aile se composait de deux ordres superposés, et d'un attique interrompu par trois lucarnes. L'ordre de l'étage inférieur était ionique, et l'ordre de l'étage supérieur, corinthien; tous deux présentaient en élévation dix colonnes cannelées, mais sans bossages; entre ces colonnes étaient agencées trois fenêtres et quatre niches. La face de ce pavillon regardant la cour

aussi (*Notice hist.* p. 5) d'instruments à l'usage des cavaliers, qu'on voyait sculptés sur la façade principale. C'étaient probablement les mêmes que ceux qu'on retrouve dans les encadrements d'architecture des planches de Crispian de Pas, parmi lesquelles plusieurs sont des vues intérieures de l'édifice.

[1] De l'Orme explique ainsi les raisons qui le portèrent à adopter l'ordre ionique aux Tuileries : «Je ne passeray outre sans vous advertir que j'ay «choisy le présent ordre ionique, entre tous autres, «pour orner et illustrer le palais, lequel la Majesté «de la Royne, mère du très-chrestien roy Charles IX «de ce nom, faict aujourd'huy bastir en ceste ville «de Paris..... J'ay voulu accommoder le présent or-«dre à sondict palais, pour autant qu'il n'est guères «usité, et qu'encores peu de personnes l'ont mis en «œuvre aux bastimens avec colomnes. Plusieurs en «ont bien patrouillé quelque chose en bois pour des «portes, mais ils ne l'ont encores bien cogneu ny «représenté. L'autre raison pour quoy j'ay voulu «figurer et naturellement représenter ledict ordre «ionique au palais de la Majesté de la Royne, c'est «pour autant qu'il est féminin et a esté inventé après «les proportions et ornemens des dames et déesses, «ainsi que le dorique, des hommes, comme m'ont «apris les anciens : car, quand ils vouloient faire «un temple à quelque dieu, ils y employoient l'ordre «dorique, et à une déesse, le ionique. Toutesfois «tous architectes n'ont pas observé cela, voire par «le récit de Vitruve..... Je me suis doncques jus-«tement voulu ayder, au susdict palais de la Majesté «de la Royne, de l'ordre ionique, comme estant «délicat et de plus grande beauté que le dorique, et «plus orné et enrichy de singularitez.» Il dit plus loin, à propos des portes du palais : «Devant que «mettre fin au propos des portes ioniques, je vous «advertiray qu'il s'en faict à présent trois de mon «ordonnance au palais de la Majesté de la Royne «mère, qui se trouveront fort belles : l'une est du «costé du jardin; l'autre du costé de la court, et la «troisiesme dans la gallerie, desquelles je vous feray «participans de bien bon cœur, après qu'elles se-«ront faictes et parfaictes.» (*Architecture*, fol. 156 v° et 246 v°.)

TOPOGRAPHIE

Echelle de 0 5 10 20

Ch. Laforgue del.

PALAIS
ÉLÉVATION OCCIDENTALE DU PA...

VE DV VIEVX PARIS.

30   40   50 Mètres.

J. Sulpis sc.

TVILERIES.
ENTRAL ET DV PAVILLON DE BVLLANT
600.

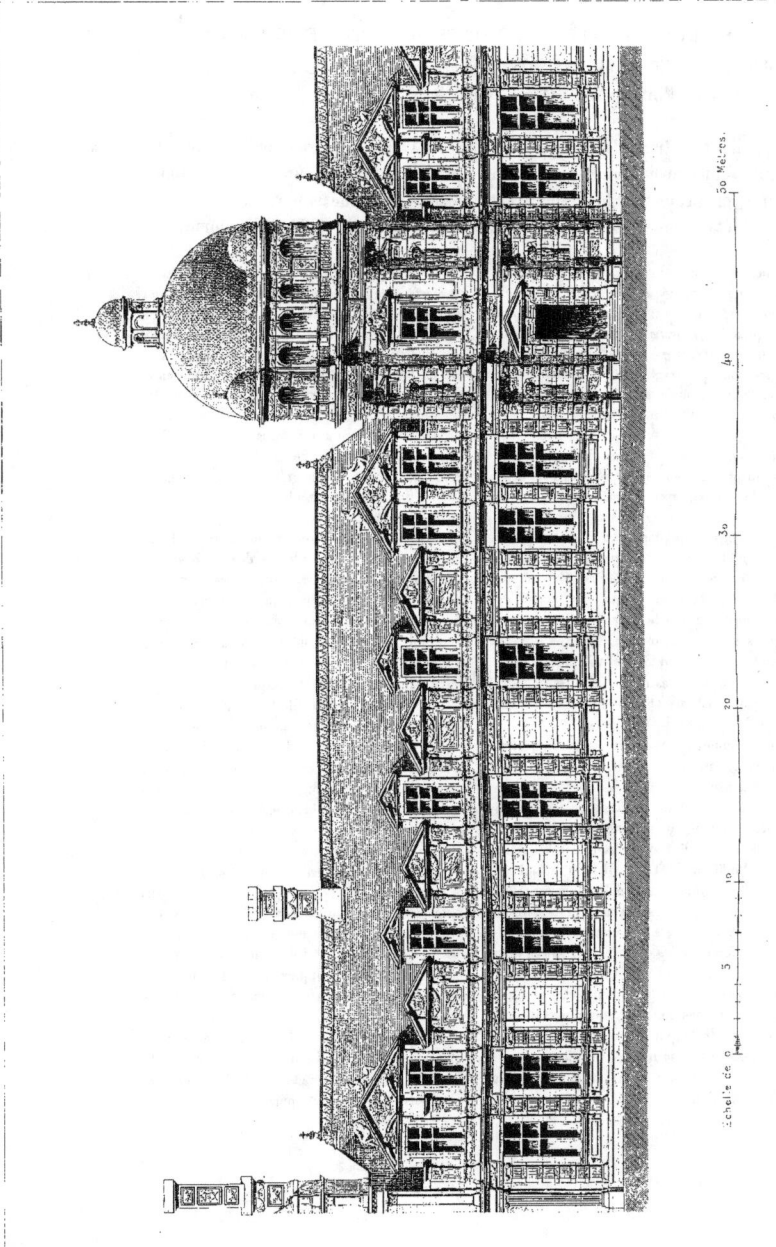

TOPOGRAPHIE HISTORIQUE DV VIEVX PARIS.

PARTIE CENTRALE DV PALAIS DES TVILERIES

Côté de la Cour vers 1600.

LE CHÂTEAU DES TUILERIES AU TEMPS DE CATHERINE DE MÉDICIS.   13

dut subir des modifications importantes dans son ordonnance, lorsqu'on abandonna le plan de Philibert de l'Orme, sous Henri IV.

Le pavillon central, élargi depuis, se composait d'un ordre ionique[1] à colonnes, surmonté d'un ordre corinthien à pilastres; plus, d'un attique supportant un dôme elliptique en projection horizontale, et couronné par une lanterne dont l'amortissement était une fleur de lis. Deux édicules[2], aussi coiffés d'un dôme, ra-

Description du grand escalier.

[1] Une des colonnes du palais, plus élégante que les autres, a été attribuée à Jean Goujon; mais, suivant toute apparence, cet artiste n'en était point l'auteur. (Félibien, *Entretiens sur les vies des peintres*, t. II, p. 64.) — De l'Orme donne le modèle des colonnes ioniques qu'il avait d'abord l'intention de faire aux Tuileries, mais qu'il fut obligé de changer, parce qu'elles n'étaient point assez riches: «Je «vous ay figuré cy-après, dit-il, une colonne de «l'ordre ionique, laquelle j'avois dressée et faicte «expressément pour estre appliquée au palais de la «Majesté de la Royne mère; mais, comme le bon «vouloir luy a creu de faire sondict palais fort ma-«gnifique et beaucoup plus riche, voire jusques à «faire tailler et insculpter plusieurs sortes d'ou-«vrages et devices ordonnées par Sa Majesté sur «lesdictes basses et assiettes qui sont faictes de «marbre, ainsi que vous le pourrez cognoistre par «les figures desdictes colonnes, lesquelles je vous «représenteray au second tome et volume de nostre «Architecture, où nous descrirons bien au long, Dieu «aydant, ledict palais.» (Fol. 221 r°.) Le second volume de l'ouvrage n'a jamais paru.

[2] Consulter une des vues du *Carrousel* de Sylvestre.

NOTE DU CONTINUATEUR. — Feu A. Berty avait commencé à restituer, avec le soin et la prudence dont il a donné tant de preuves, les façades du palais des Tuileries, sur la cour et sur le jardin, pour les faire reparaître dans l'état où avait voulu les mettre Philibert de l'Orme. Il le dit lui-même: ce travail était d'une grande difficulté à cause des contradictions graphiques qu'on peut remarquer dans les diverses images qui nous ont été transmises des différents états de ce palais. Ainsi, pour ne parler que des gravures de Du Cerceau, on remarque d'abord, dans le plan du projet général du palais, que toutes les baies de croisées ont un meneau au milieu de l'appui, et pourtant, si l'on rapproche ce détail de la figure des élévations, on voit que les meneaux sont maigres et paraissent des pièces de menuiserie. Cependant, pour rétablir l'état ancien de cette partie du palais, il faut évidemment rétablir les meneaux en pierre, qui ont été démolis plus tard pour obtenir plus de jour. Ce mode de division et d'ornementation de la baie de croisée était fort en usage à cette époque; il servait de transition du fenestrage de l'époque antérieure à la baie à meneaux simples, fermée de châssis en menuiserie, qui devaient servir eux-mêmes de transition aux croisées vitrées de petits, puis de grands carreaux de vitre. Nous avons donc rétabli le meneau simple qu'indique clairement le plan de Du Cerceau dans les deux façades de la partie centrale du palais. Le texte explique suffisamment la raison d'être des singuliers symboles sculptés qui couvrent les frises des entablements et les bagues des colonnes. Dans la façade, vers la cour, nous ferons remarquer que les saillies et bossages, qui existent encore dans les portions conservées de l'édifice, ont été soigneusement relevés et mis en place. Des vues qui ont été données de ce palais à différentes époques et suivant le degré d'avancement, M. Berty a pu trouver les moyens de compléter les parties qui laissaient quelque chose à désirer; c'est en suivant la voie qu'il nous avait tracée que nous avons pu reconstituer de toutes pièces, et dans sa primitive homogénéité, un des plus élégants palais de la Renaissance française. On y peut voir qu'à cette époque les architectes avaient grand souci de l'effet perspectif, et cherchaient à bien accuser les masses architecturales en les découpant sur l'horizon; ils obtenaient ainsi, au moyen des croupes et des souches élevées des cheminées, un effet que nous pouvons encore apprécier. C'était, d'ailleurs, la transition naturelle des lignes accidentées du moyen âge aux lignes majestueuses, mais monotones, du XVIIe siècle.

Nous avons cru devoir adopter, pour la gravure, un genre de travail qui pût rendre surtout les effets dont nous parlons. Cet ouvrage de *topographie* n'est point de ceux qu'on appelle ouvrages d'*archi-*

chetaient, du côté occidental, la différence entre le plan curviligne de l'attique et le plan rectangulaire du second étage. Le pavillon central renfermait un escalier fort célèbre par la hardiesse et la science déployées dans sa construction. Il servait à monter à la grande salle haute, et Sauval le cite comme «le plus «vaste, le plus aisé et le plus admirable» qui fût au monde. «Sa cage, dit-il, «porte en dedans quatre toises et demie de large sur cinq de long et dix de haut [1]; «elle est quarrée longue par dehors, mais arrondie par dedans en élipse, avec «les marches et les rampes, et entourée de trompes en niches rampantes. Dans «cette cage, de l'Orme a renfermé un degré ovale, vuide et sans colonne ni noyau «dans le milieu, qui tourne de fond en cime, commence et finit en limace, porte «huit pieds de marche et vingt-deux de vuide, et, de plus, bordé d'une balus-«trade de bronze. Quatre trompes nommées communément trompes en tour «creuse, rampantes et bombées, sont distribuées dans les quatre angles de la cage, «et servent d'appui et de fondement aux marches. Ces trompes, au reste, forment «une ligne spirale qui fait insensiblement une belle et longue élipse, rejettant «de fort bonne grâce la perfection de l'ovale; d'ailleurs, elles sont si plattes et «si surbaissées qu'elles ne se voient presque point. Si bien qu'autant de fois «qu'on vient à regarder cette pesante masse de pierre et de bronze faite en «coquille, qui roule entre deux airs, il semble qu'elle soit prête à tomber et à «ensevelir sous les ruines ceux qui la contemplent. Cependant on y monte en «sûreté et commodément par des marches spirales et tournantes, non-seulement «basses et aisées, mais distinguées encore par quelques paliers, pour plus de «facilité et de bienséance.

«Cet escalier, en un mot, est si bien entendu et si proprement conduit, sans «faire jarret, et tourne insensiblement tout d'une venue, par une ligne qui suit la «forme de ce trait, non moins rampante qu'adoucie, que jusqu'à présent il ne «s'est encore rien vu de ce genre-là de plus hardi, ni de plus admirable. Les «géomètres, néanmoins, y reprennent je ne sais quoi, qui est que le socle ou le «soubassement de son appui ne porte point, de haut en bas, une égale hauteur; «car c'est par ce petit deffaut qu'ils commencent d'ordinaire la description de ce «bel escalier. De l'Orme mourut avant que de l'achever; après sa mort, pas un

tecture, destinés à faire comprendre le tracé des moulures et des profils; le but qu'on s'y propose est plutôt de faire juger et d'expliquer, en ce qui concerne les monuments, ces grandes lignes, ces dispositions d'ensemble qui sont un des principaux mérites des artistes de ces époques, et marquent en outre les phases successives de l'art. Le parti adopté donne aux saillies et aux avant-corps toute leur valeur.

Nous n'avons fait ici que suivre les indications de M. Berty. Si ces exemples peuvent faire comprendre suffisamment ce qu'ont été ces édifices, et inspirer aux artistes l'étude de ces ensembles disposés aussi bien pour la commodité que pour l'agrément, et surtout si bien coordonnés dans toutes leurs parties et sous tous les aspects, c'est principalement à notre regrettable prédécesseur que le mérite en devra être attribué.   H. L.

[1] L'escalier conduisait donc jusque dans l'attique ou tambour du dôme.

LE CHÂTEAU DES TUILERIES AU TEMPS DE CATHERINE DE MÉDICIS. 15

« architecte du royaume, ni géomètre, n'osa le continuer. Boullet, maistre maçon,
« fut le seul qui se vanta d'avoir retrouvé le trait du deffunt; sur cela Henri IV lui
« en ayant abandonné la conduite, tout ce qu'il a fait a été de finir de mauvaise
« grâce le miracle de la coupe des pierres. Ce merveilleux chef-d'œuvre a donné
« lieu à quantité de fables que je laisse là [1]; tout ce que je puis dire est que, si cet
« escalier avoit été fait dans un siècle plus éloigné de nous, on nous feroit accroire
« que quelque fée ou sorcier l'auroit bâti.

« Il y en a qui prétendent que, si ce grand géomètre (de l'Orme) eût vécu da-
« vantage, il auroit rehaussé de plus de tours et retours, de plis et replis une élipse
« si gentille et si industrieuse, bien loin de la finir ni si court, ni si roide, ni de
« si mauvaise grâce; que toutes les marches en eussent été douces et tournantes de
« fond en comble, et, enfin, qu'il l'auroit fait régner jusque dans le dôme. D'au-
« tres, au contraire, veulent que jamais de l'Orme n'auroit continué les marches
« jusques dans le dôme, qu'il s'en seroit bien donné de garde; qu'autrement l'en-
« trée auroit été semblable à celle d'une trappe et d'un cabaret borgne [2]. »

Les deux architectes qui dirigèrent la construction des Tuileries, du temps de Catherine de Médicis, furent Philibert de l'Orme et Jean Bullant.

Philibert de l'Orme [3], « Lyonnois, » ainsi qu'il se qualifie lui-même, est né en 1515 ou à peu près, car, dans la préface de son traité d'Architecture, publié en 1567, il dit : « Je vous advertiray que depuis trente-cinq ans en çà et plus, j'ai
« observé en divers lieux que la meilleure partie de ceux qui ont faict ou faict

Les architectes des Tuileries. Commencements de Philibert de l'Orme.

---

[1] Voici un des récits auxquels Sauval fait allusion; nous le trouvons dans le *Supplément à l'histoire du Beauvoisis*, de Simon (II⁰ part. p. 121) :
« On prétend que l'un des Vaast (les Vaast étaient
« des architectes de Beauvais), ayant été travailler
« à Paris, sous Philibert de l'Orme, qui avoit ap-
« porté les plus beaux desseins d'Italie, et qui avoit
« entrepris le grand escalier des Thuilleries, en
« ovale, à noyau vuide de trois toises sur le grand
« diamètre, et de deux sur le petit, voyant son maître
« embarrassé, il luy montra le moyen d'en venir à
« bout, et que le maître fut obligé de lui en aban-
« donner la conduite; ce qui ne fit pas d'honneur au
« maître, plusieurs personnes ayant sçu que l'hon-
« neur étoit dû à l'appareilleur; et de l'Orme croyant
« pouvoir s'en passer et achever l'ouvrage sur le
« dessein que Vaast avoit tracé dans la salle des
« Gardes, où il passa une partie de la nuit à effa-
« cer son trait et se sauva aussitôt, ce qui fut cause
« que le reste n'approcha pas du premier des-
« sein, ny pour la beauté, ny pour la commodité.
« Il alla de là faire la belle voûte qui est en l'église

« de Meignelay. » On a également attribué l'escalier des Tuileries à un des Métezeau. Les haines que de l'Orme fit naître par son caractère orgueilleux sont, peut-être, la seule source des bruits malveillants répandus à l'occasion de l'escalier des Tuileries.

[2] T. II, p. 54.

[3] Telle est la véritable orthographe de son nom, qu'on a le tort aujourd'hui d'écrire en un seul mot. Les ascendants de l'Orme ne sont pas connus. Collet (*Notice sur la vie et les ouvrages de quelques architectes français*) en fait le fils d'un entrepreneur de travaux publics; c'est une pure invention; mais il y a grande apparence que de l'Orme appartenait à une famille de constructeurs. Il était probablement le parent de Pierre et de Toussaint de l'Orme, maîtres maçons qui travaillèrent au château de Gaillon, dans les premières années du XVI⁰ siècle, et dont les noms figurent dans les comptes publiés par M. Deville. A cette époque, la même profession se perpétuait fréquemment dans les familles.

« faire bastiment, etc. » Ce passage établit que de l'Orme commença ses premières études artistiques vers 1530 au plus tard. Or, à l'âge de quinze ans, assure-t-il, il commandait déjà à trois cents ouvriers [1], et certainement alors il ne pouvait être qu'à son début dans la carrière. La conclusion forcée, c'est que, comme nous venons de le dire, la date de 1515 est infailliblement, à quelques mois près, celle de sa naissance.

De l'Orme est authentiquement du nombre de ces artistes français du xvie siècle qui allèrent en Italie étudier les éléments de l'art antique. Il l'affirme en maint endroit de ses livres, et dans l'un d'eux il raconte même comment il s'attira, par son ardeur au travail, les sympathies d'un puissant prélat : « Estant à Rome, dit-
« il, du temps de ma grande jeunesse, je mesurois les édifices et antiquitez, selon
« la toise et pied de roy, ainsi qu'on faict en France. Advint un jour que, mesu-
« rant l'arc triumphant de Saincte-Marie-Nove, comme plusieurs cardinaux et sei-
« gneurs, se pourmenans, visitoient les vestiges des antiquitez et passoient par le
« lieu où j'estois, le cardinal de Saincte-Croix (lors simple évesque seulement,
« mais, depuis, cardinal et pape sous le nom de Marcel, homme très-docte en di-
« verses sciences, et mesme en l'architecture, en laquelle pour lors il prenoit grand
« plaisir, voire jusqu'à en ordonner et faire desseings et modelles, ainsi que puis
« après il me le monstra en son palais) dit en son langage romain qu'il me vouloit
« cognoistre, pour autant qu'il m'avoit veu et trouvé plusieurs fois mesurant divers
« édifices antiques, ainsi que je faisois ordinairement avec grand labeur, frais et
« despens, selon ma petite portée, tant pour les eschelles et cordages que pour
« faire fouiller les fondemens à fin de les cognoistre; ce que je ne pouvois faire sans
« quelque nombre d'hommes qui me suivoient, les uns pour gagner deux *jules* ou
« *carlins* le jour, les autres pour apprendre, comme estoient ouvriers, menuisiers,
« scarpelins ou sculpteurs et semblables, qui désiroient cognoistre comme je faisois
« et participer du fruict de ce que je mesurois [2]. » Marcel Cervino, qui fut élu

[1] « Ce que je cognois en moy, qui de jour en
« jour expérimente, trouve et excogite de nouvelles
« inventions, m'estant employé et addonné, *dès ma*
« *première jeunesse*, à tousjours chercher les plus
« doctes en géométrie et autres sciences requises à
« l'architecture, qui fussent en Europe, et visitant
« les excellentes antiquitez et d'icelles prenant ex-
« traictz, mesures et proportions, pour l'illustration
« de l'architecture. En quoy, par la grâce de Dieu,
« j'ay tant bien procédé et prospéré que j'ay ordonné
« et faict construire temples, chasteaux, palais et
« maisons par vray art d'architecture en divers lieux,
« et tant pour roys, princes, cardinaux qu'autres,
« *voire dès l'eage de quinze ans*, auquel temps je com-
« mençay avoir charge et commander tous les jours
« à plus de trois cents hommes. » (*Nouvelles inven-*
tions, fol. 35 r°.) Il répète l'assertion dans un mémoire manuscrit où nous puisons divers détails de sa vie.

[2] *Architecture*, fol. 131 r°. La suite de ce passage n'est pas sans intérêt : « Laquelle chose donnoit
« plaisir audict seigneur cardinal; voire si grand
« qu'il me pria, estant avec un gentilhomme romain
« qu'on nommoit misser Vicencio Rotholano, logeant
« pour lors au palais de Saint-Marc, que je les
« voulusse aller voir, ce que je leur accorday très
« volontiers. Ledict seigneur Rotholano, homme
« fort docte aux lettres et en l'architecture, prenoit
« grandissime plaisir à ce que je faisois, et pour ceste
« cause me monstroit, comme aussi ledict seigneur
« cardinal, grand signe d'amitié. Bref, après avoir
« discouru avec eux de plusieurs choses d'architec-

LE CHÂTEAU DES TUILERIES AU TEMPS DE CATHERINE DE MÉDICIS.   17

pape en 1555, n'avait été promu à la dignité épiscopale qu'en 1534, à l'avénement du pape Paul III. En 1536, il accompagna le cardinal Farnèse, légat du Saint-Siége, en France et dans les Pays-Bas, et, lui ayant succédé dans ses fonctions, il ne revint pas avant 1539 se fixer à Rome, où l'attendait le chapeau de cardinal au titre de Sainte-Croix de Jérusalem. Sa rencontre avec de l'Orme remonte donc à la fin de 1534 ou à 1535. D'après notre calcul, celui-ci avait alors une vingtaine d'années; il était ainsi dans sa «première jeunesse,» ayant néanmoins atteint un âge où l'on est apte à faire de sérieuses études, ce qui lui eût été impossible s'il fût né vers 1520. Il était même capable de faire plus que des études, puisque, entré «au service du pape Paulle,» il avait «une belle charge à «Saint-Martin *dello Bosco*, à la Callabre,» ainsi qu'il le rapporte dans le curieux mémoire dont nous donnons le texte à la fin de ce volume. On sait aussi par lui qu'en 1536 il habitait de nouveau sa ville natale; car, parlant de trompes qu'il avait fait construire dans la rue de la Juiverie, à Lyon, il dit : «Je fis faire tel «œuvre *l'an 1536, à mon retour de Rome et voyage d'Italie*, lequel j'avois entrepris «pour la poursuitte de mes estudes et inventions pour l'architecture [1].»

Ce furent Guillaume Du Bellay et son frère Jean, le cardinal, qui, suivant l'expression de Ph. de l'Orme, le «débauchairent» du service pontifical, et le firent revenir en France, où il semble qu'il choisit d'abord Lyon pour résidence. Vers 1542, il y commença le portail de l'église Saint-Nizier, qu'il n'acheva point, parce que, selon d'Argenville, qui ne cite pas d'autorité, le cardinal Du Bellay l'aurait attiré à Paris, pour lui confier la construction de son château de Saint-Maur. Son admission parmi les officiers de la couronne eut lieu sans doute par la même influence, mais à une époque que nous ne pouvons exactement fixer. Nous savons toutefois que, dans la première moitié de l'année 1546 [2], de l'Orme, chargé de visiter «tous les ans par deux foys toute la coste et forteresse de Bretaigne,» sauva la ville de Brest d'une attaque imminente des Anglais, exploit dont il fait un court récit dans son mémoire. Or cette locution, «je visitoys tous les ans par deux «fois, etc.» dénote qu'il était commissionné du Roi depuis plusieurs années. On observera que ses premières fonctions publiques furent moins celles d'un architecte que celles d'un ingénieur et d'un commis aux armements : ainsi aller «veoir des

Philibert de l'Orme à Lyon. (1542.)

«ture et entendu d'où j'estois, ils me prièrent derechef de les visiter souvent audict palais, ce que je «fis. Auquel lieu ils me conseillèrent, entre autres «choses (après avoir cogneu la despense que je fai«sois pour cercher les antiquitez et retirer toutes «choses rares et exquises en l'art d'architecture), que «je ne mesurasse plus lesdictes antiquitez selon le «pied de France, qui estoit le pied de roy, pour au«tant qu'il ne se trouveroit si à propos que le palme

«romain, suyvant lequel on pouvoit fort bien juger «des anciens édifices, qui avoyent esté conduicts «avec iceluy plustost que avec autres mesures, et si«gnamment avec le pied antique; me donnans lors «et l'un et l'autre avec les mesures, longueurs et divi«sions... D'avantage, ils m'enseignèrent les lieux où je «les trouvay insculpées en un marbre fort antique.»

[1] *Architecture*, fol. 90 v°.

[2] La paix fut signée au mois de juin 1546.

18   TOPOGRAPHIE HISTORIQUE DU VIEUX PARIS.

« gallions que l'on faisoyt au Havre de Grâce, et visiter les navyres qui estoyent
« à la coste de Normandie, arrester diligemment des vivres comme lardz, sutres et
« biscuitz, bray et goteron, cordaiges et aultres équipaiges, pour pourter au camp
« de Boulongne [1], » ce sont là des services n'ayant rien d'artistique. Au reste, de
l'Orme dit expressément qu'il eut la charge de « fortifier à la guerre, » et qu'il fut
« capitaine en chief et fermé, » c'est-à-dire assiégé, « plusieurs fois. » Il est fâcheux
qu'il n'indique point si ces derniers épisodes de sa vie s'accomplirent en France ou
en Italie [2]. Au XVIe siècle, l'Italie était regardée comme le pays le plus savant dans
l'art poliorcétique, et les architectes y étudiaient volontiers à la fois les ordres
antiques, la structure des vaisseaux et le tracé des bastions. Cette circonstance et
les nouveaux procédés de construction qu'il rapportait de ses voyages durent
être les principales raisons qui recommandèrent de l'Orme, quand il fut préposé
aux fonctions dont il nous apparaît d'abord revêtu. Il les exerça à Brest, Saint-
Malo, Concarneau, Mantes [3], et en d'autres lieux de Bretagne et de Normandie, où
il eut l'occasion de signaler les plus scandaleux abus et d'y mettre ordre, non sans
se créer de nombreux ennemis. Des lettres patentes du 3 février 1554 le nom-
mèrent « maistre architecte et conducteur général » des « bastimens et édifices,
« ouvraiges et fortifications » du duché de Bretagne ; mais il était alors trop occupé
pour remplir convenablement ces fonctions, qu'il ne garda que peu de temps.

Philibert de l'Orme architecte du Roi. (1548.)

Un procès-verbal de visite, du 29 janvier 1548 (1549 n. s.), désigne Philibert de l'Orme comme étant alors « architecte du Roy. » Nous ne savons si tel était
son titre du temps de François Ier, mais il le possédait dès le commencement du
règne de Henri II, qui, à la date du 3 avril 1548, par lettres d'office données à
Fontainebleau [4], nomma de l'Orme inspecteur des bâtiments royaux de Fontainebleau, Saint-Germain, etc. en d'autres termes, surintendant des bâtiments de la
couronne. Tout montre qu'à partir de ce moment il fut constamment l'architecte
préféré de Henri II et celui de Diane de Poitiers, pour laquelle il fit d'importants
travaux. Cette haute protection devait lui valoir et lui valut effectivement une foule
de faveurs; mais la médisance se plut, dans la suite, à en exagérer beaucoup l'importance, car elle répandit le bruit que les bénéfices qui avaient été conférés à de
l'Orme formaient un revenu de vingt mille livres, et ce revenu ne montait qu'à six
mille, d'après le compte qu'il en donne, à la vérité sans y comprendre les émo-
luments de certaines charges dont il recueillait des avantages notables. Ses bénéfices n'étaient d'ailleurs qu'une juste rémunération de ses travaux, et une indemnité pour les dépenses élevées qui lui incombaient. Il dit à ce propos : « L'on ne

---

[1] Ce camp doit être celui du maréchal Du Biez, qui assiégeait Boulogne en 1545.
[2] Il serait très-difficile de croire que ce fut en Italie, puisque, lorsqu'il revint de cette contrée,
il ne pouvait être âgé de beaucoup plus de vingt ans.
[3] Voir l'appendice VI.
[4] *Comptes des bâtiments royaux*, p. 161 et 165.

LE CHÂTEAU DES TUILERIES AU TEMPS DE CATHERINE DE MÉDICIS. 19

« me donna jamais estat et gaiges, ne pensions, ny aultre don que ce soit; et ay
« toujours mené dix ou douze chevaulx, et estoyent ordinairement sur les champs
« suivant le commandement que me faisoit le feu Roy (Henri II) et ceulx qui me
« commandoyent; et tenoys maison partout où je me trouvoys, tant aux cappi-
« taynes, concierges, contrerolleurs et m^{es} maçons, charpentiers et aultres; tous
« mangeoyent à mon logis, à mes propres despens, sans qu'ilz payassent, ne moings
« me faire présent de la valleur d'une seule maille. Oultre plus, tous les modelles
« que je faisoys faire, tant pour le service du Roy que de ceulx qui estoyent auprès
« de luy, l'on ne m'en payoit pas ung denier, et si j'en ay faict tel qui a cousté
« deux ou troys cens escuz. »

En 1548, de l'Orme était déjà conseiller et aumônier ordinaire du Roi; de 1556 à 1557, il fut aussi pourvu d'un office de maître des comptes⁽¹⁾. La première abbaye qu'on lui donna en commende fut celle de Généton ⁽²⁾, en Bretagne, dont le revenu ne montait qu'à trois cents livres; il eut ensuite celle de Saint-Barthélemy-lez-Noyon, qui rapportait mille sept cents livres, et dont il fit prendre possession par un nommé Guillaume Longue-Épée, auquel il donna sa procuration pour cela, le 21 août 1548. En 1560, il soutint contre ses moines un procès au sujet des revenus conventuels : il s'opposait à ce qu'on en prît le tiers dans le dessein de réédifier les bâtiments du monastère, que le gouverneur de Noyon avait fait entièrement raser en 1557, afin de mieux défendre la ville. De l'Orme perdit son procès, dont les moines lui gardèrent toujours rancune, et, en 1561, on commença à rebâtir l'abbaye, sur un pignon de laquelle ses armes furent sculptées.

Philibert de l'Orme abbé commendataire. (1548.) Ses armoiries.

Le cartulaire de Saint-Barthélemy nous apprend que ces armes étaient *d'argent à un orme accompagné de deux tours de sinople*, et l'on y fait observer qu'elles auraient dû être effacées, attendu que de l'Orme n'avait aucunement contribué à la dépense ⁽³⁾. De l'Orme resta jusqu'à sa mort abbé de Saint-Barthélemy, et en

---

⁽¹⁾ Inventaire du Mémorial XX de la Chambre des comptes, p. 24; Arch. de l'Emp. reg. PP 119.

⁽²⁾ L'abbaye de Généton ou Geneston, dont il n'est point question dans le *Gallia*, était située, dit M. B. Fillon, sur les confins de la Bretagne et du Poitou.

⁽³⁾ Bibl. imp. cart. n° 284. — Il est probable que les armes de Ph. de l'Orme comprenaient une *crosse en pal*, ou autrement; mais, comme ce détail n'est point indiqué dans le passage du manuscrit, on n'en a pas tenu compte sur le dessin.

outre de Saint-Éloy-lez-Noyon [1], bénéfice dont il disposait dès 1555, mais qu'il ne mentionne point dans son mémoire manuscrit. Quant à l'abbaye d'Ivry [2], située au diocèse d'Évreux, dont le revenu était de treize cents livres par an, il l'obtint également en 1548, et en rendit hommage au Roi le 6 octobre 1549; il avait dû la disputer à un concurrent, le prieur Edmond Maillard, qui fut évincé de ses prétentions par sentence du 18 janvier 1549. D'après le *Gallia christiana*, auquel nous empruntons ces détails [3], de l'Orme fit faire dans l'église du couvent des stalles qu'il décora de ses armoiries, et qui, malheureusement, n'existent plus. En 1553, il vendit la dîme de la forêt d'Ivry, propriété du monastère, à la duchesse de Valentinois, et, en 1560, il renonça, en faveur de Jacques de Poitiers, frère de cette dernière, à l'abbaye même, sur laquelle il rappelle orgueilleusement, en tête des trois premiers livres de son second ouvrage, qu'il avait «naguères» exercé son autorité. L'abbaye de Saint-Serge-lez-Angers, qui valait deux mille sept cents livres de rente, récompensa de l'Orme de sa soumission aux volontés de sa puissante protectrice, et le titre d'abbé de Saint-Serge, le dernier qu'il dut à la générosité de Henri II, fut celui qu'il se donnait le plus ordinairement dans les derniers temps de sa vie. Il en avait un autre encore, car il fut aussi chanoine de Notre-Dame de Paris, en compagnie de son célèbre collègue Pierre Lescot. Il avait fait signifier au Chapitre ses lettres de collation, émanées du cardinal Jean Du Bellay, et demandé à prêter serment, le mercredi 3 septembre 1550, puis il avait été installé le vendredi suivant. Dans les procès-verbaux des assemblées capitulaires, son nom apparaît pour la première fois [4] à la date du 12 janvier 1550 (v. s.), et il figure dans la liste des chanoines du commencement de l'année 1551; mais, chose assez singulière, il ne se trouve plus sur celle de 1552, ni sur les suivantes pendant une dizaine d'années; il revient, au contraire, au bas d'une délibération du 17 novembre 1561, et très-souvent après.

[Disgrâce de Philibert de l'Orme. (1559.) Plaisanteries de Ronsard].

Dans les arts, plus que partout ailleurs, le succès, même légitime, fait naître des envieux, c'est-à-dire des ennemis. De l'Orme n'échappa point à cette fatalité ni à ses conséquences. Probablement aussi il ne fut point exempt de torts, et il mérita qu'on l'accusât de fierté et de morgue. Il laisse voir assez complaisamment dans ses ouvrages la haute opinion qu'il avait de son propre mérite; on peut croire qu'elle se traduisit plus d'une fois en actes blessants pour ceux avec lesquels il était en relation. A propos de la roideur qu'on lui prête, on a

---

[1] La bulle par laquelle de l'Orme fut investi de l'abbaye de Saint-Éloy-lez-Noyon a été retrouvée par M. L. Delisle; elle est datée du mois de septembre, ou peut-être du mois d'août 1553. De l'Orme y est qualifié clerc du diocèse de Lyon et bachelier en décrets.

[2] Le lieu s'appelle maintenant *Ivry-la-Bataille*, à cause du combat où, en 1590, Henri IV défit l'armée de la Ligue.

[3] T. VII, col. 847 et 1119; t. XI, col. 654.

[4] Arch. de l'Emp. reg. LL 250, p. 107, 109, 200.

LE CHÂTEAU DES TUILERIES AU TEMPS DE CATHERINE DE MÉDICIS.   21

souvent invoqué l'anecdote suivante, que nous rapporterons dans les termes employés par le premier qui l'a racontée, et dont on ne cite jamais que les copistes : « En une autre satyre, » dit Binet, dans sa biographie de Ronsard, satire que celui-ci « appeloit *la Truelle crossée*[1], blasmant le Roy de ce que les bénéfices
« se donnoient à des maçons et autres plus viles personnes, où particulièrement il
« taxe un de l'Orme, architecte des Tuilleries, qui avoit obtenu l'abbaye de Livry
« (d'Ivry), et duquel se trouve un livre non impertinent d'architecture. Et ne sera
« hors de propos de remarquer icy la mal-vueillance de cest abbé, qui, pour s'en
« venger, fit un jour fermer l'entrée des Tuilleries à Ronsard, qui suivoit la Royne
« mère; mais Ronsard, qui estoit assez picquant et mordant quand il vouloit, à
« l'instant fit crayonner sur la porte, que le sieur de Sarlan lui fit aussitost ouvrir,
« ces mots en lettres capitales : FORT. REVERENT. HABE. Au retour, la Royne voyant cest
« escrit, en présence des doctes hommes et de l'abbé de Livry mesme, voulu sça-
« voir que c'estoit et l'occasion. Ronsard en fut l'interprète, après que de l'Orme
« se fut plaint que cest escrit le taxoit : car Ronsard lui dit qu'il accordoit que, par
« une douce ironie, il prist cette inscription pour luy, la lisant en françoys ; mais
« qu'elle luy convenoit encore mieux, la lisant en latin, remarquant par icelle les
« premiers mots raccourcis d'un épigramme d'Ausone, qui commence *Fortunam re-*
« *verenter habe* [2], le renvoyant pour apprendre à respecter sa première et vile for-
« tune et ne fermer la bouche aux Muses. La Royne aida Ronsard à se venger,
« car elle tança aigrement l'abbé de Livry après quelque risée, et dit tout haut
« que les Tuilleries estoient dédiées aux Muses [3]. » Cette anecdote, a-t-on récemment objecté, doit être réputée d'autant plus suspecte qu'il n'est pas vrai que de l'Orme ignorât le latin. S'il est présumable que de l'Orme fut lettré, on n'en peut rien conclure quant à l'authenticité de l'anecdote : présentés sous la forme tronquée que leur avait donnée Ronsard, les trois premiers mots du distique d'Ausone n'éveillaient point l'idée d'un texte latin à compléter et à traduire, mais ils avaient été choisis pour égarer celui qui chercherait à les interpréter. Les vers que nous citons au renvoi établissent subsidiairement, et d'une manière formelle,

---

[1] Ce poëme n'est point connu et n'a probablement pas été imprimé. Tout ce que nous avons trouvé, dans les écrits de Ronsard, qui ait trait à de l'Orme, ce sont les quatre vers suivants, extraits d'une épître adressée à Charles IX :

J'ay veu trop de maçons
Bastir les Tuileries,
Et en trop de façons
Faire les momeries.

(*Œuvres inédites de Ronsard*, par P. Blanchemain, p. 129.)

De l'Orme a été mieux traité par un de ses contemporains, dont l'esprit, certes, valait celui de Ronsard. A l'occasion des machines de guerre employées par les anciens, Rabelais déclare que le système en était mal compris « des ingénieux archi-
« tectes disciples de Vitruve, comme nous l'a con-
« fessé, dit-il, messer Philbert de l'Orme, grand
« architecte du roi Mégiste. » (*Pantagruel*, liv. IV, ch. LXI.)

[2] Fortunam reverenter habe, quicumque repente
Dives ab exili progrediere loco.

[3] *Œuvres de Ronsard*, édit. de 1609, p. 1153. L'anecdote de Ronsard a été répétée d'innombrables fois, et on la trouve déjà dans les *Antiquités de la chapelle du Roy*, de Guillaume du Peyrat (p. 204), ouvrage publié en 1645.

le peu de sympathie du poëte pour l'architecte des Tuileries. L'aventure de Ronsard n'est point non plus la seule preuve de l'orgueil qui gonflait le cœur de de l'Orme, car, il est impossible de le méconnaître, c'est à lui que Bernard Palissy fait allusion, lorsqu'il met dans la bouche de *Practique* ces paroles : « Aussi je sçay « qu'il y a eu de nostre temps un architecte françois qui se faisoit quasi appeler « le Dieu des maçons ou architectes, et d'autant qu'il possédoit vint mil en béné- « fices, et qu'il se sçavoit bien accomoder à la cour; il advint quelquefois qu'il se « vanta de faire monter l'eau tant haut qu'il voudroit, par le moyen des pompes ou « machines, et par telle jactance incita un grand seigneur à vouloir faire monter « l'eau d'une rivière en un haut jardin qu'il avoit près ladite rivière [1]. »

La bienveillance de Henri II était le principal appui de de l'Orme et maintenait en échec ses ennemis; ils ne perdirent point un instant pour assurer le succès de leur vengeance, aussitôt que l'occasion s'en offrit. En effet, deux jours seulement après la mort du Roi, le 12 juillet 1559, des lettres patentes dépossédèrent de l'Orme de sa charge d'inspecteur des bâtiments royaux au profit du Primatice [2], qui avait été sans doute l'âme de toutes les intrigues tramées contre lui. De l'Orme nous fait connaître les accusations dont il fut l'objet; on ne se borna pas à nier son talent, on fit plus, on révoqua en doute sa probité; il fut « accusé « de plusieurs infamyes dont j'ai esté, et m'a-t-on fait « couster tout ce que j'avoys jamays acquis..... » Je fus « depesché et calom- « nié... avec une infinité de mensonges..... voire jusques à estre de telle sorte « rendu suspect, comme si je dérobois les deniers et faisois mon proufit de toutes « choses. Mais je ne m'en suis pas beaucoup soucié, m'asseurant qu'il ne m'en « pourroit venir aucun dommage, pour n'avoir jamais manié aucuns deniers, sinon « ceux qu'il a pleu à Dieu me donner, et aussi cognoissant que tel travail m'adve- « noit par la permission de Dieu et pour les offenses que je fais journellement « contre la saincte divinité [3], etc. » De l'Orme s'exprimait ainsi vers 1566, à une époque où les nuages amoncelés sur sa tête s'étaient dissipés, et où il avait recouvré une partie de son influence. Dans son premier ouvrage, écrit vers 1560, au moment où ses contrariétés étaient dans toute leur vivacité, il manifeste encore plus d'amertume, et, parlant d'une de ses inventions, il affirme qu'il en démontrera la réalité, « s'il plaist à Dieu, dit-il, me donner l'esprit plus libre, et « mettre hors de tous ennuicts et traverses que l'on m'a donné depuis le trespas du « feu roy Henry, mon très-souverain et bon maistre [4]. » Plus loin, dans un accès de misanthropie, il s'écrie : Je n'ai « aujourd'huy autre chose en délibération que

---

[1] *Discours admirables*, chap. des *Eaux et fontaines*, p. 138 de l'édition de M. Cap. — Les *Discours* ont été publiés en 1580, et de l'Orme était mort alors; mais Palissy, qui avait travaillé aux Tuileries de son temps, devait bien le connaître. Il se fait, on le voit, l'écho du bruit relatif aux vingt mille livres de rente de de l'Orme.

[2] *Comptes des bâtiments royaux*, p. 333.

[3] *Architecture*, fol. 281 v°.

[4] *Nouvelles inventions*, fol. 35 r° et 38 v°.

« cheminer en ma simplicité et me cacher le plus que je puis des hommes, pour
« avoir mieux la commodité de poursuivre mes études d'architecture, et signamment
« vacquer à l'escriture saincte, à laquelle je me suis du tout addonné. »

Les sentiments de piété qui animaient de l'Orme atténuèrent peut-être, mais n'effacèrent jamais le souvenir des peines qu'on lui avait suscitées. Ce souvenir était sans cesse présent à son esprit lorsqu'il rédigea son traité d'Architecture, et lui a inspiré une foule d'allusions. Il est aisé de reconnaître, par plusieurs passages de son livre, que le personnel de la cabale dont il fut victime se composait, à ses yeux au moins, d'incapacités présomptueuses et de médiocrités routinières, activement soutenues par des commis peu intègres, qui n'aimaient point à voir exposer leurs manœuvres au grand jour. De l'Orme signale les « contrerolleurs, » qui exploitaient les ouvriers, tout en trahissant la confiance de leurs maîtres ; il dévoile ces commissaires qui, « aux grandes entreprinses qui se font pour les roys, « princes et grands seigneurs... promettent sçavoir tout faire et estre les meil- « leurs mesnagers qu'il est possible de penser, mais le plus souvent... n'y enten- « dent comme rien, » et « ne cessent de médire des architectes envers les seigueurs, « afin qu'ils se fient plustôt à eux que ausdicts architectes ; » mais il s'attache surtout, et avec une persistance rancunière, à faire justice des « donneurs de portraits « (plans) et faiseurs de desseins, dont la pluspart n'en sçauroit bien trasser ou « décrire aucun, si ce n'est par l'ayde et moyen des peinctres, qui les sçavent plus- « tost bien farder, laver, umbrager et colorer, que bien faire et ordonner avecques « toutes leurs mesures : » abus d'où découle cet autre, « qu'après que les maistres « maçons ont fait entendre ce qu'ils peuvent aux peintres, pour en faire leurs « portraicts, les dicts peintres se promettent incontinent estre grands architectes... « et sont si présumptueux qu'ils veulent entreprendre les œuvres de maçonnerie, « comme aussi font aucuns menuysiers et tailleurs d'images [1]. » On conçoit sans peine que l'homme consommé dans le métier, auquel Le Primatice avait réussi à se substituer dans la charge d'inspecteur des bâtiments, éprouvât une violente aversion contre les peintres qui se mêlaient d'architecture, matière sur laquelle, à son avis, ils n'étaient pas plus forts que des notaires [2]. De l'Orme les haïssait si cordialement, eux et les autres intrus dans son art, que, pour se donner le plaisir de les bafouer, il oublia sa gravité habituelle et descendit jusqu'à la caricature. En opposition au portrait du véritable architecte, il donna la charge graphique du faux, qu'il représente sans yeux, sans nez et sans oreilles, mais avec « une bouche pour bien babiller et mesdire, et un bonnet de sage, avecques l'ha-

---

[1] *Architecture*, fol. 21 v°.

[2] « Et si par fortune ils (ceux qui voulaient faire « bâtir) demandoient à quelques-uns l'advis de leur « délibération et entreprinse, c'estoit à un maistre « maçon ou à un maistre charpentier, comme l'on a « accoustumé de faire, ou bien à *quelque peintre*, « *quelque notaire* et autres, qui se disent fort habiles, « et le plus souvent n'ont guères meilleur jugement « et conseil que ceux qui le leur demandent. » (*Architecture*, fol. 6 r°.)

« bit de mesme, pour contrefaire un grand docteur et tenir bonne mine. » Le faux architecte est aussi figuré sans mains, « pour monstrer que ceux qu'il représente « ne sçauroient rien faire, » et il a l'air « fort eschauffé et hasté comme s'il couroit « à grand peine et trouvoit quelques testes de bœuf seiches en son chemin (qui « signifient gros et lourd esprit) avecques plusieurs pierres qui le font chopper « et buissons qui retiennent sa robbe[1]. » La caricature du faux architecte et le portrait du vrai, gratifié d'une multiplicité fort anormale d'organes, sont assurément l'une des curiosités du traité d'Architecture.

Jugement porté sur Philibert de l'Orme.

Plus on recueille d'indices sur la vie de Philibert de l'Orme, plus on est convaincu qu'il avait véritablement la passion de son art. Curieux de ces « inventions si belles, « qui se treuvent par les mathématicques, » il dépensait force argent à faire des modèles, entretenait cinq neveux à étudier l'architecture, et même « plusieurs « hommes doctes, » qu'il soutenait tant par des bénéfices qu'il leur faisait obtenir que de ses propres ressources. Depuis son adolescence jusqu'à sa mort, c'est-à-dire pendant une période d'environ quarante années, sa vie ayant été « aultant « labourieuse que homme que ayés jamais congneu, » et sa position officielle aidant, il a dû considérablement bâtir; un catalogue complet de ses œuvres n'en est que plus difficile à dresser. Heureusement il désigne lui-même les édifices les plus importants dont il fut l'architecte, et en fait connaître un certain nombre, d'ordre secondaire, qui furent également élevés sous sa direction. En y joignant ceux dont on trouve des mentions éparses, nous avons pu donner ailleurs [2] une liste comprenant la très-grande majorité de ses travaux.

La plupart des édifices bâtis par de l'Orme sont détruits, et l'on n'en a qu'une idée insuffisante. Pour ceux qui subsistent encore, ils ont presque tous subi des modifications considérables; on ne possède donc pas les moyens de se former, sur le talent artistique de de l'Orme, une opinion parfaitement motivée. On en voit assez cependant pour reconnaître sans hésitation qu'au point de vue du goût et de l'invention, de l'art en un mot, il était inférieur à plusieurs de ses contemporains. Ainsi, et sans le comparer aux maîtres si merveilleusement doués de la première Renaissance, sous le rapport de l'imagination, il ne saurait être égalé à Jacques Androuet; sous le rapport de la pureté du style, à Pierre Lescot; sous le rapport de la science d'agencement, à Jean Bullant et autres. Ayant absolument rompu avec la tradition gothique, toujours plein du souvenir des monuments romains qu'il avait étudiés en Italie, et qui constituaient pour lui « la vraye architecture, » de l'Orme, visant sans cesse à la majesté, n'atteignit souvent que la lourdeur. D'un autre côté, trop préoccupé de la recherche d'une beauté rationnelle qu'il deman-

---

[1] *Architecture*, fol. 280 r°.

[2] *Les grands architectes français de la Renaissance*, p. 20 et suiv. Il faut ajouter à la liste que nous avons publiée le château de Chenonceaux, qui, d'après des documents récemment découverts, a été en grande partie bâti par de l'Orme.

dait plutôt au calcul qu'au sentiment, procédé pernicieux qui égare nécessairement, il ne put éviter les bizarreries et même les gaucheries dans ses conceptions.

Est-ce donc à dire qu'il soit indigne de la célébrité attachée à son nom? Rien ne serait moins vrai. De l'aveu du juge le plus illustre, de Jean Goujon, de l'Orme fut regardé pendant sa vie comme un architecte éminent[1]; il méritera toujours d'être considéré comme tel, quelles que puissent être les variations du goût, parce que, à côté de ses études sur le style et la forme, il en a fait de considérables sur la construction, dont il a, le premier, révélé publiquement les principes en France. De grands progrès réalisés en technique, voilà le principal fleuron de la couronne de Philibert de l'Orme, et c'est sur le terrain de la science qu'il a vraiment dominé tous ses rivaux. À ce sujet, d'ailleurs, on peut se prononcer avec certitude, puisque les deux traités didactiques écrits par lui sont parvenus jusqu'à nous. Voici dans quelles circonstances il fut amené à rédiger le premier.

Lorsqu'il était surintendant des bâtiments, ayant eu maintes fois l'occasion de constater qu'il devenait chaque jour plus difficile, et partant plus dispendieux, de se procurer les énormes pièces de bois auxquelles on avait recours pour construire les combles à grande portée, il s'ingénia et réussit à y remédier par l'emploi de fermes composées d'une multitude de morceaux bien assemblés et maintenus par des clefs et des chevilles. « Sur quoy, raconte-t-il, m'advint un jour d'en tou-
« cher quelque mot à la Majesté du feu Roy Henry, estant à table. Mais quoy? Les
« auditeurs et assistans, pour n'avoir ouy parler de si nouvelles choses et si grande
« invention, tout à un coup me recullèrent de mon dire, comme si j'eusse voulu
« faire entendre au Roy quelques menteries. Voyant doncques faire un jugement
« si soudain de ce qui n'estoit encores entendu, et que la Majesté du Roy pour lors
« ne disoit mot, je délibéray ne plus rien mettre en avant de tels propos, comman-
« dant de procéder aux bastimens comme l'on avoit accoustumé. Quelques temps
« après, la Royne mère délibéra faire couvrir un jeu de palmaille à son chasteau
« de Monceaux, pour donner plaisir et contentement au Roy. Et voyant qu'on luy
« en demandoit si grande somme d'argent, cela me feist reparler de ceste inven-
« tion : et fut ladicte Dame seule cause que je la voulu esprouver... Doncques j'en
« fis l'espreuve au chasteau de la Muette, ainsi que plusieurs ont veu et en autres
« divers lieux, selon la façon que j'escris en ce présent livre. Laquelle espreuve se
« trouva si belle et de si grande utilité, que lors chacun délibéra en faire son profit
« et s'en aider, voire ceux qui l'avoyent contredicte, mocquée et débattue. Laquelle
« chose estant venue jusque aux oreilles de la Majesté dudict feu Roy, qui avoit veu
« et grandement loué ladicte espreuve, il me commanda en faire un livre pour estre
« imprimé, afin que la façon fust intelligible à tous, pour la décoration de son
« royaume[2]. » L'ouvrage dont Henri II avait recommandé la publication ne fut

---

[1] On se rappelle que, dans son épître au lecteur (citée t. I, p. 208), Jean Goujon nomme avec grand éloge de l'Orme en même temps que Lescot.

[2] *Nouvelles inventions*, dans l'épître au lecteur.

entièrement imprimé que plus de deux ans après sa mort, le 30 septembre 1561. Il est illustré de nombreuses gravures sur bois et divisé en deux livres. En tête se trouvent deux épîtres, l'une au jeune roi Charles IX, l'autre au lecteur, puis une pièce de vers latins sur l'invention due à de l'Orme. Une seconde édition a été publiée en 1576; le titre de la première est ainsi conçu :

Livre de l'Architecture de Philibert de l'Orme. (1567.)

NOVVELLES
INVENTIONS POVR BIEN
BASTIR ET A PETITS FRAIZ, TROVVEES
n'agueres par Philibert de L'orme
Lyonois, Architecte, Con-
seiller et Aulmonier ordi-
naire du feu Roy Henry
et Abbé de St Eloy
lez Noyon.
A PARIS
De l'Imprimerie de Federic Morel, rue S. Iean
de Beauuais au franc Meurier.
M. D. LXI.
Avec privilége du Roy.

Dans le texte de son premier livre, de l'Orme annonça le projet d'un autre ouvrage beaucoup plus vaste, car il devait embrasser toutes les branches de l'art de bâtir, et former une sorte d'encyclopédie architecturale rédigée sur un plan méthodique analogue à ceux de Vitruve et d'Alberti. Il aurait consisté en deux volumes; mais le premier seul, auquel l'auteur travaillait en 1565[1], a été imprimé; il a paru en 1567[2], sous ce titre :

LE
PREMIER
TOME DE L'AR-
CHITECTVRE DE
PHILIBERT
DE L'ORME CON-
SEILLIER ET AVMOS-
nier ordinaire du Roy
et Abbé de S. Serge
lez Angiers.
A PARIS
Chez Federic Morel, rue
S. Iean de Beauuais
1567
AVEC PRIVILEGE
DV ROY

---

[1] «Ainsi que nous le voyons en ceste présente «année 1565.» (*Architecture*, fol. 27.)

[2] L'impression fut achevée le 27 août 1567; quelques exemplaires portent la date de 1568.

TOPOGRAPHIE HISTORIQVE DV VIEVX PARIS

A. Berty dir.   Hélioplastie. Impr. impér.

PORTRAIT DE PHILIBERT DE L'ORME.
Fac-simile réduit, d'après son Traité d'Architecture.

En 1626, il en a été fait chez Régnault Chaudières, rue Saint-Jacques, à l'Écu-de-Florence, une seconde édition, à laquelle ont été ajoutés les deux livres des *Nouvelles Inventions*. Une autre, absolument semblable, a encore été publiée à Rouen, en 1648, par le libraire David Ferrand, « tenant sa boutique au bout de « la rue du Bec, près le palais. »

Le premier volume de l'*Architecture*, qui commence par une épître dédicatoire à la Reine mère et par une épître aux lecteurs, renferme un grand nombre de gravures sur bois, parmi lesquelles un bon portrait de l'auteur, et se divise en neuf livres. Dans le premier, après quelques généralités, il est parlé des matériaux; dans le second, il est question des fondations; le troisième et le quatrième sont consacrés à la coupe des pierres; les cinquième, sixième, septième et huitième, aux ordres et à leur agencement, et le neuvième, à la construction des cheminées. Comme plusieurs ouvrages contemporains, par exemple ceux de Bullant et de Jean Martin, contiennent divers détails sur les ordres, ce qui offre le plus d'intérêt dans celui de Ph. de l'Orme, et vraisemblablement ce qui eut le plus d'utilité lors de son apparition, ce sont les deux livres où il est traité de la coupe des pierres. A la fin du moyen âge on avait poussé fort loin la science de la stéréotomie; mais la connaissance des principes de cet art, loin d'être l'objet d'un enseignement public, restait le privilége d'un petit nombre de constructeurs, qui n'y voulaient initier que leurs apprentis. Il est aussi à supposer qu'à cette époque les procédés en usage gardaient, dans leur allure, quelque chose du mystère dont on les avait longtemps entourés. De l'Orme, adaptant ses épures aux besoins de l'architecture antique renouvelée, s'efforça de communiquer à ses tracés une forme en même temps scientifique et simple, qui garantît l'exactitude du résultat et permît à sa méthode de se répandre [1]. Si, malgré l'étude approfondie qu'il fit des mathématiques et des leçons du fameux Oronce Finée, il n'a pu échapper à quelques erreurs de détails, que ses successeurs ont relevées, il a atteint parfaitement son but principal; et à lui exclusivement revient la gloire d'avoir popularisé la stéréotomie, dont son livre a été pendant près d'un siècle le meilleur et presque l'unique traité. Nous le répétons, les progrès que de l'Orme a fait faire dans l'art de bâtir, dont il ne dédaignait aucune branche, sont, mieux encore que son talent artistique, la véritable base de sa renommée.

La grande œuvre didactique de Ph. de l'Orme, œuvre qu'il convient de juger

---

[1] On doit aussi à de l'Orme la découverte du procédé au moyen duquel les anciens traçaient les volutes. « Il me souvient, dit-il, d'avoir veu, en un « d'iceux (chapiteaux ioniques de l'église de Sainte-« Marie-de-Transtévère, à Rome) qui n'avoit esté « achevé, une face qui n'est que équarrie, ayant « audessus des volutes les centres à mettre le com-« pas pour faire la circonférence de sa volute... Du « temps que j'étois à Rome (il y a trente ans), je « monstray ladicte façon à plusieurs qui pour lors « l'ignoroient, et les adverty où je l'avois trouvée et « mesurée. Si, depuis, quelques-uns l'ont faicte im-« primer et s'en attribuent l'honneur et l'invention, « ils y penseront. » (*Architecture*, fol. 162 v°.)

28 TOPOGRAPHIE HISTORIQUE DU VIEUX PARIS.

qu'en se reportant au temps où elle fut entreprise, lui tenait si évidemment au cœur, que la mort seule a pu en empêcher l'entier achèvement. Les biographes ne s'accordent pas sur l'époque à laquelle le grand architecte mourut; mais nous pouvons la fixer définitivement. Un des registres capitulaires de Notre-Dame nous a effectivement appris que de l'Orme mourut à Paris, dans sa maison du cloître, le dimanche 8 janvier 1570, vers sept heures du soir; puis que, conformément au désir manifesté dans son testament, le Chapitre décida qu'on procéderait à ses funérailles avec les cérémonies usitées aux obsèques d'un chanoine, et qu'il serait inhumé dans la nef ou dans toute autre partie de la cathédrale que ses exécuteurs testamentaires jugeraient convenable[1]. A la suite de cette résolution, on trouve, dans le registre, la recommandation adressée au chanoine de Bréda, un des exécuteurs testamentaires, de veiller, suivant la requête du procureur de la Reine mère, à la conservation de certains plans et modèles qui avaient été laissés à la disposition du défunt. Les plans dont on redoutait la perte étaient apparemment ceux des Tuileries ou du château de Saint-Maur. Dans ce dernier édifice, de l'Orme possédait des meubles, à l'inventaire desquels assista un représentant du Chapitre, afin de sauvegarder les intérêts des héritiers Du Bellay.

Jean de l'Orme, frère de Philibert, architecte. (1558.)

Philibert de l'Orme avait un frère dont le prénom était Jean, qui, comme lui, s'occupait de construction, mais sur lequel on a fort peu de renseignements. Le 24 février 1562, étant alors maître général des œuvres de maçonnerie du Roi, par lettres patentes données à Saint-Germain-en-Laye, il fut remplacé dans cette charge, à laquelle il avait été nommé «naguères,» en succédant à Gilles le Breton. Pour le moment, il se trouvait en Italie, où il avait été envoyé avec le seigneur de Termes, lieutenant général en ce pays, afin d'y «faire le service du fait des «fortifications des places fortes.» Ses travaux à Parme, à Sienne et en Corse, sont rappelés dans des lettres du 12 juin 1554, par lesquelles il fut substitué à son frère comme «visiteur des places fortes, places et chasteaux, ports et havres» du duché de Bretagne, avec 500 livres d'appointements[2]. Les comptes de 1558 énoncent «Maistre Jean de l'Orme, escuyer, sieur de Saint-Germain, commis«saire député par le Roy sur le fait de ses édifices et bastimens,» et lui attribuent 600 livres de gages par an. Ces 600 livres avaient été «éclipsez de 1,200 livres «de gages appartenans à Jean Bullant,» suivant les termes des lettres patentes données à Blois, le 16 janvier 1559 (v. s.), où il est exprimé de plus que, «en «faveur de Maistre Philbert de l'Orme, abbé d'Ivry, ayant lors la charge de super«intendant sur tous et chascuns lesdits bastimens» (royaux), le roi Henri II avait donné les 600 livres comme honoraires «à Jean de l'Orme, frère dudit abbé d'Ivry, «pour ordonner, en son absence, desdits bastimens.» Dans les lettres patentes

[1] Arch. de l'Emp. reg. LL 260, p. 278. — [2] Collection de M. Benjamin Fillon.

de janvier 1564, relatives à la démolition de l'hôtel des Tournelles, il figure aussi avec son ancien titre de maître général des œuvres de maçonnerie du Roi, et comme commis à la mission de mesurer les terrains à vendre. Il survécut à son frère, qui, par son testament, daté du 21 décembre 1569, lui légua tous ses « livres d'architecture, desseinctz, stampes et pourtraicts, et, oultre, » le « lieu « de Plaisance, près Paris, » avec une propriété à Fontenay. Le testament de Philibert de l'Orme [1] contient des donations en faveur de ses deux sœurs, et de deux enfants naturels dont on éprouve quelque surprise de le voir père, attendu que leur naissance eut certainement lieu postérieurement à sa nomination comme chanoine. En 1569, effectivement, la fille, Charlotte, était mineure, et le fils, Philibert, était tellement jeune· qu'on ne pouvait encore le placer dans un collége. Une autre fille de Ph. de l'Orme, Catherine, femme du maître maçon Pierre Girard, est mentionnée, à la date du 28 janvier 1557, dans les registres de la paroisse d'Avon, près de Fontainebleau. Les deux sœurs de l'architecte des Tuileries avaient nom Anne et Jeanne; la première fut femme du contrôleur Martin; la seconde épousa Christophe de Burlet, puis « noble homme Olivier Rouillard. » Elle habitait le Dauphiné lorsque mourut son frère. Elle reçut de lui, en héritage, l'hôtel d'Étampes, situé rue Saint-Antoine, et la maison que de l'Orme s'était bâtie rue de la Cerisaie [2].

Testament de Philibert de l'Orme.

Jean Bullant, certainement originaire de Picardie, naquit on ne sait au juste à quelle date, mais, suivant toutes les présomptions, vers 1515. De même que de l'Orme, il alla en Italie étudier les monuments antiques [3]. Il ne dit point, du reste, quand il s'y rendit; on peut croire qu'il y fut envoyé dans sa jeunesse par le connétable Anne de Montmorency, dont il demeura toujours l'architecte ordinaire [4], et au service duquel il paraît avoir débuté dans la carrière où son nom est resté si célèbre. Retiré à Écouen pendant sa disgrâce, de 1541 à 1547, Montmorency eut l'idée de faire rebâtir son château, et en confia la reconstruction à Bullant, dont cette circonstance commença la réputation. Ayant recouvré son influence sous Henri II, le Connétable recommanda probablement son protégé à la bienveillance royale : aussi retrouve-t-on, quelques années plus tard, Bullant revêtu des fonctions de contrôleur des bâtiments de la couronne,

Jean Bullant, architecte.

[1] Voir à l'Appendice la copie de ce testament.

[2] La maison de Philibert de l'Orme, qui est fort mutilée, mais dans laquelle on distingue encore quelques anciens détails caractéristiques, particulièrement la grande lucarne, porte actuellement le numéro 22.

[3] Dans sa *Règle d'architecture*, Bullant dit : « ..... Cinq manières de colonnes..... que j'ay me-« surées à l'antique, dedans Rome. »

[4] Dans la dédicace de son second ouvrage, Bullant, s'adressant à François de Montmorency, lui dit : « Monseigneur le Connestable, vostre très cher « et très honoré père, décoré de toute vertu; lequel « m'a tousjours occupé et entretenu aux œuvres de « son chasteau d'Escouen, afin de ne me consommer « en oysiveté, d'autant que la pluspart du temps me « restoit sans autre occupation. » C'est à Écouen que Bullant résidait d'habitude, et c'est également là qu'il mourut. Son influence artistique nous semble se révéler dans plusieurs églises des environs.

qui lui furent confiées par lettres patentes délivrées à Saint-Germain-en-Laye, le 22 octobre 1557. Le 8 juin 1559, il reçut la mission de visiter ces bâtiments; mais, dès le mois de janvier suivant, il était remplacé dans sa charge par le nommé François Sannat [1]. Nous supposons que, atteint d'une disgrâce analogue à celle qui frappa de l'Orme après la mort de Henri II, il fut forcé pareillement de se retirer devant quelque créature de Catherine de Médicis, dont il était destiné à devenir un jour l'architecte officiel.

On ne voit guère ce que Bullant fit, en matière de construction, de 1559 à 1570. Le passage d'un de ses livres, que nous venons de citer en renvoi, laisse supposer qu'il n'eut alors que fort peu d'occupation. Il en profita indubitablement pour approfondir la théorie de son art. On sait aussi qu'il tenta des essais de gravure : on a décrit deux chapiteaux qu'il grava sur cuivre en 1566, et qui sont signés de lui [2]; mais c'est à tort que des auteurs ont prétendu que, outre le burin, il mania aussi le ciseau, car il n'y a nulle preuve de cela, et les sculptures d'Écouen, à lui attribuées par Alex. Lenoir et Émeric David, sont manifestement l'œuvre de Jean Goujon. Quoi qu'il en soit, les loisirs de Bullant lui fournirent l'occasion de composer les deux ouvrages qu'il a publiés. Le plus ancien, de format in-4°, illustré de nombreuses gravures sur bois, se compose de deux parties. La première a paru sous ce titre :

Ouvrages de Jean Bullant. (1561.)

RECVEIL
D'HORLOGIO-
graphie, contenant la
DESCRIPTION, FABRI-
CATION ET VSAGE DES
horloges solaires

PAR

IEHAN BVLLANT ARCHITE-
cte de haut et puissant Seigneur, Monseigneur le duc de
Montmorancy, Pair et Connétable de France

Nouuellement imprimé à Paris
1561
AVEC PRIVILEGE

---

[1] *Comptes des bâtiments royaux*, p. 320, 331 et 340. — La commission de Bullant était mentionnée dans l'ancien Mémorial XX de la Chambre des comptes, ainsi que sa réception dans ladite commission. (Arch. de l'Emp. reg. PP 119.)

[2] Robert Dumesnil, *Le peintre-graveur français*, t. VI, 39-41. — Bullant peut avoir exécuté en gravure d'autres planches de chapiteaux qui nous sont inconnues. Il dit, dans la *Règle d'architecture*: « Vous aurez recours à ceux (des chapiteaux) que «j'en ay faict en cuivre, estampés non trop nette-«ment, mais à la manière seulement. »

Elle contient une dédicace au Connétable, datée d'Écouen, 1561, et le texte d'un privilége daté du 14 janvier 1560. On lit à la fin de l'opuscule : «Fin de ce «présent liure, intitulé : Recueil d'Horlogiographie, nouuellement imprimé à «Paris par Iean Bridier, Imprimeur, et se vendent par Vincent Sertenas, Libraire, «demourant en la rue neuue nostre Dame, à l'enseigne Sainct Iean l'Evange-«liste, et au Palais, en la Gallerie par où l'on va en la chancellerie, 1561.» La seconde partie de l'ouvrage, qui est un petit traité de géométrie spéciale, fut imprimée l'année suivante, et, réunie à la première, elle forma un volume intitulé :

PETIT

TRAICTÉ DE

GEOMETRIE ET D'HO-
ROLOGIOGRAPHIE
pratique

PAR

IEHAN BVLLANT AR-

chitecte de haut et puissant seigneur Mon-
seigneur le Duc de Montmorency, Pair, et
Connestable de France.

A PARIS

Chez Guillaume Cauellat, à l'enseigne de
la Poulle-Grasse, devant le college de
Chambray.

1562

Avec privilege du Roy

Il y a eu, du Traité d'Horlogiographie, une édition de 1564 semblable à celle de 1562; une autre de 1599, dont le titre est : «*Géométrie et Horlogiographie pra-*«*tique, etc.* à Paris, chez la vefve Guillaume Cauellat, au mont Saint Hilaire, à «l'enseigne du Pélican;» puis, en 1608, une quatrième édition sous ce dernier titre, avec additions de Claude Boissière.

Le second ouvrage de Bullant, de format in-folio, est aussi illustré de gravures sur bois; on acheva de l'imprimer le 27 mai 1564. Il contient une épître ainsi qu'un avertissement au lecteur, et une dédicace au maréchal François de Montmorency. C'est un traité uniquement conçu au point de vue de la pratique : «Ma principale intention en ce mien nouuel œuvre, dit l'auteur, a esté de tra-«vailler pour les ouvriers, car les hommes doctes en cest art n'ont besoing de «mes escripts.» Le livre eut apparemment un grand succès : la première édition, devenue maintenant très-rare, en fut assez vite épuisée pour que, quatre ans après, il en parût une nouvelle; elle porte ce titre :

REIGLE

GENERALLE

D'ARCHITECTVRE
des cinq manières de colonnes, à sçauoir,
Tuscane, Dorique, Ionique, Corinthe,
et Composite : et enrichi de plusieurs
autres, à l'exemple de l'antique : veu,
recorrigé et augmenté par l'au-
cteur de cinq autres ordres de
colonnes suiuant les rei-
gles et doctrine de
Vitruue.

Au profill de tous ouuriers besongnans au compas et à l'esquierre.
A Escoué par Iehan Bullant.

A PARIS,
De l'imprimerie de Hiérosme de Marnef et Guillaume Cauellat
au mont S. Hilaire, à l'enseigne du Pelican.
1568.
Avec priuilege du Roy.

Le priuilége, daté du 9 décembre 1563, fut transféré à Marnef et Cavellat le 31 décembre de la même année. En 1619, N. Piloust fit une autre édition de la *Règle d'architecture*, qui fut « reueue et corrigée par Monsieur de Brosse, archi- « tecte du Roy, » et l'auteur des plans du Luxembourg. Cette édition fut suivie d'une dernière, publiée à Rouen, en 1647, par le libraire David Ferrand, qui appelle l'ouvrage « un petit trésor caché depuis quatre-vingts années. » Dans ses deux livres, Bullant ne parle de lui-même qu'avec la plus grande modestie. Il reconnaît ainsi qu'il n'était point lettré, et dans le Traité d'Horlogiographie, s'adressant au Connétable, il lui dit : «Monseigneur, je vous prie que si trouvez « quelque faute à la lettre et langage, vouloir excuser la rudesse et malaornement « de mondit langage, parce que je ne suis latin; » ailleurs, il fait allusion à ce que son « petit entendement a sçeu comprendre ès livres de Vitruve. » De l'Orme ne s'exprimait point d'une façon aussi humble.

Jean Bullant, architecte des Tuileries. (1570.)

Les huit dernières années de la vie de Bullant, pendant lesquelles il fut fort occupé, ressemblèrent peu aux dix précédentes. Bullant, devenu architecte de la Reine mère et surintendant de ses bâtiments, conduisit, à partir de 1570, les

LE CHÂTEAU DES TUILERIES AU TEMPS DE CATHERINE DE MÉDICIS. 33

travaux du château des Tuileries. Bientôt après il entreprit la construction de l'hôtel dit plus tard *de Soissons*, dont il ne subsiste que cette puissante colonne dorique creuse, imitée de la colonne Trajane, et aujourd'hui attenante à la Halle-au-Blé; elle servait d'observatoire à Catherine de Médicis, lorsque celle-ci se livrait à ses folles observations astrologiques. En même temps, et évidemment depuis la mort du Primatice, arrivée en 1570, Bullant était contrôleur des bâtiments royaux, titre qui lui est donné à la date de 1575. C'est en vertu de cette charge qu'il dirigeait alors les travaux de Fontainebleau, au dire de Félibien, et qu'il surveilla l'érection du tombeau des Valois, à Saint-Denis. On le qualifie « d'ordonnateur de ladicte sépulture » dans les comptes du monument, où il est indiqué que ses « gaiges et appointemens » montaient à 600 livres par an. Il en recevait 500 en qualité d'architecte des Tuileries, comme nous l'apprend un compte que nous analyserons plus loin, et il avait atteint l'apogée de sa fortune et de sa gloire [1].

---

[1] M. Dusevel a trouvé, dans les registres de l'échevinage d'Amiens, 1° que, l'an 1532, un Jean Bullant était « machon de la grande église » (la cathédrale) de cette cité; 2° qu'un individu porteur des mêmes noms fut chargé, le 24 mai 1565, de donner, avec Zacharie de Cellers, les dessins d'un bastion dont l'ingénieur italien Bellarmato avait marqué l'emplacement; 3° qu'en 1574, étant alors maître maçon de la ville d'Amiens et ayant mission de conduire les travaux du beffroi, il fut menacé d'un procès à l'occasion du temps qu'il avait fait perdre aux ouvriers en leur lisant un certain livre; 4° que, l'année suivante, il réclama le payement d'honoraires à lui dus en raison d'un arpentage qui, exécuté à la boussole, n'eût pu être effectué sans son concours [a]. Le Jean Bullant d'Amiens serait-il le même que celui d'Écouen? M. Dusevel, avec la circonspection que donne l'expérience, n'a point osé décider la question, bien faite pour rendre perplexe. Ce maître maçon employant la boussole pour les opérations géodésiques, et suspendant le travail de ses hommes pour leur lire un livre, répond parfaitement à l'idée qu'on se fait de l'auteur de la *Règle d'architecture*, auquel on a d'ailleurs attribué la construction de l'église abbatiale de Saint-Jean d'Amiens, bâtie avec élégance vers 1540 [b]. Voilà donc bien des présomptions en faveur d'une solution affirmative.

Faut-il, à cause de cela, croire que l'architecte du connétable Anne mettait aussi son talent à la disposition des bourgeois d'Amiens? Dans le dessein d'éclaircir nos doutes, nous avons voulu avant tout vérifier la valeur de l'opinion suivant laquelle l'église Saint-Jean aurait été bâtie par Bullant d'Écouen. Nous avons constaté que l'assertion émise dans les ouvrages de Pagès et de Decourt, au commencement du XVIII° siècle, se rencontre pour la première fois dans le manuscrit de Maurice Dupré, qui n'est point antérieur à 1643. Or Maurice Dupré n'affirme nullement le fait d'une manière formelle; il le relate seulement, d'après les traditions, « Archi-« tecturæ ducem fuisse audivimus Johannem Bul-« lant, cujus nomen vel suis scriptis de architectura « et horologiis orbi notum exstat [c]. » Ainsi il y a peu à arguer de ce qu'on a considéré Bullant d'Écouen comme l'architecte de l'église Saint-Jean, et cela s'explique par l'hypothèse d'une confusion presque inévitable. On concevrait également sans peine qu'un parent du grand artiste eût eu l'intention de faire briller aux yeux de ses compatriotes la science de l'homme éminent qu'il admirait et dont il portait le nom. L'argument tiré de la lecture du livre aux ouvriers, la plus forte de toutes les présomptions, n'est donc pas concluant; il l'est d'autant moins que, selon une observation de M. Paul Lacroix, le

---

[a] *Recherches historiques sur les ouvrages exécutés dans la ville d'Amiens par des maîtres de l'œuvre, maçons, entailleurs de pierre, peintres, verriers, brodeurs, orfèvres et fondeurs, pendant les XIV°, XV° et XVI° siècles.* Amiens, 1858, in-8°, p. 13.
[b] Elle a été détruite en 1597.
[c] *Annales ecclesiæ Sancti Johannis Baptistæ, ad annum 1643, auctore Mauritio Dupré.* Mss. de la Bibl. imp. Suppl. latin n° 343, p. 59.

34 TOPOGRAPHIE HISTORIQUE DU VIEUX PARIS.

Famille de Jean Bullant.

De toute la famille de Bullant, un seul membre, Charles, avait été signalé [1], lorsque, récemment, M. de Montaiglon a publié des extraits de registres conservés à Écouen [2], d'après lesquels il est constant que Bullant a eu de sa femme, Françoise Richault, les neuf enfants dont les noms suivent : *Jean*, baptisé le 25 juin 1556; *N.* baptisé le 14 mai 1558 (?); *Anne*, baptisée le 5 octobre 1561; *Réol*, baptisé le 24 juillet 1565; *Pierre*, baptisé le 17 mai 1568; *David*, baptisé le 3 décembre 1569; *Magdeleine*, baptisée le 7 août 1571; *Guy*, baptisé le 14 juin 1573, et *Claude*, baptisé le 20 septembre 1575 [3]. En 1575, Bullant n'avait certainement pas moins de soixante ans, et l'on pourrait s'étonner qu'il soit encore devenu père à cet âge; mais il n'y a pas lieu d'en douter, les textes étant très-explicites et repoussant toute supposition d'homonymie. M. de Montaiglon a tiré des registres d'Écouen une autre pièce fort importante, la copie du testament de Bullant, conçu en ces termes : « . . . . . jour d'octobre mil v^c LXXVIII, fut présent « (honorable homme) Me Jehan Bullant, architecteur du Roy nostre sire et de « la Royne mère, demourant à Escouen, estant en son lict, malade et indispos de « son corps, mais sain de son entendement; lequel de bonne volunté a faict son « testament en la manière qui ensuict :

Testament de Jean Bullant. (1578.)

« Et premyèrement a recommandé son âme à Dieu et à la glorieuse Vierge

livre auquel les ouvriers prêtèrent attention « l'espace de quatre heures de suite » semble avoir été un ouvrage religieux prohibé, bien plutôt qu'un traité d'art. Si maintenant on examine combien il est peu probable que le contrôleur des bâtiments du Roi et de la Reine mère, certainement fort occupé à Paris vers 1574, ait eu la faculté de remplir à cette époque les fonctions de maître maçon d'une ville située à trente lieues de là, on sera disposé à conjecturer que le Jean Bullant d'Écouen ne se confond pas avec le Jean Bullant d'Amiens, qui, en tout cas, appartenait manifestement à la même famille. Ils comptaient, sans aucun doute, parmi leurs ancêtres, les maçons André et Wuillaume Bullant, dont les noms se rencontrent dans les comptes de la seigneurie de Lucheux en Picardie, pour les années 1457 et 1467. Ces comptes, signalés aussi par M. Dusevel, mentionnent de plus, en 1525, « Jehan Bullant, maistre machon, demeurant à « Amiens, quy vint audict Luceu pour conduire « l'ouvrage de machonnerie » d'une tour. Ce dernier, apparemment père de celui contre lequel on informa en 1574, est bien clairement l'architecte de la cathédrale vers 1532. Appelé à diriger des travaux en 1525, il ne pouvait être né après 1505; il diffère donc nécessairement du Bullant d'Écouen, qui eut un fils soixante et dix ans plus tard.

[1] *La Renaissance des arts à la cour de France*, t. I, p. 535. — Charles Bullant était le neveu de Jean Bullant. Dès 1573, il travaillait sous ses ordres, à Saint-Denis, comme entrepreneur de maçonnerie, et il avait la garde de ses ateliers. On doit supposer qu'il était peu digne de cette confiance, car, au mois de janvier 1580, il était emprisonné à la Conciergerie, sous la prévention d'avoir dérobé des matériaux destinés au tombeau de Henri II, et notamment « neuf petits populotz de « marbre. » Félibien donne (t. V, p. 11) deux arrêts relatifs à ce procès, dont l'issue ne nous est pas connue.

[2] *Archives de l'art français*, livraison du 15 mai 1860, p. 305 et suiv.

[3] Les registres d'Écouen fournissent la mention de plusieurs autres membres de la famille Bullant, dont on ne voit point le degré de parenté avec l'architecte des Tuileries; ce sont : Charlotte Bullant, marraine le 3 novembre 1569; Marie Bullant, marraine le 16 septembre 1573; Jacques Bullant, parrain le 23 mai 1571, et un Pierre Bullant, qui fut parrain le 12 janvier 1575.

LE CHÂTEAU DES TUILERIES AU TEMPS DE CATHERINE DE MÉDICIS. 35

« Marie, monseigneur sainct Michel l'ange et à M. sainct Accéol [1], son patron, et
« toulte la cour céleste de Paradis; et a ordonné son corps estre inhumé en terre
« saincte, en l'église dudict Escouen, devant le crucifix de ladicte église.

« Item, veult et ordonne ses services estres faictes suyvant la coustume dudict
« Escouen, et à la volunté de ces exécuteurs.

« Item, a donné, pour estre aulx prières des gentz de bien, cinq solz tournoys
« pour une foys payés.

« Item, aulx églises circonvoisines a donné à la volunté des exécuteires.

« Item, a donné et délaisse à l'église dudict Escouen, perpétuellement, une
« pièce de terre labourable, contenant environ un terceau en une pièce, comme
« elle se comporte, assise audict terroir d'Escouen, au..... tenant d'une part à
« Laurens Porlier, d'aultre part à..... d'un bout à..... et d'aultre bout à..... pour
« luy estre dict et célébré à tousjours, perpétuellement en ladicte église, une messe
« haulte de *Requiem*, vigiles à trois leçons, et *Libera* sur la fosse pour le salut
« aseuré de son âme, leurs parentz et amys, ung an aprez et à telle jour qu'il
« décéra et yra de vie à trespas, de ce siècle en l'aultre; et, pour faire et accom-
« plir le contenu en son dict testament, a ordonné et..... [2] Françoise Richau.....
« il donne plain pouvoir..... à sa volunté et..... l'an et jour co..... de Pierres
« Prévost, greffier..... le Brun et aultres tesmoingtz à ce appel..... Passé audict
« Escouen par devant moy..... presbtre viccaire dudict lieu, tesmoing mon
« seing..... merc (ou marque) cy mis.....

« TALLEBOT. »

Au moment où Bullant dicta son testament, il avait déjà un pied dans la tombe,
car il expira le 10 octobre 1578, suivant le témoignage de Le Laboureur et celui
de Lebeuf [3]. Il fut l'avant-dernier survivant de cette illustre pléiade d'architectes qui se composait de lui, de Philibert de l'Orme, de Pierre Lescot, de
Jean Goujon et de Jacques Androuet Du Cerceau.

On a tant répété que de l'Orme et Bullant avaient conduit ensemble les travaux des Tuileries, que presque personne n'en doute depuis longtemps; seulement
on s'est plusieurs fois étonné de cette étrange collaboration de deux artistes également célèbres, âgés tous deux, et dont l'un ne semble point avoir eu un caractère
compatible avec une semblable association. Il y a là une méprise analogue à celle

---

[1] Saint Accéol était le patron de l'église parois-
siale d'Écouen.

[2] L'humidité a endommagé la pièce originale.

[3] Le Laboureur, dans ses *Mémoires de Castel-
nau* (t. II, p. 510), parlant du tombeau du connétable Anne, dit : « Ce mausolée est demeuré im-
« parfait en quelque chose par la mort du célèbre
« Jean Bullant, qui l'avoit entrepris, arrivée le 10
« d'octobre 1578..... » La même date est donnée
dans le *Mercure de France* du mois de juillet 1740
(p. 1542), et par l'abbé Lebeuf, dans son *Histoire
du diocèse de Paris* (t. III, p. 381). On trouve dans
les comptes de Saint-Denis la preuve que Bullant
ne vivait plus en 1579, mais qu'il devait vivre encore en 1576, puisqu'il reçut ses gages pour l'année 1575.

que nous avons relevée touchant l'inscription de la cour du Louvre. Sauval et Brice on dit que de l'Orme et Bullant avaient bâti les Tuileries du temps de Catherine, ce qui est exact; quelqu'un a compris qu'ils l'avaient fait simultanément, ce qui est faux, et ce que Brice et Sauval ne rapportent nullement [1]; puis, tous les auteurs, se copiant les uns les autres, ont consacré l'erreur, qui est passée à l'état de lieu commun. Bullant a simplement succédé à de l'Orme, qui, jusqu'à sa mort, a seul été l'architecte de l'édifice, et il n'est question que de lui dans tous les documents antérieurs à 1570 : ainsi, c'est de l'Orme qui baille aux passeurs le bac sur la rivière, en 1564; c'est lui qui signe des ordres de payement pour les travaux, en 1566; c'est lui dont parle la Reine dans une lettre de 1567; c'est lui encore qu'elle humilie devant Ronsard, etc. Quant à Bullant, il n'en est fait nulle mention pour cette période [2]. Mais de l'Orme meurt le 8 janvier 1570; le même jour ou

---

[1] On lit simplement dans Sauval (t. II, p. 53) : « . . . Ce que Catherine de Médicis y a construit est « de la conduite de Bullant et de Philibert de l'Orme. «Jean Bullant est l'architecte de ce beau pavillon, « élevé de deux étages, etc. . . Le corps de logis. . . «est de la conduite de Philibert de l'Orme.» Brice ne dit rien de plus.

[2] De l'Orme ne parle naturellement point de Bullant; en revanche, il s'efface avec un empressement qui n'est ni de la dignité, ni de la franchise, devant une collaboratrice dont le talent en matière architecturale devait rester inconnu de la postérité. A l'entendre, Catherine de Médicis aurait donné elle-même les plans de son palais. On imagine facilement ce qu'il faut penser de semblables flatteries. Elles prouvent tout au plus que la Florentine se mêla de la construction des Tuileries un peu plus qu'il n'est accoutumé aux femmes de faire en pareille occasion. Un passage du livre de Ph. de l'Orme établit toutefois que c'est sous l'influence du goût italien de Catherine que l'on eut recours aux incrustations polychromes, en manière de décoration. « Au « palais de la Majesté de la Royne mère, à Paris, « dit-il, laquelle pour son gentil esprit et entende-« ment très-admirable, accompagné d'une très-grande « prudence et sagesse, a voulu prendre la peine, « avec un singulier plaisir, d'ordonner le départe-« ment de sondit palais, pour les logis et lieux de « salles, antichambres, chambres, cabinets et gal-« leries, et me donner les mesures des longueurs et « largeurs, lesquelles je mets en exécution au susdit « palais, suyvant la volonté de Sa Majesté. D'abon-« dant elle a voulu me commander faire faire plu-« sieurs incrustations de diverses sortes de marbre, « de bronze doré et pierres minérales, comme mar-« chasites, incrustées sur les pierres de ce pays, qui « sont très-belles, tant aux faces du palais et par le « dedans que par le dehors, ainsi qu'il se peut voir; « et avec tel artifice qu'il n'y a celui qui ait quelque « jugement qui ne trouve les œuvres de ceste très « bonne et magnanime princesse très-admirables et « dignes de sa grandeur.» (Architecture, fol. 20.) Il dit aussi : « J'y procède (au palais) tout ainsi qu'il « plaist à sa dicte Majesté le me commander, sauf les « ornements, symmétries et mesures, pour lesquelles « elle me faict ceste grace et faveur de s'en fier « à moy.» (Ibid. fol. 156 v°.)

Si Catherine abandonnait à de l'Orme le choix des ornements du palais, c'est qu'elle savait que son architecte n'oublierait aucun de ceux qui étaient propres à lui plaire. Il reproduisit ainsi, dans la décoration des colonnes du pavillon central, divers emblèmes peu remarqués aujourd'hui, dont la signification serait fort obscure sans le passage suivant, où Brantôme, parlant de la douleur de Catherine de Médicis, dit : « Elle en prit cette devise propre « et convenable à son deuil et à ses pleurs, qui es-« toit une montagne de chaux vive, sur laquelle les « gouttes d'eau du ciel tumboient à foison, et disoient « les mots tels en latin : Ardorem extincta testantur « vivere flamma... Or nostre Reyne, autour de sa « devise que je viens de dire, y avoit fait mettre des « trophées, des miroirs cassez, des éventails et des « pennaches rompus, des carquans brisés et des pier-« reries et perles espandues par terre, les chaisnes « toutes en pièces; le tout en signe de quitter toutes « bombances mondaines, puisque son mary estoit « mort, duquel n'a jamais pu arrester le deuil.» (Vie des Dames illustres, t. I, p. 57.) — Un auteur, qui cite ce texte, raconte que, sous le premier Empire,

LE CHÂTEAU DES TUILERIES AU TEMPS DE CATHERINE DE MÉDICIS. 37

la veille, Bullant est nommé à sa place, et, dans le compte de l'année suivante, nous trouvons effectivement que les honoraires perçus par ce dernier, en qualité d'architecte des Tuileries et de Saint-Maur, sont comptés à partir du 7 janvier 1570. Quoi de plus clair? La partie de l'édifice attribuée à Bullant confirme ce qui ressort du compte. Le pavillon à deux ordres de colonnes, dont le style est distinct de celui des ailes, a été sans aucun doute élevé postérieurement à ces mêmes ailes, œuvre de Philibert de l'Orme. Il ne fut point, au surplus, achevé par Bullant, parce que, en 1572, pour des raisons que nous exposerons plus loin, Catherine renonça à poursuivre la construction de son palais [1].

Le jardin des Tuileries, dont on plantait encore certaines parties en 1571, était terminé cinq ou six ans plus tard; car Du Cerceau dit expressément qu'il l'a représenté tel qu'il était à l'époque où il en a gravé le plan, c'est-à-dire vers 1578. Le jardin offrait, dans le sens de sa longueur, six grandes allées, et, dans le sens de sa largeur, huit autres, dont la plupart se retrouvent dans la disposition actuelle. Ces allées, en se croisant, produisaient des compartiments rectangulaires, des «parquets,» comme on disait, dont les uns renfermaient des massifs d'arbres, d'autres des quinconces, quelques-uns des pelouses de gazon, plusieurs des parterres de fleurs dessinant des figures géométriques, et même une écusson parti de France et des armes de Catherine de Médicis. Dans un des compartiments il y avait un labyrinthe ou un «dedallus» de cyprès, dont le patron avait pour éléments des bâtons rompus, et qu'on ne voit plus sur les plans du xviie siècle, quoique Sauval en parle comme s'il existait de son temps. Au nord et au midi, les limites du jardin étaient identiquement les mêmes que de nos jours; mais, au couchant, elles étaient fort différentes et consistaient en un mur biais, élevé assez vraisemblablement sur les vestiges de celui qui servait de clôture au jardin des Cloches. On en retrouve la trace en faisant partir une ligne de l'angle rentrant que présente la terrasse du bord de l'eau vers son dernier quart, et en prolongeant cette ligne de façon qu'elle passe par le centre du grand bassin octogone. Le mur biais, au droit de la grande allée, formait un hémicycle dont l'emplacement répond aujourd'hui à celui de la moitié occidentale du grand bassin. Cet hémicycle donnait un écho remarquable, et Sauval en parle ainsi : « L'écho est un endroit beaucoup plus fréquenté (que le labyrinthe); les galans y donnent souvent des concerts

Les jardins des Tuileries. (1571-1578.)

---

parmi les ornements des colonnes on remarquait le modèle d'un niveau : «Ce niveau, dit-il, appartient, je pense, non à l'époque des Médicis, mais à celle des niveleurs de la Révolution, à qui la lettre initiale du nom de Henri aura paru favorable à l'insertion du niveau. Il y a environ dix ans (vers 1809), le niveau occupait la même place, au Louvre, dans les monuments de Henri et de Diane. Alors j'en témoignai ma surprise chez un ministre, et le surlendemain les niveaux avaient disparu». (Gail, *Tableaux chronologiques*, p. 97.) Ces niveaux étaient probablement anciens.

[1] On dit que la Reine surveilla les travaux des Tuileries d'un pavillon voisin de la rue Saint-Honoré, qu'on appelait *pavillon de Médicis*; nous n'avons jamais rien vu qui confirmât cette particularité.

« à leurs maîtresses, et les commencent quelquefois aux heures où il y a grand
« monde, afin d'avoir plus de témoins de leurs amours. Il est situé au bout de la
« grande allée, et entouré d'une muraille haute de deux toises, arondie en demi-
« cercle, de vingt-quatre de diamètre[1], verte de haut en bas, cachée par des
« palissades et des tonnelles. Les endroits où se reçoivent les voix et d'où elles
« partent en occupent presque tout le diamètre, n'étant séparés l'un de l'autre que
« par le vuide de quelques toises, qui continue vers le centre de la grande allée
« et conduit dans la capacité de cette demi-circonférence. Par là on voit que cet
« écho n'est pas si naturel que le peuple s'imagine, car ce n'est ni la proximité des
« fossés ni celle de la rivière qui causent cette réflexion de voix si agréable qu'on
« y admire, mais bien la forme et la disposition artificielle du lieu; ce qui arrivera
« infailliblement et toujours aux endroits qui seront ordonnés de la même sorte. »
Après avoir donné ces détails, Sauval poursuit : « Maître Ponce, dont j'ai parlé
« tant de fois, a commencé dans ce jardin un grand trophée qui devoit servir de
« fontaine, et qui, depuis, a été gâté par un autre sculpteur : c'est un gros pié-
« destal de pierre, isolé et parallélogramme, qu'on voit posé dessus une plinthe,
« et élevé d'une hauteur considérable, à côté de la principale allée des Tuileries.
« Le long de ses quatre faces sont quatre figures, deux de Fleuves et deux de
« Naïades, plus grandes que nature et couchées sur des cruches ou conques ma-
« rines, toutes d'un grand goût et bien dessinées et maniérées, un peu même trop
« fières pour des Naïades et de simples Fleuves, qui ne versent que de l'eau douce
« et n'ont jamais éprouvé ni bourrasques ni tempêtes. » Le piédestal dont il est
ici question est reproduit sur le plan de Du Cerceau, dans le compartiment voisin
du labyrinthe, vers l'orient. Sur le plan de Mérian il apparaît surmonté d'un
groupe et fait face à un autre situé au nord de la grande allée, à l'endroit où Du
Cerceau place un objet qui semble être aussi un piédestal ou quelque chose d'analogue[2]. L'examen du plan de Du Cerceau ne laisse guère voir un autre endroit
où ait pu se trouver la fontaine dont Catherine orna son parc, et dont l'eau venait
de Saint-Cloud, comme elle le dit dans la lettre que voici, et qui renferme plusieurs renseignements sur un projet de canal communiquant avec la rivière,
lequel ne fut point mis à exécution :

Copie d'une lettre
de Catherine.
Fontaine des Tuileries.
(1567.)

« Mons. de Villeroy, ayant estée advertie par l'abbé de Saint-Serge (de l'Orme)
« comme les maçons travaillent fort aux murailles et forteresses des fossez de la

[1] Le plan de Du Cerceau, que nous avons suivi dans notre restitution, indique environ cinq toises de plus.

[2] C'est peut-être vers le même point que se trouvait le cadran à la fois solaire et lunaire dont Bullant paraît avoir doté le jardin des Tuileries, suivant la remarque de M. de Montaiglon (art. cité, p. 320), qui rappelle que l'élégie sur les Tuileries, publiée dans les *Essais poétiques* de Guillaume Du Peyrat, en 1593, contient les vers suivants :

Admirable quadran où, soit jour ou soit nuit,
La lune ou le soleil de toutes parts reluit,
Marquant quelle heure il est, et dont la forme ronde
Fait voir en un quadran mille quadrans au monde.

LE CHÂTEAU DES TUILERIES AU TEMPS DE CATHERINE DE MÉDICIS. 39

« ville de Paris, à l'endroit de mon jardin, mesme au lieu par où doit passer le
« cours de l'eau de la fontaine que je fais venir de Saint-Cloud en mon jardin,
« et que je pourray aller des canaux que j'ai délibéré de faire faire en mondit
« jardin, par batteau, dans lesdits fossez de laditte Ville et de là sur la rivière,
« je vous ai bien voulu écrire la présente et prier que l'on y fasse une arche et
« ouverture de douze pieds de large, qui se pourra fermer à clef, et que, par les
« costez de laditte arche, il y ait bonnes murailles et voustes aussi longues que sera
« large le rempart, pour porter les terres que l'on a accoustumé mettre derrière
« les murailles de ville, afin que l'on puisse passer aisément par dessous, et de
« telles hauteurs et façon que ledit abbé de Saint-Serge montrera aux ouvriers;
« et pareillement faire faire un esperon et attentes de murailles au droit de celles
« que j'ai commencé de neuf pour la closture de mondit jardin, et qu'elles soient
« aussi longues pour le moins que sur la largeur dudit rempart, et par mesme
« moyen vos ouvriers pourront faire quelques fondemens et petits pilliers qui
« seront voustés de l'un à l'autre pour porter les tuyaux et cours d'eau de maditte
« fontaine, de la longueur des fossez[1], et que cela soit au long du tournant du
« boulevard, passant pardevant la cassematte; et aussi que, en parachevant l'autre
« cassematte de nostre boulevard, sur le grand chemin, du costé de la rivière,
« d'y garder encore un autre petit passage pour aller avec le batteau, entrer dans
« les canaux de mondit jardin, et faire par mesme moyen la muraille au long du
« chemin, depuis lad. cassematte jusqu'à la petite tournelle des Cloches, afin que
« le petit bout de mon jardin soit fermé, et que les choses soient bien faites et le
« plus tost que l'on pourra, ainsi que ledit abbé de Saint-Serge montrera aux ou-
« vriers; et vous me ferez plaisir bien agréable, priant le Créateur, Mons. de
« Villeroy, qu'il vous ait en sa sainte et digne garde. Écrit le neuvième jour de sep-
« tembre mil cinq cens soixante et sept. *Signé* CATHERINE, *et au-dessous :* FIZES. »

Le compte de 1570 mentionne une « grotte » ornée de poteries émaillées, à laquelle travaillaient alors l'illustre Bernard Palissy et ses deux parents, Nicolas et Mathurin Palissy. Cette grotte ne doit point se confondre avec la fontaine dont il vient d'être parlé, bien que, au xvie siècle et encore dans le xvii^{e[2]}, les mots *grotte*

<small>La grotte du parc des Tuileries.</small>

---

[1] La lettre est extraite du mémoire de Bouquet sur la *Topographie de Paris* (p. 328-29). M. de Montaiglon, en la publiant de nouveau dans les *Archives de l'art français* (liv. du 15 janvier 1857), a rappelé, touchant la fontaine des Tuileries, le passage suivant des *Discours admirables* de B. Palissy : «Mais, dit Théorique, si ma maison estoit «un chasteau entouré de fossez, cela ne me pour-«roit servir. — Si ainsi estoit, répond Pratique, il «faudroit amener l'eau du receptable par tuyaux, «jusques au dedans du chasteau; tout ainsi que tu «vois les fontaines de Paris et celle de la Royne. «que l'on fait passer à travers des fossez, pardedans «certaines pièces de bois qui sont creusées pour cet «effect, et sont ouvertes pardessus, et y a dedans un «tuyau de plomb où l'eau des fontaines passe.»

[2] Comme exemple connu de tout le monde, nous citerons la belle fontaine du Luxembourg, d'abord dite *la Grotte*, ainsi qu'on le voit dans les comptes de la construction de l'édifice, et ailleurs aussi.

et *fontaine* fussent à peu près synonymes, en ce sens que par l'expression *grotte* on désignait toujours quelque construction comportant une fontaine. La grotte des Tuileries était certainement un ouvrage très-remarquable tant par l'originalité de la conception que par l'éclat des matériaux. En 1570, on travaillait aux quatre ponts qui en faisaient partie; elle n'était donc point terminée alors. Le fut-elle jamais? Il est permis d'en douter, et de supposer que son état d'inachèvement est la principale cause pour laquelle elle a disparu si vite, malgré sa magnificence. On ne la voit sur aucun plan du xviie siècle, et, si l'on croit la distinguer sur le plan de Du Cerceau, c'est seulement depuis que la découverte de certain dessin dont nous allons parler est venue suggérer des idées sur sa disposition probable.

M. H. Destailleur possède, parmi les dessins de sa belle collection, un croquis du xvie siècle, exécuté à la plume et légèrement lavé au bistre, représentant la coupe d'un édifice circulaire placé en contre-bas du sol. (Voir le *fac-simile* ci-contre.) Cet édifice est incontestablement une grotte décorée d'émaux, puisqu'on lit au bas du dessin: *Le portraict de la crotte rustique qui sera en terre environt quinze piet, et le tout sera faict de rustique, tant les anymault que la massonerye; et ladicte crotte a esté inventé par Madame la Grant;* et ailleurs: *La plasse là où l'on peult mestre des émailles de terre cuytte.* M. de Montaiglon, qui a signalé et étudié le dessin [1], n'hésite pas à déclarer que c'est celui de la grotte des Tuileries. Pour justifier son opinion, il commence par faire observer que le dessin émane évidemment de Palissy ou d'un de ses parents. « La façon, dit-il, dont figurent, dans la décoration, des coquillages, « des homards, des écrevisses et des serpents, l'importance que l'artiste donne à « leur emploi, puisqu'il met les animaux à l'égal de la maçonnerie, le mot de « *rustique*, nous montrent que nous avons devant les yeux une œuvre de l'inven- « teur des *rustiques figulines*, de l'auteur de « l'admirable grotte rustique de nou- « velle invention, » faite pour le connétable de Montmorency, et que l'émail devait, « sinon recouvrir le tout, au moins y jouer un grand rôle. Le dessin et l'écriture « sont-ils de Palissy lui-même? L'absence de termes de comparaison ne permet pas « de l'affirmer, et il se peut que le tout soit de la main de Nicolas ou de Mathurin, « ses fils, ses élèves et ses aides... mais, pour l'invention, il n'y a pas à en douter, « elle n'est l'œuvre que du grand, du seul Palissy; car, lui mort, ses héritiers ont « été encore plus indignes de lui que ne l'avaient été de Luca ceux des Della « Robia qui ont prétendu le continuer. » Décrivant ensuite le dessin, et établissant qu'il est en parfaite conformité avec les idées exprimées par Palissy, M. de Montaiglon conclut que Palissy ou l'un des siens en est nécessairement l'auteur. Toutes les probabilités se réunissent pour donner raison à M. de Montaiglon sur ce premier point; mais, sur la question de savoir si le dessin représente véritablement

---

[1] *Arch. de l'art français*, t. VII. p. 16 et suiv.

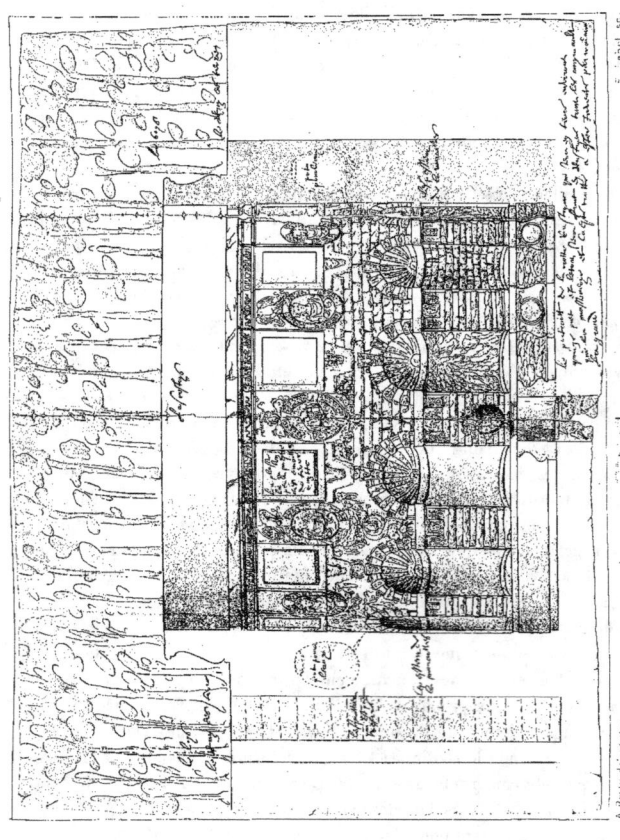

PROJET D'VNE GROTTE RVSTIQVE POVR LE JARDIN DES TVILERIES.

LE CHÂTEAU DES TUILERIES AU TEMPS DE CATHERINE DE MÉDICIS. 41

la grotte des Tuileries, les arguments de M. de Montaiglon sont moins décisifs, et, parmi ceux qu'il emploie, un seul nous paraît militer fortement en faveur de l'affirmative; c'est cette phrase : «Ladicte crotte a esté inventé par Madame la «Grant.» Il lui semble que l'expression de «Madame la Grant» désigne Marie Du Perron, qui, authentiquement chargée de payer les travaux de la grotte, pourrait avoir exercé près de la Reine des fonctions ayant motivé l'épithète que nous venons de rapporter. Si la personne à laquelle s'applique l'épithète n'est pas Marie Du Perron, c'est du moins et infailliblement l'une des deux dernières femmes de Claude Gouffier, grand écuyer de France, soit Claude de Beaune-Semblançay, qui épousa Gouffier en 1567, soit Antoinette de Latour-Landry, qui la remplaça l'année suivante. Toutes deux effectivement vécurent dans l'intimité de Catherine de Médicis, dont elles furent dames d'honneur, et toutes deux portèrent incontestablement le nom de «Madame la Grande,» comme l'avait porté avant elles Françoise de Brosse, seconde femme de Gouffier[1]. Il est, au surplus, un excellent argument subsidiaire à invoquer à l'appui du sentiment de M. de Montaiglon, qui en a d'ailleurs entrevu la portée. Sur le plan de Du Cerceau l'on n'aperçoit que deux endroits où il y ait apparence d'une grotte : l'un est situé près et au nord de l'allée centrale, à un peu plus de deux cents mètres du palais; l'autre, distant du double, est un parterre carré de douze compartiments (voir la feuille V *bis*). En ces deux places figure un cercle d'environ trois toises ou dix-huit pieds de diamètre; or, en restituant l'échelle du dessin d'après cette note, «*la* «*crotte... sera en terre environt quinze piet*[2],» on trouve que le diamètre de la grotte est justement de dix-sept pieds et demi. Il serait difficile de ne voir encore là qu'une coïncidence fortuite. Nous croyons donc, pour notre part, que le dessin est très-vraisemblablement un projet, exécuté ou non, de la grotte des Tuileries, et que, dans tous les cas, il nous renseigne très-heureusement sur ce que put être l'édifice réellement construit. Nous pensons, en outre, que ce dernier est l'objet que Du Cerceau a voulu reproduire par les deux cercles concentriques qu'il a placés dans le parterre de douze compartiments, à l'intersection de deux petites allées, faites pour inspirer l'idée des quatre ponts dont il est certain que la grotte était munie[3].

---

[1] Françoise de Brosse est appelée «Madame la «Grande» dans un document original de 1558, que possède M. Benjamin Fillon, et qu'il nous a communiqué. — M. Fillon a signalé, dans son ouvrage sur la Vendée (p. 13), une grotte qui était située dans le manoir du Veillon (commune de Saint-Hilaire de Talmond) et qui présentait une décoration d'émaux analogue à celle de la grotte des Tuileries.

[2] Les autres inscriptions du dessin, qui offrent quelques difficultés de lecture, sont ainsi conçues :

Le boys — *l'ascotoys* (l'accotoir, le parapet). — *Le ray* [*rez*] *des terres.* — *L'espesseur de la murailles.* — *Le* (p)*uis ser*(van)*t de fo*(nte)*yne.* — *Pot pour l'eaux.* — *L'esqualier qui est par defors.* — La projection de l'escalier est fausse : il devait être circulaire en plan.

[3] M. de Montaiglon incline à placer la grotte dans le lieu le plus rapproché du palais, parce que ce lieu lui paraît couvert d'arbres sur le plan de Du Cerceau, et qu'il est parlé d'un bois sur le dessin;

Devis d'une grotte par Bernard Palissy.

A défaut de renseignements tout à fait authentiques sur l'ordonnance définitive de la grotte des Tuileries, nous savons du moins comment Palissy conçut d'abord les projets d'une pareille construction. En effet, chercheur aussi heureux que zélé, M. B. Fillon a découvert à la Rochelle un manuscrit de neuf pages in-4°, qu'on peut croire de la main même de Palissy, et dont la couverture porte ces mots : *Devis d'une grotte pour la Royne, mère du Roy.* Voici ce que renferme le manuscrit :

La Royne mère m'a donné charge entendre si vous lui sçauriez donner quelque devis ou portraict ou modelle de quelque ordonnance et façon estrange d'une grotte qu'elle a vouloir fère construire en quelque lieu délectable de ses terres ; laquelle grotte elle prétend édifyer, enrichir et aorner de plusieurs jaspes estranges et de marbres, pourfires, couralz et diverses quoquilles, en la forme et manière de celle que monseigneur le cardinal de Lorraine a faict construire à Mudon.

RESPONSE.

S'il plaist à la Royne me commander luy fère service à tel chose, je luy donneray la plus rare invention de grotte que jusques icy aye esté inventée, et si ne sera en rien semblable à celle de Mudon.

DEMANDE.

Je vous prie me fère entendre de quelle chose vous vouldriés aorner et enrichir vostre grotte, affin que j'en face le récyt à ladicte Royne.

RESPONSE.

La grotte que je vouldrois conseiller fère, elle seroit toute, par le dehors, de pierres communes, et, par le dedans, de terre cuicte en forme d'un rochier estrange ; le tout enrichy, insculpé et esmaillé de diverses choses inénarrables.

DEMANDE.

Voire, mais cela seroit dangereux à rompre et de petite durée ; car l'on sçait bien qu'il n'y a rien plus frangible que la terre.

RESPONSE.

Et je vous asseure que si la Royne m'avoit commandé luy faire une grotte de l'invention susdite, qu'elle seroit de plus grand durée cent fois que non pas celle de Mudon ; car ceulx qui disent que la terre est par trop frangible, ilz l'entendent fort mal, car elle est beaucoup plus dure quand elle est bien cuicte que n'est pas la pierre ; mais ce qui la fait appeler frangible, c'est parce qu'on l'applique à vaisseaux qui sont terves (minces) ; mais si elle estoit cuicte par masses aussi grosses comme sont les pierres, il n'y a si bon ferrement qui ne fust soudain usé en les taillant en la forme que l'on taille les pierres. Aussi, si l'on faisoit des vaisseaux de pierres com-

mais il nous semble douteux que la grotte ait pu être bâtie au milieu d'un massif d'arbres, car cette circonstance, jointe à celle de sa situation en contre-bas du sol, l'eût rendue d'une obscurité intolérable ; nous ne pensons pas non plus que, au point indiqué, le plan représente une futaie.

munes aussi terves que ceux de terre, ilz se trouveroyent beaucoup plus frangibles que non pas ceux de terre.

DEMANDE.

Et pourquoy dis-tu qu'elle seroit de plus longue durée que celle de Mudon?

RESPONSE.

Parce que les enrichissemens en dedans de celle de Mudon sont cymentés et placqués, rapportés de plusieurs pièces, lesquelz seront subgects à estre desrobés au changement des seigneurs du lieu; mais il ne sera pas ainsi de celle qui sera faicte de mon art, parce que toute l'œuvre de terre qui sera pardedans sera massonnée et lyée avecques la muraille du dehors, et, par tel moyen, l'on ne pourra rien arracher de sa parure, que premièrement on ne rompe toute la muraille.

DEMANDE.

Il fauldroit, pour ceste cause, que tu me fisses un discours bien au long de l'ordonnance de la grotte que tu vouldrois entreprendre pour ladicte Royne, et, me l'ayant donné par escrit, je mettray peine de luy faire entendre.

RESPONSE.

S'il plaisoit à la Royne me commander une grotte, je la vouldrois faire en la forme d'une grande caverne d'un rochier; mais, afin que la grotte fust délectable, je la vouldrois aorner des choses qu'il s'ensuyt:

Et premièrement, audedans de l'entrée de la porte, je vouldrois faire certaines figures de termes divers, lesquelz seroient posez sur certains pieds d'estratz pour servir de colonne, et, audessus des testes desdicts termes, il y auroit certains arquitrave, frise et cornische, timpans et frontespice, et le tout insculpé d'une telle invention que je vous feray entendre cy-après; et les deux costés du longis de la muraille, à dextre et à sénestre, je vouldrois qu'il fust tout garny de niches que aulcuns appellent doulcyers, lesquelles nyches ou doulcyers serviroient un chascun d'une chaire; entre lesquelles niches il y auroit un pilastre et une colonne faisant la division des deux niches; aussi audessoubz d'une chascune colonne il y auroit un pied d'estratz en ensuivant l'ordre des antiques, et le tout enrichy en la manière que je vous diray par après.

Et quant au pignon qui seroit à l'aultre bout de la grotte, je vouldrois l'enrichir de plusieurs termes, lesquelz seroient portez sur un rochier qui contiendroit toute la largeur de la grotte, et de la haulteur aultant qu'un homme pourroit toucher de la main, duquel rochier sortiroient plusieurs pissures de fontaines en la manière que je vous diray ci-après; et audessus des testes des termes il y auroit une arquitrave, frise et cornische, qui régneroit tout à l'entour de ladicte grotte, et audessus de la cornische il y auroit, tout à l'entour, un grand nombre de fenestres, qui monteroient jusques à un pied près du commencement des voultes, lesquelles fenestres seroient fort estranges, comme pourrez entendre cy-après. Aussi je vous feray entendre cy-après le discours des voultes; mais premièrement je vous veulx fère entendre l'enrichissement et beaulté des choses que je vous ay nommé ci-dessus.

DE LA BEAULTÉ ET AORNEMENT DE LA GROTTE.

Notez que le grand rochier, qui seroit au pignon opposite du portal, seroit insculpé par un nombre infini de bosses et de concavités, lesquelles bosses et concavités seroient enrichies de certaines mousses et de plusieurs espèces d'herbes qui ont accoustumé croistre ès rochiers et lieux aquatiques, qui sont communément escolopandre, adienton, politricon, capillis veneris, et aultres telles espèces d'herbes que l'on adviseroit estre convenables; et, depuis le tiers du rochier en haut, je vouldrois mettre plusieurs lézars, langrottes, serpens et vipères, qui ramperoient au long dudict rochier, et le surplus dudict rochier seroit aorné et enrichy d'un nombre infini de grenoilles, chancres, escrevisses, tortues et yraignes de mer, et aussi de toutes espèces de coquilles maritimes; aussi sur les bosses et concavités il y auroit certains serpens, aspicz et vipères couchez et entortillez en telle sorte que la propre nature enseigne, et au bas, joignant ledict rochier, il y auroit un foussé contenant la largeur de ladicte grotte, lequel foussé seroit tout entièrement aorné de toutes les espèces de poissons que nous avons en usaige, lequel poisson seroit ordinairement couvert d'un nombre infiny de pissures d'eau qui tomberoient dudict rochier dans le foussé, tellement que les pissures qui tomberoient feroient mouvoir l'eau du foussé, et, par certains éblouissemens ou mouvemens de l'eau, on perdroit de veue par intervalles le poisson, en telle sorte que l'on penseroit que ledict poisson se fust demené ou couru dans ladicte eau; car il fault entendre que toutes ces choses cy-dessus seroient insculpées et esmaillées si près du naturel qu'il est impossible de le racompter.

Et quant aux termes qui seront assis sur le rochier des fontaines, il y en auroit un qui seroit comme une vieille estatue mangée de l'ayr ou dissoulte à cause des gelées, pour démonstrer plus grande antiquité.

Et après cestuy-là, il y en auroit un aultre qui seroit taillé en forme d'un rochier rustique, au long duquel il y auroit plusieurs mousses et petites herbes, et un nombre de branches de lierre, qui ramperoient à l'entour d'iceluy pour dénotter une grande antiquité.

Item, après cestuy-là, il y en auroit un aultre qui seroit en façon, comme bien souvent l'on trouve, des pierres que, en quelque endroit qu'elles soient rompues, l'on y trouve un grand nombre de quoquilles creues et formées audedans de la mesme masse; aussy s'y trouve ung nombre de chailloux, lesquels chailloux et quoquilles sont beaucoup plus durs que non pas le résidu de la masse.

Item, il y en auroit un aultre qui seroit tout formé de diverses quoquilles maritimes; sçavoir est les deux yeux de deux coquilles; le nez, bouche, menton, front, joues, le tout de quoquilles, voire tout le résidu du corps; et si quelqu'un ose disputer que ce n'est pas imyter nature, je prouveray que si, parce que je monstreray, si besoing est, plusieurs rochiers et pierrières qui, en quelque endroict que l'on les puisse coupper, elle se trouvent toutes pleines de quoquilles, voire si près à près, qu'elles se touchent l'une à l'autre.

Item, pour faire esmerveiller les hommes, je en vouldrois fère trois ou quatre vestus et coiffés de modes estranges, lesquelz habillemens et coiffures seroient de divers linges, toiles ou substances rayées, si très approchant de la nature, qu'il n'y auroit homme qui ne pensast que ce fust la mesme chose que l'ouvrier auroit voulu imyter.

Et quant aux nychies, colonnes, pieds d'estracz et pilastres, je les vouldrois fère de diverses couleurs de pierres rares, comme sont pourphires, jaspes, cassidoines et de diverses sortes d'agates, marbres et grisons madrez, en imitant les naturels les plus plaisantes qui se pourroient fère et imaginer.

Et quant aux deux quadratures qui seroient à la dextre et sénestre de l'entrée de la porte, s'il plaisoit à la Royne mère, je y vouldrois fère certaines figures après le naturel, voire imitant de si près la nature, jusqu'aux petis poilz des barbes et des soursilz, de la mesme grosseur qui est en la nature, seroient observez.

Et quant aux fenestres qui régneroient à l'entour, elles seroient d'une invention fort mons—

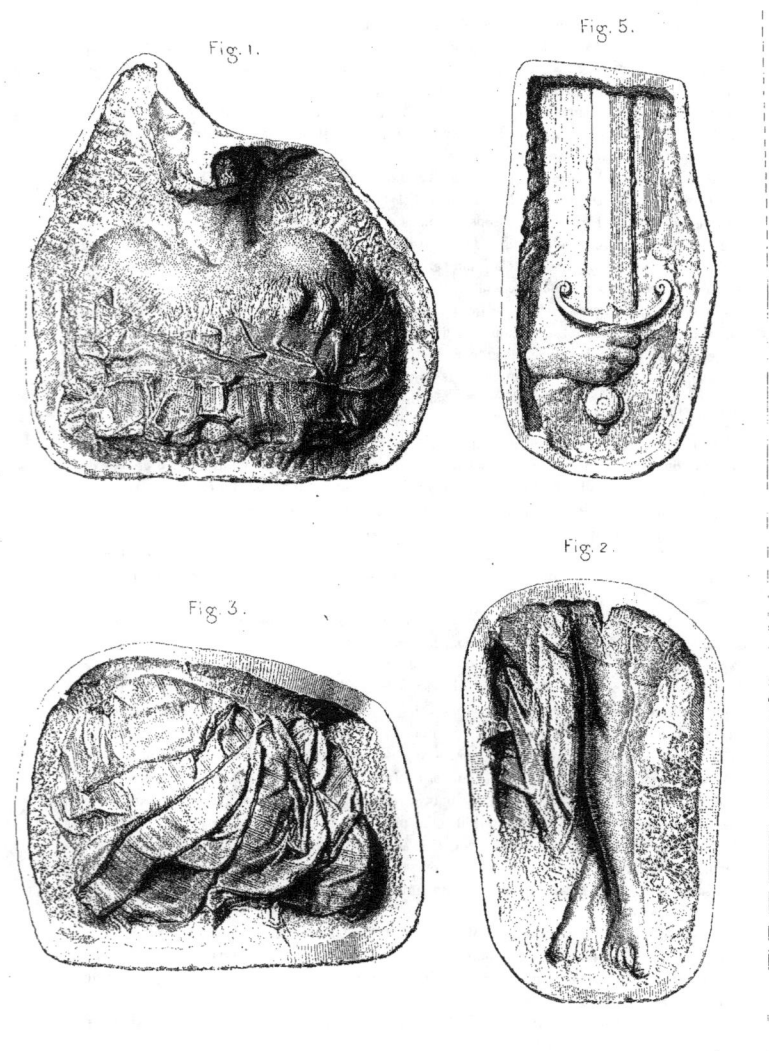

FRAGMENTS DE FIGVRES

DONT LES MOVLES ONT ÉTÉ TROVVÉS DANS VN DES FOVRS DE B. PALISSY, AVX TVILERIES.

treuse et beaulté indicible ; car je les vouldrois fère fort longues, estroites et biaises, ne tenant aucune ligne perpendiculaire ne directe ; car elles seroient formées comme si un rochier avoit esté couppé indirectement pour passer un homme, en telle sorte que les fenestres se trouveroient biaises, tortues, bossues et contrefaictes ; et néanmoins elles seroient aornées, insculpées, madrées et jaspées de toutes les beaultés dessus dictes.

Et quant aux voultes, elles seroient tortues, bossues et enrychies de semblable parure que dessus ; et tout ainsi que l'on voit ez vieulx bastimens que les pigeons, grolles, arondelles, fouynes et bellètes font leur nydz, je vouldrois aussi insculper plusieurs de telles espèces d'animaulx ausdictes voultes.

Et quant au pavement du dessoulz, je le vouldrois fère d'une invention toute nouvelle, non moins admirable que les aultres choses que dessus.

Aussi parce qu'il y auroit une table de mesme matière, je vouldrois aussi lui fère un buffet de semblable parure, lequel je vouldrois asseoir joignant les fontaines.

DEMANDE.

Et sy vous vouliez édifyer un tel bastiment en un lieu qu'il n'y eust poinct d'eau, que vous serviroient vos fontaines?

RESPONSE.

Encores pourroient-elles servir beaucoup, parce que, si l'on vouloit banqueter en ce lieu, l'on pourroit fère pisser les fontaines durant le banquet, et ce par certaine quantité d'eau que l'on mectroit en un canal secret qui seroit par le dehors de la grotte.

« Ne voilà-t-il pas, dit avec justesse M. Fillon, la rédaction première du « chapitre de la *Recepte véritable*, consacrée au *dessein d'un jardin autant délectable et « d'utile invention qu'il en fut oncques veu*? Ici toutes les bizarreries enfantées par « un cerveau quelque peu fiévreux sont accumulées dans une seule grotte, tandis « qu'elles ont été réparties plus tard entre plusieurs. On sent que Palissy, « sublime « ouvrier, mais pauvre artiste, » tenait surtout à frapper, par les séductions de la « fantaisie, l'imagination mal réglée d'une femme qui portait, dans son goût pour « les arts, l'incontinence de ses passions politiques [1]. »

On sait que les contemporains de Palissy l'appelaient « M⁰ Bernard des Thuille-« ries [2], » et l'on en a conclu qu'il habitait quelque partie du château, ou qu'il y avait au moins son atelier. L'exactitude de cette supposition si vraisemblable a été confirmée matériellement : au mois de septembre 1855, au fond d'une tranchée pratiquée dans le jardin des Tuileries pour la recherche d'une conduite d'eau, ont

---

[1] *Lettres écrites de la Vendée à M. A. de Montaiglon*, p. 48 et suiv.

[2] Peiresc racontait, en 1606, qu'il y avait à Écouen de «ces belles poteries inventées par M⁰ Ber«nard des Thuilleries.» (*OEuvres de B. Palissy*, éd. de 1777, p. 465), et M. Ch. Read a vu un exemplaire de la *Recepte véritable* sur la couverture duquel était écrit en caractères du temps : «Le livre de M⁰ Bernard des Thuilleries.» (*Bull. de la Société de l'Histoire du protestantisme français*, t. I, p. 25.) Saint-Girault, Langrois, dans son ouvrage intitulé *Globe du monde* et publié en 1592, dit que «Maistre «Bernard Palissy» était «cy-devant gouverneur des «Tuileries, à Paris;» ce qui semble étrange, mais n'est point après tout impossible, si l'on donne au mot *gouverneur* le sens de *concierge*.

46   TOPOGRAPHIE HISTORIQUE DU VIEUX PARIS.

été trouvés divers débris de poteries émaillées avec figures en relief, et, parmi ces débris, un grand morceau du plat de Palissy connu sous le nom de *plat du Baptême*, à cause du sujet qui y est représenté. Comme le fragment exhumé [1] est celui d'une épreuve gâtée pendant la cuisson et évidemment jetée au rebut, il paraît que Palissy avait son officine, « son œuvre, » au lieu même où la découverte a été effectuée, c'est-à-dire à une courte distance, au sud-est, de l'emplacement aujourd'hui occupé par le petit bassin méridional.

Découverte des fours et des moules de Bernard Palissy. (1865.)

Si Palissy avait son atelier dans le grand jardin des Tuileries, ses fours du moins étaient ailleurs. Une découverte des plus inattendues nous en a donné la certitude. En effet, lorsque, au mois de juillet 1865, on fouillait pour asseoir les fondements de la nouvelle salle des États, on rencontra en contre-bas du sol deux fours à poterie, dont la plus grande partie était assez bien conservée [2]. En cherchant à déterminer l'époque de leur construction, nous constatâmes que celui qui avoisinait la contrescarpe se trouvait sur l'emplacement du chemin longeant le fossé, d'où résultait nécessairement que les deux fours, évidemment contemporains, devaient être d'origine antérieure à la création du chemin, ou postérieure à sa suppression. La nature des matériaux et d'autres circonstances rendant la première supposition inadmissible, il y avait lieu de s'arrêter à la seconde, ce qui reportait à la période de Catherine, car on ne pouvait songer à descendre plus bas. Mais comment s'expliquer que cette princesse eût souffert la présence de plusieurs fours dans l'enceinte de son palais, où l'on n'a point fait usage de briques? Une seule hypothèse permettait de s'en rendre compte : les fours étaient ceux de « l'inventeur des rustiques figulines du Roy, et la Royne, sa mère. »

La conclusion qui précède se déduisait trop rigoureusement des faits pour laisser des doutes sérieux; cependant, comme la découverte offrait un vif intérêt, nous souhaitions ardemment recueillir des preuves matérielles de son authenticité. Il ne tarda point à en surgir une quantité inespérée. Dans le dessein d'obtenir le plan complet d'un des fours, dont l'extrémité était engagée dans la berge de la tranchée, nous fîmes exécuter un déblai, à la suite duquel apparut l'entrée de deux foyers qui n'avaient jamais été comblés. L'un d'eux nous fournit les éléments d'une démonstration péremptoire : il contenait des débris de ces manchons ou *gazettes* que Palissy passe pour avoir inventées, et qui servent à la cuisson des pièces fines; des morceaux de grès céramique et de carreaux rouges d'une finesse de pâte remarquable; des fragments de ces poteries émaillées, si connues, qui ont fait la célébrité du maître; des empreintes d'ornements discoïdes et en pointes de

---

[1] Il a été déposé au musée céramique de Sèvres par les soins du conservateur de ce musée, M. Riocreux, lequel a bien voulu nous renseigner sur les circonstances que nous venons de rapporter, et dont il a été fait mention dans les journaux du temps.

[2] Voir l'article que M. Charles Read a publié dans le *Journal des Débats* du 7 août 1865, en annonçant le premier cette découverte au public.

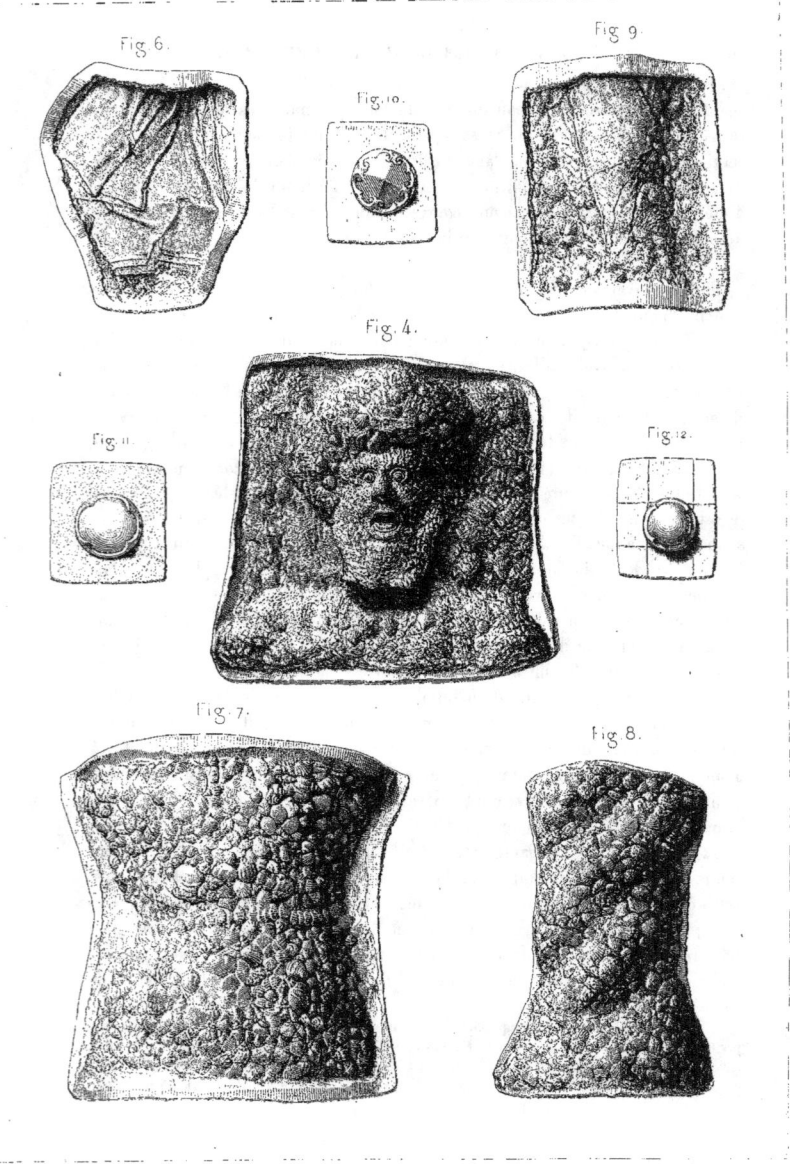

FRAGMENTS DE FIGVRES ET ORNEMENTS
DONT LES MOVLES ONT ÉTÉ TROVVÉS DANS VN DES FOVRS DE B. PALISSY, AVX TVILERIES.

diamant (fig. 10, 11 et 12); enfin les moules, malheureusement endommagés, de figures en haut relief, dont deux sont décrites par Palissy lui-même dans le « Devis d'une grotte, » que nous avons emprunté au livre de M. Fillon. Il est assurément rare de pouvoir, en semblable occasion, justifier une attribution par des témoignages aussi saisissants et aussi incontestables.

Informé de notre trouvaille, l'architecte du palais, M. Lefuel, qui avait bien voulu donner des ordres pour qu'on aidât à nos recherches, fit soigneusement transporter dans une salle des nouveaux bâtiments les précieux moules déposés, près de trois cents ans auparavant, dans le foyer où ils furent abandonnés. Ces moules étaient saturés d'humidité, et le plâtre dont ils sont composés se désagrégeait. Après les avoir laissés séjourner, on en a pris avec précaution des estampages, qui ont produit les reliefs dont la planche ci-jointe donne l'image. Il y a eu, en tout, onze fragments recueillis. Quatre appartiennent à une figure d'homme, dont on possède ainsi la tête incomplète, ainsi que les épaules, les jambes, qui sont croisées, les talons et la région lombaire (fig. 1, 2, 3). Le torse est recouvert d'une draperie rayée, au-dessous de laquelle on aperçoit un tissu grossier comme du canevas. Le nu a été moulé sur cadavre, et les étoffes l'ont également été sur nature, afin de réaliser la pensée que Palissy énonce en ces termes (voir page 44 ci-dessus) : « *Item*, pour faire esmerveiller les hommes, je en vouldrois fère
« trois ou quatre (termes) vestus et coiffés de modes estranges, lesquelz habille-
« mens et coiffures seroient de *divers linges, toiles ou substances rayées*, si très appro-
« chant de la nature, qu'il n'y auroit homme qui ne pensast que ce fust la mesme
« chose que l'ouvrier auroit voulu imyter.... Je y vouldrois fère *certaines figures*
« *après le naturel*, voire imitant de si près la nature, jusqu'aux petits poilz des barbes
« et des soursilz, de la mesme grosseur qui est en la nature. » Toutes ces particularités se reconnaissent immédiatement dans la figure dont nous parlons, et néanmoins il en est encore une autre plus caractéristique, car c'est celle d'une sorte de monstre, dont le corps est composé de coquilles, y compris les yeux (fig. 4); or Palissy dit (même page) : « *Item*, il y en auroit un aultre (terme) qui seroit *tout formé*
« *de diverses quoquilles maritimes;* sçavoir est *les deux yeux de deux coquilles; le nez,*
« *bouche, menton, front, joues, le tout de quoquilles, voire tout le résidu du corps.* » Il existe un morceau d'un second modèle du même masque avec plusieurs modifications, indiquant les tâtonnements de l'artiste. Le septième fragment est une main, aussi moulée sur nature, et tenant une épée de forme ancienne (fig. 5). Certain débris informe, où l'on croit reconnaître une cotte de mailles, pourrait provenir de quelque statue dont la main aurait fait partie. Ce que représente le huitième fragment est assez difficile à discerner; on voit des cuisses de femme, auxquelles adhère une mince draperie (fig. 6). Les trois dernières sculptures consistent en spécimens différents de piédouches (fig. 7, 8, 9) formés de coquillages agglomérés, dont l'usage était sans doute de porter des statues comme celles dont il vient

d'être question. On a recueilli, en outre, mêlées aux moules ou jetées dans les terres du remblai, une dizaine d'empreintes de feuilles de fougères, qui appartiennent précisément aux espèces appelées *adiante, cheveu de Vénus, polytric et scolopendre*[1], que Palissy se proposait d'utiliser dans la décoration de la grotte. Enfin le sol des environs du four contenait le creux d'un petit cartouche d'orfévrerie et un charmant médaillon rond représentant un buste de femme au sein découvert. Ce médaillon rappelle le style de Germain Pilon, et décèle trop d'art pour être attribué au potier de Saintes, qui ne fut vraisemblablement chargé que de l'exécuter en émail.

Les fours de Palissy étaient au nombre de trois; mais nous n'en avons vu que deux, parce qu'il y en a eu un qui, imparfaitement détruit en 1861, n'a attiré l'attention de personne. Il était situé sous les bâtiments des Tuileries, à environ 14 mètres de la Grande Galerie, et, comme ceux que nous avons étudiés, construit en carreaux ou briques plates communes, longues d'environ 20 centimètres, larges de 15 ou de 10, et épaisses de 15 millimètres. Les briques étaient hourdées avec de la terre à potier, suivant la coutume, et portaient les traces d'un feu violent, qui avait causé çà et là des «tétines de verre,» comme dit Palissy. Le four le plus intéressant était placé entre les deux autres. Il se composait (voir la planche ci-contre et le plan de substructions, tome I, p. 173) d'une cage longue, dans œuvre, de $3^m,60$, large de $3^m,20$, et circonscrite par des murailles hautes de $3^m,30$, adossées aux terres. Dans le sens longitudinal, la construction était divisée en deux par un petit mur qui recevait la retombée d'une double série d'arcs formant ce que, en langage technique, on nomme des *carneaux*. Vers le nord, la cage des carneaux était close par deux foyers cintrés, longs de $3^m,12$, larges de $1^m,37$, et hauts, sous clef, de $0^m,98$. Le four atteignait ainsi une longueur totale de $7^m,05$ hors œuvre. Il était précédé d'une pièce destinée à l'individu chargé d'entretenir le feu des foyers, lors des cuites. L'aire de cette pièce étant à $5^m,55$ en contre-bas du sol de la cour des Tuileries, on devait y parvenir par un escalier ou par une pente qui n'a point été reconnue, parce que la fouille n'a pas été poursuivie dans cette direction, à cause de l'inutilité probable du travail. La cage du four oriental, longue de $7^m,27$, et large de $3^m,63$, contenait également une double rangée de carneaux, mais les arceaux portaient, au centre, sur des pieds-droits isolés, et ils étaient reliés les uns aux autres par des languettes en terre cuite, dont la planche fera facilement comprendre l'agencement. Les foyers ou *gueules* avaient été détruits pour faciliter le passage d'un égout.

---

[1] *Adiante*, genre de fougères à feuilles minces et à tige grêle et lisse. — *Adiante, cheveu de Vénus*, vulgairement capillaire de Montpellier.

Polytric (*Polytricon*), genre de plantes cryptogames de la famille des mousses, ainsi appelées parce qu'elles poussent plusieurs petites tiges menues qui ressemblent à une épaisse chevelure.

Scolopendre, genre de la famille des fougères.

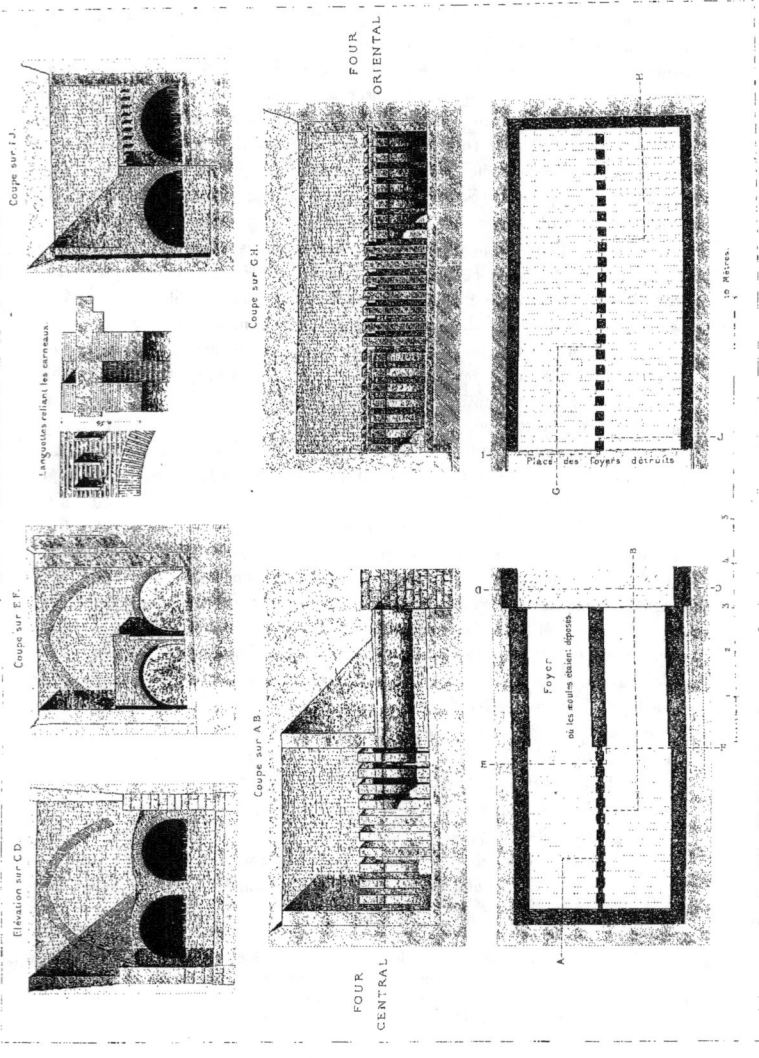

LE CHÂTEAU DES TUILERIES AU TEMPS DE CATHERINE DE MÉDICIS.

Le « contrerolleur général des bastimens des Thuilleries » était Guillaume de Chapponnay, juré du roi en l'office de maçonnerie, dont les gages avaient été fixés à 360 livres par an; mais l'ordonnancement des payements relatifs aux constructions du palais se faisait, vers 1570, sous la direction de l'Évêque de Paris [1], intendant en titre des bâtiments de la Reine. Les entrepreneurs de la maçonnerie s'appelaient Nicolas Houdan et Jacques Champion; dans le marché conclu avec eux, il avait été convenu que le travail serait « toisé comme sy le tout estoit plain « sans aucun aornement, fors seulement les ouvraiges, saillyes et aornemens dé« clérez aud. marché. » C'est ce que nous lisons dans les fragments des comptes de la construction des Tuileries, pour les années 1570 et 1571, que possède la Bibliothèque impériale [2] et que nous allons résumer.

Pour les travaux de maçonnerie, le salaire des ouvriers monta à la somme de $3,425^l\,11^s$ pendant une période de treize semaines consécutives, commençant le lundi 26 février 1571. La dernière fut celle où l'on dépensa le moins, $119^l\,9^s$ tournois seulement; la quatrième fut celle où l'on dépensa le plus : le total s'éleva à $356^l\,16^s\,4^d$. Un nommé Bertrand Deulx (d'Eu?) est indiqué comme travaillant au bâtiment des « escuyries et closture du grand jardin. » Nous avons vu un ordre de payement pour des travaux du palais, daté du 15 mai 1566 et signé de l'Orme, où ce Bertrand Deulx et son collègue Gachon Belle sont qualifiés de « maçons « et entrepreneurs. » L'achat des matériaux, du lundi 5 mars au samedi 12 mai, coûta $3,805^l\,14^s\,4^d$, la dépense de chaque semaine variant de $77^l\,10^s\,2^d$ à $707^l\,16^s$. Parmi les matériaux figurent 184 tonneaux et 12 pieds de pierre de Saint-Leu, payés à raison de 40 sous tournois le tonneau de 14 pieds.

Les travaux de jardinage exécutés durant quinze semaines, commençant le 16 juin et finissant le 21 octobre 1570, coûtèrent $352^l\,9^s\,6^d$. L'article y relatif contient les énonciations suivantes : « Pour avoir... besongné et travaillé à la haye « encommencée pour la closture du grand jardin... du bois yssu des arbres qui ont « esté arrachez du jardin de la Cocquille [3], joignant ledict grand jardin. » — « Pour « le parachèvement de la haye... encommencée à faire depuis le logis des Cloches « jusques à la porte pour entrer dud. jardin en *la Carrière* (manége), du costé du « faulxbourg de Sainct-Honoré. » — Pour avoir arraché « les arbres et hayes du « jardin de la Cocquille, à costé du grand jardin... pour y faire ung tertre au bout « de la Carrière. »

Entre le 12 février 1570 et le 21 mai suivant, on acheta, pour le jardin, 40 poiriers « tant bargamotte que certeau, » au prix de 10 livres; — 55 gros amandiers, au prix de 110 sous, et 60 « sauvageaulx de poiriers, » au prix de 60 sous; —

---

[1] L'évêque de Paris était alors Pierre de Gondi, plus tard nommé cardinal, qui, l'an 1598, résigna son siége en faveur de son neveu Henri.

[2] Le manuscrit est coté FR. 10399.

[3] C'est-à-dire de la maison de la Coquille, située dans la grande rue du faubourg Saint-Honoré (voir t. I, p. 307).

603 quarterons d'arbres « tant ormeaulx que tillets, » payés 27 livres; — 701 quarterons « d'ormeaulx et tilleaulx, » payés 32 livres; — 150 merisiers et 150 pruniers, payés 40 livres; — 4 « hottées de houbellon » et 2 de fraisiers, payées 60 sous; — 400 « perches de saulx pour faire le Dedallus et aultres hayes d'a- puis, » à 20 livres le cent, rendues au jardin; plus un quarteron de bottes d'osier au prix de 5 sous la botte; — 3,300 « perchettes de couldre pour servir à faire des hayes « au pourtour du parterre et pavillons, » payées 24^l 15^s; — 7,000 petites perches de coudrier, payées 55^l 10^s, et 6 hottées de fraisiers, à 10 sous la hottée. Les travaux du jardin, dont Bastien Tarquin était jardinier, aux gages de 300 livres tournois par an, avaient lieu sous la direction de Bernard de Caruessequi, qualifié de « gentilhomme servant de la Royne et intendant des plantz du jardin « des Thuilleries. » Il reçut 200 livres pour ses honoraires des six derniers mois de l'année 1570.

A propos de la fontaine, il est parlé des « robinets de fonte et cuivre pour les « descharges » des tuyaux. Roger Langlois, maître fondeur en sable, reçut, le dernier décembre 1570, la somme de 100 livres pour, est-il dit, « les ouvraiges des « gros robinets de cuivre qu'il a encommencez à faire et fera cy-après pour mettre « et apliquer dedans les regards de maçonnerye faicts pour les décharges et vuy- « danges des eaues de la fontaine que la Royne veult et entend faire conduire de- « puis le villaige de Sainct-Cloud jusques au bastiment et jardin du pallais de Sa « Majesté lez le Louvre à Paris. » Il est encore mention de sept autres payements faits au même individu, et montant ensemble à 935 livres. On lit ensuite : « A plu- « sieurs et manouvriers qui ont besongné et travaillé, de l'ordonnance dudict sieur « Évesque de Paris, à la réparation de la fontaine que ladicte dame Royne faict venir « de sa maison de Sainct-Clou en son pallais et jardin desdictes Thuilleries, tant « à faire les tranchées des terres audedans du parc du bois de Boulongne que aux « jardins des Bonshommes et aultres lieux, pour descouvrir les tuyaulx d'icelle « fontaine, pour congnoistre les faultes qui estoient ès-dicts tuyaulx, à l'endroict des « emboestemens d'iceulx, par où l'eau se perdoit, et pour iceulx remastiquer et « restablir; et ce, depuys le lundy dix-neufviesme jour de juing mil cinq cens soixante « et dix jusques au sabmedy vingt et ungniesme jour d'octobre après ensuyvant. »

L'article où il est question des Palissy est ainsi conçu : « Autre despence faicte « par cedict présent comptable à cause de la grotte de terre esmaillée. — Paiement « faict à cause de lad. grotte, en vertu des ordonnances particullières de ladicte dame « Du Péron. A Bernard, Nicolas et Mathurin Palissis, sculteurs en terre, la somme « de quatre cens livres tournoys, à eux ordonnée par lad. dame Du Péron, en son « ordonnance signée de sa main le vingt-deuxiesme jour de janvier mil cinq cens « soixante et dix, sur et tant moings de la somme de deux mil six cens livres tour- « noys, pour tous les ouvraiges de terre cuicte esmaillée qui restoient à faire pour « parfaire et parachever les quatre pons au pourtour de dedans de la grotte en-

Comptes relatifs aux travaux de Palissy.

LE CHÂTEAU DES TUILERIES AU TEMPS DE CATHERINE DE MÉDICIS.   51

« commencée pour la Royne en son pallais, à Paris, suivant le marché faict avecq
« eulx, selon et ainsi qu'il est plus au long contenu et déclairé en ladicte ordon-
« nance; par vertu de laquelle paiement a esté faict comptant aux dessusdicts, ainsi
« qu'il appert par leur quictance, passée pardevant lesd. Vassart et Yvert, notaires
« susdicts, le vingt-deuxiesme jour de febvrier, oudict an mil cinq cens soixante et
« dix, escripte au bas de ladicte ordonnance cy-rendue. Pour ce, cy en despence
« ladicte somme de IIIe [1].

« Ausdicts Palissis cy-dessus nommez, pareille somme de quatre cens livres tour-
« noys, à eulx aussi ordonnée par ladicte dame Du Péron, en son ordonnance signée
« de sa main, le vingt-sixiesme jour de febvrier mil cinq cens soixante et dix; et
« ce, oultre et pardessus les aultres sommes de deniers qu'ilz ont par cy-devant
« reçues sur et tant moings de la somme de deux mil six cens livres tournoys,
« pour tous les ouvraiges de terre cuicte esmaillée qui restent à faire pour faire et
« parachever les quatre pons au pourtour de dedans de la grotte encommencée
« pour la Royne, etc. (*ut supra*). » Il y a encore un troisième à-compte de 200 livres, dont la date manque.

Le paragraphe relatif à Bullant se trouve au recto du dernier feuillet; en voici le
texte : « A Me Jehan Bullant, architecte de ladicte dame Royne, mère du Roy, au
« bastiment de son pallais des Thuilleries, la somme de III^c III^{xx} xI^l III^s IIII^d tour-
« nois, à luy ordonnauceé par ledict sieur Évesque de Paris, en son ordonnance
« signée de sa main, le VIIIe jour de mars $MV^c LXXI$, suivant les lettres de Sa Magesté,
« données au chasteau de Boullongne, le XXIIIe jour de février oudict an, pour unze
« mois vingt-quatre jours de ses gaiges, à cause dudict estat d'architecte du basti-
« ment de son pallais des Thuilleries, commenceant le VIIe jour de janvier mil V^c lxx
« et finiz le dernier décembre ensuivant oudict an. Qui est à raison de $V^c l$ [1] par an,
« selon et ainsy qu'il est plus à plain contenu et déclaré en ladicte ordonnance, par
« vertu de laquelle paiement a esté faict comptant aud. Bulant de lad. somme de
« III^c III^{xx} xI^l III^s IIII^d tournois, ainsy qu'il appert par sa quictance signée de sa main
« le xe jour desd. moys et an, escripte au bas de lad. ordonnance cy-rendue.
« — Pour ce, cy en despence, lad. somme de III^c III^{xx} xI^l III^s IIII^d tournois. » En
marge est ajouté : « Par une coppie de lettres patentes de la Royne, données
« au chasteau de Boullongne, le XXIIIe février mil V^c lxxi cy rend. par lesquelles
« est mandé au présent comptable bailler et délivrer comptant aud. Bullant la
« somme de V^c livres faysant moictyé de mil livres que icelle Dame luy avoit cy-
« devant ordonnée pour ses gaiges de m^e architecte de ses bastimens par chacun
« an doresnavant jusques à la perfection d'iceulx bastimens, à ycelle prandre par
« moictié sur les deniers destinez pour employer tant aud. bastiment des Thuilleries
« que en son chasteau de Saint-Maur des Fossez; et ce, à commencer le VIIe jan-
« vier mil V^c lxx. »

Au milieu de l'année 1571, on s'occupait déjà des combles du château, pour

la construction desquels Charles IX accorda à sa mère vingt arpens de bois de haute futaie, à prendre dans la forêt de Neufville-en-Hays, suivant une déclaration du 5 mai, qui fut renouvelée le 12, et contient ce passage : « Comme pour para-
« chever et rendre en sa perfection le pallais et maison que la Royne, notre très-
« honorée dame et mère, fait bastir aux Thuilleries lez nostre ville de Paris, il soit
« besoing d'avoir et recouvrer une bonne quantité de boys pour faire la charpente
« de la couverture et aultres ouvraiges requis et nécessaires audict pallais, etc. [1] »
Le 30 juillet 1571, le Roi adressa aussi une lettre au Prévôt des marchands, afin de lui recommander certains travaux ayant pour but l'assainissement du faubourg Saint-Honoré. L'opération lui semblait urgente, « pource que, disait-il,
« nous espérons aller de bref loger au palais des Thuilleries, où, sans doute, les-
« dictes voiries et immondices que l'on mène audict marché (aux pourceaux) y en-
« gendrent ung très mauvais air [2]. » Cette lettre, la déclaration et les comptes de la même année montrent suffisamment qu'il n'y avait alors aucun ralentissement dans les travaux de construction du palais; mais, bientôt après, une circonstance des plus étranges vint changer entièrement les idées de Catherine et couper court

Craintes superstitieuses de Catherine. Interruption des travaux des Tuileries. Hôtel de Soissons.

aux projets dont elle poursuivait la réalisation depuis huit ans. « Ses diseurs de
« bonne aventure, raconte Mézeray, l'avoient menacée qu'elle périroit sous les
« ruines d'une maison, et qu'elle mourroit auprès de Saint-Germain, à cause de
« quoy elle avoit accoustumé de faire bien visiter les maisons où elle logeoit, et
« fuyoit superstiticeusement tous les lieux et toutes les églises qui portoient le nom
« de Saint-Germain ; de sorte qu'elle ne vouloit plus aller à Saint-Germain-en-
« Laye, et mesme, pour ce que son palais des Tuilleries estoit de la parroisse de
« Saint-Germain de l'Auxerrois, elle en fit bastir un autre avec beaucoup de des-
« pense dans la paroisse de Saint-Eustache [3]. » Le palais bâti, ou plutôt rebâti par Catherine, dans les limites de la paroisse Saint-Eustache, c'est l'hôtel dit plus tard *de Soissons*, dont elle fit acquisition vers 1572, et qu'il lui aurait été inutile d'acheter si ses absurdes appréhensions ne l'avaient point déjà décidée à abandonner les Tuileries. Il paraît qu'elle prit cette résolution à la fin de 1571 ou au commencement de 1572. Postérieurement on ne rencontre aucune indication de travaux de construction au palais du bord de la Seine, tandis qu'on a la preuve que ceux de l'autre palais étaient encore en pleine activité l'an 1581 ; or ces derniers étaient

---

[1] Arch. de l'Emp. reg. X 8618, fol. 115 v°.
[2] *Ibid.* reg. H 1786 *bis*, fol. 108 v°.
[3] *Hist. de France*, t. III, p. 580 de l'édition de 1651. Mézeray poursuit : « Or, comme ceux qui ad-
« joustent foy à ces prédictions ne manquent point
« de leur trouver des explications de quelque façon
« que ce soit, elle crut lors que la première estoit
« arrivée et que les ruines de la maison de Guise
« l'accabloient. Pour la seconde, il ne fut pas diffi-
« cile de l'expliquer quand on sceut que celuy qui
« l'assistoit à la mort estoit un nommé Laurent de
« Saint-Germain, qui avoit esté précepteur du Roy,
« et pour lors estoit évesque de Nazareth et abbé de
« Châlis. Sur quoy les plus sages, au lieu d'adjouster
« foy à ces vaines prophéties, tirent cette nécessaire
« induction, ou qu'elles ne sont pas véritables, si on
« les peut éviter, ou qu'il est inutile de les sçavoir,
« si elles sont infaillibles. »

assez considérables pour qu'il fût impossible à la Reine d'en exécuter de semblables sur deux points à la fois. Dès 1577, il passait pour constant que le palais des Tuileries ne serait point terminé. On lit dans la relation du voyage de Lippomano : « Mais cet édifice (le palais des Tuileries) ne sera pas plus achevé que l'autre (le « Louvre); la Royne est vieille et plongée, par son ambition, dans les affaires du « royaume, en sorte que, le temps lui manquant ainsi que l'argent, cette construc- « tion restera imparfaite. Elle est destinée à servir de maison de plaisance pour les « princes; elle est si près du palais royal (le Louvre), que le Roy et les Roynes y « vont souvent à pied. »

La Reine mère, en renonçant à poursuivre l'achèvement des Tuileries, et surtout à y vouloir habiter, ne cessa point de faire des jardins de ce palais une de ses promenades habituelles; on le voit par la lettre suivante, envoyée, le 24 avril 1575, au Bureau de la Ville : « De par le Roy, — Très chers et bien amez, Pour ce que « ceulx qui passent pardessus le rempart d'entre la porte Sainct-Honnoré et le quay « respondant à la Porte-Neufve regardent dedans les jardins du pallais des Thuil- « leries, et aussy dedans les autres jardins prochains de nostre chasteau du Louvre, « où nous et la Royne, nostre très honnorée dame et mère, nous allons promener « journellement; nous voullons et vous mandons que vous ayez incontinant à faire « faire une muraille au bout dudict rampart, près lad. porte Sainct-Honnoré, et « une autre près du moulin à vent qui est au bout dud. rampart, y laissant et faisant « faire à chascune desd. murailles une petite porte, desquelles vous garderez les « clefz pour passer quand l'on ira faire la ronde; mais, d'aultant que nous sommes « ici à présent, nous désirons que vous y faictes incontinant besongner. Donné à « Paris, le vingt-quatriesme jour d'apvril 1575. — *Ainsy signé* : HENRY, *et plus bas* : « BRULART[1]. » Ces jardins des Tuileries, dont le Roi désirait dérober la vue au public passant sur les remparts, ne pouvaient être situés qu'entre le fossé de l'enceinte de Charles V et les bâtiments commencés du palais, sur l'espace qui fut effectivement occupé, sous Henri IV, par un jardin dont l'établissement implique qu'on avait renoncé aux premiers plans adoptés. Faut-il conclure de la lettre précédente que cet abandon était déjà décidé? On ne le dirait point, à en juger par la manière dont Du Cerceau s'exprimait en 1579, et par la teneur des lettres patentes du 15 mai 1578, portant annulation des dons particuliers faits sur les restes des comptes. Dans ces lettres, le Roi déclare que les exactions « des donataires, » qui absorbaient le fonds des restes, avaient « entièrement et du tout empesché le « dessein longtemps jà fait d'accompagner le Louvre d'un si beau palais et si né- « cessaire » pour lui et ses successeurs qu'était « celui des Thuilleries; » puis, « afin « qu'une tant louable et nécessaire entreprise soit mise à fin, » il prescrit « que « tous et chacuns des deniers desdits restes soient employez à la construction dudit

---

[1] Arch. de l'Emp. reg. H 1787, fol. 362 v°.

«palais des Thuilleries [1], » à laquelle il avait aussi été recommandé, dans une ordonnance du 5 décembre 1576, de n'apporter «aulcune interruption. » Il est à croire cependant que, vers le milieu du règne de Henri III, la Reine mère étant occupée à bâtir son hôtel de la paroisse Saint-Eustache et n'ayant point les moyens de fournir à la dépense d'autres constructions aussi vastes, personne ne songeait plus sérieusement à continuer les bâtiments des Tuileries suivant les projets ruineux d'après lesquels ils avaient été commencés. Le premier établissement du petit jardin, qu'on attribue à Henri IV, pourrait avoir coïncidé avec l'édification de la

[1] Le préambule des lettres patentes, dont il existe un exemplaire imprimé dans la collection Rondonneau (cart. 81), rappelle les dons faits par Charles IX à sa mère, et est ainsi conçu : «Henry, etc. A tous «présens et à venir, salut. Sçavoir faisons que nous «avons cy devant et du vivant de nostre très honoré «seigneur et frère le Roy Charles de bonne mé- «moire, veu de quelle affection il désiroit l'avance- «ment du palais des Thuilleries, de nostre très ho- «norée dame et mère, comme estant chose plus «nécessaire pour accompagner le Louvre; et, à cet «effet, avoit nostre dit seigneur et frère ordonné, «dédié et destiné tous les deniers provenans des «restes des comptes de nos officiers comptables, de «quelque qualité et condition qu'ils soient, ayant «compte en nos Chambres des comptes, sans que «lesdits deniers pussent estre divertis ny employez «ailleurs qu'à la construction du dit palais; et trou- «vant nostre très honoré seigneur et frère qu'à l'oc- «casion d'aucuns importuns donataires son inten- «tion ne pouvoit estre si exactement exécutée que «le plus souvent ne fussent diverties quelques bonnes «sommes desdits restes, il auroit, pour empescher «que lesdits deniers des restes ne fussent divertis, «fait don en l'année 1566 d'une bonne somme de «deniers sur lesdits restes à nostre dite dame et «mère, pour estre icelle somme employée à ladite «construction du palais des Thuilleries, et non ail- «leurs; et depuis auroit fait don général à nostre «dite dame et mère de tous lesdits restes à même «effet, estimant par ce moyen couper chemin aus- «dits donataires à ne plus demander aucune chose «sur lesdits restes de comptes, ce qui auroit eu «lieu pendant quelque temps; mais, comme toutes «choses prennent changement, même qu'à l'occa- «sion des troubles on n'a pu y remédier, comme «on eust bien désiré, lesdits donataires ont usé «de telle importunité en nostre dit endroit, et par «même moyen envers nostre dite dame et mère, «que par infinies subtilitez ils ont obtenu autant, «ou plus de dons sur lesdits restes des comptes «qu'ils avoient fait avant que ledit bastiment dudit «palais des Thuilleries fust commencé; et ont fait en «telle sorte, et réduit à telle extrémité lesdits restes «des comptes qui revenoient cy devant à grosse «somme, de laquelle on pouvoit faire estat, qu'elles «ne suffisent presque à présent au payement des «charges ordinaires et gages d'officiers, et moins «suffiroient à l'avenir s'il n'y estoit remédié, ayant «par telles voyes entièrement et du tout empêché le «dessein longtemps jà fait d'accompagner le Louvre «d'un si beau palais, et si nécessaire pour nous et «nos successeurs Roys qu'est celui desdites Thuil- «leries ; pour à quoy remédier et remettre les «choses en leur premier estre, afin qu'une tant «louable et nécessaire entreprise soit mise à fin, «et que tous et chacuns des deniers desdits restes «soient employez à la construction dudit palais des «Thuilleries, sans en divertir autre chose que les «charges ordinaires et accoustumées ; nous, par «l'avis et meure délibération de nostre conseil privé, «avons dit et déclaré, disons et déclarons par édit «perpétuel et irrévocable :

1°.

«Que tous dons faits sur lesdits restes depuis le «commencement de la construction dudit palais des «Thuilleries, au préjudice du don général desdits «restes fait à nostre dite dame et mère par feu nostre «dit et très honoré seigneur et frère, qu'avons de- «puis confirmé à l'effet susdit, et lesquels dons ne «sont ce jourd'huy acquittez, soit iceux dons véri- «fiez en nostre dite Chambre des comptes à Paris, «ou non, sont obtenus par importunité ; et à cette «occasion les avons tous cassez et révoquez, cassons «et révoquons, sans distinction de qualité desdits «dons, ny des personnes auxquelles ils ont esté «faits, etc. »

LE CHÂTEAU DES TUILERIES AU TEMPS DE CATHERINE DE MÉDICIS.

contrescarpe à éperons du fossé, qui fut faite en 1581, et semble avoir été entreprise non pour l'utilité de la Ville, mais bien pour l'agrément du palais.

A la mort de Catherine de Médicis, Henri III, chassé de Paris, était dans l'impossibilité de reprendre les travaux du château des Tuileries, et il ne survécut que de quelques mois à sa mère. Durant les dernières années de la vie de celle-ci, l'édifice, qui comptait toujours au nombre de ses bâtiments, dut rester dans l'état où il était en 1572, et l'on se borna vraisemblablement à entretenir les jardins, que la Reine mère continua toujours de faire soigner [1]. Sous la Ligue, on avait tout autre chose à faire qu'à achever les palais royaux, et il ne put être question de cet achèvement qu'après la soumission de Paris. La troisième période de l'histoire des Tuileries correspond donc au règne de Henri IV.

Henri III abandonne les travaux des Tuileries.

---

[1] Suivant les comptes de la trésorerie de Catherine, le 30 juillet 1587, "M⁰ Jehan de Verdun, "payeur des œuvres et bastimens de la Royne, "mère du Roy, du bastiment de son pallais des "Thuilleries," reçut une somme de quinze cent quatre-vingt-sept écus quarante sous tournois, "pour payer les jardiniers du jardin dudict pal- "lais, tant de la demie-année à eulx deue de leurs "gages que de ce qui leur seroit deub à l'advenir." Le 26 août suivant, il reçut aussi cent douze écus et vingt sous tournois pour solder les gages de "Bastien Tarquin, jardinier ordinaire de Sa Majesté au "grand jardin de son pallais des Thuilleries." (Arch. de l'Emp. reg. KK 117, fol. 155 et 156 r°.)

QVE DV VIEVX PARIS

IV LOVVRE
FAÇADE OCCIDENTALE

CHAPITRE XII.

LE LOUVRE ET LES TUILERIES SOUS HENRI IV ET LOUIS XIII.

DE 1589 A 1624.

Sommaire. — Henri IV reprend les travaux du Louvre (1594). — Les ressources qu'il crée. — La Grande Galerie. — Le chiffre de Gabrielle d'Estrées sur la Galerie (1594-1599). — La Petite Galerie du Louvre. — Les peintures. Traité d'Ant. de Laval. — Peintures de la voûte de la Galerie. — Le pavillon *de Lesdiguières*. — Achèvement de la Galerie (1608). — Boileau et Morel; Biart, Prieur et les L'Heureux, sculpteurs. — Du Breul et Bunel, peintres. — Plain et Fournier, architectes de la Petite Galerie. — Les architectes de la Grande Galerie. — La famille Métezeau. — Louis Métezeau : sa généalogie. — Du Pérac. — La famille Androuet Du Cerceau. — Jacques Androuet Du Cerceau. Ses ouvrages. — Généalogie des Du Cerceau. — Les entrepreneurs de la Grande Galerie. — Le pavillon *de Flore* (1608). — Claude Mollet, jardinier des Tuileries (1600). — Importance des travaux de Henri IV pour l'achèvement du Louvre et des Tuileries. — Fresque de Fontainebleau : projet de réunion du Louvre et des Tuileries. — Lettres patentes de Henri IV relatives à la destination de la Grande Galerie. — L'Orangerie du Louvre sous Louis XIII. — Résumé chronologique de l'histoire du Louvre et des Tuileries (1189-1610).

L'avénement de la branche des Bourbons au trône de France sembla donner une nouvelle impulsion aux travaux du Louvre, et notamment à ceux qui avaient pour but de relier ce palais à celui des Tuileries. Depuis le 2 août 1589, date de la mort de Henri III, jusqu'au 22 mars 1594, jour de l'entrée de Henri IV à Paris, les inquiétudes causées par la guerre civile, les affreuses misères qui en furent la conséquence, et l'absence d'une autorité régulière amenèrent, sans aucun doute, une interruption complète des travaux du Louvre, dont la nouvelle «salle haute» servit, en 1593, de lieu de réunion pour les États généraux. La période suivante, au contraire, fut signalée par une extrême activité, et les constructions élevées de 1594 à 1610 dépassèrent en importance tout ce qui s'était fait sous les cinq rois précédents.

Avec moins d'ostentation, mais avec plus d'intelligence de ce qui était utile, Henri IV, comme François Ier, aimait beaucoup à bâtir, et les deux palais dont nous essayons de raconter l'histoire témoignent hautement de cette passion. Il ne tarda pas à la manifester, car, à peine Paris lui eût-il ouvert ses portes, il ordonna de reprendre les travaux du Louvre. «Du premier jour qu'il entra au Louvre,» dit l'historien Mathieu, «il desseigna (adopta le plan de) ce qu'il poursuivit et

Henri IV reprend les travaux du Louvre. (1594.)

58 TOPOGRAPHIE HISTORIQUE DU VIEUX PARIS.

«continue maintenant [1]. » — «Si tost qu'il fust maistre de Paris, on ne veid que « maçons en besogne, » lit-on aussi dans le *Mercure françoys* [2], sorte d'annuaire historique de ce temps. Nous trouvons la confirmation du fait dans les registres de la Ville, où est consigné un ordre du 20 janvier 1595, enjoignant aux maîtres passeurs [3] d'établir, vers les Tuileries, un bac, ou tout au moins un service de bateaux, «pour passer et repasser toutes et chacunes des personnes, chevaulx « charrettes et matériaulx nécessaires pour les bastimens du Roy. » Le même jour, il fut également prescrit de tenir ouverte la Porte-Neuve, «pour la commodité des « bastimens du Roy, le tout sans délaisser l'ouverture et garde de la porte Sainct-« Honnoré, et pour satisfaire au commandement de Sadicte Majesté [4]. » Le 30 août suivant, il fut recommandé aux passeurs du bac des Tuileries de passer à toute heure «les pierres, moueslons et aultres choses servanz aux bastimenz du Roy. «ensemble les conducteurs et ouvriers, » sans rien réclamer, conformément aux conditions du bail.

Lettres royaux du 26 septembre 1594.

En même temps qu'il ordonnait la reprise des travaux du Louvre et des Tuileries, Henri IV s'efforçait de pourvoir, tâche peu facile, aux dépenses que ces travaux nécessiteraient. Un des moyens qu'il employa pour atteindre son but est indiqué dans des lettres royaux délivrées à Paris le 26 septembre 1594, et enregistrées à la Chambre des comptes le 17 novembre suivant. Ces lettres sont ainsi formulées : «HENRY, par la grâce de Dieu Roy de France et de Navarre, etc. Cha-« cun congnoist assez les grandes et insupportables dépenses que nous avons faites « à nostre advènement à la couronne, et sommes encore constraints faire pour « l'entretènement de nos camps et armées estans en plusieurs lieux de ce royaume, « pour résister et empescher les mauvais desseins et entreprises d'aucuns nos subjets « qui s'efforcent de tenir et occuper aucunes de nos villes; n'estans tous les deniers « de nos recettes sufisans pour satisfaire ausdictes dépenses, qui ont causé que l'on « a délaissé de faire réparer nos maisons et chasteaux, lesquels, à faute d'y faire tra-« vailler, tombent en ruine, comme aussi les bastimens encommencez par nostre très « honnoré seigneur et frère le feu roi Henry dernier décédé, que Dieu absolve, « tant en nostre chasteau du Louvre, palais des Tuileries, que sépultures des feus « roys, nos très honnorés seigneurs, pères et frères, que Dieu absolve, encommen-« cées à faire en nostre ville de Sainct-Denis en France, et ausquels a esté fait grand

---

[1] *Histoire de France*, liv. VI, quatrième narration, n° 2, p. 563. L'ouvrage, qui a paru en 1606, est cité par M. Poirson, t. II, p. 765.

[2] Année 1610, t. I, fol. 485 r°, dans l'*Épilogue des vertus du Roy*.

[3] Par décision du 29 novembre 1594, le Bureau de la Ville, sur leur requête, leur avait concédé ce bac, qu'ils avaient déjà obtenu en 1564, comme nous l'avons dit, et dont ils devaient jouir de nouveau, à la condition de passer gratuitement «les pierres, matéreaux, chevaulx et charettes ser-« vant tant audict bastiment des Thuilleries, chasteau « du Louvre, que faire les fortifications et affaires « publicques de la Ville.»

[4] Arch. de l'Emp. reg. H. 1791, fol. 107 r°.

« dépense qui seroit du tout inutile si lesdits bastimens estoient deslaissez, qui
« nous seroit grande perte et dommage; et désirant la continuation et perfection
« d'iceux, suivant les desseins et plans qui en ont esté cy devant faits, après avoir
« fait voir en nostre conseil les lettres de déclaration de nostre feu sieur et frère,
« du 8ᵉ janvier 1575 et 2ᵉ janvier 1580, cy attachée sous le contre-seel de nostre
« chancellerie, et pour obvier aux importunités qui nous sont journellement faites
« de faire don, bailler ou faire bailler assignation sur la nature des deniers men-
« tionnez par lesdites déclarations, joint que nous n'avons quant à présent moyen
« d'ailleurs, attendu les grandes dépenses qu'avons à suporter comme dit est; sça-
« voir faisons que nous, ces choses considérées et pour autres bonnes causes et
« considérations à ce nous mouvans, avons, conformément ausdictes déclarations,
« dit, déclaré et ordonné, disons, déclarons et ordonnons, voulons et nous plaist
« que tous les deniers des plus valleurs de nos finances, restes des comptes, bons
« d'Estats, bois, chablis tombez et abbatus par les vents, impétuosité de temps ou
« autrement, paissons, glandées et autres deniers casuels qui sont deus et pour-
« roient advenir en nos recettes générailes ou particulières, lots, ventes, bois mort et
« mort bois, soient doresnavant employez tant à la continuation et parachèvement
« de nosdits bastimens du chasteau du Louvre, palais des Thuileries, sépultures
« des feus roys, nos prédécesseurs, en la ville de Sainct-Denis, que pour l'entretè-
« nement et réparations de nos autres bastimens et chasteaux, et non ailleurs, pour
« quelque occasion que ce soit, etc... Donné à Paris, le 26 septembre 1594 [1]. »
Les Mémoriaux de la Chambre des comptes, dont nous extrayons le document qui
précède, renferment une seconde ordonnance royale, rendue le 16 décembre 1594,
laquelle assigne le dixième du produit annuel de la vente des bois de toutes les
forêts du royaume à l'entretien et à la continuation des bâtiments commencés des
châteaux du Louvre, des Tuileries, de Saint-Germain-en-Laye et de Fontainebleau [2].

L'empressement de Henri IV à reprendre les travaux du Louvre, ou plutôt des *La Grande Galerie.*
galeries, eut deux causes : il convenait de donner une nouvelle impulsion au
commerce, qui souffre toujours considérablement des luttes politiques, et sur
lequel l'industrie du bâtiment passe pour avoir une grande influence; puis le Roi,
dont la position n'était pas encore affermie, était vivement intéressé à se ménager
la faculté de quitter facilement la Ville, sans courir le danger auquel Henri III avait
été exposé à la journée des Barricades, et la continuation de la Grande Galerie
au delà de l'enceinte lui en offrait un excellent moyen. Sauval affirme que ce fut
là sa pensée, et Tallemant des Réaux dit pareillement : « Henri IV voulut pourtant,
« à telle fin que de raison, avoir une issue pour sortir hors de Paris sans être veu;

---

[1] Arch. de l'Emp. reg. P 2334. — [2] Arch. de l'Emp. reg. P 2334.

« et, pour cela, il fit faire la galerie du Louvre, qui n'est point du dessein, afin
« de gaigner par là les Tuilleries, qui ne sont dans l'enceinte des murs que depuis
« vingt ou vingt-cinq ans [1]. » Les galeries furent effectivement la partie du Louvre
dont Henri IV se préoccupa surtout [2], et qu'il se plut à achever; quant aux bâtiments du quadrangle, il les laissa à peu près dans le même état où il les avait
trouvés, et nous avons dit précédemment (t. I, p. 269) la part qu'il a pu prendre
à leur continuation.

Le point où Catherine de Médicis abandonna la construction de la Grande
Galerie ne nous est point connu; mais on sait que, de son temps, cette galerie,
comme la Petite, ne consistait qu'en un seul étage couronné par une terrasse;
Henri IV eut donc à faire bâtir l'étage supérieur de la Petite Galerie, qui forme
aujourd'hui le salon d'Apollon, et la mezzanine ainsi que le second ordre de la
Grande Galerie correspondant au Musée de peinture. Cependant cette grande
tâche, entreprise vers la fin de l'année 1594, fut terminée en 1596, suivant l'inscription donnée par Morisot dans le passage suivant de la vie du Roi [3] : « Entre
« cette salle (celle des Antiques) et ces jardins (ceux des Tuileries) se trouvaient des
« constructions abandonnées; avec un art et une magnificence qui effaçaient tout ce
« qui avait précédé, il les répara, en en formant de vastes galeries, auxquelles il mit
« cette inscription : *Henricus IIII, Galliæ et Navar. rex christianissimus, porticum hanc,*
« *Carolo IX alta olim pace coeptam, inter graves civilium bellorum æstus feliciter absolvit,*
« *anno Sal.* MDXCVI, *regni* VII [4]. » Au surplus, les registres du Corps municipal nous
fournissent une preuve qu'à la fin de 1596 on travaillait aux combles des galeries :
c'est une permission accordée le 21 octobre, par la Ville, à son maître charpentier,
le capitaine Charles Marchant, « de se servir de la place de l'Arsenac... pour, est-il
« dit, y mettre boys à bastir, *et y faire les assemblages de charpenterie des galleries du*
« *Louvre, que le Roy faict bastir,* comme aultres assemblages [5]. » L'inscription ne
doit s'entendre, toutefois, que de la grosse maçonnerie, car la décoration de la

---

[1] *Historiette de Henri IV*, t. 1, p. 17 de l'édition
de M. Paulin Paris. Tallemant a eu tort de dire que
la galerie n'était point « du dessein, » puisqu'elle
fut projetée et commencée bien avant le règne de
Henri IV. Il est vrai qu'elle n'était point destinée
d'abord à se prolonger si loin.

[2] Henri IV ne s'occupa point de faire terminer la décoration de la salle des Caryatides, qui,
jusqu'au commencement de ce siècle, ainsi que
nous l'avons dit, demeura simplement indiquée
par places. Sur la façade occidentale du château,
les mufles de la corniche restèrent toujours à l'état
d'épannelage, et, si nous comprenons bien les
vues de Baltard, il en fut de même des appuis
des fenêtres à fronton, que nous avons néanmoins
représentés comme achevés, sur notre restitution.

[3] « Ab ea aula, in eosdem hortos, omissa ædifi-
« cia, etiam nobiliore quam antea artificio, vastis
« porticibus restauravit, cum hoc titulo : *Henri-*
« *cus IIII, etc.* Infra supraque cellæ tabernæque ex-
« tructæ gratuita habitatio variarum artium peritis,
« quos tota Europa conquisitos, immensa profu-
« sione in urbem allexit, ne mercium alienarum em-
« ptionibus Gallica pecunia diverteretur. » (P. 118.)

[4] « Cette galerie, commencée autrefois par Char-
« les IX, au sein d'une paix profonde, Henri IV, roi
« très-chrétien, l'a heureusement achevée au milieu
« de la fureur des guerres civiles, l'an 1596, de son
« règne le 7e. »

[5] Arch. de l'Emp. reg. H 1791, fol. 331 r°.

LE LOUVRE ET LES TUILERIES SOUS HENRI IV ET LOUIS XIII.

portion de la Grande Galerie qui finit au pavillon de Lesdiguières, et à laquelle se rapporte exclusivement l'inscription, n'était pas même à moitié faite lorsque M. Duban a commencé sa récente et consciencieuse restauration. En 1848, encore, il n'y avait d'achevé que la sculpture de l'étage du rez-de-chaussée jusques et y compris le guichet Saint-Thomas, celle du tiers inférieur de la mezzanine, les cannelures des pilastres de l'ordre supérieur, sept de leurs chapiteaux, plus dix-huit abaques. Au delà de la travée du guichet Saint-Thomas, que ne surmontait aucun fronton, tous les abaques et le dernier chapiteau de l'ordre supérieur étaient taillés; mais la décoration entière, depuis le sol, demeurait à l'état d'épannelage. Au reste, les parties finies étaient plus que suffisantes pour faire juger de l'ensemble projeté, et elles corroborent l'idée de deux systèmes de composition, dont les résultats ont été soudés l'un à l'autre. L'esprit de la sculpture de la mezzanine et du second ordre est très-sensiblement différent de celui qui se révèle à l'étage du rez-de-chaussée, et il accuse assez une époque moins ancienne pour que nous ayons été souvent tenté de faire remonter l'ornementation de l'ordre inférieur à la période de Catherine; mais il faut bien admettre que cette ornementation ne fut exécutée que de 1594 à 1599 [1], puisqu'elle comportait le chiffre

Le chiffre de Gabrielle d'Estrées sur la Galerie. (1594-1599.)

de Gabrielle d'Estrées et de Henri IV [2], la devise de celui-ci, *Duo* [3] *protegit unus*, et les sceptres en sautoir, emblème de sa double royauté, à la fois nominale et réelle.

[1] M. de Clarac dit (p. 359) que, dans certaines parties de la Grande Galerie (il veut parler de la face septentrionale), il y avait des pierres épannelées pour une ornementation différente de celle qui a été exécutée; cette dernière provient donc d'une reprise de travaux, et date ainsi de Henri IV.

[2] Les chiffres H G de la frise furent effacés pendant la Révolution; mais M. Duban en a retrouvé sur la face septentrionale de la galerie, à la cinquième travée, un spécimen heureusement échappé au marteau. « Les dévots, dit Sauval, se fâchent aussi de « voir des H et des G, liés ensemble, sur les faces « de la Petite (?) Galerie, et s'étonnent que Marie de « Médicis ait eu plus d'indulgence pour ces monu- « mens de l'amour de Henri IV et de Gabrielle d'Es- « trées que pour les autres chiffres de cette qualité, « qu'elle a fait biffer partout ailleurs. » (T. II, p. 30.) Les IIII qu'on remarque sur les pilastres, et que M. de Clarac a pris pour des chiffres romains indiquant le nombre 4, ne nous paraissent être que des jambages d'H H, dont les traverses n'existent plus, peut-être parce qu'elles ont été détruites à dessein.

[3] Et non *duos*, comme on le dit, car c'est le mot *regna* qui est sous-entendu dans ce fragment de vers. On lit *duo* sur une médaille de l'époque et sur nombre d'autres monuments. Un auteur du temps, Antoine de Laval, qui nous fournira des renseignements curieux, dit : « Avant que d'entamer l'ins- « cription, la devise, éloge et les autres vers du por- « tique du Roy, je ne puis me contenir de vous dire « mon advis de la devise que Sa Majesté a receu « pour sienne : l'espée avec deux sceptres lacez et le « mot *Duo protegit unus*. Je ne suis pas si téméraire « de le blasmer; mais j'ose dire, sous la révérence de « l'autheur (que je tiens pour un grand habille homme « aux bonnes lettres, fort capable d'une belle in-

La Petite Galerie du Louvre.

La salle des Antiques, contiguë à la Grande Galerie, fut aussi terminée par Henri IV[1], et sous son règne elle s'est appelée *la salle des Ambassadeurs*. L'auteur du *Supplément aux antiquités de Paris* rapporte, en effet, que ce roi fit conduire la Grande Galerie « en moins de huit à dix ans jusques au delà de la Porte-Neufve, « et, par une autre allée, jusqu'à cette belle galerie ou corps de logis des Tuilleries. « Sur la première fausse porte (le guichet de la rue de Fromenteau), jusques à « la galerie qui est au-dessous de la belle galerie du Roy (l'étage inférieur de la « Petite Galerie), il fit faire une très-belle salle, dont le bas est couvert de larges « carreaux de marbre et d'albastre, qu'on appelle *la salle des Ambassadeurs*, pour « ce que dans icelle le Roy donnoit audience aux ambassadeurs extraordinaires des « grands princes. » — « Du haut en bas, dit en outre Sauval, ce ne sont que marbres « noirs, rouges, gris, jaspés, rares, bizarres, bien choisis, enchâssés en manière « d'incrustation dans le parterre aussi bien que dans les murailles, qui rendent « le lieu assez semblable à des reliquaires ou à des cabinets d'Allemagne fort his-« toriés [2]; les trumeaux sont ornés de colonnes fuselées et de niches garnies de « statues de marbre, entre autres d'un More, d'une Diane, d'un Flûteur et d'une « Vénus [3], qui méritent l'attention de tout le monde. » On peut voir, dans ce luxe de matériaux versicolores, un encouragement à l'exploitation des carrières de marbres des Pyrénées, ordonnée par Henri IV, qui, assure M. Poirson, prescrivit de n'employer au Louvre et aux Tuileries que des marbres indigènes. Avant le règne de Louis XIV, le pavillon de la salle des Antiques n'était pas plus élevé

« vention), qu'il semble avoir inventé ce corps, en « la chaleur de quelque combat, au plus fort de la « guerre, lorsque l'espée de Roy nestoit la plus « nécessaire; mais si m'advouera-t-il que ceste es-« pée ainsi droicte ressent quelque chose de moins « grave que ce qui est de la décence et dignité d'une « devise royale, pour le grand rapport qu'elle a de « prime face avec toutes celles des prévosts des ma-« réchaux, qui ont, sur les casaques de leurs ar-« chers, tous ces espées droites avec un mot, ou sans « mot. Quant aux deux sceptres mis en la protection « de ceste espée, on dit, pour le regard du sceptre « de Navarre, que la plus belle portion est en la pos-« session d'autruy, et partant en est la devise sub-« jecte à estre interprétée à nostre désavantage, « bien que ce sceptre soit injustement usurpé, et « que Sa Majesté ait assez de force et de courage « pour retirer le sien, comme il a fait jusques icy; « mais il y a bien à dire de l'avoir en protection, « puisqu'un autre le possède. »

[1] Probablement en même temps que la première partie de la Grande Galerie. — On lit dans une lettre adressée par Villeroy à Sully, le 23 novembre 1603 : « J'oubliois de vous écrire, Monsieur, que le « Roi vous prie de prendre garde à la salle des An-« tiques du Louvre, qu'il a ouï dire qu'elle a pris « coup » (s'il s'y est fait un mouvement dans la maçonnerie). Sully, n'ayant pas répondu sur-le-champ, reçut, trois jours après, une nouvelle lettre où Villeroy disait : « ... Mais, Monsieur, vous avez « oublié de nous faire sçavoir l'état de la salle des « Antiques du Louvre, que Sa Majesté... désiroit « que vous visitassiez pour reconnaître si elle a pris « coup, comme l'on lui a fait entendre; Elle a cru « que j'avois oublié à vous l'écrire. » Sully, dans les Mémoires duquel sont transcrites les missives, ne donne d'ailleurs aucun détail sur l'accident en question.

[2] Morisot en parle en termes semblables : « Ejus « opus Antiquitatum aula, in ipsa urbe, a laeva Lu-« para exeuntium ad hortos Principis; pavimento « marmoreo; laqueari inaurato; marmore versicolori, « nominibus, litteris, figuris et floribus, ex jaspide, « crisolito, dentrite, achate et porphyrite, latentibus « commissuris, parietibus incrustatis. » (P. 117.)

[3] On attribuait cette Vénus à Barthélemy Prieur.

ÉLÉVATION ORIENTALE RESTITVÉ
SOVS LE R

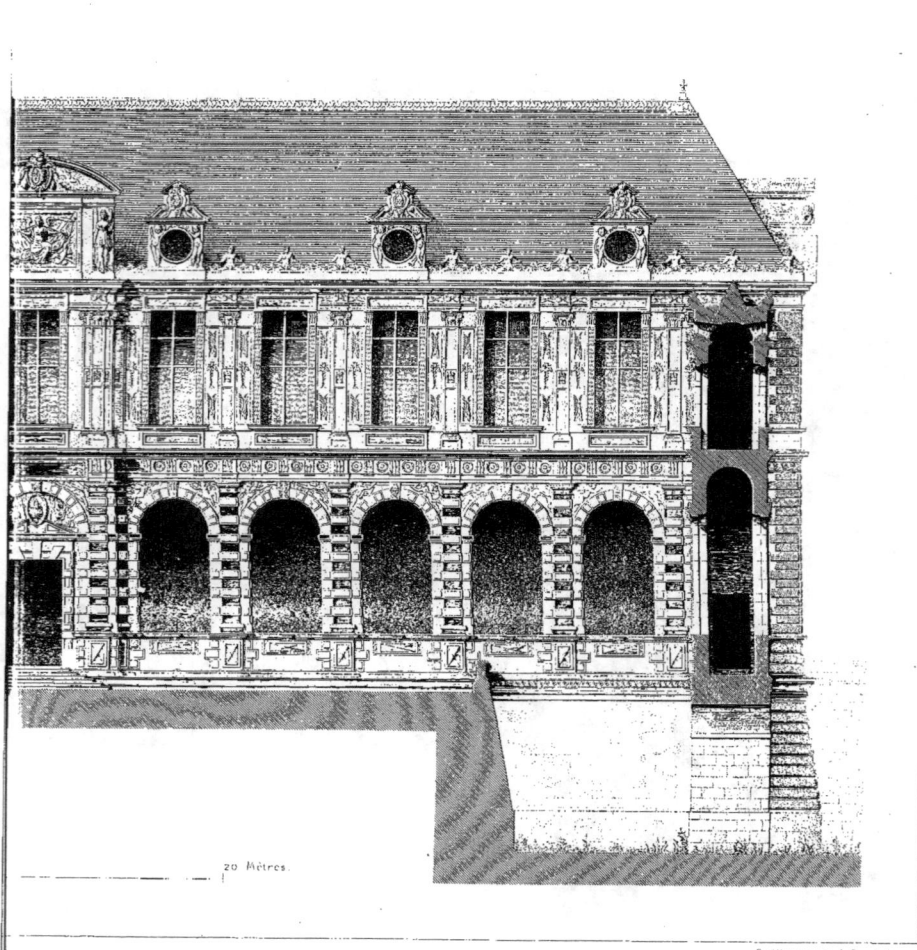

DE LA PETITE GALERIE DV LOVVRE
DE LOVIS XIII.

LE LOUVRE ET LES TUILERIES SOUS HENRI IV ET LOUIS XIII. 63

que la Petite Galerie, et ne se composait que de deux étages. Celui du bas était éclairé par cinq grandes fenêtres, dont la disposition a été conservée; celui du haut ne comptait que deux fenêtres, et était agencé absolument de même que l'étage supérieur de la Grande Galerie, avec la hauteur duquel il se raccordait et dont il reproduisait les niches. L'unique différence consistait en ce que ces deux frontons, l'un et l'autre angulaires, ne continuaient point l'alternance de ceux de la Grande Galerie. Comme pour ces derniers, les tympans restèrent vides et les chapiteaux des pilastres furent seuls sculptés.

L'étage supérieur de la Petite Galerie, et l'attique de la galerie en manière de pont [1] par laquelle elle communiquait avec le pavillon du Roi, furent sans doute construits en même temps que le second ordre de la galerie; mais la décoration en fut entièrement achevée [2]. La gravure de Marot, qui donne des épreuves à l'envers, et est intitulée *Eslévation de l'un des corps de logis du Louvre*, etc. doit représenter la Petite Galerie telle qu'elle était avant l'incendie de 1661, c'est-à-dire avec son étage inférieur remanié par Anne d'Autriche, mais avec l'étage supérieur intact, et portant les chiffres de Henri IV et de Marie de Médicis. Ces chiffres donnent à croire que la décoration n'était point antérieure au mariage de cette princesse [3]. Lorsqu'elle vint pour la première fois au Louvre, au commencement de 1601, l'intérieur du château avait été fort négligé, de sorte que «elle treuva par toutte «cette grande maison une si grande sollitude et obscurité, et si mauvais meubles «et réception partout, n'y ayant esté mis que les viels meubles qui y sont d'ordi- «naire, que,» raconte Ph. Hurault, «je luy ay ouy dire plusieurs foys despuys «qu'elle ne fust jamais, presque en toutte sa vie, sy estonnée et effrayée, croyant «ou que ce n'estoit le Louvre, ou que l'on faisoit cela pour se mocquer d'elle [4].» Cependant, dès 1600, on songeait à entreprendre la décoration intérieure du nouvel étage de la Petite Galerie, et l'on était disposé à s'en rapporter sur ce point au peintre Du Breul, lorsque Sully, étant allé faire une longue visite au géographe Antoine de Laval, lui demanda son opinion sur «l'ornement des peintures plus «convenables à la belle galerie du Roy, au Louvre, au lieu, et aux personnes qui» auraient «à y fréquenter.» Pour répondre aux questions du ministre, de Laval rédigea un petit traité qu'il intitula *Des peintures convenables aux basiliques et palais*

<small>Les peintures de la Galerie. Traité d'Antoine de Laval. (1600.)</small>

---

[1] Cette construction est évidemment celle qu'un compte de 1624 énonce le «passaige» de la Petite Galerie, et qui était ornée de peintures.

[2] L'attique de la galerie portée sur des arches était décoré de trois œils-de-bœuf, et celui du milieu était surmonté d'un écusson aux armes de France, ayant pour supports deux figures couchées. La gravure de Sylvestre, intitulée *Voue et perspective de la partie du Louvre où sont les appartemens du Roy et de la Royne, du costé du jar-* din, étant le seul document graphique qui donne une idée de l'attique, nous avons dû nous borner à rétablir l'agencement probable des arcatures; celles des extrémités paraissent avoir été tronquées d'une façon bizarre. (Voir l'Appendice VIII.)

[3] Les chiffres pourraient avoir été changés et substitués à ceux de Henri et de Gabrielle.

[4] Mémoires de Ph. Hurault, *ap.* coll. Petitot, t. XXXVI, p. 492.

du Roy et mesmes à sa gallerie du Louvre, et il l'envoya à Sully, avec une lettre datée du 20 décembre 1600, où il rappelle les faits que nous venons de rapporter. Dans ce petit traité [1], faisant allusion aux artistes étrangers que François Ier employa à Fontainebleau, et aux fantaisies desquels il laissa le champ libre, de Laval s'exprime ainsi : « Je veux me persuader que la grande opinion que l'on « avoit de ces peintres italiens (qui taillent tous des princes) fut cause que l'on les « mit sur leur foy et qu'on leur bailla la carte blanche pour inventer et peindre « ensemble; comme j'ay ouy dire que Du Breul espère que le Roy fera pour sa « gallerie, qui seroit du tout difformer l'œuvre, estans jeux bien différens, celuy « de l'esprit et celuy de la main; l'un requiert une grande cognoissance d'histoires, « de poésie, de sciences diverses, de considérations de choses de nature, des cé- « lestes, bref d'une infinité de secrets cachez dans le fonds inépuisable des bonnes « lettres, auquel ces grands peintres n'ont pas bien le temps, ny le loisir de fouiller « plus avant qu'en la surface. » Poursuivant sa pensée, qui était d'imposer un pro- gramme rationnel aux artistes, il donne le conseil d'adopter des sujets empruntés à l'histoire de France, tels que la prise de Pavie par Charlemagne, la bataille de Bouvines gagnée par Philippe-Auguste, le combat de Marignan, etc. et il conti- nue : « Je voudroy donc mouler nos desseins à ceux de ces grands empereurs « (Auguste, Sévère, Caracalla), si magnifiques en leurs structures, dont les su- « perbes ruines tesmoignent l'excellence des ouvrages entiers. Et comme la gallerie « du Roy, au Louvre, ressent cette grandeur éminente et vraiment royale, je « voudrois aussi la décorer d'un chef-d'œuvre non commun, non pas d'une fable, « d'un païsage de figures vaines, qui n'ont rien de recommandable que le colorit « et le traict.

« C'est de la plus belle et glorieuse histoire de la terre habitable, et la plus « susceptible de tous les divers enrichissemens de la peinture. L'entresuitte des effi- « gies de LXIII rois de France, logées chacune en un portique de différente struc- « ture, avec les ornemens d'architecture, emblèmes, devises, figures, tiltres, vers, « éloges et inscriptions dont je les veux accompagnées en la forme cy-après parti- « culièrement descripte...

« Que s'il se trouve plus d'espace à remplir que de nos LXIII portiques, il s'en « trouvera deux fois autant, mettant prez de chacun des rois les grands princes ou « capitaines françois qui ont esté de leur temps, et ont achevé quelque chose de « grand et glorieux qui les a rendus célèbres.

« La forme du dessein est ceste-cy, en chacun des espaces vuides entre les fe- « nestrages de la gallerie, que les artisans appellent jouées, un grand portique à

---

[1] Ce petit traité a été imprimé à la suite du livre des *Desseins de professions nobles et publiques* (in-4°, Paris, 1605), du même auteur, qui prend le titre de «géographe du Roy, capitaine de son parc «et chasteau lez Moulins, en Bourbonnois.» Nous devons à l'obligeance de M. Paul Lacroix de con- naître cet opuscule, fort intéressant pour l'histoire de la galerie.

« deux colonnes, qui soustiendroit les architrave, frize et cornice, frontispice et
« acrotères, de mesme ordre. Entre les deux colonnes, je loge la figure d'un roy
« en l'habit le plus convenable en son humeur : s'il a esté guerrier, vestu d'habit
« militaire ; si plus désireux de paix et religion, en ce pompeux et auguste veste-
« ment royal. Si les peintres trouvent à propos de faire les portiques divers, tos-
« can, dorique, ionique, corinthien et italique ou composite, pource que les uns
« sont plus capables d'enrichissemens que les autres, je n'y contredis point. Je trou-
« veroy bien toutesfois à propos un mesme ordre régnant partout, à fin que, la
« structure estant une, il n'y eust rien divers que les figures, emblesmes, vers,
« devises, inscriptions et éloges qui diversifiront assez la besongne.

« A costé des colomnes, je fais des figures en tel nombre que l'espace s'en trou-
« vera capable : comme une Minerve, une Paix, une Renommée, une Victoire et
« ainsi des autres. Au dessus de ces figures, dans des tablettes ou targettes pendans
« à lassets en forme de festons, un vers ou deux qui expriment la signification de
« l'emblesme dans le vuide du frontispice, une belle devise pour représenter le
« naturel du roy logé au dessous, et, s'il se trouvoit en avoir une propre, comme le
« roy François Ier, la salemande, Henri II, le croissant, le feu Roy, ses trois cou-
« ronnes, etc. elle ne se change pas ; mais, si le temps en avoit dévoré la mémoire,
« comme il ne nous en reste guères devant le roy Jean, ce ne sera pas la moindre
« partie de l'embellissement de cet ouvrage de leur en accommoder une à chacun,
« sortable à leur humeur ou à la condition de leur temps et de leur estat durant
« leurs règnes, et faire que le corps apporte autant de plaisir à l'œil, comme l'âme
« ou le mot, tiré de quelque bon et grave autheur grec ou latin, excitera de belle
« méditation à l'esprit. Sur les acrotères proches, y aura des figures conformes à ce
« subject. Et à costé, dans les quadres qui aboutissent la cornice, j'y voudroy des
« batailles, des pompes de sacre, de nopces, de jeux, de joustes ou autres actes
« célèbres de leur temps, représentez en camayeuls gris ou blanc. Dans la frize,
« entre les triglyphes, aux espaces des métopes, j'y veux les escussons des alliances
« contractées par chasque roy ou des grandes pièces acquises par eux à la cou-
« ronne.

« Au stylobate ou pied estal de chasque figure, j'y mets un distique ou deux
« rapportés au mesme sens. En l'espace du quarré longuet estant sous le total de
« l'ouvrage, est un éloge ou inscription en termes eslongnez du vulgaire, ressen-
« tans la gravité des antiques, qui contiendra le sommaire des gestes du roy estant
« dessus, son origine, son règne et ce qui mérite d'estre sceu de luy ; en quoy je ne
« me veux asservir à aucun autheur qui ne soit tesmoin irréprochable, duquel
« l'autorité soit approuvée, pour n'aller remplir de fables et de comptes à plaisir
« (ainsi que quelques uns ont fait nostre histoire) ces éloges sacrez, qui serviront de
« registre fidèle à la postérité.

« Pour me faire mieux entendre, ajoute de Laval, je tascheray, en tant qu'il est

« possible du petit au grand, à représenter icy la forme que je désire garder en cet
« œuvre, et commenceray par le portique et la figure du Roy ; il est raisonnable
« qu'elle soit la première en veuë, entrant de sa chambre en la gallerie, afin d'aller
« contremontant depuis Sa Majesté jusques à Pharamond. » Effectivement, au verso
du feuillet est une gravure finement exécutée par Thomas de Leu, qui représente
Henri IV dans un portique, fièrement posé un poing sur la hanche et une main
sur la garde de son épée. A droite, dans un compartiment d'architecture, est la
figure de la France, avec ces mots, *Nate, meæ vires*, empruntés à Virgile ; à gauche, on voit Pallas avec ceux-ci, *Præmia magna feres*, pris dans Horace. Sur le
soubassement du portique, on lit, *Herculi sacr. Gallico*, et, dans le tympan de son
fronton, est placé un soleil rayonnant, que de Laval voulait donner pour nouvel
emblème au Roi, avec cette devise : *Orbi lumen columenque suo*.

Il est donc constant que de Laval songea, le premier, à faire de l'étage supérieur de la Petite Galerie une sorte de musée historique en l'honneur des rois
de France. Il est aussi certain que son projet fut en grande partie exécuté, ce qui
fit donner à la galerie le nom de *Galerie des Rois*; toutefois on ne tint pas compte
de ses conseils lorsqu'il s'agit de la décoration du plafond, et les sujets qu'on y
peignit furent tirés de la fable, au grand bénéfice de l'art peut-être, mais non
conformément à la raison. La galerie des Rois a été détruite par l'incendie de
1661 ; mais Sauval nous en a laissé une assez longue description, d'autant plus
précieuse qu'elle est unique. « J'ai fait savoir, dit-il, que le premier étage (le rez-
« de-chaussée) de cette galerie est occupé par le nouvel appartement de la Reine
« régente (Anne d'Autriche), et le second par une gallerie qui ne le cède en
« régularité et en ordonnance à pas une du royaume, ni peut-être du monde.
« Sa longueur, sa largeur et son élévation ne sont pas moins bien symmétrisées
« que compassées. Elle porte trente toises de long et vingt-huit pieds de large. Le
« jour y entre par vingt et une grandes croisées[1]. Les trumeaux sont remplis de
« portraits de quelques-uns de nos rois, aussi bien que de nos reines ; et son pla-
« fond est divisé en plusieurs compartimens de grandeur et de forme différente,
« de plus éclairés par douze grandes croisées (les lucarnes du comble), et enfin
« distribués et compassés avec beaucoup d'esprit par rapport à la grandeur du
« lieu qu'ils occupent. Du Breul mourut peu de temps après avoir commencé ;
« mais Bunel l'a continué, l'acheva, et s'attacha le plus ponctuellement qu'il put à
« l'intention de son devancier.

« On se plaint, au reste, que les tableaux de ce plafond ne fassent point ensemble
« une suite d'histoires, et qu'ils n'ayent aucune affinité avec ceux des trumeaux.
« Quoique ce soit une faute assés ordinaire, on voudroit ne la point voir dans cette
« gallerie. C'est le seul défaut que les critiques y remarquent, et qu'on pourroit

---

[1] Il y avait douze fenêtres sur la face orientale et neuf seulement de l'autre côté.

DÉCORATION D'VN TRVMEAV
DE LA GALERIE DES ROIS, AV LOVVRE.

LE LOUVRE ET LES TUILERIES SOUS HENRI IV ET LOUIS XIII.

« excuser en quelque façon, puisque les héros de quelques-unes de ces histoires
« sont représentés sous le visage de Henri IV. Quoi qu'il en soit, ces héros déguisés
« dans la voûte, aussi bien que les portraits de nos rois et de nos reines, avec ceux
« de leurs courtisans et de leurs dames, peints de côté et d'autre, rendent l'ordon-
« nance de cette gallerie approchant de celle que les Romains observoient dans
« leur pratique, et que Vitruve appelle *Mégalographie*, puisque c'est toujours l'his-
« toire de son pays qu'il faut représenter dans ces sortes d'appartemens. Auguste
« fit embellir son portique des statues de ceux qui avoient bien servi la république,
« et se vantoit, dit Suétone, d'être l'inventeur de cette sorte de décoration. Cara-
« calla, dans son grand portique, fit peindre les triomphes de son père, et les sta-
« tues dont Sévère environna la place de Trajan étoient toutes des plus illustres
« hommes de l'empire romain.

« Les portraits des rois et des reines, que j'ai dit occuper les intervalles d'une
« croisée à l'autre, sont grands comme nature et représentés avec des habits et des
« gestes proportionnés à leur génie. Les rois sont placés à main droite, et vis-à-vis,
« de l'autre côté, les reines qu'ils ont eues pour compagnes. Et tous ces portraits,
« tant des uns que des autres, sont entourés de têtes, mais des seigneurs seule-
« ment ou des dames les plus considérables de leur cour, soit par leur naissance
« ou leur beauté, soit par leur esprit et leur humeur complaisante. Comme tous
« ces portraits sont vrais, il n'y a que la plupart des rois et des reines qui ont
« régné en France depuis saint Louis jusqu'à Henri IV.

« Ces portraits sont partis de la main de trois personnes. Porbus a fait celui de
« Marie de Médicis, qui passe pour un des plus achevés que nous ayons de lui, et
« même le meilleur de cette gallerie [1]. En effet, les vêtemens en sont si vrais, les
« diamans dont il les a brodés sont si brillans, et les perles si naturelles, la tête
« de la Reine si noble, ses mains si belles et si finies, qu'il ne se peut rien voir
« de plus charmant; et, quoique l'azur fût alors fort cher, ce peintre néanmoins l'a
« répandu avec tant de prodigalité sur cette figure, qu'il y en a pour six-vingts
« écus.

« Tous les autres portraits sont de la main ou dessein de Bunel. Il peignit d'a-
« près le naturel ceux des personnes qui vivoient de son temps. Pour déterrer les
« autres, il voyagea par tout le royaume, et prit les stucs des cabinets, des vitres,
« des chapelles et des églises où ils avoient été peints de leur vivant. Il fut si heu-
« reux dans sa recherche, que dans cette gallerie il n'y a pas un seul portrait de
« son invention, et que par le visage et l'attitude tant des hommes que des femmes
« qu'il y a représentés, on juge aisément de leur génie et de leur caractère. Sa
« femme le seconda bien dans son entreprise. Comme elle excelloit à faire les por-

---

[1] On croit que ce portrait est celui qui fait partie de la collection des tableaux du Louvre, et dont la beauté est remarquable. Il est signé F. POURBUS FE. et a 3^m,06 de hauteur sur 1^m,37 de largeur.

« traits des personnes de son sexe, ceux des reines et des autres dames pour la
« plupart sont de sa main et du dessein de son mari.

« Les rois sont vêtus assés simplement, et le tout à la mode de leur tems, et
« conformément à leur âge. Les reines ont leurs habits de pompe et de parade; si
« bien qu'avec ces vêtemens différens et bizarres, qui faisoient sans doute la prin-
« cipale partie de la galanterie et de la propreté de leur cour, ils nous paroissent
« si ridicules, qu'on ne peut s'empêcher de rire.

Les peintures de la voûte de la Galerie.

« Les histoires qui remplissent la voûte que Bunel et Du Breul ont peinte sont
« tirées des Métamorphoses et de l'Ancien Testament. Du Breul n'étoit point bon
« coloriste, et d'ordinaire ne faisoit que des cartons; mais en récompense il étoit
« si grand dessinateur, que Claude Vignon, peintre, a vendu à Rome de ses des-
« seins à François Bracianze, excellent sculpteur, que celui-ci prenoit pour être de
« Michel-Ange. De cinq ou six histoires de lui, que l'on admire dans cette voûte,
« on ne croit pas qu'il y en ait aucune de sa main. La Gigantomachie, dont les
« curieux et les peintres font tant de récit, est d'Artus Flamant et de Bunel. Les
« autres ont été exécutées en partie par eux, en partie par leurs élèves. Elles pa-
« roissent si accomplies aux yeux de ceux qui s'y connoissent, que je suis obligé
« de décrire en deux mots, tant la Gigantomachie, que les fables de Pan et de
« Syringue, de Jupiter et de Danaë, de Persée, d'Andromède et de Méduse.

« Persée, de sa main gauche tenant la tête hideuse et épouvantable de Méduse,
« et de plus le pied droit appuyé sur son corps, qu'il vient de terrasser et priver
« de vie, représente admirablement par cette attitude la force et le courage que
« les poëtes donnent à ce héros.

« Le monstre marin qui se présente pour engloutir Andromède irrite sa rage
« par les battemens de sa queue, et remplit de terreur les âmes les plus intré-
« pides. De son côté Persée s'avance à grande hâte pour le combattre. Andromède
« paroît dans un état à donner de l'amour et de la pitié tout ensemble aux
« plus insensibles. Cette innocente beauté tâche à cacher de sa jambe droite la
« partie de son corps que ses ennemis, pour l'assouvissement de leur jalousie, lui
« avoient honteusement découverte. Elle regarde son libérateur avec zèle et avec
« pudeur, et pourtant fait lire sur son visage que sa peur est plus grande que son
« espérance.

« La langueur des yeux mourans de la belle Danaë, l'assiette incertaine de sa
« belle tête, et toutes ces autres manières qui se remarquent aux personnes que
« l'amour tyrannise, font bien voir qu'elle languit dans l'attente de son adorateur.
« Toutes ses actions témoignent l'excès de sa passion, et l'on juge par certains mou-
« vemens de son corps et par l'agitation de ses jambes, que la lubricité la gour-
« mande et que les feux d'amour la dévorent.

« Le dieu Pan, avec sa laideur ordinaire, et couronné d'un grand bouquet de

LE LOUVRE ET LES TUILERIES SOUS HENRI IV ET LOUIS XIII.   69

« cornes, emploie toute son industrie et toutes ses forces pour enlever la belle
« Syringue. Cette nymphe, au contraire, se roidit tant qu'elle peut contre les efforts
« de ce vieux bouquin, et, pendant qu'il s'amuse à lui manier le sein, elle tâche
« à profiter de l'occasion pour se glisser et s'envelopper dans une forêt de roseaux.

« La Gigantomachie qui fait un des principaux compartimens de la voûte, et
« même le plus beau, nous figure un combat rude et opiniâtre. L'air y est tout en
« feu. On ne voit que foudres et tonnerres qui éclatent de toutes parts. Tout le
« lieu est embarrassé et obscurci de montagnes et de rochers qu'on veut entasser
« les uns sur les autres. La crainte et la hardiesse, la témérité et le courage s'y
« font remarquer. La mort même s'y montre sous toutes sortes de visages. Mais il
« n'y a rien qu'on admire plus qu'un grand géant fort musclé, qui se rehausse sur
« le corps mort d'un de ses frères afin de joindre de plus près son ennemi. La
« taille immense de ce colosse épouvantable occupe tant de place qu'elle vient jus-
« qu'à la moitié de l'arrondissement de la voûte; et, quoique effectivement cette
« figure se courbe et tourne avec la voûte, Du Breul néanmoins l'a raccourcie
« avec tant d'art, que la voûte en cet endroit-là semble redressée, et qu'enfin, de
« quelque côté qu'on la regarde, on la voit toujours sortir hors de la voûte droite
« et entière. Ce raccourci est un si grand coup de maître, que tous ceux qui sont
« capables d'en juger, non-seulement l'admirent, mais disent hautement que dans
« l'Europe il ne s'en trouve point de plus merveilleux. Cette histoire est peinte à un
« des bouts de la galerie, proche de l'appartement du Roi.

« A l'autre bout sort en saillie un balcon sur le quai de l'École, d'où l'on jouit
« d'une des plus belles vues du monde. Là, d'un côté les yeux roulent avec les
« eaux de la Seine, et se promènent agréablement sur le penchant imperceptible
« de ce long demi-cercle de collines rampantes qui viennent en tournant en cet
« endroit-là, de même que la rivière, mais toutes jonchées de maisons de plai-
« sance, de villages, de bourgs, de vignes et de terres labourables. D'un autre
« côté, la vue, éblouie des beautés de la campagne, se vient renfermer dans la
« ville; et, après s'être égayée sur le Pont-Neuf, le Pont-au-Change et les maisons
« uniformes de la place Dauphine, elle se perd dans ce grand chaos de ponts,
« de quais, de maisons, de clochers, de tours, qui de là semblent sortir pêle-mêle
« du fond de la Seine [1]. »

[1] T. II, p. 37 et suiv. — M. Lud. Lalanne a publié, dans les *Archives de l'art français* (t. IV, p. 54), un document de 1603 intitulé *Estat des tableaux qui sont en la galerie, à Paris*, et M. de Chennevières a prétendu que ce catalogue était celui des peintures qui formaient la décoration de la Petite-Galerie. Nous ne doutons point que M. de Chennevières ne se soit mépris, car le catalogue ne contient que quatre noms de rois ou reines de France, et presque tous les portraits dont il y est question sont ceux de personnages étrangers, d'individus même fort obscurs. Si tel avait été le choix des portraits de la Petite Galerie, personne, certes, ne se fût avisé de l'appeler, comme fait Israël Sylvestre, « la galerie du Louvre dans laquelle sont « les portraits des Roys, des Reynes et des plus il- « lustres du royaume. » Le catalogue ne concorde aucunement d'ailleurs avec la description de Sauval, et

70   TOPOGRAPHIE HISTORIQUE DU VIEUX PARIS.

La décoration de la galerie des Rois, ayant été commencée par Du Breul, ne peut avoir été entreprise plus tard qu'en l'année 1602, et le fut très-probablement en 1601. En 1604, suivant un auteur contemporain, Bunel travaillait encore aux peintures de cette galerie et de la salle des Antiques [1].

Pavillon dit de Lesdiguières.

Il est difficile d'imaginer comment, dans le projet primitif, la Grande Galerie devait s'agencer avec la muraille de la Ville et se rattacher au palais des Tuileries. On ne saurait dire si les plans adoptés par Catherine comprenaient le bâtiment servant de pendant à la salle des Antiques [2], et le pavillon contigu, dit maintenant *de Lesdiguières*, qui, différent en cela des deux autres anciens guichets, n'a jamais correspondu directement à aucune voie. Le pavillon de Lesdiguières, qu'on appelait au XVIIe siècle *la Lanterne des galeries* [3], à cause du lanternon dont il était couronné, ne paraît pas d'ailleurs avoir été commencé avant le règne de Henri IV, et l'on n'y remarque point ces fûts de pilastres, en marbre noir, qui sont un des traits caractéristiques du portique de la Petite Galerie, dont il reproduit symétriquement l'ordonnance [4]. Nous pensons que le pavillon de Lesdiguières ne fut entrepris qu'à l'époque où l'achèvement de la première partie de la Grande Galerie donna lieu de travailler à la seconde, c'est-à-dire à celle qui, franchissant l'enceinte, était destinée à aller rejoindre les bâtiments des Tuileries. Sur ce point tout était à faire, et la première opération dut être de déblayer le terrain, assez peu encombré au reste, excepté à l'endroit du rempart, qu'on fut obligé d'entamer. Quant au fossé, la galerie le traversa en portant sur des arcades analogues aux arches d'un pont, et l'on fit là une travée plus large que les

rien n'indique non plus qu'il se rapporte à la Petite Galerie au lieu de la Grande. C'est manifestement un simple inventaire de tableaux, provenant d'Italie pour la plupart et réunis à titre de curiosités.

[1] Le «feu roy (Henri IV)... peu de jours après, «allant voir *les peintures de sa gallerie et de sa salle «des Antiques, que feu M. Bunel, son peintre, faisoit «alors*, vit un fond de chaire faict d'ouvrage de «Turquie que ledict Du Pont y avoit laissé... com-«manda à feu M. de Fourcy, surintendant de ses «bastimens et manufactures, de faire venir ledit «Du Pont en sa présence, ce qu'il fit le lendemain «en la gallerie haute. Venu donc ledit Du Pont, il «présenta à Sa Majesté un quarreau faict de soye «et or, avec une chaire faicte de laine dudit ou-«vrage de Turquie, que Sa Majesté eut très agréa-«ble, et commanda sur l'heure audit sieur de Fourcy «de faire bastir un des logis de dessous sa gallerie «pour estre comme une pépinière d'ouvriers de «ladite manufacture : *ce fut en l'an 1604.*» (Pierre du Pont, *Stromatourgie, ou de l'excellence de la manufacture des tapis, etc.* Paris, 1633, chap. IV, p. 21.)
— Cazaubon, dans ses *Éphémérides*, rapporte que, le 27 avril 1603, un ministre protestant qui était allé voir Bunel au Louvre se tua en tombant d'un échafaud sur lequel ce peintre travaillait.

[2] Comme celui qui renfermait la salle des Antiques, il n'avait d'abord que deux étages et était décoré de niches à l'étage supérieur.

[3] Il est mentionné ainsi dès 1624. (Voir le compte de cette année, Appendice XII.) Le nom de pavillon de Lesdiguières est tout moderne.

[4] La lucarne s'élevant du milieu d'un fronton brisé, qu'on observait au pavillon de Lesdiguières, était imitée de celle qu'on voyait en pareille place, à la Petite Galerie, et qui, détruite depuis longtemps, a été refaite par M. Duban, mais avec des modifications. — Le guichet pratiqué dans le pavillon se nommait *le guichet Saint-Nicaise* à la fin du XVIIe siècle.

TOPOGRAPHIE HISTO

GRANDE GAL

ÉLÉVATION PARTIELLE

)VE DV VIEVX PARIS.

30 Mètres

A^{dre} Soudain sc.

E DV LOVVRE

A FAÇADE MÉRIDIONALE.

cien.

Page 402.

LE LOUVRE ET LES TUILERIES SOUS HENRI IV ET LOUIS XIII. 71

autres. Cette travée, bien reconnaissable aux niches qui la décorent, constitue donc un jalon des fortifications de Charles V, particularité que personne n'a encore comprise.

Nous avons longtemps cherché une donnée positive relativement à l'époque où fut commencée la seconde partie de la galerie, que son ordre colossal distingue tant de la première. M. Poirson a supposé que les guerres contre l'Espagne et la Savoie retardèrent les travaux, et qu'on ne mit décidément la main à l'œuvre qu'en 1603; à l'appui de cette opinion, il a cité une lettre de Henri IV à Sully, en date du 2 mars de cette année, où le Roi recommande « de continuer à faire « advancer, tant qu'il... sera possible, les transports des terres de la galerie du « Louvre, affin que les maçons puissent besogner, estimant qu'ils donneront ordre, « ce pendant, à leurs matériaux, de façon qu'ils advanceront bien la besogne, quand « la place sera nette desdictes terres [1]; » néanmoins, nous rappelant la pensée qui inspirait Henri IV et le passage cité plus haut du *Supplément aux Antiquités de Paris*, nous avons toujours été disposé à croire que le XVIe siècle ne s'acheva pas sans qu'on entreprît les premières travées à la suite du pavillon de Lesdiguières [2], attendu que la construction de ces travées était nécessaire pour que la galerie donnât issue hors de la Ville. Deux pièces, signalées [3] depuis que nous avons émis cette idée, prouvent que les travaux de maçonnerie de la Grande Galerie,

---

[1] *Recueil des lettres missives de Henri IV*, t. VI, p. 39. — Dans une autre lettre, datée du 8 avril suivant, Henri IV dit : « J'ay esté bien aise d'ap- « prendre... que l'on continue en la plus grande « diligence qu'il se puit mes bastimens du Louvre « et de Saint-Germain. » (*Ibid.* p. 69.) Dans la nouvelle édition de son *Histoire du règne de Henri IV*, M. Poirson, qui a eu, par anticipation, connaissance de notre travail, rejette (t. IV, p. 531) l'opinion que nous avons émise sur l'époque où l'on commença la seconde partie de la Grande Galerie, et prétend même que les travaux ne furent sérieusement entrepris qu'en 1603. Il n'en donne du reste aucune raison autre que la lettre du 2 mars, dont chaque mot, dit-il, lui paraît justifier son assertion. Nous sommes d'un avis opposé, car, ayant vu démolir la galerie et constaté la manière dont elle a été bâtie, nous n'imaginons pas quelles furent, en dehors de celles du rempart, les terres qu'il fallut transporter pour procéder à l'avancement de la construction. Nous sommes sûr, en effet, que partout, à l'exception d'un point, pour asseoir les fondations et monter les murs, on n'eut qu'à pratiquer de simples tranchées, dont les déblais, rejetés sur la berge, étaient trop peu considérables pour causer de grands embarras et mériter une mention spéciale dans les lettres du roi. Il en était très-différemment à la hauteur du rempart; car là, et là seulement, il y avait une masse considérable de terres à enlever afin que les maçons pussent « besogner, » et la première chose à obtenir, c'était que la place fût « nette des dictes terres. » En outre, dans l'hypothèse adoptée par M. Poirson, Henri IV aurait, de 1603 à 1607, c'est-à-dire en quatre années, conduit à bonne fin une section de la galerie n'ayant pas moins de 220 mètres de longueur, et les ressources de ce monarque ne lui permettaient guère d'obtenir un pareil résultat. Si, au contraire, on admet que l'érection de l'édifice, entre le pavillon Lesdiguières et de Flore, eut lieu en sept années, on reconnaît qu'en 1603 les travaux, marchant avec régularité, devaient avoir précisément atteint le rempart, comme nous le supposons; et ce n'est certes pas là une présomption peu fondée.

[2] Conf. notre notice sur les deux galeries du Louvre, dans *La Renaissance monumentale en France*, p. 12.

[3] Elles ont été acquises par la Bibliothèque de la Ville, et nous en publions la copie, Append. XI.

confiés à six entrepreneurs, furent commencés au plus tard le 1er avril 1600, en vertu d'un marché passé le 7 mars précédent. Ce marché portait que, moyennant 29,000 écus, payables par semaine, le lot de travaux adjugé aux entrepreneurs serait conduit à bonne fin dans l'année même; mais, dès le mois de juillet, il s'éleva, à l'occasion d'un refus de payement, des difficultés qui contraignirent les entrepreneurs à se déclarer déliés de leur engagement. En même temps que la galerie, on avait aussi commencé une cage d'escalier hors d'œuvre, élevée sur la contrescarpe même du fossé. Presque entièrement oublié aujourd'hui, cet édicule, dont les planches du Carrousel de Sylvestre donnent l'aspect, n'a été détruit qu'à la fin du règne de Louis XV. Rectangulaire en plan, flanqué de six pilastres, et coiffé d'un comble en croupe à frontons, il mesurait deux toises deux pieds en largeur ainsi qu'en saillie[1].

Achèvement de la galerie du Louvre. (1608.)

Au 1er janvier 1608, la Grande Galerie du Louvre était avancée à ce point qu'on pouvait la parcourir d'un bout à l'autre, puisque, dans les Mémoires de Sully, ses secrétaires lui disent : «Nous commençons cette année 1608, comme «nous avons fait quelques-unes des précédentes, par la devise des jettons d'or que «vous présentastes au Roy, le premier jour de l'an... Vous le trouvastes comme «il entroit dans sa Petite Galerie[2] pour passer à la Grande, et de là aux Tuille-«ries, où il vous mena promener.» Mais il est surtout hors de doute que la galelerie était complète en 1609, car on lit encore dans les mémoires de Sully, pour cette année : «Comme vous fustes entré dans la cour... et que vous fustes monté «en la chambre du Roy, vous trouvastes qu'il estoit entré en sa gallerie, et de «l'une en l'autre passé aux Tuilleries, où vous ne le pustes attraper qu'il ne fust «desjà sur la grande terrasse des Capucins, près de la petite porte, pour aller «ouyr la messe[3].» La galerie est effectivement représentée entière sur le plan de Quesnel et sur celui de Vassalieu, publiés en 1609. Ce dernier porte, en outre, l'indication suivante : «Henri IV, qui règne à présent, a avancé en telle sorte cette «architecture parfaite, *que la galerie joint maintenant.*» La note implique à la fois que le fait était accompli et qu'il était récent.

Boileau et Morel; Biart, Prieur et les L'Heureux, sculpteurs.

Infiniment plus simple que la décoration de la première moitié de la Grande Galerie, la décoration de la seconde ne paraît avoir subi aucun retard dans son achèvement[4]. Les magnifiques chapiteaux composites des pilastres de l'ordre colossal sont, au dire de Sauval, l'œuvre des nommés Boileau et Charles Morel.

---

[1] La longueur totale de la Grande Galerie, depuis l'axe de la Petite jusqu'à l'axe du pavillon de Flore, est de 240' 3° ou 468m,73.

[2] Sully nomme ailleurs la Petite Galerie «première galerie,» parce qu'elle était la plus proche de la chambre du Roi.

[3] *OEconomies royales*, t. II, p. 222 B, 287 B et 288 A.

[4] Les sculptures des tympans ne furent faites que postérieurement à 1660. Les guichets du Carrousel datent de 1759, et celui de la rue Saint-Thomas, dont l'origine doit être contemporaine de celle de la galerie, a été ouvert au public en 1643.

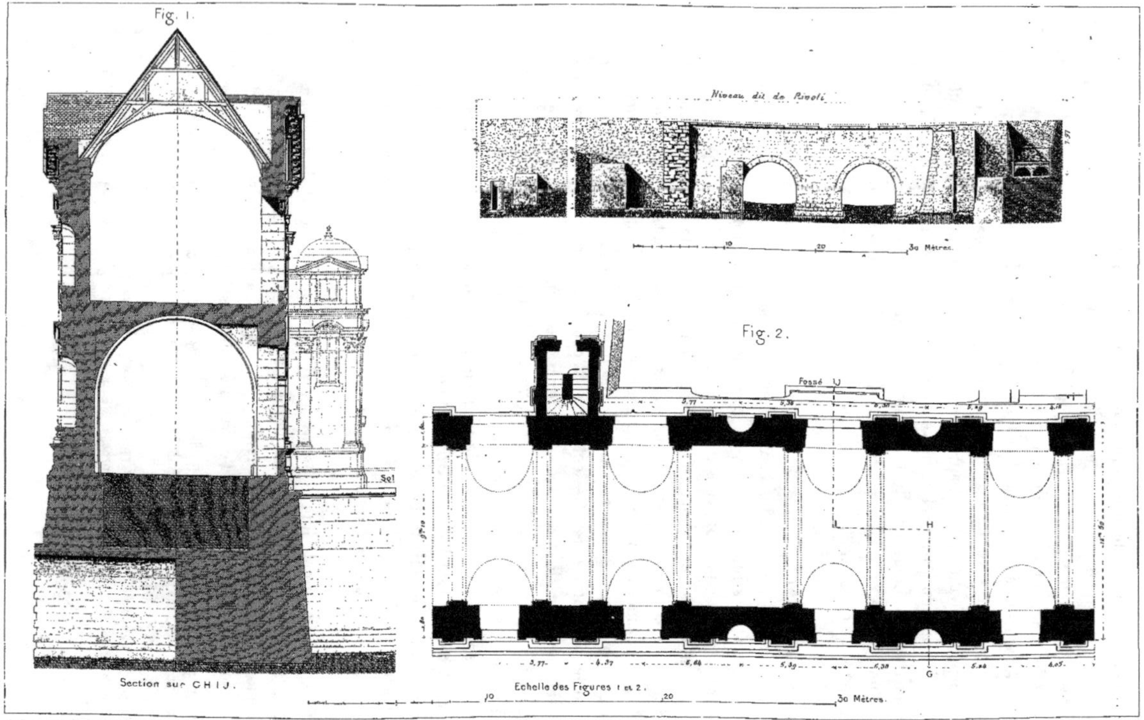

TOPOGRAPHIE HISTORIQUE DU VIEUX PARIS.

Fig. 1.

Fig. 2.

Section sur CHIJ.

Échelle des Figures 1 et 2.

A. Berty et Ch. Lafforgue del.

A. Soudain sc.

GRANDE GALERIE DU LOUVRE

COUPE TRANSVERSALE ET PLAN PARTIEL — COUPE DES SUBSTRUCTIONS.

(sur la ligne ABCDEF du Plan)

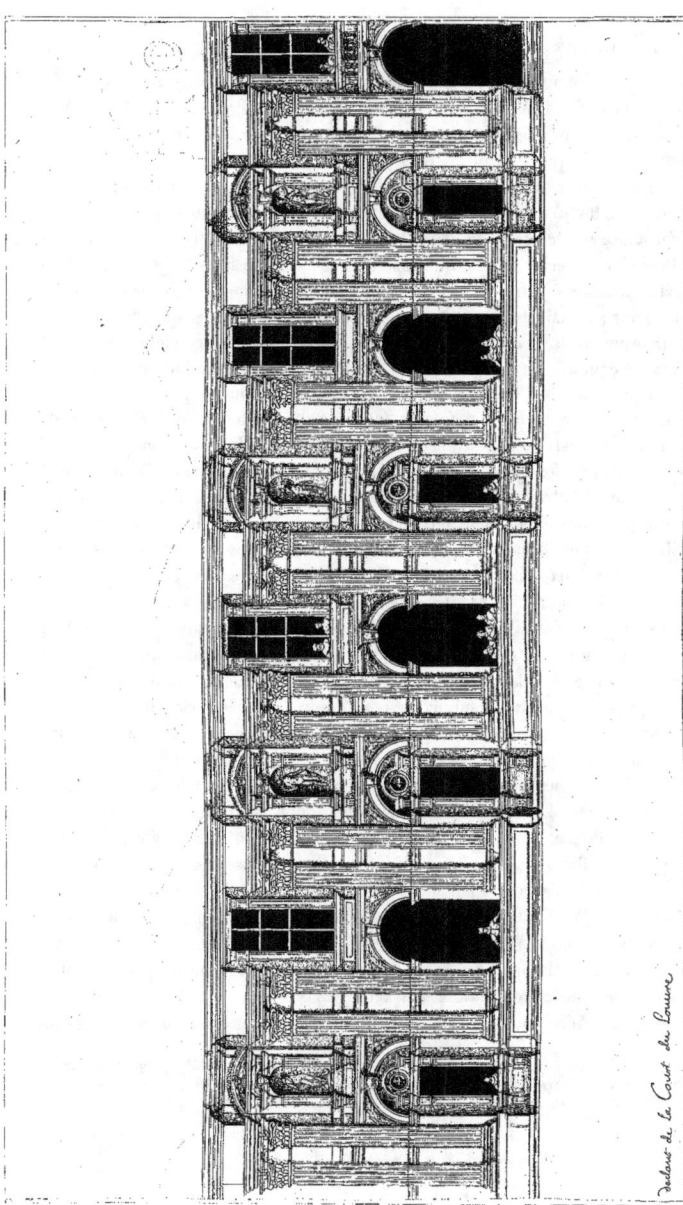

LE LOUVRE ET LES TUILERIES SOUS HENRI IV ET LOUIS XIII. 73

Les autres sculpteurs qu'on mentionne comme ayant été employés aux galeries du Louvre sous Henri IV sont Pierre Biart, Barthélemy Prieur et les deux frères L'Heureux. Ceux-ci passent pour être les auteurs de la frise délicate dont nous avons parlé, et que les chiffres H G prouvent avoir été exécutée entre 1594 et 1599; mais ces artistes figurent dans les comptes du Louvre dès 1562, de sorte qu'on doit admettre qu'ils ont travaillé à l'édifice pendant trente-cinq ans environ, circonstance sur la réalité de laquelle nous souhaiterions d'être mieux édifié.

Pierre Biart, celui que Sauval appelle *le père*, et que nous croyons fils de Noël Biart, est nommé parmi les gens de métier dans un compte de la maison du Roi pour 1608; il était donc sculpteur de Henri IV. Il est en effet qualifié de «sculpteur ordinaire,» et même de «architecte du Roy,» dans des pièces relatives à la statue équestre de ce prince, dont il orna la façade de l'Hôtel de Ville, par marché du 4 octobre 1605, et que son fils, porteur du même prénom, gâta plus tard, comme Sauval le lui reproche. Sauval exalte au contraire deux statues de captifs, dont Biart le père avait décoré l'extérieur de la Petite Galerie, et qui furent détruites lorsqu'on remania le bâtiment pour y disposer l'appartement d'été d'Anne d'Autriche. «Ces captifs, dit-il, étoient couchés à leur séant et courbés avec un abandonnement fort naturel, et qui marquoit bien l'excès de leur affliction. Leurs corps pendoient à leurs mains garrottées et attachées par derrière. Leurs yeux étoient flétris et collés contre leurs genoux. La tête leur tomboit sur l'estomac, mais si appesantie de tristesse, qu'elle entraînoit le reste du corps par son poids. Un talon et une jambe sembloient venir au secours d'un abattement si extraordinaire, avec si peu de fermeté pourtant, qu'il étoit aisé de juger que cela se faisoit plutôt par quelque instinct de nature que par aucun soin que ces pauvres malheureux prissent de prolonger leur vie plus long-tems. En un mot, on ne pouvoit voir une tristesse ni mieux conçue ni exprimée plus naïvement, ni un renversement de corps plus désespéré par tout le corps. L'anatomie étoit si bien entendue, particulièrement sur les épaules et sur le ventre couvert de plis écrasés, qu'on y remarquoit toutes ces différentes passions que la nature donne à ceux qui sont véritablement affligés. Enfin ces captifs, en la posture où Biart les avoit mis, disoient plus de choses par leur contenance muette, qu'ils n'auroient fait dans une harangue longue et étudiée[1].» Biart, qui était né à Paris, y mourut le 17 septembre 1609, âgé de cinquante ans, suivant l'inscription qu'on lisait sur son tombeau[2], dans l'église Saint-Paul; cette inscription était accompagnée d'une épitaphe en vers, commençant par ces mots : *Sculpteur, peintre, architecte en mon vivant je fus.*

Ainsi que Pierre Biart, Barthélemy Prieur appartient bien plus au XVIᵉ siècle

---

[1] T. II, p. 37.
[2] «Icy gist Mᵉ Pierre Biart, Parisien, en son vivant Mᵉ sculpteur et architecte; lequel, âgé de «50 ans, est trespassé le dix-septiesme jour de septembre, audit an mil six cent neuf.»

qu'au xviie, et, si nous le trouvons pareillement nommé sur les états de la maison du Roi en 1608 et 1609, nous le voyons déjà sur ceux de Henri III, avec le titre de «sculpteur de Sa Majesté,» et porté pour 30 livres tournois de gages[1]. On ne sait au juste à quelle époque il exécuta les bas-reliefs des tympans d'arcade de la Petite Galerie, qui représentent des Renommées, ainsi que les Génies de l'astronomie, de l'agriculture, de la musique et de l'architecture. Les bas-reliefs correspondants du pavillon de Lesdiguières peuvent être de sa main. Du reste, ses œuvres, comme celles de Biart, sont extrêmement mal connues. Au nombre de ses derniers ouvrages, il faut compter des statues en plâtre, hautes de huit pieds, qu'il exécuta pour l'entrée solennelle de Marie de Médicis, et suivant un marché passé avec la Ville, le 5 avril 1610, au prix de 165 livres tournois par figure. Le texte du marché fait savoir qu'il demeurait «ès faulxbourg Sainct-Germain, rue Garencière[2].» On ignorait encore naguère la date de sa mort; mais M. Ch. Read, qui s'occupe avec tant de fruit de l'histoire des protestants célèbres, a récemment découvert que B. Prieur fut enterré au cimetière Saint-Père, le 24 octobre 1611; il était huguenot.

Du Breul et Bunel, peintres.

Des artistes nombreux enrichirent de leurs peintures, aujourd'hui perdues, l'intérieur de la Petite Galerie et de la salle des Antiques. Le premier, dans l'ordre chronologique, est Toussaint Du Breul, sans doute parent de Louis Du Brueil ou Du Breul, dont on a vu le nom dans les comptes de la période de Charles IX. Toussaint Du Breul comptait parmi les valets de chambre de Henri IV, et portait le titre de peintre du Roi dès 1593. Il était, croit-on, l'élève du père de Martin Fréminet, et travailla surtout au château de Fontainebleau, où, vers 1570, avec Roger de Rogery il dirigeait la troupe des peintres. Au Louvre, il commença la décoration de la Petite Galerie, dans sa partie la plus rapprochée des appartements du Roi, mais il n'eut point le temps de la mener loin, car il mourut le 22 novembre 1602[3]. Jacob Bunel lui succéda, après lui avoir été adjoint. J. Bernier raconte que, lorsque Bunel, «en grande réputation...... travailloit au «Louvre, le roi Henri IV, qui eût bien voulu associer Bunel avec le savant peintre, «lui dit un jour qu'il souhaitoit les marier ensemble. Mais Bunel, faisant sem«blant de prendre la chose au pied de la lettre, quoiqu'il vît l'intention du Roi, «lui répondit modestement que Sa Majesté savoit bien que cela ne se pouvoit. Le

---

[1] Arch. de l'Emp. reg. KK 162.

[2] Arch. de l'Emp. reg. H 1795, fol. 130 v°. — Un nommé Barthélemy Prieur possédait, en 1606, certaine maison de la rue Mazarine, où pendait pour enseigne la Corne-de-Cerf; mais rien dans les titres ne permet de s'assurer si elle appartenait réellement au sculpteur de Henri IV.

[3] «Ce jour, dit L'Estoile, cité par M. de Chen«nevières, Du Breul, peintre de Sa Majesté, sin«gulier en son art, et qui avoit fait et devisé tous «ces beaux tableaux de Sainct-Germain, en revenant «dudit Sainct-Germain sur un cheval qui était rétif «et alloit fort dur, fut, à son retour, surpris d'un «renversement de boyaux, que les médecins ap«pellent *miserere*, qui, en moins de vingt-quatre «heures, l'envoya en l'autre monde.»

« Roi se voyant ainsi obligé de lui parler franchement, et lui ayant dit qu'il falloit
« que Du Breuil fît les dessins et qu'il les peignît, il lui répliqua fort généreuse-
« ment qu'il se contentoit de barbouiller ce qu'il avoit dessiné, sans entreprendre
« de traiter ainsi les dessins des autres. Ayant donc continué de travailler avec Du
« Breuil, ce peintre étant mort, il lui succéda et acheva les grands ouvrages du
« Louvre, qu'un embrasement a depuis consumés[1]. »

Jacob Bunel, fils de François Bunel et de Marie Gribbe, naquit à Tours[2], en
1558. Il eut pour premier maître son propre père, qui était peintre. Il voyagea,
dans la suite, pour se perfectionner, et s'arrêta longtemps à Madrid afin d'étudier
les œuvres du Titien renfermées dans le palais de l'Escurial. Il reçut des leçons
du vieux Pomarange et de Zuccharo, puis revint en France, où il fit un grand
nombre de tableaux, dont le plus célèbre avait été destiné au chœur de l'église
des Capucins de Blois. Bunel, qui appartenait à la religion réformée, est mort
sans postérité directe[3], en 1614; il fut enterré le 15 octobre.

Bunel seul n'aurait pu suffire à sa tâche, et il se faisait aider par plusieurs artistes. « Pendant que Bunel peignoit à la Petite Galerie du Louvre, » rapporte Félibien, « David et Nicolas Pontheron, Nicolas Bouvier, Claude et Abraham Halle,
« travailloient aux ornemens et aux doreures des trumeaux de la même galerie[4].
« Jérôme Baullery estoit aussi un de ceux qui peignoient au Louvre. » Félibien
ajoute : « Henri Lerambert, Pasquier Testelin, Jean de Brie, Gabriel Honnet, Am-
« broise Du Bois, Guillaume Dumée travailloient tantost au Louvre, tantost à Saint-
« Germain, et tantost à Fontainebleau. » M. de Laborde indique une lettre de
Henri IV, du mois de mars 1607, où sont mentionnés trois autres peintres, le
nommé Jean de Courcelles et ses tuteurs Nicolas Malapert[5] et Jean Colombier,
comme retenus près de Bunel par leurs travaux[6]. Mais Bunel eut pour collabo-
rateur principal sa femme, Marguerite Bahuche, qui, suivant Carrel van Merder[7],
possédait peut-être encore plus de talent que son mari. Aussi, après la mort de
Bunel, le 8 octobre 1614, fut-elle chargée, avec son neveu Picou, de continuer à
prendre soin des peintures du Louvre et des Tuileries; tous deux devaient recevoir
par moitié la somme de 1,200 livres par an, qui avait constitué le salaire de Bunel,
et ils étaient confirmés dans la jouissance, leur vie durant, du logis de la Grande

---

[1] *Histoire de Blois*, citée aussi par M. de Chennevières dans sa *Notice sur la galerie d'Apollon*.

[2] Et non à Blois, comme on l'a souvent affirmé.
Dans son *Histoire de Touraine*, M. Challemel cite
une lettre où Claude Vignon dit : « J'ai eu l'hon-
« neur de connoître Jacob Bunel, le plus grand
« peintre qui fût en Europe, et même je me glorifie
« d'avoir reçu de sa bonté les premiers enseigne-
« mens de la peinture. Il étoit natif de Tours, en
« Touraine. Il vivoit à Paris, aux galeries du Louvre,

« fort honoré du Roy Henry le Grand, quatrième
« du nom. »

[3] Dom J. Liron, *Bibliothèque chartraine*, p. 222.

[4] *Entretiens sur la vie et les ouvrages des plus
excellens peintres*, t. III, p. 135.

[5] C'était le parent par alliance de l'un des Du
Cerceau.

[6] *La Renaissance des arts à la cour de France*,
t. I, p. 935.

[7] F° 208 *bis*, et Baldinucci, t. VIII. p. 263.

Galerie, où avait habité Bunel[1]. Nous lisons dans un compte de 1624, que M. Ch. Read a bien voulu nous indiquer, et que nous transcrirons plus loin, le passage suivant : « A lad. Margueritte Bahuche[2], vre dud. feu Jacob Bunel, peintre, et « aud. Robert Picou, son nepveu, aussy peintre, au lieu dud. feu Bunel, pour l'en- « tretènement des peintures de la Petite Gallerye du Louvre, passaige d'icelle, salle « des Anticques et pallais des Thuilleryes, pour leurs gaiges et service, chacun par « moitié, la somme de six cens livres, dont ils seront payés entièrement; cy... vi{cl}. » Nicolas Pontheron et les Bouvier père et fils eurent une charge analogue, car l'article suivant du compte est ainsi conçu : « A Nicolas Pontheron, et... Bouvier, au lieu de « feu... Bouvier, son père, pour l'entretènement de toutes les pein- « tures et lambriz du logement des logis bas du Louvre, pour lequel ilz estoient « employez, etc.[3] »

<small>Plain et Fournier, architectes de la Petite Galerie.</small>

L'étage de la Petite Galerie fut élevé, d'après le témoignage de Sauval, par les architectes Plain et Fournier, qui, de tous les constructeurs du Louvre, sont demeurés les plus inconnus, car on n'a jamais cité d'eux que leurs noms.

Fournier appartenait à la famille de Florent ou Fleurent Fournier, juré du Roi en l'office de maçonnerie, dont la signature figure sur la soumission de travaux du 14 mars 1582, que nous avons plusieurs fois citée[4]. Il devait être aussi le

---

[1] Voici le texte de l'ordonnance, publiée d'abord par M. Lacordaire : « Aujourd'hui, viiie octobre mil « six cens quatorze, le Roy estant à Paris, mettant « en considération les longs et fidelles services que « feu Jacob Bunel, vivant, l'un de nos peintres ordi- « naires, ayant la charge des peintures de ses gal- « leries du Louvre et Thuilleries, a cy-devant rendus « tant au feu Roy dernier décédé, que Dieu absolve, « que à Sa Majesté, depuis son advènement à la cou- « ronne, et voullant iceulx recognoistre envers Mar- « guerite Bahuche sa femme, sa veufve, laquelle « faict aussy profession de peintures et y travaille « journellement; Sa Majesté, par l'advis de la Royne « sa mère, a accordé à ladicte Bahuche sa demeure, « sa vie durant, dans le logis de la Grande Gallerie « du Louvre, où demeuroit et est décédé ledict feu « Bunel, à la charge d'y loger et accomoder Robert « Picou, son nepveu, aussi peintre, pour avoir soing « avec elle des peintures tant de la Grande Gallerie « du Louvre que des Thuilleries. Et pour leur donner « moyen d'y servir et s'y entretenir dignement, sa- « dicte Majesté leur accorde, par moytié, les gaiges « et entretenement de douze cens livres dont soulloyt « jouir ledict feu Bunel, qui est à chacun d'eux six « cens livres; lesquelles leur seront payez par les « trésoriers de ses bastimens, présens et advenir, « chacun en l'année de son exercice, à commancer « du premier jour de ce mois, par leur simple quit- « tance, sans qu'il leur soye besoing d'autres lettres « ny expéditions que le présent brevet, qu'il a voulu « signer de sa main, et icelluy estre contre-signé de « moy, son conseiller et secrétaire d'Estat. *Signé* « LOUIS, *et plus bas*, LAUMÉNYE. Et au dos est escrit « ce qui ensuit : Enregistré par moy, intendant des « bastimens du Roy soubzsignez, à Paris, le troi- « siesme jour de janvier mil six cens quinze. *Ainsy* « *signé* FOURCY. »

[2] Le 24 octobre 1608, Jacob Bunel acheta du président de Harlay un terrain de cent toises de superficie, sur lequel il fit bâtir la maison qui fait le coin de la place du Pont-Neuf et du quai des Orfévres. Le 3 juin 1622, Marguerite Bahuche et son second mari, Paul Galland, conseiller du Roi, vendirent cinq travées de l'édifice bâti sur ladite place à l'orfévre Cl. Cousturier. (Arch. de l'Emp. cart. S 5012-13.)

[3] Voir Append. XIII.

[4] Il est question de Florent Fournier dans le registre des Archives de l'Empire coté H 1788, fol. 430 r°.

parent du maître maçon Nicolas Fournier, nommé en octobre 1607 [1]; du menuisier David Fournier, qui, vers 1580, travailla pour la Reine mère, et de l'orfévre Jean Fournier, qui possédait, en la rue Mazarine, une maison dont, au milieu du règne de Henri IV, «Loys Fournier, m⁰ juré maçon,» était devenu propriétaire. Cette maison occupait un terrain qui, en 1547, était possédé par le charpentier Guillaume Fournier. Le membre de la famille Fournier dont parle Sauval avait le prénom soit de Louis, soit d'Isaïe, il est fort embarrassant de dire lequel, et nous ne sommes même pas absolument sûr que les deux prénoms s'appliquent à des individus différents. Au mois de juin 1607, «Loys Fournier, juré du Roy en «l'office de maçonnerie,» fut assigné au Châtelet à propos d'une maison qu'il avait reçu l'ordre de démolir pendant le siège de Paris, et, le 3 juillet suivant, il fut choisi comme arbitre, avec Pierre Chambiges, par les maîtres de l'hôpital du Saint-Esprit. «Loys» fut encore arbitre au mois de février 1615, et, le 28 mai 1614, il visita, en compagnie d'autres experts, une maison de la rue Hautefeuille [2]. Isaïe Fournier cultivait l'art du graveur; il a exécuté au burin et à l'eau-forte un certain nombre de planches représentant des sujets historiques, qu'il signait : *Esaias de Fornariis* [3]. Il dessinait avec habileté et traitait la figure; on connaît de lui, entre autres œuvres graphiques, un médaillon de Henri IV, gravé par Thomas de Leu en 1596, et un portrait de Marie de Médicis, reproduit par le même artiste, avec la signature : *Fournier pinxit*. Il s'occupait d'ailleurs très-certainement de construction, puisque nous lisons dans les registres du Bureau de la Ville que, le 25 février 1602, «Esaye Fournier,» en qualité de «architecte du Roy,» assista à une réunion de ses collègues appelés à donner leur avis sur un projet de réservoir qu'on se proposait d'établir aux Halles [4]. Par les pièces que nous transcrirons à la fin de ce chapitre, et qui nous ont fourni deux spécimens de sa signature, on aura, de plus, la preuve que «Isaye» fut un des maîtres maçons ou entrepreneurs qui, en 1600, étaient associés pour bâtir la seconde moitié de la Grande Galerie du Louvre. On peut donc croire que c'est lui qui construisit l'étage supérieur de la Petite Galerie [5]. D'un autre côté, l'assignation de 1607 comprend, en même

---

[1] Arch. de l'Emp. reg. H 1794, fol. 290.
[2] Arch. de l'Emp. reg. H 1794, fol. 233 v° et 239 r°, et carton S 2835; Arch. de l'Assistance publique, layette 137.
[3] Bonnardot, *Histoire archéologique de la gravure en France*, p. 35.
[4] Arch. de l'Emp. reg. H 1794, fol. 794 r°.
[5] M. Jal rapporte (*Dictionnaire critique de biographie et d'histoire*, Paris, 1867, p. 219) que, le 4 février 1610, «Ysaye Fournier, architecte du «roy,» fut parrain de Jeanne, fille posthume du sculpteur Pierre Biart, et d'Éléonore Fournier, que Biart avait épousée le 28 janvier 1592. On lit dans les registres de l'église Saint-Paul : «Dud. «dimanche 12° may 1592, *fuerunt affidati* Pierre «Biart filz, m° sculpteur et architecte du roy, et «Héléonore Fournier fille, dem¹⁰ rue de la Ceri-«saie; *et desponsati die martis 28 januarii 1592.*» Éléonore Fournier était probablement la sœur d'Isaïe. Une de ses filles eut pour parrain, en 1595, le charpentier Jean Fontaine, dont nous parlons page 90, et une autre, en 1599, fut tenue sur les fonts par Léon Lescot, le neveu de l'architecte du Louvre. Il est intéressant de constater combien étaient nombreux les rapports que les familles d'artistes de cette époque avaient entre elles.

temps que Louis Fournier, « Jehan Coing, maistre maçon de Paris, » et il est manifeste pour nous que ce J. Coin, compagnon d'un des Fournier vers 1590, ne diffère point de l'individu que Sauval appelle Plain et donne comme associé à Fournier vers 1595 : son nom aura été défiguré par une de ces fautes de lecture ou d'impression dont fourmille le livre des *Antiquités de Paris*. Nous retrouvons Jean Coin employé comme expert avec les jurés du Roi au mois de juin 1608. Le 27 octobre 1612, il obtint l'entreprise de la conduite des eaux de Rungis à Paris[1], et le 20 mars 1613, assisté de Salomon[2] de Brosse, de Jean Gobelin et de Charles Du Ry, il donna les alignements du château de Coulommiers[3]. Il était déjà mort au mois de novembre 1618. On voit que les deux architectes à qui Sauval attribue l'étage supérieur de la Petite Galerie, ainsi que celui qu'il dit en avoir élevé l'étage inférieur, ne sont pas le moins du monde des personnages imaginaires, comme on a paru plus d'une fois disposé à le croire, dans l'impossibilité où l'on était de donner un seul renseignement sur leur compte.

Les architectes de la Grande Galerie.

Parmi toutes les difficultés qui compliquent d'une façon si fâcheuse l'histoire du Louvre de la Renaissance, celle qui a le plus résisté à nos efforts consistait à déterminer par quels architectes furent réellement construites les diverses parties de la Grande Galerie. Sur ce sujet, la confusion est extrême, et nous n'avons recueilli aucune donnée authentique propre à la dissiper complétement. Nos recherches, en tout cas, auront pour résultat de faire justice des assertions déraisonnables auxquelles le problème a donné lieu, et d'y substituer des opinions qui, si elles conservent encore quelque chose d'hypothétique, ont du moins pour bases des faits très-authentiques et les plus sérieuses présomptions.

A propos de la Grande Galerie, on a mis en avant six noms d'architectes, et, comme plusieurs de ces noms ont été portés par deux, trois et même quatre individus différents, on peut évaluer à une douzaine le nombre de ceux auxquels la Grande Galerie a été attribuée : ce sont les Du Cerceau, les Métezeau, de l'Orme, Serlio, Bullant et Du Pérac. Retranchons d'abord de cette liste Serlio, qui mourut avant qu'on projetât la galerie, et Philibert de l'Orme, qui, s'il avait donné les plans de la galerie, n'aurait pas manqué d'en faire mention dans son grand ouvrage, où il parle si volontiers des Tuileries; puis, tâchons de dégager la vérité relativement à la première moitié de la Grande Galerie.

La famille Métezeau.

Nous avons dit que l'étage inférieur de cette moitié révélait un grand artiste dont les œuvres étaient inconnues de notre époque, et nous avons ajouté qu'on pou-

---

[1] Félibien, *Hist. de Paris*, t. V, p. 806.
[2] Tel est le vrai prénom de de Brosse, suivant les documents que M. Ch. Read a découverts en 1855, et qu'il se propose de publier. On sait que les biographies sont tout aussi nulles sur le compte de l'architecte du Luxembourg que sur celui des Métezeau.
[3] *Notice sur le château neuf de Coulommiers*, par M. A. Dauvergne, p. 9.

LE LOUVRE ET LES TUILERIES SOUS HENRI IV ET LOUIS XIII. 79

vait regarder Thibaut Métezeau comme celui qui, le plus vraisemblablement, en commença la construction. Il semble aussi que ce fut son fils, Louis Métezeau, qu'on chargea, sous Henri IV, de bâtir l'étage supérieur, bien que, dès 1595, Jacques Androuet fils ait été commis à la conduite des bâtiments du Louvre. Brice rapporte, en effet, que la première partie de la galerie fut l'œuvre de Louis Métezeau, lequel aurait imaginé la fameuse digue de la Rochelle [1]. L'inventeur de la digue s'appelait *Clément*, et non *Louis*; mais, malgré cette inexactitude, il est probable que Brice a dit vrai, en ce sens que ce doit être Louis Métezeau qui, du temps de Henri IV, a terminé les constructions de la galerie commencées par Catherine de Médicis. Les renseignements biographiques qui suivent, et que nous avons puisés surtout dans le manuscrit de Dreux, ne peuvent que corroborer l'hypothèse.

Jeanne Bardia [2] donna à Thibaut Métezeau plusieurs fils : Clément, né le 18 septembre 1560; Jacques, né le 14 août 1569, et un second Clément, né le 6 février 1581, apparemment après la mort de son frère homonyme [3]. Ce second Clément est celui qui, par le projet de la digue de la Rochelle, s'est acquis une réputation derrière laquelle s'est éclipsée la notoriété des autres membres de la famille; mais la date de sa naissance (1581) démontre qu'il n'a pu dresser les plans d'aucune partie de la Grande Galerie. Au contraire, Louis Métezeau, que T. Donnant assure être le fils aîné de Thibaut [4], était, après la mort de celui-ci, au mois de septembre 1596, «architecte des bastimens du Roy et contrôleur d'iceux [5],» suivant les registres de la paroisse de Dreux, où l'on voit qu'il fut alors parrain d'Hélène, fille de Léonarde Métezeau. Il est pareillement appelé «architecte du «Roy» dans les registres de la Ville [6], où nous avons lu qu'il fut chargé, avec l'ingénieur Franchine [7], d'organiser les préparatifs de l'entrée de la Reine, en mars et avril 1610. Sur un reçu de marbres, signé de sa main le 23 mars 1609, il s'énonce «Loys Métezeau, architecte des bastimens du Roy, consierge et garde des «meubles du pallais des Thuillerys de sa Majesté [8].» Il fut investi de ces dernières fonctions au mois de décembre 1605 [9]. D'après un essai généalogique du Cabinet des titres, à la Bibliothèque impériale, il était écuyer, sieur de Germainville et de Bressac, près Dreux, et ordonnateur des bâtiments royaux. Il vivait encore en 1615; mais il dut mourir cette année même, à en juger par les articles suivants d'un compte de 1624 : «A Damoiselle Isabel de Hanqueil, v^ve de feu Louis «Métezeau, architecte, et à ses enfans, sur vi^c[livres] à eulx ordonnés par brevet du

---

[1] *Descript. de Paris*, t. I, p. 163, édit. de 1752.

[2] *Alias* Bordia et Biardia.

[3] Il eut pour parrain Thibaut Bardia, et pour marraine sa tante, Jeanne Métezeau.

[4] On a dit plusieurs fois que c'était son frère; mais l'opinion de Donnant nous semble préférable, quoique nous n'ayons jamais eu la preuve formelle de son exactitude.

[5] Voir l'Appendice VIII.

[6] Reg. H 1795, fol. 95 v° et 136 r°.

[7] Ou plutôt *Francini*. Il était Florentin et avait, en 1624, le titre «d'ingénieur et intendant de la «conduitte des eaues et fontaines de Sa Majesté.»

[8] Arch. de l'Emp. cart. K 102, n° 3°.

[9] Invent. des Mémoriaux de la Chambre des comptes; Arch. de l'Emp. reg. PP 115, p. 444.

« xii⁰ septembre mil vi⁰ quinze, et lettres patentes vériffiées en la Chambre des
« comptes, pour les causes y contenues, la somme de quatre cens cinquante livres,
« dont elle sera payée en la présente année, pour trois quartiers; cy..... iiiⁿᶜ ʟ¹. —
« A lad. Dam¹¹ᵉ Isabel de Hanqueil, vᵛᵉ dud. Métezeau, qui estoit consierge des
« Thuilleries, et à sesd. enfans, sur la somme de iiiiⁿᶜ¹, à eulx aussi accordez, au
« lieu desd. gaiges, leur vie durant, par autre brevet du x sept. M. vi⁰ quinze⁽¹⁾, et
« lettres patentes vériffiées en lad. Chambre, la somme de trois cens livres dont
« ils seront paiez pour trois quartiers de la présente année; cy.... iiiⁿᶜ ¹. » Aussi
bien, c'est au mois d'août 1615 que Charles d'Albert de Luynes remplaça Louis
Métezeau comme capitaine et concierge du château⁽²⁾. T. Donnant, qui confirme
plusieurs détails que nous venons de donner, mais qui commet diverses méprises
de dates et de parentés, dit que Louis Métezeau était déjà capitaine des Tuileries
en 1564. Il avance également que Louis Métezeau éleva le bel escalier de ce château, généralement attribué à de l'Orme, et que, après avoir été envoyé en Italie
par Marie de Médicis, il aurait fait pour elle les dessins du palais du Luxembourg
et ceux du portail de Saint-Gervais, à Paris. Pour que Louis Métezeau eût pris
part aux travaux des Tuileries du temps de Catherine de Médicis, il faudrait qu'il
fût né vers 1540; il ne saurait alors être le fils de Thibaut, né en 1533, et n'aurait pu exercer encore son métier sous Louis XIII. Si un Métezeau a été le colla-
borateur de Ph. de l'Orme, et rien ne s'oppose à ce qu'on le croie, ce doit être Thibaut lui-même. Il est pareillement impossible que Louis Métezeau ait dressé les
plans du portail Saint-Gervais, dont la première pierre fut posée le 24 juillet
1616, et ceux du Luxembourg, commencé en 1615; mais il est assez probable
que Clément Métezeau, confondu par Donnant avec Louis, a été pour quelque
chose dans les projets du Luxembourg et du portail Saint-Gervais. Pourtant
il paraît assez difficile de penser que Salomon de Brosse ait pris ou accepté
un auxiliaire de cette valeur, sans qu'aucune trace ne se rencontre, soit dans l'histoire, soit dans les comptes, d'une semblable collaboration. D'ailleurs nous n'avons
point ici à traiter de la construction du Palais du Luxembourg, et, comme nous
ne voyons pas que Clément ait jamais été mêlé aux travaux du Louvre, nous
n'avons point à nous occuper de lui. Nous croyons devoir mettre ici sous les

---

⁽¹⁾ Au mois d'août 1622, la pension de mille livres avait été confirmée à Élisabeth Du Hanqueil
(alias de Haulguet); elle était alors mariée à René
Parrain, secrétaire du Roi. (Arch. de l'Emp. reg. PP
111, p. 604.)

⁽²⁾ Après avoir dit que Louis et Clément Métezeau étaient apparemment frères, M. Jal (Dictionnaire critique, etc. p. 859) suppose que ce dernier pouvait être le fils de «Loys de Métheseau»
qui, le 28 août 1598, épousa à Saint-Merry «Isa-

«bel de Audegner.» Nous croyons, au contraire,
que Isabelle de «Audegner» est Isabelle de Hanqueil, que M. Jal appelle de «Hogues;» elle est
aussi nommée «de Haulguet,» et elle épousa Louis
Métezeau, architecte des bâtiments royaux. M. Jal
fait savoir que Clément Métezeau fut enterré à
Saint-Paul, le 29 novembre 1652, «dans la nef,
«proche de ses père et mère.» Thibaut Métezeau
et Jeanne Bardia auraient-ils donc été inhumés à
Paris?

yeux du lecteur le tableau généalogique de la famille des Métezeau, tel que les documents que avons pu consulter nous permettent de l'établir.

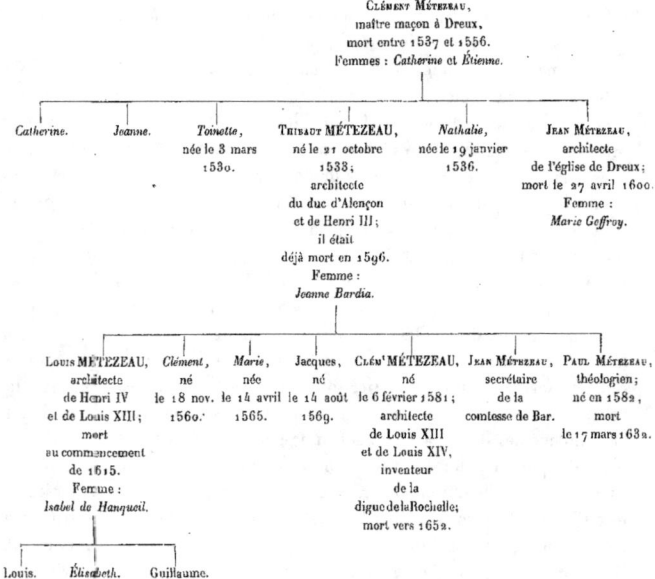

Louis Métezeau, sa généalogie.

S'il est difficile de savoir au juste qui donna les plans de la première moitié de la Grande Galerie, il n'est pas moins embarrassant de déterminer le nom de l'architecte auquel on doit les projets de la seconde moitié. Sauval ne désigne personne, bien qu'il donne quelques détails sur l'édifice. Brice, copié par Piganiol, nomme Du Pérac. Une note manuscrite d'André Duchêne, prévôt des bâtiments royaux, ajoutée à une gravure de Marot, aurait porté, suivant Callet[1], que Henri IV, après avoir confié l'exécution du pavillon de Flore à Du Pérac, avait, en 1596, chargé Bullant de la construction des cinq premières travées à la suite de ce pavillon; que Bullant n'acheva pas ces travaux, mais qu'ils furent poursuivis, après la mort de Du Pérac et la retraite de Bullant, par Jean-Baptiste Androuet[2], lequel

---

[1] *Notice sur la vie et les ouvrages*, etc. p. 12 et 13. La rédaction du passage est fort incohérente.

[2] Il n'a point existé de *Jean-Baptiste* Androuet; mais il y a eu un Jean Androuet, fils de *Baptiste*, et l'on a confondu les deux personnages en un seul. (Voir p. 87.)

devint, à cette occasion, l'architecte de Henri IV. M. de Clarac, ne distinguant point entre Baptiste Androuet et Jacques Androuet, son père, suppose, au contraire, que c'est Du Pérac qui succéda à Androuet, et il place après lui Clément Métezeau. On est sans aucun doute allé plus loin encore dans la voie des conjectures; mais il est superflu d'insister sur les résultats d'une semblable méthode.

<small>Du Pérac, architecte et peintre.</small>

Nous avons montré la part qu'il convient d'assigner aux Métezeau dans l'édification de la Grande Galerie. Quant à Bullant, il mourut en 1578, et conséquemment il n'a rien bâti sous le règne de Henri IV. Restent les Du Cerceau et Du Pérac, entre lesquels, seulement, l'hésitation est permise. La vie d'Étienne Du Pérac, qui se déclarait Parisien, est aussi mal connue que ses œuvres, et nous n'avons jamais rencontré de sa personne aucune mention contemporaine. Brice le qualifie d'architecte médiocre, ayant laissé peu d'ouvrages remarquables à Paris; il se garde d'ailleurs d'en citer aucun. Du Pérac paraît avoir été plutôt peintre que constructeur, et le père Dan lui attribue certaines peintures du château de Fontainebleau[1]. Le recueil de dessins d'architecture, de sa main, qu'on conserve à la Bibliothèque impériale, prouve cependant qu'il alla étudier les monuments antiques en Italie[2]. Le titre d'une gravure datée de 1602 nous apprend que, en 1569, il fit à Rome un dessin du Capitole d'après Michel-Ange[3], et l'ouvrage sur les antiquités de cette ville, qu'il y fit paraître en 1575[4], établit qu'il y habitait en cette année. Il revint en France l'an 1582, et passa d'abord au service du duc d'Aumale, car nous lisons dans l'ouvrage de Claude Mollet sur l'horticulture : «... Il y a environ quarante ou cinquante ans... la plus grande partie « des jardiniers de ce temps-là, ne faisant qu'après les vieilles erreurs, s'estoient « tellement accoustumez à telles façons de faire, sinon depuis que j'ay eu l'hon« neur de recevoir les instructions de très illustre personnage le feu sieur Du Pérac, « grand architecte[5] du Roy; lequel, après son retour d'Italie, qui fut en l'année « mil cinq cens quatre-vingts deux, monseigneur le duc d'Aumalle, grand ama« teur des braves hommes, retint iceluy sieur Du Pérac pour son architecte, et « luy donna commandement sur tous ses chasteaux et maisons, particulièrement « en son chasteau d'Annet, lequel estoit en ce temps-là le plus beau chasteau de « France; de sorte qu'iceluy sieur Du Pérac prit la peine luy-mesme de faire des

---

[1] *Le Trésor de la maison royale de Fontainebleau*, p. 95. — Le père Dan appelle Du Pérac un «peintre «françois, qui a esté autrefois en estime.»

[2] Le manuscrit est coté n° 6990.

[3] Cette gravure, grossièrement exécutée, est intitulée : CAPITOLII SCIOGRAPHIA EX IPSO EXEMPLARI MICHAELIS ANGELI BONAROTI A STEPHANO DUPERAC PARISIENSI ACCURATE DELINEATA, ET IN LUCEM ÆDITA ROMÆ, ANNO SALUTIS ∞ DLXIX. On lit au bas : *Ioannis Or-landi formis, Romæ*, 1602, et au-dessous de cette dernière inscription : *Romæ, Claudii Duchetti formis*.

[4] Il est intitulé : *Vestigi dell' antichità di Roma, raccolti e ritratti in perspettiva, con ogni diligentia, da Stefano Du Perac, Parisino, all' ill.^{mo} et eccell.^{mo} sig. il sig. Giacomo Buoncompagni, governator generale di Santa Chiesa*.

[5] On lit «*premier* architecte du Roy» dans l'édition de 1670.

LE LOUVRE ET LES TUILERIES SOUS HENRI IV ET LOUIS XIII. 83

« desseins et des pourtraicts de compartimens, pour me monstrer comme il fal-
« loit faire de beaux jardins[1]. »

Félibien assure qu'en 1599 Du Pérac « conduisit plusieurs ouvrages aux Tui-
« leries et à Saint-Germain-en-Laye, estant alors architecte du Roy[2]; » mais Félibien ne parle point de la Grande Galerie, qui aurait, certes, mérité une mention
spéciale, même dans le cas improbable où il l'aurait considérée comme une
simple dépendance des Tuileries. Il ajoute que Du Pérac mourut vers 1601[3]. Si
Du Pérac mourut vers 1601, comme la seconde partie de la Grande Galerie ne
semble pas avoir été commencée avant 1600, et ne pouvait être que fort peu
avancée en 1601, il est impossible que cet artiste ait jamais fait plus que d'en
dresser le projet. Mais ce projet même, convient-il réellement de le lui attribuer? La question est très-obscure, car le silence de Sauval, qui savait tant de
choses sur le Louvre et qui avait puisé aux sources authentiques, balance assurément l'assertion de Brice, dont les connaissances n'avaient pour bases que des
traditions plus ou moins exactes. Que Du Pérac ait été, en sa qualité de peintre,
chargé de laver des dessins de la galerie, comme nous inclinons à le supposer,
en voilà assez pour que, quatre-vingts ans plus tard, Brice ait entendu dire
et répété que Du Pérac avait été l'architecte du second tronçon de la Grande
Galerie; or ce n'est pas là, tant s'en faut, ce que donnent à penser les vraisem-
blances.

En est-il de même pour les Du Cerceau, et les présomptions tendent-elles à
faire repousser l'opinion qui considérerait l'un d'eux comme le véritable auteur des
constructions dont il s'agit? C'est tout le contraire. En effet, suivant l'affirmation
formelle de Sauval, l'aile des Tuileries reliant le pavillon dit *de Flore* aux bâtiments de Catherine est l'œuvre d'un Du Cerceau[4]; mais ce qui caractérise particulièrement cette aile, en la faisant si fort contraster avec les parties contiguës et
plus anciennes, c'est qu'elle est formée d'un ordre colossal de pilastres accouplés,
divisé en deux étages; la seconde moitié de la Grande Galerie présente une disposition identique, qui ne s'harmonise pas davantage avec les constructions voisines
et antérieures, et qui dénote, comme à l'aile des Tuileries, un parti pris sans
aucun souci des précédents. Il faut donc en conclure que les deux édifices sont la
création du même homme, de l'un des Du Cerceau. Aussi bien, avec les Androuet,
la critique ne saurait alléguer aucune fin de non-recevoir, telle que le défaut

La famille
Androuet Du Cerceau,
architectes.

[1] *Théâtre des plans et jardinages*, p. 199.
[2] *Entretiens*, etc. t. III, p. 135.
[3] M. de Clarac (p. 359) dit que Du Pérac mourut en 1602, âgé de trente-deux ans. Il serait donc né en 1570; or, en 1569, on vient de le voir, il copiait déjà à Rome un dessin de Michel-Ange.

[4] « Ce qu'Henry IV y fit bâtir (au palais des « Tuileries) pour le joindre au Louvre, par sa grande « gallerie, a été ordonné par Du Cerceau. » (T. II, p. 53.) Dans le manuscrit de M. Le Roux de Lincy, on lit « par Baptiste Du Cerceau, » ce qui ne peut être exact.

de notoriété, l'incompétence, ou l'incompatibilité des dates, car, depuis 1575 jusqu'au milieu du siècle suivant, il y a toujours eu un membre de la famille des Du Cerceau architecte du roi, et célèbre en sa profession autant qu'aucun de ses contemporains. Nous avons rapporté comment Baptiste, après avoir été l'architecte ordinaire et presque exclusif de Henri III, avait certainement exercé les mêmes fonctions près de Henri IV avant 1602[1]; nous allons faire voir maintenant qu'à Baptiste succéda un sien frère appelé *Jacques*, et, dans la suite, son propre fils Jean; mais Jacques, le frère de Baptiste, ayant longtemps été confondu avec leur père commun, l'illustre Jacques Androuet, et ne s'en distinguant point sans peine, il n'est pas inutile d'esquisser la biographie de celui-ci : son nom revient trop souvent dans une histoire du Louvre pour qu'on nous accuse d'en faire ici le prétexte d'un hors-d'œuvre.

<small>Jacques Androuet Du Cerceau, architecte. Ses ouvrages.</small>

La date de la naissance de Jacques Androuet Du Cerceau est inconnue; on ne peut la déterminer que d'une manière approximative[2]. La plus ancienne de ses œuvres dont on ait connaissance est une carte du pays Manceau, qu'il exécuta d'après Macé Ogier[3], et dont La Croix du Maine dit : « .... elle fut gravée en « planches de cuivre par Jacques Androuet, Parisien, surnommé *Du Cerceau*, et « imprimée au Mans, l'an 1539, par Mathieu Vaucelles et Alexandre Chouen, et

---

[1] Baptiste du Cerceau fut l'architecte de ce magnifique château de Charleval, dont les planches de Jacques Androuet nous révèlent la splendeur. Une liste des pensionnaires de Henri III, pour 1577, renferme effectivement les deux indications suivantes : «Jacques Androuet, dict Cerceau, archi-«tecte, 200 livres. — Baptiste Androuet, dict Cer-«ceau, architecte à Charleval, la mesme pension «qu'il y souloit avoir, 400 livres[a].» M. A. Jal, qui cite ce passage dans son *Dictionnaire critique de biographie* (p. 341), présume que Baptiste était le père de Jacques, et qu'il vivait retiré à Charleval, après avoir été employé par les prédécesseurs de Henri III. L'hypothèse est assurément bien fausse, mais le biographe écrit ailleurs (p. 340) qu'au mois d'octobre 1865 on ne savait rien encore de la famille des Du Cerceau. M. Jal, qui, malheureusement pour son livre, n'a pas tenu compte des travaux accomplis en dehors de lui, ignorait sans doute que, dès 1860, nous avons résolu, pièces en main, presque toutes les questions relatives à la filiation des Du Cerceau. Il est difficile de décider si, dans le texte qu'on vient de lire, il s'agit de Jacques Androuet fils, ou de son père; nous penchons toutefois vers la dernière opinion, à cause du chiffre peu élevé de la pension, qui ne nous semble pas devoir récompenser des services actifs.

Le *Petit Traité des cinq ordres de colonnes*, que Jacques Androuet père publia à Paris en 1583, donne à penser qu'il y habitait encore cette année, et que ce fut après qu'il alla réclamer la protection du duc de Nemours. — M. Destailleurs a récemment publié (ap. *Recueil d'estampes relatif à l'ornementation des appartements*) une liste des cuivres gravés de Du Cerceau, beaucoup plus complète que la nôtre. La notice biographique, d'ailleurs, n'ajoute rien aux renseignements que nous avons donnés dans l'ouvrage précédemment indiqué, si ce n'est une citation d'un certain Jacques Besson, qui écrivait en 1569, et qui dit que «Maistre Jacques «Androuet du Cerceau» était «architecte du Roy «et de Madame la duchesse de Ferrare.» (*Livre des instruments mathématiques et méchaniques*, dans l'épître aux lecteurs.)

[2] Callet déclare que Jacques Androuet était âgé de soixante-trois ans en 1576; mais c'est une des inventions dont il a rempli son livre.

[3] *Bibliothèque françoise*, art. *Macé Ogier*.

[a] Bibliothèque impériale, Mss. Dupuy, n° 852.

«encore l'an 1565 par ledit Vaucelles[1].» Le père Lelong parle de deux autres éditions de cette carte, dont l'une serait de 1537[2]. Or, si dès 1537 Jacques Androuet maniait déjà avec quelque habileté la pointe du graveur, il ne saurait être né plus tard que vers 1515. Par contre, diverses présomptions, et surtout son livre imprimé en 1584, ne permettent pas de reporter sa naissance beaucoup au delà de l'avénement au trône de François Ier. Il est à croire que Du Cerceau est né plutôt avant qu'après 1515.

On n'est point non plus sans incertitude sur le lieu où naquit Jacques Androuet. Comme les premières planches signées de lui ont été publiées à Orléans[3], on a supposé qu'il était originaire de cette ville; à ce compte, la carte qu'il grava pour Macé Ogier établirait encore mieux qu'il vit le jour au Mans. Nous venons de citer un texte où La Croix du Maine, son contemporain, le qualifie de Parisien; il lui donne de nouveau cette épithète dans un autre endroit de son livre, où il dit : «Jacques Androuet, *Parisien*, surnommé *Du Cerceau*, qui est à dire «cercle, lequel nom il a retenu pour avoir un cerceau pendu à sa maison, pour «la remarquer et y servir d'enseigne (ce que je dis en passant pour ceux qui «ignoreroient la cause de ce surnom)[4].» Si le renseignement n'inspire pas une confiance absolue en ce qui touche l'origine du surnom de Du Cerceau, qu'on a souvent transformé en titre[5], il semble fort concluant quant à la détermination de la ville natale de Jacques Androuet, et il n'est point en contradiction avec le passage des Mémoires du duc de Nevers dans lequel Du Cerceau est énoncé bourgeois de Montargis, car on pouvait très-bien acquérir le droit de bourgeoisie dans une ville autre que celle où l'on était né. Du reste, il est certain que, dans sa vieillesse, Du Cerceau, qui était huguenot, habita Montargis, «la retraite de «ceux de la religion,» comme parle Lestoile. Dans la notice sur le château de cette cité, qu'on lit au second volume des *Plus excellens bastimens de France*, à propos de l'entretien des édifices, Jacques Androuet dit : «Comme mesme au chasteau de «Montargis, lequel n'est pas de petite entretenue, toutes fois pour bien peu de «chose par an, *avons regardé* à le maintenir;» et dans son *Livre d'architecture*, s'adressant au Roi, il dit encore : «Sire, *estant vostre Majesté à Montargis*, je receus «ce bien de vostre accoustumée bénignité et clémence, de me prester l'oreille à «vous discourir de plusieurs bastimens excellens de vostre royaume... Cepen-

---

[1] Cette planche est perdue, dit-on.
[2] *Bibl. hist.* vol. I, p. 95, n° 1661.
[3] Elles forment un recueil d'arcs de triomphe, portant la date de 1549. Trois autres ouvrages de Du Cerceau ont paru à Orléans en 1550, et un autre encore en 1551. Dans notre ouvrage sur *les Grands Architectes de la Renaissance* se trouve (p. 98 et suiv.) la liste des treize ou quatorze recueils de Du Cerceau.

[4] Dans un article sur «les enseignes de Paris «avant le XVIIe siècle» (*Revue archéologique*, XIIe année), nous citons une charte de 1362, d'où semble résulter qu'un cerceau était l'enseigne habituelle des tavernes. Telle avait pu être la première destination de la maison de Jacques Androuet, que certains biographes ont dit fils d'un cabaretier.
[5] *Bibliothèque françoise*, p. 175 de l'édition de 1584.

«dant, désirant vous donner quelque plaisir et contentemenz, j'ay employé *le* «*séjour de mes vieux ans* à dresser un livre d'instruction[1], etc.» En outre, un historien à peu près contemporain, Guillaume Morin, attribue à Du Cerceau le chœur de l'église de Montargis, en s'exprimant ainsi : «Du temps de Mme d'Est, «duchesse de Ferrare, les habitans et bourgeois de Montargis se cottisèrent pour «faire bastir le chœur d'icelle (église), en la forme qu'il se void à présent. Le «dessein en fut projetté par Du Serseau, l'un des plus ingénieux et excellens «architectes de son temps..... Le commencement fut sous le règne de Henry «second, et fut parachevé l'an 1608[2].»

En constatant que, à l'exception d'une, toutes les constructions dont les biographes font honneur à Du Cerceau n'ont pas été élevées par lui, nous avons d'abord pensé qu'il s'était exclusivement occupé de travaux graphiques, et que le titre d'architecte, dont il se pare, était sans conséquence, parce que ce mot n'avait point, au XVIe siècle, la même portée que de nos jours; mais le témoignage de G. Morin et certains détails techniques du *Livre d'architecture* doivent faire supposer qu'il a pu aussi construire. Toutefois on ne connaît que l'église de Montargis, un bien médiocre édifice, il faut le dire, dont il ait authentiquement dressé les plans, et il est manifeste que sa vie a été absorbée par l'exécution de ses recueils de planches et de ses innombrables gravures isolées. Elles lui attirèrent, de son vivant, une réputation égale à celle que son nom conserve aujourd'hui. On a remarqué la façon élogieuse dont en parlent le duc de Nevers et G. Morin; un étranger, Jean Uredman, dans son *Architectura*, traité publié à Anvers en 1577, mentionne simultanément «le très-renommé Vitruvius, Sébastien Serlio et l'ex-«pert Jacobus Androuetius Cerseau.»

En 1579, Jacques Androuet disait : «Ma vieillesse ne me permet pas de faire «telle diligence que j'eusse fait autrefois,» et, en 1582, il revenait sur ses «vieux «ans[3]; » il était donc alors fort avancé en âge. On ignore combien il vécut encore, et l'on suppose qu'il mourut à l'étranger[4]. Son dernier ouvrage[5] porte la date de 1584, sans indication de lieu; mais, dans la dédicace qu'il en fit à Jacques de Savoie, duc de Génevois et de Nemours, Du Cerceau dit : «... Aussi que dès

---

[1] Les descendants de Jacques Androuet sont qualifiés de *sieurs* Du Cerceau dans plusieurs titres, et nous en avons cité un exemple, t. I, p. 274.

[2] *Histoire générale des pays de Gastinois, Sénonois et Hurpois*, in-4°; Paris, 1630, p. 20 (ouvrage posthume).

[3] Conf. le second volume de son grand ouvrage et le *Livre d'architecture*.

[4] Callet dit que Jacques Androuet mourut à Turin en 1592; mais on n'a pas à tenir compte de l'affirmation, qui n'a absolument rien de sérieux.

Le *Petit Traité des cinq ordres de colonnes*, que Jacques Androuet publia à Paris en 1583, donne à penser qu'il y habitait encore en cette année.

[5] Il est intitulé : *Livre des édifices antiques romains, contenant les ordonnances et desseings des plus signalez et principaux bastimens qui se trouvoient à Rome, du temps qu'elle estoit dans sa plus grande fleur; partie desquels bastimens se void encor à présent, le reste aiant esté ou du tout ou en partie ruiné*. L'ouvrage est très-rare, ce qui donne à penser qu'il a été imprimé à l'étranger.

« longtemps vous m'avez fait cet honneur que de m'accepter pour vostre, et de
« m'entretenir de vostre libéralité, qui me fait estimer vostre ce qui provient de
« moi; » il demeurait donc probablement près du Duc, faisant partie de sa maison.
Or Jacques de Savoie mourut le 25 juin 1585, à Annecy, où il s'était retiré
depuis plusieurs années, et où il s'occupait de littérature et d'art; il y a conséquemment
bien des présomptions pour que Du Cerceau, redoutant les persécutions
en France, soit allé mourir aussi à Annecy, ou plutôt à Genève, ville que
ses convictions religieuses devaient lui rendre particulièrement sympathique.

Jacques Androuet eut au moins deux fils[1], Baptiste, l'architecte de Henri III, et
Jacques, sur le compte duquel nous n'avons pu recueillir que peu de chose. Personne
ne soupçonnait plus l'existence de ce dernier, lorsqu'elle nous a été révélée
par des titres provenant des archives de l'Université; mais nous avons reconnu
depuis que Jacques Androuet fils n'était point encore entièrement oublié au
milieu du xviiie siècle. Il paraît être le même que ce « Jacques Androuet » compris
parmi les secrétaires ordinaires du duc d'Anjou, en 1576[2], et il fut chargé,
au mois de mars 1595, de la conduite des bâtiments du Louvre et autres maisons
royales[3]. Ces fonctions purent lui valoir le don que le Roi lui fit, en juillet
1608, « des droits seigneuriaux de la Chastre, l'Aunay et forest de Pichery[4]. »
Il est qualifié de contrôleur et architecte des bâtiments du Roi, dans les actes relatifs
à la vente que sa belle-sœur Marie Raguidier lui fit, le 23 mars 1602, de la
maison du Pré-aux-Clercs, bâtie par son mari Baptiste Androuet. Dans ces actes[5],
il n'est nullement fait mention des liens de parenté qui unissaient Marie Raguidier
à Jacques Androuet; toutefois nous avons pu l'établir à l'aide des notes précieuses
prises par M. Charles Read dans les registres du temple de Charenton,
dont on lui doit la découverte. Ces notes nous ont appris que, en 1600, Jacques
Androuet fils, dit *architecte du roi*, fut parrain de l'enfant d'un nommé Legros,
et qu'il fut inhumé le 17 septembre 1614. En combinant d'ailleurs les renseignements
de M. Read avec ceux que nous fournissent les archives de l'Université,
nous sommes arrivé à constater péremptoirement que le Jacques Androuet mort
en 1614 ne pouvait s'identifier avec son homonyme le graveur[6]. C'était manifestement
son fils et, par conséquent, le frère de Baptiste Du Cerceau.

---

[1] Les comptes de la maison du duc d'Anjou pour 1580 (fol. 208 r°) contiennent un article ainsi conçu : «Charles Androuet, dict Cerceau, aussi «vallet de garderobe de mondict Seigneur.» Ce Charles Androuet pourrait être également le fils de Jacques, le graveur.

[2] *Mémoires du duc de Nevers*, t. I, p. 587.

[3] Invent. des Mém. de la Chambre des comptes; Arch. de l'Emp. reg. PP 122, fol. 37 r°. Les registres des Mémoriaux ne contiennent point le texte des lettres de nomination de Jacques Androuet, et l'inventaire ne renferme que cette phrase : «Jacques «Androuet, dit *Cerceau*, architecte, commis à la «conduite des bastimens du Louvre, Fontainebleau «et autres maisons royales.»

[4] Arch. de l'Emp. reg. PP 116, p. 63.

[5] *Ibid.* cart. S 6188.

[6] Autrement il serait mort à peu près centenaire, et, ce qu'on ne saurait admettre, il serait devenu père, étant au moins nonagénaire. En effet,

L'illustre Jacques Androuet, le père, n'a pas été confondu seulement avec ses fils Baptiste et Jacques, mais, sans prendre garde qu'on le faisait vivre près d'un siècle et demi, on l'a pareillement confondu avec son petit-fils Jean, né de Baptiste et de Marie Raguidier. Jean Du Cerceau est le dernier membre célèbre de sa famille. Le 30 septembre 1617, il fut nommé architecte de Louis XIII, en remplacement d'Antoine Mestivier, récemment décédé. « Le Roy, est-il dit dans les « lettres d'office,... voulant recongnoistre envers Jean Androuet, dit *Du Cerceau*, « fils de feu Baptiste Androuet Du Cerceau, son père, les services des feuz Roys : « bien informé aussi de la suffisance dudit Du Cerceau fils, Sa Majesté lui a donné « la charge d'architecte, de laquelle estoit pourvu ledit Mestivier, et lui a accordé « la somme de cinq cents livres de gaiges... voulant que ledit Du Cerceau soit « doresnavant employé ès états des officiers servans de sesdits bastimens[1]. » En 1624, les appointements de Jean Androuet avaient été sensiblement augmentés, car nous lisons dans le compte de cette année : « A Jean Androuet, dict *Du Cerceau*, aussy « architecte, sur viii^c l. à luy accordez pour ses gaiges, la somme de quatre cens « livres pour demie-année seulement, attendu la nécessité des affaires de Sa Ma-« jesté : cy iiii^c l. » Le même compte fait savoir que Jean Androuet était cousin de l'architecte du Luxembourg, Salomon de Brosse, neveu lui-même de Jacques Androuet fils.

Baptiste Androuet Du Cerceau, architecte. Son fils Jean.

Baptiste Androuet avait jeté les fondements du Pont-Neuf en 1578; en 1639, son fils Jean entreprit la reconstruction du Pont-au-Change, en compagnie de Denis Laud et de Mathurin Du Ry. La bibliothèque de l'Arsenal renferme un compte des trois associés, depuis 1639 jusqu'en 1642[2]. On y observe de nombreuses signatures de Jean Androuet, dont nous rencontrons le nom pour la dernière fois dans une déclaration foncière qu'il passa, le 15 mai 1649[3], à propos de terrains à lui appartenant et situés au canton de Clignancourt, près de Montmartre. En 1649, Jean Androuet ne pouvait avoir moins de cinquante et quelques années, et il en comptait probablement soixante; il approchait donc du terme de sa carrière. Nous ignorons la date de sa mort, et rien ne nous est parvenu touchant ses héritiers. Il avait bâti à Paris un certain nombre d'hôtels importants, parmi lesquels ceux de Bellegarde[4],

---

Marie de Malapert, la femme de l'architecte du roi Jacques Androuet, eut de lui une fille, Marie, qui, morte en 1650 à l'âge de quarante ans, était donc née en 1610, quatre-vingt-quinze ans environ après Jacques Androuet le graveur. Celui-ci, par conséquent, ne devait être que son aïeul.

[1] La pièce, signée *Louis*, et au-dessous, *Loménie*, a été découverte par M. B. Hauréau, au département des manuscrits de la Bibliothèque impériale.

[2] Le manuscrit est coté HF 325 *bis*.

[3] Il y est nommé «Jean Endrout du Cerceau, « architèque du Roy.»

[4] Il existe un devis, daté du 24 septembre 1645, relatif à l'hôtel de Bellegarde, et signé de Jean Androuet, qui est dit demeurer en la rue Princesse. Un peu auparavant, il avait habité le quai de la Mégisserie, détail consigné dans un arrêté de compte du 12 janvier 1642, où l'on fait allusion à des carrières qu'il avait à Meudon. Le même renseignement se retrouve dans le bail, daté du

LE LOUVRE ET LES TUILERIES SOUS HENRI IV ET LOUIS XIII.   89

de Bretonvilliers et de Sully[1]; ce fut certainement l'un des architectes les plus en vogue de son temps.

Le tableau suivant résume la généalogie des Du Cerceau, telle qu'elle ressort des documents que nous avons rassemblés.

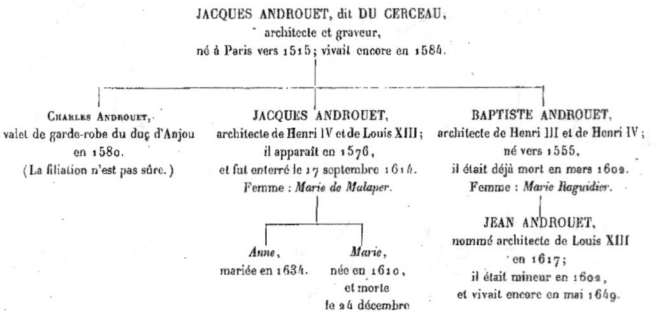

Généalogie des Du Cerceau.

Jean Androuet n'ayant été nommé architecte du roi qu'en 1617, et son père Baptiste étant déjà mort en 1602, seul parmi les Du Cerceau, Jacques Androuet fils a pu diriger la construction de la seconde moitié de la Grande Galerie, achevée vers 1609. Il est même à peu près hors de doute que ce fut lui qui en dressa les plans, puisque, dès le mois de mars 1595, il avait été certainement « commis à « la conduitte des bastimens du Louvre. » Les six entrepreneurs qui, en 1600, exécutaient les travaux de la Grande Galerie, tous gens notables et d'une capacité reconnue, étaient Pierre Chambiges et Isaïe Fournier, dont nous avons parlé; puis, Pierre Guillain, Robert Marquelet, François Petit et Guillaume Marchant. Pierre Guillain, fils de Guillaume Guillain, fut comme lui architecte de la Ville; il entra au service de la Prévôté des marchands vers 1568, car il exerçait depuis trente-huit ans ses fonctions, lorsque, le 30 janvier 1606, étant gravement malade dans son domicile de la rue Saint-Antoine, il se défit de sa charge au profit de son fils Augustin Guillain[2]. Toutefois Pierre Guillain, dont le nom se rencontre si souvent dans les registres du Corps municipal, ne succéda officiellement à son

Les entrepreneurs de la Grande Galerie.

24 octobre 1645, d'une maison à lui appartenant et sise rue du Mail.

[1] *La Renaissance monumentale* contient, sur l'hôtel Sully, une notice historique dans laquelle nous avons réuni une suite de renseignements depuis l'an 1360 jusqu'à l'époque moderne. Ce bel édifice fut bâti de 1624 à 1630, et subsiste encore;

il est situé rue Saint-Antoine et porte le n° 143. Les hôtels de Bretonvilliers et de Bellegarde sont complétement détruits. Les restes de la terrasse du premier ont été récemment démolis.

[2] Arch. de l'Emp. reg. H 1784, fol. 45 r°. — Augustin Guillain, accepté par les Échevins le 1er février 1606, mourut le 6 juin 1636.

père que par suite de la démission donnée par celui-ci, le 20 avril 1582. Il vivait encore au mois de novembre 1611, et avait épousé Gillette de la Fontaine [1]. Robert Marquelet, juré du Roi en l'office de maçonnerie et bourgeois de Paris, fut contemporain de Henri IV et de Louis XIII. En 1601, il fit, pour le compte de la Ville, divers travaux à des fontaines publiques. Il mourut le 20 avril 1625, et fut enterré dans l'église Saint-Nicolas-des-Champs, où son épitaphe relatait qu'il avait été concierge et garde-meuble des Tuileries, — et qu'il était né en Bourgogne, l'an 1573. Elle était ainsi conçue :

A L'ÉTERNELLE MÉMOIRE DE ROBERT MARQUELET,
CONCIERGE ET GARDE-MEUBLE DES THUILLERIES, Me JURÉ MASSON DES BASTIMENS DU ROY.

Robert Marquelet gist sous ce froid monument;
Ce qui estoit mortel y estant seulement,
Non l'esprit tout divin, qui, n'estant point terrestre,
Est remonté aux cieux, dont il prenoit son estre.
Assisté de la foy, en Bourgogne il nacquit.
Par son art, à Paris, un bonheur il aquit,
Car il fut reconnu pour un bourgeois notable;
Aux bastimens du Roy il eut charge honorable.
Toujours homme de bien, un chacun l'éprouva.
A cinquante-deux ans sa vie il acheva;
Lorsque pour le public il cuidoit s'entremettre,
Du rolle des vivants la mort le vint démettre,
Par un triste accident qui tomba sur son chef.
Passant, prie pour luy, et pleure son méchef.

Il mourut le mercredy, 20 d'avril 1625; priez Dieu pour luy.

Les armes adoptées par Marquelet étaient : *d'azur, à un compas et une équerre d'or, accompagnés de trois roses du même.*

François Petit, pareillement juré du Roi, eut pour père un architecte de Beau-

---

[1] Ce devait être une parente de Jean Fontaine, maître des œuvres de charpenterie du Roi, en 1606, et commis du Grand Voyer.

TOPOGRAPHIE HISTOR

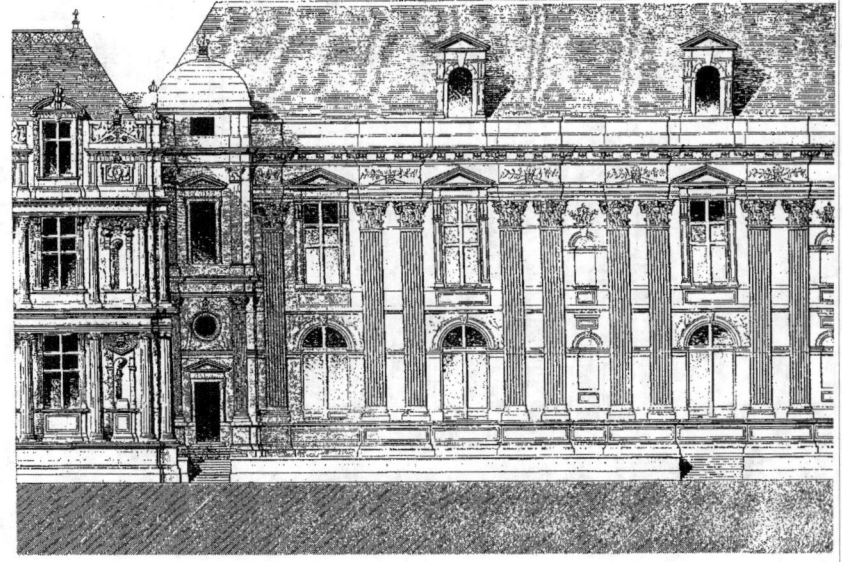

Ch. Lafforgue del.   A.B

CHATEAV DI

ÉLÉVATION OCCIDENTALE DV PAVILI

État

…RIQVE DV VIEVX PARIS.

Berty dir.   A. Soudain sc.

…DES TVILERIES.

…LLON D'ANGLE ET DE L'AILE ADJACENTE.

…t ancien.

LE LOUVRE ET LES TUILERIES SOUS HENRI IV ET LOUIS XIII. 91

vais[1], il est nommé dans la soumission du 14 mars 1582, et fut l'un des entrepreneurs du Pont-Neuf, sous Henri III et Henri IV. Vers 1608, il donna les plans de la place Dauphine, qu'il construisit lui-même, et fut, en la même année, mêlé aux travaux de l'Hôtel de Ville[2]. Guillaume Marchant avait, comme ses associés, le titre de juré du Roi, et fut aussi l'un des entrepreneurs du Pont-Neuf. Il mourut le 12 octobre 1605. C'était le frère de Charles Marchant, à la fois capitaine des archers et maître charpentier de la Ville. La permission que l'on accorda à ce dernier, en 1596, prouve qu'il fit les combles de la première moitié de la Grande Galerie. Vers 1575, il avait été employé pour les bâtiments de la Reine mère, et, le 20 mars 1603, il résigna sa charge dans l'intérêt de son fils, Jean Marchant, qui le remplaça. Le pont des Oiseaux, destiné à tenir lieu du pont aux Meuniers, et terminé en 1609, avait été construit par Charles Marchant, de sorte qu'on l'appela souvent *le pont Marchant*.

Pour que la Grande Galerie réunît tout à fait le Louvre au palais des Tuileries, il fallut que les bâtiments de ce dernier édifice fussent prolongés vers la Seine jusqu'au droit de la Grande Galerie. Au point de jonction, on éleva un gros pavillon (le pavillon dit *de Flore*), qui est figuré complet sur le plan de Quesnel; il était effectivement fort avancé à la fin de 1608[3], car, dans une lettre du 3 octobre de cette année, Malherbe écrit à Peiresc : "Si vous revenez à Paris d'ici à deux ans,

---

[1] Simon (*Suppl. à l'Hist. du Beauvoisis*, 2ᵉ part. p. 95) dit : "Petit, architecte, a fait, en 1562, la "maison du Pont-d'Amour, où il y a une trompe "sur l'angle, qui est un chef-d'œuvre, et plusieurs "autres maisons de la ville" (de Beauvais); puis (p. 122) : "Petit, dont j'ai parlé, a eu deux fils, "architectes du roy Henry IV."

[2] Arch. de l'Emp. reg. H 1795, fol. 12 rº.

[3] Le pavillon de Flore doit avoir été commencé en 1607, car, lorsqu'on l'a démoli, M. Cazeaux, inspecteur des travaux, a trouvé ce millésime gravé sur un libage, à l'angle sud-est de la construction. Ce libage était posé immédiatement sur les grossiers pilotis, enfoncés dans la vase, qui supportaient les fondations de l'édifice, et les supportaient assez mal puisqu'il se produisit un fort tassement, d'où résulta le surplomb des murailles. Quant à la pierre gravée, elle a été perdue précisément par suite des précautions qu'on prit pour la conserver.

Le soubassement du pavillon de Flore n'a jamais eu la forme que lui prête la gravure de Marot. Le talus était beaucoup moins accusé, et il n'y avait aucun socle pour le bas. L'absence de parement aux assises, à partir d'un peu au-dessous du cavet, prouve qu'elles étaient, à cet endroit, destinées à demeurer cachées dans le sol; la dernière assise avait son lit en contact avec les pilotis à 9ᵐ,53 en contre-bas de la corniche des piédestaux.

Le pavillon de Flore, récemment démoli, n'ayant jamais été sérieusement reproduit, nous avons cru devoir en donner une élévation correcte. Nous l'avons naturellement représenté dans son état ancien, mais en indiquant les parties dont la restitution ne peut se faire avec certitude. Les planches de Marot méritent peu de confiance, et paraissent avoir été exécutées d'après des projets plutôt que d'après la réalité; elles montrent ainsi des ornements et des dispositions qui certainement n'ont jamais existé. Au reste, la restitution du palais des Tuileries est hérissée de difficultés rebutantes, car elle soulève une foule de questions qui nous paraissent d'une résolution bien laborieuse, sinon tout à fait impossible. On ne saurait croire jusqu'à quel point sont contradictoires les renseignements graphiques que nous possédons sur ce sujet.

NOTE DU CONTINUATEUR. Quand on reconstruisit, il y a quelques années, le pavillon de Flore, les fouilles des fondations furent exécutées, non en rigoles comme au temps de la première construction, mais en masse, de manière à ménager la place des caves. On trouva, au-dessous des premières fondations, à environ neuf mètres en contre-bas du sol

« vous ne le conoistrez plus. Le pavillon du bout de la galerie est presque achevé;
« la galerie du pavillon du bastiment des Tuileries est fort avancée; les fenestres
« de l'estage du bas sont faites; l'eau de la pompe du Pont-Neuf est aux Tuile-
« ries [1]. » Cette « galerie du pavillon du bastiment des Tuileries » est celle qui relie
les constructions de Catherine au gros pavillon du coin. Elle était alors bien plus
étroite qu'aujourd'hui. Maintenant elle est à peine en retraite, du côté du jardin,
sur la face correspondante du pavillon de Flore; avant les remaniements opé-
rés sous Louis XIV, elle n'avait pas la moitié de cette profondeur, et n'affleurait
les bâtiments contigus que du côté de la cour. La disposition primitive demeure
très-sensible sur le plan actuel du palais, où l'on reconnaît que l'ancien mur de face
de la galerie, vers le parc, est devenu mur de refend. La galerie apparaît dans
son aspect primitif sur les plans de Quesnel et de Mérian; et Blondel a donné,
d'après Marot, une grande élévation de sa façade occidentale [2]. On voit qu'elle
était décorée de grands pilastres composites, comme ceux de la face opposée, dont
on a conservé l'ordonnance, et que, dans chacune des encoignures qu'elle faisait
avec les pavillons attenants, il y avait une cage d'escalier hors d'œuvre, coiffée d'un
petit dôme et présentant deux étages avec un attique, orné aussi de pilastres. Le
toit n'était qu'à une seule pente, et il s'en détachait, sur les deux faces, trois lucarnes en fronton, qui ont été supprimées. Du reste, dans cette partie, l'ornementation, comme en font foi plusieurs gravures, resta presque partout à l'état
d'épannelage, et il n'est pas probable que l'édifice fût terminé entièrement, à l'intérieur, du temps de Henri IV [3]. On le considérait cependant comme tel, puisque
Du Breul dit : « L'escrit suivant est gravé en marbre au haut du grand portail de
« ce palais royal, achevé soubs le règne du deffunct roy Henri IV, d'heureuse mé-
« moire [4] :

« Perennitati invictissimi principis
« De bello et pace triumphantis. »

Vous ne savons quels sont les ouvrages que, suivant Félibien, Du Pérac aurait
conduits aux Tuileries en 1597. Peut-être fut-il chargé d'achever le pavillon de

actuel, une épaisse couche de sable qui paraissait propre à recevoir et à supporter les constructions. Pourtant, l'habile architecte du palais, M. Lefuel, instruit par les tassements importants du bâtiment primitif, que tout le monde doit se rappeler parfaitement, jugea utile de faire pratiquer des sondages qui atteignirent bientôt un lit de vase, et obligèrent à aller chercher au-dessous le *bon sol*, c'est-à-dire la marne, sur laquelle furent établies solidement les fondations du pavillon actuel. Ce lit de vase renfermait de nombreux débris d'ossements et de cornes d'animaux, tels qu'aurochs, cerfs, daims, etc. indi-

quant l'existence de terrains boisés sur cette partie du sol parisien. On remarqua aussi les vestiges, très-nettement accusés, du lit d'un ruisseau assez considérable, qui se trouvaient précisément au-dessous du pavillon et dont les eaux paraissaient descendre de Montmartre ou plutôt des hauteurs de Belleville. H. L.

[1] *OEuvres de Malherbe*, édition publiée par M. Lalanne, t. III, p. 78.

[2] *Architecture françoise*, t. IV.

[3] Nous avons dit (p. 14) que le grand escalier fut complété sous son règne.

[4] P. 1049. Le livre de Du Breul a paru en 1612.

TOPOGRAPHIE HISTORIQUE DV VIEVX PARIS.

CHÂTEAV DES TVILERIES.
DÉTAILS DV PAVILLON D'ANGLE MÉRIDIONAL.

TOPOGRAPHIE HISTORIQVE DV VIEVX PARIS.

A. Berty dir. E. Lebel sc.

PARTERRES DV PETIT JARDIN DES TVILERIES
AV TEMPS DE HENRI IV.

LE LOUVRE ET LES TUILERIES SOUS HENRI IV ET LOUIS XIII. 93

Bullant, qui, assurément, avait été laissé imparfait par Catherine; car sur les acrotères, entre les lucarnes du toit, étaient sculptés les écussons accolés de France et de Navarre[1], et sur les souches de cheminées, ainsi qu'au-dessus des niches creusées dans les trumeaux des deux ordres, on apercevait ce chiffre couronné, qui se

compose d'une H, initiale du nom de Henri IV, et de deux M, initiales du nom de Marie de Médicis, l'une de ces deux dernières lettres étant renversée, pour que le monogramme forme une figure symétrique. Le même chiffre, répété sur le second ordre du pavillon central et sur les attiques des galeries voisines, donne à penser que ces parties furent aussi décorées, sinon entièrement bâties sous Henri IV. La face orientale du pavillon de Bullant dut être, en outre, grandement modifiée par suite de l'abandon du projet de Catherine; mais les détails précis nous font défaut sur tous ces travaux, que les remaniements postérieurs contribuent à rendre très-confus. Les peintures des salles et des antichambres de l'attique du palais, que Sauval assure avoir été exécutées par Bunel, n'ont pu être faites que du temps de Henri IV, où dans les quatre premières années du règne de Louis XIII. En 1600, les entrepreneurs de la maçonnerie étaient Pierre Guillain et Robert Marquelet. Leur marché datait du 7 mars, et comportait l'exécution d'une certaine quantité de travaux dans l'année, moyennant une somme de 18,000 écus, payable par à-compte hebdomadaires; mais ils ne reçurent point dans les termes convenus, ce qui les fit protester le 24 juillet.

Au-devant des Tuileries, dit Du Breul, « le deffunct Roy a fait faire, depuis l'an « 1600, un jardin aboutissant d'une part auprès la porte Sainct-Honoré, et d'autre « à la Porte-Neufve, ayant regard sur les fossez de la Ville, où on desseigne faire un « estang. » Ce jardin, dont la cour actuelle des Tuileries occupe l'emplacement, était achevé dès 1600, car Olivier de Serres, dans l'édition de son *Théâtre d'agriculture* publié en cette année, dit: « J'ai mis ici quelque nombre de compartimens de diverses « façons, d'entre lesquels y en a de ceux que le Roy a fait faire à Sainct-Germain « en Laie et en *ses nouveaux jardins des Tuilleries* et de Fontaine-bleau, au dresser « desquels M. Claude Molet, jardinier de Sa Majesté, a fait preuve de sa dextérité[2]. » On peut juger du talent de Mollet[3] par les quatre dessins de « quarreaux » que

Claude Mollet
jardinier des Tuileries.
(1600.)

---

[1] On aperçoit encore une H sculptée avec deux sceptres en sautoir sur un retour d'équerre de la frise du second ordre, du côté du jardin. Tous les autres insignes de la même période sont disparus.

[2] P. 582. L'impression de l'ouvrage a été achevée le 1er juillet 1600.

[3] Claude Mollet, fils du jardinier du château d'Anet, avait le titre de dessinateur ordinaire et pre-

nous reproduisons d'après Olivier de Serres. Il les donne comme empruntés « au « jardin neuf des Tuilleries, » que le plan de Mérian représente orné, vers le centre, d'une fontaine jaillissante, qui ne se retrouve point sur le plan de Quesnel. Le grand jardin des Tuileries subit d'importantes modifications sous Henri IV. La partie des arbres de haute futaie, qui occupait le quart sud-ouest du jardin, et qu'on appelait un peu plus tard *le bois*, semble avoir alors acquis un développement plus considérable. On remarque également, sur les deux plans que nous venons de nommer, une allée d'arbres[1] longeant le Manége, et, auprès, une sorte de tonnelle fort longue, interrompue de distance en distance par des pavillons coiffés de combles en pyramide. Cette tonnelle, dont les pavillons étaient couverts d'ardoises, avait été faite en 1581, à l'occasion du mariage du duc de Joyeuse avec la belle-sœur de Henri III[2]; quant à l'allée, c'est celle que l'on appelle « la haulte « allée des Meuriers » dans le compte de 1624. Elle existait encore en 1652, et datait du règne de Henri IV. On sait que ce roi avait fait planter aux Tuileries un grand nombre de mûriers du Languedoc, dès 1596, dit-on, et sûrement dès 1601[3]; en 1604, aussi, une magnanerie y était établie[4]. L'orangerie, qui a

mier jardinier du Roi. Il raconte, dans son *Traité des plans et jardinages*, que, grâce aux leçons de Du Pérac, il changea profondément le style adopté avant lui pour la composition des parterres, et, parlant des travaux des Tuileries, il dit : « Dieu m'a « donné la grâce que j'ay fait de très belles choses « sous le règne du defunct roy Henry le Grand, que « tous les princes et grands seigneurs ont veues ; « tesmoins les belles palissades de cyprès qui ont « esté faites par feu Guillaume Moisy au jardin dont « j'ay encore la charge. Ce bon prince m'avoit donné « cet homme pour travailler sous mes desseins, le- « quel estoit le plus habile homme de ce temps-là. « C'estoient bien les plus belles pallissades qu'il y « eust en France; mais les injures du grand hyver « qui survint en l'année mil six cens huict me firent « mourir toutes mes palissades de cyprès, ce qui ap- « porta un grand mécontentement au Roy. » (P. 194.) Claude Mollet vivait encore lors de la publication de son livre, en 1652.

[1] Cl. Mollet dit (p. 85) : « Nous en avons une « palissade (de grenadiers) au grand jardin des Tui- « leries, qui a trois cens toises de long, laquelle est « extresmement belle; elle est plantée contre la mu- « raille de la haute allée des meuriers blancs. » L'allée, très-nettement représentée sur le plan de Gomboust, avait effectivement près de trois cents toises de longueur.

[2] « Plus de quinze jours durant (à l'époque du « mariage) ce ne furent que bals, balets, comédies, « festins, feux d'artifices et joûtes dans le jardin du « Louvre et celui des Tuilleries ; car, aux Tuilleries, « ces *pavillons de bois, couverts d'ardoise*, qu'on voit « encore çà et là, sont les restes d'une galerie qui « fut faite exprès. » (Sauval, t. II, p. 689.)

[3] « Le principal est d'avoir des meuriers en « abondance, et de les faire semer ainsi qu'a fait le « sieur de Congis, gouverneur du jardin du Roy, « aux Thuilleries, en ayant fait semer, il y a trente « mois, qui sont creus, si tant qu'il n'y a homme « qui les puisse atteindre. » (B. Laffemas, *La preuve du plant et proffit des meuriers*. Paris, 1603, p. 29.) — « Au commencement de l'an six cens un, il en fut « conduit (des plants de mûriers) à Paris jusques « au nombre de quinze à vingt mille; lesquels fu- « rent plantés en divers lieux, dans les jardins des « Thuilleries, où ils se sont heureusement eslevés. » (*Théâtre d'agriculture*, p. 460 de l'éd. de 1605.)

[4] « Dame Jule, italienne, qui nourrit les vers « pour Sa Majesté, au jardin des Thuilleries. » (Laffemas, *La façon de faire et semer la graine de meuriers*. Paris, 1604, in-8°.) — « Et pour d'autant plus « accélérer et avancer ladicte entreprinse et faire co- « gnoistre la facilité de ceste manufacture (la pro- « duction de la soie), Sa Majesté fit exprès cons- « truire une grande maison au bout de son jardin « des Tuilleries, à Paris, accomodée de toute choses « nécessaires. » (*Théâtre d'agriculture*, p. 460.)

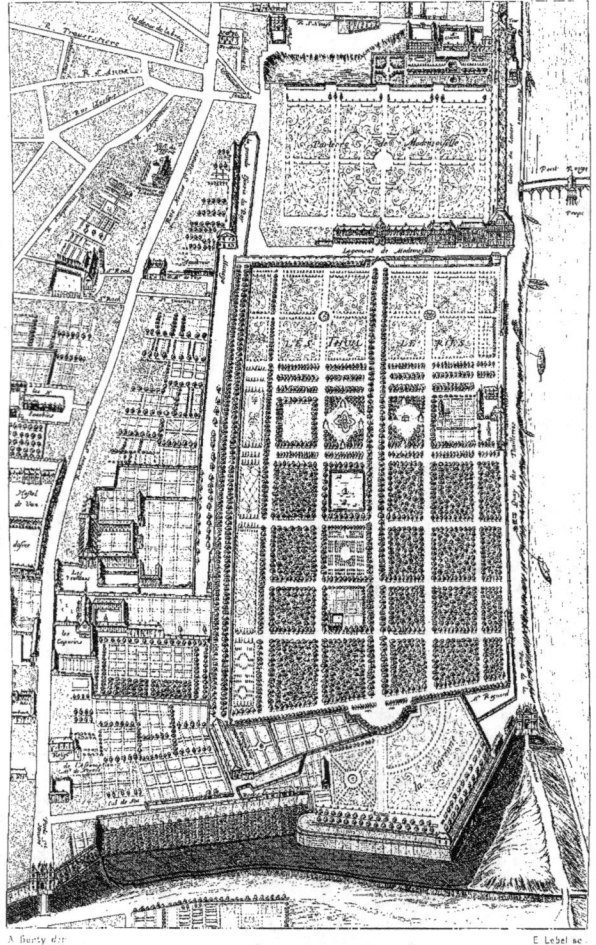

LES JARDINS DES TUILERIES
EN 1652
d'après le Plan de J. Gomboust

LE LOUVRE ET LES TUILERIES SOUS HENRI IV ET LOUIS XIII. 95

toujours été située à la même place, vers le coin nord-ouest du jardin, près de la courtine du bastion, doit pareillement son origine à Henri IV. Dans une lettre adressée à Sully, le 29 mars 1605, le Roi dit : «Mon ami, je vous prie de faire «hâter la charpente et couverture de mon orangerie des Tuileries, afin que, «cette année, je m'en puisse servir à faire élever la graine de vers à soye que j'ay «fait venir de Valence, en Espagne.» Un acte de partage du 21 août 1610 nous apprend que l'orangerie n'était encore séparée que par une haie d'avec les dépendances de la maison de l'Image Notre-Dame, sise en la rue du Faubourg-Saint-Honoré. A côté se trouvait, dès 1624 au moins, une ménagerie de bêtes féroces. La volière que Louis XIII fit faire aux Tuileries fut certainement construite, comme celle du Louvre, avant 1624 [1]; elle était placée à l'intérieur ou près de ces bâtiments, voisins du quai, qu'on aperçoit déjà sur le plan de Du Cerceau, et qui, sous Henri IV, servirent de demeure à M. de Congis, gouverneur du jardin. Ce qu'on appelait *l'étang* était un bassin rectangulaire, avec jet d'eau, alimenté par les eaux de la pompe du Pont-Neuf [2], preuve qu'il était tout au plus contemporain de Henri IV; mais il ne pouvait être de beaucoup postérieur à sa mort, car il est figuré sur le plan de Mérian. Il était très-poissonneux et avait été creusé dans le parterre opposé, vers le nord, à celui qui avait contenu le labyrinthe.

Si nous récapitulons maintenant ce que Henri IV a fait au Louvre et aux Tuileries, nous reconnaîtrons que sa part dans la création des deux palais est supérieure, comme importance, à celle de ses cinq prédécesseurs ensemble, et qu'elle égale celle de tous ses successeurs réunis, excepté l'empereur Napoléon III, sous le seul règne duquel des travaux aussi considérables ont été entrepris et menés à bonne fin. Cependant Henri IV ne réalisa pas même la moitié des desseins qu'il avait conçus, et, sans la mort qui vint si brusquement le surprendre, la fusion des deux palais en un même édifice eût peut-être été effectuée deux siècles et demi plus tôt. Ce projet, en effet, dont l'achèvement restera un des grands événements de notre époque, il l'avait imaginé, et dès 1608 il en poursuivait l'exécution, car, dans une lettre du 20 janvier, par laquelle Malherbe apprend à Peiresc que Henri IV a passé un marché pour entourer la Ville d'une nouvelle enceinte, on lit : «Le «Roy... s'est retenu six places; dont il en donne une à M. le Grand, les autres «à M. de Bassompière, M. d'Espernon, M. de Rohan; il ne me souvient pas de «la cinquiesme; la sixiesme, il la réserve pour lui, et s'appellera Bourbon, pour «ce que, en bastissant le Louvre, le Bourbon (l'hôtel de ce nom), qui est devant la

Importance des travaux de Henri IV pour l'achèvement du Louvre et des Tuileries.

---

[1] «Louis 13°... fit faire... au Louvre une «volière, la plus belle qui se voye... et une autre «à costé du jardin des Tuilleries.» (*Suppl. aux Antiquités de Paris.*)

[2] «Dans le grand jardin des Tuilleries est une «espèce de petit estang dont les eaux proviennent «de ce qui se tire par la pompe du Pont-Neuf, qui, «par canaux, se rendent en ce jardin, et dans cet «estang se nourrissent carpes et autres poissons en «quantité.» (*Suppl. aux Antiquités de Paris.*)

« porte, sera mis bas. Saint-Nicolas et Saint-Thomas-du-Louvre seront transportés
« là, pour raser cet espace d'entre le Louvre et les Tuileries [1]. » Il est, au surplus,
d'autres preuves de la résolution de Henri IV, et nous les connaissions avant que
M. Poirson indiquât celle qui précède. Nous avons cité (t. I, p. 3) un jugement du
6 avril 1616, portant qu'une partie de l'enceinte avait été rétrocédée au Roi « pour
« l'effect du grand dessaing du Louvre; » dans les actes de la donation, faite en 1620
à divers particuliers, des terrains du rempart entre la porte Saint-Honoré et la
Porte-Neuve, il est spécifié que la donation a lieu « à la charge que, lorsque Sa
« Majesté voudra *faire parachever le grand dessein du Louvre,* ils (les preneurs) ne
« pourront prétendre aucune récompense du fond et propriété des places [2]. » Ce
projet, dont Louis XIII prenait garde de ne point entraver l'accomplissement, est
bien clairement celui de son père. En 1624, le bruit s'étant répandu qu'il allait
être repris, le Prévôt des marchands, qui s'était rendu à Saint-Germain, le 27 septembre, pour se plaindre de ce qu'on démolissait le mur d'enceinte, dit au Roi
« qu'il avoit appris que c'estoit le dessein de sadicte Majesté d'enclorre ledict fossé
« (de l'enceinte) dans le bastiment de son Louvre, et de combler ledict fossé, mais
« que ce dessein ne pouvoit estre exécuté que d'ung fort long temps et peut-estre
« de xx ou xxx ans [3]. » Il devait s'en écouler encore deux cent trente avant que
le projet de Henri IV fût réalisé; mais, du moins, on sait maintenant que l'idée
première de cette grande œuvre lui appartient, et il ne sera plus permis d'en faire
honneur à Louis XIV. Aussi bien est-il constant que les plans de Henri IV ne dif-
féraient guère, quant à l'ensemble, de ceux qu'on a suivis; nous trouvons la démonstration du fait dans le passage suivant des Mémoires du seigneur de Tavannes,
qu'on n'a jamais cité, et qui exprime à peu près la pensée caressée par Henri IV :
« Si le roy Henri IV eust vescu, aymant les bastimens comme il faisoit, il pouvoit
« en faire un remarquable, achevant le corps de logis du Louvre, *dont le grand*
« *escalier* (celui de Henri II) *ne marque que la moitié,* et au bout d'iceluy faire
« une mesme gallerie que celle qui est à la sortie de sa chambre (la galerie de
« Charles IX), en tirant vers Sainct-Honoré, et depuis là faire une pareille gal-
« lerie que celle qui regarde sur la rivière, qui allast finir entre le pavillon des
« Tuilleries qui n'est pas faict, et l'escuyrie; et, au lieu de gallerie, s'y pouvoit
« construire des logis pour loger des ambassadeurs, et ruinant toutes les maisons
« entre les deux galleries, le Louvre et les Tuilleries, se fust trouvée une grande
« cour admirable. Et au regard de la cour du Louvre, l'autre moitié du corps
« de logis au costé de l'escalier estant faicte, faire un pareil corps de logis que
« celuy où loge la Royne, et au costé du portail, proche du jeu de paume, faire
« une grande terrasse de laquelle pourroit descendre par degrez, comme d'un
« théâtre, les degrez deçà que delà du portail qui seroit au mitan, qui contien-

---

[1] *OEuvres de Malherbe,* t. III, p. 58. — [2] Arch. de l'Emp. cart. Q 1146. — [3] Arch. de l'Emp.
reg. H 1801. fol. 341 r°.

TOPOGRAPHIE HIST[O]

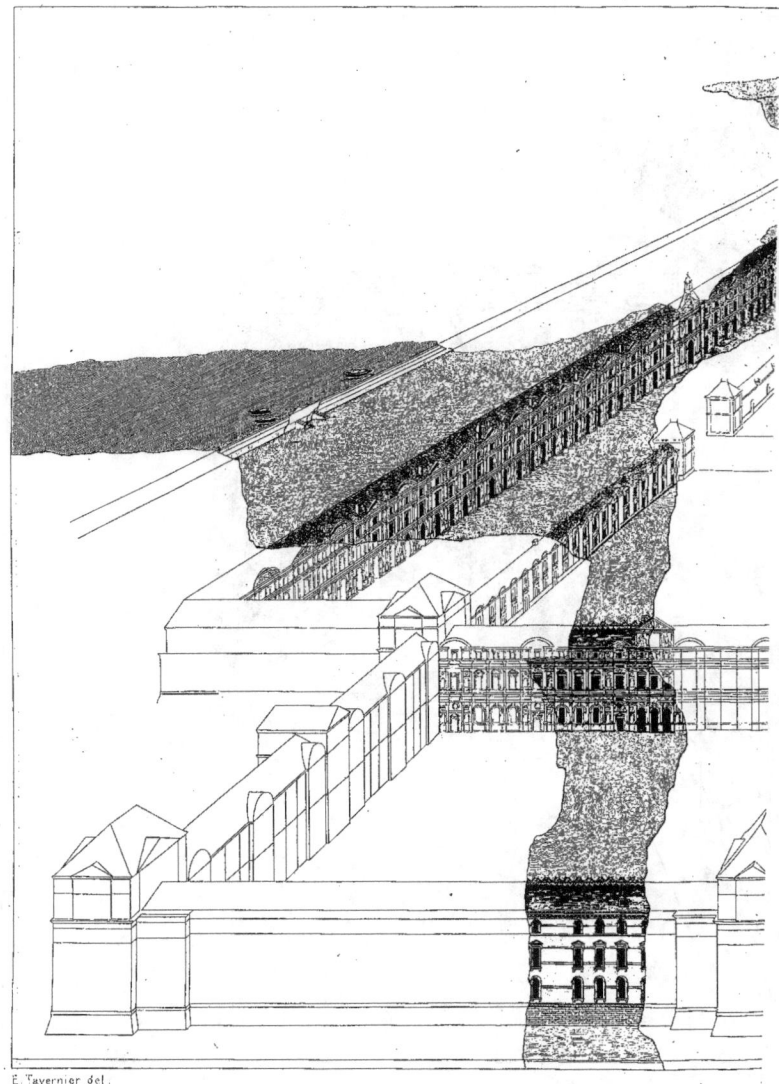

E. Tavernier del.

Imp. Ch. Chardon aîné, à Paris.

PROJET DE RÉVNION
ADOP[T]
D'après une peinture murale contem[p]

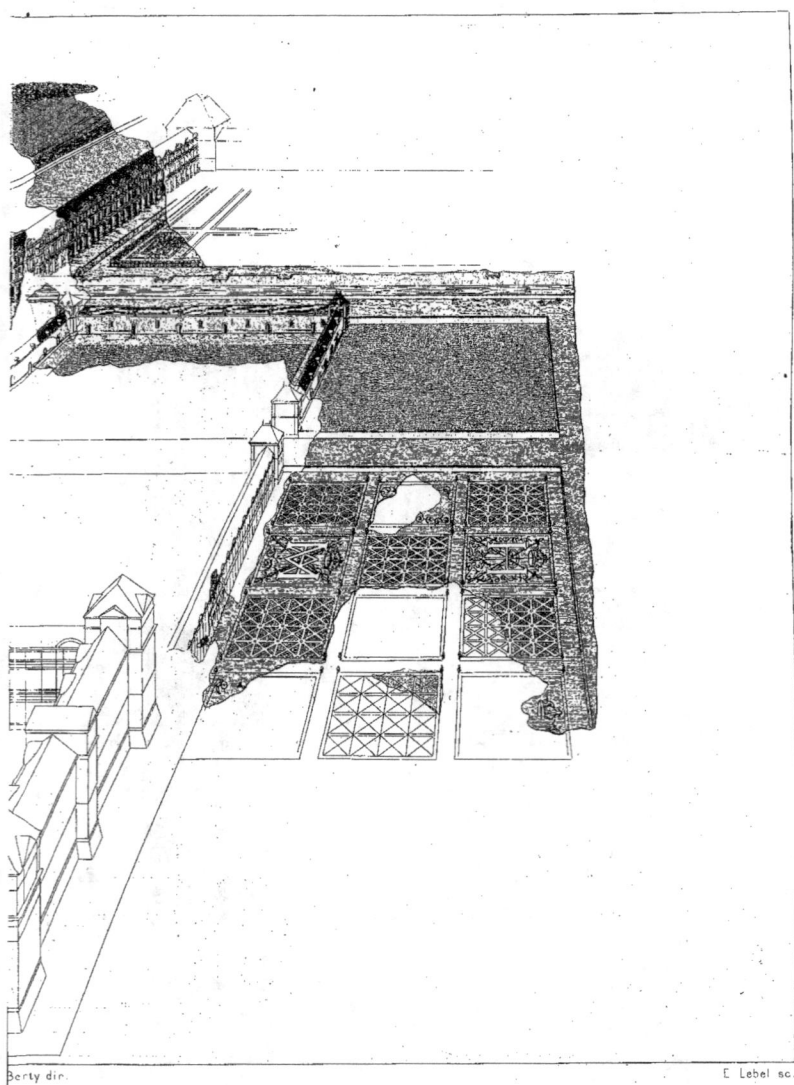

DU LOUVRE AUX TUILERIES,
PAR HENRI IV.

...aine, découverte au Château de Fontainebleau.

LE LOUVRE ET LES TUILERIES SOUS HENRI IV ET LOUIS XIII. 97

« droit en longueur les deux tiers de la terrasse; oster la chappelle de Bourbon
« et tous les bastimens qui sont entre le Louvre et Sainct-Germain-de-l'Auxer-
« rois, qui seroit la bienséance de la chapelle des roys; et se pourroit laisser la
« salle de Bourbon sans y toucher, se contentant de ceste grande place qui seroit
« depuis le Louvre à Sainct-Germain. Mais, à la vérité, pour faire de tels basti-
« mens, il faudroit que le roy de France fust au moins seigneur de tous les Pays-
« Bas, et bornast son estat de la rivière du Rhein, occupant les comtez de Fer-
« rette, de Bourgongne et Savoye, qui seroient les limites devers les montagnes
« d'Italie, et, d'autre part, le comté de Rossillon, et ce qui va jusques proche des
« Pyrénées[1]. » Tous les projets du Bernin, de Perrault, etc. sont nés de celui
qu'esquisse Tavannes, et que toute la Cour connaissait nécessairement, puisqu'il
en existait une image peinte sur la muraille, au château de Fontainebleau. Une découverte bien imprévue vient de nous rendre un grand fragment de cette peinture. M. Paccard, architecte de ce palais, ayant été chargé de déblayer la galerie
des Cerfs, fit jeter bas, en 1862, les murs de refend qui la divisaient en appartements; alors apparurent les restes de l'ancienne décoration de la galerie, qui
comprenait quinze «portraits» ou «cartes» de maisons royales, au nombre desquelles était le château du Louvre. Les peintures découvertes datent incontestablement, d'ailleurs, de la même époque que la décoration de la galerie, où sont
multipliés les chiffres de Henri IV, et que le père Dan attribue à ce prince. Le
même auteur déclare, en outre, que la vue du Louvre représentait l'édifice, non
tel qu'il était réellement, mais tel qu'il était «projetté dans son dessein[2]. » Cette
assertion est pleinement confirmée par l'examen du tableau, qui est donc une illustration authentique du projet adopté par Henri IV pour l'achèvement du Louvre
et pour sa réunion complète aux Tuileries[3].

La peinture de Fontainebleau, aujourd'hui détruite à plus des trois quarts, occupe l'un des trumeaux séparant entre elles les fenêtres de la galerie. Exécutée à

Fresque
de Fontainebleau.
(Projet
de réunion du Louvre
et des Tuileries.)

---

[1] Coll. Petitot, t. XXV, p. 205.

[2] «Restent les maisons royales et chasteaux du
«bois de Vincennes et du Louvre, dont les plans et
«portraits sont dépeints dans la mesme galerie, du
«costé du jardin, où le chasteau et maison du Louvre
«se void entièrement représenté avec son pourpris,
«ainsi qu'il est projetté dans son dessein.» (*Trésor
des merveilles de la maison royale de Fontainebleau*,
p. 95.)

[3] Il n'est point douteux que le projet (*Projet de
réunion du Louvre aux Tuileries*) comportait une galerie du côté de la rue Saint-Honoré, car il est parlé de
cette galerie, à l'année 1604, dans un passage de
Palma Cayet, que nous avons oublié de citer en son
lieu, et que voici : «Les superbes galleries pour al-
«ler du Louvre aux Tuilleries, commencées seule-
«ment par Charles IX, qui n'y fit que mettre la
«première pierre, de l'advis de la Reyne, sa mère,
«Catherine de Médicis, sont maintenant si advancées
«que cest ouvrage est autant veu par admiration
«des estrangers que les Parisiens en désirent l'a-
«chèvement, affin que le Louvre soit la plus belle
«maison du monde; et voudroient que *l'autre gal-
«lerie pour joindre le Louvre avec les Tuilleries, du
«costé de la Porte Sainct-Honoré*, fust aussi advan-
«cée que celle du costé de la Porte-Neufve : que
«ce vivier qui doit estre entre la Porte de Nesle
«(*lisez* Neuve) et de Sainct-Honoré fust plein de
«cignes, et que le bas de ces galleries, où doivent
«estre logés les plus experts artisans, en fust déjà
«rempli.» (*Chronologie septenaire*, éd. Michaud,
p. 283.)

l'huile sur un enduit de mortier, elle est entourée d'une bordure feinte, qui lui donne un champ large de $2^m,60$ et haut de $1^m,94$. Elle offrait jadis une vue à vol d'oiseau[1] de tous les bâtiments que devait renfermer la région même à la description de laquelle le présent volume est consacré; mais elle n'en laisse plus apercevoir maintenant que des parties très-restreintes, et, par un hasard fatal, la dégradation a précisément porté sur le côté du projet dont la disposition s'imagine le moins. Il est ainsi impossible d'affirmer avec toute certitude que l'on avait décidément accepté l'idée d'une galerie faisant, vers la rue Saint-Honoré, le pendant de la grande galerie du quai. Dans tous les cas, cette grande galerie septentrionale ne se serait pas liée au quadrangle du Louvre, comme le dit Tavannes, par une petite galerie intermédiaire, car, à l'endroit que cette dernière aurait occupé, le tableau montre un vaste jardin divisé en parterres carrés, ayant pour motifs des réticulaires et les monogrammes du Roi. On trouve un de ces monogrammes dans l'angle sud-est du petit jardin des Tuileries; le reste du petit jardin, le grand et la totalité du palais ont disparu par un éclat de revêtement du mortier. La grande galerie du bord de l'eau est, au contraire, demeurée presque intacte, et on l'a représentée comme si son architecture avait été uniforme d'un bout à l'autre. Est-ce là l'expression de la vérité ou une erreur du peintre? La partie de la galerie que distingue la présence de l'ordre colossal fut commencée en avril 1600, et Henri IV n'épousa qu'au mois de décembre suivant Marie de Médicis, dont les parterres ci-dessus mentionnés reproduisent les initiales; or il est entièrement invraisemblable que l'ordonnance de la seconde moitié de la Grande Galerie ait été radicalement changée plusieurs mois après qu'on en eut jeté les fondements, ce qu'il serait nécessaire d'admettre, si l'on voulait croire à l'exactitude du tableau[2]. Nous y constatons une autre erreur dans le nombre trop élevé des redans de la contrescarpe du fossé de la Ville, fossé qui était conservé dans le projet, et maintenait une séparation entre le Louvre et les Tuileries.

La « cour admirable, » dont parle Tavannes, se dessine encore assez nettement sur le tableau, et s'étend sur une longueur égale à celle du quadrangle développé du Louvre, jusqu'auprès du fossé de la Ville; mais, dans le sens de la longueur, elle eût été probablement coupée en deux par une sorte d'avenue transversale.

---

[1] La perspective du tableau n'est point rigoureuse, ce qui nous a empêché de restituer le palais des Tuileries et de retracer le parcours de la rue Saint-Honoré, jalon sans le secours duquel on juge mal des proportions du projet. Nous nous sommes borné à indiquer la masse des bâtiments qu'il était indispensable de figurer pour qu'on comprit les rapports existant entre les diverses parties de la peinture échappées à la destruction. Notre planche est une réduction minutieusement fidèle d'un calque que l'obligeance de M. Paccard nous a permis de faire prendre sur l'original; mais nous avons quelque peu atténué le fruste là où cela ne présentait aucun inconvénient.

[2] Les changements qui ont pu être effectués dans l'ordonnance de l'édifice ne furent probablement jamais que des modifications de détail analogues à celles que l'on constate en comparant le bâtiment construit et le projet esquissé sur le dessin du musée de Kensington.

Les bâtiments, en manière de galeries, qui circonscrivent la cour, présentent deux ordonnances différentes. Ceux qui sont situés au delà de l'avenue transversale, simples et flanqués de pavillons aux angles, ont la physionomie propre à des constructions servant de communs; ceux qui sont les plus rapprochés du Louvre forment deux étages, ont des lignes architecturales plus compliquées, et une destination différente. L'aile méridionale de ces derniers vient s'attacher à l'extrémité de la Petite Galerie; la façon dont se serait terminée l'aile opposée, dans la même direction, reste indécise. Quant au quadrangle du Louvre, il n'en subsiste de visible sur la peinture que deux petits fragments; ils suffisent heureusement pour établir le système général du plan adopté. Ce plan est bien celui que Lemercier commença à exécuter en 1624, et suivant lequel la superficie du vieux Louvre a été quadruplée. Toutefois Lemercier a modifié la composition primitive du pavillon central, et l'a singulièrement alourdi. Dans le projet, les quatre façades intérieures étaient évidemment semblables, et la façade extérieure de l'aile du nord, analogue à celle de l'aile du midi, que nous connaissons. Au centre de toutes les deux se serait élevé, sans aucun doute, un pavillon pareil à celui de l'Horloge. Enfin la façade extérieure, vers l'orient, sur laquelle personne ne possédait jusqu'ici de renseignement graphique, eût offert une telle similitude avec celle de l'occident, qu'elle en aurait reproduit jusqu'aux larmiers gothiques, traduits par une moulure quelconque. On ne saurait dire si, du côté de Saint-Germain-l'Auxerrois, il y eût eu pareillement des avant-corps contigus au pavillon d'encoignure, et le tableau, déplorablement mutilé, laisse maintes autres questions insolubles. Ce n'en est pas moins un document d'un haut intérêt, et nous nous estimons heureux qu'il nous ait été signalé à temps pour trouver place dans notre travail.

Un fait qui caractérise le génie politique de Henri IV, et légitimerait, s'il en était besoin, les dépenses considérables résultant de la construction de la Grande Galerie, c'est qu'il ne se borna point à en faire un édifice somptueux, propre seulement à satisfaire sa vanité, mais qu'il en fit aussi une sorte de monument d'utilité publique. Il donna, en effet, l'ordre d'y loger les artistes et les artisans les plus habiles, pensée généreuse et féconde, qui honorait le talent, le récompensait, et provoquait ainsi une fructueuse émulation. Nous avons cité le passage où Morisot énonce le fait; Legrain le mentionne en ces termes : « Ce bastiment superbe de la « Gallerie qui va du Louvre aux Tuilleries, au-dessous de laquelle, au prochain « estage, il avoit destiné de faire venir esloger toutes sortes d'ouvriers d'ouvrages « excellens, et aux offices et estages plus bas il y a de quoy loger plus de dix mille « hommes armés[1]. » L'étage réservé aux artisans devait donc être d'abord l'étage intermédiaire entre celui qui contient la galerie supérieure et celui du rez-de-

---

[1] *Décade de Henri le Grand*, liv. VIII, p. 422.

100   TOPOGRAPHIE HISTORIQUE DU VIEUX PARIS.

chaussée; mais tous les deux furent consacrés au même usage, et dès 1608 il est question des «maisons et bouticques» de la Grande Galerie. L'autorisation d'y demeurer constituait un tel brevet de capacité que les hôtes du lieu reçurent et conservèrent longtemps le nom de «les illustres.» Quelques-uns étaient déjà établis dans la galerie vers 1600, à la grande jalousie des corporations, qui, invoquant leur monopole, s'efforçaient d'empêcher que les ouvriers logés au Louvre travaillassent de leur métier, et leur suscitaient toutes sortes d'obstacles. Pour couper court à ce fâcheux antagonisme, le Roi donna, le 22 décembre 1608, des lettres patentes qui furent enregistrées le 9 janvier 1609, et dont nous transcrivons le texte d'après les registres du Parlement [1].

<small>Lettres patentes de Henri IV (1608) relatives à la destination de la Grande Galerie.</small>

« Henry, par la grâce de Dieu, roy de France et de Navarre, à tous ceulx qui
« ces présentes lettres verront, salut. Comme entre les infiniz biens qui sont causez
« par la paix celluy qui provient de la culture des artz n'est pas des moindres, se
« rendans grandement florissans par icelle, et dont le publicq reçoit une très-grande
« commodité, nous avons heu aussy cest esgard, en la construction de nostre gallerie
« du Louvre, d'en disposer le bastiment en telle forme que nous y puissions com-
« modément loger quantité des meilleurs ouvriers et plus suffisans maistres qui se
« pourroient recouvrer, tant de peintures, sculpture, orfévrerye, orlogerie, insculp-
« ture en pierreries qu'aultres de plusieurs et excellenz artz, tant pour nous servir
« d'iceulx comme pour estre par mesme moien employez par nos subjectz en ce qu'ilz
« auroient besoing de leur industrie et aussy pour faire comme une pépinière d'œu-
« vriers, de laquelle, soubz l'apprentissage de sy bons maistres, il en sortiroit plusieurs
« qui par après se respendroient par tout nostre royaulme, et qui sauroient très-
« bien servir le publicq; en quoy touteffois il ne succède pas comme nostre intention
« est, car la pluspart de ceulx que nous avons logés en nostredicte gallerie, aians
« esté choisis et attirez de plusieurs endroictz de nostredict royaulme, et hors de
« ceste nostre ville de Paris, où ilz n'ont esté passez maistres, se trouvent à présent
« en une sy mauvaise condition qu'ilz sont empeschez de travailler pour les parti-
« culliers, et aussy que ceulx qui font apprentissaige soubz eulx ne sont pas receuz
« à maistrize par les aultres maistres de ceste dicte ville, de sorte que plusieurs
« jeunes hommes sont divertiz par là de faire leur apprentissaige soubz eulx; et,
« pour ceste occasion, ilz ne peuvent trouver aulcuns apprentilz à qui ilz puissent
« enseigner ce qu'ilz sçavent de plus exquis en leur art, et desquelz ilz soient aussy
« secourus et soullaigez ès ouvraiges qu'ilz ont à faire, tant pour nostre service
« comme ceulx qu'ilz pourroient faire pour noz subjectz. A quoy voulans pourveoir
« aultant qu'il nous est possible, et désirans aussy les gratiffier et favorablement

---

[1] Arch. de l'Emp. reg. X 8635, fol. 242 v° et suiv.

Les lettres patentes de 1608 avaient été précédées par d'autres lettres à même fin, délivrées le 30 juin 1607 et enregistrées le 5 septembre suivant. (Félibien, t. V, p. 43.)

« traicter, tant pour l'excellence de leur art que pour l'honneur qu'ilz ont d'avoir
« esté choisiz par nous et logez en nostredicte gallerie; à ces causes et aultres
« bonnes considérations à ce nous mouvans, nous, de nostre grâce spécialle, plaine
« puissance et aucthorité royalle, avons dict et déclaré, disons et déclarons par ces
« présentes, pour ce signées de nostre main, voulons et nous plaist que *Jacob Bunel*,
« nostre peintre et vallet de chambre; *Abraham de La Garde*, nostre orlogeur et
« aussy vallet de chambre; *Pierre Courtois*, orfebvre et vallet de chambre de la Royne,
« nostre très-chère et très-amée espouze et compaigne..... *Franqueville*, sculpteur;
« *Jullien de Fontenay*, nostre graveur en pierres précieuses et vallet de chambre;
« *Nicollas Roussel*, orphévre et parfumeur; *Jehan Séjourne*, sculpteur et fontenier;
« *Guillaume Du Pré*, sculpteur et controlleur général des poinçons des monnoies de
« France; *Pierre Varinier*, coutelier et forgeur d'espées en acier de Damas; *Laurens
« Setarbe*, menuisier, faiseur de cabinetz; *Pierre des Martins*, peintre; *Jehan Petit*,
« fourbisseur, doreur et damastineur; *Estienne Raulin*, ouvrier des instrumens de
« mathématicques; *Anthoine Ferrier*, orlogeur et aussy ouvrier èsdictz instrumens
« de mathématicques..... *Alleaume*, professeur èsdictes mathématicques; *Maurice
« Du Bout*, tappissier de haulte lisse; *Girard Laurens*, aussy tappissier de haulte
« lisse; *Pierre Du Pont*, tappissier ès ouvraiges de Levant; *Marin Bourgeois*, aussy
« nostre peintre et vallet de chambre et ouvrier en globes mouvans, sculpteur,
« et aultres inventions mécaniques, par nous mis et logez en nostredicte gallerie,
« et ceulx que nous mettrons ès places et maisons qui ne sont encore remplies
« en icelle, ensemble ceulx qui leur succéderont èsdictes maisons à l'advenir,
« de quelque art et science qu'ilz soient, puissent travailler pour nos subjectz, tant
« èsdictes maisons et bouticques d'icelle gallerie que ou aultres lieux et endroictz
« où ilz les voudront employer, sans estre empeschez ny visitez par les aultres
« maistres et jurez des artz, dont ilz font profession, de nostre dicte ville de Paris
« ne ailleurs; auront et leur avons permis de prendre à chacun d'eulx apprentilz,
« dont le dernier sera pris à la moictié du temps seullement que le premier aura
« à demeurer en apprentissage, afin qu'auparavant que ledict premier en sorte il
« puisse estre instruict en l'art pour le soullagement du maistre, et ayder à dresser
« celluy qui succédera après audict premier; qu'entrant audict apprentissaige, ilz
« s'obligeront aux maistres par bon contract passé devant notaires, et ayant servy
« et parachevé leurs temps, lesdictz maistres leur en bailleront sertifficat en bonne
« et deue forme; sur lesquelz tant les enffans desdictz maistres que apprentilz,
« de cinq ans en cinq ans seullement, seront receuz maistres, tant en nostredicte
« ville de Paris qu'en toutes les aultres villes de nostre royaulme, tout ainsy que
« s'ilz avoient faict leur apprentissaige soubz les aultres maistres desdictes villes, sans
« estre abstrainctz faire aulcun chef-d'œuvre, prendre lettres, se présenter à la mais-
« trise, faire appeller, lorsqu'ilz seront passez, les maistres desdictes villes, ou leur
« paier aulcun festin ne aultre chose quelquonque, ne estre semblablement tenuz,

« cinq ans auparavant, se faire inscripre par nom et surnom au registre de nostre
« procureur au Chastelet dudict Paris; dont, en considération de ce qu'ilz auront
« faict ledict apprentissaige en nostredicte galleric, nous les avons dispensez et
« deschargez, dispensons et deschargeons par cesdictes présentes. Les maistres or-
« phévres d'icelle gallerie seront tenus d'apporter les besongnes qu'ilz feront pour
« le publicq marquées de leur poinçon, pour celles qui le peuvent et doibvent
« estre, soit or ou argent, en la maison des gardes de l'orphévrerie, pour estre mar-
« quées de la marque desdictes gardes, à l'instar de tous les aultres maistres orphé-
« vres de nostredicte ville de Paris, et non à aultre chose. Et cas arrivant que nous
« ou nos successeurs Roys vinsions à mettre hors de nostredicte gallerie aulcuns
« desdictz maistres, sans nous avoir faict faulte ou offense qui nous peust mouvoir
« de ce faire, en considération du temps qu'ilz y auront demeuré et du service qu'ilz
« nous y auront faict, en estant hors jouiront de leurs maistrises, tout ainsy qu'ilz
« faisoient estans demeurans en icelle, pour tenir boutique et travailler ès villes
« de nostredict royaulme, où ilz se retireront, sans qu'il leur soit donné aulcun em-
« peschement. Sy donnons en mandement à noz amez et féaulx les gens tenans noz
« courtz de Parlement, Prévost de Paris ou son lieutenant, et à tous baillifs et sé-
« neschaulx, prévostz, juges ou leurs lieutenans et aultres officiers qu'il appartien-
« dra, que ces présentes ilz ayent à vériffier, et du contenu en icelles faire jouir et
« user tant lesdictz maistres que leurs enffans et apprentilz, plainement et paisible-
« ment sans leur faire ne souffrir leur estre faict, mis ou donné aulcun trouble,
« destourbier ou empeschement. Au contraire, voullans qu'aprez que lesdictz
« apprentilz leur auront faict apparoir de leurs contractz portant obligation pour
« leurdict apprentissaige, passez par devant notaires ou tabellions, et des certifficatz
« deuement expédiez de leursdictz maistres, comme ilz auront employé audict ap-
« prentissaige le temps requis et accoustumé en chacun art et mestier, ilz ayent à
« les recevoir à maistrise, et les establir, de par nous, en l'exercice de leur art,
« ainsy qu'il est contenu cy-dessus. Car tel est notre plaisir, nonobstant quelz-
« conques ordonnances, reiglemens et lettres à ce contraires; auxquelles et à la
« dérogatoire de la dérogatoire d'icelle nous avons, pour ce regard, dérogé et dés-
« rogeons de nostre mesme puissance et aucthorité que dessus. En tesmoing de
« quoy nous avons faict mettre nostre scel à ces dictes présentes, et, pour ce que
« l'on en pourra avoir affaire en plusieurs et divers lieux, nous voullons qu'au
« *vidimus* d'icelles, ou coppie deuement collationnée par l'un de noz amez et féaulx
« notaires et secrétaires, foy soit adjoustée comme au présent original. Donné à
« Paris, le vingt-deuxiesme jour de décembre, l'an de grâce mil six cens huict,
« et de nostre règne le vingtiesme. *Signé* HENRY, *et sur le reply :* par le Roy,
« DE LOMÉNIE; *et scellée, sur double queue de cire jaulne, du grand scel.* »

Il y avait environ un mois que Henri IV était mort lorsque le Prévôt des marchands fit mettre en adjudication les travaux d'une tranchée nécessaire pour ame-

TOPOGRAPHIE HIS

Echelle de

Ch. Lafforgue del.   H. Le

CHÂTEA

RESTITUTION DE

So

DV LOVVRE
FAÇADE MÉRIDIONALE
Henri IV.

LE LOUVRE ET LES TUILERIES SOUS HENRI IV ET LOUIS XIII.   103

ner l'eau à une fontaine qui devait être placée dans le Louvre et alimentée par les réservoirs de la Ville. Le tuyau de la fontaine partait du coin des rues Saint-Honoré et de l'Arbre-Sec, pour se continuer, à trois pieds environ au-dessous du pavé, le long de la rue des Fossés-Saint-Germain, passer ensuite à travers l'hôtel de Bourbon, près de la chapelle, et de là pénétrer dans la cour du Louvre, en débouchant à un point fixé. Les travaux, adjugés le 13 juillet 1610, sont dits avoir été entrepris par la volonté du Roi; ils avaient sans doute été prescrits du vivant de son père. Vers le même temps, la basse-cour méridionale du château fut transformée en un jardin. Nous lisons dans un titre du 14 septembre 1611 : «Sa «Majesté... ayant cy-devant commandé de faire oster et transporter quantité de «pierres de marbre et autres pierres, estans en une place, entre le fossé de son «chasteau du Louvre et le gros mur du quay, aboutissant contre le corps du bout «de la Petite Gallerie dudict chasteau, et mesme faire desmolir et abattre plu- «sieurs petites eschopes et apentiz cy-devant bastiz par permission de Sad. Majesté, «contre led. gros mur, du costé de ladicte place regardant ledict chasteau du Louvre, «pour, après l'explanation (nivellement) d'icelle, y estre dressé et planté ung jar- «din, suivant la volonté et intention de Sa Majesté[1]. » Le jardin en question est celui que l'on a depuis nommé *de l'Infante*. L'emplacement qu'il occupait était celui de la basse-cour, agrandie jusqu'à la courtine du bord de l'eau sous François Ier. Durant le reste du xvie siècle, cette basse-cour dut être constamment encombrée de matériaux de construction; on y vit même des échoppes, parmi lesquelles il s'en trouvait une possédée par Thomas Thurin, «m{e} sculpteur et garde des marbres «du Roy,» et chargé, en cette qualité, de veiller à la conservation de «plusieurs «grandes figures, modèles et desseings» déposés en cet endroit[2]. Le terrain ayant été déblayé, on y planta un jardin, énoncé *le jardin neuf* dès 1612, *le petit jardin du Louvre* en 1614, et *le jardin des vues du Louvre* en 1615. Ce jardin est représenté, sur le plan de Mérian et sur plusieurs autres, entouré, vers le midi et l'orient, d'une galerie à arcades, surmontée d'une terrasse. On établit là une grande volière, suivant l'auteur du *Supplément aux Antiquités de Paris*, qui dit : «Louis 13e..... «voulant imiter les desseins de ce grand roy, son père, fit faire au devant de sa «chambre, au Louvre, un beau parterre, et une longue allée bastie de belles «pierres de taille, donnant sur le quay, pour faire une volière la plus belle qui se

L'orangerie du Louvre sous Louis XIII.

---

[1] Arch. de l'Emp. cart. Q 1173.

[2] Le 30 septembre 1611, Thurin ayant été forcé de quitter l'appentis où il logeait, et qui allait être démoli, la Ville lui accorda en dédommagement «une place seize sur le quay de la rivière, près «l'arche de l'Autruche, le long du mur ancien «de lad. Ville, contenant six thoises de long sur «quatorze pieds de large... à l'encoignure d'une «grosse tour» (celle du Coin). En 1614, la Ville baille aussi un terrain inutile de quarante-six toises de longueur, «le long du petit jardin du Louvre, «depuis la Petite Gallerie du Louvre jusques à la «maison et place naguères baillée à bastir à Thomas «Thurin.» Ces quarante-six toises, réunies aux quatorze pieds de largeur de la place cédée à Thurin, donnent juste la distance que nous avons dit avoir été comprise entre la Petite Galerie et la grosse tour du Coin.

104   TOPOGRAPHIE HISTORIQUE DU VIEUX PARIS.

« voye, comme elle se voit à présent. » Cette galerie, dont l'origine est donc bien réellement contemporaine de Louis XIII, et non de Henri III, servait à resserrer des orangers, et, sur la terrasse qu'elle supportait, on en exposait à l'air pendant la belle saison, comme l'indique la vue de Boisseau; aussi l'édifice a-t-il toujours été connu sous le nom de *l'Orangerie du Louvre*, désignation que nous avons rencontrée pour la première fois dans un document de 1622. Plusieurs vues et tableaux donnent l'aspect de l'Orangerie du côté du quai[1]. Elle était percée de deux rangs de baies, et décorée d'ornements qui la mettaient en harmonie avec les bâtiments voisins[2]. Le gros mur qu'elle remplaça figure encore sur une gravure de 1613, preuve qu'elle n'a point été construite plus tôt[3]. En 1624, elle con-

---

[1] NOTE DU CONTINUATEUR. Nous donnons ici, en *fac-simile*, la gravure d'un dessin de cette partie du Louvre et de toute la largeur du fleuve jusqu'à la Tour-de-Nesle, sur la rive gauche; le point de vue est pris de la partie septentrionale du Pont-Neuf. Ce croquis, teinté de bistre et fait très-hardiment, est signé H. *Pousin*, et on a écrit au-dessous, en caractères du xviii⁰ siècle : *Vue de Paris comme il estoit en 1615*. L'original porte 0ᵐ,22 sur 0ᵐ,39 sans les marges.

Ce dessin donne une foule de détails nouveaux sur les bâtiments placés en avant de la façade du Louvre et sur le quai. On voit la tour du *Coin* (qui paraît peut-être un peu plus éloignée qu'il ne faudrait de l'arche de l'*Autruche*, en avant de l'hôtel de Bourbon), la *Tour-Neuve*, la lanterne du pavillon de *Lesdiguières*, et à l'horizon le pavillon de *Flore* et la Galerie, la *Petite Galerie* de face; au Louvre, le pavillon du *Roi*, la façade et la cour du sud-est. On y remarque surtout des détails fort intéressants d'un côté peu connu de l'hôtel de Bourbon, placé au-dessus de l'arche de ce nom.

La communication de ce curieux dessin est due à l'obligeance de M. Viollet-le-Duc, qui possède l'original dans sa riche collection. — H. L.

[2] Elle ne fut entièrement terminée que par Anne d'Autriche, vers 1655. On lit dans le *Journal d'un voyage à Paris en 1657* (p. 285) : « Tout « au long (du parterre), du côté de la rivière, est « cette belle terrasse, pavée de pierre de taille « blanche, que la Royne a fait achever et continuer « depuis peu. »

[3] La manière dont le mur de l'orangerie s'attachait à la Petite Galerie est très-embarrassante à déterminer. D'après les diverses vues, le mur serait venu se souder à l'encoignure de la galerie, là où il y a maintenant des bossages vermiculés, et l'indica-

tion est confirmée par plusieurs plans. Au contraire, d'après l'élévation gravée par Marot, apparemment le meilleur document sur la matière, le mur de l'Orangerie aurait affleuré l'avant-corps de la façade méridionale de la Petite Galerie, ce qui implique l'existence d'une retraite du mur au coin de ce dernier édifice. Nous avons vu un plan qui offre cette disposition, contredite d'ailleurs par tous les autres renseignements. L'agencement de la porte avec perron du cabinet de la reine, par rapport au bâtiment de l'Orangerie, constitue également un problème qui ne peut se résoudre que d'une façon tout arbitraire.

NOTE DU CONTINUATEUR. La planche ci-contre, qui représente la façade méridionale du Louvre et la terrasse de l'Orangerie, dont la partie de gauche a été enlevée pour laisser voir les soubassements du palais, a été restituée avec le plus grand soin d'après les documents graphiques existants, et d'après les relevés *sur place* que les fouilles de la cour du Louvre, exécutées en 1866, ont permis de faire avec toute l'exactitude désirable. On sait qu'à l'époque de la mort de Henri IV les deux seules façades qui existassent du Louvre de la Renaissance étaient celles du midi et de l'occident; elles venaient se raccorder, ou plutôt butter, à chaque extrémité, aux tours anciennes du vieux château, dont l'entretien était assez négligé. Nous avons rencontré assez d'éléments pour pouvoir restituer, d'une manière suffisante, ces tours dont la présence est indispensable pour rendre exactement l'aspect de ces deux façades du palais. En rapprochant aussi du plan de Du Cerceau la galerie de passage joignant le pavillon du Roi à la galerie d'Apollon, on verra que nous avons rétabli ce passage à sa véritable place.

Dans un plan cavalier de Quesnel, on remarque

TOPOGRAPHIE HISTOR

LE LOVVRE ET L'H
FAC-SIMILE D'V
COMMVNIQVÉ PA

VE DV VIEVX PARIS.

HÔTEL DE BOVRBON
DESSIN DE 1615.
VIOLLET-LE-DVC

RÉSUMÉ DE L'HISTOIRE MONUMENTALE DU LOUVRE ET DES TUILERIES.   105

tenait des orangers provenant du vieux jardin du Louvre, et le nommé Nicolas Guérin recevait huit cents livres par an pour prendre soin de ces arbustes, ainsi que de tout « le petit jardin neuf, » où, dans la même année, on fit « ung bassin « de fontaine, » qui coûta 4,000 livres.

La seconde grande période de l'histoire du Louvre, celle de la Renaissance, se termine en 1624, parce que c'est alors que Lemercier commença à développer les bâtiments du quadrangle d'après les plans qui ont produit l'édifice actuel. Un hasard nous a conservé le compte de cette année 1624; rigoureusement ce compte appartient à la phase moderne, toutefois nous le donnons en appendices, car les détails intéressants qu'il renferme peuvent servir à l'élucidation du passé. Nous ajouterons à ce compte le texte des quatre pièces de 1600 auxquelles nous avons fait allusion, page 71, et nous terminerons ce chapitre par un tableau résumant l'histoire monumentale des deux palais.

RÉSUMÉ

DE

L'HISTOIRE MONUMENTALE DU LOUVRE ET DES TUILERIES[1].

CHÂTEAU DU LOUVRE.

1189.   Première indication du lieu dit le Louvre, *Louvrea*.

Dernières années du XIIe siècle.   Philippe-Auguste bâtit, sur le territoire appelé *le Louvre*, un château qui, ayant pour trait principal un donjon élevé, est nommé d'abord *la Tour-Neuve*, *la Tour de Paris* ou *la Tour du Louvre*. Un compte de 1202 mentionne les travaux de ferronnerie qu'on y avait faits; la construction devait être fort avancée en cette même année.

XIIIe siècle.   Il n'y a que des notions insignifiantes sur les travaux exécutés au Louvre durant tout le XIIIe siècle.

1333.   Philippe de Valois achète une grange vers la rue Fromenteau, pour y établir une ménagerie dépendant du Louvre.

1362 et années suivantes.   Charles V entreprend au Louvre des travaux considérables d'embellissement,

---

[1] Ce résumé, comme les chapitres précédents, a été rédigé par M. Berty.

et transforme la forteresse en palais d'habitation. En 1365, l'architecte du Roi, RAYMOND DU TEMPLE, bâtit la grande vis. En 1367, on place au Louvre la librairie ou bibliothèque royale. Il n'est point parlé des fossés du château avant le règne de Charles V.

De la fin du règne de Charles V à 1527. — Durant cette période, on se borne, suivant toute apparence, à entretenir les bâtiments du Louvre, et l'on n'y ajoute aucun édifice de quelque importance.

1527 et années suivantes. — En 1527, François Ier fait abattre la Grosse-Tour, dans le dessein de dégager la cour du château, qu'il se propose seulement de réparer et de rendre plus commode. Il englobe dans la basse-cour méridionale le chemin du bord de l'eau, et fait de la porte orientale la principale entrée du Louvre. Vers 1530, on construit les jeux de paume de la rue d'Autriche, et l'on dispose la cour des Cuisines sur l'emplacement de l'ancienne artillerie.

1539. — Travaux d'appropriation pour la réception de Charles-Quint. C'est probablement à cette occasion que François Ier conçoit le projet de rebâtir entièrement le Louvre.

1546. — Le 2 août de cette année, PIERRE LESCOT est nommé architecte des nouvelles constructions, et l'on procède à la réédification du monument. Lescot commence par l'aile occidentale, et en utilise la vieille muraille extérieure.

1548. — Achèvement de la grande salle dite *des Caryatides*, et peut-être de la maçonnerie entière de l'aile occidentale.

1550. — Marché avec JEAN GOUJON pour l'exécution des Caryatides. La décoration intérieure de la salle où elles furent placées demeure toutefois très-imparfaite jusqu'en 1806.

1556. — Achèvement du gros pavillon de l'angle sud-ouest, dit *le Pavillon du Roi*.

1558. — On travaille à la partie de l'aile méridionale la plus rapprochée de l'aile occidentale.

1562 à 1564. — On sculpte les ornements décorant le second avant-corps de l'aile méridionale.

1565 et 1567. — Mentions de travaux d'aménagement intérieur.

1574. — A la mort de Charles IX, l'aile méridionale avait un peu dépassé le second avant-corps.

RÉSUMÉ DE L'HISTOIRE MONUMENTALE DU LOUVRE ET DES TUILERIES. 107

1578. Mort de Pierre Lescot (10 septembre), remplacé par BAPTISTE ANDROUET DU CERCEAU, dès 1582 au moins.

1589. Au moment où périt Henri III, la nouvelle aile méridionale était soudée, sans doute depuis plusieurs années, à la tour sud-est de l'ancien château; mais, dans la partie voisine de cette tour, la décoration ne fut entièrement terminée que du temps de Henri IV.

1589 à 1610. Au mois de mars 1595, JACQUES ANDROUET DU CERCEAU fils est commis à la conduite des bâtiments du Louvre; toutefois, sous le règne de Henri IV, on ne fait guère, dans le palais, que des travaux intérieurs; l'activité du Roi se porte vers les galeries et les Tuileries. Il projette de réunir les deux palais en un seul, et réalise une partie de ses desseins.

Vers 1611. Création du jardin dit, plus tard, *de l'Infante*.

1624. Le 28 juin 1624, Louis XIII pose la première pierre du nouveau Louvre, dont le projet remontait à Henri IV et dont les travaux furent conduits par l'architecte JACQUES LEMERCIER.

CHÂTEAU DES TUILERIES ET GALERIES DU LOUVRE.

1564. Au mois de mai 1564, Catherine de Médicis commence le château des Tuileries sur les plans de PHILIBERT DE L'ORME.

1566. En 1566 ou 1567, on entreprend la construction de la Grande et de la Petite Galerie du Louvre, lesquelles sont destinées à former une communication entre le Louvre et les Tuileries.
La Petite Galerie, ne consistant qu'en un seul étage, fut bâtie par PIERRE CHAMBIGES, sur l'emplacement d'un canal amenant l'eau de la Seine dans les fossés du Louvre. La Grande Galerie s'éleva sur les fondements de la courtine de Charles V. Elle n'avait aussi qu'un étage, et THIBAUT MÉTEZEAU en fut assez vraisemblablement l'architecte. On ne sait jusqu'à quel point elle fut avancée sous les Valois; mais la Petite Galerie était certainement terminée dès 1576.

1570 à 1572. Philibert de l'Orme meurt le 8 janvier 1570, et JEAN BULLANT lui succède. De l'Orme avait construit le pavillon central et les deux ailes adjacentes; Bullant bâtit, mais d'une manière incomplète, le pavillon attenant à l'aile méridionale, et il commence celui qui en forme le pendant, de l'autre côté. En 1570 et 1571, on travaille à la grande écurie, on s'occupe des combles du château, on plante le jardin, et BERNARD PALISSY poursuit l'achèvement de sa grotte émaillée. Vers 1572, Catherine de Médicis renonce de fait, sinon officiellement, à achever les bâtiments des Tuileries. On entretient toutefois les jardins, que Henri III et sa mère continuent à fréquenter.

1581. On bâtit la contrescarpe du fossé de la Ville entre la Porte-Neuve et la seconde porte Saint-Honoré. Cette contrescarpe forme la clôture du palais des Tuileries, vers l'orient.

1594 à 1600. Henri IV reprend les travaux de la partie de la Grande Galerie qui finit au pavillon dit maintenant *de Lesdiguières*; il exhausse l'édifice d'un étage intermédiaire et d'un étage supérieur. La maçonnerie était achevée en 1596, et avait été conduite par l'architecte LOUIS MÉTEZEAU. La décoration sculptée de l'étage inférieur, œuvre des frères L'Heureux, ne peut être postérieure à 1599 et ne fut exécutée que jusqu'au guichet Saint-Thomas. La sculpture de l'étage supérieur, vraisemblablement commencée un peu après celle du rez-de-chaussée, n'a été indiquée que par places.

1600 à 1610. L'étage supérieur de la Petite Galerie date de la fin du XVIe siècle; il fut élevé par les architectes ISAÏE (?) FOURNIER et JEAN COIN.

En 1600, on commence la construction de la seconde moitié de la Grande Galerie, celle qui est décorée d'un ordre colossal; elle s'achève en 1608, sous la direction de JACQUES ANDROUET fils. Le même artiste édifie la partie du château des Tuileries s'étendant entre le pavillon de Bullant et la Grande Galerie. Cette partie est contemporaine de la seconde moitié de la Grande Galerie, et l'on a la preuve que le pavillon de *Flore* était presque terminé en 1608. En 1600, on plante, ou plutôt l'on replante le petit jardin situé devant les Tuileries, et, l'année suivante, on commence la décoration peinte de la Petite Galerie. ÉTIENNE DU PÉRAC, mort vers 1601, peut avoir pris part à la confection des plans de la Grande Galerie ou aux travaux des Tuileries.

LES

FOUILLES DU LOUVRE

EN 1866.

TOPOGRAPHIE HIST

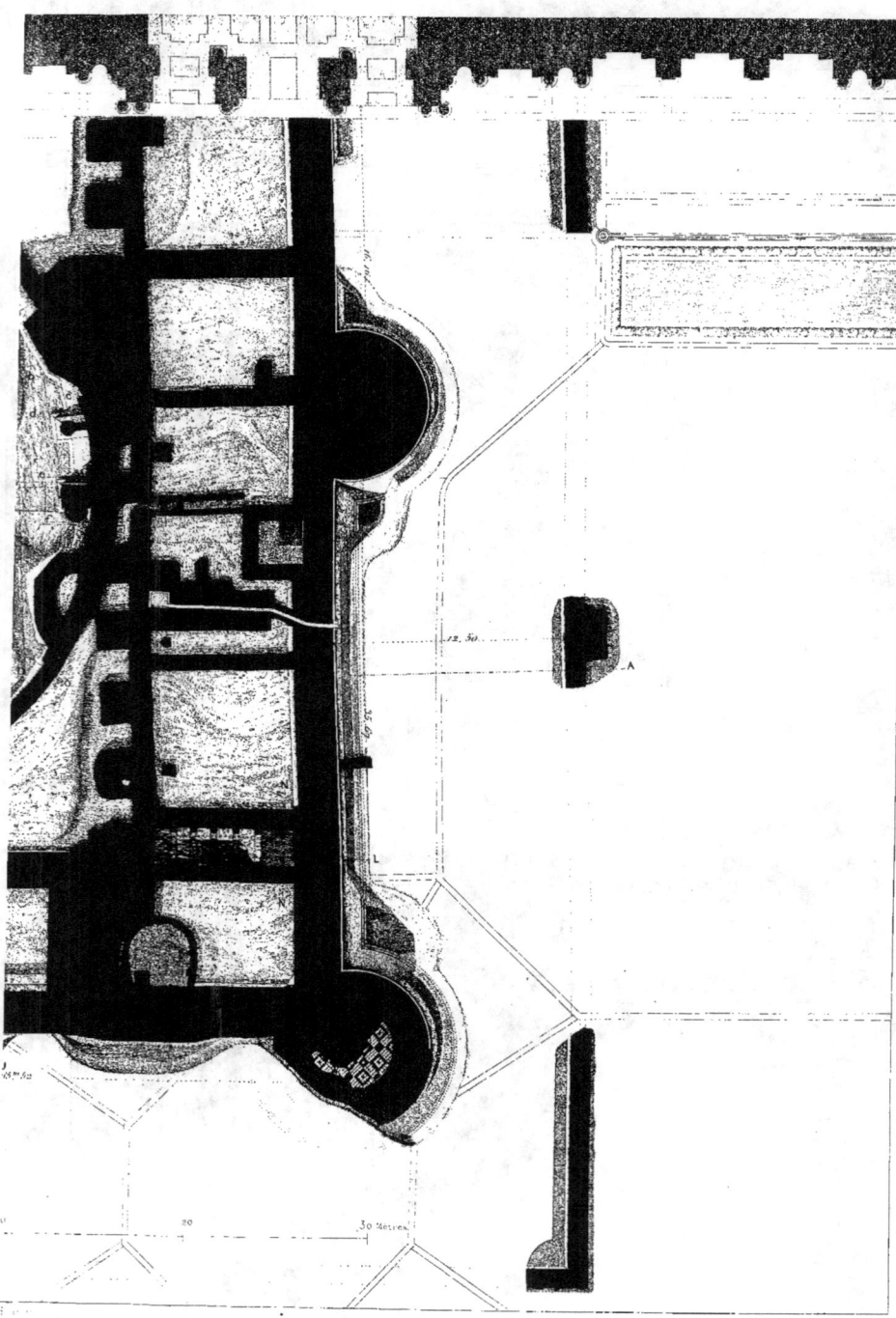

AVIS PRÉLIMINAIRE.

On a pu remarquer que feu M. Berty, en cherchant à restituer le plan du vieux Louvre, était arrivé à des résultats tout à fait en désaccord avec les données fournies par Sauval[1]. Le fait dut paraître singulier, car ces données étaient, jusqu'ici, les seules que l'on considérât comme pouvant servir à un essai de recomposition de l'ancienne forteresse. Savants et artistes avaient, en effet, basé leurs descriptions sur le texte de Sauval, et ceux qui s'étaient donné la peine d'y joindre une représentation figurée n'avaient pu que traduire, au moyen du dessin, les mesures indiquées par l'auteur des *Antiquités de Paris*. Aussi avaient-ils tous prêté à l'édifice des dimensions beaucoup plus grandes qu'elles ne l'étaient en réalité.

Le mérite de M. Berty fut donc de ne pas redouter la contradiction; tout en repoussant une opinion qu'on s'était habitué à respecter jusque-là, parce qu'elle s'appuyait sur des éléments qu'on ne savait pas erronés, il sut appuyer la sienne sur des mesures incontestables et sur des repères certains qui n'avaient jamais varié. On peut dire, avec quelque assurance, que, si le but de l'auteur de la *Topographie historique* avait été simplement de composer une *monographie* du château du Louvre, au lieu de faire une restitution générale de la région, il aurait été probablement entraîné, comme ses devanciers, à ne point contester les chiffres énoncés dans les documents publiés par Sauval, et il serait tombé dans les erreurs qu'on peut enfin redresser aujourd'hui, grâce aux fouilles entreprises par la Ville de Paris. Mais le plan de son ouvrage, en l'obligeant à tenir compte des propriétés voisines et de la configuration générale de la région qui comprend le Louvre et les Tuileries, l'amena à tracer d'abord les lignes de cette région, ce qui lui procura, pour arriver à une délimitation exacte, une foule de documents écrits, tirés des arpentages faits pour les seigneuries et des règlements de la voirie. Il lui fallait aussi placer le vieux château dans l'espace que laissaient libre, d'une part, les lignes, *certaines et encore existantes*, du mur occidental du Louvre de Pierre Lescot et de la rue des Poulies exactement repérée par l'église de Saint-Germain-l'Auxerrois, d'autre part, la rue Saint-Honoré et le fleuve. Il s'aperçut tout aussitôt que les dimensions énoncées par Sauval devaient être exagérées ou erronées. De la comparaison qu'il fit des mesures partielles, indiquées par Sauval lui-même, avec les dimensions générales, il conclut qu'il fallait réduire le quadrangle irrégulier du château, et il recomposa le vieux Louvre comme on le voit dans son plan de restitution (t. I, p. 129).

Les bases de ce travail étaient bien établies pour qu'on essayât de les détruire par le raisonnement; d'un autre côté, il semblait téméraire de réduire à néant ou tout au moins d'arguer de faux les assertions d'un auteur comme Sauval, qui avait pu voir, mesurer, décrire exactement des édifices existant de son temps, et qui s'appuyait sur des comptes et des documents dont une grande partie a été détruite, tant par l'incendie du Palais que par les événements révolutionnaires. On savait vaguement, même après les remaniements de la cour du vieux Louvre,

---

[1] *Topographie historique du vieux Paris* (Région du Louvre et des Tuileries, I), chap. V, p. 229 et suiv.

et l'on aurait dû savoir, d'une manière certaine, qu'il se trouvait des substructions sous le sol de la partie occidentale de cette cour, du côté de la rivière. M. le Sénateur Préfet de la Seine n'hésita point à solliciter de S. Exc. M. le Maréchal Ministre de la Maison de l'Empereur l'autorisation de pratiquer quelques tranchées dans cette partie de la cour; cette autorisation, très-gracieusement accordée, permit de fouiller, pendant cinq mois environ, le sol du vieux Louvre, et de mettre au jour les précieux vestiges qu'il recélait[1].

M. Berty, enlevé par la mort à des travaux dont l'initiative lui appartient, et cela avant que le résultat de ses recherches pût être entièrement expliqué et publié par lui, a cependant laissé un texte succinct dans lequel il fait remarquer que ses prévisions ne s'éloignaient pas sensiblement des résultats obtenus par les fouilles. Il a pu emporter la noble satisfaction d'avoir, d'avance et par la seule force de ses calculs et de son raisonnement, prévu et décrit, avec une exactitude surprenante, ce qui s'est rencontré dans les substructions de ce fameux château du Louvre. Nous espérons qu'en comparant la première restitution à l'état réel, que nous donnons dans ce volume, le lecteur reconnaîtra qu'en l'état des connaissances acquises sur l'ancien château du Louvre il fallait toute la sagacité du regrettable auteur du premier volume de la *Topographie historique du vieux Paris*, pour résister à l'entraînement bien naturel qui portait à respecter des opinions en apparence si fortement autorisées. C'est à cette sorte de condescendance involontaire qu'il a obéi quand il a placé le Donjon et les tours du milieu comme il l'a fait.

Dans le travail fort abrégé qu'il a laissé, et que nous reproduisons littéralement, M. Berty semble s'excuser de ne point avoir deviné, avec plus d'exactitude encore, quel devait être le tracé réel du quadrangle primitif de la forteresse. Ce sentiment l'honore; mais il nous semble que ce qu'il a trouvé, en luttant, comme nous l'avons dit, contre tout un ensemble de documents erronés, est un résultat véritablement étonnant et presque prodigieux.

Les différences existant entre les dimensions détaillées des substructions découvertes par les fouilles et celles que M. Berty a indiquées sur son plan de restitution se réduisent à un écart bien minime; et, chaque fois qu'il a abandonné ses idées personnelles pour chercher à se rapprocher de celles que lui suggéraient les documents cités ou transcrits par Sauval, les fautes qu'il a commises ne doivent pas être imputées à lui-même, mais bien aux renseignements inexacts qu'il s'est cru obligé de prendre en considération.

Les résultats acquis, que des fouilles complètes pouvaient seules donner, enlèvent désormais, par la brutalité même du fait, tout prétexte à une critique basée sur des documents dont les inexactitudes se trouvent ainsi dévoilées. Ils prouvent, de plus, tout le parti qu'un topographe sagace et prudent peut tirer de l'interprétation des documents écrits; mais aussi ils nous forcent de reconnaître que, pour une restitution de l'ancien Paris, rien ne peut remplacer les renseignements fournis par des fouilles conduites avec intelligence. L'auteur de la *Topographie historique du vieux Paris* l'a dit dans sa préface, et l'on ne saurait trop le répéter : jusqu'aux démolitions et aux percements récents, qui ne peuvent tenir compte ni du morcellement de la propriété ni des changements apportés dans le profil du terrain, les murs mitoyens et les anciens alignements étaient ou rigoureusement conservés ou changés avec des formalités légales qui permettaient d'en suivre les traces. Presque jamais on ne détruisait les murs de fondations qui pouvaient être utilisés, et avaient de plus l'avantage de devenir des témoins, des bornes pour les héritages; aussi retrouve-t-on partout ces vestiges à une profondeur plus ou moins grande, et, comme au vieux Louvre, l'on peut reconstituer tous les plans, en attribuant, par l'inspection des matériaux et du mode de travail, son époque distincte à chaque partie. Nous développerons ailleurs cette idée féconde, sur laquelle a été basée l'œuvre de notre devancier. Cependant, pour citer dès à présent

---

[1] Voir, à la fin des appendices, les pièces officielles relatives à cet important travail.

un exemple, et sans sortir de la cour du Louvre, on concevra parfaitement que, si l'on n'eût pas construit la grande citerne voûtée qui occupe, pour ainsi dire, toute la partie orientale de la cour du vieux Louvre, notamment dans le compartiment où se voient les regards et la borne-fontaine, et qu'on n'eût pas détruit ainsi les restes des édifices, il aurait été facile de découvrir toutes les substructions de l'hôtel de Bourbon et celles des autres hôtels qui bordaient le côté oriental du palais et la rue d'Autriche, comme on a rencontré les vestiges de l'enceinte de Philippe-Auguste et du petit pan coupé de l'hôtel de Bourbon. Les fouilles furent donc résolues.

Les premiers coups de pioche firent concevoir immédiatement les plus grandes espérances, et l'on eut bientôt, en effet, retrouvé toutes les substructions, telles que les démolitions successives de François Ier, Henri II, et enfin Louis XIII et Louis XIV, les avaient laissées, c'est-à-dire presque à fleur de terre.

Nous devons maintenant donner la parole à M. Berty, en nous bornant à expliquer, dans des notes suffisamment détaillées, les planches qui ont été gravées sur les dessins dont il avait surveillé l'exécution, mais qu'il n'a pu voir terminer. Nous croyons devoir faire remarquer que l'exécution de ces gravures, soit en plan, soit en coupe ou en élévation, a dû être traitée de telle sorte que l'on pût y retrouver, pour ainsi dire, toutes les impressions que les spectateurs éprouvèrent sur le terrain. De simples traits ne pourraient donner, au même degré que ce genre de gravure, une idée claire et précise de ce qu'étaient les terrains, les murailles, les pierres et leurs différents appareils, toutes choses qui forment l'opinion des hommes du métier et des archéologues, lorsqu'il s'agit de décider quand et comment ont été faites certaines constructions et raccordées certaines parties plus modernes. L'examen d'un parement plus ou moins bien layé, d'un joint plus ou moins garni de mortier, est un guide sûr pour fixer certaines époques et même certaines dates. Voilà pourquoi nous n'avons pas hésité à reproduire avec des tons vigoureux les dessins des fouilles pratiquées dans la cour du Louvre.

Les observations faites par M. Berty ont naturellement plus de force en passant par sa plume. Après les avoir littéralement reproduites, nous donnerons le plan comparatif du Louvre, tel que les fouilles l'ont montré, à côté du plan d'interprétation de M. de Clarac. On sait que ce plan a été dressé avec la double prétention de figurer exactement les dimensions que donnent les descriptions et les comptes de Sauval, et de traduire les renseignements écrits conservés dans les chroniques et les mémoires du temps. Notre travail a été préparé, au moins quant au plan comparatif, par M. Berty lui-même. Il est d'une utilité incontestable en pareille matière, puisqu'il montre jusqu'à l'évidence par quelles voies les meilleurs renseignements et les meilleures intentions peuvent amener un homme de bonne foi à des résultats erronés.

C'est ce que nous démontrerons nous-même, quand nous serons arrivé à l'explication des plans comparatifs placés à la suite du texte de M. Berty.

H. L.

TOPOGRAPHIE HIS

Coup

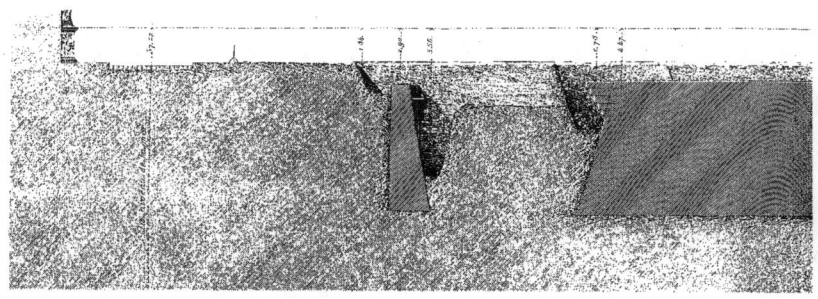

Echelle de 0 1 2 3 4 5 6 7

Niveau du dessus des piédestaux.

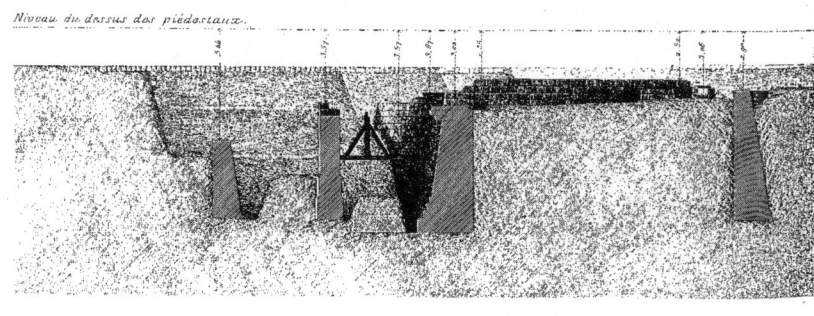

Ch. Lafforgue del.

FOVILLES

Coupe longitudinale et

VE DV VIEVX PARIS.

ant AA.

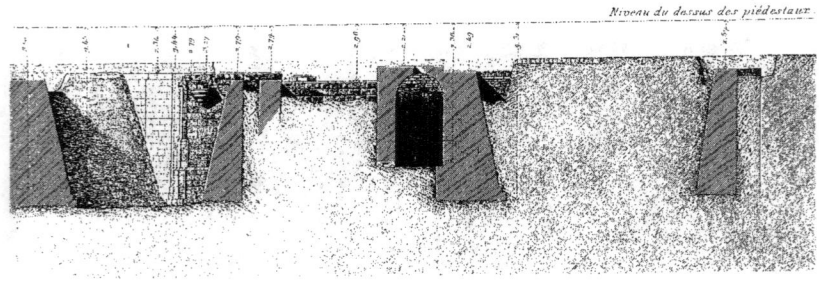

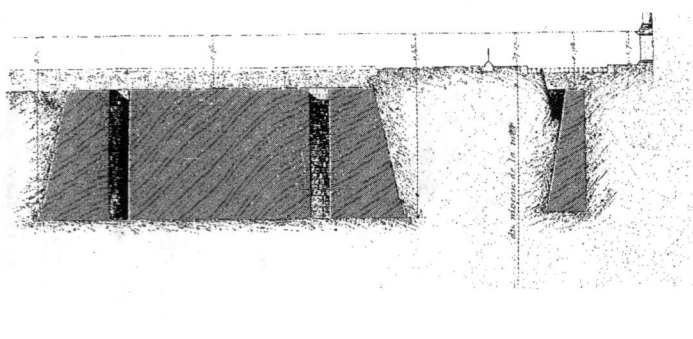

DV LOVVRE

sversale des substructions

NOTICE

SUR LES FOUILLES DU LOUVRE,

PRÉPARÉE PAR FEU M. A. BERTY.

SOMMAIRE DE LA NOTICE. — Considérations générales sur l'opportunité des fouilles du vieux Louvre. — Éléments de la restitution. — Première erreur. — Deuxième erreur. — Comparaison des dimensions données au Louvre. — La Grosse-Tour. — Son pont-levis. — Bâtiments du Louvre primitif. — Bâtiments de Charles V. — Le passage au Donjon. — La Grande-Vis. — Aile orientale de Charles V. — Les tours extérieures. — Observation sur l'ancien sol du Louvre. — Les portes de l'ancien Louvre. — Les marques de tâcherons. — Les courtines; description. — Les fossés extérieurs. — Le pont-levis oriental. — Le mur d'enceinte de Philippe-Auguste. — L'hôtel de Bourbon. — La tour du Coin. — Conclusion. — Résumé.

Lorsque nous avons sollicité l'autorisation d'entreprendre les fouilles du Louvre[1], en annonçant, ce que l'événement a confirmé, que les substructions du château se trouveraient presque sous le pavé, nous ne nous sommes pas dissimulé un moment combien était redoutable l'épreuve à laquelle tout notre travail allait être soumis. Nous n'ignorions pas que, dans le domaine de l'architecture du moyen âge, la faculté de restituer est extrêmement restreinte, et que, le plus souvent, ce qu'on imagine n'est nullement conforme à la réalité. Dans nos travaux habituels, nous procédons avec assurance, parce que la difficulté se borne ordinairement à fixer l'identité d'emplacements déterminés, et non à inventer des contours; mais nous nous gardons d'aller au delà, même dans les cas où les titres nous fournissent des données sur les dispositions ichnographiques des propriétés, attendu que ces données ne comportent jamais de sérieuse traduction graphique. Par rapport au vieux Louvre, la situation était sensiblement différente. Essayer d'en reconstituer les élévations, c'eût été entreprendre une tâche impossible, puisque l'on ne soupçonne même pas le nombre des baies de l'édifice; mais chercher à en retracer le plan n'avait en soi rien d'irrationnel. En effet, si la plupart des détails consignés dans le livre de Sauval sont commu-

Considérations générales sur l'opportunité des fouilles du vieux Louvre.

---

[1] Elles ont été commencées le 27 août 1866, et se sont terminées le 24 décembre suivant. On n'y a pas remué moins de mille mètres cubes de terre.

116 TOPOGRAPHIE HISTORIQUE DU VIEUX PARIS.

nément faux et parfois singulièrement propres à égarer, quelques-uns cependant sont exacts et peuvent être utilisés. Nous possédions d'ailleurs quelques documents manuscrits qui nous semblaient dignes de confiance, et l'ensemble des diverses vues du château, malgré leur peu de fidélité, formait un faisceau d'informations dont il y avait espoir de tirer un parti assez satisfaisant pour que le lecteur entrevît au moins ce qu'avait été ce Louvre si mal connu, ce Louvre que nous avions mission de lui dépeindre.

Nous nous décidâmes donc à en publier un *plan restitué*, avec la conviction que des études plus approfondies, jointes à des renseignements nouveaux et authentiques, devaient établir combien ce plan était moins éloigné de la vérité que celui de notre devancier, M. de Clarac, sur l'inexactitude duquel nous étions surabondamment édifié. Dans la suite, et lorsque le temps d'amender notre travail était passé, une occasion s'étant offerte de trancher définitivement les questions qui nous avaient tant préoccupé, nous l'avons saisie avec empressement, considérant comme un devoir de servir les intérêts de la science plutôt que d'épargner à notre amour-propre le risque d'un échec, toujours possible en pareille matière. Nous ne croyons pas avoir sujet de nous en repentir, et peut-être le lecteur voudra-t-il bien être de cet avis, après avoir parcouru les pages qui vont suivre.

On se rappelle que, pour déterminer les dimensions du vieux Louvre, dont les historiens nous paraissaient avoir considérablement surfait la grandeur, nous imaginâmes de replacer successivement tout ce qui occupait jadis le terrain entre les deux points dont nous étions sûr, c'est-à-dire entre le coin oriental de la rue des Poulies et l'aile occidentale du château, ayant la même assiette que l'aile correspondante de l'édifice moderne.

Éléments de la restitution du vieux Louvre.
La possession de sept éléments était nécessaire pour atteindre le but : il fallait connaître les largeurs de la rue des Poulies à son entrée, de l'hôtel de Bourbon et de la rue d'Autriche, la profondeur des jeux de paume appuyés au mur de Philippe-Auguste, la distance de ce mur à l'aile orientale du Louvre, la profondeur de cette aile et la largeur de la cour qu'elle limitait du côté de l'orient. De ces sept éléments, tous fort incertains pour la génération actuelle, nous avons restitué le dernier avec une différence de $\frac{1}{115}$ seulement, et retrouvé les quatre premiers avec une précision extrême. En effet, il résultait de nos calculs (voir pages 135 et 136 du Ier volume) que la muraille d'enceinte devait passer à 35 toises 2 pieds 10 pouces, ou 69 mètres 4 centimètres de la façade intérieure de l'aile occidentale du palais[1]; et c'est de 69 mètres 18 centimètres[2] qu'était distant de ce

---

[1] Il y avait, du coin oriental de la rue des Poulies jusqu'au parement extérieur de la muraille, 69^t 2^p 7^{po}, et jusqu'à l'aile occidentale du Louvre 104^t 5^p 5^{po}; si l'on retranche le premier chiffre du second, il reste bien 35^t 5^p 5^{po}, ou 69^m,04.

[2] Ce chiffre n'est pas rigoureusement mathé-

point l'unique fragment du mur d'enceinte qui ait été mis au jour par les fouilles. L'angle sud-ouest de l'hôtel de Bourbon, découvert exactement à 54 toises 2 pouces de son angle sud-est, est une autre preuve matérielle de ce que nous venons de dire.

Les cinquième et sixième données du problème à résoudre nous avaient fait défaut, et l'obscurité de l'une produisait l'obscurité de l'autre. Sauval, dont nous nous méfions sans cesse, et avec trop de raison, rapportait que le fossé avait une largeur de 5 toises 8 pieds; mais il ne nous apprenait pas si un chemin de ronde longeait le fossé, ou si le rempart formait contrescarpe. Obligé de prendre un parti, nous avons admis, au hasard, qu'il n'y avait point de chemin de ronde, tandis qu'il en avait réellement existé un de plus de 3 mètres, et cette méprise, en nous faisant reculer le fossé vers l'orient, nous a conduit à la plus grande erreur que nous ayons commise. On va voir combien elle est excusable.

Nous savions par Corrozet que l'aile orientale renfermait la chapelle du roi (voir p. 135, t. I), et Sauval affirme que cette chapelle avait 4 toises 1/2 de large. Il était donc naturel de conclure que l'aile était profonde d'environ 7 toises. Mais l'assertion de Sauval est fausse : la chapelle ne pouvait être large de 4 toises 1/2, puisqu'il n'y avait pas même un écartement de 3 toises entre les murs de l'édifice dont elle faisait partie. Le texte de Sauval nous a donc suggéré une première inexactitude de 9 pieds. Une seconde, de 3 pieds, découle de ce que (circonstance improbable) le mur extérieur de l'aile était plus mince de $0^m,92$ que le mur analogue de l'aile occcidentale, le seul qui nous fût connu. Ces deux causes réunies nous ont conduit à exagérer la profondeur de l'aile, qui était de $9^m,93$ ou 5 toises 0 pied 6 pouces, et non de 7 toises, comme nous l'avions supposé.

Première erreur.

Il est clair que nous eussions été mis en garde contre un tel résultat si nous avions été prévenu de l'existence du chemin de ronde. Nous ne nous fussions pas non plus fourvoyé si, à l'exception d'une, toutes les vues de la façade extérieure du Louvre de la Renaissance n'en avaient représenté la dixième fenêtre comme complète et séparée de la tour d'angle par un trumeau apparemment large d'une dizaine de pieds; disposition dont l'impossibilité est maintenant évidente. Dans cette hypothèse, la dixième fenêtre eût été contiguë à la tour; aussi semble-t-on n'avoir construit qu'une moitié de baie, de façon à laisser une partie de mur plein entre cette demi-baie et la tour [1]. Sur le tableau de Zeeman, cette particularité, exprimée très-confusément, il est vrai, se dessine néanmoins quand on est pré-

matique, parce que le mur a été retrouvé dans un état d'excessive dégradation; mais l'écart possible, par rapport à la dimension de $69^m,04$, ne saurait excéder $0^m,20$, et peut être entièrement nul. En tout cas, il était assurément devant la courtine du château, par suite de la direction légèrement biaise que prenait le rempart à partir de sa brisure et en se rapprochant de la Seine.

[1] Voir la nouvelle épreuve du Louvre de la Renaissance, où cette disposition est figurée.

venu ; mais qui pourrait la distinguer autrement, surtout en présence d'une série de témoignages contraires [1] ?

Nous éprouvons d'autant plus de regret de nous être éloigné de la vérité, que nous l'eussions infailliblement entrevue sans une malheureuse faute de copiste, qui a singulièrement contribué à nous la dissimuler. D'après un article des comptes (n° 43), il y aurait eu entre la tour de la Fauconnerie et la tour du Milieu, vers les jardins, une distance de *dix-huit* toises *trois* pieds ; si nous avions été averti qu'au lieu de 18 toises il fallait lire *quatorze* [2], nous eussions compris immédiatement que le nom de tour du *Milieu* devait être pris à la lettre, et notre écart n'eût point dépassé un mètre. Mais, là encore, nul ne pouvait soupçonner qu'il y avait une indication erronée.

Deuxième erreur.

Notre seconde erreur de quelque importance est moins grave que la première : elle consiste à avoir augmenté d'environ 7 pieds la profondeur de l'aile septentrionale, qui était de 11^m,34 ou 5 toises 4 pieds 10 pouces. Nous avons été trompé par des causes analogues à celles que nous avons exposées en parlant de l'aile orientale : l'ignorance de l'épaisseur réduite du mur extérieur ; la probabilité d'une identité de dimensions avec l'aile méridionale opposée ; le nombre de ces largeurs de 4 toises 1/2 si fréquemment signalées par Sauval, qui n'en mentionne aucune de 2 ou de 3 toises 1/2 ; enfin l'invraisemblance d'une disparité de profondeur entre les quatre ailes. Quant au surplus des inexactitudes que comporte notre plan restitué, et que, du reste, nous relèverons en passant, elles sont trop insignifiantes pour nous valoir des reproches mérités. Il est bien manifeste que, lorsque Sauval est demeuré notre guide unique, nous n'avons point endossé la responsabilité de ses continuelles bévues, et que, en l'absence de tout renseignement, nous n'étions point apte à deviner des agencements absolument imprévus, comme ceux du fossé de la Grosse-Tour et de la Grande-Vis [3], dont les archéologues les plus éminents avouent ne s'être jamais fait une idée tant soit peu juste.

Comparaison des dimensions données au Louvre.

La principale thèse que nous ayons soutenue dans notre travail, c'est que tous

[1] Si M. Berty avait eu plus de temps pour revoir son texte et les rectifications opérées, par ses ordres, sur les planches dont il est question dans ce paragraphe et dans la note qui l'accompagne en renvoi, il aurait reconnu certainement que les dix baies de fenêtres existaient réellement et devaient exister dans la façade méridionale du Palais du Louvre. Des mesurages ont prouvé que leur espacement était un peu différent de celui qui est indiqué aux plans du premier volume, et qu'entre le pavillon du Roi, vers l'occident, et la vieille tour, vers l'orient, les murs de refend et les baies devaient être placés comme nous l'avons fait dans les planches rectifiées que nous joignons à ce volume. Le lecteur ne s'étonnera donc pas de trouver, dans toutes les planches qui représentent, en plan ou en élévation, cette façade du Louvre, les dix baies *entières* comme elles s'y voyaient réellement. — H. L.

[2] Il est à croire que le manuscrit original portait en chiffres romains XIIII toises, et qu'on aura lu XVIII toises, par inadvertance.

[3] Voir p. 111, 115 et 118. Voir également l'essai de restitution de la Vis et de la partie centrale de l'aile septentrionale, au temps de Charles V, p. 159.

TOPOGRAPHIE HISTORIQUE DU VIEUX PARIS

Coupe suivant D D.

FOVILLES DV LOVVRE.

Plan et élévation des contreforts buttant la contrescarpe du Donjon.

Echelle de 10 Mètres.

Lafforgue del.   P. Legrand dir.   A. Suédois sc.

Imp. Ch. Chardon ainé. Paris

TOPOGRAPHIE HISTORIQUE DU VIEUX PARIS.

FOUILLES DU LOUVRE
Profils des contreforts de la contrescarpe.

les historiens postérieurs à Sauval, en copiant cet auteur, avaient prêté au vieux Louvre des proportions d'un tiers trop fortes. Trente-six heures n'étaient point écoulées, depuis le moment où les ouvriers s'étaient mis à l'œuvre, que déjà l'on était édifié sur la vérité de notre opinion [1]. Nous avions dit (p. 137, t. 1) que

[1] Voir la planche rectifiée, t. I, p. 129, ainsi que le plan général des fouilles, en tête de la IIe partie de ce volume, intitulée «Fouilles du Louvre,» et les deux coupes de ces fouilles, p. 115.

On y peut constater, sans parler des dimensions que donne le texte de M. Berty, et pour nous borner à une simple explication des lignes du tracé, que, si la Grosse-Tour ne se trouvait pas au milieu de la cour du château telle que l'avait faite la partie ajoutée par Charles V, c'est-à-dire les ailes orientale et septentrionale, elle devait avoir cette situation, ou à peu près, quand ces deux ailes n'existaient point encore. Ces deux côtés de la cour de la forteresse étaient simplement fermés par des courtines et des tours engagées, semblables à celles qui flanquaient le mur d'enceinte de la Ville, construit aussi par Philippe-Auguste. Rien n'empêcherait de supposer que la face intérieure de ces courtines était garnie d'appentis destinés à remiser ou abriter les engins de guerre qui composaient l'artillerie à cette époque. C'est, au reste, l'opinion que M. Berty a émise dans son travail; et rien, ni dans Sauval, ni dans les autres auteurs, ne vient contredire cette supposition. Les ailes occidentale et méridionale étaient seules composées de solides bâtiments élevés d'un étage seulement au-dessus de la courtine crénelée. D'après plusieurs documents cités dans le premier volume de cet ouvrage, il est à croire que les tours d'angle s'élevaient seules à une plus grande hauteur, et que les tours du milieu dépassaient de fort peu la hauteur de la courtine, si même elles la dépassaient. Dans la planche du plan du vieux Louvre en 1610 (t. I, p. 228), planche dont une nouvelle épreuve rectifiée par les fouilles est placée dans ce volume, on voit que l'aile bâtie par Pierre Lescot s'arrêtait alors à l'escalier dit de Henri II et se rattachait à la tour d'angle la plus voisine, celle du nord-ouest, que nous avons pu restituer, d'après un dessin de Cellier (voir t. I, p. 134), au moyen d'un reste de l'ancien bâtiment de Philippe-Auguste. On y peut voir aussi que le fossé intérieur de la cour du château, qui environnait et isolait la Grosse-Tour, était d'une grande largeur, et que Charles V avait dû faire un raccord très-sensible dans la partie septentrionale, et briser la circonférence du parapet et de la muraille de la contrescarpe au-dessous, pour pouvoir placer la façade intérieure de l'aile du nord, dans laquelle se trouvait la fameuse Vis d'escalier ainsi que le passage du Donjon à la même aile, par-dessus le fossé. Ce passage, dont l'emplacement se trouve aujourd'hui fixé, avait une longueur égale à la moitié du diamètre du Donjon au ras du sol, et s'appuyait sur les contre-forts reliés à la façade de l'aile septentrionale et portant de fond dans le fossé, non tout à fait dans l'axe de la tour du milieu du nord, et à côté de la cage de la Vis. Une pareille portée n'était pas tellement forte qu'on ne puisse aujourd'hui s'expliquer l'existence d'une seule arche : les culées pouvaient parfaitement résister à la poussée, aussi bien du côté du Donjon que du côté de l'aile ajoutée par Raymond du Temple. A cette époque, le fossé n'était pas rempli, et tous les parements du même temps, de la partie extérieure de la cage de la Vis (du côté du vieux Louvre) jusqu'au raccord fait dans le mur de la contrescarpe, vers l'orient ou le milieu de la cour actuelle, sont exécutés avec un soin et même un luxe de précautions qui rassurent parfaitement sur leur puissance et leur solidité. Cette partie septentrionale avait été destinée par Charles V à des salles ornées d'une manière remarquable, au dire des historiens du temps. Il résulte de la disposition de ce côté de la cour intérieure du château à l'époque de Charles V et de Charles VI que, le passage étant intercepté par le fossé, les piles de contre-forts, au nombre de six, qui sont placées de chaque côté de la partie centrale occupée par la Grande-Vis et l'arche de passage, contre-butaient les retombées des voûtes de cette aile, tout en permettant d'accéder à couvert à un vestibule qui réunissait le passage et l'entrée de l'escalier. Cette disposition, entièrement différente de toutes celles qu'on a adoptées en interprétant les données de Sauval, devait produire un fort bel effet, et justifie les témoignages d'admiration que lui ont prodigués les historiens du temps.

Nous ferons remarquer, comme M. Berty le fait lui-même, que la construction polygonale tracée à l'orient de la Vis, vers le centre de la cour actuelle, et qui semble, à première vue, destinée à faire penla cour du château avait, de l'est à l'ouest, une largeur d'environ 22 toises ou $42^m,87$; le chiffre réel était, en moyenne $42^m,51$; différence : *trente-six centimètres*, soit $\frac{1}{118}$ d'écart. Les auteurs, ayant donné la dimension de 32 toises 5 pieds, se sont trompés de plus de 21 mètres. Nous avons dit également (p. 138, t. 1) que la dant au motif de la Vis, n'est certainement pas du temps de Charles V. Lorsque François Ier fit raser la Grosse-Tour, sans doute afin de dégager la cour du palais qui cessait d'être une forteresse, il dut nécessairement couper l'arche de passage, mais il laissa subsister la cage de la Vis. C'est alors sans doute qu'il fit élever cette autre sorte de tourelle; et, comme la maçonnerie du soubassement dans le fossé n'est pas liée à l'ancienne, et qu'il n'existe aucun pavement terminé, on voit bien que le fossé était comblé et qu'on jugeait inutile de faire, pour cette partie, ce que Raymond du Temple avait fait pour les soubassements de l'autre portion destinés à être en vue.

On a rencontré des traces d'amorces de constructions sur la partie méridionale du fossé du Donjon, regardant l'entrée principale et la Seine; mais on ne saurait dire avec certitude si c'était là que se trouvait primitivement le pont-levis donnant accès au Donjon, ou s'il avait été placé vers le nord là où les travaux de l'aile de Charles V auront fait disparaître tout vestige de ce pont. Tout semble indiquer que les restes de maçonnerie qui existent vers le midi, et qui ne sont pas exactement dans l'axe de la principale entrée et du Donjon, appartiennent à une époque postérieure à celle de Philippe-Auguste, mais antérieure au comblement du fossé. L'étendue même de ces restes de maçonnerie tendrait à faire croire qu'à un moment donné on voulut remédier à l'exiguïté de la cour en élargissant l'entrée principale de la tour aux dépens du fossé, désormais inutile pour la défense. Ce fossé pouvait être couvert d'un pont plus ou moins large facilitant le développement des cortéges.

On a fouillé d'un côté du Donjon de manière à atteindre l'assiette des fondations, et l'on a reconnu qu'elles reposaient sur la couche sablonneuse qui s'étend dans toute cette région et semble avoir été d'une résistance suffisante pour porter le poids de la tour. Si le pavillon de Flore, aux Tuileries, a fait céder cette même couche, on pourrait peut-être attribuer cette différence de résultat à l'existence, sous ce pavillon, du lit de l'ancien cours d'eau qui a été rencontré dans les fouilles récentes de la reconstruction des Tuileries sur le quai, comme nous l'avons dit en note, page 92.

La nature de ces substructions du Donjon du vieux Louvre, la largeur remarquable du fossé qui l'entourait, nous ont suggéré quelques réflexions qui ne seraient point à leur place ici, mais que nous réservons pour le troisième volume de cet ouvrage, comprenant l'explication des plans d'époque de la région du Louvre et des Tuileries.

L'aile orientale regardant l'aile construite par Perrault, du côté de Saint-Germain-l'Auxerrois, paraît avoir été primitivement fermée par une simple courtine crénelée[a], dans laquelle, entre les deux tours engagées et rondes qui en occupent le milieu, s'ouvrait une étroite poterne qui communiquait par un pont dormant et un pont-levis menant à une baie ouverte dans la muraille d'enceinte de la Ville. Là existait sans doute une sorte de tête de pont ou barbacane ayant issue dans la rue d'Autriche. Il ne reste pas trace de cette muraille ni de la barbacane; les vestiges en ont sans doute été emportés par les travaux de la citerne dont nous avons parlé. Mais des fouilles pratiquées dans le jardin extérieur du palais, vers le quai du Louvre, ont donné le pan coupé du mur de l'hôtel de Bourbon, repère précieux qui s'est trouvé d'ailleurs d'accord avec les données de M. Berty. Malheureusement, la tranchée pratiquée sur le quai, il y a quelques années, pour l'établissement de l'égout collecteur, a détruit la substruction de la porte du Louvre, qui eût été un autre repère important. Nos recherches n'ont abouti à aucun résultat, les ouvriers ayant démoli ces substructions sans y attacher aucune importance.

Dans la poterne de la face orientale, on a rencontré, encore entier, le caniveau en pierre qui recevait et jetait dans le fossé les eaux de la cour du château. Cette poterne, à l'intérieur, débouchait sur une partie très-étroite du pourtour de la contrescarpe du Donjon, et cette portion des bâtiments construits par Charles V paraît avoir été destinée à des locaux de service. On a retrouvé, dans

---

[a] On a les comptes de démolition des créneaux.

cour mesurait, du nord au sud, environ 27 toises ou 52^m,62; elle mesurait en moyenne 52^m,77; différence : *quinze centimètres*, soit $\frac{1}{351}$ d'écart. Les auteurs, ayant écrit 34 toises 3 pieds 24 pouces, se sont trompés d'une quinzaine de mètres. Leur méprise a été sur ce point centuple de la nôtre [1].

Ce sont des dimensions *moyennes* qui viennent d'être indiquées, parce que l'édifice n'était pas exactement un rectangle sur la cour : l'aile de l'orient avait 1^m,20 en longueur de plus que celle de l'occident, et celle du nord excédait l'aile du midi de 0^m,52. Il en résultait que l'angle nord-est était légèrement aigu (88°), et que les ailes opposées n'étaient point strictement parallèles. Le biais de la courtine vers la ville avait été aligné sur le mur d'enceinte de Philippe-Auguste, ce qui confirme leur contemporanéité; quant à la déviation de l'aile septentrionale, on n'en saisit pas la raison.

Sauval assure que la Grosse-Tour « faisoit le centre de la cour du Louvre; » mais l'assertion est tout à fait inexacte : la Grosse-Tour [2] était placée à des distances inégales et très-différentes des quatre ailes qui l'entouraient. Sauval, au contraire, est dans le vrai en attribuant à la tour une circonférence de vingt-quatre toises ou 46^m,77, car on arrive à un chiffre presque identique en restituant jusqu'au niveau du sol le soubassement, en façon de cône tronqué, qui servait de base à l'édifice. Ce soubassement avait un fruit de 0^m,219 par mètre, et se composait d'un massif en blocage, revêtu d'un parement d'assez grand appareil. Fondé immédiatement sur le sable, à 6^m,86 en contre-bas de l'ancien sol [3], il ne renfermait d'autres cavités [4] que celles d'un puits circulaire, dont nous avons renoncé à chercher le fond, et d'une descente ou fosse de « retrait, » large de 0^m,82, ayant

La Grosse-Tour.

---

le remblai, les poutrelles, poinçons et contre-fiches que la coupe BC indique (v. les planches p. 121 et 126). C'est sur le talus de l'une des tours de cette poterne qu'ont été trouvées les marques de tâcherons dont nous donnons plusieurs images p. 130, et plus loin, p. 138, un dessin de grandeur naturelle.

La coupe AA donne le relevé des substructions parallèlement à l'aile occidentale du Louvre, depuis l'aile méridionale vers la Seine jusqu'au guichet du côté des Tuileries. On y voit les contre-forts de l'aile de Charles V et le culot d'encorbellement d'une petite vis attachée au passage du Donjon. A droite se trouvaient un caveau voûté, et enfin le fossé extérieur et sa contrescarpe.

La coupe BC, perpendiculaire à la précédente et parallèle à l'aile méridionale du Louvre vers la Seine, passe par la poterne orientale; et son pont, sur le fossé extérieur du château, coupe le Donjon de manière à traverser le puits et la fosse, et s'arrête à l'aile de Pierre Lescot, en coupant le mur de contrescarpe du Donjon derrière le trottoir du parterre. — H. L.

[1] Il importe qu'on le remarque, les chiffres que nous donnons comme véritables n'ont point été recueillis par nous, mais par M. Ch. Lafforgue, sous-inspecteur des travaux du Louvre, qui était chargé de dresser le plan des substructions découvertes, et qui a opéré avec des soins minutieux. On ne nous accusera donc point d'avoir arrangé les faits au profit de notre vanité.

[2] Voir la planche p. 111.

[3] La hauteur de ce sol, auquel nous rapporterons toutes nos hauteurs, nous a été donnée par des renseignements qui seront indiqués plus loin.

[4] On a sondé au centre, jusqu'à une profondeur de plus de 3 mètres, sans rencontrer autre chose qu'une maçonnerie très-dure, qui ébréchait le trépan.

les parois lisses et soigneusement dressées. Plusieurs indices dénotent que le retrait était resté en usage longtemps après la démolition du Donjon, dont les matériaux consistaient en pierre de Moulins, lambourde et banc-franc.

Le fossé entourant la Grosse-Tour pouvait avoir une profondeur de 6 mètres, et il était d'une largeur considérable, qui faisait que l'ensemble du Donjon, occupant près des deux tiers de la cour, l'encombrait de la manière la plus incommode. La contrescarpe [1], construite en lambourde et roche de Montsouris, avait peu de fruit, et ne paraît pas avoir été couronnée d'un cordon à la naissance du garde-fou. Dans sa partie nord-est, elle était concentrique avec la tour, dont elle était distante de 10^m,59 ou environ; elle ne s'en éloignait que de 10^m,20 dans sa partie occidentale, en décrivant une courbe irrégulière; elle paraissait avoir été décrite de trois centres principaux. Près de l'aile du nord, elle avait subi, au xive siècle, un remaniement qui en avait diminué le rayon à 7^m,75 sur un point, et transformé le haut du talus en paroi verticale [2].

Son pont-levis. En dégageant le périmètre de la Grosse-Tour, on a rencontré, soudées à la partie regardant le sud, cinq assises qui étaient en retrait les unes sur les autres, et figuraient ainsi un encorbellement [3]. Elles furent prises, au premier abord, pour les restes d'un portique placé au bout du pont traversant le fossé; mais un examen plus attentif a rendu cette opinion inadmissible. Les assises, formées de caillasse des carrières de Moulins et laissées à l'état brut, avaient des formes tellement irrégulières qu'elles ne peuvent avoir été destinées à être en vue. Elles n'étaient pas même susceptibles d'être taillées, et avaient été relancées après coup. Cependant elles faisaient queue dans l'ancienne maçonnerie, comme si elles avaient servi à supporter un poids, en se projetant dans le vide; état de choses inconcevable après le comblement du fossé. Il y a là une énigme dont le mot nous échappe; ne voulant point nous perdre dans les hypothèses, nous ne saurions mieux faire que de reproduire tous les aspects des assises, afin de laisser au lecteur la faculté de s'édifier lui-même.

Sauval rapporte, avec une grande vraisemblance, que l'on accédait à la Grosse-

---

[1] Voir les planches p. 115 et 122.

[2] Voir ci-dessus les planches p. 115 et p. 118. — On peut remarquer que cette reprise de la contrescarpe septentrionale du Donjon, au xive siècle, avait pour but de faciliter l'élargissement du bâtiment construit de ce côté, et, de plus, par ce rétrécissement du fossé, on rendait possible l'établissement de l'arche de passage du palais au Donjon. La supposition que ce passage aurait été en bois nous semble tout à fait gratuite et inutile; le maître de l'œuvre, Raymond du Temple, avait assez d'habileté pour jeter une seule arche et répondre de sa solidité, car les culées étaient suffisamment puissantes. C'est pourquoi on ne saurait trouver trace d'une pile de milieu. Au reste, nous ne pensons pas qu'aucun texte vienne préciser ou indiquer, même légèrement, quelle était la nature des matériaux. Ce qui aurait fait supposer que le pont était en bois, ce serait la longueur de la portée; mais nous croyons que, dans la mesure trouvée, 7^m,75, dont il y aurait à retrancher les saillies des contreforts, il n'y a rien d'impossible à le supposer en pierre. — H. L.

[3] Voir la planche p. 123.

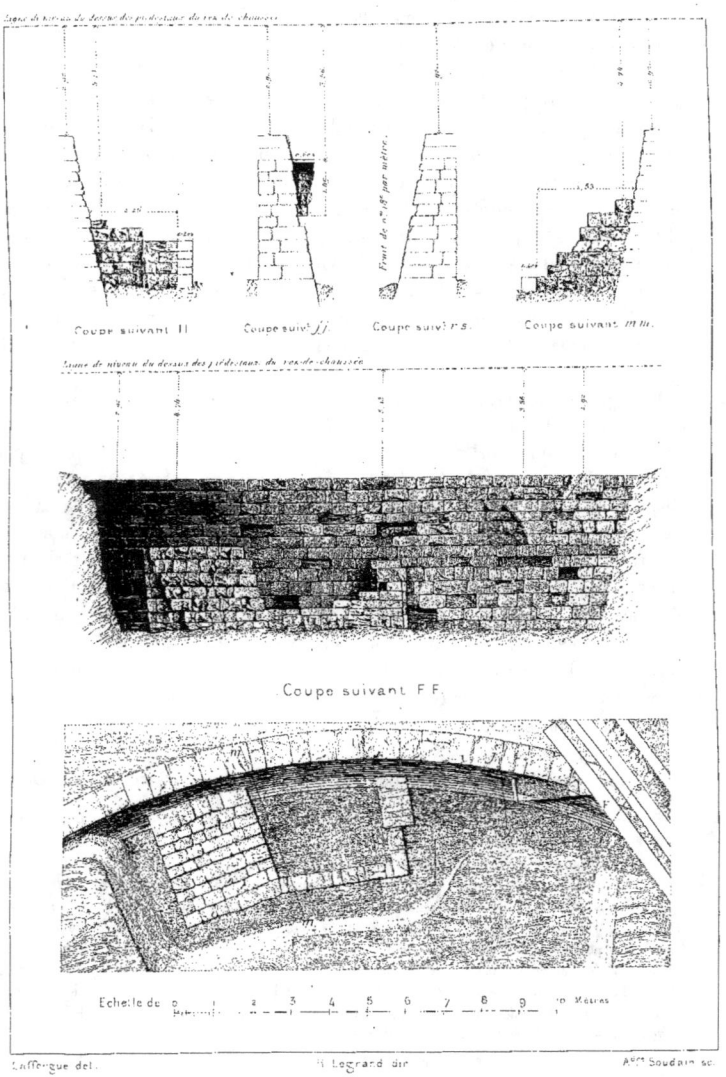

FOVILLES DV LOVVRE

Partie méridionale de la contrescarpe.

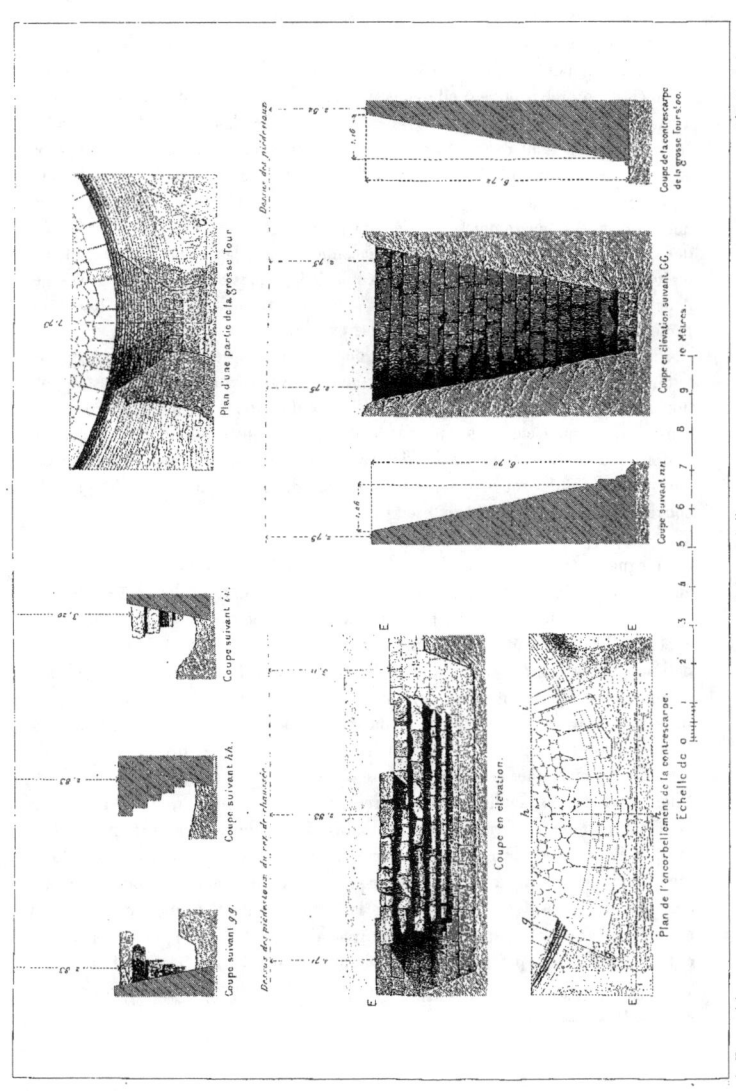

TOPOGRAPHIE HISTORIQUE DU VIEUX PARIS.

FOUILLES DU LOUVRE.
Contrescarpe et Donjon.

Tour par un pont-levis précédé d'un pont-dormant. La pile de ce pont-dormant a été introuvable ; mais, en la recherchant, on a rencontré les restes d'une construction aux trois quarts démolie, dont la destination passée n'est pas plus claire que celle de l'encorbellement [1]. Adossée à la partie sud-est de la contrescarpe, avec laquelle elle n'était point liaisonnée, elle consistait en une sorte de culée large de $2^m,67$ et saillante d'un peu moins de 3 mètres, dont une face latérale tendrait au centre du Donjon. Elle était rattachée par un petit mur coudé à une autre pile, épaisse de $0^m,81$ seulement, placée à $3^m,47$ de l'autre, et appuyée pareillement à la contrescarpe ; à environ $3^m,69$ plus loin, on voyait la retombée d'un arc plein cintre, dont les assises horizontales, au lieu de former des caveaux, étaient relancées dans la paroi du fossé. Toute cette maçonnerie semblait peu ancienne, et elle était trop endommagée pour qu'on en comprît la disposition primitive et l'usage. A défaut d'explication sur son utilité et son origine, nous en donnons toutes les projections relevées avec une scrupuleuse exactitude.

Plusieurs tranchées ont été creusées dans les angles de la cour pour explorer le terrain ; mais elles n'ont abouti à aucune découverte. A ce propos, il est opportun de mentionner que nulle part, dans les fouilles, on n'a aperçu une trace de constructions antérieures au château de Philippe-Auguste, et qu'il a été partout évident que les fondations de l'édifice reposaient sur un sol vierge. Le fait n'est rien moins qu'une preuve matérielle en faveur de notre opinion sur l'origine du Louvre, qui devient ainsi incontestable.

Puisque l'une des pièces de l'aile occidentale était dite, en 1364, « la chambre du Roy où *fut* la sale Saint-Louis, » il est à penser que l'aile déjà élevée au milieu du XIIIe siècle [2] remontait au temps de Philippe-Auguste ; le château, en effet, quelle qu'en fût la disposition intérieure, ne pouvait être dépourvu de bâtiments d'habitation autres que le Donjon. Pour l'aile méridionale, elle nous semble dater également de la période primitive, ce dont nous croyons avoir les preuves suivantes : 1° Au point M du plan, nous avons vu un reste de muraille qui avait fait partie de l'aile antérieure aux Valois, et qui portait le caractère de la maçonnerie de Philippe-Auguste, facile à distinguer de celle de Charles V. 2° Des fouilles, faites exprès, nous ont montré que les fondations de l'aile actuelle renfermaient de nombreux débris de la construction qu'elle a remplacée, et que plusieurs de ces débris offraient des spécimens de moulures plus anciennes que le XIVe siècle. Nous considérons donc comme établie l'existence des ailes du midi et du couchant dans la forteresse de Philippe-Auguste. Il est certain, au contraire, que les deux autres ailes sont l'œuvre de Charles V, et ont été appliquées par lui contre de simples courtines qui, au nord et à l'est,

Bâtiments du Louvre primitif.

---

[1] Voir la planche p. 123. — [2] Sauval dit (t. II, p. 21) que la salle Saint-Louis avait été construite par Louis IX lui-même.

formaient la clôture du château. L'aspect de la maçonnerie et le manque de liaison entre les murs de refend et la muraille extérieure ont amené à la même conclusion tous les hommes du métier qui ont examiné la question. Elle est pour nous résolue, et nous sommes confirmé dans notre opinion par le fait que, si l'on suppose les deux courtines nues, comme elles devaient l'être à l'origine, elles se trouvent à égale distance du Donjon, dont la présence n'avait pas d'abord les inconvénients qu'elle a eus après l'érection des ailes ajoutées par Charles V.

Bâtiments de Charles V. — L'aile nord, généralement dépassée au-dessous du niveau de son ancien parement, était coupée par des murs de refend qui formaient cinq ou six pièces de grandeur différente, ne se rapportant en rien aux descriptions de Sauval. La destination spéciale de ces pièces, qu'on a trouvées dépourvues d'aires [1], ne saurait se deviner, si ce n'est pour l'une d'elles, la plus étroite et la mieux conservée, qui avait toute la physionomie d'un cellier pour les provisions. Elle était large de $2^m,05$, longue de $7^m,68$, et divisée en sept travées par des dosserets portant les retombées d'arcs doubleaux en ogive, dont les derniers claveaux subsistaient [2]. Construite en contre-bas des salles voisines, elle avait nécessairement toujours été obscure, ce qui corrobore l'hypothèse qu'on s'en servait comme d'une cave [3]. Des restes d'une distribution inintelligible apparaissaient dans la salle centrale, où un puisard, voûté en arc de cloître, avait été établi, mais après la démolition des corps de logis. Tout auprès était un cheneau plus ancien et antérieur à la suppression du fossé, puisqu'il y débouchait à l'aide d'une gargouille. La muraille extérieure de l'aile était épaisse de $2^m,29$, et renforcée d'un contre-mur. La muraille intérieure, fondée à une profondeur d'environ $5^m,50$, n'avait qu'une épaisseur de $1^m,05$ à $1^m,16$; mais elle était buttée par six contre-forts, et elle s'appuyait en outre sur la cage de la Grande-Vis, ainsi que sur une sorte d'avant-corps, dont les restes sont très-insuffisants pour en faire imaginer l'ordonnance.

Le passage au Donjon. — Cet avant-corps était muni de deux contre-forts adossés à la contrescarpe du Donjon [4] et descendant jusqu'au fond de son fossé. Celui de gauche ou de l'ouest, large de $0^m,88$, reposait sur un double soubassement à chanfreins; il était coiffé d'un larmier dans lequel pénétrait un prisme à huit pans, fragment d'un pinacle qui était disposé d'une manière normale par rapport à l'aile, tandis que l'axe du contre-fort tendait au centre de la Grosse-Tour. Séparé de l'autre par un espace

---

[1] Elles devaient être pavées en dalles portant nu sur le sol.
[2] Voir la planche p. 118.
[3] Avec le temps une partie a été utilisée comme fosse d'aisances, et l'autre remplie d'un massif de maçonnerie. Ces distributions paraissaient indépendantes des grandes salles du haut.
[4] Voir les planches p. 115, 118 et 119.

de $2^m,88$, le contre-fort de droite était plus large de $0^m,33$ et portait de même sur un double soubassement; seulement, sur une des faces latérales de celui-ci, le chanfrein le plus élevé manquait, et sur la face antérieure il était remplacé par une saillie moulurée; bizarrerie malencontreuse sans raison d'être appréciable [1]. Le larmier, qui était très-mutilé, ne s'étendait point sur toute la largeur du contre-fort, de sorte qu'il y restait une partie où s'insérait le membre supérieur d'un cul-de-lampe semi-circulaire, accolé à son flanc. Le « contre-pilier, » comme on disait en vieux langage, répondait au centre d'un ressaut large de $3^m,64$, dont l'encorbellement, n'excédant pas $0^m,28$, était racheté par des moulures se continuant, sur une longueur de $3^m,22$, au sommet de la contrescarpe. Un cordon analogue, mais placé un peu plus haut, couronnait en outre la paroi au-dessus des

---

[1] Dans les planches p. 118 et 119, on voit très-distinctement les parties qui sont l'objet de la description et de la critique de M. Berty. Nous pensons que, si notre devancier avait pu mûrir davantage les réflexions que les dispositions de cette partie de l'œuvre du XIV° siècle lui avaient suggérées, il aurait, ainsi qu'il le donne à entendre lui-même, compris que ce motif central du Palais où se trouvaient le Passage et la Grande-Vis, avait dû être plus élevé au-dessus du sol de la cour que les autres parties, restes des constructions militaires de Philippe-Auguste. C'est d'ailleurs ce qui expliquerait, d'une manière satisfaisante, l'état de dégradation du rez-de-chaussée de cette aile, où l'on ne trouve de trace de carrelage que dans la tour de la Taillerie. Les dimensions de ces tours du château ne permettant pas de les utiliser pour une habitation convenable, on les avait conservées comme elles étaient, et l'on avait ménagé une sorte de *sous-sol* dans lequel se trouvaient des magasins, des caveaux, enfin des locaux de service, tandis qu'au dessus s'étendaient les salles du Palais. Comme le dérasement du château a dû se faire assez bas, et de manière à dégager complètement le sol de la cour, il n'est point surprenant que nous ne retrouvions plus les distributions décrites par Sauval, puisqu'elles étaient à environ 2 ou 3 mètres plus haut. L'état de la maçonnerie et l'examen des raccords pratiqués dans les vieilles courtines, la richesse que fait supposer la disposition de portions conservées de la façade du bâtiment septentrional qui regarde le midi, tout cet ensemble d'indices nous fait croire que l'aile de Charles V s'adossait à la vieille courtine et aux vieilles tours, et que toute la richesse de l'architecture, le nombre et l'élégance des baies et des ouvertures diverses, avaient été réservés pour le côté donnant sur la cour. C'était du reste un usage répandu à cette époque, de se clore au dehors et de s'épanouir en dedans. C'est à l'époque de Louis XIII et Louis XIV que se développe le goût de la lumière répandue à profusion dans les palais et les hôtels. La puissance donne la sécurité : on ouvre ses portes et ses fenêtres; on proscrit les herses, les grilles, et le verre blanc remplace les vitraux. Les moulures, les culs-de-lampe et les naissances de piliers à moulures que nous remarquons de ce côté, ne sont que les moindres parties de l'architecture qui s'épanouissait au-dessus, et cet ensemble nous paraît ne pas trop s'éloigner des descriptions de Sauval et des historiens. C'est aussi la raison du dérasement de cette aile en contre-bas du rez-de-chaussée et des lieux habités, qui nous empêcherait de rapprocher trop rigoureusement les mesures données par Sauval de celles qui ont été trouvées dans les fouilles. Il faut tenir compte des talus, des ressauts et des arrangements ingénieux, mais peu faciles à deviner, qu'employaient habituellement les architectes et maîtres-maçons du moyen âge. Sauval a rassemblé des documents, mais ne les a ni ordonnés ni publiés. De plus, c'était un avocat, un littérateur studieux et non un toiseur; il a pu se tromper sur quelques dimensions; ses copistes en auront fait autant, et les éditeurs, dans l'activité qu'ils ont déployée pour avancer leur publication, auront laissé échapper ou commis eux-mêmes bien des fautes. Sauval n'en a pas moins laissé un ensemble précieux de documents qu'on peut contrôler; M. Berty lui-même a heureusement prouvé la possibilité de le faire, et il nous a ouvert des sources fécondes qu'il ne tient qu'à nous de bien exploiter. — H. L.

contre-forts et de leurs dépendances, qu'une simple description serait impuissante à faire comprendre.

L'agencement singulier des contre-forts et l'ordonnance qu'ils impliquent, sans la révéler aucunement, a vivement excité la curiosité des archéologues, et provoqué bien des hypothèses, plus ou moins hasardées, sur la destination de l'ensemble. Après y avoir longuement réfléchi, nous croyons que le ressaut s'appuyant sur le grand contre-fort se redressait verticalement jusqu'à une certaine hauteur, pour y recevoir, ou la retombée de l'arc qui portait la galerie de communication entre l'aile septentrionale et la Grosse-Tour, ou plutôt les abouts des poutres soutenant cette galerie, probablement construite en bois.

Le cul-de-lampe nous paraît être celui d'une petite cage d'escalier hélicoïde hors d'œuvre, servant à monter des salles inférieures de l'aile au niveau de la galerie. En de pareilles conditions, un escalier serait fort étroit, mais nullement extraordinaire, car les marches en pourraient être longues de 65 à 70 centimètres [1].

A peu de distance du grand contre-fort a été exhumée une construction polygonale portant de fond dans le fossé [2] et ayant l'apparence d'une base de cage d'escalier, si bien qu'on crut d'abord être en présence de la Grande-Vis; mais la grossièreté de l'appareil, qui ne se reliait point avec celui de la contrescarpe [3], et ce fait que presque tous les moellons n'étaient pas dressés, tandis que la maçonnerie du XIVe siècle était entièrement nette, ont fait unanimement admettre qu'il n'y avait là qu'une bâtisse postérieure au comblement du fossé. Nous n'avons donc point à nous en préoccuper, et, si nous ignorons complétement à quelle occasion elle a pu être faite, nous sommes sûr qu'elle était sans rapport avec la Grande-Vis, qu'il faut conséquemment chercher ailleurs.

La Grande-Vis.

A $1^m,50$ vers le couchant du petit contre-fort, la contrescarpe présentait une saillie à trois pans, qui dépendait d'un massif de maçonnerie s'étendant jusqu'à l'aile septentrionale et en faisant partie. C'est incontestablement sur ce massif que s'élevait la Grande-Vis, puisque sur nul autre point ne sont apparues des fondations capables de porter un pareil édifice, et qu'en le supposant là on ne se met en opposition avec aucune des rares données que fournit Sauval. Assurément il est fort embarrassant de reconstituer la place de l'escalier, et nous nous sommes, sans succès, efforcé de saisir, dans le chaos des libages, une trace quelconque propre à faciliter cette tâche; toutefois, et l'on n'est point en droit

---

[1] En restituant la cage d'après la moulure dont il reste un débris sur le contre-fort, on obtient un diamètre extérieur de $1^m,95$, ou 1 toise; supposant les murs épais de 22 centimètres, ou 8 pouces, on arrive à cette capacité intérieure de $1^m,51$, soit 68 centimètres pour chaque marche et 15 centimètres pour le noyau.

[2] Le cordon de la contrescarpe était resté intact derrière.

[3] Voir les planches p. 111 et 118.

TOPOGRAPHIE HISTORIQUE DV VIEVX PARIS.

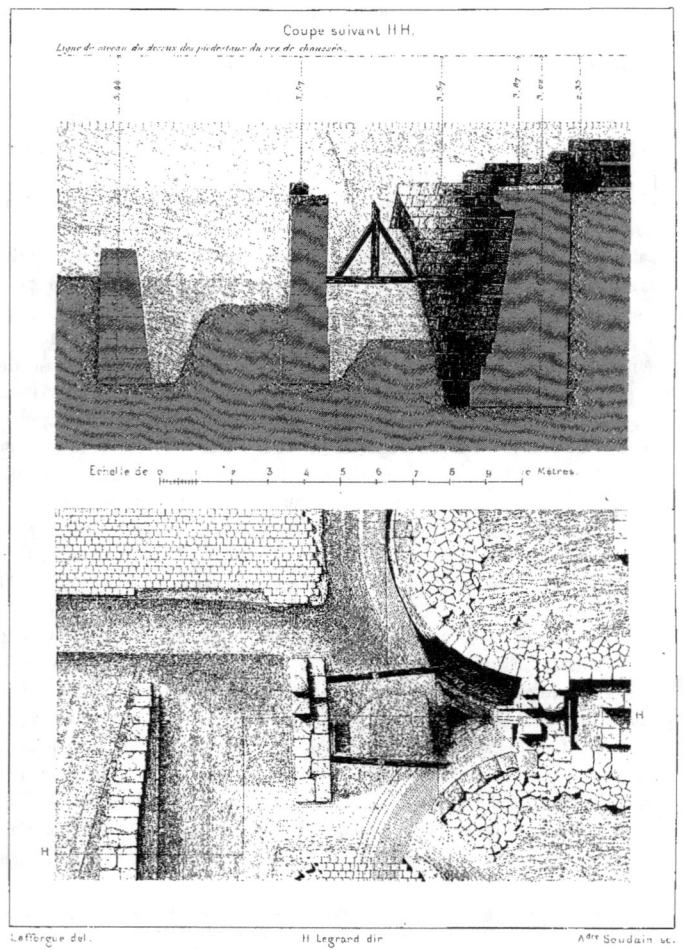

FOVILLES DV LOVVRE.
Plan et Coupe des Tours orientales.

TOPOGRAPHIE HISTORIQUE DU VIEUX PARIS.

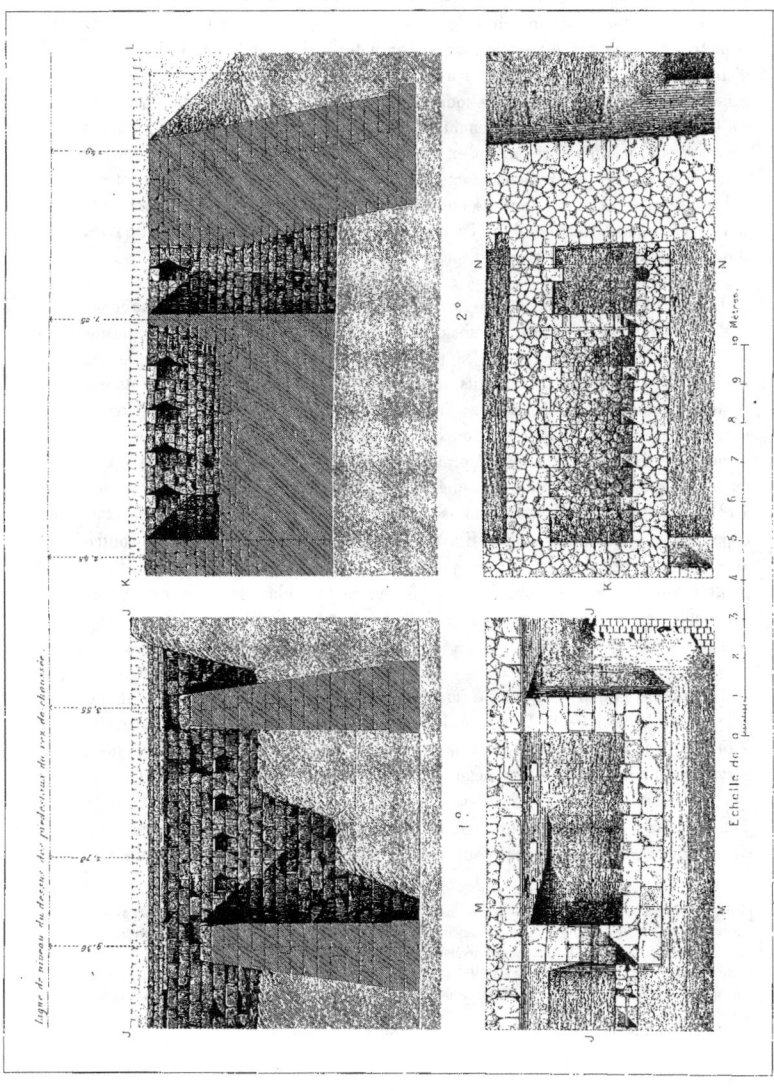

FOUILLES DU LOUVRE

1° Plan et coupe de l'avant-corps de l'aile orientale.   2° Plan et coupe d'une cave voisine de la Tour de la Taillerie.

d'exiger davantage, il est indubitable que l'emplacement comporte l'existence d'une tourelle renfermant des marches de 7 pieds de long[1], et des bancs de 6 pieds 6 pouces de long sur 2 pieds de large, car notre restitution le prouve[2]. C'est là d'ailleurs notre seul but, et nous n'avons pas la moindre prétention à représenter exactement une construction très-compliquée, qui nous est parfaitement inconnue. La Grande-Vis et les parties attenantes de la contrescarpe vers l'occident, et aussi vers l'orient, jusqu'au ressaut voisin du cul-de-lampe, étaient d'une maçonnerie à joints finis, très-proprement ravalée, qui contrastait avec celle de la contrescarpe primitive, moins rigoureusement faite[3] et partout dégradée, à cause de la nature des pierres. Raymond du Temple avait surveillé l'exécution de son œuvre, dont les matériaux provenaient des carrières de la rive gauche[4].

L'aile orientale contenait deux salles assez vastes, aux extrémités desquelles ont été rencontrés de grands massifs de maçonnerie, servant d'aires à des pièces qui, situées près du couloir de la porte d'entrée, avaient pu être employées comme corps de garde. Ces massifs, dont la nécessité ne se révèle guère, étaient postérieurs aux murailles, et l'un d'eux circonscrivait un vide rectangulaire à usage inconnu. Dans la salle qui touchait à la cour de la Taillerie, une cave elliptique en plan et voûtée avait été pratiquée pendant les derniers temps de l'existence du château. Elle pénétrait au-dessous d'une arcade également peu ancienne, à côté de laquelle était aussi un massif. Le mur intérieur de l'aile orientale était dépourvue de contre-forts, mais il avait une épaisseur de 1^m,92. A sa rencontre avec l'aile méridionale existait un pan biais où l'on apercevait les traces d'une petite porte. Là, le mur était fondé à 43 centimètres plus bas qu'à son extrémité opposée, ce qui s'explique par la déclivité du terrain à l'époque où l'on commença à y bâtir.

Aile orientale de Charles V.

La tour du Milieu, «devers les jardins,» était située à 14 toises 3 pieds ou 28^m,28 de la tour de la Fauconnerie (restituée), et à 27^m,38 de la tour de la Taillerie. Elle avait 8^m,28 de diamètre, soit 16 centimètres de moins que nous n'avions supposé, et son centre était placé à 1^m,09 en saillie sur la courtine, ce qui la faisait désaffleurer de 36 centimètres sur l'alignement de la tour de la Taillerie. Son développement était de 15^m,22 ou 7 toises 4 pieds 10 pouces, c'est-à-dire de 5 toises 4 pieds supérieur à celui (6^t 5^p 6^{po}) qui est donné par

Les tours extérieures.

---

[1] Cela indique un diamètre intérieur de 15 pieds, ou de 13 si l'on comprend dans la longueur de la marche le noyau qui en faisait toujours partie au moyen âge. Nous nous sommes arrêté à ce dernier parti, Sauval paraissant avoir tiré ses renseignements des archives de la Chambre des comptes.

[2] Voir p. 159.

[3] On remarquait avec surprise que les assises du larmier de gauche étaient rejointoyées en plâtre.

[4] Le cul-de-lampe était en liais d'Arcueil ou de Bagneux; les contre-forts et la base de la Grande-Vis étaient en roche de Moulins.

les comptes, et a pu être pris à une plus grande hauteur. Reposant sur un soubassement en talus, relié par un chanfrein à ses parois verticales, elle n'avait pas un plan circulaire à l'intérieur[1] et était percée de deux meurtrières latérales, qui descendaient jusqu'au niveau d'une double aire en plâtre, jadis recouverte de carreaux en terre cuite. Le diamètre de la tour de la Taillerie était, contrairement à notre attente, peu différent de celui de la tour du Milieu, car il n'atteignait que $8^m,46$ au lieu d'environ $9^m,09$, et les murs avaient une épaisseur de $1^m,98$, ce qui produisait un diamètre intérieur de $4^m,50$ [2]. Quoique l'édifice fût fort endommagé, on y a retrouvé la plus grande partie d'un pavement à compartiments rectangulaires, formé de briques émaillées, à fond rouge ou vert, chargé d'ornements jaunes presque effacés[3]. Cette mosaïque, placée à 67 centimètres au-dessous du sol actuel, n'a pu être enlevée, parce que les briques, toutes fendillées, se brisaient en pièces lorsqu'on tentait de les arracher. Le développement de la tour de la Taillerie était de $21^m,12$ ou 10 toises 4 pieds 5 pouces, chiffre qui ne diffère pas du «pourtour» de la tour de la Fauconnerie (11 toises); on doit donc croire que les quatre tours d'angle étaient semblables. Nous avons constaté que celles du nord-ouest et du sud-est, dont nous avions espéré étudier les restes, étaient entièrement détruites ou perdues dans les fondations des bâtiments qui les ont remplacées.

Quant à la tour en fer à cheval, vers l'artillerie, il est très-évident qu'elle était au centre de la courtine occidentale; car, en la plaçant ainsi et en lui donnant le même diamètre que la tour vers les jardins, nous constatons qu'elle se trouve à 15 toises 4 pieds de chacune des tours d'angle voisines, en parfaite conformité avec l'indication des comptes, qui ne marquent un pied de plus que parce que la cote est prise à une plus grande hauteur. Les restes de la tour de l'Artillerie ont été aperçus lors des derniers remaniements du palais, du côté des Tuileries.

Observations sur l'ancien sol du Louvre.

Les trois seuls points du sol du vieux Louvre qui aient été reconnus consistent dans les pavements en briques des tours du portail oriental, de la Taillerie et du Milieu, vers les jardins. Le carrelage des tours du portail était à 41 centimètres, et celui de la tour de la Taillerie à 19 centimètres plus bas que le pavement de la tour du Milieu, qui avait l'altitude de $34^m,73$ au-dessus du niveau de la mer. Mais, comme les murs de la tour du Milieu, qu'on ne trouve nulle part entamés en manière de seuil, étaient dérasés à une vingtaine de centimètres au-dessus du carrelage, on doit en conclure que le sol des pièces voisines était d'autant plus élevé; ce qui produit l'altitude de $34^m,93$. C'est précisément celle de l'assise à laquelle s'est arrêtée la démolition de la contrescarpe près des contre-forts, et les moulures

[1] Il y avait des traces de marches dans le massif qui en diminuaient la capacité intérieure.
[2] C'est bien là très-exactement le diamètre que nous avions conjecturé : 14 pieds égalent $4^m,53$.
[3] Voir, à la planche, p. 130, la figure représentant le plan de la tour de la Taillerie.

TOPOGRAPHIE HISTORIQUE DV VIEVX PARIS.

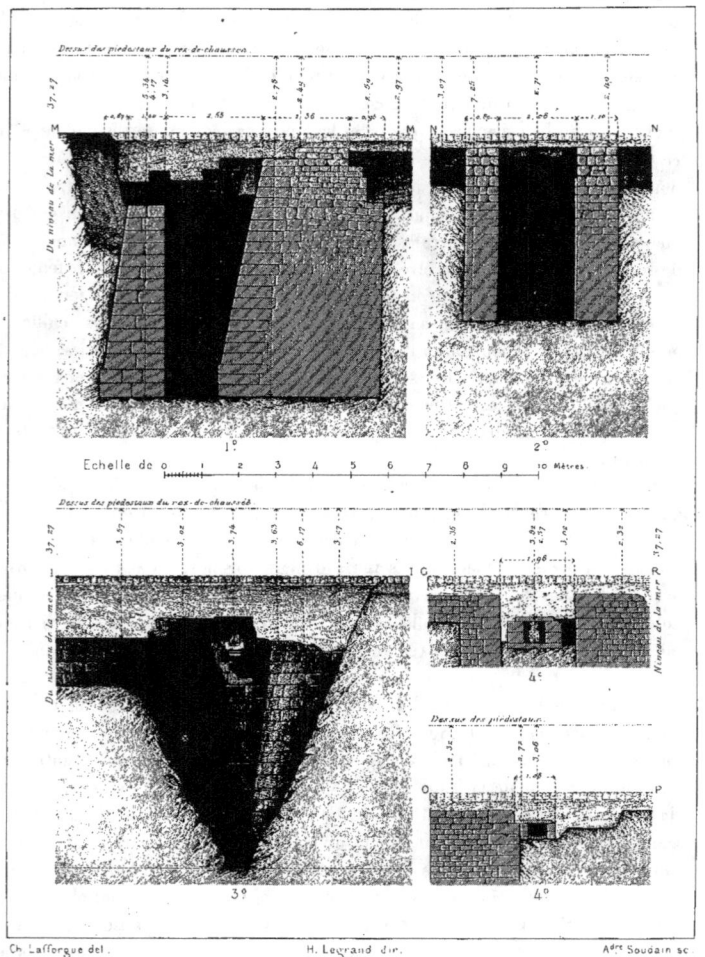

Ch. Lafforgue del.   H. Legrand dir.   A^{dré} Soudain sc.

FOVILLES DV LOVVRE.

1º Coupe de l'avant-corps appliqué à l'aile orientale : M M.
2º Coupe de la cave voisine de la Tour de la Taillerie : N N.
3º Elévation de la porte orientale, coupe sur le Pont levis : I I.
4º Coupes des Caniveaux de l'aile orientale : G R, O P.

supérieures du cordon commençant dans cette même assise, nous voyons là, à un décimètre près, l'indice du sol de l'ancienne cour. Il est restitué conformément à cette notion, sur nos planches, où l'on supposera qu'il était strictement horizontal, bien qu'il dût avoir, de l'ouest à l'est, une pente pour l'écoulement des eaux.

L'altitude de 34^m,93 que nous admettons pour le sol du vieux Louvre est inférieure de 0^m,67 à celle de la cour, près de l'aile occidentale, au temps des Valois, quand les bases des piédestaux étaient exhaussées sur une plinthe enterrée aujourd'hui [1]. On a relevé des différences analogues entre le pavé moderne et un petit pavé en caillasse et en grès qui a été rencontré dessous, en plusieurs places, et qui semble avoir appartenu à l'époque de la Renaissance.

Sauval parle de « quatre porteaux du chasteau » qui se seraient élevés au milieu des quatre ailes; mais ces quatre « porteaux, » qu'il n'avait point vus, n'ont existé que dans son imagination. Nous savons maintenant qu'il n'y en avait point à l'aile du nord, ce dont il faut conclure qu'il n'y en avait point non plus à l'aile de l'ouest, qui reproduisait la configuration de la précédente. La porte du sud devait être placée dans l'axe de la cour [2] et répéter la forme ainsi que les dimensions de la porte de l'orient.

<small>Les portes de l'ancien Louvre.</small>

Celle-ci se composait d'une baie remarquablement étroite, que flanquaient deux tours rondes ayant un diamètre de 8^m,18, et éloignées l'une de l'autre de 1^m,95 seulement; de sorte que les empâtements du talus finissaient par se rejoindre à leur partie inférieure. Le mur reliant les tours était en saillie sur la courtine, comme nous l'avions prévu; on y avait relancé un corbeau pour soutenir l'émissaire d'un caniveau qui conduisait au dehors les eaux de la cour [3], en passant sous le dallage du couloir resserré où fut tué le maréchal d'Ancre. Dans le vide du massif qui longeait, à gauche, ce couloir, étaient accumulées, en manière de remblai, des briques émaillées provenant sans doute du pavement des tours, dont celle du midi conservait son aire en ciment.

Les diverses parties de la porte orientale étaient couvertes de marques de tâcherons [4], qui répétaient tous le même type : un cœur grossièrement dessiné. On en

<small>Les marques de tâcherons.</small>

---

[1] Cette plinthe avait environ 0^m,20 de hauteur. Elle figure sur la planche de Du Cerceau, et nous l'avons vue dans une fouille qui nous a prouvé que les fondations de l'aile, du côté de la cour, avaient été entièrement refaites par Lescot. L'altitude du sommet des piédestaux est de 37^m,43.

[2] Elle fut démolie au XVIe siècle, quand on reconstruisit l'aile; mais il est présumable qu'il subsiste encore quelques débris des tours dans le sol, en contre-bas des anciens fossés. Une fouille sur ce point eût été si difficile, qu'il n'était pas permis d'y songer.

[3] Dans le fond du fossé, sous la gargouille, on a trouvé un tonneau destiné à en recevoir l'égout.

[4] Voir la planche p. 130, fig. 1, 2, 3 et 4. — Nous reproduisons plus loin, p. 138, et de grandeur naturelle, l'un de ces cœurs : la figure a été calquée sur le moellon qui la conservait. Ils sont tous faits au moyen d'un ciseau et non réparés; d'un côté le tranchant coupe, de l'autre le fer de l'instru-

130   TOPOGRAPHIE HISTORIQUE DU VIEUX PARIS.

a vu, en outre, une demi-douzaine d'autres figurant une croix, tant sur les parois des fossés du Donjon que sur la pile de pont placée devant la porte orientale.

Les courtines; description.

Construites, de même que les tours, en liais d'Arcueil et en roche de Montsouris, les courtines reposaient pareillement sur un soubassement en talus, surmonté d'une partie verticale chanfreinée à son sommet. La courtine du nord était fondée à 6^m,96 et celle de l'orient à 7^m,14 en contre-bas du sol, dans lequel les tours pénétraient encore plus profondément. Nos planches reproduisent exactement l'appareil de la maçonnerie, qui a été mesuré partout où on l'a vu. La contemporanéité évidente des talus et des murs verticaux tranche la question de l'âge des fossés; ils n'étaient pas moins anciens que le reste du château, dont le périmètre au moyen âge peut être retracé maintenant sans hésitation, sauf sur un point où surgit une question qui n'est, au surplus, que secondaire. Nous ignorons les dimensions de l'avant-corps voisin de la tour sud-est que le retable du Palais représente avec tant de netteté, et nous n'avons pas même acquis la preuve de son existence, attendu que les fouilles entreprises pour le retrouver n'ont point abouti, l'emplacement étant occupé par des constructions modernes. En tout cas, il est certain que l'avant-corps ne pouvait avoir plus d'une dizaine de mètres de largeur, car autrement on eût aperçu les traces de sa réunion avec la courtine, qui a été suivie jusqu'au pavillon dit *du Pont-des-Arts*, dans les fondations duquel elle se perd aujourd'hui. En répétant sur notre nouveau plan de restitution l'avant-corps que nous avons fait figurer sur la première étude, nous n'entendons donc rien affirmer que des probabilités résultant de l'indication du retable et d'une analogie. Au nord et tout près de la porte orientale a été effectivement découverte une construction rectangulaire, large de 6^m,53 et saillante de 3^m,40, qui s'appuyait sur la courtine et y avait été ajoutée après coup [1]. Divisée en cinq travées par des arcs en tiers-point, elle avait une grande ressemblance de disposition avec le cellier dont nous avons parlé plus haut, et remontait probablement à la même époque; mais l'absence de moulures et d'ornements empêchait de lui assigner une date. L'intérieur était éclairé par des soupiraux à glacis très-inclinés, qui devaient laisser pénétrer peu de lumière. On n'y a trouvé ni reste de pavement, ni trace d'escalier, ce qui ferait présumer qu'on y descendait par le moyen d'une échelle, et que c'était aussi une sorte de magasin ou de cave. Le bâtiment était démoli trop bas pour qu'on ait pu s'assurer de la manière dont il avait été

---

ment fait éclater la pierre. Il y en avait une certaine quantité sur les retours de la porte orientale, et il est à remarquer qu'ils étaient placés, pour la plupart, à rebours et la pointe en l'air. La fatigue reproduite page 138 se trouve sur une maçonnerie de l'époque de Philippe-Auguste au talus de la tour du midi de la poterne de la ville. Dans la gravure, les croix de la figure 5 se rencontraient de préférence dans la maçonnerie de la même époque que le revêtement de la contrescarpe du Donjon. — H. L.

[1] Voir les planches p. 127 et 128.

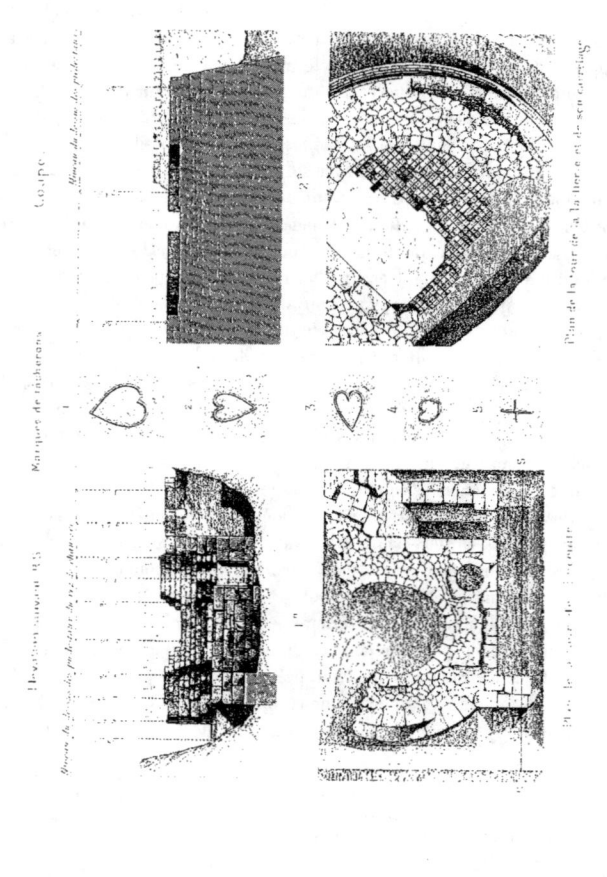

FOVILLES DV LOVVRE.

couvert. Un petit mur, relativement très-moderne, où était percée une baie grillée, le reliait à la tour de la porte voisine, près de laquelle avait été pratiqué, dans l'épaisseur de la courtine, un escalier en plâtre de la même époque que le petit mur.

En recherchant la contrescarpe du fossé méridional, on est tombé sur un égout moderne qui a fait abandonner le projet ; mais ce petit désappointement est peu regrettable, car il n'y a point de doute sur la situation de cette contrescarpe, au moins dans son dernier état [1]. Il était bien plus désirable de retrouver les contrescarpes du nord et de l'est, ce qui a eu lieu. Fondées presque aussi bas que les courtines, elles leur étaient parallèles et offraient un fruit total de 0ᵐ,85. Celle du nord avait une épaisseur variant de 0ᵐ,90 à 1ᵐ,31, et, suivant l'usage, elle était buttée intérieurement par des éperons qui en augmentaient la résistance à la poussée des terres.

Les fossés extérieurs.

Au niveau de son parapet, dont elle ne laissait voir aucun débris, parce qu'elle avait été dérasée trop bas, elle était distante de la courtine de 12ᵐ,50 ou 6 toises 2 pieds 5 pouces. Il s'en faut donc de beaucoup que le fossé septentrional eût une largeur de 7 toises 8 pieds, comme le rapporte Sauval, qui avait pourtant eu l'occasion de le mesurer, et qui, du reste, s'est beaucoup moins trompé qu'on ne le croyait, en donnant au fossé oriental la largeur de 5 toises 8 pieds, car la réalité était de 13ᵐ,03 ou 6 toises 4 pieds 1 pouce. Les deux contrescarpes, qui ont été reconnues, s'assemblaient en formant un angle semblable à celui des ailes devant lesquelles elles couraient. Le fond des douves, boueux et malaisé à distinguer dans les tranchées, était à environ 6 mètres en contre-bas du sol de la cour. La nappe d'eau souterraine de la rive droite n'y sourdait pas [2], et, pour que les eaux de la Seine y montassent naturellement à une hauteur d'environ une toise, il fallait que le fleuve atteignît au niveau équivalent à celui qui est indiqué par le chiffre de 6ᵐ,60 à l'échelle du Pont-Royal. Or c'est là un chiffre d'inondation supérieur de 1ᵐ,10 à la moyenne des *maxima* annuels [3]. Il est donc certain que les eaux des fossés du Louvre y étaient introduites artificiellement, à l'aide d'un appareil auquel la «maison de l'Engin» a dû son nom, et que le chenal était muni d'une vanne, sans quoi, le plus souvent, les fossés eussent été à sec. Ils l'ont toujours été depuis la construction de la Petite Galerie, qui a entraîné la suppression du chenal communiquant avec la Seine [4].

---

[1] Nous avons dit qu'elle se trouvait à 19ᵐ,05 de l'axe de la travée centrale de la Petite Galerie ; le chiffre précis n'est que de 18ᵐ,43.

[2] Il s'en fallait de plus d'un mètre, en admettant, comme nous le faisons, que le fond du fossé était à 3 pieds au-dessus des fondements de la courtine septentrionale, c'est-à-dire à 28ᵐ,97 au-dessus du niveau de la mer.

[3] Cette moyenne est de 4ᵐ,50 à l'échelle du Pont-Royal, dont le zéro a l'altitude de 24ᵐ,52 au-dessus du niveau de la mer.

[4] D'après nos informations, il est certain que

Le pont-levis oriental.

Au droit de la porte orientale du château, vers le milieu du fossé, se dressait une pile épaisse d'un mètre et longue de quatre [1]. On y remarquait, du côté de la contrescarpe, les marques d'encastrement de contre-fiches destinées à diminuer la portée d'un plancher de madriers. Le pont-dormant du Louvre était conséquemment en bois et non en pierre. Au delà de la pile subsistaient, au milieu de la vase, deux longrines engagées, d'une extrémité, dans la pile, et, de l'autre, dans les talus de l'escarpe. Elles soutenaient des poinçons qui, consolidés par des liens, et rompus vers leur sommet, avaient dû être réunis par une traverse faisant le bord d'une plate-forme sur laquelle s'abattait le pont-levis.

Le mur d'enceinte de Philippe-Auguste.

La contrescarpe était fortement entamée devant le pont pour le passage d'un égout récent. L'établissement de cet égout et d'une grande citerne circulaire, placée auprès, a contribué au bouleversement du terrain des environs, où nous avons inutilement essayé d'apercevoir quelques traces de la rue d'Autriche, du guichet ou porte extérieure du Louvre, et même du mur de Philippe-Auguste, qui, n'ayant pas de fondements profonds, a dû être arraché sans grande peine.

M. Berty, en émettant cette opinion sur la destination de la tour de l'Engin et sur la possibilité de remplir les fossés du Louvre par le moyen de l'eau de Seine, ne s'est point reporté au temps où Philippe-Auguste creusa ces fossés et éleva ce château. Évidemment cette bouche de fossé, indiquée en avant de la tour de l'Engin et sur le bord du fleuve, avait pour destination de servir d'exutoire au fossé, et non pas d'amener les eaux de la Seine sous la tour, dans une espèce de réservoir où aurait plongé l'Engin, sorte de pompe élevant l'eau dans les fossés. Au lieu d'une pompe, d'une *noria*, machine à chapelet, ou de toute autre espèce de machine élévatoire, il est presque certain que la tour renfermait une *vanne*, servant à vider les fossés. En effet, le Louvre, à cette époque, était placé à l'occident de Paris, comme la Bastille le fut plus tard à l'orient. C'était toujours de l'aval du fleuve, par la Neustrie, qu'étaient arrivées les bandes assiégeantes; il était donc tout naturel qu'on songeât à renforcer la muraille de la Ville par une forteresse. Et il est à remarquer que son emplacement était choisi précisément au lieu où les Normands de 886 avaient assis leur camp et leurs retranchements autour de Saint-Germain-le-Rond; c'était donc plutôt une forteresse du genre de la Bastille qu'un château ou palais destiné à être habité par les rois. L'enceinte dite de Philippe-Auguste avait certainement des fossés, et ces fossés pleins d'eau. Il est facile de comprendre qu'on les remplissait avec les eaux des ruisseaux de Ménilmontant et de Belleville, qui arrosaient tous les marais s'étendant depuis le Temple jusqu'à Chaillot. Une dérivation était facile, et l'on pouvait régler le niveau de l'eau des fossés par des vannes de décharge laissant échapper l'eau dans l'ancien lit du ruisseau, notamment aux environs de la porte Saint-Martin. Par la vanne de la tour de l'Engin, on étanchait donc complétement les fossés. On sait que la pêche des fossés de l'enceinte de Charles V était affermée; dans les baux étaient compris les fossés noyés de la rive gauche. Il est donc très-supposable que, tant que l'enceinte de Philippe-Auguste fut entretenue, on y conserva l'eau. C'est seulement à l'époque de la construction de l'enceinte du xıv^e siècle que l'on combla les fossés de la vieille clôture, alors mal entretenue, et dont les fossés devaient conserver des eaux croupissantes et empestées. C'est peut-être à cette époque que l'on aura eu recours à une machine pour monter l'eau dans les fossés; mais cette machine devait servir plutôt à arroser les jardins qu'à procurer un moyen de défense efficace à un château qui commençait à se changer en palais et se trouvait enfermé lui-même dans une nouvelle enceinte munie de larges et profonds fossés. Il est probable que les fossés du Louvre restaient le plus souvent à sec, et l'on en trouverait une preuve dans l'existence d'un tonneau enterré sous la gargouille de l'égout de la cour. — H. L.

[1] Voir la planche p. 126.

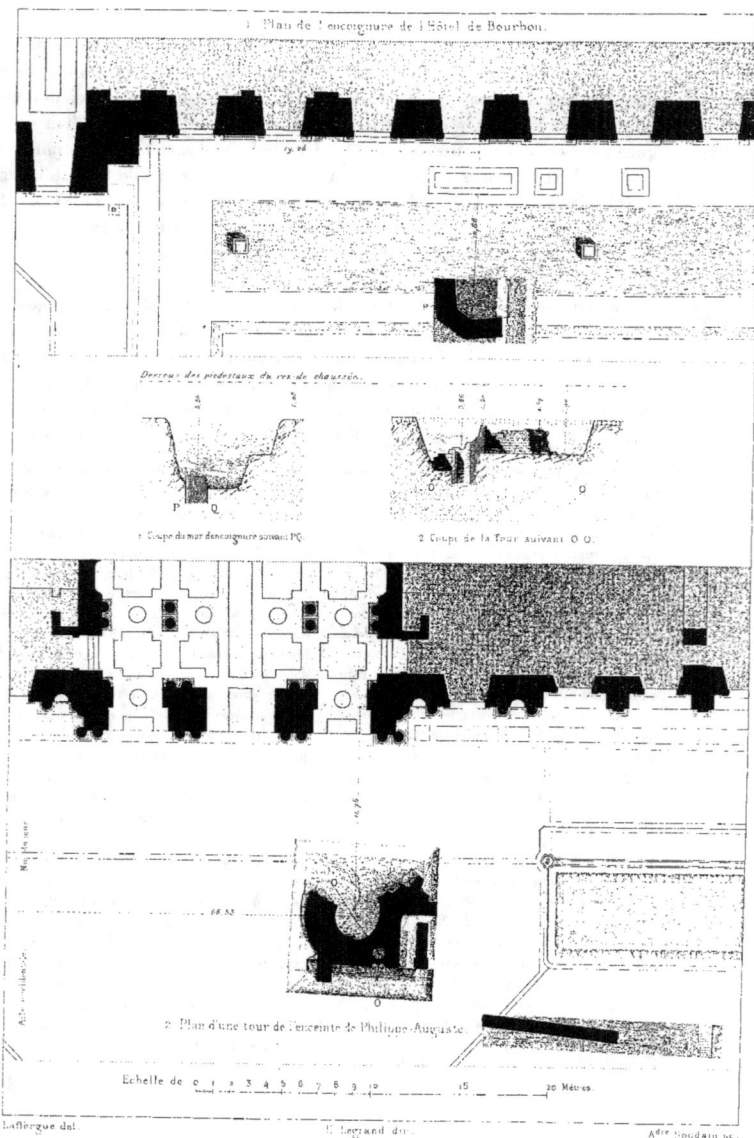

FOVILLES DV LOVVRE

1. Enceignure de l'Hôtel de Bourbon — 2. Tour de l'enceinte de Philippe-Auguste.

L'échec a été largement réparé par l'exhumation du rempart à son point le plus intéressant, c'est-à-dire au milieu de sa brisure, où il était muni d'une tourelle[1]. A cet endroit, il était excessivement mutilé, mais point assez, heureusement, pour qu'on n'en pût comprendre le fragment, reproduit très-fidèlement sur le dessin. La tourelle mesurait $2^m,82$ de rayon, non compris un empatement de 40 centimètres. A l'intérieur, il était circulaire dans une moitié, et présentait dans l'autre une courbe aplatie; disposition anormale, qui augmentait l'épaisseur de ses murs vers la ville. A une époque avancée, des constructions y avaient été appuyées, et l'on avait pratiqué un puits dans le massif du rempart, qui se présentait aminci comme dans le plan du jeu de paume (*fac-simile*, t. I, p. 134).

Si les fouilles n'ont point fait apparaître un tronçon intact de la rue d'Autriche, elles ont permis néanmoins d'en fixer l'encoignure sud-est, et de constater que le parcours indiqué sur notre restitution atteignait les dernières limites de l'exactitude; chacun peut s'en assurer, le compas à la main. L'angle sud-est de l'hôtel de Bourbon était un peu plus ouvert que ne le donne le plan dont la copie est placée page 32 (t. I), et l'angle sud-ouest du manoir offrait un pan coupé[2] racheté à une certaine hauteur par un encorbellement que n'a point oublié l'auteur du petit plan des archives de Saint-Germain-l'Auxerrois (voir t. I, p. 135). Cet angle sud-ouest était de 90 degrés, ce qui implique qu'il y avait, à l'entrée de la rue, une légère irrégularité d'alignement; le sommet de l'angle correspond à l'extrémité d'une perpendiculaire longue de $11^m,80$ élevée sur le mur extérieur du Louvre, à $17^m,71$ du pavillon du Pont-des-Arts.

L'hôtel de Bourbon.

Les fondations de la tour du Coin ont été enlevées, soit en 1719, soit plutôt lorsque l'on construisit la culée du pont des Arts; car sur son emplacement il n'a été trouvé que des remblais, bien qu'on soit descendu à plus de 6 mètres de profondeur. Cette déconvenue a empêché de rechercher, un peu plus au nord, les débris de l'ancienne porte dite *du Louvre*, qui attenait à la tour du Coin, et dont il ne doit subsister que peu de chose depuis la construction de l'égout collecteur en 1861.

La tour du Coin.

Nous venons d'exposer les résultats des fouilles de 1866, et le lecteur sait maintenant tout ce que, suivant les probabilités, on saura jamais du vieux Louvre. Il est donc pleinement mis à même de juger la valeur de notre tentative de restitution, dont nous ne lui avons pas moins montré les côtés faibles que les parties satisfaisantes. Nous avons une telle confiance dans son verdict, que

Conclusion.

---

[1] Voir les plans d'époques au troisième volume, et les planches p. 130 et 132.

[2] Les fondations ont été retrouvées à $3^m,50$ au-dessous du sol du jardin. Voir la planche p. 132, qui donne dans sa partie supérieure le plan et deux coupes.

nous avons fait graver la nouvelle planche de la page 129 (t. I) à la même échelle que l'ancienne, afin de rendre plus aisée la comparaison entre les deux.

On reconnaîtra, nous osons le croire, que, si nous n'avons pas réussi à obtenir une image absolument fidèle de la réalité, ce qu'il eût été insensé d'espérer, nous avons côtoyé de bien près la vérité là où nous ne l'avons pas atteinte. Nous ne nous en sommes nulle part éloigné d'une manière grave, malgré les hasards singulièrement fâcheux qui ont entravé nos efforts. Pour apprécier sainement les difficultés de notre tâche, il convient d'établir un parallèle entre notre premier plan et celui de M. de Clarac, dont, naguère encore, on admettait généralement l'exactitude relative. On comprendra alors que le progrès de l'un à l'autre a dû être acheté par de très-laborieux efforts, et qu'il ne pouvait manquer de rencontrer des barrières presque infranchissables.

Résumé.

TABLEAU DES PRINCIPALES DIMENSIONS DU VIEUX LOUVRE.

Largeur moyenne du quadrangle de l'est à l'ouest, non compris la saillie des tours ni celle des talus..	70^m,65
Largeur compris la plus grande saillie des tours, mais sans leur soubassement [1].....	81 19
Profondeur moyenne du quadrangle, du nord au sud, non compris la saillie des tours ni celle des talus, au xve siècle...................................	77 36
Profondeur au xive siècle [2]...................................	76 68
Profondeur compris la plus grande saillie des tours, mais sans leur soubassement...	87 90
Largeur moyenne de la cour de l'est à l'ouest............................	42 51
Profondeur moyenne de la cour du nord au sud...........................	52 77
Largeur de l'aile orientale..	9 73
—— de l'aile occidentale...	18 21
—— de l'aile septentrionale..	11 34
—— de l'aile méridionale au xve siècle.............................	13 25
—————————————— au xvie siècle.............................	12 57
Diamètre du Donjon..	15 12
—— de la tour du nord-est, et très-probablement des autres tours d'angle......	8 46
—— de la tour du Milieu, vers les jardins.............................	8 28
—— des tours de la porte orientale..................................	8 18
Largeur totale de ladite porte..	18 42
—— du fossé du Donjon.................................... de 10^m,59 à 10 07
—— du fossé oriental du château....................................	13 03
—— du fossé septentrional..	12 50

[1] Nous admettons que les largeurs des tours entièrement détruites étaient identiques avec celles des tours qui ont été vues dans les fouilles. On se rappelle qu'il n'y avait point de différence entre les diamètres des tours de la Taillerie et de la Fauconnerie.

[2] Au xvie siècle, le mur méridional extérieur avait une épaisseur de 1^m,62 seulement; mais avant sa reconstruction, au temps de Henri II, l'épaisseur en devait être la même que celle des murs extérieurs du nord et de l'est, soit 2^m,30; c'est ce qui motive le chiffre que nous donnons.

NOTICE COMPLÉMENTAIRE

SUR LES FOUILLES DU LOUVRE,

PAR M. H. LEGRAND[1].

I.

Sommaire. — Description du plan général et des autres planches. — Marques de tâcherons. — Tracé des substructions dans la cour du Louvre. — Restitution du vieux Louvre d'après les fouilles. — Objet de cette notice supplémentaire. — État primitif du château sous Philippe-Auguste. — La Grosse-Tour. — Pourquoi elle avait un fossé si large. — Les origines du terrain sur lequel le Louvre est bâti. — Le pont-levis de la Grosse-Tour. — Ses agrandissements au temps de Philippe-Auguste. — Saint-Louis. — L'état du château à l'avénement de Charles V.

La première planche des fouilles du vieux Louvre (p. 111) en représente le plan général tel qu'il a été relevé sur le terrain même, avec l'indication des réserves qui ont été faites aux endroits où il a semblé inutile de creuser davantage.

On voit que l'ancienne forteresse, dont deux façades se trouvent cachées sous la moitié environ de l'aile occidentale et de l'aile méridionale actuelles, c'est-à-dire dans l'espace compris entre le guichet des Tuileries et le guichet de l'Institut, en retour d'équerre, n'occupait, sous le rapport des bâtiments, que le quart environ de la superficie du palais actuel, les fossés ayant leur contrescarpe bien apparente et parallèle à l'alignement général des ailes. Le tout était formé de murs disposés en lignes droites, sans autres saillies primitives que celles des tours engagées, des angles et des façades.

Au milieu du quadrangle un peu irrégulier formé par le château, se voit le Donjon central, ou Grosse-Tour du Louvre, entouré de son fossé, dont la largeur était telle qu'il laissait un passage fort étroit entre le parapet de la contrescarpe

Description du plan général et des autres planches.

---

[1] Pour donner plus de clarté au texte peut-être un peu trop succinct de M. A. Berty, et faciliter au lecteur l'étude attentive des planches relatives aux fouilles du Louvre, nous croyons devoir placer, à la suite de la première notice, tous les renseignements propres à éclaircir les points restés obscurs, en décrivant soigneusement les planches d'ensemble et de détails, de telle manière qu'on puisse rapprocher tous ces renseignements, d'abord des plans et coupes, ensuite du texte explicatif laissé par M. Berty.

Nous rapprocherons ensuite le plan de M. de Clarac de celui qu'ont révélé les fouilles, en appliquant aux différentes parties les noms ou appellations qui nous paraissent devoir être la conséquence de la restitution définitive du vieux château du Louvre.

et la face intérieure des bâtiments de l'aile orientale vers la muraille de la Ville, séparée du fossé extérieur du château seulement par un chemin de ronde. Il n'a pas été nécessaire de toucher aux parterres qui forment l'ornement actuel des quatre angles de la cour, parce qu'on a retrouvé au delà, vers la façade du vieux Louvre de Pierre Lescot, la trace bien visible de la contrescarpe du Donjon, qui démontrait clairement que la courbe de cette contrescarpe avait été régulière et concentrique à la tour principale.

Dans le Donjon on remarque, vers le haut de la planche, un rectangle qui indique la place de la fosse dont parle M. Berty (p. 121), et plus bas, dans le même Donjon, le puits circulaire dont il est aussi question. Ce sont les seules cavités en sous-sol qui aient été découvertes dans la tour; et ainsi s'évanouissent ces prétendus cachots et ces oubliettes que certains historiens ou romanciers s'étaient plu à créer dans la vieille forteresse. La coupe brisée (selon BC de la planche p. 115) donne le détail de ce massif et des cavités dont nous venons de parler.

A gauche du Donjon, et du côté méridional, on distingue le plan des constructions postérieures, dont la coupe AA (p. 115) donne les profils aux cotes 3.56 et 2.78; détails reproduits, du reste, à une échelle plus grande sur la planche p. 123, dans le plan et la coupe supposés suivant FF. Les quatre détails du haut de la planche, suivant les indications des lettres du plan, donnent aussi des renseignements précis et d'une exactitude rigoureuse sur les diverses parties de ces substructions, qui semblent avoir appartenu au pont-dormant dont il est parlé page 123. La coupe placée au milieu de la planche montre, sous la cote 3.56, le commencement de cintre dont il est parlé page 123; les pierres n'en sont point appareillées ainsi qu'on le fait habituellement. Dans la planche suivante (p. 123), le plan EE et sa coupe font voir les détails de l'encorbellement attaché au corps même du Donjon, en sa partie méridionale, et les coupes détaillées *gg*, *hh*, *ii* correspondent aux indications semblables du plan. A la droite de cette même planche est placé le détail de la partie fouillée à fond du côté septentrional de la Grosse-Tour; elle est marquée, au plan général, par les mêmes lettres GG.

A droite du Donjon, on voit les traces des fouilles profondes faites pour découvrir l'assiette des fondations et la pile du pont-dormant, qui n'a point été trouvée. La coupe AA (p. 115), sous la cote 9.45, donne le relevé du profil de cette partie du Donjon.

M. Berty indique (p. 122) que, du côté de l'aile de Charles V, c'est-à-dire à droite du Donjon, la contrescarpe suivait une autre courbe qui ne lui était plus concentrique. On en voit immédiatement la raison dans la nécessité où se trouvait l'architecte de reprendre cette partie de la contrescarpe destinée à soutenir l'aile septentrionale du château et à recevoir aussi l'arche de passage qui conduisait de cette aile au Donjon. Les traces du raccord de la maçonnerie se reconnaissent parfaitement.

La coupe AA (p. 115) permet de remarquer la partie indiquée au plan général à la droite de la contrescarpe du Donjon et dans les grandes salles du palais de Charles V. Le caveau, dont M. Berty parle (p. 124), y est reproduit tout entier. Dans le plan et l'élévation de la face intérieure de l'aile septentrionale on voit, à gauche, le massif de la Grande-Vis, puis les deux piles supportant l'arche de passage communiquant avec la Grosse-Tour, et enfin, tout à fait à droite et faisant une sorte de contre-partie symétrique de la Grande-Vis, la construction non reliée au mur de la contrescarpe parementée, qui a été certainement bâtie après le remblayement du fossé de la Grosse-Tour.

La planche de détails (p. 119) reproduit avec exactitude le profil en élévation des piles adossées à la contrescarpe dans l'aile septentrionale : la première, *aa*, est celle qui devait supporter la Grande-Vis ; la deuxième, *bc*, donne le côté oriental du soubassement de cette même vis ; la troisième, *dd*, est le profil en élévation de la pile occidentale qui devait porter l'arche de passage au Donjon ; la quatrième, *ee*, est la face occidentale de la pile de droite du même passage, dont la cinquième figure, *ff*, représente le côté oriental, où se suspend l'encorbellement, qui sans doute portait une petite vis. C'est surtout autour de cette dernière pile que se trouvent placées les moulures dont les profils ABCDEF sont figurés au haut de cette planche. A, c'est le profil du larmier qui couronne les piles ; B, celui de la quatrième figure au point *e* ; C, le profil de la moulure du point *d*, troisième figure ; D, le profil du culot d'entablement en *f*. Nous donnerons plus loin notre opinion sur les causes de l'apparente irrégularité de cette partie du château de Charles V.

A l'extrémité de droite de la grande coupe AA se voit le profil du mur de la contrescarpe du fort extérieur du château.

La planche de détails (p. 127) offre le plan et la coupe longitudinale de la cave KL, NN du plan général, qui se trouve à côté de la tour de l'angle nord-est du quadrangle, et dont la coupe transversale *nn* est figurée dans la planche suivante, page 128.

C'est dans la planche p. 130 que se trouvent le plan et la coupe de la partie décrite de la tour d'angle nord-est, qu'on appelle la Tour de la Taillerie ; on y remarque les parties de carrelage émaillé qui en couvraient le sol.

Dans l'aile orientale, regardant le mur de la ville et Saint-Germain-l'Auxerrois, on voit les tours qui flanquaient l'étroite poterne et donnaient accès à la cour principale, mais hors de l'axe du Donjon. A droite de cette porte, on aperçoit cette construction, de forme rectangulaire, collée au soubassement du mur oriental, et dont il est question page 128. La planche de détails (p. 127) donne le plan de cette construction, et en JJ sa coupe longitudinale ; la coupe transversale *mm* est placée dans la planche p. 128.

La coupe brisée BC (planche de la page 115) reproduit les profils de cette porte et de la contrescarpe du Donjon qu'elle traverse, en indiquant le puits et la fosse d'aisances.

La planche p. 126 donne le plan détaillé de la partie de la porte qui couvre le fossé avec la pile du milieu qui devait recevoir le pont-levis et le pont dormant, et au-dessous la coupe HH qui indique nettement l'état de ces parties. On y remarque les pièces de bois qui s'y trouvaient au moment de la fouille et qui y sont demeurées. Nous ne pensons pas qu'elles aient pu jamais faire partie du pont-levis; il faut, sans aucun doute, les attribuer à une construction postérieure qui devait servir d'appui à un pont fixe de communication, ou peut-être encore à des constructions de service placées dans les fossés alors sans eau.

La planche p. 128 donne à la figure 3° la face des soubassements de la porte et son caniveau H, et en 4° les coupes des caniveaux QR de la porte et OP de la cour.

La planche p. 132 présente : 1° le plan et le détail de l'encoignure de l'hôtel de Bourbon, rencontrée dans le jardin de la façade méridionale du Louvre, sur le quai; 2° le plan de la tour de l'enceinte de Philippe-Auguste, près du guichet septentrional donnant sur la rue de Rivoli. La planche V offre le plan et la coupe détaillée de cette même tour.

<small>Marques de tâcherons.</small> Les cinq figures de marques de tâcherons représentent, dans la situation où elles se trouvaient, les marques tracées dans la contrescarpe du nord et sur le côté oriental du château, près de la porte.

Nous ferons remarquer, à propos de ces marques, qu'elles existent dans différentes parties des talus maçonnés du soubassement, notamment dans le retour septentrional de la tour de la porte orientale, et dans la partie de la tour du milieu de l'aile septentrionale qui faisait partie de l'ancienne courtine de Philippe-Auguste.

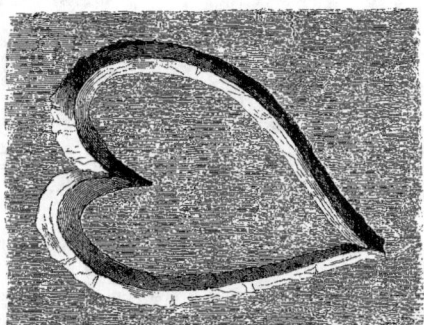

Une observation peut être faite à l'inspection de ces marques : c'est qu'elles sont taillées de la même façon, c'est-à-dire à l'aide du ciseau qui coupe d'un côté la pierre et de l'autre la fait éclater ; tandis que les croix, qui sembleraient accuser une époque plus ancienne, paraissent avoir été faites au poinçon et offrent des biseaux unis sans éclats. Pourtant nous n'oserions pas tirer trop de conséquences importantes de ce simple fait, parce que, si les cœurs se trouvent dans les parties évidemment bâties par Philippe-Auguste, on rencontre aussi des croix dans des parties de la même époque. Nous nous bornerons à faire remarquer que les marques à tracé droit, surtout les croix et les triangles ou les équerres, sont généralement plus anciennes que les tracés contournés. Mais on comprend facilement que les anciens ouvriers continuèrent longtemps à suivre les coutumes de leur temps, tandis que les jeunes gens usèrent de nouvelles méthodes, aussi bien dans leurs marques que dans leur manière de bâtir.

Pour terminer dès à présent la série des observations que nous croyons nécessaires à l'intelligence des planches destinées à accompagner le texte succinct de M. Berty, nous donnons ici un dessin du tracé qui a été figuré dans la cour du Louvre, aux frais de la Ville de Paris. M. le Préfet de la Seine a voulu fixer d'une

Tracé des substructions dans la cour du Louvre.

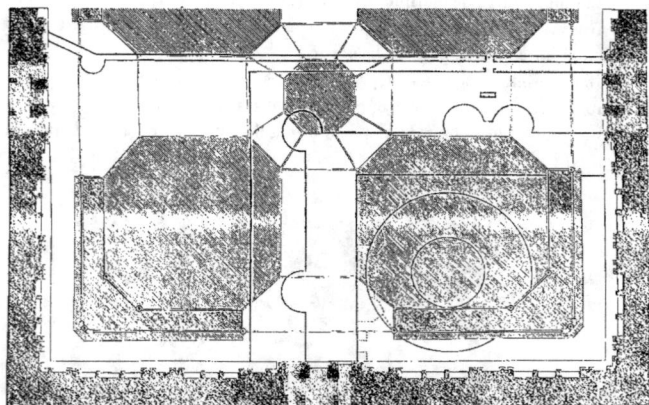

manière suffisante pour les archéologues, et conserver aux regards des amateurs des vieux souvenirs parisiens, les traces certaines de cette vieille forteresse du Louvre, sur laquelle tant d'opinions diverses ont été formulées. Il a pensé que des travaux si curieux, si féconds en résultats et si honorables en même temps pour le Service historique qu'il a créé dans son administration, ne devaient pas demeurer enfouis à jamais, et que l'on pouvait, sans nuire aucunement à l'aspect monumental du Louvre de la Renaissance, fixer sur le sol l'image exacte des substructions qu'il fallait absolument recouvrir.

Cette proposition a été accueillie avec empressement par Son Exc. le Maréchal Ministre de la maison de l'Empereur et des Beaux-Arts; et l'on a profité de la réparation que réclamait le pavage de la cour, à la suite du remblayement des trous de fouilles, pour tracer, comme on le voit dans la figure ci-jointe, les lignes de l'ancienne forteresse de Philippe-Auguste, celles des bâtiments construits par Charles V, et enfin la ligne du mur d'enceinte de la Ville avec le point important du coude formé par ce mur, auprès du guichet du nord, à l'endroit où s'élevait une tour. On a marqué aussi la ligne de parapet de la contrescarpe du fossé extérieur et du fossé intérieur ou fossé du Donjon.

Ce tracé est donc celui du château de Philippe-Auguste avec les deux ailes ajoutées par Charles V en 1365.

On remarquera, dans le tracé sur place, l'absence des contre-forts du soubassement de l'aile septentrionale, que nous avons, dans cette figure, indiqués en pointillé. La Grande-Vis se trouvait, on le voit, à l'angle du petit parterre placé près du guichet des Tuileries. Le but qu'on s'est proposé en faisant cette suppression dans le tracé sur place, a été d'éviter la confusion qu'auraient pu produire les pierres des caniveaux qu'on ne pouvait ni couper ni supprimer, et les couleurs différentes qu'il eût été difficile d'appliquer tantôt sur l'asphalte, tantôt sur le pavé.

Sur l'asphalte noir, les lignes du tracé ont été faites en asphalte blanc de six centimètres d'épaisseur, coulé dans l'asphalte noir; et sur le pavé les lignes se continuent en petits pavés de porphyre belge, provenant des magasins de la Ville de Paris, pavés dont la couleur foncée accuse suffisamment le contour des dessins qu'on a voulu fixer sur le sol. Il sera toujours facile, le cas échéant, de compléter le tracé des contre-forts et de la Grande-Vis, dont la place est connue.

En parcourant désormais cette moitié de la cour du Vieux Louvre, on pourra donc suivre exactement les substructions qui, pour la plupart, existent à moins de trente centimètres de profondeur au-dessous du pavé.

Restitution du vieux Louvre d'après les fouilles.

Dans le premier volume de cet ouvrage, M. A. Berty a fait, à l'aide des éléments dont il disposait, une description générale du château du Louvre; mais, depuis les découvertes faites dans le sol de la cour intérieure du palais, cette description nous semble appeler une restitution du texte, corollaire obligé des corrections faites à la planche du plan du vieux château (t. I, p. 129), et dont une nouvelle épreuve est donnée avec ce volume. M. A. Berty aurait bien certainement fait ce travail indispensable, si la mort ne l'avait enlevé prématurément. Le temps lui ayant manqué, il n'a pu que laisser les notes succinctes que nous venons de publier intégralement, et qui, comme on le voit, suffisent pour justifier l'opinion de notre devancier, en ce qui concerne les points topographiques et la réduction importante qu'il avait fait subir à l'étendue du château; mais on voudrait y voir plus longuement développées les conséquences qui en découlent, soit pour la rectification d'opinions erronées, soit pour le redressement de certaines affirmations que M. Berty avait cru pouvoir émettre dans son premier volume, avant de connaître le résultat des recherches. Ce travail est destiné non-seulement à justifier quelques opinions de notre prédécesseur, mais aussi à éclairer d'une plus vive lumière les faits historiques et archéologiques révélés par les fouilles. En quelques points nous nous écarterons sans doute du sentiment exprimé par M. Berty, mais nous donnerons les motifs de notre préférence. Les détails graphiques étant d'ailleurs sous les yeux des lecteurs, accompagnés de renvois indicatifs des sources de toute nature où nous avons puisé, il sera facile d'adopter l'opinion qui paraîtra la meilleure. De plus, et c'est là notre espérance, à l'aide des renseignements précis que nous recueillons pour les livrer au public, peut-être quelque savant, suppléant à notre insuffisance, saura produire des faits et des arguments nouveaux qui feront encore avancer la question.

On ne nous pardonnerait pas cependant de n'avoir point osé exprimer notre opinion personnelle. En effet, nous avons vu et touché ces vestiges; nous avons fouillé dans de vieux documents qui parlent peu, il est vrai, mais qui parlent de ce château célèbre; nous avons vécu dans l'étude attentive de ces époques oubliées; nous avons reproduit et figuré bien des aspects, bien des débris du temps où Paris avait encore conservé sa physionomie du moyen âge, et nous avons pu nous reporter en esprit au temps où l'architecture, les voies, les usages et les mœurs étaient d'accord et formaient une société qui a disparu. Cette restitution par le souvenir, basée sur des études et des preuves certaines, était nécessaire pour que nous pussions interpréter avec fruit les vestiges du vieux Paris.

Objet de cette notice complémentaire.

Il résulte des fouilles et de tous les détails donnés dans le premier volume de cet ouvrage [1], que, vers la fin du XIIe siècle, le roi Philippe-Auguste fit construire non-seulement l'enceinte qui porte son nom, mais aussi la forteresse du *Louvre* placée sur la rive droite de la Seine, en aval, exactement comme fut assise plus tard, du même côté et en amont, la Bastille-Saint-Antoine. Les deux forteresses touchaient l'enceinte, la défendaient, et toutes deux se trouvaient en dehors de ses murailles.

État primitif du château sous Philippe-Auguste.

Nous croyons, comme M. Berty, que Philippe-Auguste eut pour but principal

---

[1] Voir t. I. p. 129 et suiv.

l'établissement d'une forteresse, et c'est très-secondairement qu'on y ménagea un palais pour recevoir le souverain dans certaines circonstances, qui, plus tard, se représentèrent bien souvent à Paris.

Philippe-Auguste ne dut conséquemment s'occuper que des nécessités de la défense. Suivant les habitudes des ingénieurs militaires de cette époque, il établit un quadrangle crénelé, entouré partout de fossés, même du côté du mur d'enceinte de la ville, plaça quatre tours d'angle en vedette et deux autres sur les côtés non accessibles, ceux du nord et de l'ouest, les plus exposés; enfin il établit une entrée principale flanquée de deux tours vers la rivière et la porte de la Ville. Cette entrée était destinée assurément à recevoir les chars et tous les engins d'artillerie en usage à cette époque. On pratiqua une autre entrée à l'orient, vers la muraille et les rues de la Ville, précisément en face de l'église fortifiée de Saint-Germain-le-Rond, aujourd'hui l'Auxerrois; laquelle entrée était pareillement flanquée de deux tours avec une poterne dans la muraille d'enceinte, mais étroite et destinée à recevoir seulement les gens de pied et peut-être les cavaliers. Des constructions, du genre de celles qui composaient l'enceinte de la Ville, entouraient de tous côtés ce quadrangle, et se trouvaient coupées aux angles et au milieu par les tours, les deux portes et les deux autres tours. Vers la rivière, en vue de la rive gauche et des jardins du Palais de la Cité, Philippe-Auguste construisit un bâtiment pour son habitation, avec un autre bâtiment en retour vers l'occident, et qui peut-être ne dépassait point, dans l'origine, la tour du milieu de cette face. Disposa-t-on immédiatement ces lieux pour la résidence habituelle du roi? Il est permis d'en douter. Mais il est plus que probable que les murs épais de la face occidentale, doublés d'un bâtiment d'une grande solidité, furent destinés à recevoir tout ce qui peut contribuer à munir et consolider une forteresse.

Voilà donc le quadrangle primitif, tel qu'on le conçoit à l'inspection du plan des fouilles, et dégagé de toutes les annexes qui y furent ajoutées plus tard.

Nous n'avons rien à dire des descriptions de Sauval et d'autres auteurs qui ont parlé du château du Louvre dans l'état où l'avaient mis les successeurs de Philippe-Auguste. Pour comprendre ce que nous disons, il suffira de jeter un coup d'œil sur le plan restitué de la page 129 du premier volume, et sur la nouvelle planche que nous donnons comme rectification de celle qui se trouve à la page 228 du même volume. On y voit le tracé nettement indiqué de la courtine vers l'orient et le nord, avec les tours d'angle, la poterne occidentale et la tour *du Milieu* située au nord.

La Grosse-Tour. Au milieu de ce quadrangle, Philippe-Auguste éleva ou releva le Donjon qu'on appelait vulgairement la Grosse-Tour du Louvre. Il suffit de regarder les planches que nous venons d'indiquer pour reconnaître que cette tour se trouvait, en effet, au milieu de la cour intérieure, laquelle était ainsi délimitée par les deux façades

des bâtiments de l'occident et du midi, ainsi que par les courtines des deux autres faces du quadrangle.

Ici nous touchons à un point discuté, mais non encore élucidé, et que M. Berty, dans son premier volume aussi bien que dans la Notice précédente, a cru pouvoir décider d'une manière définitive. Il est inutile de reprendre le texte connu de Rigord ou plutôt de Guillaume le Breton, son continuateur. Ce texte tout *historique*, et généralement dépourvu d'indications *topographiques*, ne pouvait avoir pour objet de prévenir les observations des savants futurs sur l'existence plus ou moins ancienne de la Grosse-Tour. On peut lire, dans le premier volume de cet ouvrage, où se trouve la copie littérale du texte de Guillaume le Breton [1], tout ce que le biographe de Philippe-Auguste offre d'utile à consulter. Ce qui est certain, c'est que tous les historiens sont d'accord pour attribuer au fils de Louis VII la construction du Donjon et surtout du quadrangle du château. C'est seulement sur le point de savoir s'il existait une tour du Louvre antérieurement à cette époque, qu'il y a eu divergence dans les opinions.

Dans notre conviction, il résulte de tous les textes et des fouilles elles-mêmes que la tour existant du temps de Charles V a été bâtie par Philippe-Auguste; mais il n'y a aucune utilité, ce nous semble, à contester que cette tour ait pu exister auparavant. Nous sommes ici en contradiction avec notre prédécesseur, mais nous espérons faire voir que cette contradiction n'existe que dans l'opinion exprimée sur une interprétation de texte, et non dans une divergence de sentiments sur l'existence et sur la nature des preuves apportées par chacun de nous. Notre opinion est basée sur des faits certains et sur des documents rencontrés dans des recherches faites pour l'histoire topographique et historique de l'enceinte de Philippe-Auguste, notamment sur une affirmation de M. Bonamy, un des premiers historiographes de la ville de Paris, portant que *l'enceinte de Philippe-Auguste avait été établie, dans certains endroits, sur des substructions et des constructions* SARRASINES. On sait qu'au moyen âge tous les murs gallo-romains passaient pour avoir été bâtis par les Sarrasins.

Il est dit dans la Notice de M. Berty que des fouilles ont été poussées jusqu'au *sol vierge* portant la fondation de la tour, et qu'il en est résulté la certitude qu'il n'y avait aucune trace de construction antérieure à Philippe-Auguste.

Cette affirmation est en contradiction formelle avec l'opinion générale que le Louvre remontait aux premiers rois de France; or il faut toujours tenir compte de ces opinions, parce qu'elles sont basées ordinairement sur des traditions non contestées au moment où on pouvait le faire utilement, et que souvent les écrivains des siècles suivants, notamment ceux du xviiie siècle, ont combattu ces opinions simplement pour en exprimer une différente.

On voit dans la description de Sauval et dans la Notice de M. Berty sur les fouilles

[1] Voir t. I, p. 117 et 118.

<small>Pourquoi le fossé de la Grosse-Tour était si large.</small>

de 1866 que la largeur du fossé isolant la Grosse-Tour du reste du château était très-grande [1], environ 10ᵐ,60 sur une profondeur de 6 mètres. M. Berty a donc raison de dire que cette tour et son fossé *encombraient* la cour intérieure d'une manière fort incommode. Nous ne pensons pas qu'on trouve ailleurs un donjon placé dans ces conditions, non pas précisément pour l'importance de la tour, (celle de Coucy est plus grosse), mais pour la disposition et la grandeur du fossé.

Une autre remarque nécessaire, et dont nous allons déduire quelques conséquences, c'est que le terrain qui servit à l'établissement du quadrangle de la forteresse dut être acheté et ne faisait point partie des terres royales. Cette situation particulière s'applique surtout à la Grosse-Tour elle-même, et sans doute au terrain qui l'entourait. Le roi Philippe-Auguste avait donc choisi cet emplacement de préférence à un autre, peu éloigné, que les rois possédaient ou avaient possédé dans cette région, et sur lequel se trouvait le château du souverain. Nous n'avons point encore rencontré de documents certains touchant cette propriété royale, mais nous espérons, dans la suite de nos recherches, arriver à les rencontrer [2]. Pour le présent, il suffit que l'existence de cette propriété ait autorisé quelques savants à supposer que c'était le terrain du Louvre.

D'accord en cela avec M. Berty, nous regardons comme certain que le château a été créé par Philippe-Auguste, de terrain acquis, et par conséquent sur une étendue assez restreinte; mais nous pensons que la Grosse-Tour existait déjà, *avec son large fossé*, et faisait partie du système de défense que les attaques des Normands, notamment celle de 866, avaient amené à établir sur la rive droite de la Seine.

Si l'on veut bien se rappeler que les Normands se maintinrent assez longtemps dans le camp retranché qui s'appuyait sur Saint-Germain-le-Rond et le petit bourg qui l'entourait alors; si l'on réfléchit au nombre de guerriers que suppose un séjour si longtemps prolongé au cœur du pays ennemi, de telle sorte que l'on ne put se débarrasser de leur présence qu'à force d'argent, on comprendra qu'il n'y a rien d'impossible à supposer qu'ils aient songé à établir, en avant de l'église qui était leur principale défense, un camp avancé, retranché et muni d'une tour. Nous ne prétendrions pas affirmer que cette tour, contemporaine des Normands, fût précisément celle du Louvre, au moins quant aux substructions; mais il nous paraît très-naturel que les Parisiens ou leurs Comtes, instruits par la difficulté qu'ils avaient eue à déloger les Normands de ce point stratégique, aient pensé, après le départ des ennemis, à utiliser leurs travaux et à les compléter, en réparant ou en augmentant les fortifications que ces envahisseurs avaient établies en cet endroit.

On aurait tort de croire que, même à cette époque reculée, la rive droite fût sans habitations. Quand nous arriverons à décrire ces régions de la Ville de Paris, nous donnerons la preuve qu'il y existait un certain nombre de bourgs populeux

---

[1] Voir p. 122 et la description du vieux Louvre dans le premier volume, p. 129 et suiv. — [2] Voir, p. 2 (t. I), le *fief de Fromentel*.

appelés le bourg l'Abbé, le bourg Thiboust, le bourg Saint-Éloy, etc.; que ces localités, avec d'autres plus éloignées situées sur le chemin de Saint-Denis, et en suivant la grande voie gallo-romaine qui se dirigeait au nord, étaient les principaux centres d'approvisionnement de la ville pour les produits maraîchers, et qu'il importait de les mettre à l'abri des dévastations des ennemis d'alors, qui venaient habituellement par le bas de la rivière. On avait bien élevé le Châtelet, cette première bastille de l'ancien Paris, qui défendait la partie occidentale de la première enceinte de ce côté et qui devint tête de pont, mais ne le fut sans doute pas d'abord, puisque la direction de la grande voie impliquerait la préexistence d'un pont quelconque sur son parcours, c'est-à-dire du pont Notre-Dame. Ce qu'il y a de certain, c'est que cette bastille n'avait pas suffi en 866.

On songea donc d'abord à protéger le côté le plus souvent menacé, comme plus tard on plaça la Bastille sur le point par où l'ennemi se montrait à cette époque, et l'on se servit pour cela de la tour normande. Peut-être la répara-t-on sans l'accompagner de défenses autres que les fossés qui demeurèrent si longtemps apparents autour de l'église Saint-Germain. Si les traces des fossés entourant le camp avancé, sur l'emplacement du Louvre, n'ont point subsisté, si elles n'ont pas été reconnues, cette circonstance est due aux travaux considérables qu'entraîna immédiatement la construction de la forteresse du Louvre et de ses abords. Il est probable que Philippe-Auguste n'aurait pas fait, autour du Donjon, un fossé aussi large, s'il n'en avait point existé un auparavant.

L'inspection des matériaux formant le soubassement et le talus de la Grosse-Tour ne saurait infirmer la valeur des faits qui viennent, comme nous venons de le montrer, appuyer l'opinion selon laquelle la forteresse, ou au moins l'une de ses parties, aurait une existence antérieure à l'époque de Philippe-Auguste. Nous ferons remarquer que les pierres dont on s'est servi pour construire Paris, à peu près dans toutes ses parties, et précisément avant le xiiie siècle, sortent exclusivement des vastes carrières de la rive gauche, qu'on appelle aujourd'hui les Catacombes, et que le système de construction des soubassements et fondations, du ixe au xiiie siècle, est à peu de chose près le même, par la raison que les carriers tiraient le banc courant, que les tailleurs de pierre *débousinaient* leurs lits de la même façon pour les mêmes matériaux, et qu'on posait la pierre en plein mortier, parce qu'on ne faisait point de parpaings, à cause de l'énorme épaisseur des murailles : on bâtissait en massifs parementés et rejointoyés. On ne peut donc distinguer sûrement l'âge des monuments de cette période que par les murs en élévation ou les moulures; la taille et la pose courantes sont les mêmes. Plus tard, les communications devinrent plus faciles, soit par eau, soit par terre; les pierres des carrières plus éloignées, Saint-Leu ou Tonnerre, commencèrent à arriver à Paris, et contribuèrent à changer le mode de construction. Peut-être aussi les carrières de Paris ne fournirent-elles plus des blocs suffisants pour l'objet que se proposaient les maîtres des œuvres. Quoi qu'il en soit, il est certain que l'appareil devint plus fort, plus régulier, et que la nature de la pierre permit de faire des joints moins apparents; même avec les matériaux des environs immédiats de Paris, on parvint à obtenir des parements parfaits. Ces observations, tirées précisément de l'inspection des soubassements de la Grosse-Tour et de la contrescarpe de son fossé, ont pour but de faire voir que l'état de ces substructions ne serait point une preuve inattaquable du peu d'ancienneté relative des parties dégagées sur trois ou quatre points. En construisant la Tour-Neuve, on peut avoir utilisé le soubassement et donné une plus grande hauteur à l'édifice.

Une autre remarque vient corroborer notre opinion sur la probabilité de la préexistence de cette tour au château de Philippe-Auguste : c'est que l'ensemble du soubassement est un massif sans autre vide que le puits et la fosse du *retrait*. Il est bien certain que ce parti pris, pour l'établissement des fondements de l'édifice, n'a pas peu contribué à empêcher le tassement.

M. Berty fait remarquer plus haut (p. 123) que Pierre Lescot, quand il éleva l'aile occidentale, dérasa en partie les fondations, ou plutôt le parement du talus extérieur; il ajoute qu'on a trouvé des restes de murs anciens, ainsi que des matériaux moulurés employés dans la nouvelle construction et provenant du vieux bâtiment de la fin du xiie siècle. Cette constatation d'un fait très-ordinaire au moyen âge vient encore à l'appui de l'opinion générale sur l'antiquité de certaines parties du vieux Louvre, notamment de la Grosse-Tour. Il est évident que, si le constructeur de la tour a procédé comme Pierre Lescot, les anciens matériaux n'ayant pas de moulures, on aurait peine à faire l'observation que suggère l'état d'un bâtiment dont l'origine est connue.

En résumé, il nous paraît plus que probable que la Grosse-Tour, et son fossé au moins, étaient antérieurs à Philippe-Auguste. Ce prince aurait donc relevé un édifice ancien, d'une solidité reconnue, et aurait entouré des bâtiments et courtines de sa forteresse.

Origines du terrain sur lequel le Louvre est bâti.

Nous avons déjà dit tout à l'heure que le terrain sur lequel la Grosse-Tour du Louvre était bâtie n'était pas un fonds royal [1]. En effet, il appartenait aux censives de Saint-Denis-de-la-Chartre dans la Cité; le reste du terrain était sur la censive de l'Évêque. Notre intention n'est pas de reproduire ici les excellents renseignements donnés par M. Berty dans son premier volume, mais seulement de faire voir que l'intention du roi Philippe, en construisant ce château, était bien d'élever une forteresse de défense, et non un palais pour sa résidence. En effet, dans le système féodal, où tout reposait d'abord sur la propriété réelle et effective, on ne comprend pas bien comment cette Tour du Louvre, de laquelle

[1] Voir t. I, p. 116.

relevaient les grands fiefs de la couronne de France, dans laquelle les grands vassaux venaient rendre foi et hommage au suzerain, ne fût point bâtie sur un fonds libre et déchargé de toute redevance. Aussi le roi transporta-t-il cette redevance (témoignage remarquable de respect pour la coutume féodale) sur la recette de Paris; mais les censives de Saint-Denis-de-la-Chartre, malgré ce transport, continuèrent à exprimer l'origine de la redevance. Ainsi un article spécial mentionne encore, en 1540, la Tour du Louvre dans la censive[1] de cette église. Nous insistons sur ce point important, parce qu'il confirme notre opinion sur les causes qui firent choisir ce lieu, placé dans les mêmes conditions que tous les autres terrains occupés par les fortifications et fossés constituant l'enceinte de la Ville, et pour lesquels la coutume était qu'on indemnisât les seigneurs de la perte de leur censive. C'était une véritable expropriation pour cause d'utilité publique, et les bourgeois de la Ville étaient chargés, moyennant une certaine indemnité, de construire ces murailles qui étaient destinées à leur défense. Les rois n'avaient pas un palais au Louvre à cette époque; terrain et construction, tout était disposé pour un usage public, exactement comme le fut plus tard la Bastille; mais, pour cette dernière, il n'y avait pas de donjon, de *Tour de l'hommage*. Le Louvre remplissait alors cette fonction, de préférence même à la Tour du Palais de la Cité. Nous ne connaissons pas un autre exemple d'une dérogation pareille aux us et coutumes des temps féodaux. Il est à croire qu'on n'y voyait aucun inconvénient, parce qu'il s'agissait du Roi d'abord, et ensuite d'un édifice de défense publique.

Nous n'entrerons point dans de plus grands détails sur la Grosse-Tour, dont une description suffisante existe dans le premier volume de cet ouvrage; nous continuerons seulement à expliquer les parties de substructions rencontrées dans les fouilles, et qui peuvent élucider les questions relatives à l'état de ce monument, aux différentes époques de son histoire.

Pour ne pas quitter le Donjon de Philippe-Auguste, nous chercherons, après M. Berty (*Notice sur les fouilles*, p. 122 et 123), où devait se trouver le pont-levis qui donnait primitivement accès à la Grosse-Tour. Que l'on conteste ou non l'ancienneté de cette partie de la forteresse du Louvre, que les recherches n'aient fait rencontrer la pile du pont-dormant ni au midi ni au nord, il n'en est pas

Le pont-levis
de
la Grosse-Tour.

---

[1] Nous lisons en effet, au folio VIII verso d'un Censier de Saint-Denis-de-la-Chartre pour l'année 1540, ce qui suit :

« Le Recepveur de Paris pour le Roy nostre Sire
« Doibt par chascun an aud. Prieur à cause de la
« Grosse Tour du Louvre au jour et feste mons'
« Sainct Jehan Baptiste, pour cens et fondz de terre,
« trente solz par.
« Pour ce. . . . . xxx s. p. »

Voir aux Appendices ci-après la copie de l'article entier pour *la rue d'Autruche*.

Nous devons la connaissance de ce Censier à l'obligeance de M. Saint-Joanny, archiviste du département de la Seine. Ce volume, écrit sur papier et couvert en parchemin, est coté 1189. M. Berty n'en avait point eu connaissance, mais il avait, comme on le voit, compulsé les plans et cueilloirs des Archives de l'Empire.

moins indubitable qu'il existait un pont-dormant en maçonnerie d'un côté ou de l'autre. Dans quelques forteresses, le donjon étant le dernier refuge, et, de plus, la représentation matérielle du pouvoir seigneurial, *la Torre solariega*, comme disent les Espagnols, il arrivait souvent que l'entrée, et conséquemment le pont-levis, étaient placés du côté opposé à l'entrée principale : c'était une disposition de sûreté. Dans cette hypothèse, on pourrait supposer que cette entrée se trouvait exactement sous l'arche de passage de l'aile de Charles V au Donjon, c'est-à-dire dans la direction du nord, vers la tour appelée *du Milieu*. Cependant nous inclinons à penser que ce pont se trouvait à l'endroit où la contrescarpe a conservé ces lancis irréguliers que M. Berty renonce à expliquer (*Notice*, p. 122), parce que les pierres brutes ne lui paraissent pas susceptibles d'être travaillées. La même difficulté lui apparaît à propos de l'amorce brute d'encorbellement qui se trouve dans le talus même du Donjon en face de la première construction. Pour nous, puisque l'existence d'un pont-levis est certaine parce qu'un tel ouvrage est indispensable, nous n'hésiterons pas à voir en cet endroit les restes du pont-dormant vers la contrescarpe, et de l'encorbellement de la *charnière* du pont-levis vers la Tour. Le mode de construction de cette époque ne s'oppose pas du tout à laisser supposer que ces *caillasses*, difficiles à arracher, étaient noyées dans un massif parementé comme d'habitude, et qu'elles étaient demeurées après le comblement des fossés. Ces parties, même examinées avec attention, pourraient être attribuées, avec quelque raison, à la construction tout à fait primitive, c'est-à-dire antérieure à l'époque de Philippe-Auguste.

Quant aux diverses parties accolées à ce massif principal, nous ne pouvons que répéter ce que nous avons dit plus haut dans la note de la page 120 : elles ont dû faire partie d'un système de couverture du fossé, pour remédier à l'exiguité de la cour, après la construction des ailes plus récentes. Pour ce qui regarde l'absence complète de traces de la pile de retombée du pont-dormant en maçonnerie, il est difficile de l'expliquer d'une manière satisfaisante, tout en reconnaissant que la largeur du fossé empêche de croire à la non-existence de cette pile. En suivant les indications des arrachements de la contrescarpe du midi, et encore le commencement de cintre qu'on voit dans l'élévation de cette partie, nous aimerions mieux dire que le fossé intérieur, avant l'époque de François Ier, et même bien auparavant, a été asséché comme les autres, et que des constructions d'un usage inconnu, mais à peu près semblables à celles que l'on a accolées à divers côtés du palais jusqu'à des époques relativement modernes, ont été élevées dans les fossés et ont amené la destruction de la pile du pont. Le tablier de ce pont aurait alors été supporté par des refends de locaux établis sous le passage, qui n'était plus fortifié à l'époque où l'accès du Donjon était praticable par l'arche de passage de l'aile de Charles V. Nous livrons cette explication pour ce qu'elle vaut; elle nous semble avoir pourtant un certain degré de probabilité.

LES FOUILLES DU LOUVRE EN 1866.

Pour déterminer l'état du château du Louvre dans les premières années de son existence, il importe de connaître d'abord l'étendue de terrain qu'il occupait, ensuite l'existence et la grandeur des fossés extérieurs.

Agrandissements du temps de Philippe-Auguste. Les fossés.

Sauval indique quatre entrées du château, placées au centre des quatre faces. Il nous semble certain, et le raisonnement vient appuyer notre assertion, que l'édifice primitif ne pouvait comporter que deux portes, l'une au midi, l'autre à l'orient; elles sont très-manifestement accusées par les tours géminées qui ont toujours existé sur ces deux faces. Pour les deux autres portes, il est bien certain qu'aussitôt que les terrains de l'occident, occupés par l'artillerie, et ceux du nord, occupés par les jardins, furent joints à la forteresse, on établit des guichets, ou poternes de communication, munis de ponts volants. Mais cela n'eut lieu que postérieurement au premier établissement du château.

Les questions relatives aux fossés extérieurs du château du Louvre, aussi bien qu'à ceux de l'enceinte de Philippe-Auguste, ont suscité de graves discussions. L'origine de ces démêlés, qui datent de la fin du xviie siècle et du commencement du xviiie, est dans les intérêts rivaux de la Ville et de l'archevêque de Paris, ou de certains propriétaires de terrains ayant été occupés par l'enceinte de Philippe-Auguste[1]. Ce fut l'objet de nombreux mémoires fort bien faits et appuyés de nombreuses pièces, mais au milieu desquels il faut s'avancer avec précaution, parce que ces mémoires présentent les faits les plus clairs sous le point de vue le plus favorable à la cause qu'ils servent, et en font ainsi une interprétation trop passionnée.

Pour nous, qui les avons parcourus sans partialité et qui comptons en tirer un parti fructueux dans l'histoire topographique des enceintes de Paris, partie intégrante de cet ouvrage, nous y voyons une probabilité : c'est que l'enceinte et le château étaient entourés de fossés secs ou noyés. Du côté qui nous occupe spécialement, c'est-à-dire sur la rive droite du fleuve, nous ne voyons aucun obstacle à ce que les fossés aient été creusés en même temps que les murs étaient construits, et nous croyons qu'on en creusa dans les parties où existaient et furent conservées portions des murailles *sarrasines*. Que si l'on nous demande où était prise l'eau destinée à les remplir, nous répondrons que les sources et ruisseaux qui fournirent l'eau plus tard aux fossés de Charles V, à ceux du Temple, à ceux de Saint-Martin, et qui allaient se rendre dans le fleuve, par une pente naturelle, soit à Chaillot, soit, comme nous l'avons dit dans la note précitée, aux environs des Tuileries, pouvaient parfaitement alimenter les fossés de l'enceinte de Philippe-Auguste et les fossés du Louvre. Il ne faut pas s'étonner que les traces de ces fossés aient disparu. Dans une ville dont les accroissements étaient aussi rapides, surtout sur la rive droite, qu'y a-t-il d'étonnant à ce que

---

[1] Voir les mémoires relatifs à l'hôtel de Soissons et aux murs s'étendant de la porte Saint-Bernard à la porte Saint-Victor. (*Topographie, Ville de Paris*, t. II, Bibl. de la Ville, G. 33 ¼.)

des dégradations et même des envahissements aient eu lieu? Les écluses et vannes de retenue elles-mêmes pouvaient se détériorer et laisser à sec tout ou partie des fossés; mais on rencontre partout les traces de leur existence. On trouve encore, rue du Petit-Reposoir (aujourd'hui rue Pagevin, près de la place des Victoires), passage du Commerce et cour de Rohan ou de Rouen, sur la rive gauche, des marques sensibles d'un exhaussement et d'une dépression du terrain, exactement comme on distingue partout les remblais de l'enceinte bastionnée. Du côté du quartier Saint-Paul et du Marais, on trouverait les mêmes indices, si le terrain n'avait point été bouleversé; mais, à mesure que Paris se transforme, ces vestiges tendent à disparaître. Il en était de même au moyen âge, à mesure qu'on abandonnait les anciennes enceintes englobées dans les maisons et qui ne se laissaient voir qu'à la traversée des rues. Les fossés du Louvre pouvaient donc et devaient exister dès la construction du château; pour les creuser, on dut faire usage des tranchées sèches ou noyées établies par l'armée normande autour et en avant de Saint-Germain-l'Auxerrois.

Quelle était la forme de ces fossés? Les fouilles l'ont montré : c'était une contrescarpe simple et droite, suivant, dans son développement, la ligne générale du quadrangle. La vidange des fossés se faisait dans le fleuve, en aval et peut-être aussi en amont du mur d'enceinte. Supposer, comme le fait M. Berty (t. I, pl. 140), qu'il fallait faire monter artificiellement l'eau de Seine à 6 mètres au-dessus de son niveau de vives eaux pour noyer les fossés, c'est chercher bien loin ce qui est tout naturel, quand on admet l'existence des anciens fossés d'enceinte. C'est cette préoccupation de suivre certaines opinions un peu cherchées et quelquefois issues d'un intérêt particulier, comme on le voit dans les *Mémoires de la topographie de Paris* dont nous avons parlé plus haut, qui a entraîné M. Berty à faire de la tour de l'Engin une sorte de pompe élévatoire, au lieu de la considérer tout simplement comme l'abri ou la défense d'une vanne de décharge. Nous avons entendu dire, comme notre prédécesseur, qu'en reprenant les soubassements de la Petite Galerie, on avait rencontré des traces de terrains lavés par les eaux, mais nous avons compris que ce canal passait à ciel ouvert, en avant de la façade orientale de cette galerie et au pied de la tour dont les vestiges existent encore derrière les murs de ce soubassement. M. Berty affirme que ce canal passait sous la tour dite *de l'Engin*, et il importe fort peu que ce fût à 5 ou 6 mètres de plus ou de moins dans cette même direction : la vérité est qu'à toutes les époques il servait de décharge aux fossés du château, et qu'on trouve une preuve irrécusable de ce fait dans l'arche ou les arches (car il y a doute) qui portaient la galerie de passage communiquant du pavillon d'angle du sud-ouest à la Petite Galerie dite *des Antiques* ou *de Charles IX*. Rien n'empêche donc de croire, au contraire, que ce canal sec ou rempli d'eau suivait le bas du soubassement de cette galerie. Quant à l'égout de *l'arche d'Autriche*, placé dans la rue de ce nom et derrière le mur d'enceinte, il servait à laisser échapper les eaux de cette rue et du quartier, comme toutes les arches semblables qui se trouvaient le long de la berge de la rivière, pour faire passer le chemin du bord de l'eau.

En résumé, les fossés entouraient le quadrangle et se vidaient dans la Seine par le canal suivant la Petite Galerie; la retenue des eaux se faisait au moyen d'un vannage placé dans la tour de l'Engin ou à côté, et à l'intérieur des défenses; et cette tour pouvait servir de poste avancé à la forteresse. Cette description est simple et claire, et tous les textes peuvent s'y adapter. A cette époque, il ne faut point l'oublier, on ne dépensait que les sommes absolument nécessaires, et l'on profitait de toutes les eaux qu'on pouvait utiliser économiquement. Les coudes indiqués par M. Berty pouvaient bien provenir des anciennes tranchées faites pour la défense du bourg de Saint-Germain-le-Rond, avant l'établissement du château de Philippe-Auguste.

Nous ne proposons pas d'autres additions ou rectifications au texte du premier volume de M. Berty. Les acquisitions successives qui formèrent les jardins et les autres dépendances du château y sont indiquées. Nous nous bornerons à dire que ce fut à l'époque où eurent lieu ces acquisitions qu'on établit des poternes et des ponts volants à l'occident et au nord pour permettre l'accès du château. Ainsi se justifie l'indication de quatre portes donnée par Sauval.

Le château, comme habitation royale, dut demeurer assez longtemps inachevé; Époque de saint Louis. cette circonstance ressort de toutes les mentions faites par les historiens, et elles sont assez rares. Une partie des bâtiments fut assurément complétée et appropriée à l'habitation par saint Louis, qui a laissé son nom à l'une des salles. Il est certain, en outre, que les deux ailes formant l'angle du château, vers l'occident, furent celles sur lesquelles se portèrent les efforts et les dépenses des rois de France. Nous ne pouvons que renvoyer pour ces détails à la citation du texte de Sauval, transcrite par M. Berty (t. I, p. 153 et suivantes).

Philippe de Valois, vers 1333, fit l'acquisition d'une grange vers la rue Fromenteau, afin d'y placer sa ménagerie de bêtes féroces.

Le château ne reçut ensuite que des réparations de simple entretien, et certaines parties étaient dans un grand état de délabrement quand Charles V chargea l'architecte Raymond du Temple de faire de ce château un palais destiné à être habité par la cour, puisqu'il avait l'intention de remplacer cette forteresse par la Bastille, qui devait être placée à l'autre extrémité de Paris, vers le faubourg Saint-Antoine.

Nous allons tâcher de dire en quel état se trouvait le château du Louvre à État du château à l'avènement de Charles V. l'époque de l'avènement de Charles V. Le quadrangle existait tout entier avec les deux ailes en équerre du côté occidental. Peut-être la porte orientale était-elle alors munie d'un bâtiment en arrière et d'appentis de service, de chaque côté. A l'occident se trouvait un terrain occupé par des jardins ou des magasins de munitions d'artillerie, lequel allait rejoindre les jardins, ornés de tonnelles et de berceaux, qui venaient se terminer aux maisons de la ruelle parallèle à la rue Saint-Honoré, sur laquelle le jardin avait une petite porte de sortie. Le Donjon était demeuré isolé au milieu de la cour, et tout l'accroissement donné aux bâtiments consistait en quelques appropriations de salles et de chapelles, grandes et petites dues au roi saint Louis.

Il ne faut point passer sous silence la mention d'une propriété qu'aurait possédée Philippe-Auguste dans les environs du château du Louvre. De Lamare en parle dans son *Traité de la Police*, tome I, page 94, et l'a figurée dans son plan particulier de cette époque. Rien n'est venu nous prouver l'existence, à cet endroit voisin de la rue Saint-Honoré et de l'emplacement postérieur des Tuileries, d'une maison royale quelconque; et pourtant nous nous étonnerions qu'un homme savant et si bien posé pour se renseigner, comme l'était De Lamare, ait affirmé sans motif plausible un fait de cette nature. Du reste, à l'avénement de Charles V, il n'est plus mention de ce terrain. Un seul doute reste dans l'esprit : on a construit, de ce côté, plusieurs rues qui existaient au temps de Charles V et qui sembleraient exclure toute propriété un peu importante, autre que le Louvre et la Petite-Bretagne. M. de Clarac a supposé, dans sa restitution du nouveau Louvre, que les bâtiments situés dans l'angle sud-ouest du quadrangle, sur l'emplacement du Pavillon du Roi et près de la Petite Galerie, étaient les parties les plus anciennes du Louvre et avaient porté le nom de château du Bois. Il n'apporte aucune preuve acceptable de cette assertion, et l'opinion de De Lamare serait plus fondée, puisque, selon lui, les dépendances de ce château se seraient étendues jusqu'à l'endroit où s'élevèrent depuis les Tuileries, et où l'on sait que se trouvait une maison de plaisance fréquentée par les princes et leurs familles. Il se pourrait ainsi qu'on eût confondu avec une *maison de plaisance* le *château de Boys*, mentionné page 162, tome I, par M. Berty. Notre but n'étant pas d'entrer dans la discussion de ce point de topographie non encore élucidé, nous nous bornons à continuer la description de l'état du vieux Louvre à cette époque.

A l'avénement de Charles V, les tours d'angle, celles des milieux et des portes, étaient crénelées. Il est à croire qu'une tourelle coiffée d'un comble en poivrière sortait de la partie supérieure de la terrasse crénelée, et ne dépassait point la hauteur d'un étage, puisque ce fut Charles V qui suréleva les bâtiments d'habitation du Louvre. Nous pouvons aussi supposer, par les autres exemples contemporains, qu'à la hauteur des courtines régnait une terrasse ou promenoir crénelé, notamment du côté de l'occident, où la muraille avait une épaisseur énorme. Aux angles des tours et des bâtiments s'élevaient de légères vis d'escaliers desservant les tours et les habitations, et à côté se détachaient quelques souches de cheminées. On remarquait peu de baies sur le dehors, sauf pour les appartements exposés au midi, entre la porte principale et la tour de l'angle sud-ouest. Dans les façades de la cour avaient été pratiquées des ouvertures plus larges et plus grandes, mais toujours sobres d'ornements. L'aspect du château était plutôt sévère qu'agréable, et tout y avait été sacrifié aux besoins de la défense. À cette époque déjà, la façade méridionale, en avant des fossés extérieurs, était précédée de jardins ou de basses-cours avec un mur bordant le chemin du bord de l'eau entre la porte du Louvre (près de la tour du Coin, sur la berge du fleuve) et le *château de Boys* ou tour de Bois, assise également le long de la Seine, vers la campagne.

C'est alors que Charles V résolut d'achever ce palais, pour y habiter aussi bien qu'à l'hôtel de Saint-Paul, réservé pour les *grands esbattemens*, et qu'il confia à Raymond du Temple la direction de l'œuvre de la maçonnerie au château du Louvre.

II.

SOMMAIRE. — Charles V fait construire l'aile septentrionale du Louvre. — Il élève d'un étage certaines parties du château. — Raymond du Temple, architecte. — Le Passage au Donjon. — La Grande-Vis. — La Galerie en encorbellement sur la contrescarpe. — L'état du Louvre après Charles VI. — François Ier rase la Grosse-Tour. — Ses projets de reconstruction totale. — Pierre Lescot entreprend la reconstruction du Louvre. — Comparaison du plan de Clarac avec le plan réel restitué d'après les fouilles. — Conclusion.

Aussitôt que Charles V, le grand bâtisseur, eut résolu de faire de la vieille forteresse sa résidence habituelle, il entreprit d'élever une aile magnifique, exposée au midi et adossée à la courtine septentrionale vers les jardins; en même temps il appropriait les autres locaux anciennement habités par les rois, ses prédécesseurs. Notre but étant seulement d'interpréter les vestiges trouvés dans les fouilles, objet propre de ce travail, nous n'avons point à décrire, si ce n'est très-succinctement, les parties recouvertes par les ailes construites sous François Ier, Henri II et leurs successeurs. M. Berty en a fait, d'après Sauval et d'autres historiens, une description à laquelle nous renvoyons le lecteur[1]. Les planches détaillées qui accompagnent le texte de M. Berty, et ce texte lui-même, suffiront pour justifier la restitution que nous allons entreprendre.

Charles V fait construire l'aile septentrionale du Louvre.

En jetant les yeux sur la vue du Louvre tirée du tableau de l'abbaye de Saint-Germains-des-Prés et placée dans le premier volume de cet ouvrage, à la page 146, on remarque, à gauche de la grande porte d'entrée, deux étages au lieu d'un seul indiqué à la droite de cette même porte; les baies de croisées sont longues et étroites, avec un simple meneau transversal, qui suppose un châssis du bas pour jouir de la vue du dehors, et un châssis du haut pour donner de l'air aux apparte-

Il élève d'un étage certaines parties du château.

[1] Voir t. Ier, p. 147 et suiv.

ments. Le second étage, ajouté par Charles V, paraît avoir été destiné à ce qu'on appelait des *galetas*, où logeaient les gens de service, à proximité des chambres de leurs maîtres. Quant à la silhouette que donnent les saillies des toits, dont les tourelles séparées sont couronnées de poivrières et ornées de poinçons et de girouettes en fer évidé et doré, elle est des plus élégantes et des plus pittoresques. Nous ne pensons pas que le grand toit du milieu eût cette forme; mais il est probable que la partie postérieure du massif central de cette porte était couronnée d'un toit aigu à pignon, comme on le voit dans tous les édifices de ce genre à cette époque.

Charles V fit donc surélever d'un second étage la partie occidentale, et élever plusieurs vis d'escalier dans des tourelles aux angles de la cour intérieure. La planche dont nous venons de parler laisse voir la pointe d'une de ces vis, entre la Grosse-Tour et la tour de l'angle sud-est du château. Cette vis était placée à l'angle intérieur, du même côté.

Raymond du Temple, architecte.

L'architecte du Roi était alors Raymond du Temple, dont M. Berty a esquissé une courte biographie (t. I, p. 151), en y plaçant tous les renseignements dont il pouvait alors disposer, et un *fac-simile* du sceau de ce maître des œuvres. Outre les édifices dont Raymond du Temple est reconnu l'auteur, et qui ont tous disparu, nous en avons découvert un autre qui ne lui était point attribué jusqu'ici, et qui suffira pour justifier les éloges qu'on donnait au talent de cet architecte. Le musée paléographique nouvellement installé aux Archives de l'Empire possède un registre, coté H 2785¹, ayant appartenu au collège de Beauvais et contenant les comptes de 1377 à 1382 [1] relatifs à la construction du bâtiment principal de ce collège. A la fin d'un état de ce registre, nous avons trouvé la signature originale de Raymond du Temple, apposée à côté de celles du supérieur et du procureur du collège. Nous la donnons ici :

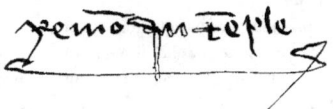

Dans un autre registre du même établissement, coté M.M. 355 des Archives de l'Empire, nous avons rencontré, après le testament et l'inventaire du cardinal Jean de Dormans, fondateur, tous les comptes de la construction de la chapelle du collège, qui existe encore dans la rue Saint-Jean-de-Beauvais, et qui est occupée par un couvent de PP. Dominicains [2]. L'architecte qui conduisit les travaux,

---

[1] Nous devons la découverte de ce document à M. A. de Boislisle.

[2] C'est le R. P. Chapotin, dominicain, occupé en ce moment à écrire une histoire du collège, qui a bien voulu nous indiquer l'existence de ces comptes peu connus.

LES FOUILLES DU LOUVRE EN 1866.

de 1370 à 1385, fut Raymond du Temple; dans un rapport, il s'exprime ainsi : « Raymon du Temple, maçon juré de l'église de Nostre Dame de Paris, savoir « faisons que le ij° jour de mars cccmj^{xx} et ij fu marché fait en tache a Michel « Salmon, » etc. Voici comment on le désigne dans le registre de ces comptes du collége : « Maistre Raymond, maistre des œuvres du Roy. »

Raymond du Temple, ayant commencé en 1362 les constructions du Louvre de Charles V, dut apporter dans la direction et l'exécution des deux édifices le même style et la même méthode. C'est, du reste, ce qui ressort de la comparaison qu'on peut faire aujourd'hui entre les substructions du Louvre et la chapelle du collége de Beauvais. La construction de cette chapelle suivit de près la mort de Jean de Dormans, cardinal, évêque de Beauvais, chancelier de France, favori de Charles V, et bâtisseur comme lui. Nous n'avons pas l'intention d'entrer dans les détails que renferment les comptes du collége et qui ont rapport au degré d'autorité appartenant alors à l'architecte sur la direction des travaux; ces détails, comme ceux du devis et des règlements de Raymond du Temple, trouveront mieux leur place dans la description du collége de Beauvais. Quant à présent, nous ferons seulement observer (ce qui confirme une opinion exprimée par M. Berty sur la direction effective imprimée aux travaux des Tuileries par Catherine de Médicis) qu'au moyen âge l'influence personnelle de celui qui faisait bâtir était toute-puissante en ce qui concernait la distribution des édifices et leurs dispositions générales. Le maître des œuvres intervenait bien pour l'exécution matérielle et les nécessités de la construction, mais il subissait forcément la volonté de celui qui l'employait. C'est peut-être à cette circonstance que nous devons attribuer les tours de force, soit de construction, soit d'ornementation, que nous remarquons dans certains monuments, et nous ne croyons pas nous tromper en affirmant que Charles V dut mettre plus d'une fois la main aux croquis des plans des bâtiments neufs du Louvre.

Une autre remarque nous paraît avoir son importance : s'il est vrai que l'architecte, maître de la maçonnerie, était le véritable architecte, dans le sens que nous donnons à ce mot aujourd'hui, et cela uniquement parce que la maçonnerie entrait pour la partie principale dans l'œuvre d'un bâtiment, il avait néanmoins à son côté le maître de la charpenterie; au collége de Beauvais, c'était Jehan de Chartres. Peu de temps après, durant le xv° et le xvi° siècle, les maîtres charpentiers devinrent les uniques directeurs des œuvres entières, qui étaient des maisons en pans de bois. Sous ces deux principaux maîtres travaillaient les maîtres maçons, avec leurs équipes d'ouvriers. On *toisait* et l'on payait à mesure; cette opération du *toisage* était faite contradictoirement par l'architecte en personne et les maîtres maçons, avec l'intervention d'autres maîtres jurés *à ce congnoissans*. Le devis général de la maçonnerie était dressé et rédigé par l'architecte, et, au collége de Beauvais, il est dit que maître Raymond se rendit en place de Grève, lut le devis à haute voix aux ouvriers qui s'y trouvaient, en leur demandant de signer l'engagement d'exécuter le travail selon les prescriptions de ce devis.

Pour revenir à la description spéciale de l'aile septentrionale du Louvre, dont les substructions ont été retrouvées entières, mais dérasées à environ soixante centimètres en contre-bas du sol de la cour (voir p. 111), nous ferons remarquer que le niveau du sol du rez-de-chaussée de cette aile a été nécessairement élevé au-dessus du sol de la cour, et cela d'une manière notable, puisque toutes les distributions rencontrées dans les fouilles n'ont donné que des locaux restreints, sans parements, présentant tous les caractères de caveaux et de dégagements de service. En étudiant avec attention les planches relatives à ce côté des fouilles (p. 111, 115, 118 et 119), on voit que le peu de distance existant entre la courtine septentrionale du château et la contrescarpe du fossé du Donjon obligea l'architecte à reprendre et à raccorder le mur de cette contrescarpe, afin de donner plus de force et de résistance aux murs du bâtiment qu'il avait à construire. Il éleva donc, du fond du fossé, une ligne de contre-forts en maçonnerie, destinés à porter la galerie de communication qui devait faciliter l'accès des salles, de la Grande-Vis d'escalier et du Passage au Donjon. On ne peut que faire des suppositions sur ce que devait être la disposition architecturale de cette façade intérieure ; et cependant, en tenant compte du niveau surélevé du rez-de-chaussée, de la saillie des contre-forts des parties de moulures qu'on y distingue et qui forment les bases d'un encorbellement, on comprend immédiatement qu'une saillie plus ou moins forte sur le fossé devait dégager la galerie de communication et faciliter le passage. On peut se figurer aussi que, selon la coutume de l'époque, chaque contre-fort déterminait une portée de poutre ou de retombée de voûte, et que l'ensemble du bâtiment se divisait par conséquent en dix travées, de fond en comble. La galerie devait passer en avant du mur parallèle à la courtine, et s'avancer en encorbellement sur les contre-forts reliés au grand mur de la contrescarpe. Cette disposition diminuait d'autant la distance à franchir pour atteindre la Grosse-Tour, et y jeter l'arche du Passage qui entrait dans le programme imposé par le Roi.

Le Passage au Donjon.   Comme M. Berty l'a indiqué dans sa Notice sur les fouilles, il est indubitable que les deux contre-forts du centre de la façade, dont l'un présente, dans sa partie supérieure, la naissance d'une colonnette polygonale posée sur le dos d'un larmier, du côté du massif de la Grande-Vis, et dont l'autre, au même niveau, est garni des moulures d'un encorbellement ainsi que de la base semi-circulaire d'une vis de petit escalier, étaient les culées de l'arche qui, franchissant le fossé, allait s'appuyer à la muraille de la Grosse-Tour. On n'a pas trouvé de traces des retombées, et nous comprenons ce fait puisqu'elles devaient être placées plus haut que le rez-de-chaussée. L'écartement de 7 mètres (21 pieds) au plus, qui existe entre la paroi de la cour et les contre-forts de culées, du côté du bâtiment, n'est pas un obstacle à la construction d'une arche unique, même en pierre. Ce qui est certain, c'est que l'on n'a rencontré aucune trace d'une pile du milieu. Nous avons placé ci-après, pour élucider la description de la Grande-Vis laissée par M. Berty, un plan en simple tracé, qui comprend la partie centrale du Passage; il ne nous paraît pas nécessaire de tenter une restitution plus complète, qui entraînerait des coupes et des élévations hypothétiques, et nous ferait sortir des limites tracées par les fouilles. L'existence de ces parties importantes du bâtiment de Charles V est incontestable; les fouilles ont montré quelles étaient les bases réelles de ces parties ; notre rôle se borne à placer sur ces vestiges les constructions décrites, et à démontrer que c'est bien à la place que nous indiquons, et non à une autre, que pouvaient s'élever le Passage et la Vis, avec les dimensions données par Sauval. D'ailleurs, les personnes versées dans l'étude de l'architecture de cette époque comprendront parfaitement qu'il est difficile de restituer un édicule placé en encorbellement sur un pilier dont on n'a que la base. Il faut s'en rapporter à la description de Sauval et l'ajuster sur les substructions révélées par les fouilles. Nous n'avons pu tenir compte de la construction postérieure placée à droite du Passage, et qui n'était pas liée à la maçonnerie; elle n'entrait point, en effet, dans l'ensemble des dispositions de Raymond du Temple.

Nous supposons donc, d'après les repères trouvés dans les fouilles, et en les comparant aux descriptions disséminées dans les historiens, que la galerie de passage, construite pour joindre le Donjon au bâtiment septentrional, était portée sur une seule arche ; ce qui justifie l'absence de traces d'une pile dans le fossé de la Grosse-Tour. Il nous paraît, en outre, probable que cette galerie était portée sur les deux contre-forts placés près de la Grande-Vis, au centre de cette aile. Ce Passage ne devait donc pas butter sur la tour de la Vis, mais sur la galerie en encorbellement à la ligne des contre-forts du fossé; cependant il était bien près de cette Vis, dont le séparait seulement une travée de la galerie en encorbellement, laquelle était encore diminuée, de ce côté, par la saillie de la Grande-Vis. Rien ne nous apprend d'une manière certaine si le Passage se trouvait au premier étage, c'est-à-dire, pour parler le langage moderne, au rez-de-chaussée de cette aile du palais, élevée sur des caves ou celliers dont les fouilles ont donné la figure; ou bien si le Passage se trouvait à l'étage supérieur. L'absence de vestige indiquant la retombée de l'arche, d'un côté comme de l'autre, avait amené M. Berty à supposer que le Passage était en bois. Cette hypothèse paraît peu satisfaisante; et, en effet, on peut comprendre parfaitement la possibilité d'une arche ogivale ou surbaissée, suivant l'élévation qu'on donne à la galerie.

Comme il est constaté que la galerie de passage ne venait point aboutir à la cage de la Grande-Vis, nous penchons à croire qu'elle arrivait au niveau des salles situées au-dessus des celliers découverts. En relisant le texte de Sauval, qui donne la distribution du vieux Louvre (voir t. I, p. 152 et suiv.), on s'aperçoit qu'il décrit surtout les ailes occidentale et méridionale, le plus souvent habitées par la famille royale. Mais nous savons aussi que l'aile septentrionale était principalement occupée par Charles V, et que c'était dans la tour du nord-ouest dite *de la Fauconnerie*, ou plutôt *devers la Fauconnerie*, et aussi *de la Librairie*, que le Roi avait installé sa bibliothèque et ses objets d'étude (voir t. I, p. 146). On pourrait donc supposer que le Passage au Donjon, dans lequel étaient renfermés habituellement les joyaux, possédait deux paliers de communication, l'un au rez-de-chaussée surélevé, l'autre au premier étage proprement dit. Cette communication se trouvait ainsi placée à égale distance des tours où le Roi avait établi sa *librairie* et sa *taillerie*. Quant à la richesse d'ornementation de ce passage, on peut se la figurer d'après le luxe de sculptures et de moulures qui couvraient la Grande-Vis voisine.

L'encorbellement attaché au contre-fort de droite et le ressaut mouluré, aussi en naissance d'encorbellement, qui se voit à gauche du même contre-fort, indiquent bien clairement qu'il y avait là une autre vis plus petite, desservant le passage et la galerie. Nous n'avons pas l'intention de compléter, par une étude plus détaillée, le croquis que M. Berty a ébauché de l'agencement de cette partie de façade avec la Grande-Vis. Cette étude, longue et difficile, ne nous paraît pas rentrer dans les limites d'un ouvrage topographique comme celui-ci; nous n'ajouterons donc à ce plan ni coupe ni élévation : il nous suffit de faire remarquer que cette petite vis d'escalier, accolée à l'angle du passage et de la galerie de l'aile septentrionale, avait peut-être un peu plus de capacité que ne l'indique M. Berty, les moulures de gauche pouvant faire deviner, de ce côté, un pan coupé en encorbellement[1]. Du reste, le diamètre du culot dérasé au-dessous du larmier de couronnement est assez grand, comme le démontre le tracé, pour recevoir une vis

---

[1] On se tromperait, à notre avis, si l'on voulait, à cause de cette autre saillie de gauche, placer là, en face de la galerie de passage au Donjon, la Grande-Vis elle-même, en suivant les plans de restitution inspirés par le texte de Sauval et démentis par le résultat des fouilles. Il faudrait alors supposer que la Grande-Vis avait pris, sur la galerie de l'aile septentrionale elle-même, tout le diamètre qui lui a été attribué par les descriptions, et que le culot voisin lui était accolé, ou bien encore qu'il supportait l'une de ces saillies ornées de statues dont parle le texte. Nous ne pensons pas que le massif que M. Berty assigne au soubassement de la Grande-Vis ait pu être autre chose que cela, c'est-à-dire une sorte de tourelle saillante, dont nous ne verrions pas la destination à cet endroit. Et si l'on venait objecter que l'autre tourelle polygonale saillante, placée de l'autre côté du Passage, vers la tour de la Taillerie, était le pendant de la première, nous dirions que la construction de cette tourelle, élevée, comme l'indiquent les fouilles, postérieurement à la démolition de la Grosse-Tour, par François I", nous prouve précisément que c'est bien la Vis et non une tourelle qui surmontait le massif rencontré à gauche du Passage. C'est après la disparition de la tour et de la galerie de passage, construite en conséquence, que François I" dut faire élever la tourelle de droite, non reliée au mur de la contrescarpe, pour devenir le pendant de la Grande-Vis, et qu'il fit les raccords au centre, pour réparer les dégradations causées par la démolition. Tant que la galerie du Passage exista, on ne dut pas être choqué de l'absence de cette tourelle de droite, qui n'avait aucune raison d'être.

de la dimension de toutes celles qu'on rencontre, à des endroits analogues, dans la plupart des châteaux et palais de cette époque.

Nous arrivons à la Grande-Vis, que les fouilles nous indiquent avoir été placée sur le mur de la contrescarpe du Donjon, vers l'angle du nord-ouest de la cour et dans l'axe de la tour de la Librairie. Les restaurations du vieux Louvre qui ont été tentées jusqu'ici, et qu'on a basées sur l'interprétation des données fournies par une mesure erronée, ont assis la Grande-Vis au centre de la façade intérieure de l'aile septentrionale, et ont fait arriver sur elle la galerie du Donjon. Naturellement, les dimensions de ces constructions sont bien au delà de celles que comportait l'emplacement qui leur était destiné et que les fouilles ont découvert. Nous donnons ici le croquis du plan de cette partie du vieux château, restitué d'après les fouilles et les chiffres vérifiés de Sauval; c'est le complément du travail de notre prédécesseur.

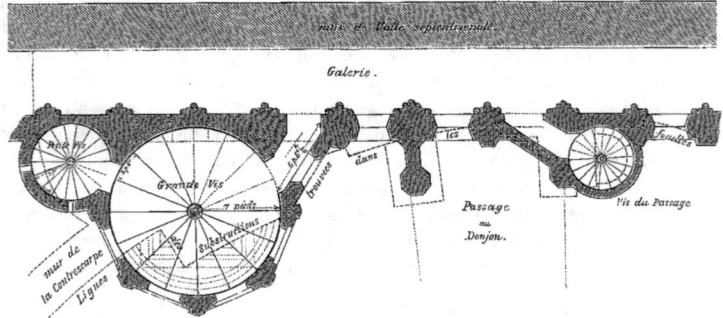

Nous ne reproduirons pas ici les calculs de M. Berty, consignés à la page 126; nous nous contenterons de faire observer que les irrégularités existant dans le pilier de support du soubassement disparaissaient nécessairement à la naissance des moulures inférieures de l'encorbellement de la Vis, lesquelles devaient, comme nous l'indiquons, saillir encore sur l'angle de ce soubassement, et donner aux contours de la tourelle de cette Vis toute la régularité désirable. Il est facile de se rendre compte de l'effet que devait produire cette tourelle, isolée sur la plus grande partie de son pourtour et solidement fondée sur la contrescarpe, tandis que les contre-forts de la galerie de l'aile septentrionale et la saillie du soubassement descendaient au fond du fossé. Elle occupait, à sa jonction avec le bâtiment, une partie d'une travée de la galerie, et s'élevait jusqu'à la hauteur indiquée par le nombre des marches de la grande révolution de la Vis. Nous n'avons pas besoin d'insister davantage sur la possibilité de faire entrer toutes les parties décrites par Sauval dans le pourtour de cette tourelle; on doit remarquer qu'elles y entreraient même avec plus de facilité que si l'on plaçait, comme dans les restitutions graphiques publiées avant l'exécution des fouilles, la tourelle de la Grande-Vis dans l'axe de la galerie du Passage au Donjon, soit qu'on l'applique à la galerie de l'aile septentrionale, soit qu'on l'isole au milieu de cette galerie, ce qui était impossible dans l'état véritable des lieux. Il nous suffit donc de prouver, comme nous croyons l'avoir fait après M. Berty, que la cage de la Grande-Vis était bien posée dans l'angle formé par le mur de la contrescarpe de la Grosse-Tour et la façade de cette aile septentrionale, œuvre de Raymond du Temple, et appliquée par lui à la vieille courtine du château.

La restitution de la base de cette Vis, faite dans les dimensions les plus larges possibles, démontre en même temps qu'il faut renoncer à placer la petite Vis supérieure, à l'aplomb du noyau de la grande Vis inférieure, car la chose serait inexécutable. Mais il ne résulte pas nécessairement du texte de Sauval que cette vis dût être placée dans l'axe perpendiculaire du noyau des révolutions inférieures; il est certain, au contraire, que, suivant en cela la pratique de tous les architectes de l'époque, Raymond du Temple fit monter la petite Vis en l'appuyant très-probablement sur l'un des angles formés par le bâtiment et la cage, en la laissant s'isoler pour dominer la terrasse qui, paraît-il, couronnait la tourelle de la Grande-Vis. La hauteur de cette partie vide, formant le haut de la cage, est justement donnée par le nombre des marches de la petite Vis. Elle devait faire, de ce côté du bâtiment, un effet analogue à celui que produisait la petite Vis appliquée au contre-fort oriental du Passage au Donjon, et elle avait le même objet.

Dans la note ci-dessus, relative au massif appliqué à la façade intérieure, à droite de la galerie du Passage au Donjon, il a été dit que cette construction n'existait point au temps de Charles V, et avait été ajoutée probablement, ainsi que la régularisation de la cour, à l'époque de François Ier, après la démolition du Donjon et de la galerie de passage; nous n'avons donc pas à revenir sur ce point, qui nous semble suffisamment démontré.

La Galerie en encorbellement sur la contrescarpe.

Du Cerceau dit, dans le texte de sa notice sur le Louvre, que, de son temps, les vieilles parties du château de Charles V existaient encore, c'est-à-dire les ailes septentrionale et orientale; s'il avait donné seulement un tracé de ces ailes, comme il l'a fait pour les vieilles parties du château de Coucy, nous aurions les éléments suffisants pour apprécier la disposition de la façade construite par Raymond du Temple. A défaut de ce renseignement, les substructions découvertes nous autorisent à croire que le corps de bâtiment avait, du côté de la cour, un gros mur tangent au mur de la contrescarpe du Donjon, et qu'en avant de ce mur, soit dans le fossé, soit en dehors, il y avait des piles ou contre-forts montant jusqu'aux retombées des arcs qui soutenaient la ligne accusant le niveau du sol surélevé des salles du rez-de-chaussée. On a un exemple de ce que nous indiquons dans la façade occidentale du vieux Palais de la Cité, sans toutefois donner à entendre que les arcs étaient aussi surbaissés. L'espace entre les contre-forts était ici bien moins grand que dans le Palais de la Cité, et permettait d'employer l'arc en tiers-point, suivant la hauteur du sol au-dessus du dérasement actuel. Sur ce point nous n'avons pas d'opinion arrêtée; il suffit, pour atteindre notre but, que nous puissions voir dans ces contre-forts, en avant du mur, les soutiens d'une galerie indispensable à une circulation facile dans cette aile du Palais. Y avait-il une terrasse au-dessus de cette galerie; ou bien un corridor à claire-voie donnait-il du dégagement aux appartements de l'étage supérieur? Nous pencherions vers cette dernière alternative, à cause du nombre de marches qui est compté dans la Grande-Vis, et qui, selon nous, a pour point de départ le niveau du sol de cette galerie et des salles placées au-dessus des celliers et des caveaux trouvés dans les substructions.

De tout ce qui précède et de l'application du texte de Sauval au château ramené à ses dimensions véritables, nous concluons que toute l'aile septentrionale allait se rattacher facilement, vers l'occident, aux constructions de l'aile qui contenait, comme aujourd'hui encore, les grandes salles royales, et, vers l'orient, à la courtine ainsi qu'à la tour *de la Librairie*. Dans la planche de restitution représentant la façade occidentale du Louvre de la Renaissance [1], nous avons placé, à l'angle nord-ouest, après l'avoir restituée d'après la vue de Cellier et autres graveurs, la figure de cette tour qui existait encore, et nous faisons remarquer que c'est la seule qui ait des mâchicoulis au-dessous du crénelage. Toutes les vues que nous connaissons et qui donnent la figure des tours du Louvre, principalement le tableau de Saint-Germain-des-Prés et le retable du Palais, montrent que le crénelage était porté par un simple encorbellement formé de plusieurs membres de moulures sans trace de corbeaux. On voit aussi que la partie supérieure, au-dessus du crénelage, est en retraite sur les créneaux, de manière à fournir passage au pourtour; toutes possèdent une tourelle de cage d'escalier et un ou plusieurs corps de cheminée. A notre avis, ces parties n'avaient qu'un étage, du temps de Philippe-Auguste, et c'est Charles V qui, en appropriant ce côté et en construisant l'aile du nord, a fait relever la tourelle supérieure et réparer les créneaux de toutes ces tours d'angle. La disposition intérieure de ces tours devait être la même que celle des deux tours du pignon septentrional du vieux Palais de la Cité, qui se voient encore sur le quai. Ces tours étaient garnies, il y a une vingtaine d'années, des armoires qui les meublaient au xive siècle, et l'on peut remarquer qu'elles ont toute l'apparence de celles que nous montrent les anciennes vues du Louvre; leur

[1] Voir p. 57.

162   TOPOGRAPHIE HISTORIQUE DU VIEUX PARIS.

destination était, en effet, la même. La tour de la Taillerie ne paraît point avoir eu de mâchicoulis; on n'en voit pas trace dans les images qui nous en sont restées.

Nous ignorons aussi comment était disposée la partie centrale correspondant à la tour appelée *du Milieu*. Comme elle ne se trouvait pas dans l'axe du Donjon et du Passage qui y reliait l'aile septentrionale, il est permis de supposer que la toiture filait droit jusqu'aux tours d'angle.

Quant à la partie orientale du château, nous avons assez de documents graphiques pour donner une idée de ce qu'elle pouvait être. Sauval ne la décrit pas, ce qui porte à croire qu'elle ne renfermait que des services domestiques, sans aucun appartement royal ou princier. La vue de ce côté était d'ailleurs tout à fait triste: on n'avait en perspective que le mur de Philippe-Auguste, auquel s'adossaient des masures ou des granges et des chantiers. Cette partie a donc toujours été peu décrite, parce qu'elle n'offrait aucun intérêt artistique. Elle a aussi été détruite la dernière, puisque c'est de ce côté que fut agrandie la cour et que Perrault bâtit sa fameuse colonnade.

Cette période, qui embrasse la reconstruction du Louvre, au moins dans sa portion septentrionale, ainsi que l'ornementation et l'agrandissement des jardins par Charles V, s'étend jusqu'à la fin du xve siècle; c'est évidemment la belle époque du Louvre, car ce palais était alors entièrement occupé, et l'on voyait s'y étaler toute la splendeur de la cour de France.

L'état du Louvre après Charles VI.

Pendant tout le règne de Charles VI, règne si agité et si malheureux, le Louvre demeura la résidence de la cour d'Isabeau de Bavière, qui y faisait ses réceptions solennelles et transportait ses autres divertissements dans les riches hôtels que les rois ou les grands seigneurs possédaient dans les quartiers Saint-Paul, Saint-Antoine, et surtout du côté du bourg Saint-Marcel, sur les bords alors fort riants de la Bièvre. Ainsi le Louvre dut être convenablement entretenu. C'est peut-être à cette époque, ou au règne suivant, qu'il faut attribuer la construction de cette tour carrée et crénelée qu'on voit collée à la courtine, derrière la tour d'angle du sud-est. Elle pouvait contenir une cage d'escalier plutôt que l'extrémité d'une des chapelles intérieures. Dans tous les cas, elle ne paraît avoir été construite qu'après Charles V, et elle disparaît dans l'œuvre du xviie siècle.

Nous pensons, comme M. Berty, que le château du Louvre tomba, vers la fin du xve siècle, dans un certain état de délabrement, puisque François Ier en décida la reconstruction totale, et que, au moment de la visite de Charles-Quint, il dut, pour loger son rival, faire d'assez grosses dépenses.

François Ier rase la Grosse-Tour.

Pour commencer l'exécution de son projet, François Ier fit raser d'abord la Grosse-Tour, qui encombrait la cour avec son immense fossé, puis un petit pavillon et une fontaine en avant du pont-levis ou dormant, du côté du midi. En effet, la Grosse-Tour ne représentait plus l'idée féodale dont elle était le signe matériel dans les siècles précédents; le pouvoir souverain s'entourait alors d'une plus grande pompe; la garde était plus nombreuse, et les seigneurs, qui auparavant résidaient sur leurs terres, s'empressaient de venir à Paris autour du Roi. Les cortéges pompeux de la Renaissance n'auraient pu se développer ni même être contenus dans la cour exiguë de l'ancien Louvre.

En faisant disparaître la Tour, il fallut détruire la galerie de passage, et il ne resta que la Vis et le motif de la façade, qui alors parut boiteux au goût symétrique de l'époque. C'est, comme nous l'avons dit plus haut, à cette époque qu'il faut faire remonter la construction de la tourelle élevée sur la face méridionale de cette aile du château. François Ier avait l'intention de faire la principale entrée du Louvre du côté oriental, parce qu'il avait enfermé l'ancien chemin du bord de l'eau dans le jardin méridional; mais il paraît qu'il ne jugea point à propos de renverser immédiatement cette aile, et qu'il se borna à restaurer les bâtiments de Charles V. Ces bâtiments, étant les derniers construits, avaient conservé une certaine solidité. Nous voyons, par les fouilles exécutées de ce côté, que la poterne était demeurée dans l'état où l'avait mise Philippe-Auguste; et évidemment une porte de cette exiguïté n'était point une porte principale.

M. Berty a eu raison de dire, dans le premier volume de cet ouvrage, que la reconstruction du Louvre était due au passage de Charles-Quint à Paris. Cette visite avait lieu en 1539, et en 1540 Pierre Lescot recevait l'ordre de tracer le projet d'une reconstruction générale. On commença par les parties les plus anciennes et les plus endommagées, l'aile occidentale, et l'on voit, dans la planche rectifiée du Louvre, accompagnant ce volume, que cette aile s'étendait du pavillon du Roi, angle sud-ouest du château, jusqu'à l'escalier de Henri II, où se trouvaient le passage et le pont sur la rue Fromenteau, et qu'elle venait butter contre le bâtiment de Charles V.

Ses projets de reconstruction totale.

Suivant les errements des architectes de cette époque, Lescot s'astreignit à conserver la plus grande partie possible des anciens fondements du vieux château; il s'appuya donc sur la muraille épaisse de Philippe-Auguste, et il employa une partie des anciens matériaux, ainsi que les fouilles l'ont fait reconnaître. Les difficultés des temps empêchèrent de pousser ces travaux avec toute la célérité désirée, et c'est seulement en 1548 que le gros œuvre paraît avoir été terminé. Quant aux appartements intérieurs, on les laissa longtemps dans une situation provisoire, et l'on se borna d'abord à clore et couvrir les bâtiments construits.

Pierre Lescot entreprend la reconstruction du Louvre.

C'est très-probablement à cette période de démolitions successives que l'on doit attribuer les constructions élevées sur la façade orientale, pour loger le nombreux personnel placé auparavant dans les ailes démolies. Nous donnons ici un dessin tiré d'un tableau acquis récemment par la Ville de Paris, et qui montre d'une manière assez détaillée les divers bâtiments de ce côté du château. L'aile méridionale des Valois et de Henri IV est construite; comme dans la vue de Sylvestre et celle de Pousin (page 104) de 1615, on voit qu'on avait respecté la tour d'angle et surélevé un étage sur la vieille courtine, avec une sorte de pavillon sur les tours de la poterne de la rue d'Autriche [1].

A partir de ce moment, les travaux du Louvre se continuèrent sans interruption, quoique lentement, et l'on comprit alors que les rois voulaient dorénavant résider dans ce palais. Toutes les acquisitions possibles furent faites pour agrandir et isoler le château et ses jardins. Mais, en même temps, les rois accordèrent à plusieurs de leurs favoris l'autorisation de se construire des habitations sur des terrains dépendant du Louvre et destinés à y être réunis. Cet abus prit de si grandes proportions, que, au XVIIe siècle, lorsque les rois voulurent achever l'œuvre commencée par François Ier, ils durent avoir recours à des mesures d'éviction contre les détenteurs de ces terrains alors bâtis et plantés.

Comparaison du plan de Clarac avec le plan réel restitué d'après les fouilles.

Notre but unique étant de compléter les explications de M. Berty sur les fouilles de 1866, nous avons dû nous appliquer principalement à replacer sur les vestiges découverts alors, et décrits graphiquement dans la série de gravures qui accompagne cette notice, les anciens bâtiments décrits par Sauval et dont on était loin de connaître la vraie situation avant les renseignements trouvés dans ces fouilles. Nous renvoyons donc pour le reste à la partie du présent volume qu'à laissée M. Berty et que nous avons élucidée par quelques notes. Maintenant

---

[1] Nous avons fait ce dessin afin de montrer l'accord qui existe, sur le point de comparaison des tours d'angle, entre plusieurs représentations contemporaines. Ces copies prouvent avec quel soin nous avons pu étudier ces parties peu connues du vieux Louvre. On aperçoit distinctement la retraite marquée à la hauteur du crénelage démoli, la cheminée et les bases étroites des fenêtres avec leurs meneaux ou traverses. Dans la planche de la page 103, on voit bien le raccord de l'ancienne maçonnerie de Philippe-Auguste avec celle du temps de Charles V, qui est plus parfaite. Ces restitutions, appuyées de témoignages comme ceux que nous offrons, nous paraissent mieux atteindre le but qu'on s'est proposé en publiant le présent ouvrage, que si nous avions donné de simples tracés des monuments. Les légères inexactitudes qu'une critique sévère y relèverait peut-être ne nuisent pas à l'effet vrai que l'ensemble produit; et, d'ailleurs, nous croyons qu'en produisant des preuves contraires aux exemples que nous offrons, on peut arriver au doute, mais non à une contradiction soutenable. On voit dans le tableau, et nous avons cherché à reproduire dans la gravure, la différence des couvertures en tuiles et en ardoises. Ainsi les poivrières des tours d'angle, les combles des maisons du centre et le comble du grand bâtiment du midi sont couverts en ardoises; le reste l'est en tuiles. Il est probable que le Louvre de Charles V était couvert en ardoises, parce que Raymond du Temple couvrit de cette façon la chapelle de Saint-Jean-de-Beauvais et, quelques années plus tard, le collége, ainsi qu'il résulte des comptes du procureur de cette maison. (Archives de l'Empire, MM 355.) — Le champ de vue du tableau, dont nous reproduisons une partie, s'étend de la tour de Nesle à la tour de la Taillerie et à l'hôtel Bourbon; notre gravure reproduit la tour de droite. Dans un autre tableau de la même époque, où la tour du sud-est est tout à fait sur le bord du cadre, on voit distinctement encore cette retraite au crénelage qu'indique nettement le premier tableau.

TOPOGRAPHIE HISTORIQUE DU VIEUX PARIS.

LE LOUVRE VERS 1620
d'après un tableau de lampes appartenant à la Ville de Paris.

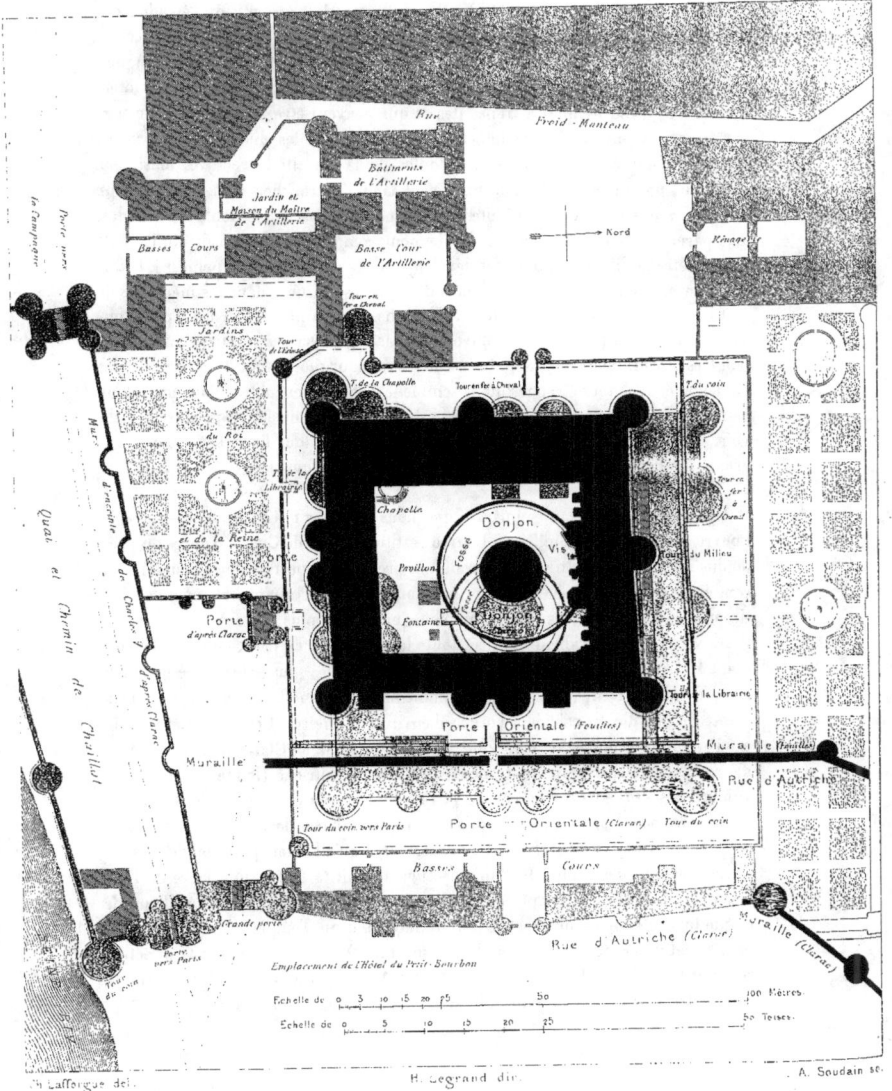

PLAN COMPARATIF DV LOVVRE

D'APRÈS LES FOUILLES DE 1866 ET D'APRÈS M^R DE CLARAC.

(La teinte foncée donne le tracé des fouilles.)
(Les italiques reproduisent la légende de M. de Clarac.)

il nous reste à présenter, sur la planche ci-contre, le tracé vrai de l'étendue du vieux Louvre révélée par les fouilles, et, en premier lieu, par les recherches de M. Berty, en le comparant aux restitutions tentées d'après Sauval. Sauf quelques erreurs de copistes, nous croyons que Sauval sera réhabilité par l'application intelligente des mesures qu'il a transcrites et qui peuvent être aujourd'hui reportées sur le terrain même. Les architectes savent bien que les dimensions exprimées dans les comptes et mémoires sont toutes d'une exactitude relative; ainsi, par exemple, pour mesurer la maçonnerie, il faudra retrancher d'un côté les deux épaisseurs des murs des extrémités, si l'on ne veut pas cuber double les angles. Les parements, au contraire, se développent complétement; on voit ainsi quelle pourra être la différence. Dans les développements des surfaces de peinture, l'écart peut devenir encore plus fort. Si Sauval a pris ses mesures dans les mémoires de la Chambre des comptes, aujourd'hui détruits pour la plupart, il n'est pas étonnant qu'il ne soit pas d'accord, suivant les cas, soit avec les mesures prises dans d'autres circonstances, soit avec lui-même. C'est pourquoi, avant de condamner les renseignements, tout étranges qu'ils semblent d'abord, rencontrés dans un auteur contemporain, voisin des événements, ou seulement ayant été en position soit de voir, soit de bien savoir, il faut réfléchir, étudier et surtout fixer, sous une forme graphique bien arrêtée, les résultats que la lecture a fournis.

Conclusion.

M. Berty, dans le plan comparatif que nous donnons ci-contre, a superposé le Louvre révélé par les fouilles au Louvre restitué par M. de Clarac d'après les prétendus renseignements tirés de Sauval. A la première inspection de ce plan, on voit combien est juste la remarque faite par nous, qu'en restituant isolément, sur de simples données chiffrées, un monument qui n'existe plus, on s'expose à des erreurs véritablement ridicules. Ainsi, toute la portion de ce plan, en teinte foncée, étant le Louvre retrouvé dans les fouilles, et les teintes plus pâles représentant le tracé de M. de Clarac, on remarque immédiatement que toute la muraille d'enceinte de la Ville est rejetée à l'orient d'environ 30 mètres. Cette première erreur est d'autant plus impardonnable que, au moment où M. de Clarac donnait son plan de restitution, il existait un tronçon de la rue d'Autriche (lequel existe encore aujourd'hui sous le nom de rue de l'Oratoire), et que ce repère devait faire repousser à l'occident la muraille qu'on savait avoir bordé la rue d'Autriche. Nous ne parlons pas de l'église Saint-Germain, parce qu'elle était plus éloignée.

La muraille d'enceinte de Philippe-Auguste suit la façade intérieure de l'aile orientale, et le Donjon est placé dans l'angle de la cour du même côté. Il suit de là que tout le système de construction de Raymond du Temple est rejeté au nord de 14 mètres au delà de son emplacement vrai. On s'étonne qu'avec la direction connue des rues de Beauvais et des Poulies M. de Clarac ait pu être entraîné à commettre une erreur pareille, qui supprimait la moitié du jardin.

Il s'en est suivi que les distributions intérieures ont été agrandies, changées, et que le nombre des tours a été augmenté. Dans le corps même du quadrangle, on ne compte que dix tours; la tour de l'Engin ou de l'Écluse, en dehors, et celle de forme carrée appliquée au pignon oriental, compléteraient le chiffre de douze; mais on ne peut en compter davantage, à moins de faire entrer dans le total toutes les tours qui flanquaient les murs d'enceinte, et peut-être celles qui formaient les chevets des diverses chapelles du palais.

M. de Clarac a placé la tour de la Librairie sur la façade méridionale et près du coin du sud-ouest, parce qu'il a voulu la distinguer de la tour de la Fauconnerie, que M. Berty a démontré être exactement la même, et que nous-même avons expliqué devoir être placée dans l'aile septentrionale, où Charles V avait rassemblé tout ce qui pouvait servir à ses études ou à ses distractions.

Pour ne pas répéter ici les preuves données par M. Berty et justifiées par les fouilles, nous renvoyons le lecteur au premier volume de cet ouvrage, dans lequel est réfuté le système de restitution de M. de Clarac. Nous ajouterons seulement quelques considérations sur les erreurs commises dans la restitution de la partie septentrionale, et notamment dans la traduction graphique de la Grande-Vis et du Passage. On sait maintenant que la Vis ne touchait point immédiatement le Passage, et, en relisant le texte de Sauval, on ne voit pas qu'il faille l'interpréter autrement que par le rétablissement des dispositions véritables. Ces erreurs continuelles et énormes ont été amenées, croyons-nous, par la préoccupation constante où l'on était de trouver dans l'ancien château du Louvre une grandeur qui n'existait pas. Les formules admiratives des écrivains qui en ont parlé paraissent toutes naturelles, lorsqu'on se reporte à l'époque où ils écrivaient. Alors les dimensions du Louvre étaient fort respectables, et, en les rapprochant de celles des autres palais établis dans les villes, on voit que ces écrivains avaient raison de les admirer. Mais, si l'on veut trouver dans les palais de Philippe-Auguste, de Charles V et même de François Ier, cet espace auquel les grands édifices de Louis XIV nous ont habitués, on tombera dans une grande erreur, et ces vieux châteaux paraîtront exigus et mesquins. N'oublions pas que le moyen âge ne bâtissait que suivant les besoins qu'il voulait satisfaire; or, quand on se rappelle le système féodal et son organisation militaire, on comprend facilement que le Louvre devait paraître un grand palais. Les projets mêmes de Lescot exécutant les intentions de François Ier, suivies par Henri II et ses successeurs, ne dépassaient point, ou de fort peu, les dimensions de l'ancien quadrangle. Les descriptions de Sauval, et ce que l'on sait des embellissements et adjonctions diverses que les princes de la famille royale ou les rois eux-mêmes faisaient à l'intérieur et à l'extérieur des bâtiments du Louvre, comme le porche d'une chapelle, un corps de garde, une galerie pour aller à la grande chapelle et une vis d'escalier dans l'angle intérieur du sud-est, vis dont on voit le chapeau dans le tableau de Saint-Germain-des-Prés, autorisent à croire qu'on ne regardait pas comme bien nécessaire un grand espace dans cette cour. Le quadrangle n'était occupé, du temps de Charles V et de Charles VI, que par la famille royale et ses serviteurs, les gardes et les écuries se trouvant relégués dans les parties occidentales en dehors des fossés.

Avant de terminer cette notice, nous ferons sur le Louvre une dernière observation qu'on n'a très-probablement point faite encore; elle est relative au niveau du sol de la cour du château, par rapport aux terrains environnants.Niveau du sol dans la cour du Louvre.
Les fouilles ont démontré que le sol n'avait été ni baissé ni sensiblement exhaussé depuis les constructions de la Renaissance. On se rappelle, d'un autre côté, l'énorme dépression de terrain qui existait dans la rue Fromenteau, la rue du Doyenné, etc. et dont on peut juger encore par le niveau des cours intérieures des écuries de l'Empereur, entre la Grande-Galerie et le nouveau Louvre. De ces renseignements il est permis d'inférer que le profil du terrain occupé par le château du Louvre a toujours présenté un renflement prononcé sous le quadrangle, et qu'il dominait les rues et terrains des environs. Cette circonstance évidente vient à l'appui de l'opinion que nous avons émise, contrairement à celle de notre prédécesseur, que ce terrain, placé en avant du retranchement normand du ixe siècle, avait alors ou plus tard, mais presque immédiatement après, porté une fortification quelconque. Nul n'oserait dire, en effet, que Philippe-Auguste fit remblayer le terrain sur lequel il établit sa forteresse. Ces grands remaniements du sol, familiers aux Romains et aux barbares, n'entraient point dans les habitudes du moyen âge; on se bornait à escarper ou à creuser le sol, qu'on avait choisi d'abord à cause de sa disposition naturelle, et l'on ne construisait que ce qui était absolument indispensable aux besoins du moment. On abritait promptement les bâtiments, et l'on attendait souvent bien longtemps avant d'achever l'ensemble des édifices. Cette règle, imposée par la nécessité, souffre peu d'exceptions; elle s'affirme dans la construction des nombreux monastères, des châteaux et surtout des cathédrales, qui s'élevèrent partout durant cette belle époque architectonique.

Ici se termine ce que nous pouvions dire pour compléter les explications de M. Berty et pour rattacher nos souvenirs historiques et topographiques aux notes très-succinctes qu'il avait écrites pour la justification de son travail. Le texte et les opinions de notre prédécesseur ont été religieusement respectés; mais, comme cet ouvrage n'est point une œuvre exclusivement personnelle, nous avons cru devoir, non pas précisément réfuter, mais seulement éclaircir les parties restées douteuses dans les interprétations. Nous-même nous avons exprimé nos doutes, afin que les lecteurs studieux et attentifs puissent compléter les détails nécessairement insuffisants de cette restitution. On comprend facilement qu'après avoir compulsé et vérifié tous les documents déjà vérifiés, déjà compulsés par M. Berty, après avoir mûri par la réflexion cet ensemble de faits et d'interprétations diverses, il soit de notre devoir de mettre le tout sous les yeux de nos lecteurs, juges, en dernier ressort, du mérite de ce travail. Quant à M. Berty, nous le répétons avec la plus entière conviction, il a bien mérité des savants et des archéologues en osant rétablir, avant les fouilles, l'état véritable du château du Louvre. Les quelques erreurs qui se sont glissées dans son travail prouvent le respect qu'il professait pour les opinions de ses devanciers, et le soin qu'il prenait de ne les combattre qu'avec des armes sûres et éprouvées. Les fouilles ont maintenant affirmé sa restitution; le tracé qui vient d'être fixé sur le sol de la cour permettra désormais aux personnes les moins familières avec ces questions de vérifier chacune de nos assertions et de reconstituer elles-mêmes le Louvre du moyen âge.

TOPOGRAPHIE HISTORIQVE DV VIEVX PARIS

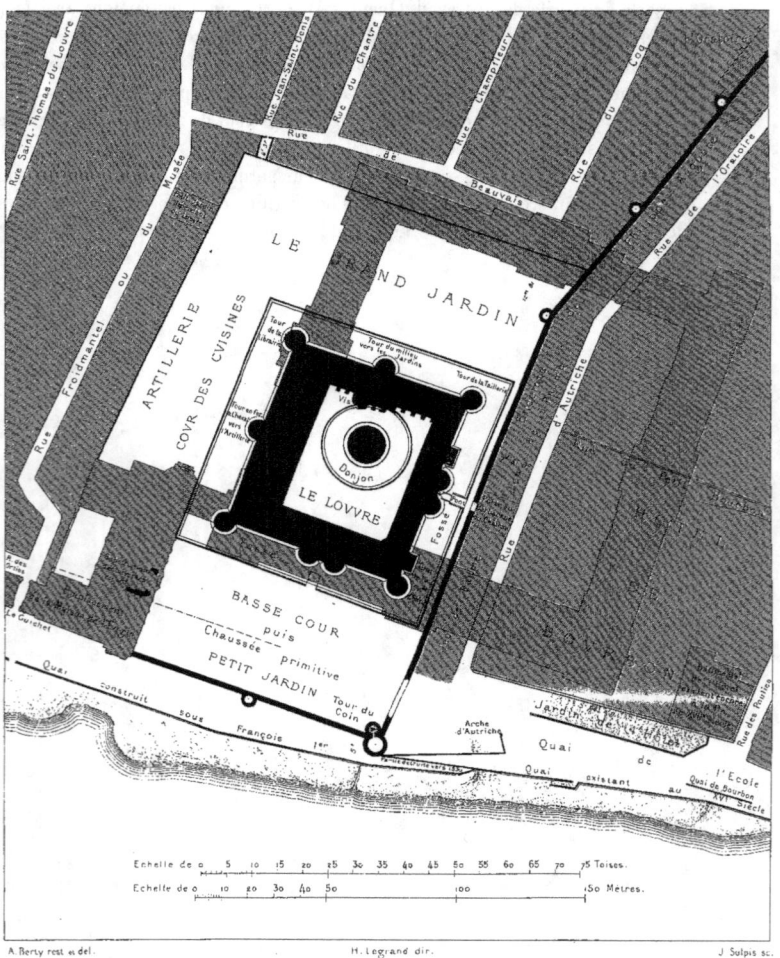

PLAN RESTITVÉ DV VIEVX LOVVRE.

N. Le poché noir distingue les constructions dont l'emplacement est hors de doute.
Toutes les cotes indiquées sont authentiques.

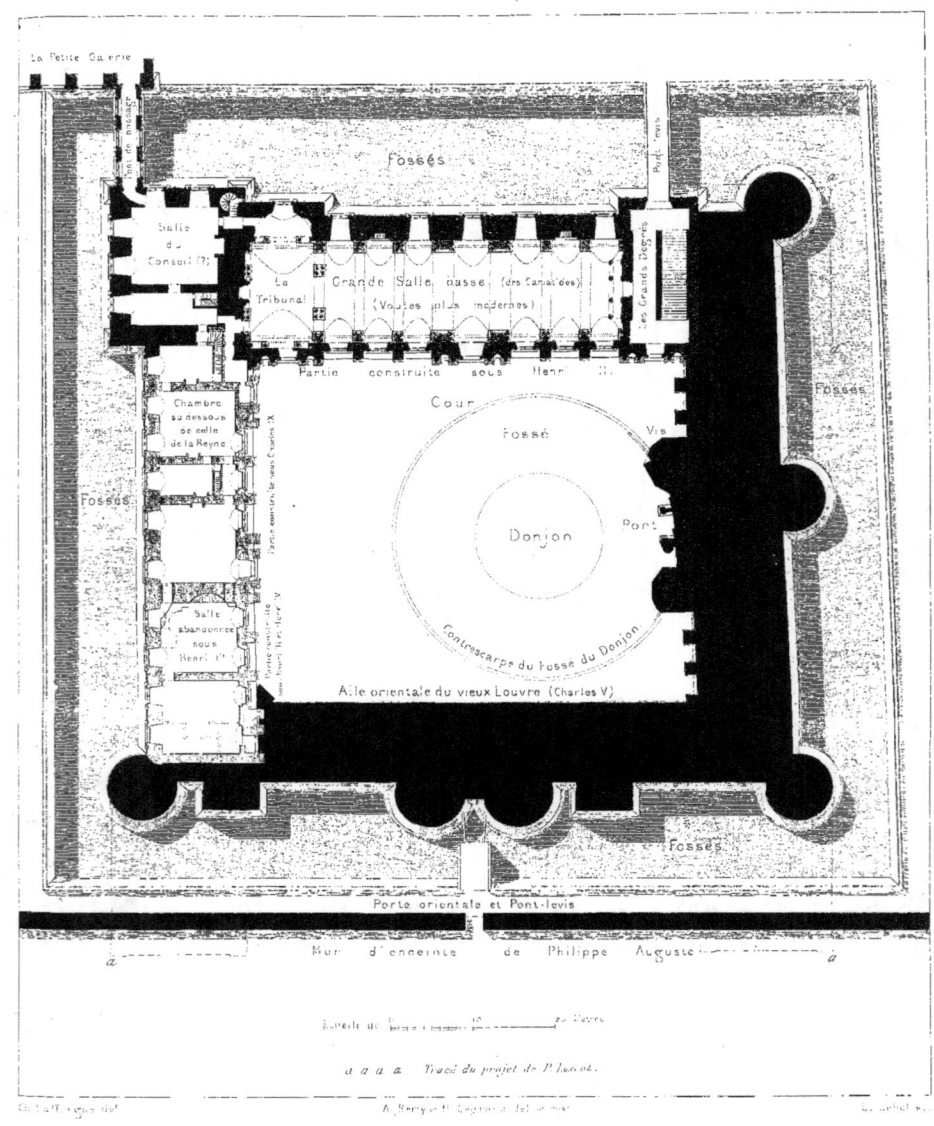

PLAN RESTITVÉ DV LOVVRE DE LA RENAISSANCE

TOPOGRAPHIE HISTORIQUE DV VIEVX PARIS.

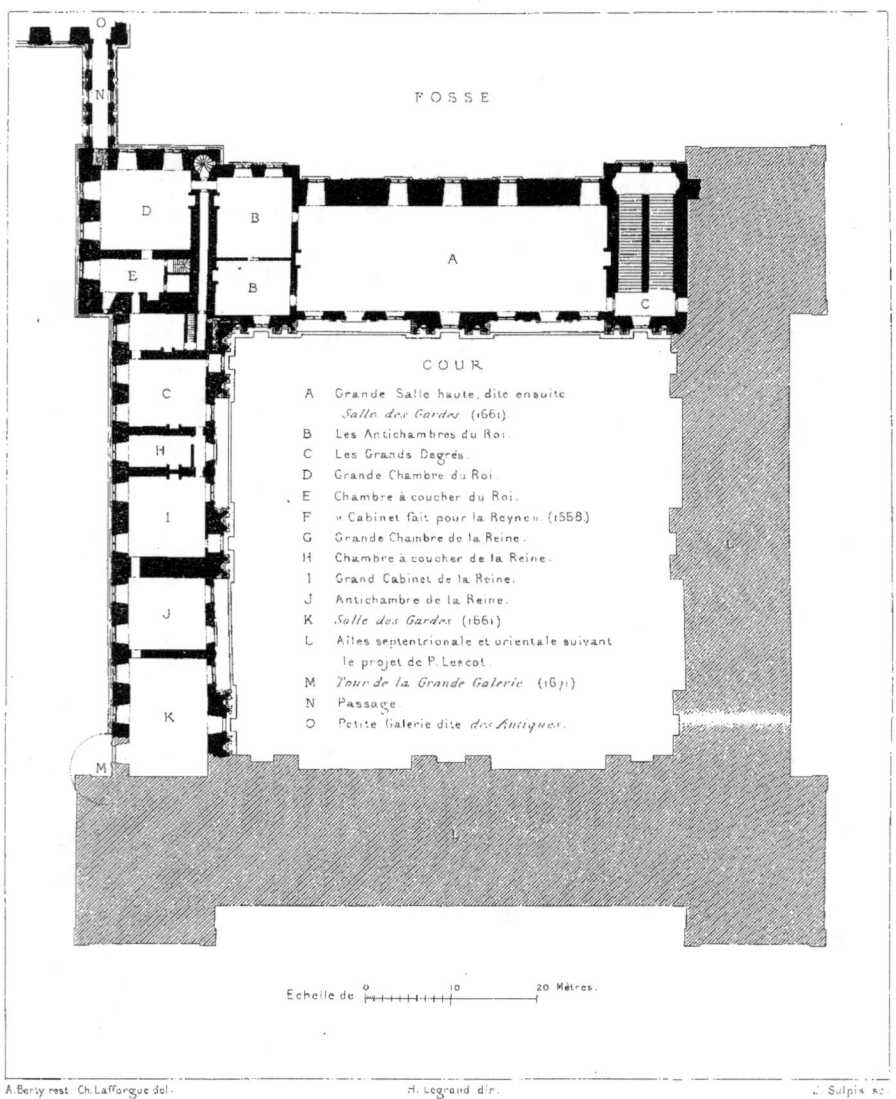

A   Grande Salle haute, dite ensuite *Salle des Gardes* (1661).
B   Les Antichambres du Roi.
C   Les Grands Degrés.
D   Grande Chambre du Roi.
E   Chambre à coucher du Roi.
F   « Cabinet fait pour la Reyne » (1558).
G   Grande Chambre de la Reine.
H   Chambre à coucher de la Reine.
I   Grand Cabinet de la Reine.
J   Antichambre de la Reine.
K   *Salle des Gardes* (1661).
L   Ailes septentrionale et orientale suivant le projet de P. Lescot.
M   Tour de la Grande Galerie (1671).
N   Passage.
O   Petite Galerie dite *des Antiques*.

PLAN RESTITVÉ DV LOVVRE DE LA RENAISSANCE
ÉTAGE SVPÉRIEVR.

APPENDICES.

APPENDICES.

I.

HÔTEL DE BACQUEVILLE.

(Voir t. I, p. 10 et 11.)

C'est vers l'emplacement de l'hôtel de Bacqueville que devait se trouver une certaine «place vague et inutile» dont Henri IV, le 6 janvier 1610, fit don au sieur de Frontenac, baron de Palluau, son premier maître d'hôtel. Suivant la teneur du mandement royal, qui nous a été signalé par M. de Coëtlogon, le terrain était situé près du Louvre, derrière le jardin, entre le jeu de paume tenu par le nommé Poulet et l'hôtel d'Eu, propriété de la duchesse de Guise; le concessionnaire était autorisé à y construire tel logement qu'il lui plairait, et même à étendre son bâtiment au-dessus de la porte qui conduisait dans le grand jardin du Château. Il ressort de ce document que, dès 1610, l'hôtel d'Eu était connu sous ce nom, et qu'il s'élevait au midi de l'hôtel de Clèves, ou n'en était point encore distinct.

II.

HÔTEL DE BOURBON.

(Voir t. I, p. 39.)

La Chapelle du *manoir* n'était point située au lieu que nous avons indiqué sur la feuille V, mais en bordure sur la rue du Petit-Bourbon, dont le décrochement était formé par la façade occidentale de l'édifice, comme on le distingue parfaitement sur le plan de Gomboust. (Voir la planche de la page 138, t. I.) Égaré par les dimensions très-fausses qui sont mentionnées dans le manuscrit appartenant à M. Le Roux de Lincy, nous avons confondu la Chapelle avec la Grande-Salle, laquelle, offrant des croisillons et une abside, prend, sur diverses vues, l'aspect d'une véritable église, dont une tour, placée tout auprès et coiffée d'un toit pyramidal, figure le clocher. Loin de mesurer *trente-deux toises* de longueur, ainsi que le rapporte le manuscrit précité, la Chapelle n'en avait probablement pas plus d'une dizaine, de sorte que le chiffre de neuf toises prêté à son comble semble exact. Sur le plan de Math. Mérian, la Chapelle apparaît surmontée d'une flèche qu'on retrouve sur le dessin du XVIe siècle (page 135, t. I), où il est étrange que le bâtiment si remarquable de la Grande-Salle soit entièrement supprimé. M. J. Cousin, en nous faisant remarquer notre méprise, a attiré notre attention sur les deux passages suivants du *Mercure françois*, où il est question de la Grande-Salle, à propos de l'ouverture des États de 1614 et du fameux ballet donné le 19 mars 1615 :

« Cette grande Sale et son lambris estoient entièrement peints de fleurs de lys, et au haut d'icelle, du costé de Saint-Germain-de-l'Auxerrois, estoit un grand dais ou tribune, en forme de théâtre ou eschaffault, eslevé de trois marches, au milieu duquel estoit un grand marche-pied, et sur iceluy un autre sur lequel le Roy se meit en son siège. Tout ce théâtre estoit couvert de tapisserie de velours violet, semé de fleurs de lys d'or. » (Année 1614, troisième continuation, p. 47.) — « Cette Salle (celle du ballet) estoit de dix-huit toises de largeur sur huict de longueur, au haut bout de laquelle il y a encore un demy-rond de sept toizes de profond sur huit toizes et demi de large; le tout en voûte semée de fleurs de lys. Son pourtour est orné de colonnes avecques leurs bases, chapiteaux, architraves, frizes et corniches d'ordre dorique, et entre icelles corniches des arcades et niches. » (Année 1615, p. 9.)

Ce doit être pour la cérémonie de 1614 que la Grande-Salle reçut une décoration dorique, et nous supposons que le *demy-rond* n'était point plus ancien, car une salle de château se terminant par une abside est bien peu dans les usages du moyen âge. La largeur de l'hémicycle, étant de huit toises et demie, confirme celle de dix-huit pas communs [1] que Sauval donne à la Grande-Salle, à laquelle il prête la longueur très-vraisemblable de trente-cinq toises. Quant aux dimensions de dix-huit toises de largeur sur huit de longueur, mentionnées dans l'un des textes qu'on vient de lire, elles ne s'expliquent que par la substitution du mot *largeur* au mot *longueur*, et ne peuvent s'entendre que de la partie de la Salle spécialement consacrée au ballet.

III.

TOMBE DE PIERRE LESCOT.

(Voir t. I, p. 213.)

M. J. Gailhabaud, le collectionneur émérite si connu, nous a fait profiter, une fois de plus, de sa vaste expérience en matière iconographique. Il a bien voulu rechercher pour nous s'il n'existait point quelque dessin de la tombe de Lescot, et a fini par en découvrir un au département des Estampes à la Bibliothèque impériale. Ce dessin, dont on voit ci-contre le *fac-simile* réduit [2], représente la dalle funéraire de Clagny, moins le quart supérieur, auquel l'artiste a malencontreusement substitué le titre suivant : « Tombe de Pierre Lescot, seigneur de Clagni, « abbé de Clairmont, surintendant des bâtiments du Louvre de 1553 à 1574 [3]. Posée à N. D.

[1] Le pas commun était réputé de deux pieds et demi (0m,81); dix-huit pas équivalaient donc à sept toises trois pieds. Ajoutant deux fois trois pieds pour l'épaisseur des murs, on obtient une largeur totale de huit toises et demie.

[2] Le dessin original est haut de 0m,485 et large de 0m,696.

[3] Nous ne sachions pas qu'il y ait eu au XVIe siècle un *surintendant* des bâtiments du Louvre, et nous pensons que le dessinateur s'est trompé; mais il peut être dans le vrai en donnant la date de 1574 comme celle à laquelle Lescot cessa de diriger les travaux du palais.

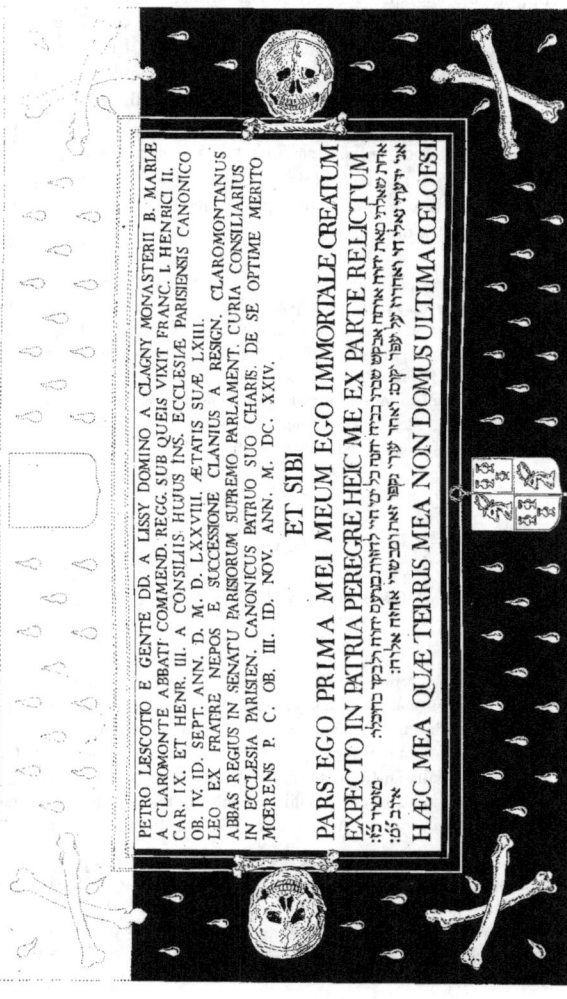

DALLE TVMVLAIRE DE PIERRE LESCOT

DANS L'ÉGLISE NOTRE-DAME DE PARIS

« de Paris, dans la Chapelle des SS. Féréol et Ferrucien. — *Levé sur le lieu par A. Duchesne fils,*
« 1759. »

Nous n'avons pas reproduit ce titre puisqu'il est sans intérêt; mais nous avons complété par des lignes ponctuées la pierre telle qu'elle devait être réellement, à en juger par la disposition symétrique des parties dont nous avons l'image. La tombe de l'architecte du Louvre consistait en une dalle de marbre blanc, qui portait une inscription et qu'encadrait une bordure de marbre noir, où l'on avait incrusté des larmes, deux têtes de mort, des ossements croisés avec un ou deux écussons aux armes de Lescot[1], le tout découpé dans du marbre blanc et modelé par des hachures, suivant un usage commun au temps de Louis XIII. Le monument, en effet, ne paraît remonter qu'à cette époque, et il était dû à la piété de Léon Lescot, dont il mentionne la mort, soit parce qu'il était postérieur à cet événement, soit par suite d'une addition à l'épitaphe. Celle-ci confirme tous les détails que nous avons précédemment donnés sur l'oncle et le neveu, et elle apprend, en outre, que le premier mourut âgé de soixante-trois ans; il était donc né en 1515, et non en 1510, comme on le croit généralement. Voici, d'ailleurs, le texte de l'inscription, que le rédacteur a prétentieusement rehaussée d'une double citation hébraïque empruntée aux Psaumes et au Livre de Job[2]:

Petro Lescotio, e gente dominorum a Lissy, domino a Clagny, monasterii B. Mariæ a Claromonte abbati commendatario; regum sub queis vixit, Francisci I, Henrici II, Caroli IX et Henrici III a consiliis, hujus insignis Ecclesiæ Parisiensis canonico. Obiit iv idus septembris anno Domini mdlxxviii, ætatis suæ lxiii.

Leo, ex fratre nepos, e successione Clanius, a resignatione Claromontanus abbas, regius in Senatu Parisiorum supremo Parlamenti curia conciliarius, in Ecclesia Parisiensi canonicus patruo suo charissimo de se optime merito, mœrens poni curavit. Obiit iii idus novembris, anno mdcxxiv.

ET SIBI

PARS EGO PRIMA MEI, MEUM EGO IMMORTALE CREATUM,
EXPECTO IN PATRIA PEREGRE HEIC ME EX PARTE RELICTUM.

אחת שאלתי מאת יהוה אותה אבקש שבתי בבית יהוה כל ימי חיי לחזות בנעם יהוה ולבקר בהיכלו :

— מזמור כ״ז :

אני ידעתי גאלי חי ואחרון על עפר יקום : ואחר עורי נקפו זאת ומבשרי אחזה אלוה : — איוב י״ט :

HÆC MEA QUÆ TERRIS MEA NON DOMUS ULTIMA COELEST [sic].

Ce qui signifie :

A Pierre Lescot, de la famille des seigneurs de Lissy, sieur de Clagny, abbé commendataire du monastère de Sainte-Marie de Clermont, conseiller des rois François Ier, Henri II, Charles IX et Henri III, sous lesquels il vécut, chanoine de cette illustre Église de Paris. Il mourut le 10 septembre 1578, âgé de soixante-trois ans.

Fils du frère du précédent, Léon, son neveu, par son héritage sieur de Clagny, et par

---

[1] Ce sont bien celles que nous avons indiquées, page 215, t. I, d'après Blanchard.

[2] Le savant M. Ernest Renan nous a obligeamment expliqué le sens de la citation.

sa résignation abbé de Clermont, conseiller du roi à la cour du Parlement, chanoine de l'Église de Paris, en souvenir de son oncle et bienfaiteur affectionné, a fait placer ce monument, *qui marque aussi sa sépulture.* Il mourut le 11 novembre 1624.

Moi, essence première de mon être (mon âme), moi, substance créée immortelle, j'attends anxieusement, dans ma patrie (au ciel), cette autre partie de moi qui gît ici.

« J'ai demandé au Seigneur une seule chose, et je la rechercherai uniquement : c'est
« d'habiter dans la maison du Seigneur tous les jours de ma vie, afin que je contemple les
« délices du Seigneur et que je considère son temple. » (*Ps. XXVII* [1].)

« Car je sais que mon rédempteur est vivant, et que je ressusciterai de la terre au der-
« nier jour; que je serai encore revêtu de cette peau; que je verrai mon Dieu dans ma chair. »
(*Job, xix.*)

Ce lieu où je repose sur la terre ne sera point ma dernière demeure : celle-là est au ciel.

IV.

RETABLE DU PALAIS DE JUSTICE.

(Voir t. I, appendice VI.)

Nous donnons ici les extraits de diverses sentences ou délibérations du Parlement ayant rapport au tableau de la Grand'Chambre, appelé ordinairement le *Retable du Palais de Justice.*

1° Fuit et est intencionis presidentium et consiliariorum curie quod dicta summa x librarum paris. convertatur ad reparacionem picture tabularii seu tabule ante parquetum camere Parlamenti affixe seu pendentis.

(Arch. de l'Emp. *Parlement. Conseil*, mercredi 19 octobre 1427, 1420. fol. 386.)

2° La Court a condemné et condemne ledit Lefevre en somme de cent solz parisis qui seront convertiz à la reffection du tableau de la Grant Chambre d'icelle Court.

(1452, 5 avril. *Conseil*, 18. fol. 21 v°.)

3° Il sera dit que en paiant lesdits suppliants cent solz parisis qui seront convertiz en la réfection dudit tableau de la Grant Chambre de Parlement...

(1452, 2 juin. *Conseil*, 18. fol. 29 v°.)

4° La Court a ordonné et ordonne que en paiant par ledit suppliant XL s. p. pour estre convertiz en la réfection du tableau de la Grant Chambre de Parlement...

(1452, 6 juin. *Conseil*, 18. fol. 30.)

5° La Court condemne ledit sergent en l'amende de dix livres p. lesquelles seront convertiz en la réfection du tableau de la Grant Chambre.

(1452, 6 juin. *Conseil*, 18. fol. 30 v°.)

---

[1] Ps. XXVI de la Vulgate, verset 4. Le passage suivant se compose des versets 25 et 26 du chapitre xix de Job.

6°... Et condemne led... en amende de 80 l. p. lesquelles seront converties en la réfection du tableau de la Grant Chambre de Parlement.

(1452. 14 juin. *Conseil*, 18. fol. 31 v°. X 1483.)

7°... Et condemne la Cour ledit maistre Jaques de Veaulx en 40 s. p. pour employer à la réfection du tableau de la Grant Chambre de Parlement.

(1452. 22 novembre. *Conseil*, 18. fol. 60. X 1483.)

8°... Ouye la relation des dits commissaires, la Court a condemné et condemne ledit Robert Dain (ou Dam) en XL solz parisis d'amende, lesquelx seront employez à la réfection du tableau de la Grant Chambre de Parlement.

(1452. 13 décembre. *Conseil*, 18. fol. 62. X 1483.)

9°... Condemné lad. Court lesd. défendeurs en amende envers le Roy en la somme de cent livres parisis, laquelle somme sera convertie et employée à la réfection du tableau ordonné à faire en la Grant Chambre d'icellui Parlement.

(145 $\frac{2}{3}$. 22 janvier. *Conseil*, 18. fol. 65 v°. X 1483.)

10° La Court a ordonné et ordonne que sur les héritiers et exécuteurs du testament de feu maistre Jehan Paillart, jadis conseiller en la Court de Parlement, commis par icelle pour recevoir les deniers ordonnés pour la façon du tableau pour la Grant Chambre du Parlement, sera fete exécution, comme pour les deniers du Roy, pour la somme de vij^{xx}iij livres j sol iiij deniers parisis restant de ce qu'il en avoit receu.

(2 juillet 1454, en conseil, en la Grant Chambre. *Registre XVIII du Conseil*, fol. 150. X 1483.)

Il résulte clairement de ces extraits que le tableau qui nous occupe a été fait de 1452 à 1454 ou 55, selon qu'on croira devoir supposer que son exécution ait eu lieu dans le même temps qu'on réunissait les fonds qui lui étaient destinés, ou qu'elle ne commença et ne s'acheva qu'après que tous ces fonds furent aux mains du conseiller chargé de les réunir.

Ces extraits ne donnent aucun indice sur le nom de l'artiste qui fut chargé de ce travail, ni sur la somme qui lui fut allouée. Celle qui résulte des sommes réservées par les extraits ci-dessus ne dépasse point 356^l 9^s 4^d.

Les vicissitudes subies par ce bel ouvrage ont été nombreuses. On sait qu'en 1455 il était achevé. Cinquante ans après, Louis XII le fit servir à l'ornementation de la «Nouvelle Chambre Dorée,» et c'est sans doute à cette époque que fut appliqué ce cadre ogival doré et fleuronné qui couvre, d'une manière fâcheuse, une partie des édifices du fond. Lenoir le recueillit à la suppression du Parlement, et le joignit au dépôt national de l'hôtel de Nevers. De là il fut placé au Musée du Louvre et catalogué par Denon, sous le nom d'Albert Durer. En 1811, le premier président Séguier le réclama et le fit rétablir dans une des salles du Palais. En 1831, à la suite du sac de l'Archevêché, il disparut. L'architecte Lassus le retrouva en 1842 et le fit restaurer par M. de la Roserie. Le derrière du panneau fut brûlé en partie, quelques années après, par suite d'un petit incendie des boiseries de la salle d'Audience. Sa restauration définitive vient d'être terminée par M. Haro; elle a fait disparaître les anciens repeints et les couches de vernis, et a permis de retrouver au-dessous l'œuvre primitive et toute la délicatesse de ses détails. M. de Champeaux, l'un de nos collaborateurs à l'Hôtel de Ville, qui a pu voir de près le tableau avant sa mise en place dans la Grand'Chambre actuelle, dit qu'auprès du bourreau on distingue, parmi les personnages, un individu d'un âge mûr, sur le pourpoint duquel on lit un fragment d'inscription dont voici les lettres encore visibles : NESBRUG. C'est ce qui, avec le caractère frappant de la peinture, qui est flamand, a fait compléter ainsi l'inscription : [JOAN]NES BRUG[ENSIS] ou *Jean de Bruges*. Mais rien jusqu'à présent n'a pu faire appliquer sûrement un nom sur cette peinture.

M. Weale dit avoir retrouvé, dans les archives de Bruges, les noms de *quatre cents* peintres vivant dans le XVe siècle ; peut-être, parmi ceux qui portent le nom de Jean, pourrait-on trouver celui qui fut l'auteur de cette belle œuvre.

Comme on l'a dit, les édifices de la partie gauche du panneau se composent de l'hôtel de Nesle et du Louvre ; au milieu s'élève un édifice de forme orientale, dans lequel M. le duc de Luynes a reconnu le Saint-Sépulcre ; à droite, on croit voir l'ancienne Grand'Chambre du Parlement dans un bâtiment de forme gothique. Nous aurons occasion de revenir sur ces dernières parties quand il s'agira de la topographie de la région du Palais et de la Cité. — H. L.

V.

GRANDE ÉCURIE DES TUILERIES.

(Voir p. 10 ci-dessus.)

La grande Écurie des Tuileries était, avons-nous dit, construite en 1568 ; elle l'était même dès 1566, car, le 18 août 1566, Guillaume Vaillant, maître charpentier et bourgeois de Paris, soumissionna, au prix de 5,220 livres tournois, la charpente des combles, suivant le devis dont voici le texte, et qui a été découvert par M. Lebrethon dans les archives de Me Trépagne, notaire.

« C'est le devis des ouvraiges de charpenterie qu'il convient faire pour la Royne, mère du Roy, ausd. escuries de son palais que l'on bastist de neuf hors la Porte Neufve ; contenant les dites escuries trente toises de long et quatre toises de large en œuvre [1] ; et au bout des dittes escuries ériger ung pavillon contenant quatre toises de large et de sept à huit toises de longueur ou environ ; faire le plancher de la chambre et garde-robbe dudit pavillon, garny ledit plancher de poultre droite, de lembourdes et sablières le long des murs, peuplé de solives et d'aiz d'entrevoulx ; faire la charpenterie du comble en pavillon, ou bien ainsy qu'il plaira ordonner.

« *Item.* Convient faire la charpenterie de quinze travées de comble à escuries, garnies de maistresses fermes qui seront au droit des arcz. Et pour la façon desdites maistresses fermes, seront faictes en tiers points avec une ance de panier par dedans œuvre, ou ainsy qu'il plaira ordonner, faictes de plusieurs aiz scintrez. Et à chacune maistresse ferme sera mis trois aiz joinctifs en liaison, chacun de neuf poulces de largeur, mis en besongne, et ung poulce et demy d'époisseur, sans comprendre le desgauchissement pour dresser les aiz ; et chacune maistresse ferme sera garnie d'un poinçon de six poulces de grosseur et de sept à huit poulces de largeur, comprises les bosses et alégement qu'il fauldra faire ou qu'il sera advisé pour le mieulx, garny d'un entref de quatre poulces d'espoisseur et de

---

[1] Ces dimensions sont semblables à celles des plans.

dix poulces de hault, qui sera assemblé à tenon et mortoise dans les poinçons des maistresses fermes, qui sera par le milieu au dessous des arcz qui seront entaillez et embrevez sur les liernes, ou ainsy que sera advisé pour le mieulx. Et au dessus du tiers-poinct sera assemblé ung feste et soufeste de cinq à six poulces de grosseur, avec les liens en croix Sainct-André, si s'en peult faire, suivant la haulteur qui se trouvera entre les festes et soufestes, et entre les maistresses fermes sera assemblé plusieurs fermes portans entref au dessus de l'ance de panier, de deux aiz joinctifs en liaison, et de l'eschantillon comme cydessus, espassé trois à la latte. Et toutes les fermes poseront sur une sablière servant de platte-forme, de sept poulces d'espoisseur et de neuf poulces de largeur; et toute lesdite ferme (sic) seront assemblées à tenon et mortoize dedans les sablières. Et pour l'admortissement du comble sera mis des chevrons garnis chacun d'un entref, et de la roideur qui sera advisé pour le mieulx; et les dictz chevrons porteront le feste, et seront assemblez sur chacune ferme; et sera mis au pied des fermes, à la haulteur de l'entablement, des coiaulx, et faire tous les passaiges des lucarnes là où il sera montré ou ainsy qu'il sera advisé pour le mieulx. Et toutes les fermes seront liées et fermées au droict des joinctz avec des liernes, chacune d'ung poulce et demy d'espoisseur et de trois poulces et demy de largeur, pour mectre les coings et clefz là où il apartiendra d'en avoir.

« *Item*. Fault faire la charpenterie d'un pavillon tenant à l'escurie, contenant quatre toises dans euvre ou environ, sur sept à huit toises de long ou environ; faire ung plancher garny de poultre de dix sept à dix huit poulces de gros et de la longueur qu'il apartiendra, retaillé en trois sens, et les refeuille[1] pour porter les lembourdes, qui auront quatre poulces d'espoisseur et dix poulces de hault, et sablières au long des murs, qui auront six poulces d'espoisseur et dix poulces de hault; et ledit plancher sera peuplé de solives, tant pour la chambre que pour la garde-robbe, espassé tant plain que vuide, de cinq à six poulces de grosseur, retaillez et rabottez en trois sens, et enfoncez de leur espoisseur dans les lembourdes, et de la longueur qu'il apartiendra; et au dessus desdites solives sera mis des aiz à l'endroict de chacun entrevoulx, qui auront ung poulce d'espoisseur et neuf poulces de largeur, rabotté par dessoubz et de la longueur qu'il apartiendra.

« *Item*. Fault faire ung comble au dessus dudit plancher, qui sera faict en crouppe, de la façon et ordonnancé comme celluy des escuries, ou ainsy qu'il plaira ordonné; et faire les chevalletz des lucarnes et passaiges des cheminées où il sera advisé pour le mieulx.

Le tout faict bien et deuement au dict d'ouvriers et gens ad ce congnoissans, en fournissant tout le boys, engins et cordage et peine d'ouvrier.

DELORME.

C'est également des archives de M⁰ Trépagne que proviennent les deux pièces suivantes[2], dont l'une a trait aussi à l'écurie, et l'autre se rapporte au jardin des Tuileries. On remarquera que dans la première, datée du 12 septembre 1569, il est parlé de la dame du Péron, en termes qui confirment ce que nous en avons dit.

---

[1] Entailles pour appuyer les lambourdes. — [2] Elles ont été publiées par M. Jal, dans son dictionnaire, p. 1210.

«Jehan Petit, m⁰ painctre, demourant à Paris, rue des Deux Boulles, confesse avoir faict marché par ces présentes à haulte et puissante dame, Madame Marie de Pierrevive, dame du Péron[1] et d'Armentieres, dame ordinaire de la chambre de la Royne, commise par Sa Magesté à l'intendance et faire les marchés des bastimens du palais de Sad. Magesté lez le Louvre, à ce présente; et la présence de noble homme Messire Philbert de Lorme, abbé de S¹ Siergue et architecte du Roy, et M⁰ Guillaume de Chaponnay, controrolleur desd. bastimens dud. palais, aussi à ce présens, de paindre, dorer et estoffer pour ladicte Magesté, bien et deuement, au dict d'ouvriers et gens en ce congnoissans, les deux grandes targes et armoiries de la magesté du Roy et de la Royne, faictes de pierres de taille, aux deux encoigneures du pavillon du bout de l'Escurye dud. palais, du costé vers le grand jardin d'icelluy palais, le tout painct à huille de deux imprimeures[2], en sorte que la pierre soit bien et deuement trempée et imbibée de ces imprimeures à huille, et pardessus lesd. imprimeures, le tout paindre, estoffer et dorer des couleurs et ainsy qu'il apartient; blasonner les escussons desdictes magestez des couleurs, doreures et ainsy qu'il est requis et nécessaire est; au pourtour de l'escusson où sont lesdictes armoiries de la magesté du Roy, un ordre[3] garni d'entrelacs et coquilles dorées ainsy qu'il apartient, et au pourtour de l'escusson où sont les armoiries de ladicte magesté de la Royne, les branches de lorier aussy dorées; le champ de la première grande targe sur lesquelles sont lesd. escussons desd. armoiries painct de couleur blanc de séruse, la seconde targe d'argent, les bordures et bandes au pourtour desd. grandes targes et rolleau d'en hault d'icelle grande targe et les patenostres au pourtour desd. targes, avec les pennaches d'iceulx et pareillement les cordes, houppes et festons de fruictaiges pendans aux costés desd. escussons, et les couronnes imperialles tant en dedans qu'au dehors, le tout doré d'or de ducat, le tout bien et deuement assis et estoffé, ainsi qu'il apartient, et pardessus lesd. doreures, paindre et donner couleur auxd. feuilles de lorier et fruictaiges, ainsy qu'il apartient, seront ainsy qu'il a esté et sera cy-après advisé et ordonné par le s⁰ Abbé de Sainct-Siergue. Et pour ce faire, quérir, fournir et livrer par ledict Petit huilles, painctures, or fin de ducat, asur et toutes aultres estoffes à ce nécessaires, bonnes, loyales, marchandes, bien et deuement assises et appliquées ainsy qu'il apartient; faire les eschaffaulx et toutes autres choses à ce nécessaires, moyennant le prix et somme de quatre vingt cinq livres tourn. pour les ouvraiges de painctures, estoffemens et doreures; et sera baillé et payé aud. s⁰ Petit par le commis au payement du bastiment de lad. Magesté, au feur et ainsy qu'il fera lesd. ouvraiges, lesquels il a promis, sera tenu, promet et gaige faire bien et deuement au dict d'ouvriers et gens en ce congnoissant, le plus tost que faire se pourra; et se aidera led. Petit des eschaffaulx qui y sont à présent qui ont servi aux maçons et sculpteurs, promettant et obligeant comme pour les propres affaires du Roy. Faict et passé en l'an Mil V⁰ soixante sept, le douz^me jour de septembre. — YVER. »

A la pièce qui précède nous joindrons la mention d'un autre marché, aussi trouvé par M. Lebrethon, par lequel, à la date du 13 août 1573, on s'engage, envers Guillaume de Chap-

---

[1] M. Jal a lu du Perche; mais il doit s'être trompé, ce qui eût été constaté sur l'original même si l'on avait pu le retrouver.

[2] Couches, impressions.
[3] Celui de Saint-Michel.

APPENDICES. 179

ponay, à livrer, dans le délai de huit jours, branches et de feuilles de lierre de l'année, au prix de seize livres tournois le cent de boîtes, mesurant chacune trois pieds de tour, et rendues au jardin des Tuileries, où ce lierre était destiné à faire «festons et ornemens.»

«Pierre le Nostre, jardinier marchand de fruicts [1], bourgeois de Paris... confesse avoir faict marché... à noble homme escuyer messire Anthoiné Nicolas, chevalier, seigneur Derville... président en la Chambre des comptes, ordonnateur, en l'absence de monseigneur l'evesque de Paris, des bastimens et jardins du parc de sa Magesté de la Royne mère du Roy... pour la bonne culture, fumer, amender, ensemeurre et entretenement de toutes façons, bien deuement et continuellement... six parterres desd. jardins, dont quatre d'hortolaiges et les deux autres d'arbres... Faict et passé l'an Mil V° LXXII (1572), le...»

Cette pièce a été insérée par M. Berty dans les Appendices relatifs au Palais des Tuileries, à cause du nom de Le Nostre que portait ce jardinier parisien. C'était sans doute un des ancêtres du fameux architecte des jardins de Louis XIV. Ce rapprochement est d'autant plus intéressant que, en 1650, le directeur des jardins du Roi était Claude Mollet, ou Molet, jardinier d'Anet, dont nous avons un *Traité des plans et jardinages*. (Voir pages 93 et 94.)   H. L.

VI.

MÉMOIRE MANUSCRIT DE PHILIBERT DE L'ORME,

SUR SA VIE ET SES ŒUVRES.

(Voir page 29.)

Le précieux document que nous plaçons sous les yeux du lecteur existe à la Bibliothèque impériale, dans un portefeuille où nul n'aurait songé à l'aller chercher [2], et il y a été découvert, en 1859, par M. Léopold Delisle, qui, avec son désintéressement habituel, nous a autorisé à le publier nous-même. La pièce consiste en un cahier de quatre feuillets, dont six pages, apparemment écrites de la main de Philibert de l'Orme, renferment un mémoire en forme d'apologie, destiné à le justifier des accusations portées contre lui, et plus encore à exalter ses mérites. Ce factum, qui ne porte point de date, semble avoir été rédigé quelques mois après la disgrâce de l'auteur, postérieurement à l'enquête ordonnée au sujet de sa gestion, et vers la fin de l'année 1562. Il est adressé à un personnage inconnu, que de l'Orme appelle «Monseigneur «et meilleur amy,» et qui pourrait être Christophe de Thou, président au Parlement, l'un de ses exécuteurs testamentaires.

INSTRUCTION DE MONSIEUR D'YVRY, DICT DE L'ORME, ABBÉ DE SAINCT-SIERGE, ET CESTUI M° ARCHITECTEUR DU ROY [3].

Pource que plusieurs crient que j'ay tant de biens en l'église et d'argent content, je désire bien que ung chacun congnoisse la vérité et les services que j'ay faict.

[1] Pépiniériste.
[2] Portefeuille de Fontette, coté XXXV, A, *Bourgogne : Généalogie*. La pièce forme les pages 204 à 206 bis.
[3] Tel est le titre qui se voit, écrit en caractères du temps, sur un feuillet blanc faisant partie du cahier.

Pour le premier, le feu Roy [1] me donna l'abbaye de Jeneton en Bretaigne, que monsieur de Rieux ne voulust pource qu'elle ne valloyt que iij^c livres . . . . iij^c l.

Après, l'on me donna l'abbaye Sainct-Barthelemy-lez-Noyon, que tenoit monsieur de Bayeulx, qui ne valloyt que xvij^c livres. . . . . xvij^c l.

Au bout d'ung an après, le feu Roy me donna l'abbaye d'Yvry, qui estoyt afermé à treize cens livres. . . . . xiij^c l.

Et le dernier bien, estant mallade en ceste ville, il me donna l'abbaye de Sainct-Sierge d'Angiers, qui est afermée ij^mvij^c l. et voylà tout le bien que le feu Roy m'a faict, qui est de six mil livres, bien loing de conte de vingt mil livres qu'ilz disent qu'il m'a donné.

Et quant à l'argent, je n'ay jamais mangé une maille [2], et aussi l'on ne me donna jamais estat et gaiges, ne pensions, ny aultre don que ce soit, et ay toujours mené dix ou douze chevaulx, et estoyent ordinairement sur les champs, suyvant le commandement que me faisait le feu Roy, et ceulx qui commandoyent, et tenoys maison partout où je me trouvoys, tant aux cappytaines, concierges, contrerolleurs et m^{res} maçons, charpentiers et aultres; tous mangoyent à mon logis, à mes propres despens, sans qu'ilz payassent, ne moings me faire présent de la valleur d'une seule maille.

Oultre plus, tous les modelles que je faisoys faire, tant pour le service du Roy que de ceulx qui estoyent auprès de lui, l'on ne m'en payoit pas ung denier, et si j'en ay faict tel qui a cousté deux ou troys cens escuz.

Et oultre les grandes inventions, que trouvoys tous les jours, d'architecture, je me prenoys garde si diligemment aux maisons du Roy, pour les ruynes et maulvaises façons que je y trouvoys, que, si je n'eusse faict telle diligence, souvent le Roy, les princes et aultres eussent été accablez et en extrêmes dangiers de leurs personnes, pour les poultres et planchiers qu'il a fallu souvent retenir et abbattre.

D'allieurs, du commancement que j'euz la charge des bastimens, en faisant faire les toysés, au lieu que les ouvriers espéroyent qu'il leur fust deu tant, à Fontaynebleau, à Villiers-Coterets, Sainct-Germain et aultres, que le maçon de Fontaynebleau, Me Jehan Le Breton, debvoyent xviii^m livres pour avoir plus receu qu'ilz n'avoyent faict d'œuvre, et si y avoyt plus de iiii^{xx} mil livres d'œuvres qui ne valloyt rien, et plusieurs aultres maulvaiz mesnaiges qui estoyent aux aultres maisons, qui seroyt long à descripre; que j'ay renconstré plusieurs foys et osé les larciner [3].

Quel prouffict ay-je faict en Bretaigne que, du temps du feu roy François, à qui Dieu ayt l'âme, que le feu Roy n'estoyt que Daulphin, je visitoys tous les ans par deux foys toute la coste et forteresses de Bretaigne, et découvris de très-grandz larcins que le cappitaine de la Chastre et le contrerolleur Moysant faisoyent, de sorte que les Angloys cuydarent prendre Brest sans moy? car ces Messieurs armez [4] de navyres et barques, de l'artillerye et pouldre et aultres monitions du Roy, qu'ilz prenoyent au chasteau.

De sorte qu'ilz dépopularent tout le chasteau, qu'il n'avoit ne monitions, ne bled, ny artillerye; et, ung jour entre aultres, leur navyre fust prinse des ennemys, et déclairarent comme le chasteau estoyt tout desgarny, et délibérarent de le venir prendre; et vindrent

---

[1] Henri II.
[2] *Maille*, très-petite monnaie de cuivre, valant la moitié d'un denier.
[3] Les accuser de larcin.
[4] Armaient des.

soixante navyres angloises jusques devant le chasteau, à la portée d'ung canon. Par bonne fortune je me trouvoys à Brest, et fiz si grande dilligence à faire monter l'artillerye, et encores en faire de faulses artilleryes, pour monstrer à l'ennemy, sur les rempars, faire faire pouldre et amasser à force personnes et femmes, apourter terres et fassine, à faire rampars et tranchées, et donnoys tel ordre, faisant veoir le peuple et faisant plusieurs faulces enseignes, et planter à forces picques, et fiz si bonne mine, que l'ennemy ne nous assaillist point; et avois tant crié auparavant du désordre que je y trouvoys, que Monsieur d'Estampes y fist mons. Dampierre, qui estoit cappitaine, et La Geneste, qui estoit valet de chambre du feu roy, y vint, qui fist fort bien son debvoyr. Et veulx dire et prouver que tout le chasteau de Brest eust esté prins facillement sans moy, et l'ennemy pouvoyt venir jusques à Nantes sans que rien l'eust empesché, pour le grand désordre qu'il y avoyt, et c'estoyt l'année Mil V^c quarante six.

Plus, je trouvoys en ces lieux de Brest que la toyse de maçonnerye coustoit au Roy plus de soixante li[vres], et encores ilz faisoyent plusieurs grands larcins, qui seroyent longs à dire, et si ne faisoyent rien, rien qui vaille. Et fiz si bon mesnaige que, oultre les bonnes façons de fortiffier que leur monstroys, la toyse, au lieu de soixante livres, ne coustoit que dix livres, et si fiz faire plus d'œuvre en quatre ans que n'en avoyent faict en unze.

Semblables choses je fiz à Sainct-Mallo et à Conercveau [1], à Mantes [2] et aultres, et oultre plusieurs mauvais mesnaiges que je trouvoys de plusieurs, tant des cappitaines, contrerolleurs et aultres, les trésoriers faisoyent de leur cousté, de sorte que je fiz rendre et payer au trézorier Charron trente six mil livres, qui estoyent esgarées et desrobées, et, si n'eust esté un grand seigneur qui le soustenoyt et Boys-Daulphin, j'eusse bien faict veoir d'aultres larrecins; et seroyt bien long à vouloir tout escripre ce que j'ay faict en Bretaigne.

Aussi en Picardie je descouvris si grandes faultes; seullement, ne bougeant de Paris, je monstroys comme ilz se debvoyent gouverner, et au calcul qu'ils avoyent faict auparavant aux toysées par ceulx qui avoyent accoustumé les faire, se trouva pour xviij^m (18,000) livres de larcin, à faire les toysées seullement, sans tant d'aultres maulvais mesnaiges que l'on faisoyt, où je remédyois incontinant quant on me le commandoit.

Plus, en Normandie, où l'on me donna une commission pour veoir des gallions que l'on faisoyt au Havre de Grâce, et visiter les navyres qui estoyent à la coste de Normandie, et arrester diligemment des vivres, comme lardz, sutres [3] et biscuitz, bray et goteron, cordaiges et aultres équipaiges, pour pourter au camp de Boulongne, où je fiz de si grands

---

[1] Concarneau sans doute. Plusieurs passages de l'original sont d'une lecture extrêmement difficile.

[2] Nous avons vérifié sur l'original si le mot *Mantes* était nettement écrit; nous pouvons assurer aujourd'hui que nous suivons exactement le manuscrit. Nous ne pouvons pourtant nous empêcher de faire remarquer qu'il semblerait mieux d'écrire *Nantes*, ville importante de Bretagne, qui pouvait être dans la limite des tournées de surveillance que faisait Philibert de l'Orme, plutôt que *Mantes*, ville du Vexin français, à proximité de Paris, où on ne voit pas que, à cette époque, les fortifications aient été d'une grande importance, ou que de l'Orme ait eu jamais leur inspection dans ses attributions. Quoi qu'il en soit, nous avons cru devoir maintenir le texte du manuscrit, tout en avertissant le lecteur de nos soupçons fondés. H. L.

[3] Cidres.

services et prouffitz l'espace de quatre moys que j'y demeuroys; et après que j'euz dressé toutes choses et les procès-verbaulx et marchés que j'envoyois à monsieur le Connestable, il donna la charge à monsieur de Bois-Daulphin, à monsieur de Nollye, qu'ilz firent suivant mes mémoyres, et dont je fus bien ayse de m'en aller, car je faisoys tout à mes despens, et me cousta huict cens escus, et les autres gaignèrent de l'argent où je n'avoys pas ung lyard; et quand je le remonstroys, l'on disoyt que le Roy me donneroyt de bénéfices.

Et au departir de là l'on me donna une aultre commission pour casser les gallares qui estoient à Roan, avec Monsieur le président Petiemort, dont nous mismes en liberté cinq cens quarante forsayres; et me fallut encores tenir maison, qui m'acheva de peyndre; et si n'estoyt que je seroys trop long, je diroys plusieurs aultres commissions que j'ay faict à mes despens, et sans que tout le temps du règne du feu Roy l'on m'ayt donné une seulle maille.

Et oultre tout cecy, n'ay-je pas faict tant d'aultres services, quant ce ne seroyt que d'avoir porté en France la façon de bien bastir, osté les façons barbares et grandes commissures[1], monstré à tous comme l'on doibt observer les mesures de architecture, tant que j'ay faict les meilleurs ouvriers qui sont aujourd'huy, comme ilz confessent? que l'on se souvienne comme l'on faisoyt quand je commençoys Sainct-Mort pour Mons. le cardinal du Belloy!

D'ailleurs, que l'on regarde tout ce que j'ay jamais faict, s'il ne s'est trouvé fort bien et au grand contantement de tous.

A Fontaynebleau, la grande salle du bal, qui tomboyt, n'est-elle pas bien accoustrée, tant de lambris que de la cheminée et massonnerye et entrée des peinctures? Je n'en parle poinct : monsieur Sainct-Martin[2] sçait son estat.

A la chapelle qui est auprès, qui tomboyt, où je fiz ce polpitre[3] et coulompne de marbre, le cabinet de la Royne mère, le cabinet et chambre du Roy, au pavillon sur l'estang; le grand perron qui est en la basse-court, qui est une des belles œuvres que l'on sçauroyt veoir, et le vestibule en la salle du Roy, comme je vouloys faire où je faisoys les poultres de trois à quatre cens pièces, qui estoyt quasi achevé de faire, et les combles de plusieurs pièces, mais, ne congnoissant telle façon de faire, ilz ont incontinant dict que cella ne valloyt rien, où ils errent grandement, et ne falloyt dire ainsi, pource qu'ilz ne s'en sçavent ayder, et n'y congnoissent rien.

Et combien de ruynes et périls fussent advenuz audit Fontayne-de-bleau sans moy, et mesmes à la grande gallerye; semblablement à Villiers-Coteretz, où j'ay faict ung temple, dedans le parc, de telle estime que les hommes de bon jugement sçavent bien juger, et tant d'aultres choses qui seroyent fort longues à dire!

A Sainct-Germain-en-Laye, s'ilz eussent eu patience que j'eusse faict achever le bastiment neuf, que j'ay commancé auprez des loges des bestes, je suys asseuré qu'aujourd'huy l'on n'eust veu le semblable, ne plus admyrable, tant pour les porticques, vestibules, théâtres, estuves, baignières, comme le logis; mais pour ce qu'ilz ne le congnoissent, et aussi qu'ilz ne l'eussent sceu achever comme je l'ay commancé, ils ont incontinant dict que tout ne

---

[1] *Commissure*, joint de maçonnerie. A l'époque de la Renaissance, on cessa de faire les joints aussi épais que pendant la période gothique. C'est alors que l'on commença aussi à poser sur cales.

[2] Le Primatice, qui était abbé de Saint-Martin, et qui, nous l'avons dit, remplaça de l'Orme comme surintendant des bâtiments.

[3] Chaire à prêcher.

valloyt rien, ce que les hommes de bon jugement congnoissent le contraire; ils confessent que la chapelle du parc que j'ay faict de neuf est fort jolye.

Et dans le chasteau, combien ay-je gardé de plusieurs grands dangiers qui fussent advenuz! Que l'on considère partout ce que j'ay faict, soyt les ornemens et polpitre de la chapelle du chasteau, et la cloison qui y est et la fontayne, si j'y rien faict faire qui ne soyt bien, et le pont de la Royne, pour la grande envye que j'avoys de luy faire très-humble service.

Plus, à la Muette dudict Sainct-Germain, qui a cousté cent mil escuz, que je veulx dire estoyt perdue sans moy, et ne la pouvoyt-on couvrir sans l'invention que j'ay trouvé de charpenterye, pource qu'elle estoyt large que l'on n'eust trouvé si long boys et si gros qu'il falloyt. Et quant ilz en eussent encores peu trouver et l'assembler de pièces, les murailles ne l'eussent sceu porter, et encores moings si l'on l'eust voullu faire couvrir de pierre de taille, principallement le millieu qui a douze toyses de long et diz de large. Quant aux pavillyons, j'en ay faict couvrir deux de pierre de taille, et quant l'on l'eust peu tout faire de charpenterye. Il demandoyt trente-six-mil livres, et je l'ay faict pour un office de M^e des comptes, qui est la moictié moings [1].

Et quant tout fust faict, l'on y print si grand pleisir que le feu Roy et la Royne mère, et tous ceux qui me commandarent de faire couvrir encore deux pavillyons en telle façon, qui estoyent couvertz de pierre de taille, et aultres choses, et qu'ilz me donneroyent ung office d'auditeur des comptes, ce que j'ay faict, et n'ay poinct eu l'office, et paye la rente tous les ans des denyers que j'ay emprunçté pour ce faire.

Aussi à Sainct-Legier, en la forest de Montfort, pour ung vieulx logis, lequel n'est-il pas bien racoustré, et la gallerye qui est faicte de neuf, avec la petite chapelle et pavillons, l'on la trouve le plus beau qu'il est possible et se peult achever une bien fort belle maison.

A Mousseau, pour la Royne mère, qui est cause que je trouvay l'invention de charpenterye pour le jeu de paillemaille qu'elle vouloyt faire couvrir, là où j'avoys dressé de tant belles inventions; mais Monsieur de Nevers et aultres me détournèrent de plusieurs belles entreprinses, et estoyent tous marrys que mad. Dame vouloyt bastir.

Aussy ce que j'ay faict à Anneth, où il y a tant de belles œuvres, ç'a esté par le commandement du feu Roy, qui estoyt plus curieux de sçavoir ce que l'on y faisoyt que en ses maisons, et se courrouçoyt à moy quant je n'y alloys assez souvent. Pour ce c'estoyt tout pour le Roy [2].

Et oultre tant de belles œuvres que j'ay faict, combien j'ay donné de grandes inventions, non seullement au prouffict de Sa Majesté, mais encores pour tout son peuple, comme pour l'invention des charpenteryes, pour les combles, que l'on peult faire de toutes sortes de boys et de toutes petites pièces.

[1] C'est-à-dire qu'on donna comme payement à de l'Orme un office de maître de comptes, qui ne valait guère que 18,000 livres. Le paragraphe suivant montre qu'après lui avoir promis de l'investir d'une charge d'auditeur à la Cour des comptes, on oublia toujours de le mettre en possession: cependant l'octroi de cette charge n'eût été que le remboursement des sommes dépensées par de l'Orme en entreprenant, à ses frais, certains travaux qui lui avaient été demandés.

[2] De l'Orme s'efforce ici d'excuser, aux yeux de Catherine de Médicis, le zèle qu'il avait mis à servir

Et aussy de poultres, de tant de pièces que l'on vouldra.

Semblablement l'on peult faire toutes plattesformes d'équarre et pons de telle grandeur, comme de l'entreprinse que le feu Roy voulloyt que fisse faire au port au Pect, à Sainct-Germain-en-Laye, ung pont en une arche aussi large qu'est la rivyère, qui seroyt la plus magnifique œuvre qui fust jamays veue.

Et tant d'aultres inventions si belles qui se treuvent par les mathématiques, dont je despendois[1] ordinairement argent à faire force modelles, et n'en estoys jamays payé; voylà (comme) je peulx avoir à force argent. Et oultre cinq neveux que j'ay faict estudier, qui m'ont cousté beaucoup, j'ay entretenu plusieurs hommes doctes, tant des bénéfices que leur ay donné que du mien propre, et n'on[t] jamays cessé d'estudier en l'architecture, ars libéraulx et mathématiques; et me faict lire souvent en l'escripture sainte. Voylà comme je me suys gouverné, et n'ay jamays rien acquis, sinon une barbe blanche, et ay prins aultant de peine, depuis l'âge de quinze ans que j'ay commancé avoir charge, que homme sçauroyt faire : ayant eu plusieurs charges, soyt à la guerre à fortiffier et estre cappitaine en chief, et fermé[2] plusieurs foys; et ay servy papes, rois et plusieurs cardinaulx et grandz seigneurs; et feu Mons. de Langès, Guillaume du Belloy, Mons. le cardinal son frère, me debauchairent du service du pape Paulle, à Rome où j'estoys, et avoys une belle charge à Sainct-Martin *dello Bosco*, à la Callabre, et pour revenir en France; et pour toute récompense et avoyr si bien servi, l'on m'a faict tant de maulx et accusé de plusieurs infamyes dont j'ay esté trouvé innocent, et m'a on faict couster tout ce que j'avoys jamays acquis, dont j'en remercye Dieu du tout, et en laisse à luy seul la vengence, comme je crois qu'il m'a chastié pour m'estre rendu plus subject au service des hommes que non pas à celuy de Dieu. Et au lieu que j'ay appris à édiffier des chasteaulx et maisons, j'aprendray à édiffier des hommes. Ainsi, Monseigneur et meilleur amy, que désiriés sçavoir le contraire de ce que l'on dict, je vous ay mis la vérité d'une partie de ma vie, qui a esté aultant labourieuse que homme que ayés jamays congneu, à suyvre toujours la vertu et les vertueulx, sans jamays avoyr esté reprins[3], ne me trouvez devant juge que à ceste heure, et je remectz le tout à celuy qui est le seul juge de tous.

Je ne veulx encores oblyer de dire que je faisoys les charges moy seul, dont l'on avoyt auparavant, du temps du feu roy François, quatre mil quatre cens livres tous les ans à plusieurs commissaires, tant à Fontaynebleau, Villiers-Coteretz, Sainct-Germain, la Muette et le chasteau de Boulongne, et n'en avoys pas un seul, comme j'ay dict, et si avoys plus de charges que cella, tant de la sépulture du feu roy François que j'ay faict faire, qui se treuve très-belle, le chasteau de Saint-Legier, l'archenac et magazin de l'artillerye à Paris, il y a beau commancement de pouvoyr fayre un bon mesnaige; aussi les escuyeries des Tournelles, qui sont fort belles, et la chappelle du boys de Vincennes, où j'ay faict faire toutes les voultes et achever; et, oultre ce, plusieurs aultres corvées, tant à Foulembray, Coussy, que l'Hostel-Dieu de Sainct-Jacques-du-Hault-Pas, que j'avoys commancé, et partout où

Diane de Poitiers à Anet et ailleurs. Il semble donner à entendre qu'il ne pouvait qu'obéir à la volonté de Henri II. Cette volonté, du reste, lui fit faire, à Anet, un des chefs-d'œuvre de la Renaissance. La faveur dont il avait joui auprès de la duchesse de Valentinois fut évidemment une des choses qu'on mit en avant pour lui nuire dans l'esprit de la Reine mère.

[1] Dépensais.
[2] Assiégé.
[3] Réprimandé.

l'on m'a commandé j'ay prins de grandissime peyne, dont j'aymeroys trop mieulx les denyers et estatz que l'on eust donné à ceulx qui eussent faict choses semblables, que tous les bénéfices que l'on m'a donné.

Et tout ce que j'ai dict cy-dessus n'est poinct pour gloyre que j'en cherche, ne honneur que j'en veuille avoyr, remectant tout à Dieu le créateur, qui est autheur de toutes choses; mays je le faictz pour les grandes calompnyes et grandes haynes que l'on continue me porter, affin que tous les princes, seigneurs et gens d'honneur congnoissent la vérité du faict.

VII.

TESTAMENT DE PHILIBERT DE L'ORME.

(Daté du 21 décembre 1569.)

On doit encore à M. Benjamin Fillon la découverte de cette pièce intéressante [1], que nous reproduisons avec empressement parce qu'elle achève d'élucider la biographie de Philibert de l'Orme. La vie du grand artiste, si longtemps ignorée ou travestie, est désormais connue d'une manière aussi satisfaisante qu'on peut raisonnablement le souhaiter. Nous faisons des vœux pour que de nouvelles études ajoutent aux renseignements que renferme cet ouvrage sur les autres architectes dont le nom est associé à l'histoire du Louvre et des Tuileries; mais nous savons trop combien sont rares les documents sur la matière pour concevoir, à ce sujet, de bien grandes espérances.

« Au nom du Père, du Fils et du Sainct-Esprit,

« Je Philbert Delorme, abbé de Sainct Eloy de Noyon et de Sainct Serge d'Angiers, chanoyne de Paris, sain d'esprit et entendement, congnoissant qu'il convient à nous tous infailliblement mourir, et n'y a rien plus certain que la mort et moings certain que le jour et l'heure d'icelle, ne voullant mourir intestat, mais, comme un vray chrestien et catolicque doibt, ordonner avant mon décès de ce qu'il a pleu à la divine bonté m'eslargir de ses biens et que tiens à présent et desquels je puys librement disposer, faictz ce présent testament et ordonnance de dernière voullunté, en la forme et manière qui s'ensuict, que je veulx et entends valloir par tous lieux et endroictz qui sera besoing et requis, et en la meilleure forme et manière qu'il pourra, révocquant tous aultres par moi cy-devant faictz.

« Et premièrement, ma pauvre âme partant de ce monde, je la recommande à la tres-saincte Trinité, à la tressacrée Vierge Marie, et à tous les saincts et sainctes de la court celleste, et à mon bon ange, affin d'intercéder envers Dieu pour madicte pauvre âme, et la mectre et colloquer avec celles de ses bien aymez et esleus.

« *Item*, après mondict décès, incontinant je veulx mon corps estre assisté de deux personnes éclésiasticques, pour prier Dieu incessenment et alternativement pour madicte pauvre âme, en attendant qu'il soit inhumé. Et pour ce faire, baillé à chacune desd. personnes la somme de cent solz tournois.

[1] Elle a été publiée par M. Anatole de Montaiglon dans les *Archives de l'art français*, 2ᵉ série, t. II, 1862-1863.

« *Item*, je veulx mond. corps estre inhumé en l'église de Paris, à laquelle je donne et laisse la somme de cent escuz sol. pour y estre faict et dict ung service et aultres prières et choses acoustumées après le décès d'un chanoyne de lad. église et à l'enterrement d'icelluy.

« *Item*, et pour acompaigner mond. corps en lad. église où il sera inhumé, je veulx estre appelez telz convents, communaultez et aultres personnes éclésiasticques entre (outre?) ceulx de lad. église, et en tel nombre que mes exécuteurs cy-après nommez adviseront, ou l'un d'eulx.

« Auxquelz exécuteurs je me rapporte et remects de leurs sallaires, et, au surplus, d'ordonner du dueil, pompe funèbre, obsecques et funérailles, de tout comme ilz verront bon estre, ou l'un d'eulx.

« *Item*, après mondict décès, je veulx estre dict et cellébré ung service complect en chacune de mes abbayes, et encore aux convens de quatre Mandiens; et, pour ce, à chacun desd. lieux et convent paier ce qui sera advisé par mesd. exécuteurs ou l'un d'eulx.

« *Item*, je laisse à l'église et fabricque de Nogent sur Seyne, près Plaisance, pour faire dire ung service par chacun an, à tel jour que je déceddcray, la somme de cinquante livres tournois.

« *Item*, je veulx et ordonne toutes et chacunes mes debtes estre payées et acquictées, et mes tortz faictz réparez et amendez, et au plus tost que faire ce pourra. Dont je prie très affectueurement (sic) mesd. exécuteurs et les en charge.

« *Item*, je laisse à l'Hostel-Dieu de Paris la somme de quatre cens livres tournois.

« *Item*, je laisse à la Communaulté des pauvres de ceste dicte ville de Paris la somme de cent livres tournois.

« *Item*, je laisse aux pauvres prisonniers cent livres tournois.

« *Item*, je laisse à quatre ordres et conventz des Mandiens de ceste ville de Paris, à chacun la somme de vingt livres tournois.

« *Item*, je laisse à chacune de mesd. abbayes la somme de cent livres tournois.

« *Item*, je laisse pour prier Dieu pour ma pauvre âme à l'église et chappitre de Paris, trois cens livres tournois de rente rachaptable de trois mil six cens livres tournois. Laquelle somme je veulx estre prinse sur les unze mil tant livres à moy deubz par le Roy, et mise en l'Hostel de ceste ville de Paris, pour convertir en l'acquisition de lad. rente, et encores donne à l'église ung calice, deux burettes et une paix, le tout d'argent, que j'ay achaptez des biens de feu monsieur le chantre Combrailles, et qu'il avoit auparavant eu et rachapté de lad. église.

« *Item*, je laisse à ma sœur Jehanne Delorme mes deux maisons que j'ay en ceste ville de Paris, l'une appelée l'Hostel d'Estampes, aboutissant par devant à la rue Sainct Anthoine, et l'autre à la rue de la Ceziraye (sic), et la prie affectueurement de recepvoir et prendre avec elle mes deux enfens naturelz, si elle vient de pardeçà, pour les traicter comme siens, aux charges et pour le temps qui sera dict cy-après.

« *Item*, je laisse à mon frère Jehan Delorme tous mes livres d'architecture, desseinctz, stampes et pourtraicts, et, oultre, mon lieu de Plaisance, près Paris, et tous ses appartenances, et aussi ce que j'ay acquis à Fontenay d'un nommé Heurtelou, francs et quictes de toutes les rentes que je doibz par chacun an à M^r... Le Mestayer, advocat au Parlement, que j'entends et veulx estre toutes rachaptées des deniers provenans de la vente de mes meubles.

« *Item*, je laisse à mon aultre sœur Anne Delorme, femme du contrerolleur Martin, cent livres tournois de rente rachaptable de douze cens livres tournois pour une foiz.

« *Item*, je laisse à Philbert Delorme, mon filz naturel, pour ses allimentz et oultre son entretenement, deux cens livres tournois de rente par chacun an. Pourquoy veulx et ordonne estre mys en l'Hostel de lad. ville deux mil quatre cens livres tournois par mesd. exécuteurs ou l'un d'eulx, pour, ou nom dud. Philbert Delorme, acquisicion estre faicte de lad. rente. Laquelle rente, luy déceddant en mynorité, je veulx et entends retourner et appartenir à Charlotte Delorme, sa sœur naturelle; et elle déceddant comme dessus, après retourner et appartenir à lad. Jehanne Delorme, ma sœur.

« *Item*, je laisse à Charlotte Delorme, ma fille naturelle, pour ses allymens et ayder à la maryer, cent quarente livres tournois de rente par chacun an, que j'ay droict de prendre sur lad. ville, comme ayant droict de Mons. le duc de Rouuannoys. Laquelle rente, elle déceddant en mynorité et auparavant que d'estre mariée, j'entends et veulx retourner et appartenir audict Philbert Delorme, son frère naturel. Et luy aussy déceddant comme dessus, après retourner et appartenir icelle dicte rente de cent quarente livres à ladicte Jehanne Delorme, ma sœur.

« *Item*, je laisse à mon nepveu Martial Burlet tous et chacuns mes livres de théologie.

« *Item*, je laisse à François et Guillaume Burletz, mes petitz et arrière-nepveulx, à chacun soixante livres tournois de rente par chacun an rachaptable au denier douze; et, pour en faire l'acquisicion, je veulx et ordonne les deniers en estre prins sur lesd. unze mil tant livres qui me sont deubz par le Roy, et mys en l'Hostel de ceste ville de Paris pour cest effect, au plus tost que faire ce pourra.

« *Item*, je laisse à Monsieur le premier président de Paris, messire Cristophe de Thou, mes maisons, lieux et jardins que j'ay à Sainct Maur des Fossez, dont j'ay aultreffois reffuzay six mil livres tournois pour une foiz, m'asseurant qu'il me fera paier par le Roy, comme il m'a promis, ou mes héritiers après mon décès, de ladicte somme de unze mil tant livres qu'il m'est deu par sa Magesté, et à la charge très expresse de ce faire et d'avoir l'œil que ce présent myen testament soit exécuté.

« *Item*, je laisse à monsieur Tabouneau, conseiller du Roy, nostre sire, et président en sa Chambre des comptes, à Paris, une couppe couverte d'argent dorrée, avec une esguière, pour avoir quelque souvenance de moy après mon décès et ayder à l'exécution de ce myen présent testament.

« *Item*, je laisse à M^e... de Bréda, chanoyne de Paris, pour se souvenir de moy après mon décès et de plus grande affection s'employer à l'exécution de ced. mon testament, deux couppes et une esguière, le tout d'argent, luy recommandant en oultre led. Philbert Delorme, mon filz naturel, et de le faire nourrir et entretenir de toutes choses généralement quelzconques en lieu et part bon et honneste, pour et moiennant le revenu et arréraiges desd. deux cens livres tournois de rente que je luy laisse par chacun an comme dessus. Les arréraiges desquelles rentes je veulx partant estre receuz par led. sieur de Bréda ausd. fins, jusques ad ce que led. Philbert Delorme ayt attainct l'aage de vingt ans. Et pour la penne et vaccation dud. sieur de Bréda, en ce que dessus, je lui donne encores la somme de cent escuz sol.

« *Item*, je laisse à Madame Françoise Ballon, pour les bons offices et traictement qu'elle m'a faicts durant ma malladie, la somme de vingt escuz sol. et aussi veulx et ordonne que lad. Charlotte Delorme luy soit laissée, nourrie et entretenue en sa maison de toutes choses généralement quelzconques jusques ad ce qu'elle soit mariée. Et pour ce faire et y fournir par lad. Ballon, qu'elle recoyve et joysse entièrement durant led. temps les arréraiges de lad. rente de cent quarante livres tournois que j'ay comme dessus laissée à lad. Charlotte; sinon ou cas que ma seur Jehanne Delorme, venue pardeçà, voulsist prendre et recepvoir avec elle ladicte Charlotte, comme je la prie affectueusement de ce faire audict cas, et pareillement led. Philbert Delorme, attendant qu'il soit propre et fort assez pour estre en colleige, et avec l'advis et bon gré touttefoiz dud. sieur de Bréda, pour les traicter par mad. seur comme siens sur et du revenu et arréraiges des rentes que je leur laisse comme dessus, et entretenir led. Philbert en colleige tant qu'il y sera de toutes choses généralement quelzconques. Voullant à ces fins qu'elle seulle, en ce cas, reçoipve et joysse desd. rentes pour le temps et aux charges susd. au lieu dud. sieur de Bréda et de lad. Ballon.

« *Item*, je laisse à Pierre Martin, mon antien serviteur, la somme de six cens livres tournois pour une foiz, que je lui doibz. En oultre, veulx et ordonne qu'il soit payé de ce qui luy sera deu de ses gaiges jusques à mon décès, et encores une année desd. gaiges à compter seullement du jour de mond. décès.

« *Item*, je laisse en semblable à chacun de mes aultres serviteurs et servantes une année de leurs gaiges à prendre du jour de mondict décès, oultre ce qui leur sera deub de leursd. gaiges d'auparavant, dont j'entends pareillement qu'ilz soient paiez.

« *Item*, considérant que c'est bien peu desd. deux cens livres tournois de rente pour l'entretenement dud. Philbert Delorme pour chacun an, mesmement quant il sera venu en aage de perfection, je lui donne et laisse en oultre cent cinquante livres tournois de rente par chacun an; et pour ce faire je veulx et ordonne estre prins la somme de dix huict cens livres tournois sur lad. somme de unze mil tant livres à moy deue par le Roy, et mise en l'Hostel de ceste ville de Paris, au nom dud. Philbert Delorme; et laquelle rente je veulx et entends estre receue, et, led. Philbert déceddant en mynorité, retourner ou appartenir à lad. Charlotte et Jehanne Delorme, au cas et comme l'aultre rente que luy ay laissée ci-dessus.

« Et pour exécuter et accomplir ced. présent mon testament et ordonnance de ma dernière voullunté, je veulx, esly et nomme mesd. sieurs messire Cristophe de Tou, chevalier, premier président de Paris et conseiller du Roy en son conseil pryvé, monsieur Tabouneau, aussy conseiller du Roy et président en sa Chambre des comptes dud. lieu, et M[e]... de Bréda, chanoyne de Paris, auxquelz et chacun d'eulx je baille et laisse par ces présentes plaine, totalle et entière faculté et puissance de icelluy mien testament exécuter et accomplir de poinct en poinct, selon sa forme et teneur; voullant que pour cest effect ilz et chacun d'eulx soient saisis après mond. décès de tous et chacun mes biens tant meubles que immeubles, promectant, obligeant et renonçant. En tesmoing de quoy j'ay signé ces présentes ce jourd'huy vingt ung[me] décembre, jour et feste sainct Thomas, Mil cinq cent soixante neuf. *Signé* « DELORME. »

Pardevant Vincent Maupéru et Jehan Lusson, notaires du Roy, nostre sire, en son chastellet de Paris, fut présent en sa personne Révérend père en Dieu messire Philbert Delorme, abbé de Sainct Serge et Sainct Bach lez Angers, et chanoyne de l'église de Paris, gisant au lict mallade, toutteffois de bon et ferme propos, mémoire et entendement, comme il dict et qu'il est apparu ausd. notaires par ses parolles, gestes et maintien. Lequel a déclaré ausd. notaires que le testament cy-devant escript en trois feuilletz de papier, cestuy compris, est son testament et ordonnance de dernière voullunté, signé de sa main et seing manuel, et veult qu'il vaille et sorte son plain et entié effect, et a révocqué tous aultres testamens et codicilles qu'il pourroit avoir faictz et passez auparavant huy. Faict et passé l'an Mil cinq cens soixante neuf, le mercredy vingt ungiesme jour de décembre. *Signé* Maupéru, Lusson, et au dessoubz est escript : L'an Mil cinq cens soixante dix, le samedy vingt cinquiesme jour de février, par Vincent Maupéru et Jehan Lusson, notaires susd. et soubzsignez, fut faicte collation de ceste présente coppie à l'original d'icelle, en papier sain et entier en son sein et escripture. Ce requérant M° Odet de Burlet, greffier de Sainct Symphorian de Donzon en Dauphiné, au nom et comme procureur substitué par M° Martial de Burlet, son frère, de damoiselle Delorme, veufve de feu noble homme Cristophe de Burlet, en son vivant cappitaine et chastellain dudict Sainct Siphorien, fondé de substitution dattée du XVI° jour de ce présent mois, signée Bontemps, Cothereau, de laquelle il est apparu ausd. Maupéru et Lusson pour servir à ladicte damoiselle ce que de raison. *Ainsi signé* Maupéru, Lusson.

L'an Mil V° soixante et unze, le mercredy vingt sixiesme jour de septembre, par lesd. notaires du Roy, nostre sire, en son Chastellet de Paris, soubscriptz, fut faicte collation de cette présente copie à une autre copie collationnée et signée comme dessus est dict.

Lenoir. Lusson.

VIII.

CENSIER DE SAINT-DENIS-DE-LA-CHARTRE EN LA CITÉ DE PARIS,

POUR L'ANNÉE 1540.

(Voir t. 1, p. 116, et la Notice sur les fouilles, p. 147.)

Cette copie est tirée du registre en papier des archives historiques de la Ville de Paris, coté 1182. Nous donnons l'en-tête du registre; et l'article relatif à la rue d'*Autruche*, le seul qui nous intéresse, se trouve au recto du folio 8.

Cens Rentes et aultres droictz et devoirs deubz a honn. (honorable) homme M° Toussainctz de Lespincy pbre (prebstre), Prieur et Mandataire de Sainct Denys de la Chartre en la Cité de Paris, au jour et feste Sainct Remy, pour ceste pnte. (présente) anée Mil cinq cens quarente.

Suit la copie au folio viij.

La rue d'Autruche.

Monsr. de Villeroy, au lieu de feu Monsr. d'Alenson pour ses maisons et jardins assis en ladicte Rue, tenant d'un costé à lad^e Rue d'Autruche, d'autre à la Rue des Poulies « et mesmement les fossés St. Germain, » aboutissant d'un bout à l'hostel de Bourbon, d'autre à « Me Chastelain, médecin du Roy, d'aultre pt. (part) à Monsr. le duc de Nyvernays à cause « d'une maison qui fut et aptint. (appartint) à feu Me Sebastien de la Grange, en son « vivant ad^{ot} (advocat) en parlement s^r de Triannon. » Doibt pour cens et fondz de terre aud. jour et feste Sainct Remy dix sept solz quattre den^s (deniers) par. Pour ce « payables « au jour de la feste de la Toussainctz » . . . . xvij s. iiij d. p.

Maistre Loys Martine au lieu de Monsr. de Sainct-Pol A pnt. (présent) Me Charles Le Conte, M^e des œuvres de charpenterie de ceste ville de Paris, pour son hostel assiz en lad^e Rue, ten^t d'une pt. (part) « aux anciens meurs de la Ville de Paris, » à lad^e Rue d'Autruche, aboutissant d'un bout à la Ruelle Porte Sainct Honnoré, d'autre « et Rue St. « Honoré (sic) et d'aultre bout à damoizelle Magdalaine de Fizes, et app^t precedemment « à Monsr. le baron de Fizes son père p^r l'aquisition qu'il en auroit faicte de messire « Nicollas de Neuville et seigneur de Villeroy, lequel auroit donné le logis de lad. Fizes à « deux desd. vendeurs dont l'un estoit Barbier, duquel led. Odeau a aquit partie de lad. « maison appartenante de present à lad. damoizelle de Fizes. » Doibt pour cens chñn (chas-cun) an audict jour et feste Sainct Remy six den. par. Pour ce . . . . vj d. p.

Le Recepveur de Paris pour le Roy nostre sire Doibt par chascun an aud. prieur à cause de la Grosse Tour du Louvre, au jour de feste Mons. Sainct Jehan Bpte. pour cens et fondz de terre, trente sols par. Pour ce . . . . xxx s. p.

Monsr. de Bourbon, pour ses estables estans dessus lad. Rue et d'un costé ledict s^r d'Alen-son et d'autre costé sur la Riviere ou soulloit avoir plusieurs maisons qui doibvent toutes ensemble de cens et fondz de terre aud. prieur led. jour . . . . x s. x d. p.

Maistre Michel Cave, pour son chantier qui fut à Jacquet de Callays faisant le coing de ladicte Rue d'Autruche pardevers la Rivyere joygnant à la Porte du Louvre, Doibt aud. prieur pour fondz de terre et cens le jour Sainct Remy douze den. par. Pour ce. xij d. p.

Estienne Hime au lieu de feu Jehan Fleury, pour ses maisons joignans led. chantier, Doibt led. jour aud. prieur pour cens et fondz de terre quattre solz huict den. par. Pour ce . . . . iiij s. viij d. p.

L'Hostel-Dieu de Paris au lieu de Jehanne du Fey, pour deux maisons assises en lad. Rue, l'une ten. aud. Hime et l'autre ten. à Jehan Clotet, Doibt aud. prieur led. jour pour cens et fondz de terre troys solz parisis. Pour ce . . . . iij s. p.

Jehan Clotet, pour ses maisons à troys pignons ten. d'un costé audict Hostel-Dieu et d'autre costé à une maison appartenante à Asselin le (sic) Vassaulx et auparavant à Colas du Ru, Doibt par chascun an aud. jour pour cens et fondz de terre quattre solz huict den. par. Pour ce . . . . iiij s. viij d. p.

Asselin de Vassaulx, pour sa maison ten. d'un costé audict Jehan Trolet (sic pour Clo-tet) et d'autre costé à Geuffroy Bordier, Doibt led. jour aud. prieur pour cens et fondz de terre troys solz par. Pour ce . . . . iij s. p.

Geuffroy Bordier, pour sa maison assize à lad. Rue ten. d'un costé aud. Asselin de Vassaulx et d'aut. costé à Me Florent Bataille, Doibt aud. jour pour cens et fondz de terre cinq solz par. Pour ce . . . . v s. p.

Maistre Florent Bataille, pour son hostel assiz en ladicte Rue ten. d'un costé aud. Geuf-

froy Bordier, Doibt led. jour aud. Prieur pour cens et fondz de terre sept poictevines.
Pour ce . . . . vij poict.

NOTA. Les guillemets indiquent les additions faites d'une autre main que le corps du registre, et placées dans les interlignes ou en marge.

IX.

PROVISIONS DE MÉTEZEAU.

(Voir p. 79.)

TEXTE DU REGISTRE DE LA CHAMBRE DES COMPTES.

Vu par la Chambre les lettres patentes du Roy, données à Paris le 19 octobre 1594, signées de sa main, et plus bas, par le Roy, de Neufville, par lesquelles et pour les causes y contenues ledit sieur a commis et député ledit Louis Métezeau pour avoir les charges et conduite de la construction de tous les bâtimens royaux mentionnés èsdites lettres, pour desdites charges jouir et user aux mêmes honneurs, autorités, état et entretenement, de huit cens écus par an, à savoir : quatre cens écus pour les bâtimens du Louvre, et quatre cens pour les autres bâtimens, tout ainsi et en la même forme et manière qu'en jouit ledit Jacques Androuet du Cerceau;

Autres lettres patentes du 12 février 1596, signées par le Roy, Luillier, contenant relief d'adresse et de surannation des précédentes; un acte de ladite Chambre, du 6 avril audit an 1596, contenant l'opposition formée par ledit du Cerceau à l'entérinement des lettres de commission dudit Métezeau, les causes desdites oppositions, réponses à icelles faites par icelui Métezeau, réplique dudit du Cerceau, avec copie collationnée à l'original de ses lettres de pareille commission que celles ci-dessus mentionnées, registrées en ladite Chambre le 17 mars 1595, pour jouir du contenu en icelles par forme de pension seulement; une autre copie collationnée à l'original d'une lettre missive de Madame, sœur unique de S. M., adressant au sieur d'Attichy, intendant des finances dudit sieur, trois certifications faites en faveur dudit Métezeau, contenant icelui être employé en l'état de domestique de madite Dame sœur du Roy, et de Monseigneur son frère; l'appointement passé entre les parties, le 20 juin 1596, de produire par elles tout ce que bon leur semblera : trois requêtes et commandemens de produire, faits audit du Cerceau les 20, 27 et dernier julliet audit an, signifiés à son procureur par le Clerc, huissier en ladite Chambre, la requête par ledit Métezeau à elle présentée à fin de vérification de cesdites lettres de commission, conclusions du procureur général du Roy, auquel le tout a été communiqué; tout considéré, LA CHAMBRE, avant que procéder à la vérification des lettres obtenues par ledit Métezeau, et opposition formée par ledit Jacques Androuet du Cerceau, a ordonné que les parties se pourvoiront par devers le Roy, pour avoir sur ce déclaration de sa volonté, pour icelle vue et rapportée, en icelle être ordonné ce qu'il appartiendra par raison. Prononcé à M° Meheneti[1], procureur dudit Métezeau, et à M° Sebastien Fontenu, procureur dudit du Cerceau, le 6 août 1597.

(Arch. de l'Emp. Reg. de la Chambre des comptes. P. 2852, fol. 459.)

Nous n'avons pu retrouver les pièces importantes reprises dans la transcription qui précède. Il aurait été fort intéressant de connaître les motifs qui avaient amené le remplacement de Du Cerceau par Métezeau. On voit cependant qu'il y avait, dans ce changement de direction des travaux des Maisons Royales, l'influence de Madame, sœur du Roi, et l'on remarque que l'opposition de Du Cerceau eut pour résultat de suspendre l'entérinement des lettres patentes contenant la nomination de Métezeau.

Nous trouvons pourtant au folio 69 d'un registre de «Estat des gaiges des Officiers des bastimens et jardins du Roy» de 1608, coté aux Archives de l'Empire «O. 10,692»[2], la mention suivante, que nous copions littéralement :

CHASTEAU DU LOUVRE ET PALLAIS DES THUILLERIES.

A Loys Methezeau Architecte du Roy Concierge du Pallais des Thuilleries et ayant la garde des meubles dicelluy Pour ses gages (sic) La somme de deux mil quatre cens Liures Asscavoir ij^m pour sad^e charge darchitecte Et iiij^c <tt>tt</tt> pour la charge de Concierge et Garde desd^s meubles cy. . . . .   ij^m iiij^c <tt>tt</tt>

Aux Srs. du Serceau (sic) et Fournier autres Architectes de Sa Mag^{té} Pour leurs gaiges (sic) a raison de xij^c <tt>tt</tt> chascun. . . . .   ij^m iiij^c <tt>tt</tt>

Ainsi Louis Métezeau était encore, en 1608, architecte *en chef* des bâtiments royaux, et avait sous ses ordres Du Cerceau et Fournier. Ce dernier, qui figure en 1600 dans les sommations adressées au Trésorier des bâtiments, comme entrepreneur de la maçonnerie, est repris ici comme *architecte* et occupe le même rang que Du Cerceau.

Nous donnons ci-après la copie exacte de la partie du registre correspondant à 1608, parce qu'elle renferme des détails précieux sur les artistes dont la biographie fait l'objet d'une partie du dernier chapitre de M. Berty.

X.

COMPTE DES RESTES

ATTRIBUÉS À L'ACHÈVEMENT DU PALAIS DES TUILERIES.

LETTRES PATENTES portant

ACCORD entre la Reine mère, Catherine de Médicis et les Solliciteurs généraux (16 février 1573).

ORDONNANCE DE RENVOI de 1577.

---

[1] On pourrait peut-être lire aussi *Meheneuti*. — [2] Ce registre, récemment inventorié, nous a été obligeamment signalé par M. Boutaric.

APPENDICES.

Lettres patentes portant

Ratification du roi Charles IX (16 février 1573).
Vérification et enregistrement par la Chambre des comptes (5 mars 1573).
Enregistrement par la Cour des aides (17 mars 1573).

Nous devons la connaissance et la communication des lettres patentes dont la copie exacte va suivre à l'obligeance de M. A. de Boislisle, qui a bien voulu les faire prendre dans les *Archives Nicolaï*, *Lettres originales*, *sections 17 et 18*. Leur lecture donnera de curieux renseignements sur ce qu'étaient ces reprises sur les *Restes des Comptes* des revenus royaux, et sur les difficultés qu'offrait leur recouvrement; on y verra, en même temps, par quels moyens Catherine de Médicis pouvait obtenir les avances indispensables, pour ne pas être obligée d'interrompre le cours des travaux de son palais des Tuileries. Mais nous ferons observer que ces mesures financières étaient, sans aucun doute, destinées à solder des travaux déjà exécutés, car Philibert de l'Orme était mort en 1570, Jean Bullant avait déjà construit les pavillons qui flanquent le Palais, et c'est en 1572 que Catherine de Médicis, après avoir à peu près terminé la plantation et l'ornementation des jardins, commençait à donner tous ses soins à son hôtel de Nesle, depuis de Soissons. Nous ne pouvons dire la destination qui aura été réellement donnée aux sommes recouvrées pendant les trois années consécutives que fixe l'*Accord* du 16 février 1573; il est seulement certain que l'attribution qui en était faite ostensiblement avait pour objet les travaux du Palais *appellé les Thuilleries*. Il n'y a rien d'improbable à supposer que ces sommes aient été employées à solder les dettes de la Reine mère afférentes aux Tuileries, sans qu'elle se soit fait scrupule d'en détourner une partie pour avancer les travaux de son hôtel du *Petit-Nesle*. Pour faire cette justification, il faudrait pouvoir compulser les comptes des travaux des Tuileries pendant les années 1673, 1674 et 1675, correspondantes à celles des versements stipulés par les articles de l'*Accord* fait avec la Reine mère. Mais nous ne pouvons espérer trouver les détails de ces comptes comme nous avons eu ceux de 1608, 1618 et 1624. (Voir l'Appendice XII.) Tout nous amène pourtant à croire que les payements effectués avec les sommes tirées des restes soldèrent des travaux antérieurs à 1673, puisqu'il est certain qu'il y eut dès lors un ralentissement marqué dans les travaux des Tuileries, et que M. Berty a pu dire, d'après des écrivains du temps (voir p. 53), que Catherine ne pouvait mener de front deux entreprises aussi importantes que celles des Tuileries et de l'hôtel du Petit-Nesle[1]. Or l'emplacement de cet hôtel était acheté et les travaux commencés dès l'année de l'exécution de l'*Accord* dont il est ici question, et Jean Bullant leur avait imprimé une grande activité, par ordre de la Reine mère, de 1576 à 1580. Nous n'avons pas de documents qui nous fournissent la preuve de l'exécution entière des conventions du 16 février 1579; mais on peut l'inférer assurément de cette activité des travaux ordonnés par Catherine, et des autres ordonnances rendues par Henri III sur le même objet.

On pourrait croire peut-être que les édits relatifs aux *Restes des Comptes* rendus par ce prince, et dans lesquels il est dit qu'il entend révoquer toutes les concessions ou délégations qui lui ont pu être arrachées à lui ou à ses prédécesseurs sur ces mêmes restes, s'appliquent même à celles faites à la Reine mère. Ce serait une erreur : Catherine transmettait, comme on le voit, sa concession à des *solliciteurs* qui lui avançaient *immédiatement* l'équivalent en espèces, et d'ailleurs

---

[1] Nous donnons ce nom à l'hôtel qui porta depuis celui d'hôtel de Soissons, parce que c'est ainsi qu'il est désigné dans les comptes de la Reine mère; c'était là, en effet, qu'on assemblait la Chambre des comptes de cette dame, ainsi qu'on peut le voir dans la formule terminale de plusieurs procès-verbaux.

il faudrait ne pas connaître l'autorité extraordinaire que cette princesse avait sur ses enfants, pour penser que l'un d'eux aurait pu oser lui refuser ou lui retirer ces délégations sur les *Restes* qui étaient, on le voit par la teneur de ces mêmes édits, dans les habitudes des rois à cette époque.

Nous avons compulsé inutilement tous les registres des comptes de la Reine; à partir de l'époque où elle commença son hôtel nouveau près de l'église Saint-Eustache, on ne voit pas qu'elle fasse de nouveaux frais pour les Tuileries; il y a seulement diverses sommes pour l'entretien et l'avancement du grand jardin. Les Rois prirent alors la direction exclusive des bâtiments de ce Palais et poussèrent avec toute l'activité possible l'achèvement de la galerie qui reliait le Louvre au nouveau Palais. Il y avait, dans cet empressement de terminer cette jonction malgré les embarras énormes causés par les troubles publics, un motif puissant de sûreté qui ne doit pas échapper au lecteur qui connaît les événements de cette époque.

Articles accordez entre la Royne mère du Roy et Arnauld Dubois, bourgeois et habitant de la ville de Paris, et Guillaume le Vacher, controolleur du poisson de mer fraiz et sallé en icelle, pour la sollicitation et recouvrement des restes des comptes affectez à la construction et continuation du Palais de ladicte dame appellé les Thuilleries, durant trois années à commancer au premier jour de mars prochain.

Ladicte dame Royne désirant ledit bastiment estre continué et ayant entendu que lesdicts Dubois et le Vacher se sont libérallement offertz, comme de faict ilz ont promis et promectent à Sa Majesté, de fournir et advancer pour cest effect durant lesdictes trois années par chacun moys, ès mains de M° Jehan de Verdun, trésorier et paieur des fraiz du bastiment dudict palais, la somme de quatre mil livres tournoyz qui est pour icelles trois années la somme de sept vingtz quatre mil livres tournoyz, dont le premier moys de paiement escherra au dernier jour dudict moys de mars prochain, ce qu'ilz continueront ainsi en fin de chacun moys jusques et comprins le dernier jour de juing ensuivant aussi prochain, après lequel expiré ont promis et seront tenuz paier audit de Verdun lesdictes iiij^m livres tournoyz par moys durant le temps qui restra desdictes trois années, au commancement de chacune sepmaine par quart et égalle portion à raison de mil livres tournoys par sepmaine, et pour seuretté de ce, de paier et mettre ès mains dudict de Verdun, outre ce que dessus, la somme de dix mil livres tournoys pour estre convertiz et emploiez au faict de sa charge, et ce dedans quinze jours après que les présens articles auront esté ratifficz par le Roy, vérifficz et émologuez purement et simplement en la Chambre des Comptes et Court des Aydes audict Paris,

Pourveu qu'il pleust à Ladicte Majesté leur donner bonne et suffisante asseurance d'estre remboursez desdictes sommes de vij^{xx}iiij^m livres et x^m livres montans et revenans ensemble à la somme de sept vingtz quatorze mil livres tournoyz, sur les premiers et plus clairs deniers qui proviendront cy après desdits restes tant de la Chambre des Comptes audict Paris que de celles de Nantes, Dijon, Aix, Grenoble, Montpellier et Blois, après toutesfois que les gages des receveurs et solliciteurs généraulx d'iceulx restes, ensemble les droictz de sol pour livre desdicts solliciteurs, façons et redditions des comptes desdictes receptes et sollicitation, et aussi les droictz et remplage d'espices des gens des Comptes audict Paris acoustumées estre sur ce prinses, auront esté paiées et acquictées,

Sadicte Majesté, en considération des advances qu'il conviendra ausdicts Dubois et le Vacher faire pour fournir par chacun moys ladicte somme de iiij^m livres, en considération de ce que les deniers d'iceulx restes sont de longue discution et de difficile recouvrement, aussi qu'ilz ne pourront par adventure estre recouvertz à jour si certain comme il est requis pour le paiement des ouvriers qui seront employez à ladicte construction et continuation dudict bastiment, VEULT ET ENTEND le remboursement de la dicte somme de vij^{xx}xiiij^m livres estre faict ausdictz Dubois et le Vacher sur les premiers et plus clairs deniers desdictz restes, desquelz a esté faict don par le Roy à Ladicte Majesté, laquelle en tant que besoing est ou seroit leur en faict cession et transport jusques à la concurrance d'icelle somme, et pour icelle recouvrer les a subrogez et subroge en son lieu et droict, leur permectant pouvoir prandre lesdictz deniers par leurs simples quictances ou de l'un d'eulx seullement par les mains desdictz receveurs généraulx desdictz restes et chacun d'eulx respectivement, en l'année de son exercice, au feur et à mesure qu'ilz seront par eulx receuz, afin qu'ilz ayent meilleur moyen de satisfaire aux susdictes advances.

Et outre ce, pour aucunement gratiffier et recompenser lesdictz Dubois et le Vacher de telle advance, leur a Ladicte Majesté faict don irrevocable de la somme de quinze mil livres, qui est à raison de cinq mil livres tournoyz par an, dont elle veult et entend qu'ilz soient paiez et satisfaictz en fin de chacune desdictes années également, après toutesfois qu'ilz auront satisfaict à leurs dictz offices sur les deniers susdictz, lesquelz elle cedde et transporte semblablement ausdictz Dubois et le Vacher jusques à ladicte somme de xv^m livres, outre lesdictes vij^{xx}xiiij^m livres, les subrogeans aussi en leur lieu et droict pour en faire le recouvrement comme dessus.

Ausquelz Dubois et le Vacher pour plus grande asseurance d'avoir leurdict remboursement desdictes vij^{xx}xiiij^m livres et paiement desdictes xv^m livres de don Sadicte Majesté ne veult les susdictz deniers desdictz restes estre convertiz ailleurs en quelque sorte que ce soit, quelques mandemens, jussions et aultres lectres qui ayent esté ou puissent estre pour ce expédiées.

VEULT ET ENTEND semblablement que, si aucuns dons se trouvent avoir esté par elle faictz auparavant le jour et datte de ces présens articles sur lesdictz restes non encores acquictez, estre revocquez et lesquelz dès à présent elle revocque.

Semblablement, s'il se trouvoit quelques dons faictz par le Roy sur ladicte nature de deniers aussi non acquictez, ou que Sa Majesté en voulsist cy après faire aucuns, Ladicte Majesté a promis ausdictz Dubois et le Vacher iceulx faire revocquer comme dessus.

Et ou ledict seigneur Roy ou ladicte dame, de puissance absolue ou aultrement, vouldroient cy après faire paier des susdictz deniers aucuns dons faictz ou à faire, ou acquicter quelques mandemens ou assignations, soit pour gages et droictz d'officiers nouvellement creez ou pour quelque autre cause et occasion que ce soit ou puisse estre, VEULT ET ENTEND Ladicte Majesté que lesdictz Dubois et le Vacher n'en puissent estre tenuz, ains qu'ilz soient d'aultant tenuz quictes et deschargez sur lesdictes iiij^m livres par moys durant le temps qui restra à expirer d'icelluy présent party, ce que Ladicte Majesté a accordé et accorde ausdictz Dubois et le Vacher, pour ce que sans ceste clause expresse ilz n'eussent voullu entrer à faire les offres cy dessus contenues.

Aussi a Ladicte Majesté accordé ausdictz Dubois et le Vacher qu'ilz puissent prandre pour leurs gages et entretenement durant lesdictes trois années les douze cens livres tournoyz que a cy devant prins et perceuz Me Anthoine Arnauld durant les deux dernières années qu'il a exercé la sollicitation généralle desdictz restes finies le quatorziesme jour de ce présent moys, et lesquelz gages soulloient auparavant estre paiez sur iceulx restes à M⁰ Jacques Ligier nagueres commis à en faire la recepte, actendu que les advances que feront lesdictz Dubois et le Vacher seront sans comparaison plus grandes que celles qu'estoit tenu faire ledit Ligier.

Pareillement Sadicte Majesté a accordé et accorde ausdictz Dubois et le Vacher qu'ilz puissent faire et exercer la dicte sollicitation généralle desdictz restes, sinon choisir, eslire et Nous nommer ou ausdictz gens des Comptes audict Paris et pareillement à ceulx de toutes les susdictes autres Chambres des Comptes de ce royaume telles personnes capables que bon leur semblera pour icelle faire et exercer, ensemble faire tout ce qui sera requis et nécessaire pour le paiement des susdictes sommes et charges ordinaires et acoustumées estre paiées sur lesdicts restes.

A la charge que lesdictz Dubois et le Vacher, ou bien celuy ou ceulx qu'ilz auront nommez pour ladicte sollicitation, seront tenuz mettre à fin et rapporter l'entiere discution de toutes les parties susdictes desdictz restes de comptes qui se trouveront cloz auparavant ce jourd'huy esdictes Chambres des Comptes, qui leur seront baillées par estat dans ledict temps de trois ans si faire se peult, et sur chacune desdictes parties faire apparoir de telles dilligences qu'il n'en fauldra plus faire estat dont ilz rendront compte d'an en an ou de six moys en six moys, comme est acoustumé, à commancer au jour que les estatz d'iceulx restes leur seront par les procureurs généraulx dudict seigneur Roy esdictes Chambres baillez et délivrez ou à ceulx qui à leurdicte nomination auront esté à ce commis et depputtez.

Ausquelz solliciteurs et chacun d'iceulx Ladicte Majesté promect faire expédier toutes et telles lectres de commission généralles et particullieres dudict seigneur Roy qui seront pour ce requises et nécessaires, et de les faire joir des prérogatives prééminentes desquelles ceulx qui ont cy devant exercé ladicte sollicitation ont acoustumé joir, mesmes dudict droict de sol pour livre des deniers provenans desdictz restes, outre les susdictz remboursement et recompenses.

Fera Ladicte Majesté bailler par ledict Arnauld ausdictz Dubois et le Vacher, ou à celuy ou ceulx qui seront à leur nomination commis à ladicte sollicitation généralle, les estatz au vray de luy deuement signez et certiffiez véritables de toutes et chacunes les parties restans à recouvrer desdictz restes desdictes Chambres des Comptes dont il a cy devant esté chargé, sans aucunes en excepter, retenir ne réserver, et ce dedans le dernier jour dudict présent moys.

Par mesme moien fera icelle Majesté fournir et bailler par ledit Arnauld à iceulx Dubois et le Vacher, dans ledict dernier jour de ce présent moys, sinon à celuy ou ceulx qui comme dict est seront à leur nomination commis à ladicte sollicitation, tous et chacuns les exploictz, pieces et procédures qu'il a ou doit avoir concernans icelle sollicitation pour toutes les parties qui seront contenues esdictz estatz, affin qu'ilz y puissent faire continuer les dilligences pour ce par luy encommancées et accellérer le recouvrement desdictz restes.

Et d'aultant que lesdictz Dubois et le Vacher seront tenuz avoir et entretenir en chacune desdictes Chambres des Comptes de Nantes, Dijon, Aix, Grenoble, Montpellier et Blois ung commis tant pour faire les dilligences nécessaires au recouvrement des parties qui leur seront baillées par estat que pour apporter ou faire apporter à ladicte recepte généralle desdictz restes audict Paris les deniers qu'ilz auront faict recouvrer, Sadicte Majesté Veult et entend que, outre ledict sol pour livre ordinaire et acoustumé estre paié ausdictz solliciteurs généraulx, ilz ayent pour le regard des susdictes six Chambres ung autre sol pour livre, qui sont deux solz pour livre, sur tous les deniers d'iceulx restes qui en proviendront, assavoir six deniers pour livre pour les salles et entretenement de ceulx qui résideront sur les lieux où sont lesdictes Chambres establies et autres six deniers pour le port desdictz deniers à la recepte génerale audict Paris.

Encore accorde Ladicte Majesté que, advenant que lesdictz Dubois et le Vacher nomment aultres que eulx à l'exercice de ladicte sollicitation générale et que celluy ou ceulx qui à leurdicte nomination auront esté commis et depputez ou aucuns d'eulx décedent dans lesdictes trois années, leur soit loisible d'en nommer d'autres en leurs lieux et places.

Promect aussi Ladicte Majesté faire ratiffier et avoir pour agréable par ledict seigneur Roy le contenu en ces présens articles, et de ce faire expédier lectres nécessaires, mesmes icelles faire vériffier et émologuer purement et simplement tant en ladicte Chambre des Comptes que en ladicte Court des Aydes dans ledict dernier jour dudict présent moys, et à faulte de ce faire et de faire deslivrer par ledict Arnauld ausdictz Dubois et le Vacher dans ledict jour lesdictz estatz, pièces et procédures cy dessus, ilz ne seront tenuz ne contraincz au paiement des dessusdictes x^m livres qu'ilz ont promis paier d'entrée, et si ne commencera a courre le temps du paiement desdictz $iiij^m$ livres par moys sinon du jour de la délivrance qui leur aura esté faicte d'iceulx estatz ensemble desdictes pièces et procédures.

Faict à Paris le XVIe jour de fevrier l'an Mil cinq cens soixante treize. Signé Catherine. Et plus bas : Chantereau, Dubois et le Vacher.

De par le Roy,

Nostre amé et feal, Nous vous envoyons noz lettres patentes cy encloses pour les présenter à noz amez et feaulx les gens de noz Comptes, pour ce que nous désirons sur le contenu d'icelles, et après avoir veu l'estat qui vous sera envoyé, faire si bon reiglement sur le faict des restes des comptes de noz officiers comptables que nous pourrons dans quelque temps voir la perfection de l'œuvre encommancée au pallais des Thuilleries où les deniers desdictz restes ont esté destinés. Et d'aultant que nous vollons estre promptement satisfaict au contenu de nosdictes lettres, nous vous mandons et enjoignons très expressement d'y faire toute la dilligence que jugerez y estre requize et de nous en advertir le plustost. Si n'y faictes faulte. Car tel est nostre plaizir. Donné à [1] ..... le..... jour..... 1577.

MANDEMENT DU ROY.

CHARLES, par la grâce de Dieu Roy de France, A noz amez et feaulx les gens de noz Comptes et Court des Aydes à Paris. Nous avons cy devant faict don à la Royne, nostre très chère et très honorée dame et mère, de tous les restes et debetz des comptes de noz officiers comptables et autres de la nature portée par les lectres que nous luy en avons faict expé-

[1] Le lieu et la date sont en blanc, et la lettre n'est ni signée ni contre-signée. — On a placé ici cette Ordonnance, quoique sa date, postérieure aux suivantes, dût la faire reléguer à la fin; mais nous nous sommes ainsi conformé à l'ordre suivi dans le registre où ces pièces sont copiées.

dier pour estre convertiz et emploiez à l'édiffice, bastiment et construction de son palais des Thuilleries à quoy nous les avons affectez et destinez, l'advancement duquel nous avons tousjours eu et avons en grande et singulière recommandation, et d'aultant que les deniers desdictz restes sont de difficille recouvrement pour estre deuz par plusieurs personnes, mesmes la pluspart par vefves, héritiers et enfans myneurs demourans en divers lieux et endroictz de nostre roiaume, desquelz l'on ne peult avoir paiement sinon par grandes et longues discutions, et que cela pourroit estre cause de retarder la continuation dudict édiffice, estant requis pour éviter la ruyne de ce qui y est encommancé avoir tousjours quelques deniers d'advance asseurez à jour certain pour le paiement des ouvriers qu'il y convient ordinairement emploier, et s'estans présentez noz chers et bien amez Arnauld Dubois, bourgeois et habitant de nostre ville dudict Paris, et Guillaume le Vacher, controolleur du poisson de mer en icelle, lesquelz pour nostre service et de nostre dame et mère ont offert et promis fournir et advancer comptant pour cest effect la somme de dix mil livres tournoyz, et outre ce par chacun moys durant trois années ensuivantes et consécutives, à commancer au premier jour de mars prochain, la somme de quatre mil livres tournoyz, es mains du trésorier et paieur des fraiz dudict bastiment, qui est pour lesdictes trois années, comprins lesdictes dix mil livres de deniers comptans, la somme de sept vingtz quatorze mil livres tournoyz, soubz ces conditions toutesfois portées par les articles de ce faictz et accordez entre nostre dicte dame et mère et lesdictz Dubois et le Vacher, cy attachez soubz nostre contre seel. CONSIDÉRANS lesquelles offres et voullans de nostre part leur donner toutes les seuretez ad ce requises et nécessaires, Nous, après avoir amplement faict veoir en nostre dict Conseil privé lesdictz articles, de l'advis d'icelluy avons le contenu en iceulx approuvé, agréé et ratiffié, et par ces présentes pour ce signées de nostre propre main approuvons, agréons et ratiffions, voullans qu'ilz sortent leur plain et entier effect, force et vertu, et estre entretenuz, gardez et observez de poinct en poinct selon leur forme et teneur, et que suivant ce lesdictz Dubois et le Vacher soient remboursez de ladicte somme de vij^{xx}xiiij^{m} livres et paiez des quinze mil livres tournoyz de don, ensemble des gages de douze cens livres et droictz d'ung sol et de deux solz pour livre y mentionnez, par leurs simples quictances, sur les premiers et plus clairs deniers desdictz restes tant de nostre Chambre des Comptes audict Paris que de celles de Nantes, Dijon, Aix, Grenoble, Montpellier et Blois, et pareillement sur tous les autres deniers de la nature dudict don par nous faict à nostre dicte dame et mère, et ce par les mains de noz officiers comptables qu'il appartiendra et qui en auront faict la recepte, au feur et à mesure que lesdictz deniers auront esté par eulx receuz, lesquelz, en rapportant seullement les quictances des dessusdictz Dubois et le Vacher ou de l'un d'eulx avec cesdictes présentes ou coppie d'icelles deuement collationnée, en seront et demeureront quictes et deschargez à la reddition de leurs comptes et partout ailleurs où il appartiendra, les charges ordinaires desclarées esdictz articles prealablement paiées et acquictées, sans que lesdictz deniers, partie ou portion d'iceulx, puissent estre divertis, assignez, convertis et emploiez ailleurs en quelque sorte et manière et pour quelque cause et occasion que ce soit ou puisse estre, en inhibant et deffendant très expressement à noz amez et feaulx conseillers et secrétaires d'Estat d'expédier aucunes lectres au contraire et à vous gens de nozdictz Comptes audict Paris d'en passer ne vériffier aucunes, ce que en semblable nous inhibons et deffendons à noz amez et feaulx les gens de noz Comptes establiz esdictz lieux de Nantes, Dijon, Aix, Grenoble, Montpellier et Blois, et aussi à noz receveurs généraulx desdictz restes audict Paris et tous aultres noz officiers comptables généraulx et particuliers qui ont acoustumé faire et feront cy après la recepte desdictz deniers de la nature susdicte, d'en paier aucune chose, quelques jussions ou exprès mandemens que nous ayons peu ou puissions pour ce faire, sur peyne de s'en prandre à vous et chacun de vous en voz propres et privez noms et de répéter sur ceulx de noz dictz officiers comptables ce qu'ilz en auront paié ailleurs, et à ceste fin avons revocqué, cassé et adnullé, revocquons, cassons et adnullons tous dons, mandemens et assignations levées et à lever sur les deniers desdictz restes non acquictez auparavant le jour et datte desdictes présentes, ensemble toutes les lectres de commission qui ont esté par nous cy devant expédiées pour la sollicitation et recouvrement d'iceulx restes, voullans ladicte sollicitation estre faicte par lesdictz Dubois et le Vacher ou par telles autres personnes capables qu'ilz nous vouldront nommer, ainsi qu'il est acoustumé et selon les commissions que avons ordonné estre à ceste fin expédiées et à eulx délivrez, à la charge que iceulx Dubois et le Vacher ou ceulx qui auront esté à leur nomination commis à ladicte sollicitation seront tenuz compter d'icelle d'an en an ou de six moys en six moys, aussi selon qu'il est acoustumé, et de mectre à fin et rapporter dans lesdictes trois années, se faire se peult, l'entiere discution de touttes les parties desdictz restes dont ilz auront esté chargez, et sur chacune d'icelles faire apparoir de telles dilligences qu'il n'en fauldra plus faire estat. Si vous mandons et à chacun de vous si comme il luy appartiendra que cesdictes présentes vous faictes lire, publier et enregistrer, et de tout le contenu en icelles et desdictz articles joir et user plainement et paisiblement lesdictz Dubois et le Vacher, sans souffrir ne permectre qu'il y soit aucunement contrevenu. Car tel est nostre plaisir. Donné à Paris le XVIe jour de fevrier l'an de grace M V^c soixante treize et de nostre règne le treiziesme. Signé Charles, et au dessoubz : Par le Roy, de Neufville, et scellées du grand scel en cire jaulne sur simple queue.

EXTRAICT DES REGISTRES DE LA CHAMBRE DES COMPTES.

Veu par la Chambre les lectres patentes du Roy données à Paris le XVIe jour de fevrier dernier passé, signées par le Roy de Neufville, contenant ratiffication et approbation faicte par ledict Sr. de certains articles accordez entre la Royne sa mère et Arnauld Dubois, marchand et habitant de ceste dicte ville, et Guillaume le Vacher, controolleur du poisson de mer fraiz et sallé en icelle, pour la sollicitation et recouvrement des restes des Comptes affectez à la construction et continuation du palais de ladicte dame appellé les Thuilleries, durant trois années à commancer au premier jour du présent moys, desquelz deniers ledict Sr. auroit cy devant faict don à ladicte dame, selon et ainsi que lesdictz articles et lectres le contiennent, lesdictz articles cy dessus mentionnez signez de ladicte dame Royne et plus bas Chantereau et pareillement desdictz Dubois et le Vacher ledict jour XVIe fevrier. — Aultres lectres patentes dudict Sr. aussi données à Paris lesdictz jour et an, signées comme les précédentes, par lesquelles ledict Sr. a commis et depputé les dictz Dubois et le Vacher ses solliciteurs généraulx pour, par eulx et chacun d'eulx seul et pour le tout en l'absence ou empeschement de l'autre ou conjoinctement à leur choix et option, et à commancer audict premier jour de ce moys, faire touttes et chacune les poursuites requises et nécessaires pour le recouvrement et accélération desdictz restes aux charges aussi y contenues. — La déclaration faicte et baillée par escript par lesdictz Dubois et le Vacher signée de leurs mains le troisiesme dudict présent moys, contenant qu'en faisant et accordant par eulx avec ladicte dame Royne les susdictz articles ilz ont entendu comme encores ilz entendoient eulx mesmes faire et exercer ladicte sollicitation, ainsi qu'il leur estoit permis faire tant par lesdictz articles que susdictes lectres. — Les requestes présentées à ladicte Chambre par lesdictz Dubois et le Vacher tendant à fin de vériffication desdictz articles et lectres. Conclusions du procureur général dudict jour, auquel le tout a esté communiqué. Tout considéré, La Chambre a ordonné et ordonne lesdictz articles et lectres estre enregistrées es registres d'icelle, à la charge que ladicte sollicitation sera exercée par lesdictz Dubois et le Vacher alternativement de six moys en six moys, durant lesquelz celluy qui sera en charge recepvra tous les estatz desdictz restes et les significations des descharges qui en seront faictes et tous autres exploicts ainsi qu'il est acoustumé, et à ceste fin eslira domicille et ainsi consécutivement jusques ad ce que le temps de leur party soit expiré, et seront lesdictz Dubois et le Vacher respectivement tenuz de compter de ladicte sollicitation et administration chacun d'eulx pour le temps de leur exercice, le tout aux charges et conditions contenues esdictz articles. Faict le cinquiesme jour de mars l'an Mil V^c soixante treize. Et au dessoubz est escript : Extraict des Registres de la Chambre des Comptes. Signé Danès.

EXTRAICT DES REGISTRES DE LA COURT DES AYDES.

Veu par la Court les lectres patentes du Roy du seiziesme jour de fevrier dernier passé contenant la ratiffication et approbation faicte par le dict Sr. des articles accordez entre la Royne sa mère et Arnauld Dubois, marchand, bourgeois et habitant de ceste ville de Paris, et Guillaume le Vacher, controlleur du poisson de mer fraiz et sallé, pour le faict de la sollicitation et recouvrement des restes des comptes desquelz ledict Sr. auroit cy devant faict don à ladicte dame, affectez à la construction et continuation de son palais appellé les Thuilleries, pour trois années à commancer du premier jour de ce présent moys de mars, le tout ainsi et pour les causes contenues, mentionnées et plus à plain desclarées esdictes lectres. Veu aussi lesdictz articles des conventions et conditions accordez entre ladicte dame Royne et lesdictz Dubois et le Vacher, signez de la main de ladicte dame et au-dessoubz Chanterau, et desdictz Dubois et le Vacher, en datte dudict seiziesme jour de fevrier dernier passé. — Aultres lectres patentes dudict Sr. desdictz an et jour, par lesquelles ledict Sr. a commis et depputé lesdictz Dubois et le Vacher ses solliciteurs généraulx pour, par eulx et chacun d'eulx seul et pour le tout en l'absence ou empeschement l'un de l'autre ou conjoinctement, faire toutes et chacune les poursuites qui seront requises et nécessaires pour le recouvrement et accellération desdictz restes, aux charges, gages et proffictz et conditions y contenues et mentionnées, à commancer au premier jour de ce présent moys de mars ; — L'arrest de la Chambre des Comptes donné sur la vériffication et enregistrement desdictes lectres ; — La requeste présentée à ladicte Court par lesdictz Dubois et le Vacher ; — Les conclusions du Procureur général du Roy auquel le tout a esté communicqué. Et tout considéré, La Court a ordonné et ordonne que lesdictes lectres et articles seront enregistrez au greffe d'icelle pour par lesdictz Dubois et le Vacher joir du contenu en icelles, aux charges et conditions y mentionnées et suivant les édictz, arrestz et réglemens de ladicte Court cy devant donnez, tant avec M⁰ Anthoine Arnauld cy devant solliciteur général desdictz restes que avec ledict le Vacher, et signament suivant l'arrest et réglement d'icelle Court donné avec ledict le Vacher le dernier jour de janvier M V⁰ LXIX. — Prononcé le XVII⁰ jour de mars M V⁰ soixante treize. Signé Lesueur.

<small>(Communiqué d'après une copie du temps provenant des Archives des premiers Présidents de la Chambre des comptes de Paris.)</small>

XI.

SOMMATION AU TRÉSORIER DES BÂTIMENTS,
À PROPOS DES TRAVAUX DE LA GRANDE GALERIE DU LOUVRE.

Du 24 juillet 1600.

A la requeste de Guillaume Marchant, Pierre Chambiche, Françoys Petit, Pierre Guillain, Robert Marquelet et Isaye Fournier, maistres maçons, associez au marché de la maçonnerie et construction de la grand gallerie qui doibt aller du chasteau du Louvre au pallais des Thuilleries, sera sommé et faict commandemens aux trésoriers des bastimens de leur payer promptement la somme de troys mil cens deux escus quarante solz, pour le parfournissement de l'esgallité du payement de la somme qui leur a deub estre payée depuis le premier apvril jusques y compris la sepmaine fynie le sabmedy, quinziesme du présent mois de juillet, esgallement par chacune sepmaine, selon le contenu au contract de ce faict et passé le septiesme mars dernier; sy mieulx ils n'ayment leur paier promptement la somme de dix huict cens trente trois escus vingt solz, faisant le reste de la somme de trois mil six cens soixante six escus deux tiers, escheuz le dernier juing dernier passé, et continuer par chacune sepmaine, le tout selon qu'il a esté convenu par autre déclaration faicte ledict jour septiesme mars dernier; déclarant qu'à faulte de ce faire ilz entendent que les promesses et obligations faictes ledict jour septiesme mars demeurent nulles, comme il est convenu par iceulx, pour n'avoir moyen d'en satisfaire de leur part, à faulte de leur fournir les deniers aux termes qui auroient esté accordez; avec protestation d'en donner advis au Roy, à ce que la demeure et faulte ne leur soiet imputée par Sa Magesté.

Aujourd'huy, dacte de ces présentes, à la requeste des dessus nommez, les notaires du Roy, nostre Sire, en son Chastelet de Paris, soubzsignez, se sont, accompagnez desdicts Chambiche, Petit, Guillain, Marquelet et Fournier, tant pour eulx que Isaye, transportez au domicile de maistre Jehan Jacquelin, trésorier des bastimens du Roy, en parlant sa personne en sondict domicile, auquel lesdicts notaires ont faict les sommations et interpellations contenues et déclarées de l'autre part, ad ce qu'il n'en prétende cause d'ignorance; et auquel j'ay laissé copie tant des marchez que déclaration faictz avec Sa Magesté; dont et de laquelle présente sommation et déclaration lesdicts Chambiche et consorts ont requis et demandé lettres auxdicts notaires à eulx octroyé le présent acte pour leur servir et valoir en temps et lieu ce que de raison. Ce fut faict et passé en la maison dudict Jacquelin, sise à Paris, rue Sainte-Avoye, le XXIII⁰ jour de juillet après midy, l'an Mil six cens.

JACQUELIN, P. CHAMBIGES, GUILLAIN, F. PETIT, R. MARQUELET, FOURNIER, *Le Roy, De Briquet.*

SOMMATION AU SURINTENDANT DES BÂTIMENTS,

À PROPOS DES TRAVAUX DE LA GRANDE GALERIE DU LOUVRE.

Du 26 juillet 1600.

A la requeste de Guillaume Marchant, Pierre Chambiche, François Petit, Pierre Guillain, Robert Marquelet et Isaye Fournier, maistres maçons associez au marché de la maçonnerye et construction de la grande gallerie qui [doibt] aller du chasteau du Louvre au pallais des Thuilleries, sera remonstré à messire Nicollas de Harlay, chevalier, sieur de Sancy, conseiller du Roy en ses conseilz d'Estat et privé, et superintendant de ses bastimens, noble homme Jehan de Fourcy, sieur de Chésy, aussi conseiller du Roy, trésorier général de France à Paris, intendant desdicts bastimens, et noble homme Jehan de Donon, aussy trésorier du Roy et controlleur général de sesdictz bastimens, que ilz ont promis faire et parfaire, dans la fin de ceste année, les ouvrages de maçonnerye déclarés ès actes faictz et passez le VII° du moys de mars dernier, avec lesdictes pièces, à la charge de leur faire fournir la somme de vingt neuf mil escus aux termes convenus; ce que le trésorier ne tient compte de faire, mesmement pour le terme escheu le dernier juing dernier passé, quelques interpellations et sommations qui luy ayent esté faictes; au moyen de quoy supplyent lesdictz sieurs donner promptement ordre à leur payement, leur desnoncer le reffus du trésorier, et déclarent qu'à faulte de y satisfaire promptement ilz entendent que les promesses et obligations demeurent nulles, selon que il est convenu par icelles; et d'en donner advis au Roy, à ce que la demeure et faulte ne leur soict imputée par Sa Magesté.

Aujourd'huy, dacte de ces présentes, à la requeste des dessus nomez, les notaires du Roy, nostre Sire, en son Chastelet de Paris, soubzsignez, se sont, accompagnez desdictz Chambiche, Petit, Guillain, Marquelet et Fournier, transportez à l'hostel et domicille desdictz sieurs de Sancy, de Chézy et de Donon devant nomez, en parlant à la personne dudict sieur de Sancy, auquel lesdictz notaires ont faict entendre les remontrances, déclarations et protestations de l'autre part déclarées, ad ce qu'ilz n'en prétendent cause d'ignorance. Ledict sieur de Sancy a faict response qu'il a entendu que dans cejourd'huy le trésorier les doibt paier, et que, pour cela, ils ne debvoient point faire la présente sommation; dont et de laquelle lesdictz dessus nomez ont requis et demandé le présent acte, à eulx octroyé en la maison dudict sieur de Sancy, le XXVI° jour de juillet de l'an Mil six cens, avant midy.

N. Harlay, P. Chambiges, F. Petit, Guillain, R. Marquelet, Fournier,
Le Roy, De Briguet.

SOMMATION AU TRÉSORIER DES BÂTIMENTS,

À PROPOS DES TRAVAUX DU PALAIS DES TUILERIES.

Du 24 juillet 1600.

A la requeste de Pierre Guillain et Robert Marquelet, maistres maçons entrepreneurs des bastimens du palais des Thuilleries, sera sommé et faict commandement au trésorier des bastimens de leur paier promptement la somme de quatorze cens trente sept escus dix huict solz, pour le parfournissement de l'esgalité du payement de la somme qui auroit deub estre payée depuis le premier apvril jusques et compris la sepmaine finie les sabmedy..... jour du présent mois de juillet, esgallement par chascune sepmaine, selon le contenu au contract de ce, faict et passé le septiesme mars dernier; sy mieulx il n'ayment leur paier promptement la somme de unze cens escus faisant le reste de la somme de deux mil deux cens escus escheuz le dernier juing dernier passé, selon qu'il a esté convenu par autre déclaration faicte ledict jour septiesme mars dernier, et continuer au désir des clauses portées par lesdictz actes; déclarant qu'à faulte de ce faire présentement ilz entendent que les promesses et obligations faictes ledict jour septiesme mars demeurent nulles, comme il est convenu par iceulx actes, pour n'avoir peu satisfaire de leur part, à faulte de leur fournir des deniers aux termes qu'ilz auroient esté accordez; avec protestation d'en donner advis au Roy, à ce que la demeure et faulte ne leur soict imputée par Sa Magesté.

Aujourd'huy, dacte des présentes, à la requeste des dessusdictz, les notaires du Roy, nostre Sire, en son Chastelet de Paris, soubzsignez, se sont, en la présence et compagnie desdictz Guillain et Marquet (sic), transportez au domicile de maistre Jehan Jacquelin, trésorier des bastimens du Roy, auquel, parlant à sa personne, lesdictz Guillain et Marquelet ont faict les déclarations et sommations cy devant escriptes, ad ce qu'il n'en prétende cause d'ignorance; auquel Jaquelin (sic) a esté laissé cette desclaration, sommation, dont et desquelz iceulx Guillain et Marquelet ont requis et demandé lettres auxdictz notaires; à eulx octroyé le présent acte pour leur servir et valloir en tems et lieu ce que de raison. Ce fut faict et passé en la maison dudict sieur Jacquelin, sise rue Saincte Avoye, le XXIII⁰ juillet après midy, l'an Mil six cens.

JACQUELIN, GUILLAIN, R. MARQUELET, Le Roy, De Briguet.

SOMMATION AU SURINTENDANT DES BÂTIMENTS,

À PROPOS DES TRAVAUX DU PALAIS DES TUILERIES.

Du 26 juillet 1600.

A la requeste de Pierre Guillain et Robert Marquelet, maistres maçons, entrepreneurs des bastimens du palais des Thuilleries, sera remonstré à messire Nicollas de Harlay, chevallier, sieur de Sancy, conseiller du Roy en ses conseils d'Estat et privé, et superintendant de ses bastimens, noble homme Jehan de Fourcy, sieur de Chessy, aussy conseiller du Roy, trésorier général de France à Paris, intendant de sesdictz bastimens, que ilz ont promis faire, dans la fin de ceste année, les ouvrages de maçonnerye déclarés ès actes faictz et passez le septiesme jour du moys de mars dernier passé, à la charge de leur faire fournir la somme de dix huict mil escus convenues; ce que le trésorier ne tient compte de faire, mesmement pour ce qui reste deub au dernier jour de juing, quelques interpellations et sommations qui luy ayent esté faictes. Au moyen de quoy supplyent lesdictz sieurs donner promptement ordre audict payement, leur desnoncent le reffus du trésorier, et déclarent que, à faulte de y satisfaire promptement, ilz entendent que leurs promesses et obligations demeurent nulles, selon qu'il est dict et convenu par icelle promesse; et en donner advis au Roy, à ce que la demeure et faulte ne leur soict imputée par Sa Magesté.

Aujourd'huy, dacte de ces présentes, à la requeste des dessus nommez, les notaires du Roy, nostre Sire, en son Chastelet de Paris, soubzsignez, se sont, accompagnez desdictz dessus nomez, transportez en l'hostel dudict sieur de Sancy, auquel, parlant à sa personne, lesdictz notaires ont faict entendre la remonstrance, déclaration et protestation dessus transcripte, ad ce qu'il n'en prétende cause d'ignorance. Lequel sieur de Sancy a fet responce qu'il a entendu que dans cejourd'huy le trésorier les doibt paier, et que, pour cela, ils ne doibvoient point faire la présente sommation; dont et de laquelle lesdictz dessus nomez ont requis et demandé le présent acte, à eulx octroyé en la maison dudict sieur de Sancy, le XXVIe juillet, l'an Mil six cens, avant midy.

HARLAY, GUILLAIN, R. MARQUELET, Le Roy, De Briguet.

XII.

EXTRAITS DES ÉTATS DES GAGES DES OFFICIERS DES BÂTIMENTS ROYAUX

DE 1608, 1618 ET 1624.

Ces intéressants extraits sont tirés, les deux premiers, d'un registre des Archives de l'Empire, coté O 10632, et signé à chaque état de la main du Roi, qui nous a été obligeamment signalé par M. Boutaric; le dernier, d'un registre de la Sorbonne qui avait été indiqué à M. Berty par M. Ch. Read.

Les renseignements fournis par ces documents sont d'autant plus précieux pour l'intelligence du texte de ce second volume, qu'on y trouve les noms et les qualités de tous les artistes employés dans la construction ou la réparation des palais ou châteaux royaux, leur traitement et même leur lien de parenté. Nous y ferons aussi remarquer certaines attributions d'un surveillant des bâtiments qui nous paraît avoir rempli exactement des fonctions analogues à celles de Mme du Péron au temps de Catherine de Médicis. Nous croyons utile de placer ces renseignements en appendices, parce que nous pensons en tirer plus tard des conséquences qui donneront une idée juste de ce qu'étaient ces fonctions et les rapports qui existaient entre les artistes et les grands officiers. Toutes ces choses rentrent essentiellement dans les détails qui composent l'ensemble de la Topographie historique d'un pays, et on y trouve la justification de certaines opinions émises, soit par feu A. Berty, soit par nous-même, dans le cours de cet ouvrage.

I. — ANNÉE 1608⁽¹⁾.

ESTAT DES OFFICIERS que le Roy veult et ordonne estre entretenus en ses chaũx (chasteaux) de Fontainebleau, du Louvre, Pallais des Thuilleries et Saint Germain en Laye, pour la conservation d'iceulx durant la p̄nte (présente) année M.VIe huict. Ainsy qu'il ensuict.

PREMIEREMENT. FONTAINEBLEAU.

. . . .

Jacques Mollet⁽²⁾, jardinier, ayant la charge des deux parterres neufz faictz au grand

⁽¹⁾ Arch. de l'Emp. O 10632, fol. 61 moderne.
⁽²⁾ Fol. 65 mod. Nous extrayons seulement cet article de Jacques Mollet, pour faire voir que les jardiniers, comme les architectes et autres artistes

jardin du Roy, a la charge qu'il entretiendra les plantz qui y sont plantez affin qu'il n'en arrive faulte sur peyne d'en remettre d'aultres a ses despens.................. ıx^c l.

Aud. Mollet pour l'entretenement et nectoyement de l'allée neufve faicte contre la muraille de nagueres eriger et porter (*sic*) plus loing par l'accroissement desd. parterres, en sorte quelle soict tousiours en bon estat................................. ɩ l.

....

CHASTEAU DU LOUVRE ET PALLAIS DEL THUILLERIES [1].

A Loys Methezeau, Architecte du Roy, Concierge du Pallais des Thuilleries et ayant la garde des meubles d'icelluy, Pour ses gages, La somme de Deux mil quatre cens livres, Asçavoir, ɩȷ^m pour sad. charge d'architecte et ɪɪȷ^c l. pour la charge de Concierge et garde desd. meubles, cy... ɩȷ^{m}ɪɪȷ^c l.

Aux s^{rs} du Serceau (*sic*) et Fournier, aūres (autres) architectes de Sa Mag^{té}, pour leurs gaiges (*sic*) a raison de xɪȷ^c l. chascun............................. ɩȷ^{m}ɪɪȷ^c l.

A Berthellemy Prieur, Guillaume du Pré et Berthelemy Tremblay, sculpteurs de Sa Mag^{té}, La somme de Douze cens livres, sçavoir aud. Prieur vȷ^c l. et aud. du Pré et Tremblay chascun ɪɪȷ^c l. cy.. xɪȷ^c l.

A Mathieu Jacquet, dict *Grenoble*, aūe (autre) sculpteur, pour ses gaiges de garde des anticques de Sa Mag^{té}... ɪɪ^c l.

(*Note en marge du registre*[2].) « Mort, et en son lieu Germain Jacquet, dict *Grenoble*, son « filz, par brevet du dixiesme octobre 1610, à Paris. »

A Pierre de Franqueville [3], autre sculpteur, pour ses gaiges et entretenemens durant la p͞nte (présente) année, a raison de ɩȷ^c l. par moys..................... ɩȷ^{m}ɪɪȷ^c l.

A Francisque Bourdony [4], autre sculpteur itallien, pour ses gaiges et entretenemens durant la p͞nte (présente) année....................................... vɪ^c l.

A Jehan Mansart [5], autre sculpteur, pour ses gaiges de lad. année, à luy nouvellement accordez par brevet du XIe janvier M.VI^c six.............................. v^c l.

A Jacob Bunel, paintre (*sic*) ordinaire de Sa Mag^{té}, pour estre chargé de l'entretenement de toutes les paincteures (*sic*) des Thuilleryes................................ ɪɪȷ^c l.

Aud. Bunel et à Henry Lerambert, peintres (*sic*) de Sad. Mag^{té}, pour leurs gaiges de lad. année, à raison de vȷ^c l. chascun, La somme de Douze cens livres, cy..... xɪȷ^c l.

A Loys Lerambert, garde des marbres de Sa Mag^{té} et ayant charge de tenir nectz ceulx qui sont en œuvre au Louvre et aux Thuilleryes, pour ses gaiges............ ɪȷ^c l.

A Loys de Beauvais, menuisier, pour ses gaiges, à cause de menuz entretenemens et réparations de menuiserie qui sont à faire au chasteau du Louvre et Pallais des Thuilleries, La somme de... l. l.

---

des palais royaux, étaient employés indifféremment dans l'un ou dans l'autre de ces palais ou châteaux. Celui-ci était sans doute de la famille du fameux Mollet, jardinier dessinateur des parterres des Tuileries.

[1] Arch. de l'Emp. même reg. fol. 69 mod.

[2] Ces notes marginales, ainsi que des traits de plume qui barrent ou signalent certains articles, sont d'une autre main que le corps d'écriture.

[3] C'est le nom de *Francavilla* francisé.

[4] Francesco Bordoni.

[5] Sans doute de la famille de l'architecte.

A Jehan Segala, m^re serrurier, pour entretenir de ferrures les portes et fenestres dud. chasteau du Louvre, petite gallerye, basse court des cuisines d'icelluy et hostel de Bourbon, la somme de.. c l.

A Francoys (*sic*) Angoullevant, autre serrurier, aussy pour entretenement de ferrures les portes et fenestres de tout le logis des Thuilleryes........................ c l.

(*En marge de l'article*[1].) « A Roland Leduc, à cause de l'entretenement des couvertures « d'ardoises et tuille desd. chasteau et bassecourt du Louvre, grande et petite Galerie d'ice- « luy, hostel de Bourbon, Palais des Tuilleries (*sic*), chasteau de Madril (*sic*), chasteau « et bastiment neuf de St Germain en Laye, pavillon de la Muette, et apartenances « desd. bastimens, et à Nicolas Hulot, François Coguelle, Cugny Bracony et Marin Mo- « reau, associez dud. Leduc, pour l'entretenement des couvertures desd. lieux, la somme « de... M l. »

A Claude Moullet[2], Jehan Le Nostre[3], Marc Regnault et Yves Bouchart, jardiniers de Sa Mag^té, pour l'entretenement des jardins et orangers de son pallais des Thuille- ryes... iiij^xx l.

A Loys de Donon[4], demeurant à Paris, ordonné pour avoir l'œil ordinairement sur les maçons, charpentiers et serruriers et autres ouvriers travaillans aux bastimens du Roy tant à Paris que St Germain en Laye, dresser tous et chascun les roolles et memoires des thoisez, parties et receptions d'ouvrages, extraicts et certifications, Prendre garde aux ma- tieres et estoffes qui s'employent ausd. bastimens, faire serrer aux magasins, tant du Louvre que autres lieux, ce qui arrive pour Sa Mag^té tant par eaue que par terre, Comme aussy les boys de charpenterye, menuiseries, serrureries, plombz, victres et autres desmolitions pro- venans desd. bastimens à cause des changemens qui se font ordinairement en iceulx, pour puis après les faire reserver de nouveau selon les occasions qui se présentent et que les commandemens du Roy arrivent, La somme de Sept cens vingt livres pour ses gaiges et taxations durant lad. année, A raison de lx l. par moys, cy................ vij^c xx l.

A Jehan Perron, ordonné pour la garde, ouverture et fermeture des portes et advenues de grande et petite gallerye du chasteau du Louvre pour la commodité des ouvriers et autres personnes qui ont affaire en icelles, A raison de xv s. par jour, La somme de.... ij^c xx l.

Somme totale... xvij^m vj^c xl l.

SAINT GERMAIN EN LAYE [5].

Au s^r Francyne ingenyeur et ayant charge des grottes et fontaines de Sa Mag^té, etc. [6]. La somme de... xviij^c l.

---

[1] Même observation que ci-dessus.
[2] C'est Claude Mollet.
[3] Le père du fameux jardinier de Louis XIV.
[4] C'est dans cet article, renfermant les attri- butions de la charge de Louis de Donon, que nous retrouvons les diverses attributions qu'avaient les offices remplis par des dames et damoiselles de la maison de Catherine de Médicis, sous le contrôle des généraux de finances. (Voir la dame du Perron et Mlle de Goguier, p. 228 et 231.)

[5] Nous plaçons ici en abrégé l'état des em- ployés au château de Saint-Germain-en-Laye, parce que nous y retrouvons quelques noms des ar- tistes ou maçons qui ont figuré dans les travaux de Paris.

[6] Cet ingénieur était spécialement chargé de ce

APPENDICES.

A Guillaume du Mer, peintre de Sa Mag^té (*entretien des peintures du château*)..... iij^e l.
A Pasquier Testelin, autre paintre..... entretenement des lambris et platzfondz du cabinet de la Royne, à Paris[1]... L l.
A Jehan Fontaine [2], m^re des œuvres de charpenterye du Roy, Pour prendre garde et avoir l'œil sur toutes les charpenteryes des chasteaux et maisons de Sa Mag^té, La somme de... xij^e l.
A Loys Marchant [3], m^re des œuvres de maçonneryes des bastimens de Sa Mag^té, Pour l'entretenement des terrasses et descentes du logis neuf dud. St Germain en Laye, La somme de.. vij^xx l.
A Mathurin et Jehan Bongars, maçons, Pour l'entretenement des couvertures de thuille de la bassecourt dud. viel chasteau dud. St Germain et chapelle du parcq, ansemble les terrasses dud. viel chasteau et menues reparations dicelles, La somme de........ iij^e l.
A eulx, pour l'entretenement durant lad. année des thuyaux et pierres de la fontaine qui vient de Bethemont à St-Germain, La somme de......................... vj^e l.
A Pierre Huet, concierge et garde des meubles du viel chasteau dud. St Germain, Pour ses gaiges durant lad. année... ij^e l.
A luy, pour l'entretenement de l'orloge aud. lieu, La somme de............ c l.
A Loys Ferrant, concierge et garde des meubles du chasteau et bastiment neuf dud. St Germain, Pour ses gaiges durant lad. année......................... iij^e l.
A Jehan de la Lande [4], jardinier de Sa Mag^té au jardin parterre dud. viel chasteau, verger d'icelluy et tout ce qui en despend, ensemble pour tenir nectes les allées du grand parcq durant lad. année, La somme de.. xij^e l.
A François Bellier, autre jardinier, ayant charge du jardin parterre devant les grottes et dessentes du chasteau neuf dud. St Germain, Pour ses gaiges................ vj^e l.
A René Bellier, son nepveu, autre jardinier, pour ses gaiges du jardin parterre que Sa Mag^té a faict faire nouvellement devant ses offices aud. bastiment, La somme de... vj^e l.

  Somme totale... vnj^m vj^e l.

Expédié par le Roy, à Paris, le XXIIIIe febvrier M.VIe huict. *Signé* FOURCY.

---

[1] Il y avait, à Paris, un cabinet *de la Reine* au palais des Tuileries et un autre au palais du Louvre. L'état n'indique pas auquel s'appliquait l'entretien confié à Pasquier Testelin. Au reste, en voyant la somme qui lui était allouée, on peut croire qu'il avait pour simple mission de nettoyer et reboucher les peintures des lambris et plafonds, ou peut-être même d'avoir soin seulement des peintures d'impression ordinaire et nullement des peintures d'art.

[2] Ce maître des œuvres de charpenterie, spécialement placé pour cette partie de la construction, indique qu'à cette époque on divisait encore les travaux entre les divers genres de corporations. C'est qui concernait le service des conduites d'eau, ainsi que des canaux et fontaines. Il figure dans d'autres comptes en la même qualité, et dans divers endroits pour le service du Roy.

encore la même tradition qu'aux xiiie et xive siècles, où les architectes s'occupaient de la pierre ou du bois, les deux principales branches de la construction des édifices, mais réunissaient rarement les deux spécialités. Philibert de l'Orme a été une illustre exception.

[3] Ce Louis Marchant était sans doute le frère ou le parent de ce Guillaume Marchant qui, en 1600, était l'un des entrepreneurs de la maçonnerie de la grande galerie du Louvre. (Voir p. 201.)

[4] La famille La Lande, comme celles des Mollet et des Le Nostre, avait une certaine réputation pour le dessin et l'agencement des parterres et des plantations. Le Roi les employait parfois dans d'autres localités que celles qu'ils occupaient en titre : ce La Lande alla travailler aux jardins des Tuileries établis par Henri IV et Louis XIII.

Nous donnons ici, en *fac-simile*, la formule finale du compte, presque identique à celui-ci, de 1605; cette formule était celle employée par le Roi signant lui-même :

« En tesmoing de quoy Sa Ma^{té} a voullu signer de sa main La présente ordonnance et
« icelle faict contresigner par moy son con^{er} et secrete^{e} d'estat. A Paris Le dernier jour de
« Janvier Mil six cens cinq. *Signé* HENRY ; *et au bas* : FOURCY. »

II. — ANNÉE 1618.

ESTAT DES OFFICIERS que le Roy veult et ordonne estre entretenus pour son service en ses maisons et bastimens de Louvre, les Thuilleries, St Germain en Laye, Vincennes et aūres (autres) lieux. Entretenemens d'iceulx, et appoinctemens durant la presente année Mil six cens dix huict [1].

OFFICIERS QUI ONT GAIGES POUR SERVIR EN TOUTES LES MAISONS ET BASTIMENS DE SA MAJESTÉ.

A Salomon de Brosse, architecte, tant pour ses Gaiges antiens que d'augmentation par le decedz du feu s^r du Cerceau, son oncle, La somme de .... ij^m iiij^c l.

A Clement Metezeau, architecte, retenu par brevet de Sa Mag^té du XXVe Septembre Mil six cens quinze aux gaiges de Huict cens livres, cy .... viij^c l.

A Paul de Brosse, aussy architecte, retenu par brevet de Sad. Mag^té du XXVe Septembre M.VI^cXV a pareilz gaiges, cy .... viij^c l.

A Jehan..... Androuet dict du Cerceau, architecte, au lieu et place de feu Anthoine Mestivier, sur la somme de viij^c l. de gaiges ordonnez par Sa Mag^té aud. Metivier (*sic*), La somme de v^c l. par brevet du dernier jo^r (jour) de Septembre M.VI^cXVII, cy lad. somme de .... v^c l.

[1] Arch. même reg. fol. 73 *mod*.

APPENDICES. 209

A Ysabel de Hangueil (*sic*), veufve de feu Louis Metezeau architecte, La somme de Six cens livres, laquelle Sa dicte Mag^{té}, par brevet du dixiesme Septembre Mil six cens quinze, a accordé à lad. veufve pour en jouyr par forme de pension, sur les iij^c l. de gaiges dont jouissoit led. Metezeau, pour luy donner moyen de faire instruire ses enffans et les rendre capables de servir Sad. Mag^{té (1)}, cy . . . . vj^c l.

A Jacques Le Mercier ⁽²⁾, autre architecte, pour ses gaiges, La somme de . . . . . . xij^c l.

A Pierre Le Muet ⁽³⁾, jeune garcon (*sic*) retenu par Sa Mag^{té} pour travailler en modelles et eslevations de maisons, selon l'ordre et direction qu'en fera le s^r De Fourcy, intendant des bastimens de Sad. Mag^{té}, Pour ses gaiges. . . . . vj^c l.

Au sieur de Sainct Moris, retenu par brevet signé de la main de Sad. Mag^{té} et plus bas Delomenye, en datte du trentiesme Juillet dernier, Pour servir aux inventions des peintures et devises qu'elle vouldra faire faire dans ses maisons et galleries, La somme de Dix huict cens livres par an, dont luy sera paié en la présente année pour les mois d'aoust, septembre, octobre, novembre et décembre. . . . . vij^cl l.

A Claude Amaury, m^{re} des œuvres de charpenterie dud. Sr. au lieu de feu Jehan Fontaine ⁽⁴⁾, pour avoir l'œil et prendre garde sur toutes les charpenteries des maisons de Sa Mag^{té}, tant celles que l'on mect en œuvre que celles qui y sont desja, à ce qu'il n'arrive aulcun inconvenient à la seureté des personnes de Leurs Mag^{tés}, par brevet du XVe Septembre Mil six cens dix sept, signé Louis, et plus bas Delomenye, Pour ses gaiges. . . . . . xij^c l.

A Anthoine Clericy de la ville de Marcelles, travaillant pour donner plaisir à Sa Mag^{té} en terre sigillée et autres terres, tant pour faire des carreaux esmaillez que potz, vazes, animaux et autres choses ⁽⁵⁾, Pour ses gaiges . . . . vj^c l.

A Marguerite Bahuche ⁽⁶⁾, veufve de feu Jacob Bunel, peintre, et à Robert Picou, son nepveu, aussy peintre au lieu dudict feu Bunel, Pour leurs gaiges de peintres de Sa Mag^{té}, La somme de Six cens livres à prendre par moitié suivant le brevet de Sad. Mag^{té}, cy. vj^c l.

⁽¹⁾ Conf. avec la page 79, où il est question de cette femme de Louis Métezeau, qui reparaît dans plusieurs autres états de *gages* des officiers du Roi. Les motifs donnés dans cet article pour l'octroi de la pension de la veuve de Louis Métezeau sont très-remarquables, en ce qu'ils montrent clairement que les Rois, à cette époque, comme à celles antérieures, cherchaient à se former une sorte de famille d'artistes en tous genres, qu'ils entretenaient et encourageaient par tous les moyens. C'était, du reste, une coutume reçue et suivie de donner aux enfants la profession du père, de manière à perpétuer dans la même famille les secrets de métier qu'on avait acquis. Ce système s'étendait aussi dans les corporations, et c'est ce qui a puissamment contribué à donner aux artistes français cet ensemble et cette unité de conception accompagnés d'une exécution vraiment supérieure. Les artistes italiens, qui avaient été appelés par les rois précédents, semblent avoir eu le rôle de professeurs de procédés nouveaux qu'ignoraient les ouvriers français et qui, en effet, ont changé la méthode de construction et jusqu'à l'emploi de certains matériaux.

⁽²⁾ C'est la première fois que Le Mercier paraît dans les états. Il est remarquable qu'il ait été porté d'abord à douze cents livres de gages.

⁽³⁾ C'est aussi la première fois qu'il est fait mention de Le Muet, qui, on le voit, était fort jeune et avait pour attributions particulières les dessins des projets de bâtiments. C'était le dessinateur soumis aux ordres de l'intendant et des architectes. Il a publié plusieurs ouvrages.

⁽⁴⁾ Voir plus haut, dans l'état de Saint-Germain-en-Laye, p. 207.

⁽⁵⁾ Ce potier faisait surtout des *carreaux émaillés* dans le genre des *azulejos* arabes, qui étaient employés pour le pavement des salles et le lambrissage du bas des parois.

⁽⁶⁾ Sur Marguerite Bahuche, voir ce qu'en a

Au sieur Érard, peintre que Sa Mag^té a faict venir de Nantes pour desseigner en peinture de ses bastimens, Pour ses gaiges Mil livres, et Deux cens livres pour son logement attendant qu'il soit logé dans la Gallerie de Sad. Mag^té (1), cy.................. xij^e l.

A Claude Sallé, autre peintre nouvellement retenu par Sa Mag^té pour servir aux peintures de ses bastimens, et aussy pour ses gaiges.................. .... iij^e l.

A Simon Vouet, peintre, estant de présent en Italie (2), cy devant retenu par Sa Mag^té au lieu de René Lefranc, aussy peintre deceddé, qui y avoit esté envoyé par le feu Roy, pour se rendre capable de servir Sa Mag^té en peintures et ornemens du dedans de ses maisons, Pour son entretenement, La somme de Quatre cens cinquante livres, asscavoir Trois cens livres que Sad. Mag^té luy avoit cy devant ordonnez et Cent livres d'augmentation à luy accordez par Sad. Mag^té, d'aultant qu'il ne pouvoit vivre et s'entretenir pour lad. somme de Trois cens livres, cy.. iiij^c l.

A Louis Poisson, peintre servant à Fon^au (Fontainebleau) et St Germain en Laie, Rejetté en l'estat des bastimens de Paris, Pour ses gaiges.................. vj^e l.

A Quentin Warin, peintre aussy retenu par Sad. Mag^té, apres avoir esté certiffié qu'il est excellent desseignateur, Pour son entretenement, La somme de Six cens livres au lieu de pareille somme que souloit recevoir le sieur de la Pioterie (sic) depuis peu deceddé, lesquelz Sa Mag^té a affectez aud. Warin à commancer du premier jour de Janvier Mil six cens dix sept, cy.. vj^e l.

A luy pour augmentation à luy accordée par Sa Mag^té par brevet du dernier jour de Juing dernier à raison de Six cens livres par an, dont luy sera paié en la présente année, pour les mois de juillet, aoust, septembre, octobre, novembre et décembre...... iij^e l.

A Guillaume du Méé (sic), peintre ordonné pour faire les patrons des tapisseries que Sa Mag^té à faict faire (3), La somme de.............................. iiij^c l.

A Laurens Guyot, autre peintre ordonné pour faire lesd. patrons, La somme de iiij^c l.

A Francisque Bourdoni (voir plus haut), sculpteur retenu par brevet de Sa Mag^té du dixiesme Septembre Mil six cens quinze, au lieu et place de deffunct Pierre Francqueville, La somme de Deux mil quatre cens livres à luy ordonnée pour faire la charge dud. Franc-

---

dit M. A. Berty. p. 75. Elle figure dans plusieurs états comme travaillant encore dans les palais royaux.

(1) Il résulte des termes de cet article qu'outre les *gages* exprimés dans les états les artistes et officiers jouissaient encore d'un logement dans la Grande Galerie, à ce destinée par Henri IV, et qu'en 1618 ces logements n'étaient pas encore terminés. Du reste, dans le troisième volume de la *Topographie*, nous pourrons donner de nouveaux détails sur la distribution et disposition des locaux qui se trouvaient dans la Grande Gallerie.

(2) C'est la première fois que les états font mention de Vouet. On voit avec quel soin les Rois cherchaient à se décharger de l'obligation d'appeler les artistes italiens. Le goût était à l'imitation des modèles antiques qui se trouvaient en abondance en Italie, et les artistes français, il faut en convenir, n'avaient en France aucun modèle de cette nature. On commençait déjà à traiter de barbare l'architecture française du moyen âge. C'est à cette époque de Henri IV, devenu possesseur tranquille du trône de France, qu'il faut faire remonter la véritable *création de l'École française à Rome*, en germe au moins, sinon formée comme elle a été depuis. Et il est à remarquer que tous ces frais étaient exclusivement supportés par les revenus du Roi.

(3) C'est le commencement des manufactures royales de tapisseries. Auparavant il y avait des fabricants à Arras et en Flandres, mais nulle fabrique entretenue par le Roi.

APPENDICES. 211

queville à achever les ouvraiges de sculpture qu'il avoit commancez pour le service de Sad. Mag^{té} sans autre payement que sesd. gaiges, cy...................... ij^{m}iij^c l.

A Guillaume Du Pré, sculpteur du Roy, pour ses gaiges, La somme de..... ix^c l.

A Berthelemy Tremblay (*voir plus haut*), autre sculpteur, Pour ses gaiges, La somme de... v^c l.

A Pierre Manssart [1], aussy sculpteur, au lieu de Jehan Manssart son père, Pour ses gaiges.. v^c l.

A Cristofle Cochet, sculpteur que Sa Mag^{té} a retenu pour la servir en sculpture à cause de son excellence et sur l'asseurance qui a esté donnée à Sad. Mag^{té} qu'il est des plus rares de son art, Pour son entretenement à Rome [2] où il est à present estudiant. iij^c l.

A Hubert Lesueur, sculpteur ayant faict preuve de jecter excellemment en bronze toutes sortes de figures, Pour ses gaiges accordez par brevet du IIIe Janvier Mil six cens neuf, A la charge de suppression avenant la mort de luy ou des autres sculpteurs cy devant nommez, cy.. iij^c l.

A Thomas Boudin, autre sculpteur auquel Sa Mag^{té} a accordé la somme de Trois cens livres de gaiges sur le fond de Huict cens livres revenant à Sad. Mag^{té} par le decedz de feu Anthoine Metivier, architecte [3], par brevet du dernier jour de Septembre Mil six cens dix sept, Les autres Cinq cens livres ordonnez à Jehan Androuet [4], architecte cy devant nommé, cy lad. somme de.. iij^c l.

A Pierre Biard, sculpteur qui a cy devant servy soubz le sieur Francqueville, sculpteur, d'où il a esté en Italie pour continuer ses estudes et se rendre capable de servir Sa Mag^{té} en sculpture [5]... v^c l.

A..... Jacquet, dict Grenoble, au lieu de feu Mathieu Jacquet, son pere, garde des Anticques de Sa Mag^{té} à Paris et Fontainebleau, Pour ses gaiges................. ij^c l.

A Simon Lerambert au lieu de Louis Lerambert, son pere, pour la garde des figures antiecques, tenir nectz et pollir les marbres des maisons à Paris, Pour ses gaiges... iij^c l.

A..... Hanemant (*sic*) [6], aleman que le Roy a retenu pour travailler à son service en marbres de toutes couleurs contrefaictz, Pour ses gaiges durant la présente année, La somme de.. iij^c l.

A Claude Mollet, jardinier, pour servir à desseigner en tous les jardins de Sa Mag^{té} [7]. vj^c l.

Au Sieur Francyne, ingénieur en artifices d'eaue en toutes lesd. maisons, Pour ses gaiges.. xviij^c l.

A Leonnard Margerit, au lieu d'André Du Molin, Pour le service qu'il rend aux bastimens de Sa Mag^{té} pres les sieurs intendans et ordonnateurs d'iceulx et en leur absence, Pour ses gaiges.. vj^c l.

---

[1] Voir plus haut, dans l'état de 1608, p. 205. Ici le nom est écrit avec deux *s* et l'*n* semble pouvoir former un *u*, ce qui ferait *Maussart*. Nous suivons cependant l'orthographe du premier état dont l'écriture est plus nette.

[2] Voir plus haut la note sur Vouet, p. 210.

[3] Voir Métivier, ci-devant, p. 208. La famille Métivier était alliée aux de Brosse.

[4] Voir ci-devant, p. 208.

[5] Voir la note sur Vouet, p. 210.

[6] Dans un état de 1625, du même registre des Archives de l'Empire, il est nommé *Jouel Hanneman*.

[7] Voir la première partie de ce volume, p. 93, et ci-dessus, p. 206.

212 TOPOGRAPHIE HISTORIQUE DU VIEUX PARIS.

A Thomas Aubert, ordonné en l'absence du con^{mr} (contrôleur) general des bastimens du Roy et pour ce qu'il ne peult estre en tous les lieux desd. bastimens, Pour avoir l'œil à ce qui est du faict et con^{lle} (contrôle) general, A raison de lxxv l. par mois, La somme de... ix^c l.

  Somme totale............................... xxiiij^mix^cl l.

OFFICIERS SERVANS LE ROY
POUR L'ENTRETENEMENT DE SES MAISONS ET CHASTEAUX DU LOUVRE, PALLAIS DES THUILLERIES, VINCENNES ET SAINCT GERMAIN EN LAYE.

A Marguerite Bahuche, veufve de feu Jacob Bunel, peintre, et à Robert Picou, son nepveu, aussy peintre au lieu dudict feu Bunel, Pour l'entretenement des peintures de la Galerie du Louvre, Passaige d'icelle, salle des Anticques et Thuilleries, Pour leurs gaiges, chacun par moictié... vj^c l.

A Gilles Testelin, peintre au lieu de Pasquier Testelin, son pere, decedé⁽¹⁾, Pour l'entretenement des lambris de St Germain en Laye, La somme de Cinquante livres, cy.. l l.

A Claude Boursier, autre peintre ordonné pour avoir soing des grands et petitz tableaux du pourtour et platfondz des grands et petitz cabinetz de la Royne au chasteau du Louvre, Pour ses gaiges... cl l.

A Louis de Beauvais, menuisier, Pour l'entretenement des menues menuiseries du Louvre.. l l.

A Jehan Segalla, serrurier, Pour l'entretenement des menues serrureries du Louvre, La somme de Trois cens livres, asscavoir, Deux cens livres qui luy ont esté cy devant ordonnez par Sa Mag^{té} et Cent livres d'augmentation à cause de la grande subiection qu'il rend au Louvre, jour et nuict, pour les menues serrureries dudict lieu, cy............ iij^c l.

A François Angoullevant, pour l'entretenement des menues serrureries de la Grande Gallerie du Louvre, Thuilleries et aultres maisons qui en dépendent, Pour ses gaiges, La somme de.. ij^c l.

Au sieur Moynier, concierge du chasteau du Louvre, pour l'entretenement de deux hommes ordonnez par Sa Mag^{té} pour nectoier journellement dans le Louvre pendant le sejour de Sa Mag^{té} oultre ceulx qui y ont esté de tout temps entretenuz, Lesquelz deux hommes seront paiez par certificat de leur service pendant led. sejour, La somme de.. iij^c l.

A luy, pour son entretenement à cause du service auquel il est de nouveau assubjecty pour tenir notte, ouvrir et fermer la petite Gallerie de Sa Mag^é, attachée à son dict chasteau du Louvre, La somme de... c l.

A Nicolas Hullot et autres ses compagnons, couvreurs de maisons, Pour l'entretenement des couvertures de thuille et ardoise du chasteau du Louvre, hostel de Bourbon, pallais des Thuilleries, Madrid, Sainct Germain en Laye et autres lieux en despendans...... m l.

A Nicolas Huau, m^{re} macon à Paris, pour tenir nectz les fossez du chasteau du Louvre⁽²⁾

⁽¹⁾ Voir plus haut, p. 207.

⁽²⁾ On voit par cet article que les fossés du château du Louvre existaient encore en 1618, et qu'on y jetait, par les cuisines et logements, des ordures qui y demeuraient et qu'il fallait faire enlever. Ces fossés étaient donc secs à ce moment; et il est cer-

APPENDICES. 213

et n'y laisser aulcunes ordures de celles que l'on jecte ordinairement des fenestres des logemens dud. chasteau, cuisines et autres lieux d'icelluy, suivant le marché qui en a esté faict avecq luy, La somme de.. iij^c l.

Aud. Mollet, cy devant nommé, Pour l'entretenement du jardin neuf d'entre le fossé et le pallais des Thuilleries[1], La somme de.. xve l.

A Jehan Nostre (*sic*), jardinier, Pour l'entretenement des parterres des Thuilleries comprins le dernier faict devant le grand pavillon du logis desd. Thuilleries, La somme de... mxx l.

A Jehan Desgotz, jardinier, Pour l'entretenement des allées et palissades du parcq desdictes Thuilleries, La somme de... ix^cL l.

A Simon Bouchart, aussy jardinier, Pour l'entretenement de l'Orangerie du grand jardin des Thuilleries.. iij^c l.

A Roch de Limoges, jardinier retenu pour servir au jardin neuf de Vincennes, Pour ses gaiges et entretenement dud. jardin... viij^c l.

A Nicolas Guerin, jardinier, Pour l'entretenement du jardin neuf que Sa Mag^{té} a commandé estre faict devant le chasteau du Louvre et Petite Gallerie du costé de la riviere[2], Pour ses gaiges.. iij^c l.

A Françoise Trouillat, pour l'entretenement du grand parterre des Thuilleries entre le grand berceau de charpenterie et la haulte allée des meuriers, faire labourer les palissades tant de bois sauvaiges que de jassemin, coigners (*sic*), grenadiers, arbres de Judée, arbriceaux, fleurs et autres qui sont au pourtour dudict parterre, nectoier lad. haulte allée de grenadiers et celle de dessoubz led. berceau, entretenir de labour les pepinieres de meuriers et fruictiers, les replanter et regarnir quand besoing sera, en fournissant par Sad. Mag^{té} les plantz, Nectoier le grand parterre des cyprez, celluy de la Cloche, et l'entretenir du plant necessaire, à commancer du premier Janvier dernier, par brevet du XXIIe dud. mois, signé Louis, et plus bas Delomenye, La somme de........................... mmj^c l.

Aux jardiniers servans le Roy en sond. grand jardin des Thuilleries, tant pour l'entretenement du plant dud. grand berceau, pallissades de buis sauvage, ouvraiges d'architectures, ornemens et enrichissemens faictz en plusieurs endroictz dud. lieu, parterre du petit

---

tain que les cuisines et communs du château se trouvaient du côté oriental, c'est-à-dire du côté du mur de la Ville et de la rue d'Autriche. Ils existaient aussi du côté occidental et passaient sous le passage conduisant du Pavillon du Roi à la Petite Galerie. Rien jusqu'ici ne nous a fait savoir si le canal de décharge suivait droit au fleuve en avant de la Petite Galerie, en passant sous les murs, vers la rivière, ou bien s'il était interrompu vers le jardin, les eaux accidentelles pouvant s'échapper, soit par la rue d'Autriche, soit par les autres ruisseaux d'égout qui servaient aux rues situées vers le nord et l'occident. Il résulte toujours de cet article et de l'inspection du reste des états que ces fossés étaient *nettoyés* par un maçon et non *entretenus* par un jardinier.

[1] Il s'agit ici du jardin qui occupa la place en avant des Tuileries, jusqu'au fossé des murs d'enceinte de Charles V, à la hauteur des guichets sous la Grande Galerie, à l'endroit précis où l'on remarquait des niches entre les pilastres, dans le grand ordre corinthien de la Galerie, partie aujourd'hui démolie. Ce jardin fut créé aussitôt après l'achèvement de la Grande Galerie sous Henri IV. On voit qu'en 1618 il était appelé le *jardin neuf*.

[2] A ce moment, il n'y avait entre la Petite Galerie des antiques, aujourd'hui Galerie d'Apollon, et la façade méridionale du Louvre, qu'un terrain fermé le long du chemin du bord de l'eau et probablement un verger sans parterre, comme on voit qu'il est commandé de le faire ici.

jardin des fleurs dans l'Orangerie, peines des ouvriers qui travaillent aud. grand jardin, qu'achapt de plant et autres matières nécessaires pour l'entretenement d'icelluy, lesquelz jardiniers seront paiez en vertu de certiffications du sʳ de Maisoncelles, et ordonnances des intendans et ordonnateurs d'iceulx, La somme de.................................. xixᶜ l.

A Jehan Delalande (*sic*), jardinier du vieil parterre de Sainct Germain en Laye[1], Pour l'entretenement d'icelluy et des nouvelles palissades dans le parcq et à costé du jeu de paulme, entretenement des allées et du berceau du vieil jardin sur la contrescarpe du fossé.. xiiijᶜ l.

A François Belier, autre jardinier, Pour l'entretenement du jardin devant les grottes dud. Sainct-Germain, Pour ses gaiges.. vjᶜ l.

A Michel Laueschef (*sic*), autre jardinier, Pour l'entretenement des jardins devant la gallerie et offices d'icelluy chasteau, pour ses gaiges........................... vjᶜ l.

Au sʳ Francine (*sic*), cy devant nommé, ingenieur et artificier d'eaue, Pour l'entretenement des grottes de Sainct Germain en Laye.............................. xijᶜ l.

A Alexandre Francyne, ingenieur en fontaine, et Denis Roux, fontainier, Pour l'entretenement du grand cours de fontaines de Sᵗ Germain en Laie et de la source qui vient de dessoubz le chasteau d'Aigremont suivant le bail faict avecq eulx à raison de vjᶜ l. par an, cy... vjᶜ l.

A lad. Ysabel de Hangueil (*sic*), veufve du feu sʳ Metezeau qui estoit concierge des Thuilleries, La somme de Quatre cens livres, à elle ordonnez par le Roy par forme de pention (*sic*), pour en jouir sa vie durant et de ses enffans. au lieu de pareille somme ordonnée aud. Metezeau pour ses gaiges de concierge du pallais des Thuilleries supprimez au moien de ce que lad. charge a esté réunie à celle de Cappitaine desd. Thuilleries, cy.. iiijᶜ l.

A Pierre Huet, concierge du vieil chasteau de Sᵗ Germain, Pour ses gaiges.... ijᶜ l.

A Louis Ferrand, concierge du chasteau neuf dudict Sainct Germain, pour ses gaiges, cy... iijᶜ l.

Aud. Huet pour l'entretenement de l'orloge du vieil chasteau de Sainct Germain.. c l.

A Jehan Bongars pour l'entretenement des dales et terrasses de la couverture du vieil chasteau et autres menuz entretenemens portez par le bail qui en a esté faict..... iiijᶜ l.

A Nicolas Bacara pour l'entretenement des terrasses du chasteau neuf dud. Sainct Germain... cl l.

A Anthoine Gibel, ramonneur de cheminées, Pour avoir soing de tenir nectes toutes les cheminées des logemens de Sa Magᵗᵉ à Paris et Sᵗ Germain en Laye, en sorte qu'il n'arrive aucun inconvenient de feu, La somme de...................................... c l.

A Girard Laurens et Maurice Dubout, mʳˢ tappʳˢ (tapissiers), conducteurs des deux bouticques esquelles Sa Magᵗᵉ faict travailler en haulte lisse, Pour leurs gaiges, à raison de c l. chascun.. ijᶜ l.

A Pierre Dupont, tappissier travaillant pour le Roy en ouvraiges de Turquie, conducteur d'une bouticque estant au-dessoubz de la Grande Gallerie[2], pour ses gaiges.... c l.

---

[1] Voir plus haut, p. 207.
[2] Il est présumable que Girard Laurens et Maurice Dubout avaient leurs *bouticques* dans les locaux de la Grande Galerie, comme Pierre Dupont avait la sienne.

APPENDICES. 215

Au s' Descluzeaux, Pour la despence, charge et entretenement de la voliere des Thuilleries.. xviij° l.
    Somme totale.............................. xix^mvij^cxx l.

ESTATZ ET APPOINCTEMENTS (*sic*).

A Monsieur le duc de Sully, surintendant des bastimens de Paris et Sainct Germain en Laye, pour ses Estatz et appoinctemens, La somme de.................... vj^m l.
    Au sieur Defourcy (*sic*), intendant des bastimens de Paris, St Germain en Laye et autres lieux des environs de Paris et de tapp^{rie} et manufacture, ou à Henry Defourcy en l'absence à la survivance dud. s^r Defourcy, son pere, Pour ses Estatz............. vj^m l.
    Au s^r Henry Defourcy La somme de Deux mil livres, laquelle luy a esté accordée par Sa Mag^{té}, par brevet en datte du XXVIIe jour de Septembre Mil six cens quinze, signé Louis, et plus bas Delomenye, par forme de pention, pour luy donner moien de s'entretenir à la suitte de Sa Mag^{té} et servir en lad. charge, en l'absence du s^r Defourcy, son pere, cy.. ij^m l.
    Au s^r Deshaies, intendant des bastimens du chasteau de Montargis, Pour ses Estatz. ij^m l.
    Au s^r De Donon, con^{eur} (contrôleur) general des bastimens de Sa Mag^{té}, La somme de Quinze cens livres à luy ordonnée par le Roy Pour appoinctemens extraordinaires attendu les services extraordinaires qu'il faict en sa charge, oultre les iij^mvj^c livres qui luy sont paiez sur le fonds de la recepte generalle des finances de Paris, cy.................. xv^c l.
    Au s^r de Maisoncelles, con^{eur} (contrôleur) general des jardins du Roy, Pour ses gaiges de sa charge, La somme de.. ij^mc l.
    Somme totale................................. xix^mvj^c l.
Somme totalle des parties contenues au présent estat : lxiiij^mj^clxx l.
Faict à Paris⁽¹⁾, le IIIe j^r d'aoust 1618, *signé* Louis, *et plus bas* : De Loménie.

Nous avons donné cet état de 1618 intégralement et presque en *fac-simile*, quant à l'orthographe et à la ponctuation, à cause des renseignemens fort importans qu'il donne sur l'état du service des bâtimens à cette époque et, par suite, à une époque plus ancienne. On y trouve des éclaircissemens curieux sur les familles d'architectes et de peintres qui contribuèrent à l'achèvement des palais du Louvre et des Tuileries. Une foule de renseignemens topographiques s'y trouvent sur les divers jardins et leurs emplacemens, comme aussi sur la date de leur création et sur leur importance. De ces données certaines et inattaquables nous pourrons tirer plusieurs déductions, tant pour un supplément de notes que pour élucider les points obscurs de la topographie historique de cette région de 1610 à 1800.

Nous donnons cy-après la copie du compte manuscrit de la Sorbonne, qui manque à la série incomplète des registres de la série O des Archives de l'Empire.

⁽¹⁾ La date paraît avoir été écrite de la main même du roi Louis XIII. Cette particularité se remarque dans d'autres comptes.

COMPTE DE DÉPENSES FAITES AU LOUVRE ET AUX TUILERIES EN 1624 [1].

Extraict des parties emploiées en l'estat général des bastimentz du Roy, dont la despence est à faire, et commandée par Sa Majesté, en la présente année Mil six cens vingt quatre.

LOUVRE ET BOURBON.

Pour la continuation du bastiment neuf du Louvre, la somme de......	cxx^m l.
Pour faire le petit escallier de la terrasse de l'orangerie du petit jardin neuf du Louvre..	iiij^{c}lxxx l.
Pour emploier à ung bassin de fontaine pour led. jardin............	iiij^m l.
Pour ce qui peult estre deub aux ouvriers qui ont travaillé aux réparations du Louvre en l'année derniere, M. VIe vingt trois.................	vj^m l.
Pour celles qui seront faictes ausd. lieux durant la presente année.....	vj^m l.
Pour trois poutres gastées en l'antichambre de la Royne et salle des Ambassadeurs	ij^m l.
Les restablissemenz des corniches et entablemenz du pourtour du bastiment neuf du Louvre...	vj^m l.
Les gardemangers demandez par les officiers du commung du Roy et de Monseigneur	ij^m l.
La souche des cheminées des cuisines qui sert aux commung du Roy....	v^{c}l l.
Les trois souches de cheminées du logement de Madame sœur du Roy...	vj^c l.
Les logemenz de Monsieur de Beaumont et de Madame de St Georges...	m.vij^{c}lxviij l.
Pour l'entretenement de deux hommes pour le nettoiement du Louvre...	iij^c l.
Pour les despences extraordinaires du jardin devant le logis de Sa Majesté.	iij^{c}l l.
Pour quelques restablissemenz dans le corps de garde devant le Louvre...	iij^c l.
Pour quelques estaiemenz au lieu où sont les chevaulx isabelles du Roy...	ij^c l.
Pour reparer le comble du galtas des meubles, cy	m l.
Le restablissement d'une des lucarnes du grand comble du galtas des meubles de Bourbon..	cl l.
Pour ung mur qu'il convient faire pour separer les meubles d'avecq le foing des escuries crainte du feu..	ij^{c}l l.
Pour le restablissement de la montée qui conduict au logement du sieur Moynnier	iiij^c l.
Pour le lambris de menuiserie de la chapelle de Bourbon..	iiij^{c}lvj l.
Pour le restablissement des marches qui conduisent au jubé..........	c l.
Pour le logement du s^r Boullongne commandé par le Roy............	......
Pour le plomb des frontons de la Petite Gallerie, cy...............	ij^m l.
Pour quatre paneaux de verre à chacune croisée de la Grande Gallerie, cy.	m.v^{c}lxviij l.
La coulleur de bois pour lesd. croisées.........................	vj^{c}lxxxvj l.
Les vitres et verges de la lanterne [2].............................	cl l.
Despence... clviij^{m}vj^{c}viij l.	

[1] Bibl. de la Sorbonne, mss. coté $\frac{H}{1.44}$. — [2] Ce doit être celle du pavillon de Lesdiguières.

APPENDICES.

THUILLERIES.

La voulte du fossé de la porte St Honoré, cy....................	vj^m l.
Le reste de la despence du restablissement de la salle bruslée⁽¹⁾ ensemble le restablissement de la cheminée et pour huict grandes croisées, cy.......	iij^mv^c l.
Le fer à la livre emploié tant aux poultres que manteaux de cheminée.	cxxxxlvnj l. vnj s.
La coulleur en bois de sept travées et huict croisées................	cv l.
Les deux portes pour les deux bouts de lad. salle....................	ij^c l.
La pluspart des vitres de l'estaige bas dudict pallais...............	v^c l.
Pour une grande porte de la salle haulte dud. pallais...............	clx l.
Pour huict grandes croisées ferrées et vitrées, cy...................	m.xxxx l.
Pour deux portes de lambris pour entrer dans l'antisalle............	cl l.
Pour le restablissement de parties de croisées de lad. antisalle........	iij^c l.
Pour restablir les vitres cassées en chambres et aultres lieux dud. pallais..	cl l.
Pour le restablissement des deux petites terrasses, cy...............	v^cxx l.
Pour restablir toutes les croisées du dosme et pour la peinture de toutes les menuiseries d'icelluy....................................	iij^c l.
Pour refaire de neuf les vitres de la lanterne du dosme.............	iij^c l.
L'enfestement du plomb depuis le Gros Pavillon jusques au logis des Thuilleries...	xv^c l.
Pour restablir la couronne du dosme........................	xv^c l.
Pour le restablissement de la corniche et frize de l'avant-portail dud. pallais, et repparations de la terrasse, la somme de quatre mil livres, cy.....	iiij^m l.
Sur la despence à faire au Gros Pavillon du bout de la Grande Gallerie⁽²⁾.	vj^m l.
Pour les restablissemenz qu'il convient faire dans le logement de la grande escurie des Thuilleries, cy..................................	m l.
Pour ce qui reste à paier de la despence faicte par le s^r de la Barauderie dans le grand jardin des Thuilleries, en M.VI^cXXIII.................	ij^clxvnj l. v s.
Pour replanter le jardin des cyprez, aplanissement de terre et transport des arbres..	iv^mv^c l.
Pour separer la court commune des Lions et habitans de l'orangerie.....	iij^c l.
Pour restablissement d'un pan de mur proche le logis desd. animaulx...	ij^c l.
Pour les reparations durant l'année, pour ce qui peult arriver inopinément..	Néant.
Pour la reparation d'ung grand parterre qu'il convient faire de neuf, dans led. grand jardin, semblable à celuy qui a esté faict................	v^m l.

⁽¹⁾ On lit dans *le Mercure* de l'année 1626 (p. 756) : «...... L'assemblée des notables qui «fut tenue dans la salle haute des Tuilleries, à «laquelle on monte par ce bel escalier suspendu. «Ce lieu avoit esté gasté par le feu, du vivant de «M. le connestable de Luynes⁽³⁾, mais tout y avoit «esté réparé, et ladite salle fut richement tapis-«sée. »

⁽²⁾ C'était le pavillon de Flore, en face du Pont-Royal.

⁽³⁾ Avant le 14 décembre 1621.

Pour reparer d'ypriotz ceulx qui sont mortz en la grande allée nouvellement plantée et autres endroictz, cy.................................. clx l.
Pour restablir les bresches de la grande allée dud. jardin............ iij^c l.
Pour planter l'une des pieces où ont esté mis les pavillons du berceau... iiij^cxxxx l.
Pour le deffrichement de lad. piece et allée des sicomores............ iij^c l.
Pour les rigolles, aplanissement de terre et autres ouvraiges necessaires pour planter les ypriotz et charmes................................. м.ij^c l.
Pour reste de la despense du transport de sept pavillons............ м l.
Sur la despence à faire pour la construction d'un bassin pour mectre au milieu d'un parterre faict de neuf................................. iij^m l.
Pour reste de la despence à faire pour le piedestail du vivier des Thuilleries... viij^cl l.
Le lambris necessaire dans la volliere desd. Thuilleries............ vj^c l.
Pour donner cours aux eaues qui demeurent dans la court du portier des Thuilleries... ij^cx l.
Le Sr Villey demande une cloison dans son escurie, cy.............. cl l.
Pour le hanguart (*sic*) demandé par le Sr de Thoras, et pour la despence extraordinaire des jardins... ij^m l.
Pour trente deux quaisses pour replanter les orangers de l'orangerie des Thuilleries... v^cxxxv l.
La balustre necessaire dans le jardin de lad. orangerie............ м l.
Pour le remboursement de la maison de l'advertiss^{eur} du bois sera faict fondz particulier...
La despence du logement pour le doreur des armes............... м.xxxv l. x s.
Despense.. i.^miiij^cxvj l. xviij s. tz.

ESTAT DES OFFICIERS QUE LE ROY VEULT ET ORDONNE ESTRE ENTRETENUZ POUR SON SERVICE ET SES MAISONS, CHASTEAUX ET BASTIMENS du Louvre, les Thuilleries, St Germain en Laye, Vincennes et autres lieux, entretenement d'iceux, et apoinctemens durant la présente année Mil VI^c vingt quatre.

OFFICIERS QUI ONT GAIGES POUR SERVIR GENERALEMENT EN TOUTES LES MAISONS ET BASTIMENS DE SA MAJESTÉ.

A Salomon de Brosse, architecte, tant pour ses gaiges antiens que d'augmentation par le decedz du feu Sr du Cerceau son oncle, et sans aucun retranchement attendu son merite et le service actuel et ordinaire qu'il rend à Sad. Majesté, La somme de.... ij^miiij^c l.
A Clement Metezeau, autre architecte, aussy pour ses gaiges de lad. année, tant antiens que d'augmentation à luy accordez par Sad. Majesté, sans aulcun retranchement pour les mesmes considérations cy-dessus, La somme de...................... ij^miiij^c l.
A Claude Rouhier, lequel Sa Majesté entretient pres led. Metezeau pour estre instruict en l'architecture, duquel elle se veult cy-apres servir, Pour son entretenement et norriture durant lad. année attendu sa condition d'aprentif, La somme de.............. iij^c l.
A Paul de Brosse, aussy architecte, sur viij^c l. à luy accordez par Sad. Majesté, La somme de Quatre cens livres pour demie année seulement attendu la necessité des affaires du Roy, cy.. iiij^c l.

A Jean Androuet, dict Du Cerceau, aussy architecte, sur viij^c l. à luy accordee pour ses gaiges, La somme de Quatre cens livres pour demie année seulement pour ladicte raison, cy.. iiij^c l.

A Jacques Le Mercier, autre architecte, sur xij^c l. de gaiges, La somme de Six cens livres pour demie année seulement par ladicte raison, cy........................ vj^c l.

A Pierre Le Muet, retenu par Sa Majesté pour travailler en modelles et eslevations de maisons, sur vj^c l. La somme de Trois cens livres seulement pour demye année dont il sera payé en lad. presente année pour les causes cy-dessus, cy.............. iij^c l.

Au Sr de Saint-Mauriet[1], retenu par Sa Majesté pour servir aux inventions de peinture et devises qu'il vouldra faire dans ses maisons et galleries, sur la somme de xviij^c l. à luy accordée par Sa Majesté, La somme de Neuf cens livres pour demie année seulement attendu ce que dessus, cy... viiij^c l.

....

A Gilles Le Redde, m^{re} des œuvres de charpenterie du Roy, pour avoir l'œil et prendre garde sur toutes les charpenteries des maisons de Sa Majesté, à ce qu'il n'arrive aulcun inconvenient à la seureté des personnes de leurs Majestez, La somme de Six cens livres pour demye année seulement, sur xij^c l. de gaiges à luy accordez, attendu la nécessité d'affaires, cy... vj^c l.

A Remy Collin, m^{re} des œuvres de maçonnerie du Roy, sur vj^c l. à luy accordez de gaiges antiens et augmentation pour prendre garde aux œuvres de maçonnerie et mesmes à la seureté des maisons de Sad. Majesté, La somme de Trois cens livres de laquelle il sera payé seulement en lad. présente année, attendu ce que dessus, cy.................. iij^c l.

A Simon Lerambert, pour la garde des figures, tenir netz et polliz marbres des maisons de Sa Majesté, et pour le service actuel et ordinaire qu'il rend au Louvre, pour conserver les desmolitions quand il s'y faict quelque changement, La somme de Quatre cens livres, dont il sera payé entièrement, cy... iiij^c l.

A Claude Mollet, jardinier, pour servir à desseigner en tous les jardins de Sa Majesté, sur vj^c l. La somme de Trois cens livres, dont il sera seulement payé en lad. année, attendu la nécessité des affaires de Sad. Majesté, cy..................................... iij^c l.

A Jean Nostre[2], autre jardinier, sur iij^c l. que Sa Majesté luy a accordez pour travailler quand il sera besoin aux desseings des parterres et jardins de Sad. Majesté, La somme de Cent cinquante livres dont il sera seulement payé en lad. presente année pour lesdictes raisons, cy... cl. l.

....

Au Sr Francyne, ingénieur et intendant de la conduitte des eaues et fontaines de Sad. Majesté, La somme de Dix huict cens livres dont il sera payé en lad. presente année attendu son service actuel, cy.. xviij^c l.

....

A Pierre Clouet, commis soubz le controlleur des jardins de Sa Majesté pour servir en

---

[1] Sans doute erreur de copiste, ce doit être comme ci-dessus, p. 209, *Saint-Mauris*, ainsi qu'il est clairement écrit dans le manuscrit des Archives de l'Empire, O 10632. Il est à remarquer, du reste, qu'il y a souvent divergence dans l'orthographe des noms propres.

[2] C'était le père d'André Le Nôtre. (Voir plus haut, p. 213.)

son absence et avoir l'œil sur tous les jardins du Louvre, les Thuilleries, Villiers-Cotterestz, Fontainebleau et autres lieux, La somme de Cinq cens livres pour ses gaiges de lad. presente année, dont il sera payé entierement, pour ce cy......................... v^c l.

AUTRES GAIGES ET APPOINCTEMENS ACCORDEZ PAR LE ROY POUR RÉCOMPENSES DE SERVICES, AUX VEUFVES D'AULCUNS OFFICIERS DES BASTIMENS, DECEDDEZ.

A Damoiselle Isabel de Hanqueil [1], v^{ve} de feu Louis Metezeau, architecte, et à ses enfans, sur vj^c l. à eux ordonnez par le brevet du XIIe Sep^{bre} M. VI^c quinze, et lettres patentes veriffiées en la Chambre des comptes, pour les causes y contenues, La somme de Quatre cens cinquante livres, dont elle sera payée en la presente année pour trois quartiers, cy... iiij^c l.

A lad. Dam^{lle} Isabel de Hanqueuil (sic), v^{ve} dudit Metezeau, qui estoit consierge des Thuilleries, et à sesd. enfans, sur la somme de iiij^c l. à eulx aussy accordez au lieu desd. gaiges leur vie durant par autre brevet du X Sep^{bre} M. VI^c quinze, et lettres pattentes veriffiées en lad. Chambre, La somme de Trois cens livres, dont ils seront paiez pour trois quartiers de lad. presente année, cy.......................... .... iij^c l.

A Marguerite Babuche, v^{ve} feu Jacob Bunel, peintre, et à Robert Picou son nepveu, aussy peintre, au lieu dud. feu Bunel, pour gaiges et recompenses à eulx accordez par Sa Majesté, par la mort dud. feu Bunel, La somme de vj^c l. à prendre chacun an par moitié, suivant le brevet de Sa Majesté, sur laquelle leur sera seullement paié en la presente année la somme de Trois cens livres, attendu la necessité des affaires de Sad. Majesté, cy.. iij^c l.

OFFICIERS SERVANS SA MAJESTÉ POUR L'ENTRETENEMENT DE SES MAISONS ET CHASTEAUX CY APRES DECLAREZ.

LE LOUVRE.

Au Sr Moynnier, pour son entretenement, à cause du service auquel il est de nouveau assubjecty pour tenir nettes, ouvrir et fermer les Grande et Petite Galleryes attachées au chasteau du Louvre, La somme de Cent livres, dont il sera payé entierement. Pour ce cy lad. somme de.. c l.

A Nicolas Huau, m^e maçon, pour tenir netz les fossez du chasteau du Louvre [2] des ordures qu'on y jette ordinairement des fenestres des logemens dud. chasteau, cuisines et aultres lieux d'iceluy, suivant le marché faict avec ledit Huau, La somme de Trois cens livres, dont il sera payé entierement, cy................................. .... iij^c l.

A ladicte Marguerite Babuche, v^{ve} dud. feu Jacob Bunel, peintre, et aud. Robert Picou, son nepveu, aussy peintre, au lieu dud. feu Bunel, pour l'entretenement des peintures de la petite gallerye du Louvre, passaige d'icelle, salle des Anticques et pallais des Thuilleryes, pour leurs gaiges et service chacun par moitié, La somme de Six cens livres, dont ilz seront payés entierement, cy.. vj^c l.

A Nicolas Pontheron [3] et... Bouvier, au lieu de feu..... Bouvier, son pere, pour l'entretenement de toutes les peintures et lambriz du logement des logis bas du Louvre,

---

[1] Voir plus haut, p. 208, et dans la première partie, p. 39, pour ce qui regarde la veuve de Métezeau.

[2] Voir ci-dessus, au même nom, p. 212.

[3] C'est sans doute *Pont-héron* qu'il faudrait lire.

pour lequel ilz estoient employez dans l'estat de Sa Majesté pour vj^c l. La somme de Trois cens livres à laquelle sa Majesté a reduict pour l'advenir led. entretenement, et dont ilz seront payez entierement, cy... iij^c l.

A Louis de Beauvais, menuisier, pour ses gaiges de l'entretenement des menues menuiseries du Louvre, La somme de Cinquante livres, dont il sera payé entierement, cy.. L l.

A Pierre Segalla, au lieu de Jean Segalla, son pere, pour l'entretenement des menues serrureries du Louvre et des Thuilleries, pour ses gaiges, La somme de Deux cens livres dont il sera payé entierement, cy... ij^c l.

A Nicolas Guerin, pour l'entretenement du jardin neuf que sa Majesté a commandé estre faict devant son chasteau du Louvre, et entretenement des orangers qui estoient dans le vieil jardin dud. lieu et qui sont à present dans l'orangerie faicte aud. jardin neuf, La somme de Huict cens livres, dont il sera entierement paié, cy.............. viij^c l.

PALLAIS DES THUILLERIES.

A Anthoine Le Jeune, garde du pallais des Thuilleries, establi pour tenir netz tous les appartemens dud. lieu, ouvrir et fermer les portes et fenestres, lorsque le cas y eschet, pour ses gaiges et sur la somme de iij^c l. à luy accordée par Sa Majesté, La somme de Cent cinquante livres pour demie année soulement, attendu la nécessité des affaires de Sa Majesté... CL l.

A Michel Lange Le Chuel, portier du grand jardin et parc des Thuilleries, pour la garde des portes desd. jardin et parc, et pour lui donner moyen de vivre sans prendre aulcun sallaire ny gratifficacion de ceulx qui entrent et sortent desd. lieux............. CL l.

A Claude Mollet, jardinier, cy devant nommé, pour l'entretenement du jardin neuf entre le fossé et le pallais des Thuilleries, pour ses gaiges, La somme de Quinze cens livres, dont il sera paié entierement, cy.. xv^c l.

A Jean Nostre, jardinier..... pour l'entretenement des parterres faictz de neuf dans le jardin et parc des Thuilleries, devant le pavillon du palais, La somme de Mil vingt livres, dont il sera payé entierement, cy...................................... Mxx l.

A Pierre Desgotz, autre jardinier, au lieu de Jean Desgotz, son frere, pour l'entretenement des pallissades et allées dud. parc, La somme de Neuf cens cinquante livres, dont il sera payé entierement, cy.. viiij^{c}L l.

A Simon Bouchart, autre jardinier, pour l'entretenement de l'orangerie dud. palais des Thuilleries, jardin joinct et attenant icelle orangerie, parterre de fleurs qui est dans icelluy, et autre jardin derriere pres la Garenne, La somme de Six cens livres, dont il sera paié entierement, cy... vj^c l.

A Françoise Trouillet[1], pour l'entretenement du grand parterre dud. jardin des Thuilleries, entre l'allée faicte de neuf et la haulte allée des Meuriers, faire labourer les palissades tant de boys sauvage que de jassemins, coigniers, grenadiers, arbres de Judée, arbresseaux, fleurs et autres qui sont au pourtour dudict parterre, nettoyer lad. haulte allée des Meuriers, celle des grenadiers, et autres entretenemens dans led. jardin, La somme de Quatorze cens livres dont elle sera payée entièrement, cy................. xiiij^c l.

---

[1] Dans le registre des Archives de l'Empire O 1063 a, on lit très-nettement *Trouillet*.

Aux jardiniers servans Sa Majesté eu sond. jardin desd. Thuilleries, pour l'entretenement des palissades de bois sauvaige, ouvraiges d'architecture, ornemens et enrichissemens faictz en plusieurs endroictz dud. jardin, peynes d'ouvriers, et achapt de plant que autre mathiere necessaire pour l'entretenement desd. lieux, par certiffication, ordonnances et quitances, La somme de Dix neuf cens livres, qui seront payez entierement, cy. xviij^c l.

Au sieur Toiras, pour la despence, charge et entretenement de la volliere qui est dans le grand jardin des Thuilleries, La somme de Dix huict cens livres tournois. Pour ce cy lad. somme... xviij^c l.

Despence .... viiij^{m}iij^{c}lxx l.

XIII.

CONSTRUCTION DES TUILERIES.

(Voir p. 1 et 2.)

Catherine de Médicis fit publier, en 1564, par son fils Charles IX, une *Déclaration pour vente et aliénation des hôtels royaux des Tournelles et d'Angoulême.*

Dans cette *déclaration* il était dit que les deniers provenant de cette aliénation seraient « pour « edifier et construire nostre chasteau du Louvre, et *autres bastimens* que nous voulons estre « construitz en nostre ville de Paris, esquelz avons délibéré loger, et non plus auxdites Tour- « nelles. » (*Collection Delamarre*, mss. de la Bibliothèque impériale, t. CXXXI, fol. 37 v°.)

On lit dans l'histoire de De Thou, après quelques détails sur la vente et la démolition des Tournelles : « Afin de restablir en quelque sorte ce dommage, elle fist faire aux Tuilleries, qui « sont au-dessous du Louvre, sur les bords de la Seine, un jardin de plaisance, et commença à « bastir une maison magnifique, qui devoit estre joincte au Louvre par une galerie. » (*Histoire de M. de Thou, des choses arrivées de son temps, mises en françois* par Pierre du Ryer, 1659, in-fol. t. II, p. 682.)

(Voir p. 9.)

La reine Catherine, comme tous les princes ayant le goût des bâtiments, aimait à créer, et peut-être à tracer elle-même, les plans généraux des palais qu'elle faisait construire.

Philibert de l'Orme dit dans sa *Dédicace à la Reine* de son *Traité d'architecture :*

« Madame, je voy de plus en plus l'accroissement du grandissime plaisir que Vostre Majesté « prend à l'architecture, et comme de plus en plus vostre bon esprit s'y manifeste et reluit, « *quand vous prenez la peine de pourtraire et esquicher les bastimens qu'ils vous plaist commander estre* « *faicts, sans y obmettre les mesures des longueurs et largeurs, avec le departement des logis, qui verita-* « *blement ne sont vulgaires et petits, ains fort excellens et admirables, comme entre plusieurs est celuy du* « *palays que vous faictes bastir de neuf en Paris pres la Porte Neufve et le Louvre, maison du Roy, lequel* « *palays je conduis de vostre grace, suivant les dispositions, mesures et commandemens qu'il vous plaist* « m'en faire. »

(Voir p. 10.)

Après trois ans de travaux, le palais et ses jardins étaient assez avancés pour qu'on pût les

APPENDICES.

admirer et en féliciter la Reine : « Vostre maison des Tuilleries, disait par exemple Ramus[1] en « 1567, qu'est-ce qu'elle monstre à ceux de France qu'ilz ayent auparavant veu et ouy! »

Il est aussi à croire que l'Écurie était en construction dans cette même année 1567, et qu'elle se termina en 1568 : les devis et marché de Petit le prouvent.

(Voir p. 14.)

Philibert de l'Orme put mener la construction des Tuileries assez avant pour que Lippomano, qui le vit en 1577[2], l'année même de la mort de l'architecte, ne s'aperçût pas qu'elle était inachevée. Dans sa *Relation*, il admire sans réserve aucune « cet admirable escalier en coli-« maçon, dont les marches ne sont pas plus hautes que quatre doigts, et sont portées merveil-« leusement sur une légère aiguille de marbre. »

Il ajoute, à propos des jardins : « Il y a.... un beau jardin où les arbres et les plantes sont « distribués dans un ordre admirable, et l'on trouve.... des bosquets, labyrinthes, des ruisseaux, « des fontaines. » (Comm. de M. Éd. Fournier.)

(Voir p. 18.)

Philibert de l'Orme était si bien l'architecte préféré de Henri II et de Diane, que nous le voyons, le 11 janvier 1549, figurer, én qualité de « conseiller, aulmosnier du Roy et son archi-« tecte, » et comme ordonnateur des travaux de l'admirable tombeau de François Ier, à Saint-Denis, dans la quittance d'un payement fait aux sculpteurs *Françoys Marchand* et *Pierre Bontemps*[3]. La même année, il fait exécuter par Guillaume Rondel et Baptiste Pellerin, peintres à Paris, les ornements de la salle construite dans le parc des Tournelles, pour l'entrée du Roi[4], et se prédestine ainsi quinze ans d'avance aux travaux du palais qui sera le successeur de celui-ci. (Comm. de M. Éd. Fournier.)

(Voir p. 29.)

Jean de l'Orme, le 11 avril 1566, résigna la charge de *maistre general des œuvres de maçonnerye du Roy* à Estienne Grant Remy[5], qui la garda jusqu'à sa mort, en 1573[6].

(Voir p. 37.)

Les jardins étaient terminés en grande partie vers 1577; Boutrais, dans son poëme latin sur Paris, *Rodolphi Boterai Lutetia*, 1611, in-8°, p. 56, parle du singulier blason figuré avec ses couleurs par du buis, du thym, de l'acanthe et autres plantes de nuances diverses :

> Omnia quæ variis simulare coloribus audet
> Pictor, in attonso virgulto et vimine fingit,
> In buxo, inque thymo, foliisque comantis achanti,
> Sedulus hortorum cultor permixta Navarrae
> Lilia stemmatibus videas...

---

[1] *Proême de mathématiques*, 1563, préface.
[2] *Collection des documents inédits sur l'histoire de France*. Relations des ambassadeurs vénitiens sur les affaires étrangères, recueillies et traduites par Nic. Tommaseo. Impr. imp. 1838, in-4°, t. II, p. 593.
[3] *Archives de l'art françois*, t. V, p. 347, 350.

[4] *Catalogue analytique des archives de M. le baron de Joursanvault*, 1838, in-8°, t. I, p. 193, n° 1101.
[5] Arch. de l'Emp. KK 94.
[6] *Ordonnances, statuts et règlements concernant les mestiers des maistres maçons....* 1629, petit in-8°, p. 12-13.

La mode s'était établie (voir p. 38) de donner des concerts à l'écho des Tuileries; elle commença dès le temps de la Régence de Marie de Médicis (voir la *Lettre* de Malherbe à Peiresc, du 1er juillet 1614). Tallemant des Réaux raconte plusieurs anecdotes sur des galants qui «menoient «les vingt-quatre violons au bout de la grande allée des Tuileries» pour *régaler* de musique leurs belles et, comme on disait alors, «leur donner cadeau.» (*Historiettes*, édit. P. Paris, t. VI, 531; VII, 164.)

(Voir p. 49.)

Les murs de clôture du grand jardin des Tuileries durent être terminés vers octobre 1597, du moins du côté de la Seine; car il est dit, dans le récit de la visite du Prévôt des Marchands et des Échevins à Henri IV, après la prise d'Amiens, qu'à leur sortie du palais ils se rangèrent «pres des murailles de l'enclos du parc des Tuileries, du costé de la riviere, en attendant «Sa Majesté.» (Félibien, *Hist. de Paris*, Preuves, t. III, p. 480.)

On sait que cette muraille, quand elle fut achevée, entourait complétement le parc, même du côté du palais, entre lequel et cette clôture se trouvait la large *rue des Tuileries*, ce qui a fait dire, vers 1655, à Claude Le Petit, dans son *Paris ridicule*, édit. du biblioph. Jacob, 1859, in-12, p. 13 :

> . . . .
> Allons faire un tour au jardin,
> Despeschons sans cérémonie:
> Qu'il est beau, qu'il est bien muré!
> Mais d'où vient qu'il est séparé
> Par tant de pas du domicile?
> Est-ce la mode en ces séjours
> D'avoir la maison à la ville
> Et le jardin dans les faubourgs?

XIV.

LES COMPTES DE CATHERINE DE MÉDICIS.

(Voir p. 3 et suiv.)

Nous donnons ici le *fac-simile* et la copie exacte de l'en-tête d'un registre des comptes de la reine mère, Catherine de Médicis, qui renferme les lettres de provision de Nicolas Molé, alors nommé *général* des finances de la Reine mère. Cette pièce montre, dans sa formule initiale, la liberté et la puissance dont jouissait Catherine à l'égard des rois, ses enfants.

TRESORERIE DE LA ROYNE MERE DU ROY.

(Arch. imp. KK 115. (1579.)

TRANSCRIPTION DES LETTRES de provision et institution de M⁰ Nicolas Molé en l'estat et office de Conseiller et General des finances de la Royne mere du Roy, desquelles la teneur ensuit :

CATHERINE, par la grace de Dieu Royne de France, mere du Roy, A tous ceulx qui ces presentes lettres verront SALUT.

> **Transcript des lres**
> de provision et Institution de
> m^e Nicolas molé en l'estat et
> office de Conseiller et general des
> finances de la Royne m[èr]e du Roy
> Desquelles la teneur ensuit

> **Catherine** par la grace de dieu
> Royne de france m[èr]e du Roy et
> Tous ceulx que ces p[rese]ntes l[ett]res
> verront salut. Scauoir faisons
> qu'auans puis quelque temps
> pour aucunes bonnes causes et
> grandes consideraçons ay chargé
> m[on]tre amé et feal conseiller Messire
> Regnault de Beaune Evesque de
> M[en]de conseillier du Roy n[ost]re
> tres cher s[eigneu]r et filz en son conseil
> prive et chancellier de ma t[res]c[here]
> et tres amee filz le Duc D'anjou
> de la SuiIntendance generalitte
> et Gouv[ernemen]t principalle que nous
> luy auons donnee de nos deniers
> sommes et finances M[esm]em[en]t

PREMIÈRE PAGE DU REGISTRE DES COMPTES DE CATHERINE DE MÉDICIS (1579)

Fac-simile héliographique

Scavoir faisons qu'aians puis quelque temps par aucunes bonnes raisons et grandes considerations deschargé nostre amé et feal conseiller Messire Regnault de Beaune [1], évesque de Mende, conseiller du Roy nostre tres cher Sr. et filz en son Conseil privé, et chancellier de nostre tres cher et tres amé filz le Duc d'Anjou, de la surintendance, generallité et charge principalle que nous luy avons donnée de noz terres, domaines et finances, mesmes pour estre ledict sieur de Mende occupé en plus grande et importans (*sic*) affaires de nostre cher filz le Duc d'Anjou et qu'il luy estoit mal aisé voire quasi impossible de satisfaire à l'une et à l'autre choze ensemblement comme il est requis, et desirons pourveoir à ce que riens ne soit retiré de (*sic*) ny diminué de nozdictes terres, domaines et finances, et que toutes choses y soient dirigées et conduictes avec le soing et bon ordre qui y est requis, au moien de quoy il est besoing commectre ladicte charge à personnaige bien entendu et versé au faict des finances et à nous bien affectionnée, feable et venant chacun an sur les lieulx où est nostre revenu, et aiant plaine intelligence et parfaicte congnoissance de noz affaires, Nous en puissions tirer le service et en nozdictes affaires le bon mesnage que nous desirons, Pour ces causes et pour la bonne et parfaicte congnoissance et entiere confiance que nous avons de la personne de nostre amé et feal conseiller en nostre Conseil Me Nicolas Molé, aussi cons^{er} du Roy nostredict Sr. et filz, et tresorier general de France en la province de Champaigne, et de ses sens, suffisances, loiaulté, preudhommye, fideleté, grande experience tant au maniement des finances que aultres affaires, vigilence et diligence, aiant cy devant manié de plus grandes et importantes charges des finances de cedict royaume dont il s'est acquicté avec une telle fideleté et en a rendu si bon et loial compte que le Roy nostre cher Sr. et filz et Nous en sommes demeurez tres satisfaictz et contens, Aiant aussi esgard aux grands et agreables services qu'il nous a par cy devant des long temps particulierement faictz en plusieurs charges et commissions esquelles il a esté par nous emploié, tant à faire les baulx à ferme et verifier les estatz de nozd. terres, domaines et finances, que en plusieurs autres occasions et affaires tant en nostred. Conseil que ailleurs pour nostre service, dont il s'est toujours si soingneusement et vertueusement acquicté que nous esperons qu'il sera pour y continuer de bien en mieulx, Pour ces causes et aultres considerations à ce nous mouvans, à icelluy Molé, lequel nous avons Nous mesmes choisy, nommé et esleu, Avons donné et octroié, donnons et octroyons par ces presentes led. estat et office de General de noz finances tant ordinaires que extraordinaires que nagueres soulloit tenir et exercer led. de Beaune, vacquant à present par la simple demission qu'il en a cy devant faicte en noz mains, dont nous l'avons deschargé, pour led. estat, pouvoirs, puissances, auctoritez, prerogatives, preeminances, exemptions, franchises, libertez et facultez qui y appartiennent, C'est assavoir d'avoir l'entiere et generalle congnoissance et surintendance de noz domaines, terres et revenuz, tant de nostre propre et acquisitions que de celles qui nous ont esté ou seront cy apres delaissées pour nostre dot et douaire par nostre ch. Sr. et filz, et de tous les deniers et droictz qui en procedent et dependent, ensemble de tous autres deniers qui doibvent tomber ou tomberont en noz Tresoreries et Receptes tant generalles que particullieres

---

[1] Messire Regnault de Beaune, ici mentionné comme évêque de Mende, figure au registre dans l'état des *Gens de Conseil* sous cette qualification et le second de la liste :

«Messire Regnault de Beaulne (*sic*), archevesque »de Bourges.... viij esc. j tiers.»

Cette somme représentait, on le voit, seulement une indemnité.

de quelque nature qu'ilz puissent estre sans en riens excepter, Et pour ce faire ira led. Molé par chacun an ou le plus souvent que faire se pourra sur tous les lieulx ou sont nozd. biens et revenuz pour regarder comme toutes choses y sont mesnagées, faire les baulx, bailler les fermes de nozd. terres, domaines et revenuz, et y mectre le bon ordre pour nostre service qu'il est requis et que nous en avons en luy parfaite fiance, Veoir aussy à faire par chacun an, tant à nostre Tresorier et Receveur general que autres noz comptables particulliers, les estatz au vray de leurs charges et maniemens tant en recepte que despence pour faire tomber, fournir es mains de nostred. Tresorier et Receveur general ce qui sera deu de nect aux termes que par led. Molé seront prefix et ordonnez, Veoir semblablement à entendre les receptes et despens tant ordinaires qu'extraordinaires de nostre maison, et pour cest effect mander et faire venir devers luy noz officiers comptables et aultres personnes aians maniement desd. charges et les contraindre à luy en representer les estatz au vray, Verifficra tous dons qui seront par Nous faictz et aultres noz mandemens, promissions et acquitz concernans le faict de nozd. finances, voulans que les expeditions luy en soient cy apres addressées sans toutesfois expedier ne bailler ses attaches sur icelles que premierement il n'en ait faict rapport à noz amez et feaulx les gens de nostred. Conseil et que nous l'aions aussy entendu et luy aions verbalement commandé ce faire, comme au semblable il leur fera selon les occasions entendre tout ce qui se passera au faict de sad. charge affin qu'ilz en soient suffisamment advertiz, Assistera si bon luy semble à nostre Chambre des Comptes à l'audition et closture des comptes de noz officiers comptables, et aura sceance, voix et oppinion au jugement desd. comptes avec noz amez et feaulx les commissaires depputtez par Nous, à l'audition d'iceulx, et feront tous actes, ordonnances, estatz, verifications, attaches, baulx à fermes et autres expeditions qui seront faictes et ordonnées par led. Molé pour raison de lad. charge, ses circonstances et deppendances de mesme force, valleur et rigueur que si elles estoient ordonnées par nous mesmes et les gens de nostred. Conseil, Et lesquelles nous avons des à present aprouvées, vallidées et authorisées, auctorizons, vallidons et approuvons, Et mandons auxd. commissaires de nos comptes passer et alouer tout ce qui sera par led. Molé ainsi que dessus ordonné sans y fere aucune difficulté, Et generallement de fere executer et exploicter par icelluy Molé au faict dud. estat et offices, circonstances et deppendances tout ainsi en la propre forme et maniere et avec les mesmes pouvoir, puissance, dignité et auctorité qu'avoit en ce regard led. de Beaune et que l'ont les Tresoriers generaulx de France du Roy nostre Sr. et filz en leurs charges, sans en ce faire aucune différence, Et atendu que la plus part des terres et domaines dont nous jouissons sont du patrimoine de la Couronne de France, et que ce qui est de nostre propre a tousiours esté administré selon et en suivant l'ordre des finances du Roy notred. Sr. et filz, Et ce aux gaiges, pentions et taxations qui seront par Nous ordonnées aud. Molé, SI DONNONS EN MANDEMENT à nostre tres cher et feal chancellier Messire Martin de Beaune [1],

[1] Mre Martin de Beaune, abbé de Saint-Nicolas-lez-Angers, comme il est ici qualifié, figure le premier de la liste dans l'état des *Gens de Conseil*, ainsi qu'il suit :

"Messire Martin de Beaulne, abbé de Royaul-"mont [a], chancellier........ xxxiij esc. j tiers."
Indemnité comme ci-dessus.

[a] Abbaye royale située près de la rivière d'Oise, dans la forêt du Lys, en face du village de Boran et près de Beaumont-sur-Oise.

abbé de Sainct Nicolas lez Angiers, conseiller d'estat du Roy nostred. Sr. et filz, Que prins et receu dud. Molé le serment pour ce deu et accoustumé, il le mecte et institue de par Nous en possession et saisine dud. estat et d'icelluy, ensemble des honneurs, auctoritez, prerogatives, preeminances, franchises, libertez, pouvoir, puissance, facultez, gaiges, pentions et taxations dessusd. Le face, souffre et laisse jouir et user plainement et paisiblement et à luy obeir et entendre de tous ceulx et ainsy qu'il appartiendra es choses touchans et concernans lesd. estat et office. MANDONS en oultre ausd. commissaires de nos comptes que les dessusd. gaiges, pentions et taxations soient paiées aud. Molé sur ses quictances en rapportant quant ausd. gaiges et pentions les estatz esquelz ilz seront emploiez avec le Vidimus de ces presentes pour une fois, Et pour les taxations, noz ordonnances particullieres et quictances dudict Molé sur ce suffizantes seullement. CAR TEL EST NOSTRE PLAISIR. En tesmoing de qoy (sic) Nous avons signé ces presentes de nostre main et à icelles faict mectre nostre scel. DONNÉ À THOULOUZE le treiz^{me} jour d'Avril, l'an de grace Mil V^c soixante et dix neuf, signé CATHERINE. — Et sur le reply : Par la Royne mere du Roy par le commandement expres de Sa M^{té} porté par ses lettres missives données de Thoulouze le treiz^{me} jour d'Avril Mil V^c soixante dix neuf, CHANTEREAU. — Plus aud. reply est encores escript : Le vingt neuf^{me} jour d'Avril l'an Mil V^c soixante dix neuf led. Sr Molé a faict et presté le serment de General des finances tant ordinaires qu'extraordinaires des terres et domaine de la Royne mere du Roy entre les mains de Monseigneur Du Puy, chancellier de lad. Dame, abbé de Sainct Nicolas lez Anger, et moy secretaire ordinaire d'icelle Dame present, et signé CHAMPION. Scellées du grand sceau de ladicte Dame de cire rouge sur double queue.

AUJOURD'HUY vingt huict^{me} Juillet Mil cinq cens soixante dix neuf, la Royne mere du Roy estant en la ville de Grenoble, aiant esgard aux grandz fraiz et despences que Me Nicolas Molé, General de ses finances, est contrainct de supporter au maniement de lad. charge, pour lui donner moien de s'entretenir en icelle au service de Sa Majesté, a ordonné aud. Molé oultre les gaiges ordinaires de Six cens livres tournois que Sad. Majesté a affectez à sondict estat et qui seront emploiez soubz son nom en l'estat qu'elle fera dresser des Officiers domesticques de sa maison pour la presente année, La somme de Deux mil francs, pour luy estre paiée par forme de pension par chacun an de quartier en quartier des deniers tant ordinaires que extraordinaires de ses finances par led. Tresorier et Receveur general d'icelles à commancer du premier jour de Janvier dernier passé, Voullant que ladicte pension soit emploiée en l'estat de sad. maison soubz le nom dud. Molé pour luy estre paiée avec lesd. gaiges ordinaires en vertu du present brevet tant seullement attendant que sond. estat soit dressé, EN TESMOING de quoy Sa Majesté a signé son present brevet et icelluy faict contresigner par moy soubzsigné, Conseiller du Roy, secretaire d'Estat et des Finances de Sa Majesté, Et veult qu'audict Molé en soient expediées toutes lettres et provisions necessaires par Me Ysaac Chantereau, Conseiller secretaire des finances de ladicte Dame. Signé CATHERINE, et plus bas PINART.

L'AN Mil V^c soixante dix neuf, Le dix^{me} jour de Novembre, Collation de la presente coppie a esté faicte aux originaux d'icelle, estans chacuns parchemins sains et entiers, par nous Nottaires du Roy nostre Sire ou Chastellet de Paris soubzsignez. Signé MAHEULT et BERGEON.

Nous avons transcrit ici en entier ce document, et nous donnons ci-joint le *fac-simile* de la première page de cette transcription tirée du Registre en parchemin des Archives de l'Empire coté KK 115. Il nous a paru important de mettre sous les yeux du lecteur les formules et les termes de ces sortes de documents. Il est plus que probable que les autres officiers de la maison de la Reine mère avaient des provisions rédigées dans les mêmes termes. MM. de Chapponay, de Verdun [1], Marcel et autres avaient les mêmes attributions, suivant le département auquel ils appartenaient.

[1] Jehan de Verdun, mentionné page 6, était comptable de la Reine. Il existe à la Bibliothèque impériale un manuscrit analysé par M. Champollion-Figeac, en 1842 (*Cabinet de l'amateur et de l'antiquaire*, t. I, p. 276-278), et dont voici le titre : *Compte des despences faictes par maistre Jehan de Verdun, clerc des œuvres du Roy, durant l'année commencée le premier jour de janvier mil cinq cens soixante et dix, et finie le dernier jour de décembre ensuivant*. (Note communiquée par M. Éd. Fournier.)

Au folio iij^{xx}iij du Registre KK 115 (1579), nous trouvons aux recettes du trésorier de la Reine mère cette mention :

«Autre Recepte faicte par ledict Marcel [a], présent tresorier et receveur general, à cause des bons «d'estatz comme il s'ensuict : — De M° Guillaume «Thomery, receveur ordinaire de Vire, etc. etc.
«— De Jacques Verdun, naguères recev^r. de la «terre et seigneurie de Creil, par les mains de Ni- «colas de Cornouailles, procureur à Senlis, la somme «de dix escus en ij esc. sol. ij esc. pistolletz ij tes- «tons ung franc de xx s. et xx ds. monnoye, par quic- «tance dudict Marcel signée de sa main, en dacte «du vingt neufviesme jour d'Avril Mil cinq cens «soixante dix neuf, Et ce sur et tant moings de ce «que ledict receveur pourroit debvoir à ladicte dame «par l'estat final [b], expedié audict de Verdun et «aux heritiers de Noel de Fayolle, le deuxiesme du

«present moys d'Aoust, à cause de l'ordinaire de la- «diete Recepte de Creil pour l'année finie au jour de «la Sainct Jehan M.V^cLXXVII. Pour ce cy la somme «de. . . . . x esc. s. v d.»

Et plus loin, dans le même compte :

«Dudict Jacques de Verdun receveur de la chas- «tellenye de Creil et heritiers de feu Nicolas de «Fayolles (*sic*), comme audict de Verdun, Par «quictance dudict Marcel signée de sa main et «ductée du vingt septiesme jour d'octobre Mil cinq «cens soixante dix neuf, Par les mains de Charles «Hu, m^d chevaulx (*sic*), en descurie dudict sieur, «La somme de Trente deux escus deux solz tourn. «en mesmes especes d'escus deux solz monnoye «sur tant et moings de ce en-quoy ledict Verdun «et heritiers sont demeurez redevables par l'estat «final de l'estat ou vray de la Recepte du revenu «de ladicte chastellenye dont ladicte dame jouissoit «pour l'année commencée au jour Sainct Jehan «M.V^cLXXVI et finie à semblable jour M.V^c soixante «dix sept. Pour ce cy la somme de xxxij esc. ij s. tz.»

Dans l'état des «Gens de Conseil» du même registre, on trouve «maistre Nicollas de Verdun, «cons^{er}» en lad. Court (de Parlement), LXVj esc. ij tiers.»

Dans le compte de 1570, sous les ordres de l'Évêque de Paris surintendant, on trouve cette mention (Bibl. imp. Fn. 10396) :

«Gaiges et sallaires de ce present comptable.

«Audict Me Jehan de Verdun, clerc des œuvres

---

[a] M° Claude Marcel, probablement un descendant des Marcel du XIV° siècle.
Au fol. 90 du Registre de la Trésorerie (Arch. de l'Emp. KK 115) de 1579, on trouve cette mention :
«Autre Recepte faict par ledict Marcel [*], présent tresorier et receveur general, à cause des deniers provenans des Greffes des «Présentations [*], comme il s'ensuict :
«De M° Mathieu Marcel, conseiller et receveur general des finances de Monseigneur frere du Roy, par quictance du septiesme «jour de Decembre Mil cinq cens soixante, Quatre vingts cens sol. sur et tant moings du don faict à lad. dame par Mon- «seigneur des deniers provenans des greffes des presentations nouvellement creez, cy. . . . . m. iiij^c. esc.
«De luy, par autre quictance dud. Marcel en date du douzesme (*sic*) jour de janvier M V° quatre vingts, La somme de Neuf «cens trente trois escus ung tiers, sur et tant moings du don faict par Monseigneur à la royne sa mere avec les deniers prove- «nans des greffes de presentations nouvellement creez, cy. . . . . ix^c xxxiij esc. j ts.»
On voit que plusieurs membres de la famille étaient employés en même temps au service de la famille royale.
[b] On voit ici un exemple de ce qu'étaient les *restes* dont les Rois, fils de Catherine, lui firent don pour l'achèvement des Tuileries.
[*] C'était une sorte de pot-de-vin que l'on donnait pour se faire *présenter* à certains emplois.

APPENDICES.

XV.

MARIE DE PIERREVIVE, DAME DU PÉRON ET LES DAMES COMPTABLES.

(Voir p. 7 et suiv.)

Catherine de Médicis avait pour intendantes et femmes de confiance des dames de sa Maison. Mme du Péron ou du Perron a été la plus connue, parce qu'elle a figuré dans les travaux du palais et du jardin des Tuileries. D'autres dames étaient préposées à la Chambre aux deniers de la Reine mère. Nous avons trouvé et nous donnons, dans cet Appendice, quelques pièces qui prouvent ce que nous avançons : ce n'était point une exception, c'était une règle dans la Maison de Catherine, qui employait des femmes sous la haute direction de ses conseillers et comptables, et sous la sienne propre qu'elle exerçait souvent [1].

Nous trouvons dans le Registre des Archives de l'Empire coté KK 119 le compte et la mention suivante :

Chambre aux deniers de la Royne mere du Roy pour une année finye le dernier jour de decembre Ve LXII.

Me Pierre de Picquet, receveur, etc.

Et à la fin du compte, après la somme totale, on lit fol. XLV :

Deniers payez par ced. Tresorier par vertu et en suyvant les ordonnances particulieres de la Royne tant pour droictz de Livrées que pour augmentation de despence de lad. Chambre aux deniers et comme il s'ensuyt.

A Dame Marie de Pierrevive, dame du Peron et Ermentiers (sic), La somme de ij^{c}LXX livres à elle ordonnée par lad. Dame en son ordonn^{ce} donnée à Fontainebleau le xme j. de mars M.V^{c}LXI signée de sa main et Fizes secretaire de ses finances, pour son droict de Livrée durant les mois de mars, avpril, may et juing, juillet, aoust et sepbre., octobre, novembre et decbre. de l'année de ced. compte, Qui est à raison de xxx l. par mois, durant lesquelz

«du Roy, present comptable, La somme de Huict «cens livres tz. A luy ordonnée pour ses gaiges «à cause de sad. Commission durant l'année com-«mencée le premier jour de janvier Mil cinq cens «soixante dix et finie le dernier jour de decembre «ensuivant aud. an, temps de cedict compte, La-«quelle somme de Huict^e livres tz. led. present «recev^r a prinse et retenue par ses mains des der-«niers de sad. recepte. cy.......... vnj^c. l. tz.»

M. Berty a eu connaissance de ce registre.

[1] Ce fait est expressément confirmé par une curieuse nomenclature conservée aux manuscrits de la Bibliothèque impériale (Collect. Delamarre, t. CXXXI, fol. 10 v°) : Noms de Messieurs les surintendans des bastimens du Roy, tirez des comptes de Trésorerie des bastimens. Il y est dit : «1566. Dame «Marie de Pierrevive, dame du Perron, l'une des «dames ordinaires de la Chambre de la Reyne mere «du Roy, ordonnoit des bastimens du chasteau des «Tuilleries, suivant l'advis de Me Philibert de «Lorme, qu'elle avoit commis pour visiter lesdits «bastimens.»

Le Journal de l'Estoille (Édit. Michaud et Poujoulat, t. 1, p. 37) parle d'une façon assez cavalière de cette favorite de Catherine. Elle avait épousé Gondi, seigneur du Perron; venue d'Italie avec lui, après quelques années passées à Lyon dans des affaires de banque, elle s'établit définitivement à la Cour, où la fortune l'attendait et la combla. Par l'un de ses trois fils, le maréchal de Retz, elle fut la bisaïeule du fameux abbé de Gondi, cardinal de Retz. (Communication de M. Éd. Fournier.)

lad. dame n'auroit pour aulcunes causes voulu estre employé aux escroues [1] qui se font par chacun jour pour la despence de la Chambre aux deniers comme il est faict pour les aultres dames et damoiselles de sa maison, parceque le plus souvent lad. dame du Peron n'est de sa suitte mais en divers lieux ou il plaist à sa Ma{{té}} l'envoyer pour son service, et dont neantmoins elle veult lesd. droictz luy estre payez et continuez à commancer du premier jour dudict mois de mars selon que plus à plain est contenu par ladicte ordonnance, Par vertu de laquelle ladicte somme de ij°LXX l. luy a esté payée comme par deux ses quictances, la premiere du XIIII{{me}} jour d'aoust V°LXIII et la ij{{me}} du XXVIII° fevrier Mil V° soixante quatre cy rendues, appert. Pour ce cy . . . . ij°LXX l.

(Renvoi en marge avec la note qui suit, rectifiant cette somme qui est barrée :) IX{{xx}}L l. Par ordonnance de la Royne par elle signée en papier et par quictz. de la partie prenante montant IX{{xx}} l. tz. le tout veu est lad. somme de IX{{xx}} l. tz. passée et le surplus montant IIIJ{{xx}}X l. tz. reiyé et supersedé jusques à six moys pendant lesquels apportant quictance vallable sera faict droict.

Et au-dessous, d'une autre main, ajouté cette note :

Desquels il a aporté quictance de lad. dame du Peron signée de sa main, mise en l'ann. du compte LX° III.

Et en fin des comptes de chaque année se trouve un arrêté ainsi conçu :

Le present compte a esté ouy, examiné et cloz au Bureau de la Chambre des Comptes de la Royne mere du Roy, seant au lieu du Petit-Nesle, par nous gens des comptes de lad. dame soubzsignés, le trois{{me}} fevrier Mil V° soixante troys. (*Signé en original*) DUTILLET, HESSELIN, DOURSAT, DE BEAUVAIS.

Dans le même registre, au compte du même M° Pierre de Picquet, pour l'année comm. le 1{{er}} janvier 1562 et finie le dernier jour de decembre 1563 (*sic*), on trouve aux recettes :

RECEPTES DES DENIERS tirez du fonds de la recepte generalle pour convertir et employer tant en la despense de Chambre aux deniers de mad. dame que de madame sœur du Roy.

Faict compte. . . . . . de la somme de LXXVIIIJ{{m}} IJ° IIJ{{xx}} J l. XIJ s. VIIJ d°. obolle picte tournois prinse et tirée des fonds de la Recepte generalle de lad. Dame suivant l'estat de ce à luy faict pour convertir et employer en la despence de la Chambre aux deniers tant de sa maison que de mad° Marguerite, seur du Roy, durant l'année de ce compte commencant et finissant comme dessus, qui est Assavoir LXXVJ{{m}} livres tournois pour la despence de lad. Chambre aux deniers, IJ{{m}} VIIIJ° XXJ livres XIJ s. IIJ den. tournois pour la passe d'icelle Chambre aux deniers et IIJ° LX livres pour les livrées de madame Duperon, l'une des dames de la Royne qui ne sont comprinses es escroues faictes et signées pour la despence de ladicte Chambre aux deniers, le tout revenant à lad. prem° som° de Soixante dix neuf mil neuf

---

[1] Les *escroues* étaient des fiches de parchemin sur lesquelles on inscrivait chaque jour les dépenses, et qui devaient être signées par les personnes inscrites; on les attachait avec un *lacet* de fil ou de soie, et chaque mois elles étaient relevées et contrôlées sur le compte *au vray* de la maison de la Reine. C'est là sans doute l'origine du mot *écrou* encore employé dans les greffes des prisons.

APPENDICES. 231

cens quatre vingtz ung livres douze solz et huict deniers obolle picte tournois. Pour ce cy en recepte...................... lxxix^m ij^c iiij^xx j l. xij s. viij d. ob. p. tz. etc.

Et en dépense, même registre, fol. lvij v°, se lit :

Deniers payez par ced. Tresorier pour les droictz et Livrées d'aucunes personnes lesquelz n'ont esté comprins es escroues de lad. Chambre aux deniers, et ce suyvant la Recepte faicte par ced. Tresorier pour cest effect et portée par l'estat general de lad. dame.

A dame Marie de Pierrevive, dame du Peron et d'Ermentieres (*sic*), La somme de Trois cens soixante livres tournois à elle ordonnée par lad. dame, Rendue sur le compte prochain precedent que recepte cy devant faicte pour cest effect, Laquelle somme lui a esté payée comme par sa quictance cy rendue appert. Pour ce cy la somme de.... iij^c lx l. tz.

Dans le registre KK 118, au fol. xxx v°, on trouve au compte de l'argenterie de l'année 1556 :

A Mathurin Lussanet, orfevre, Trois mil douze livres dix solz dix deniers tournoiz (pour deux *mirouers faitz en table de Moyse* [1]), etc..... en vertu de l'ordonn. de madame du Peron, gouvernante de Monseigneur d'Orléans.

Plus bas :

A Jean Baptiste Gondy Quatre vingts seize liv. tourn.

Madame du Perron mourut en 1574, âgée de soixante et quinze ans environ, puisque, d'après le P. Anselme, elle s'était mariée en 1516. Cette même année 1574 et jusqu'en 1587, nous trouvons l'Évêque de Paris surintendant des bâtiments du Louvre (Mss. de De Lamarre, t. CXXXI, fol. 10, Bibl. imp.). Madame du Perron avait cédé l'ordonnancement des payements des travaux du Palais à Pierre de Goudi, le second de ses trois fils, alors évêque de Paris (1570); mais elle avait gardé la direction des travaux d'art et le soin d'acheter les terres ou maisons pour l'achèvement du Palais. Cet ensemble d'attributions était trop lourd pour son âge.

Dans le même registre nous rencontrons les noms des dames préposées aux menues dépenses de l'argenterie et autres de l'intérieur de la Maison de la Reine.

Il est question, au folio xlvj, de Mlle du Goguier, dans un article curieux par les détails qu'il donne sur la manière de calculer à cette époque.

A Lambert Hauteman orfevre.... Quatre cens neuf livres sept solz trois den^s. tz. Assavoir iiij^xx xvij l. ij s. vij d. tz. pour ung marc deux onces d'argent à xvuj l. x s. tz. le marc pour employer à faire iij^c gectons aux armes et devises de lad. dame, qui ont servi durant la presente année à Messire de Nevers [2] et contreroll^r de lad. argenterye et à Mademoiselle du

---

[1] C'est-à-dire montés sur charnières et pouvant se plier en se fermant comme un dyptique.

[2] « Messire Jacques Spifane, évesque de Nevers, « conseiller et superintendant des maisons, domaine « et finances de la Royne, » inscrit pour une somme de « Trois cens quatre vingts dix neuf livres dix « huict solz huict deniers tournoys, » au compte de dépense de Mlle du Goguier, durant les mois d'avril, mai et juin 1558. (Bibl. imp. mss. FR 10396).

Dans le registre coté KK 113 des Archives de l'Empire, années 1552 à 1555, on trouve cette mention :

« Me Raoul Spifane, tresorier et paieur de la « compaignie des Cent gentilzhommes de l'hostel « du Roy, sous la charge et administration de Mes- « sire Claude Gouffier, chevalier de l'Ordre, grand « escuier de France, seigneur de Boisy, leur cappi- « tayne. »

Goguier à calculler les despenses d'icelle. —LXVIJ s. vj d. tz. pour ung cachet d'argent à manche d'yvoire pour servir à M⁰ de Nevers à cacheter lettres de lad. dame.— viJ l. x s. tz. pour ung aultre grand cachet baillé aud. s' de Nevers pour sceller lettres. — LXV s. tz. pour la façon.— vj l. xviij s. tz. pour la peine du graveur qui les a gravez.—viJ l. x s. tz. pour ung aultre grand cachet d'argent aux armes et devises de lad. dame, poisant troys marcs six groz. — LXV s. tz. pour la façon. — vj l. xviij s. tz. pour la peine du graveur qui l'a gravé, etc.

Plus bas, même folio:

A Madamoiselle du Gauguer (sic), l'une des damoiselles de chambre d'icelle dame, La somme de Quatre cens livres pour l'argenterye.

Au-dessous :

A Madamoiselle du Goguyer (sic), au controlle de l'argenterye, Quatre cens livres.
Au clerc de lad. dam^lle du Goguier Cent livres tourn'.

Et ce compte de l'Argenterie de la Reine se termine ainsi, au folio 58 :

Somme des partyes contenues en ce present roolle de la demie année finie le dernier jour de decembre dernier passé, Dix neuf mil Trois cens soixante douze livres dix neuf solz cinq deniers tournoiz.

Somme totalle des partyes contenues es deux roolles cy dessus du faict de despence de l'Argenterye de la Royne et pour l'année entiere finie le dernier jour de decembre dernier passé, Vingt huict mil cent soixante sept livres trois solz sept deniers tournoiz. Faict et arresté au bureau de ladicte Argenterye tenu par nous Françoise de Bresse, dame d'honneur d'icelle dame, present M° Helye de Odeau contrerolleur d'icelle Argenterye. A Villiers Costerestz, le dix huict° jour de may, L'an Mil cinq cens cinquante sept. (*Signé en original*) Francoyse de Bresse, de Odeau.

Sur cette demoiselle du Goguier, voici ce que nous trouvons dans les registres originaux de la trésorerie de la reine Catherine (Bibl. imp. mss. FR 10396) :

Estat de la recepte faite par Claude de Beaune, dam^lle du Goguier, l'une des dames de la Chambre de la Royne, commise à la recepte gen^le et distribution des deniers mis es coffres de lad. Dame, Provenans tant du revenu ordinaire que extraordinaire des terres d'icelle dame que autrement, durant l'année commançant le premier jour de janvier Mil V° cinquante sept et finissant en decembre ensuivant Mil V° cinquante huict :

En février 1557, M° Helyas de Odeau, controroll' de lad. dame (Catherine de Médicis).

Nous donnons, comme exemple de la formule de validation employée par la Reine, celle apposée, avec sa signature originale, au bas du compte, avec le contre-seing de Fizes, conseiller.

Somme toute xxxvij^m vj^c Lxj l. viij s. tz.

Nous Caterine, par la Grace de Dieu reine de France, Certiffions à noz amez et feaulx les gens de noz comptes et tous autres qu'il appartiendra Que des deniers provenuz de nostre domaine tant ordinaire que extraordinaire de noz terres et seigneuries que autrement, en quelque manière que ce soit, il en a esté mis en noz coffres durant les mois de Janvier, fevrier et mars, Avril, may et juing derniers passez, que la somme de Trente sept mil six cens cinquante six livres huict solz tournoiz, Contenue en trois fueilletz de ce present caier que nous avons faict arrester et veriffier par les gens de nostre Conseil, De laquelle somme de Trente sept mil six cens cinquante six livres huict solz tourn*, Nous voulons nostre chere et bien amée Claude de Beaune dam^{le} du Goguier, l'une des dames de nostre chambre, Ayant la charge, garde et administration de nozd. coffres, estre tenue quitte et deschargée par les gens de nozd. comptes et partout ailleurs où il appartiendra sans aucune difficulté rapportant la mise par le menu de lad. recepte et ces presentes signées de nostre main. Car tel est nostre plaisir, nonobstant quelsconques ordonnances et lettres à ce contraires. Faict à *Nantheulh*, le vij^{me} jour de *juillet*, l'an Mil cinq cens cinquante huict. (*Signé en original*) Caterine, (*et plus bas*) Fizes.

Les mots en italiques marquent ceux qui ont été ajoutés au moment de la signature.

Les autres certificats de validation, au nombre de quatre, sont rédigés à peu près dans les mêmes termes, et nous jugeons inutile de les transcrire ici.

XVI.

JARDIN DES TUILERIES. — COMPTES DE LA FONTAINE (1571).

(Voir p. 50.)

Ce compte est tiré du registre original de la Bibliothèque impériale coté FR 10399. Après une lacune dans le registre, au fol. 23 nouv. on trouve :

Autre despence faicte par led. present comptable (de Verdun) a cause des robinets de fonte de cuivre pour les descharges des thuiaulx de lad. fontaine.

Paiement faict a cause desd. robinetz en vertu des ordonnances particullieres de Madame du Peron cy apres rendues;

A Roger Langlois, m^e fondeur en sable, la somme de Cens livres tournoys a luy ordonnée par lad. dame Duperon (*sic*) en son ordonnance signee de sa main, le dernier jour de Decembre Mil V^c soixante et dix, Sur et tant moings des ouvraiges des groz robinetz de cuivre qu'il a encommencez a faire et fera cy apres pour mectre et aplicquer dedans les regards de maconnerye faictz pour les descharges et vuydanges des eaues de la fontaine que la Royne veult et entend faire conduire depuis le villaige de Sainct Cloud jusques aux bastimens et jardin du Pallais de Sa Majesté les le Louvre a Paris, suivant le marché de ce faict avecq luy ainsy qu'il est plus au long contenu et declairé en ladicte ordonnance, Par vertu de laquelle paiement a esté faict comptant audict Langlois, ainsi qu'il apt. (appert) par sa quictance passee pardevant lesdicts Vassart et Yvert, notaires royaulx aud. Chastellet de Paris, led. dernier jour de Decembre Mil V^c soixante et dix, escripte au bas de ladicte ord^{ce} cy rendue. Pour ce cy en despence ladicte somme de.................... c l.

Aud. Langlois pareille somme de Cens livres tournoys a luy ordonnee par lad. Dame Duperon en son ordon^{ce} signee de sa main le huictiesme jour de janvier Mil V^c soixante et dix (*sic*) sur et tant moings des ouvraiges des groz robinetz de cuivre qu'il a encommencez a faire, etc.[1].... Par vertu de laquelle paiement a esté faict comptant aud. Langlois, ainsy qu'il appert par sa quictance passee pardevant lesd. Vassart et Yvert, notaires royaulx aud. Chastellet de Paris, led. huictiesme jour dud. mois de janvier oudict an Mil V^e soixante et dix, escripte au bas de lad. ordonnance cy rendue. Pour ce cy en despence lad. somme de.. c l.

Aud. Roger Langlois, cy devant nommé, pareille somme de Cens livres tournoys a luy ordonnee par lad. dame du Peron (*sic*) en son ord^{ce} signee de sa main le quinziesme jour de janvier Mil V^e soixante et dix (*sic*), et en oultre et par dessus les aultres sommes de deniers par luy par cy devant receues sur et tant moings des ouvraiges des groz robinetz de cuivre qu'il a encommencez à faire et fera pour etc..... Par vertu de laquelle paiement a esté faict comptant aud. Langlois par led. present comptable, ainsy qu'il appert par sa quictance passee pardevant lesd. Vassart et Yvert, notaires royaulx aud. Chastellet, ledict quinziesme jour du mois de janvier oudit an Mil V^e soixante et dix............. c l.

A icelluy Langlois, cy devant nommé, pareille somme de Cens livres tournoys a luy aussy ordonnee par lad. dame Duperon en son ordonnance signee de sa main du vingt deuxiesme jour de janvier Mil V^e soixante et dix, sur et tant moings des ouvraiges des groz robinetz de cuivre qu'il a encommencez a faire et fera, etc..... Par vertu de laquelle paiement a esté faict comptant aud. Langlois par led. present comptable, ainsy qu'il appert par sa quictance passee pardevant lesdicts Vassart et Yvert, notaires royaulx aud. Chastellet de Paris, ledict vingt deuxiesme jour de janvier oudict an Mil cinq cens soixante et dix, escripte au bas de ladicte ord^{ce} cy rendue. Pour ce cy lad. somme de .... c l.

Audict Roger Langlois, cy devant nommé, pareille somme de Cens livres tourn. a luy aussy ordonnee par lad. dame Duperon en son ordonnance signee de sa main le vingt sixiesme jour de fevrier Mil V^e soixante et dix, sur et tant moings des ouvraiges des groz robinetz de cuivre qu'il a encommencez a faire et fera, etc..... Par vertu de laquelle ordonnance paiement a esté faict comptant aud. Langlois, ainsy qu'il appert par sa quictance signee de sa main, passee pardevant lesd. Vassart et Yvert, notaires royaulx aud. Chastellet, led. vingt sixiesme jour de fevrier oud. an Mil V^e soixante et dix, escripte au bas de lad. ordonnance cy rendue. Pour ce cy........................... c l.

AUTRE PAIEMENT faict pour lesd. robinetz, en vertu des certifications dud. de Chaponay controlleur (*sic*) susd. et quictance passee pardevant lesd. notaires, attachees ausd. lres. (lettres) de validation de lad. dame Royne mere du Roy.

Audict Roger Langlois, cy devant nommé, la somme de Cens livres a luy ordonnee estre paiee suivant l'advis et certification dud. Chaponay, controrolleur des bastimens, en oultre et par dessus les aultres sommes de deniers par luy par cy devant receues sur et tant moings des ouvraiges des robinetz de cuivre qu'il a encommencez a faire et fera pour mectre et aplicquer dedans les regards de maconnerye faitz pour les deschargas et vuydanges des eaues de la fontaine que la Royne veult estre conduictes depuis Sainct Cloud

---

[1] Nous croyons inutile de répéter chaque fois la même formule explicative des motifs de payement qui se trouve écrite tout au long dans le manuscrit original. Ceux qui ont l'habitude de manier les manuscrits des comptes savent que les copistes ont une orthographe parfois indécise; dans les corrections marginales elle est plus régulière.

jusques aux bastimens et jardin du Pallais que sa Ma^{té} faict bastir les le Louvre a Paris, suivant le marché de ce faict avecques luy ainsy qu'il est plus a plain desclairé en la certiffication dud. de Chaponay signee de sa main le cinquiesme jour de mars Mil V^c soixante et dix (*sic*) et en l'ordonnance de ladicte dame du Peron non signee, Par vertu desquelles choses susd. et des lettres de vallidation de lad. dame Royne mere du Roy atachees a lad. ordon^{ce} paiement a esté faict comptant aud. Langlois, ainsi qu'il appert par sa quictance passee pardevant lesd. Vassart et Yvert, not^{es} aud. Chastellet, ledict cinquiesme jour de mars Mil V^c soixante et dix, escripte au bas desd. ordonnance et certification cy rendues. Pour ce cy en despence lad. somme de............................. c l.

Aud. Roger Langlois la somme de Deux cens livres tournoyz a luy aussy ordonnee estre paiee suivant l'advis et certiffication dud. Chaponay, contrerolleur susd. et ce oultre et par dessus les aultres sommes de deniers qu'il a par cy devant receues sur et tant moings des ouvraiges des robinetz de cuivre qu'il a encommencez a faire et fera, etc... ainsy qu'il est plus a plain desclairé en la certiffication dud. de Chaponay signee de sa main le vingtiesme jour de mars Mil V^c soixante et dix, et en l'ordonnance non signee par lad. dame du Peron. Par vertu desquelles choses susdictes et des lettres de vallidation de lad. dame Royne mere du Roy attachees a lad. ord^{ce} paiement a esté faict comptant aud. Langlois, ainsi qu'il appert de sa quictance passee pardevant Yvert ledict vingtiesme jour de mars oudict an Mil V^c soixante et dix. Pour ce cy lad. somme de...................... ij^c l.

A icelluy Langlois, cy devant nommé, la somme de Deux cens trente cinq liv. tz. a luy aussy ordonnee estre paiee suivant l'advis et certiffication de Chaponay, contrerolleur susd. des bastimens, pour son parfaict et entier paiement de la somme de Douze cens trente cinq livres tournoyz, pour la quantité de Vingt cinq grandz robinetz de cuivre par luy faictz de neuf et livrez a la Royne pour faire dedans les regards et deschargeoirs de maçon^{ie} faictz pour les descharges des eaues et vuidanges des tuyaulx de la fontaine du Pallais de Sa Ma^{té} et pesans ensemble Trois mil quatre vingts sept livres et demye, qui est a raison de huict solz tournoyz par chacune livre, selon et ainsi qu'il est plus au long contenu et desclairé en lad. ordonnance et certification dudict de Chaponay signee de sa main le vingt deuxiesme jour d'avril Mil V^c soixante et dix et en l'ordonnance de lad. dame du Peron non signee, Par vertu desquelles choses susdictes et des lettres de vallidation de ladicte Royne mere du Roy attachees a ladicte ordonnance paiement a esté faict comptant audict Langlois, ainsy qu'il appert par sa quictance passee pardevant lesdicts Vassart et Yvert, not^{es} susdictz, led. vingtiesme jour dud. mois d'avril oud. an Mil V^c soixante et dix, escripte au bas desd. certification et ordonnance cy rendues. Pour ce cy en despense lad. somme de................................. ij^{c}xxxv l.

Total des despences desd. robinetz de cuyvre M. xxxv l. t.[1] (*sic*).

Au folio 29 (voir, p. 50, la courte analyse donnée par M. Berty) :

Autre despence faicte a ladicte fontaine venant de Sainct Clou au jardin desdictes Thuilleries, et ce en ensuyvant l'ordonnance dudict sieur Evesque de Paris.

[1] La différence entre ce total *au vrai* de 1,035 livres et celui ci-dessus de 1,235 livres provient plutôt d'une réduction opérée en soldant, sous forme de rabais, que d'une erreur, qui n'est guère possible après la vérification de la Chambre des Comptes.

A plusieurs (ouvriers) et mouvriers (*sic*) [1] qui ont besongné et travaillé de l'ordonnance dud. sieur Evesque de Paris a la reparation de la fonteine (*sic*) que ladicte dame Royne faict venir de sa maison de Sainct Clou en son Pallais et Jardin desdictes Thuilleries, tant a faire les tranchees des terres au dedans du parc du bois de Boulongne que aux jardins des Bonshommes et aultres lieux pour descouvrir les tuyaulx d'icelle fonteine pour congnoistre les faultes qui estoient esdicts tuyaulx a l'endroict des emboestemens d'iceulx par où l'eaue se perdoit, et pour iceulx remasticquer et restablir, et ce depuy le lundy dix-neuf^{me} jour de juing Mil cinq cens soixante et dix jusques au sabmedy vingt et ung^{me} jour d'octobre apres ensuyvant oudict an, Pour faire lesquelles reparations lesdictz ouvriers et manouvriers ont besongné et travaillé durant ledict temps et fourny les drogues et matieres a ce necessaires pour les pris et ainsy qu'il est a plain contenu et desclairé par le menu en ung estat desdictz fraiz contenant par le menu les noms et surnoms desdictz ouvriers et les pris et journees par eulx vacquees durant ledict temps, montans et revenans ensemble a la somme de Dix neuf cens vingt huict livres six deniers tournoiz, signé et certiffié en fin par Maistre Guillaume de Chaponay, controlleur (*sic*) general des bastimens desdictes Thuilleries, Le vingt huictiesme jour d'octobre Mil cinq cens soixante et dix, en fin de laquelle certification est l'ordonnance dudict sieur Evesque de Paris signee de sa main ledict vingt huictiesme jour d'octobre oudict an cy rendu, et icelle dicte somme de Dix neuf cens vingt huict livres six deniers tournoiz payee et deslivree par le menu a chacun desdictz ouvriers, particulierement par ledict de Verdun en la presence dudict de Chaponay, controlleur susdict, comme il est dict et desclairé par le menu en chacun article dudict cahier, Ainsy qu'il apert par sa certification signee de sa main en trentiesme jour dudict mois d'octobre oudict an Cinq cens soixante et dix, estant en fin de l'ordonnance dud. sieur Evesque de Paris. Pour ce cy par vertu des choses susdictes en despence ladicte somme de. . . . . xix^{c}xxvnj l. vj d. tz.

Somme de ce chappitre par soy.... xix^{c}xxvnj l. vj d. tz. (Vérification.)

XVII.

COMPTES DE LA GROTTE ÉMAILLÉE DU JARDIN DES TUILERIES.

(Voir p. 50 et 51.)

Nous donnons ici le compte des derniers payements faits aux frères Palissy pour la Grotte émaillée du Jardin des Tuileries, tiré des folios 31 et suivants du Registre de la Bibliothèque impériale, coté FR 10399. Quoique M. Berty en ait donné un extrait, nous y ajoutons la note marginale du vérificateur, qui nous paraît se référer au total qui devait se trouver à la fin du compte, et qui a disparu, à cause d'une lacune dans le registre.

AUTRE DESPENCE faicte par cedict present comptable a cause de la Grotte de terre esmaillee.
PAIEMENT faict a cause de lad. Grotte en vertu des Ordonnances particullieres de la dame du Peron.

---

[1] *Mouvriers* pour manouvriers.

APPENDICES. 237

A Bernard, Nicolas et Mathurin Palissis, sculteurs en terre, La somme de Quatre cens livres tournoys a eulx ordonnee par lad. dame du Peron en son ordonnance signee de sa main le vingt deuxiesme jour de janvier Mil cinq cens soixante et dix, sur et tant moings de la somme de Deux mil six cens livres tournoys pour tous les ouvraiges de terre cuicte esmaillee qui restoient a faire pour parfaire et parachever les quatre pons au pourtour de dedans de la grotte encommencee par la Royne en son Pallais a Paris, suivant le marché faict avecq eulx selon et ainsi qu'il est plus au long contenu et declairé en lad. ordonnance, Par vertu de laquelle paiement a esté faict comptant aus dessusd. ainsy qu'il appert par leur quictance passee pardevant lesd. Vassart et Yvert, not^{es} susd. le vingt-deuxiesme jour de febvrier oud. an Mil cinq cens soixante et dix, escripte au bas de lad. ordonn^{ce} cy renduc. Pour ce cy en despense lad. somme de............... iiij^c l. tz.

En marge de cet article est écrit par le vérificateur :

Par ordonnance de lad. dame du Peron et quictances cy rendu (sic) et est le marché desd. Palissis rendu sur la qtce. pour la somme de vij^{xx} ^{c} xx l. tourn.[1] vers la partye desd. paiem^s et som^s paiees pardev^t qui en fin du paiement les sommes par eulx receues leurs seront descomptees et rabattues.

Ausd. Palissis cy dessus nommez pareille somme de Quatre cens livres tournz. a eulx aussi ordonnee par lad. dame du Peron, en son ordonnance signee de sa main le vingt sixiesme jour de febvrier Mil cinq cens soixante et dix, et ce oultre et par dessus les aultres sommes de deniers qu'ilz ont par cy devant receues sur et tant moings de la somme de Deux mil six cens livres tournz. pour tous les ouvraiges de terre cuicte esmaillee qui restent a faire pour parfaire et parachever les quatre pons au pourtour du dedans de la Grotte encommencee pour la Royne en son pallais lez le Louvre a Paris, suivant le marché de ce faict avecq eulx ainsi qu'il est plus au long contenu et declairé en lad^e ordonnance, Par vertu de laquelle paiement a esté faict comptant ainsi qu'il ap^t (appert) par leur quic- tance passee pardevant lesditz Vassart et Yvert, notaires aud. Chastellet de Paris, led. vingt sixiesme jour de febvrier oud. an Mil cinq cens soixante et dix, escripte au bas des- dictes ordonnances cy renduces. Pour ce cy en despence lad. somme de....... iiij^c l. tz.

Somme.. viij^c l. tz.

A$_{UTRE}$ $_{PAIEMENT}$ faict a cause de lad. Grotte en vertu de certifification dud. de Chapponay (sic) ordon^{ce} non signee et quictance cy apres renduces comme il s'ensuict :

Ausdictz Bernard, Nicolas et Mathurin Palissis, cy devant nommez, La somme de Deux cens livres tournoiz a eulx ordonnee estre paiee, et en oultre et pardessus les aultres sommes de deniers qu'ils ont par cy devant receues sur et tant moings de la somme de Deux mil six cens livres tournoiz pour tous les ouvraiges de terre cuicte esmaillee qui res- tent a faire pour parfaire et parachever les quatre pons au pourtour du dedans de la Grotte encommencee par la Royne en son Pallais lez le Louvre a Paris, Et ce en ensuivant le

---

[1] Il est à supposer que cette somme de 14,020 livres tournois représente le prix total de la grotte, des ponts, etc. y compris les 2,600 livres de supplément. Nous avons cherché à compléter cette lacune, mais il nous a été impossible de trouver plus que ce que nous donnons ici.

marché de ce faict et passé avecq eulx selon et ainsi qu'il est plus au long contenu et declairé en l'ordonnance de lad. dame du.....

(Ici une lacune, et au bas de la page se lit comme report : *six*.)

Nous ferons remarquer que, toutes les fois que les ordonnances de Mme du Perron ou de l'Évêque de Paris étaient signées, on les attachait aux comptes, sans qu'il fût nécessaire d'y joindre un certificat du contrôleur; mais que, si cette formalité n'était pas remplie, il était fait un article à part de ces *parties de payement*, et, outre le certificat du contrôleur, on y devait ajouter une *ordonnance de validation* de la Reine mère elle-même. C'était une marche suivie dans tous les comptes des diverses parties de la Trésorerie de la Reine.

XVIII.

JARDINS DES TUILERIES. — FÊTES DONNÉES DANS LES JARDINS.

(Voir p. 53.)

Nous trouvons dans le Registre original de la Bibliothèque impériale coté FR 10,399, de l'année 1571, un compte de travaux de jardiniers faits pour préparer un théâtre où devait avoir lieu une fête. On lit au fol. 49 :

AUTRE DESPENCE faicte par led. present Comptable (de Verdun) a cause des deniers par luy paiez aux jardiniers et manouvriers qui ont arraché les arbres et hayes qui estoient dedans le jardin de la Cocquille, en vertu des ordonnances de Monsr l'Evesque de Paris, intendant desd. bastimens, cy après rendues, Par vertu desquelles sera cy apres faicte despense selon et ainsi qu'il s'ensuict :

A plusieurs ouvriers et manouvriers jardiniers La somme de Cens dix neuf solz tourn^s a eulx ordonnée par led. sieur Evesque de Paris en son ordonnance signée de sa main le huictiesme jour d'octobre Mil cinq cens soixante et dix, pour avoir par eulx besongné et travaillé pour ladicte dame Royne, durant la sepmaine commen^t le lundy second jour d'octobre et finissant le samedy (*sic*) septiesme jour dud. mois d'octobre ensuivant, a arracher les arbres et hayes du jardin de la Cocquille, à costé du grand jardin du Pallais de Sa Majesté, pour y faire ung Teatre au bout de la carriere, et dont les noms et surnoms sont a plain contenus et declairez en ung roolle en papier signé et cert. par led. de Chapponay, controlleur general des bastimens dud. Pallais, le septiesme jour d'octobre Mil cinq cens soixante et dix, ainsy qu'il appert de lad. quictance passée pardevant lesd. Vassart et Yvert, notaires royaulx au Chastellet de Paris, le huictiesme jour d'octobre oud. an Mil cinq cens soixante et dix. Pour ce cy en despence lad. somme de.................. CXIX s. tz.

A plusieurs manouvriers et jardiniers La somme de Cent seize solz tourn^s a eulx aussy pareillement ordonnée par led. sieur Evesque de Paris en son ordonnance signée de sa main le quinziesme jour d'octobre Mil cinq cens soixante et dix, pour avoir par eulx besongné et travaillé pour lad. dame Royne, durant la sepmaine comm^t le lundy neufviesme jour d'octobre et finissant le samedy quatorziesme jour dud. mois ensuivant, a arracher les arbres et hayes du jardin de la Cocquille au bout de la carriere, a picquer chevaulx a

APPENDICES. 239

costé du grand jardin du Pallais de Sa Majesté, pour y faire ung Teatre, et dont les noms et surnoms sont a plain contenus et declairez en ung roolle en papier signé et certiffié par led. de Chapponay, controlleur general des bastimens dudict Pallais, le quatorziesme jour d'octobre Mil cinq cens soixante et dix, ainsy qu'il appert de lad. quitance passée par devant lesdictz Vassart et Yvert, notaires royaulx aud. Chastellet de Paris, le quinziesme jour dud. mois d'octobre oud. an Mil cinq cens soixante et dix. Pour ce cy en despense lad. somme de . . . . cxvj. s. tz.

A plusieurs manouvriers et jardiniers La somme de Huict livres tourn^s à eulx pareillement ordonnée par led. sieur Evesque de Paris en son ordonnance signée de sa main le vingtiesme jour d'octobre Mil cinq cens soixante et dix, pour la sepmaine finie le samedy vingt et uniesme jour d'octobre Mil cinq cens soixante et dix, tant a arracher les arbres, hayes et aultres choses du jardin de la Cocquille appartenant à Sad. Ma^{té} assis au bout de la carriere, a picquer les chevaulx de son Pallais lez le Louvre a Paris, que a replanter lesd. arbres et faire une haye pour la closture dud. grand jardin dud. Pallais du costé du Rempart, et dont les noms et surnoms sont a plain contenuz et declairez en ung roolle en papier signé et certiffié par ledict de Chapponay, cont^{leur} general des bastimens dud. Pallais, le vingtiesme jour d'octobre Mil cinq cens soixante et dix, ainsy qu'il appert de la quictance passée pardevant lesd. Vassart et Yvert, notaires royaulx audict Chastellet de Paris, le vingt deuxiesme jour dud. mois d'octobre oud. an Mil cinq cens soixante et dix. Pour ce cy en despence ladicte somme de . . . . vnj l. tz.

Somme des deniers payez aux ouvriers qui ont besongné au jardin de la Cocquille. . . . . xix l. xvj s. tz.

Dans un autre compte du même Comptable on trouve l'emploi fait des arbres arrachés dans le jardin de la Coquille et la désignation précise de l'endroit où ils se trouvaient, et où par conséquent fut établi le théâtre.

A plusieurs ouvriers jardiniers qui ont besongné et travaillé audict grand jardin desnommez en ung roolle en papier signé et certiffié par led. de Chaponay (sic), contrer^r susd. le vingtiesme jour d'octobre Mil cinq cens soixante et dix, La somme de Sept livres quinze solz tournoiz a eulx ordonnée par led. sieur Evesque de Paris en son ordonn^{ce} signée de sa main le vingt huictiesme jour d'octobre Mil cinq cens soixante et dix, pour avoir faict la closture du grand jardin dud. Pallais de Sa Ma^{té} lez le Louvre a Paris, du bois yssu des arbres qui ont esté arrachez du jardin de la Cocquille joingnant le grand jardin, Ainsy qu'il est contenu et declairé plus au long en lad. certiffication dud. de Chaponay signée de sa main, Par vertu desquelles ordon^{ce} et certiffication cy rendues paiement a esté faict comptant par led. comptable, ainsy qu'il appert de leur quictance passée pardevant lesd. Vassart et Yvert, notaires royaulx du Chastellet de Paris, le vingt huictiesme jour d'octobre Mil cinq cens soixante et dix, escripte au bas desd. ordonn^{ce} et certiff. Pour ce cy en despence lad. somme de . . . . vnj l. xv s. tz.

A plusieurs ouvriers jardiniers qui ont besongné et travaillé aud. grand jardin desnommez en ung roolle en papier signé et certiffié par led. de Chaponay le unziesme jour de novembre Mil cinq cens soixante et dix, La somme de Six livres dix sept solz six deniers tournoiz à eulx ordonnée par led. sieur Evesque de Paris le unziesme jour de novembre Mil cinq cens soixante et dix par son ordonnⁿⁿ signée de sa main, Pour avoir besongné et travaillé aud. grand jardin dud. Pallais de Sa Maᵗᵉ lez le Louvre a Paris, pour le parachevement de la haye qu'ilz ont encommencée a faire depuis le logis des Cloches jusques a la porte pour entrer dud. jardin en la Carriere du costé du faulxbourg de Sainct Honnoré, durant la sepmaine finye le dixiesme jour de novembre Mil cinq cens soixante et dix, Ainsy qu'il est plus au long contenu et declairé en lad. certiffication dud. de Chaponay, Par vertu desquelles ordonnⁿⁿ et certiffication paiement a esté faict comptant par led. comptable, ainsy qu'il appert de leur quictance passée pardevant lesd. Vassart et Yvert, notaires royaulx dud. Chastellet de Paris, le douziesme jour dud. mois de novembre oudict an Mil cinq cens soixante et dix, escripte au bas de lad. ordonnance cy rendue. Pour ce cy en despence lad. somme de.. vj l. xvij s. x d. tz.

    Somme... iiijᵋᵉ l. xvij s. vj d. tz.

  Somme desd. payes aux ouvriers et manouvriers qui ont travaillé au jardin des Thuilleries... ixᶜlxxvij l. xv s. vj d. tz.

Il résulte de ces comptes que l'emplacement choisi pour ces sortes de fêtes se trouvait dans le jardin de la Coquille, tenant au jardin des Cloches et à la *Carrière* ou au *Manége*, du côté de la rue Saint-Honoré, hors du grand jardin, dont on le sépara par une haie dans le courant de novembre 1570. C'est donc la première fête que Catherine de Médicis donna dans son nouveau Palais des Tuileries. Nous n'avons pas de détails sur ce théâtre et cette fête.

Au reste, Catherine avait l'habitude de ces représentations théâtrales, dans lesquelles figuraient des grands seigneurs et dames de sa maison, et dans les Comptes de l'argenterie de la Reine de 1556 on trouve le détail très-curieux des vêtements qu'elle fit faire dans les premiers mois de cette année pour *la tragédye* représentée au château de Blois.

Lorsque, un an environ après la Saint-Barthélemy, les ambassadeurs de la diète de Pologne vinrent, au commencement d'août 1573 (voir t. I, p. 92 : l'hôtel d'Anjou, rue des Poulies), offrir la couronne au duc d'Anjou depuis Henri III [1], la Reine mère donna un magnifique ballet dans ce théâtre richement orné. Brantôme, dans ses *Dames Illustres*, dit de cette fête : « Comme aussi elle en fit une fort belle (*dépense*) à l'arrivée des Polonois « à Paris, qu'elle festina fort superbement aux Tuileries [2] ; et après, dans une grande salle « faicte à poste (*exprès*), et toute entourée d'une infinité de flambeaux [3], elle leur représenta

---

[1] *Mémoires de l'Estat de France sous Charles IX*, 1578, in-8°, t. III, p. 2.

[2] « Ils furent, lit-on dans les *Mémoires de l'Estat de France* (t. III, p. 2-3), magnifiquement reçus « et traités. La Reine mère, entr'autres, leur fit « un banquet aux Tuileries, avec des appareils de « grands frais de rochers, théâtres, salles, et toutes « sortes de passe-temps, descrits en vers latins par « Jean Dorat, poëte du Roy et imprimez à Paris. »

M. Éd. Fournier a pu retrouver ce *livret* très-curieux de Jean Dorat : *Magnificentissimi Spectaculi a Regina regum matre in hortis suburbanis editi, in Henrici regis Poloniæ invictissimi nuper renunciati gratulationem, Descriptio. Io. Aurato, Poeta Regio, Auctore. Parisiis*, ex officina Federici Morelli Typographi *Regii*, M.D.LXXIII, *cum privilegio regis*, in-4°.

[3] La figure de cette salle, au moment du ballet et avec les seize danseuses, se trouve dans le livret latin de Dorat. Il avait parlé ainsi de cette construction de verdure dans l'élégie préliminaire :

  Ecquis agris arces, palatia miscuit hortis?
  Regia quis sylvis atria pomiferis?
  Unde recens tectum virides subiere columnæ?
  Unde rudis sculptum sylva lacunar agit?
  Non mortalis opus struit hæc monumenta laboris:
    Numen inest aliquot, quod struit ista, locis...

Le banquet s'était sans doute donné dans une

APPENDICES. 241

« le plus beau ballet quy fust jamais faict au monde (si je puis parler ainsi), lequel fut
« composé des seize Dames et Damoiselles des mieux apprinses des siennes, qui comparurent
« dans un grand roch tout argenté [1], où elles estoient assises dans des niches en forme
« de nuées de tous costez. Ces seize Dames représentèrent les seize provinces de la France,
« avecque une musique la plus mélodieuse qu'on eut sceu voir; et après avoir faict dans ce
« roch le tour de la salle par parade comme dans un camp, et après s'estre faict voir ainsy,
« elles vindrent toutes à descendre de ce roch, et s'estant mises en forme d'un petit batail-
« lon bizarrement inventé, les violons montant jusqu'à une trentaine, sonnans quasy un
« air de guerre fort plaisant, elles vindrent marcher sur l'air de ces violons, et par une
« belle cadence, sans en sortir jamais, s'approcher et s'arrester au pardevant Leurs
« Majestés, et puis après danser leur ballet si bizarrement inventé, et par tant de tours,
« de retours et détours, d'entrelaceures et meslanges, affrontement et arrest, qu'aucune
« danse jamais ne faillit se trouver à son tour ni à son rang : si bien que tout le monde
« s'esbahit que, parmy une telle confusion, un tel désordre, jamais ne faillirent leurs ordres,
« tant ces Dames avoient le jugement solide et la retentive bonne, et s'estoient si bien ap-
« prinses. Et dura ce ballet bizarre pour le moins une heure, lequel estant achevé, toutes
« les Dames représentant lesdictes seize provinces que j'ay dictes, vindrent à présenter au
« Roy, à la Reyne, au Roy de Polongne, à Monsieur son frère, et au Roy et Reyne de Na-
« varre, et autres grands et de France et de Polongne, chascune à chascun une plaque toute
« d'or, grande comme la paulme de la main, bien esmaillée et gentiement en euvre, où
« estoient gravés les fruictz et singularités de chaque province, en quoy elle estoit plus fer-
« tile [2], comme en la Provence des citrons et oranges, en la Champagne des bleds [3], en
« la Bourgongne des vins, en la Guyenne des gens de guerre, grand honneur certes celuy-
« là pour la Guyenne; et ainsy consécutivement de toutes les autres provinces. » (Communication de M. Éd. Fournier.)

C'est à peu près à cette époque (voir p. 52) que la Reine mère commença à abandonner le projet d'achever les Tuileries; mais les jardins étaient bien avancés, le mur de clôture terminé; il n'y avait que le rempart qui permettait de voir dans le jardin; mais à cette époque on ne pouvait dominer de ce rempart, qui coupait le terrain entre le Louvre et les Tuileries, que les jardins du côté oriental, tandis que le grand jardin se trouvait sur la face occidentale vers les champs de la Culture-l'Évêque et Chaillot. C'est dans cette partie, et non dans le petit jardin,

---

autre salle aussi faite exprès. Sauval, après avoir parlé des fêtes du duc de Joyeuse en 1581, ajoute (t. II, p. 689): «Aux Tuileries ces pavillons de bois «couverts d'ardoises, qu'on voit encore çà et là, «sont des restes d'une galerie qui fut faite exprès.» Sauval peut se tromper. Pour les noces de Joyeuse rien ne se fit aux Tuileries : le tournoi se donna, suivant l'Estoille, «en la belle et grande lice dres-«sée et bastie au Jardin du Louvre;» et le *ballet comique* de la Reine se dansa dans la salle du Petit-Bourbon. Si les pavillons dont il parle sont le reste d'une galerie de fête, cette galerie doit être, à notre avis, celle qui fut dressée pour les réjouissances en l'honneur des ambassadeurs de Pologne, les plus magnifiques sans contredit que le parc des Tuileries ait vues du temps de Catherine. (Communication de M. Éd. Fournier.)

[1] La figure de ce rocher se trouve dans le *Livret* de Dorat.

[2] Chaque plaque, surmontée d'un distique latin, est figurée dans le *Livret*.

[3] Brantôme, exact pour le reste, se trompe ici : c'est la province du Nord, *Belgica*, qui a une gerbe de blé pour attribut; la Champagne n'a qu'un lévrier.

que se trouvait le *Dedalus*, dessiné sur le plan de Du Cerceau, et qui était formé de palissades de toutes espèces d'arbustes propres à former une sorte de muraille impénétrable aux regards. C'est de ce *Dedalus* que le poëte Guillaume du Peyrat, dans un des sonnets de ses *Essais poétiques*, disait en 1593 :

> Verdoyant labyrinthe, honneur de ce pourpris,
> De ce pourpris royal, le jardin de Cybèle,
> Où ses enfans, nos rois, sur la saison nouvelle,
> A mille passe-temps esbattoient leurs esprits.

On dit que ce fut aux Tuileries, dans les jardins, que le complot de la Saint-Barthélemy (23-24 août 1572) se trama d'abord entre Catherine et le duc d'Anjou, loin du roi Charles IX, qu'on laissait dans le Louvre, et puis enfin avec le Roi lui-même [1]. Quand, après le coup d'arquebuse tiré sur Coligny, les chefs huguenots vinrent *au matin* demander justice à la Reine mère, elle était déjà dans le jardin des Tuileries. *Sur l'après-dîner,* quand il fallut tout résoudre, elle revint aux Tuileries encore, et cette fois, non-seulement avec le duc d'Anjou, mais avec le Roi [2], Gonzague, Tavannes et le comte de Retz. (Communication de M. Éd. Fournier.)

On attribua à diverses causes la détermination de Catherine d'abandonner les Tuileries : ce ne pouvait être le manque d'argent, puisqu'elle entreprit ensuite l'hôtel de Nesle ou d'Orléans vers Saint-Eustache et diverses autres maisons et châteaux (voy. p. 52, note). Loys Guyon, plus indulgent que Mézeray, dit que Catherine se départit de ses grands projets pour la construction des Tuileries par humilité et repentance : «Lorsqu'elle estoit régente, écrit-il, combien que fust «pourveue d'un bon jugement et dame d'honneur, si est-ce qu'elle se laissa persuader à certains «flatteurs de Cour que pour rendre sa mémoire à la postérité éternelle, devoit édifier quelque «beau palays, à quoy elle acquiesca avec beaucoup de longues persuasions : mais elle n'eut «jamais veue la seconde partie de son bastiment hors de terre, qu'elle se repentit, disant qu'elle «recongnoissoit bien que c'estoit une vraie et pure vanité de s'immortaliser par des monumens «caducs et subjects à ruine dans peu d'années, et laissa cette entreprise........» (*Diverses leçons*, 1604, in-12, p. 708-707.)

Il est certain que Catherine de Médicis avait une confiance aveugle dans les astrologues et devins de toute espèce; cependant nous pensons qu'elle n'avait point la superstition des jours ou des dates néfastes, comme les 13 du mois et les vendredis. Nous avons eu en main les notes journalières des changements de résidence et de ses voyages pendant plusieurs années, et l'on peut y faire la remarque que bien souvent elle se mettait en mouvement ces jours-là. Quant à ce que dit Loys Guyon, il suffit de lire les comptes des bâtiments de la Reine mère après l'abandon des Tuileries, pour se convaincre de la gratuité de cette supposition.

Henri III n'était point un bâtisseur, mais il entretint les Tuileries et ne laissa point de continuer lentement la Galerie du bord de l'eau.

«Le Roy, dit Lippomano [3], n'aime pas à bastir; d'abord les guerres luy ont trop cousté, puis «il aime mieux prodiguer l'argent à ses serviteurs, afin qu'ils bastissent eux-mesmes.»

C'est lui qui fit revivre les lettres patentes de Charles IX, relatives aux *Restes des Comptes*, qu'il appliqua (15 mai 1578) exclusivement aux travaux des Tuileries; mais alors Catherine les avait abandonnés, et employait ses ressources à d'autres édifices. Henri III embellit et augmenta médiocrement le parc et le palais des Tuileries, mais il ne les abandonna point. Il obéis-

---

[1] *Mémoires de Tavannes*, collection Petitot, 1re série, t. XXV, p. 296.

[2] *Mémoires de l'Estat de France sous Charles IX*, t. I, feuillet 103. Les mémoires du temps ne sont pas tous d'accord sur ces détails.

[3] *Relat. des Ambassadeurs Vénitiens*, t. II, p. 581.

sait, malgré ses embarras, à la préoccupation évidente que les derniers Valois, et Henri IV lui-même, eurent de communiquer sûrement du Louvre aux Tuileries, en cas d'émeute sérieuse. Le roi se trouva bien de cette précaution, lorsqu'au mois de mai 1588, assiégé par l'émeute, serré de près dans le Louvre, où on voulait le prendre et tuer ses conseillers sous ses yeux[1], il n'eut de refuge que dans les Tuileries, pour tenir conseil pendant quelques jours encore[2], et s'éloigner enfin sans être inquiété de trop près[3]. Ce fut dans l'Écurie des Tuileries qu'il put monter à cheval, et que sa suite s'empara, comme elle put, des chevaux qui s'y trouvaient.

L'époque de la Ligue, surtout au moment du siége de Paris par Henri IV, fut désastreuse pour le Palais et pour le Jardin des Tuileries qui, placés hors des murs, se trouvaient exposés sans défense à toutes les attaques. Aucun historien, pas même l'Estoille, n'a parlé des ravages dont ils eurent à souffrir, mais on les connaît par une intéressante Élégie de Guillaume du Peyrat, qui, pour cette lacune de l'histoire, se trouve être un excellent chroniqueur, en ne voulant être qu'un poëte[4]. Il dit :

> O Champs-Elysiens, terrestre paradis,
> Thuileries, sejour de ma Muse jadis!...
> Lieux de moy tant aymez, berceau de mon enfance,
> Où, partant de Lyon, le lieu de ma naissance,
> J'arrivay tendrelet, las! que je fus transy
> De vous voir l'autre jour Thuileries ainsy,
> Comme un pauvre cercueil, tristes, passees, defaites,
> De vous voir en l'estat où maintenant vous estes;
> La plus part de l'armée estoit dans les fauxbourgs,
> Et dedans vostre enclos tout estoit à rebours;
> On n'y voyoit partout que mainte barricade,
> On n'y oyoit siffler que mainte canonnade;
> Mille et mille soldards d'un desbord furieux
> Ravageoient à l'envy ce lieu delicieux;
> L'un y rompoit un huis, l'autre coupoit un arbre,
> Et l'autre en desroboit tout le jaspe et le marbre.
> Je m'escriay soubdain : «Compaignons, mes amis,
> «Arrestez-vous tout beau, il ne vous est permis
> «Dans ce jardin royal de faire aucun ravage,
> «Dessus nos ennemis desployez vostre orage... »
> Mais quoy, je les alloïs, las! en vain conseillant,
> Le soldard de nature est toujours insolent.

(Communication de M. Éd. Fournier.)

---

[1] Procez-verbal d'un nommé Nicolas Poulain, Lieutenant de la Prévosté de l'Isle de France, dans les Archives curieuses, 1ʳᵉ série, t. XI, p. 316.

[2] Mémoires sur l'histoire de France, collection Petitot, 1ʳᵉ série, t. XX, p. 210. — Les Barricades, mai 1853, Revue rétrospective, janvier 1835, p. 37.

[3] Archives curieuses, 1ʳᵉ série, t. XI, p. 359.

[4] Guillaume du Peyrat, gentilhomme lyonnois, Essais poétiques, Tours, Jamet-Mettayer, 1593, petit in-12, Élégie XIᵉ.

XIX.

FINANCES DE CATHERINE DE MÉDICIS.

(Voir p. 53.)

Nous avons donné (Appendice XI) le Compte des *Restes* cédé par le Roi à la Reine, sa mère, et spécialement destiné à l'achèvement du Palais des Tuileries. Nous avons vu que, par l'arrangement intervenu, la Reine mère put réaliser immédiatement des sommes importantes, sans attendre le recouvrement de créances douteuses et en tout cas difficiles. Charles IX étant mort peu après la Saint-Barthélemy (1574), Henri III monta sur le trône et n'osa pas plus que ses frères résister aux volontés de sa mère : ce fut toujours elle qui gouverna à son gré, et l'on en voit la preuve dans le voyage qu'elle fit, à la fin de 1578 et durant les premiers mois de 1579, dans les provinces du Midi, pour apaiser et comprimer les soulèvements excités par les huguenots. Elle y voyagea à grands frais, et nous avons les comptes des dépenses de sa *Chambre aux deniers*. Nous savons aussi comment, en l'absence de fonds d'État, elle emprunta elle-même une somme considérable. Nous croyons bon de mettre ici la copie littérale du registre de 1579 (Archives de l'Empire, Trésorerie de la Royne mere du Roy, KK 115, au folio 87) :

Autre recepte faicte par led. Marcel (*Claude*), present Tresorier et receveur general, par vertu d'un mandement portant quictance du Tresorier de l'Espargne (*du Roi*), pour les causes et ainsy qu'il sera cy apres declaré.

Est a noter que la Royne mere du Roy estant a Chenonceau au moys de may Mil cinq cens soixante dix sept feist et passa certain contract avec André Rhuis filz et procureur d'André Rhuis son pere, pour raison de la continuation de la ferme de la Prevosté de Nantes, Par lequel entre autres choses elle accorda prendre en payement dudict Rhuis sur le contenu aud. contract La somme de Cinquante ung mil cinq cens livres qui estoit deue audict Rhuis pere pour advance par luy faicte a l'entretenement des galleres de Sa Maiesté, a cesd. fins debvoit ledict Rhuis mectre es mains de ladicte dame toutes les seuretez qui luy avoient esté faictes et baillees par ledict seigneur Roy pour le payement d'icelle somme avec sa quictance, afin que icelle dame s'en peust faire paier ou assigner par icelluy seigneur. Pour ce quoy satisfaire par ledict Rhuis auroit faict verifier ladicte vente et les pieces justificatives d'icelle pour garder l'ordre des finances dudict seigneur Roy mises es mains du Tresorier de la Marine M^e — Seure, Lequel moyennant icelles auroit fourny audict Rhuis son blanc ou quictance servant a l'acquit du Tresorier de l'espargne, montant Dix sept mil huict cens trente troys escus vingt solz tournoys, y compris Six cens soixante six escus deux tiers pour les taxations dudict Seure, par ung mandement du Tresorier de l'espargne Me Clavel Gavrault d'ou XIIIIe juing Mil cinq cens soixante dix huict, et adressé a Me Phlep (*Philippe*) de Castille sur la nouvelle deyme (*dîme*) et demie qui debvoit estre levé en ladicte annee, mais d'aultant que les deniers n'en estoient si tost esperez et estoit d'ailleurs ladicte Dame pressee de trouver argent pour subvenir aux despences du Voiage qu'elle commença faire en ladicte annee Mil cinq cens soixante dix huit pour l'establissement de la paix es pais de Guyenne, Languedoc, Provence et Daulphiné, Elle empruncta

APPENDICES. 245

pareille somme de Cinquante ung mil cinq cens livres du feu Jehan Bapt^{te} de Gondy, et pour seureté d'icelle luy fut baillé et mis en ses mains ledict mandement de xvij^m vıij^c xxxııj esc. xxj s. ts. A la charge que ou il recevroit d'icelle somme entiere il fourniroit audict Tresorier Seure lesd. vj^c LXVj esc. ıj ts. pour ses taxations. Mais ou ledict Gondy ne recevroit lesd. Lj^m l. ts. En vertu dudict mandement ladicte Dame promist et lui accorda les luy paier ainsy qu'il est contenu au Contract de ce faict et passé pardevant Camus et Devetz, notaires au Chastellet de Paris, au vingt sixiesme jour de Juing Mil cinq cens soixante dix huict. Or, estant depuis advenu que ledict Sr. Roy pour certaines considerations auroyt revocqué la levee de ladicte deyme et demye, Par le moyen de quoy l'assignation dudict mandement demeureroit inutille aud. Gondy, Elle auroit esté chargée et commuee sur les deniers de l'allienation du vingtiesme partye (*sic*) de la Taille en la generallité de Champagne, dont furent espediees Lettres d'attache en acquitz patens de Sa Maiesté en vertu desquels a esté faict la Recepte qui ensuict.

DE Me PIERRE MOLAN, con^{er} du Roy et Tresorier de son Espargne, La somme de Dix sept mil huict cens trente trois escus vingt solz tournoys sur ung mandement signé de sa main en dacte du neufviesme jour de Janvier Mil cinq cens soixante dix neuf, adressant a Me Loys Rochereau, aussy conseiller dudict Sr. et receveur general de ses finances establi a Chaalons, par lequel, en accomplissant le contenu es lettres patentes dudict Sr. donnees a Paris le huictiesme jour de decembre M.V^c soixante dix huict, Luy est mandé que des deniers de sa charge provenans de la vente allienation de la vingtiesme partie de la Taille de ce qui estoit paiable tant en ladicte annee Mil cinq cens soixante dix huict que cinq cens soixante dix neuf Il ayt a paier et delivrer comptant a Me Thomas Seure, aussy conseiller dudict Sr. et Tresorier general de la Marine, et levant ladicte somme de Dix sept mil huict cens trente trois escus vingt solz tournoys, Pour et au lieu de pareille somme dont il avoit en ladicte annee Mil cinq cens soixante dix huict esté assigné sur la nouvelle deyme et demye que Sa Maiesté avoit faict demander aux Prelatz et Gens d'eglise de son royaume, de laquelle assignation ledict de Seure n'a peu recouvrer aucune chose, au moyen de quoy sadicte Maiesté a voullu et ordonné qu'il en soyt satisfaict des deniers susd. pour en rambourser ledict Sr André Rhuis de semblable somme qu'il auroit cy devant fournye des deniers de la Prevosté de Nante appartenans a ladicte Dame Royne qui en auroit voullu faire prest au Roy pour aider a faire vivre et entretenir ses Galleres en Bretaigne, En vertu duquel mandement et des lettres patentes sur icelles esmanees donnees a Paris le quinziesme jour de Janvier Mil cinq cens soixante et dix neuf Led. Rochereau auroit seullement paié et acquicté sur icelluy mandement la somme de Dix mil escus sol. Asscavoir, le vingt deuxiesme jour de Janvier Mil cinq cens soixante dix neuf, Cinq mil escus, et le treiziesme jour de febvrier ensuivant oud. an, pareille somme de v^m esc. Pour ce cy la recepte.. x^m esc.

ET au regard de la somme de Sept mil huict cens trente trois escus vingt solz tournoys faisant le reste de parfaict paiement de ladicte somme de xvıj^m vıij^c xxxııj esc. xx s. ts. contenue audict mandement, led. Marcel present tresorier et receveur general n'en a receu aucune chose pour les causes contenues en la reprinse qui en sera faicte cy apres. Pour ce cy ladicte somme de...................... vıj^mvıij^cxxxııj esc. xx s. ts.

« Somme des deniers receuz en partie dud. mandement du Tresorier de l'Espargne, xvıjᵐvııjᶜxxxııj esc. j trs.

« Somme totale de la Recepte de ce compte xx ungᵐ ınjᶜıııjˣˣxıııj esc. vııj s. ıııj d. ts.
« Bon par correction. »

On trouve, dans le registre de la même année 1579, au Compte des domaines de la Reine mère et sous le titre : *Domaine baillé a ladicte dame Royne pour son dot* :

PRÉVOSTÉ DE NANTES. — Ports, havres, brieufz, traicte de bestes vives. — Affermé a André Rhuis Quatre cens huict mil deux cens livres tournoys — assigné en remboursement d'un prest pour le voiage du Guyenne et Languedoc.

XX.

MAISON DE LA RUE DES POULIES APPARTENANT À CATHERINE DE MÉDICIS.

(Voir t. I.)

Extrait des Comptes de Mᴴᵉ Claude de Beaune, damᴵᵉ du Goguier, de Janvier 1557 à decembre 1558 (*sic*). (Bibl. imp. mss. FR 10396.)

A Mʳᵉ Jehan de Neufville Sʳ de Chantelou, la somme de Neuf mille livres tz. en quinze cens escuz sol. sept cens escuz pistoletz, deux cens trente trois ducatz testons et douzains, A luy ordonnez par la reine pour son *payement* d'une *Maison* assise a Paris, *rue des Poulyes*, pres et joignant celle de lad. Dame et du Sʳ de Villeroy, qu'il a vendue a icelle dame comme par le Contract de Vendition passé pardevant Du Nesmes et Le Jarry, notaires ou Chlet. (*Chastelet*) de Paris, le tiers jour de may, suivant ordonnance de lad. Dame cy rendue. appert. . . . . ıxᵐ l. tz.

Cette mention se trouve au fol. 38 v° nouv. et au fol. 40 nouv. on lit :

A Jacques Passavant, Martin des Fossez et Denys Gilbert, macon, charpentier et couvreur, demeurans à Paris, La somme de Sept livres quatre solz tz. A eulx ordonnee par la Royne dont elle leur a faict don affin qu'ilz eussent meilleur couraige de besongner jour et nuict chacun en son endroict en la maison de lad. Dame, rue des Poullies, A cause qu'elle y vouloit faire loger messieurs d'Orléans, d'Angou (*sic*), le sire d'Anjou de Madame Marguerite. Cy par des quictᶜᵉ . . . . vıj l. ıııj s. tz.

Cette somme leur était donnée en pur don, car nous trouvons au fol. 14 du registre de Janvier 1557 :

Ledict jour (*25 janvier*) à Martin *Des Fossez*, mᵉ charpentier a Paris, La somme de Soixante six livres tz. A luy ordonnee pour son payement des parties de son estat de *reparations* par luy faictes pour le service de la Royne en sa maison assise à Paris, *rue des Poulies*, pres Villeroy, Comme par cesd. partyes et par la quictance dud. Des Fossez, du XVᵉ janvier, cy appert. . . . . LXVJ l. tz.

A Jacques PASSAVANT, mᵉ macon a Paris, La somme de Cinquante livres douze solz six deniers tourn. A luy ordonnee pour son payement *des reparations* par luy faictes en la maison de lad. Dame, Comme par ses partyes et quictance dud. vingt cinquiesme jour de janvier appert, cy.. L l. xij s. vj d. tz.

A Jehan ARNOUL, menuisier, La somme de Trente et une livres sept (*sic*) solz tourn. A luy semblablement ordonnee pour son payement des parties de son estat par luy faictes et fournyes en la maison de lad. Dame, comme par sond. estat et quict. du quinziesme jour de janvier appert, cy............................... xxxj l. xvj s. tz. (*sic*).

Au fol. 18 v° et 19 :

A Jacques ROUSSEAU, m° victrier, demeurant a Paris, La somme de Quinze liv. tourn. A luy ordonnee pour son payement de certains ouvraiges de son mestier qu'il a faictz pour le service d'icelle Dame dans sa maison assise a Paris *rue des Poulies*, Comme plus au long est contenu et speciffié par ses partyes, et qu'il appert par sa quictance du huictiesme jour de mars M V° cinquante sept, cy................................... xv l. tz.

A Pierre REVILLON, m° serrurier, demeurant a Paris, La somme de Quatorze livres huict solz huict deniers tourn. A luy ordonnee pour son payement des ouvraiges de son estat qu'il a faictz pour ladicte Dame en sa maison a Paris, Comme par ses partyes et sa quictance du neufviesme jour de mars oud. an appert, cy......... xiiij l. viij s. viij d. tz.

A Jehan RENOUT, m° menuisier à Paris, La somme de Quatrevingts douze livres tourn. A luy ordonnee pour payement des partyes de son estat qu'il a faictes pour le service de lad. Dame en sa *maison* à Paris, Comme par sond. estat et sa quictance du neufviesme jour de mars appert, cy.................................... iiij**xij l. tz.

A Estienne GUIGNEBEUF, natier, demeurant à Paris[1], La somme de Trente livres huict solz tourn. A luy ordonnee pour le payement des ouvraiges de son mestier qu'il a fournys pour lad. Dame en sa *maison* à Paris, Comme plus au long par sond. estat et sa quictance du neufviesme jour de mars oudit an appert, cy........... ... xxx l. viij s. tz.

A Gilles CHARTIER, demeurant à Paris, La somme de Cinquante livres tourn. A luy ordonnee pour payement des ouvraiges de son mestier de *couvreur* qu'il a faictz pour lad. Dame en sa *maison* assise a Paris, Comme par son estat et sa quictance du huictiesme jour de mars Mil V° cinquante sept appert, cy............................ L l. tz.

Nous ferons remarquer que les sommes payées à ces ouvriers et pour l'achat de la maison de la rue des Poulies, qui est souvent appelée la *Petite maison de Paris*, l'ayant été par le compte particulier de la dame comptable des *deniers prins es coffres de sa chambre*, tant pour le faict de son *argenterye*, etc. il est évident que cette propriété n'était pas régie par les règles ordinaires de la comptabilité de la maison de la Reine mère.

Pour donner une idée de la manière dont Catherine en usait pour les comptes de deniers de cette caisse particulière, nous donnons la copie littérale d'une *partie*, placée au fol. 13 v°, des espèces comptées *es mains de la Reine* par la d^{lle} du Goguier.

JANVIER MIL CINQ CENS CINQUANTE SEPT.

DENIERS mis es mains de la Roine durant le mois de janvier.

[1] Ce Guignebeuf fournissait aussi pour le Louvre.

Baillé et delivré comptant es mains de la Roine, durant le mois de janvier, la somme de Deux cens quarante neuf livres et douze solz tz., pour employer selon et ainsi qu'il a plu a lad. dame et dont elle n'a voulu autre declaration ny speciffication estre cy faicte, Comme appert par l'acquit signé de sa main Le XII° fevrier Mil V° cinquante sept, cy appert.. ij°xlix t. xij s. tz.

Pour le mois de fevrier (*ut supra*), cy................... ij°lij^{tt} vij s. vj d. tz.
Pour le mois de mars (*ut supra*), cy...................... xxxviij^{tt} ij s. tz.
Somme totale............................. v°xl^{tt} j s. vj d. tz.

Même registre, pour les mois d'avril, mai et juin 1858, au fol. 32 v°.

A Jehan Arnout, m° menuisier demeurant a Paris, La som° de Huict livres dix huict solz tournois, A luy ordonnee pour son payement dans unes tables garnies de leurs treteaux qu'il a fournies et livrées pour servir a mectre et tendre les meubles de lad. dame en sa maison a Paris *rue des Poulies*, Comme par ses partyes et quictances rendues Appert, cy.. viij^{tt} xviij s. tz.

Dans le registre des Comptes de Féron, trésorier et receveur général de la Reine mère pour l'année 1585 (Arch. de l'Emp. KK 116), au fol. 928 :

Autres deniers payez par ledict Feron, present Tresorier et receveur general, aux ouvriers cy apres nommez qui ont travaillé Pour la Royne mere du Roy, tant en son chasteau de Sainct Maur que en ses *maisons de Paris* et Hostel d'Orleans, pour leur entier et parfaict payement des ouvraiges par eulx faictz es dictz lieux, selon la verifficaion qui en a esté faicte par le commandement de sa Maiesté et estatz qui en ont esté arrestez a chacun desdictz ouvriers des l'annee Mil cinq cens soixante dix huict par le sieur Molé, general des finances de lad. Dame, dont les parties ont esté tirees a neant a faulte de fonds ou compte que Maistre Claude Marcel conseiller, cy devant Tresorier et receveur general desdictes finances, a rendu du faict des Bastimens d'icelle dame depuis l'annee Mil cinq cens soixante seize jusques en fin de l'annee Mil cinq cens soixante dix sept, Et ce en vertu d'un estat que ledict sieur Molé en a espedié audict Feron, en fin duquel est son ordonnance signee de sa main le dernier jour de decembre Mil cinq cens quatre vingtz cinq, contenant mandement audict Feron Pour payer lesd. ouvriers des sommes mentionnees audict estat y rendu ainsy qu'il s'ensuict :

Maconnerie.

....

Aux heritiers de feu Laurens Jonguet, Luy vivant m° macon, La somme de Quarante deux escuz trente trois solz deux deniers tournoiz a eulx ordonnee par ledict estat cy devant rendu, pour reste et parfaict payement de la somme de Soixante deux escuz trente trois solz deux deniers tourn. a eulx deuc Pour ouvraiges de maconnerye par luy faictz en *la maison* de ladicte Dame durant les mois de juing et juillet Mil cinq cens soixante unze, selon la verifficaion qui en a esté faicte par led. sieur Molé, transcripte audict compte, auquel la dicte partie est tiree a neant a faulte de fondz, folio ij° lj. En vertu duquel payement a esté faict comptant par ce dict present Tresorier et receveur general a Jehanne de Berly, vefve dudict deffunct Jauquet (*sic*), Comme dud. payement appert par la quictance passee par devant Bergeon et Lybault, notaires au Chastelet de Paris, en dacte du vingt sixiesme jour de janvier Mil cinq cens quatre vingt six, cy rendue. Pour ce cy lad. somme de .... xlij esc. xxxiij s. iiij d. tz.

Charpenterie.

A Charles Marchant et Guillaume Regnier, maistres charpentiers, La somme de Sept cens soixante treize escus vingt cinq solz tourn. A eulx ordonnee par led. estat cy devant rendu, pour reste et parfaict payement de la somme de Unze cens soixante treize escuz vingt cinq solz tourn. a eulx deue Pour reste des ouvraiges de charpenterie par eulx faictz pour lad. Dame es lieux de Sainct Maur et *Maison de Paris*, depuis l'annee Mil cinq cens soixante dix jusques en fin de l'annee Mil cinq cens soixante seize, selon la veriffication qui en a esté faicte par ledict sieur Molé, transcripte aud. compte, folio iiij^c xix, Auquel ladicte partie est tiree a neant a faulte de fondz, En vertu duquel ladicte premiere somme de vij^clxxiij esc. xxv s. tz. a esté payee comptant par led. present Tresorier et receveur general ausdictz Marchant et Regnyer, Comme dud. payement appert par quictance signee de leurs mains et passee par devant notaires du Chastelet de Paris en dacte du huictiesme jour de fevrier Mil cinq cens quatre vingtz six, cy rendue. Pour ce cy lad. somme de ..... vij^clxxiij esc. xxv s. iiij d. tz.

Audit Charles Marchant La somme de Neuf vingtz trois escuz trente solz tournois A luy ordonnee par led. estat cy devant rendu, Pour reste et parfaict payement de la somme de Deux cens soixante treize escus trente solz tourn. qui luy estoit deue pour reste des ouvraiges de charpenterye par luy separement faictz pour lad. Dame en sa *maison de Paris* durant l'annee Mil cinq cens soixante dix sept, selon la veriffication qui en a esté faicte par led. sieur Molé, transcripte aud. compte, auquel folio iiij^c xlij ladicte partie est tiree a neant a faulte de fondz, En vertu duquel payement a esté faict comptant par cedict present tresorier et receveur general de lad. premiere somme de ix^{xx} iij esc. xxx s. tz. audict Marchant, Comme dud. payement appert par quictance signee de sa main et passee par devant notaires du Chastelet de Paris, en dacte du huictiesme jour de febvrier Mil cinq cens quatre vingt six cy rendue. Pour ce cy lad. som^e de........................... ix^{xx} iij esc. xxx s. tz.

Aux heritiers de feu Jehan Gaultier, Luy vivant maistre charpentier, la somme de Quarante escuz quarante cinq solz tourn. A eulx ordonnee par led. estat cy devant rendu, Pour reste et parfaict payement de la somme de soixante escuz quarante cinq solz tourn. qui leur estoit deue pour ouvraiges de charpenterye, abbattaiges et demolitions par led. deffunct faictes en *la Maison* de lad. Dame *a Paris*, durant le mois de janvier mil cinq cens soixante dix sept, selon la veriffication qui en a esté faicte par ledict sieur Molé, transcripte aud. compte, auquel folio iiij^c lxj Lad. partie est tiree a neant a faulte de fondz, En vertu duquel lad. premiere somme de xl esc. xlv s. tz. a esté paiee comptant par led. present tresorier comptable a Pierre de Mars marchant, ou nom et comme ayant le droict par transport de Charlotte Cauchon, vefve dud. feu Jehan Gaultier, tant en son nom que comme tutrice et curatrice des enffans mineurs d'ans dud. deffunct et d'elle, Comme dudict payement appert par quictance signee de sa main et passee pardevant notaires du Chastelet de Paris en dacte du dix neuf^{me} jour de janvier Mil cinq cens quatre vingtz six cy rendue. Pour ce cy ladicte somme de .... xl esc. xlv s. tz.

Menuiserie.

Aux vefve et heritiers de feu Leon Sagonne et David Fournier, eulx vivans maistres menuisiers à Paris, La somme de Quatorze cens sept escuz trente huict solz six deniers tournoiz A eulx ordonnee par led. estat cy devant rendu pour reste et parfaict payement de Deux mil cent cinquante deux escuz trente huict solz sept deniers tourn. qui leur estoit deue pour ouvraiges par eulx faictz de leurs estatz es lieux de Sainct Maur et *Maison de Paris* depuis le unzieme jour de decembre Mil cinq cens soixante dix jusques au dernier dud. mois Mil cinq cens soixante dix sept, selon la verification qui en a esté faicte par ledit sieur Molé, transcripte aud. compte, auquel folio iiij^e lxvij lad. partie est tiree a neant a faulte de fondz, En vertu duquel lad. premiere som^e de xiiij^c vij esc. xxxviij s. vij d. tz. a esté paiee comptant par ced. present tresorier et receveur general a Alexandre Guillemot, marchant bourgeois de Paris, tant en son nom que com^e ayant les droictz ceddez de Nicolas Leseq son beau frere, Et encores com^e procureur de Jehan et Nicolas Guillemot ses freres, aussi marchans demeurans a Paris, tous enffans et heritiers de feue Jehanne de Vaulx leur mere vefve dud. feu Leon Sagoyne (*sic*), lad. de Vaulx donataire universelle d'icelluy Sagoyne, Et de Nicolas Moreau aussi, m^e menuisier a Paris, et Ysabeau Gasteau sa femme, auparavant vefve dud. feu David Fournier, tant en leurs noms que comme tuteurs et curateurs des enffans mineurs d'ans d'icelluy Fournier et de lad. Gasteau, Comme dudict payement appert par quictance signee de leurs mains et passee pardevant notaires du Chastelet de Paris en dacte du dix septiesme jour de janvier Mil cinq cens quatre vingtz six, cy rendue. Pour ce cy lad. som^e de . . . . xiiij^c vij esc. xxxvij s. vij d. tz.

Serrurerie.

A Mathurin Bon, m^e serrurier a Paris, La somme de Mil quatre escuz deux solz huict deniers tourn. A luy ordonnee par led. estat cy devant rendu, Pour reste et parfaict payement de la somme de Seize cens quatre escuz deux solz huict deniers tourn. A luy deue pour ouvraiges par luy faictz audict Saint Maur, *Maison de Paris* et Chappelle des Cappuchins, depuis l'annee Mil cinq cens soixante dix jusques en fin de l'annee Mil cinq cens soixante dix sept, selon la verification qui en a esté faite par ledict sieur Molé, transcripte aud. compte, auquel folio v^{c}lxix lad. partie est tiree a neant a faulte de fondz, En vertu duquel lad. premiere somme de m. iiij esc. ij s. viij d. tz. luy a esté paiee comptant par ced. present tresorier et receveur general, Comme dud. payement appert par quictance signee de sa main et passee pardevant Bergeon et Moreau, notaires au Chastelet de Paris, en dacte du vingtiesme jour d'octobre Mil cinq cens quatre vingtz cinq cy rendue. Pour ce cy lad. som^e de . . . . m. iiij esc. ij s. viij d. tz.

Couvreur.

. . . .

A Nicolas Thomas, m^e couvreur, La somme de Trois cens quatre vingtz cinq escuz quarante trois sols trois deniers, a luy ordonnee par led. estat cy devant rendu, Pour reste et parfaict payement de la somme de Cinq cens soixante escus quarante trois solz trois deniers tourn. a luy deue Pour reste des ouvraiges de couverture par luy faictz pour lad.

Dame, tant a Sainct Maur que *maisons de Paris*, depuis le vingz huictiesme jour de may Mil cinq cens soixante treize jusques au dernier jour de decembre Mil cinq cens soixante dix sept, selon la veriffication qui en a esté faicte par led. sieur Molé, transcripte aud. compte, auquel folio vij^c iiij v^e ladicte partie est tiree a neant a faulte de fondz, En vertu duquel lad. premiere somme de iij^c iiij^{xx} v esc. xliij s. iiij d. tz. luy a esté payee comptant par ced. present comptable, Comme dudict payement appert par quictance signee de sa main et passee pardevant notaires du Chastelet de Paris en dacte du dix septiesme jour de janvier Mil cinq cens quatre vingtz six, cy rendue. Pour ce cy ladicte somme de.. iij^c iiij^{xx} v esc. xliij s. iiij d. tz.

Suivent les notes des restes pour les *painctres* Pierre Pontheron et Th. Aubert, et pour le *plombier*, Jehan de la Rue, non applicables aux maisons de Paris.

Paveur.

A la vefve et enffans de feu Pierre Voysin, luy vivant maistre paveur, La somme de Cent trois escuz vingt huict solz six deniers tournoiz, A luy ordonnee par led. estat cy devant rendu et a luy deue pour ouvraiges de gros pavé de grain par luy faictz devant la *Maison de Paris*, durant l'annee Mil cinq cens soixante seize, selon la veriffication qui en a esté faicte par led. sieur Molé, transcripte, aud. compte, auquel folio vij^c lxv ladicte partie est tiree a neant a faulte de fondz, En vertu duquel ladicte somme payee comptant par ced. tresorier et receveur general a Aubin Gaultier, marchant fournissant le pavé de la Ville de Paris, et Catherine Simon a present sa femme, de luy auctorisee et auparavant vefve dudict Voisin, tant en leurs noms que comme tuteurs et curateurs des enffans mineurs d'ans d'icelluy deffunct Voisin et de lad. Simon, Comme dud. payement appert par leur quictance signee dud. Gaulthier et passee pardevant notaires du Chastelet de Paris en dacte du dix huictiesme jour de janvier Mil cinq cens quatre vingtz six, cy rendue. Pour ce cy lad. somme de.............................. ciij esc. xxviij s. vj d. tz.

Victriers.

Aux heritiers de feu Jehan de La Hamée, luy vivant maistre Victrier à Paris, La somme de Quatre vingtz dix huict escuz cinquante solz tournoiz, A luy ordonnee par led. estat cy devant rendu et a luy deue pour reste des ouvraiges par luy faictz de son estat de victrier esdictz lieux de Sainct Maur et *Maison de Paris*, depuis l'annee Mil cinq cens soixante douze jusques au dernier jour de decembre Mil cinq cens soixante dix sept, selon la veriffication qui en a esté faicte par led. sieur Molé, transcripte aud. compte, auquel folio vij^c lxxj lad. partie est tiree a neant a faulte de fondz, En vertu duquel ladicte somme a esté payee comptant par ced. present tresorier et receveur general a Jehan de La Marque marchant, ou nom et com^e tuteur des enffans mineurs d'ans dudict de La Hamée et de Catherine Soutine sa femme, Comme dud. payement appert par quictance signee de sa main et passee pardevant notaires du Chastelet de Paris en dacte du sixiesme jour de febvrier Mil cinq cens quatre vingtz six, cy rendue. Pour ce cy ladicte somme de... iiij^{xx} viij esc. l s. iij d. tz. (*sic*).

Nous n'avons pas hésité à donner toutes les notes que nous avons trouvées sur cette maison ou ces *maisons* de la rue des Poulies, parce que les détails qu'on y rencontre sur la nature et la durée des travaux qu'on y fit par les ordres de la reine Catherine donnent moyen de se renseigner sur sa situation et sa destination.

M. A. Berty (t. I, p. 91 et 92) parle de l'hôtel d'Alençon, d'Anjou, appartenant à Nicolas de Neuville, s^r de Villeroy, et donne les limites successives de cet hôtel formé de plusieurs anciens immeubles ayant appartenu à des princes du sang royal de France. Mais il ne paraît pas avoir eu connaissance de l'achat de *la maison de la rue des Poulies*, que Catherine de Médicis acquit de Jehan de Neuville, s^r de Chanteloup, par acte du 3 mai 1558, et qui est dite tenir à la maison déjà possédée par Catherine et à celle du s^r de Villeroy. C'est en 1568, le 30 mai, que Nicolas et Jehan de Neuville cédèrent leur hôtel entier au duc d'Anjou, depuis Henri III; de sorte que l'on comprend pourquoi dans les années suivantes on voit des *abbataiges et demolitions* dans la maison ou les maisons de la reine, rue des Poulies. Nous devons donc supposer, M. Berty n'ayant rien dit sur ce point, qu'il y avait, enclavé ou faisant hache dans l'hôtel occupé par les deux frères de Neuville, plusieurs maisons ayant pignon sur la rue des Poulies, comme presque tous les hôtels un peu vastes avaient coutume d'en avoir pour le produit, en se réservant le centre de l'îlot pour l'habitation du maître. Les détails donnés par M. Berty sur les propriétés voisines longeant la rue du Petit-Bourbon, qui faisait la communication de la rue des Poulies à celle d'Autriche, nous conduisent à penser que les maisons de la Reine mère ne donnaient pas de ce côté, mais de l'autre, formant enclave sur le côté oriental de l'hôtel. Nous donnerons un croquis de ces propriétés dans les plans d'époques.

Une remarque qu'il importe de faire aussi, après avoir lu les notes des restes à payer pour travaux divers des bâtiments de la Reine, c'est qu'elle était souvent dans l'impossibilité de solder ses ouvriers et ne leur donnait parfois que de faibles à-compte. On paye en 1586 des travaux exécutés de 1570 à 1576, réglés et vérifiés en 1577, et arrêtés à des sommes assez importantes. Une autre remarque qui frappe l'esprit quand on lit les numéros des folios de ce compte général des restes *réservés à faute de fonds*, c'est que les notes de maçons, charpentiers et autres ouvriers des bâtiments se trouvent, dans ce compte que nous n'avons pas, mêlées à une foule d'autres dettes de diverses natures; en effet, on accuse le folio 871 du compte arrêté par Molé, et, quels que soient les détails des notes, il en faudrait beaucoup pour remplir tant de pages. D'ailleurs, en compulsant les registres des comptes de la Reine, nous avons partout trouvé trace de ces délais de payements pour les ouvrages de bâtiments; mais elle, aussi bien que son fils Henri III, payaient tout de suite les frais occasionnés par leurs fêtes. C'est pour faire comprendre cette situation que nous avons donné ces comptes intégralement. Nous regrettons de ne point avoir trouvé les comptes de l'argenterie de la reine mère pour 1573 et 1574, dans lesquels devraient se rencontrer les mêmes détails sur la fête des Tuileries en l'honneur des Polonais, comme nous avons eu à peu près complets les comptes de *la tragédie* représentée à Blois à la fin de l'année 1556 : cette publication aurait donné de grandes lumières sur les prix des étoffes et joyaux de cette époque, sur le prix des journées des divers artisans, et tout cela rentre dans les données topographiques et historiques qui peuvent élucider bien des obscurités.

XXI.

TERRASSES DU PALAIS DES TUILERIES.

(Voir la planche p. 11.)

Nous donnons ici une petite coupe de la disposition des terrasses du palais des Tuileries, du côté des jardins. Aujourd'hui ces terrasses ont disparu, mais il en restait encore une à peu près

APPENDICES. 253

intacte il y a une vingtaine d'années : c'était la terrasse située au midi du pavillon central. La terrasse de gauche, vers le nord, avait été bouchée il y a environ trente-six ans. Au temps de Louis XIII, le pavillon central était en retraite sur le motif du rez-de-chaussée, et se trouvait ainsi précédé d'une terrasse qui faisait communiquer facilement celles des galeries latérales. C'est sous Louis XIV qu'on élargit le pavillon jusqu'à mettre ses étages supérieurs à l'aplomb du portique du centre; mais les terrasses latérales continuèrent à subsister. On remarquera dans le croquis ci-joint, qui a été relevé exactement avant la destruction de ces parties de l'édifice ancien, qu'un certain nombre de marches donnaient accès à cette terrasse des deux extrémités.

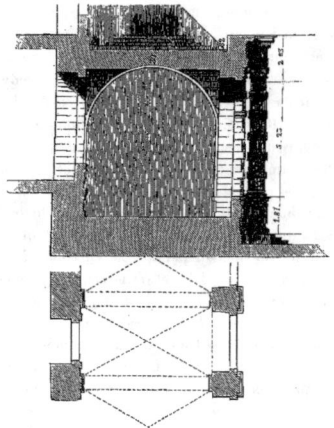

Nous avons tenu à donner ce détail parce que les diverses vues et plans de cette partie des Tuileries ne sont pas d'accord pour le couronnement de l'appui de ces terrasses. Dans plusieurs anciennes gravures on voit nettement des balustrades à balustres avec des personnages derrière, de façon que l'on doit supposer nécessairement que le sol praticable de la terrasse est au niveau du dessus de la corniche des portiques. Cette disposition paraît rationnelle à première vue, et c'est en effet le parti qui a été adopté dans la plupart des édifices de la Renaissance et notamment dans ceux qui ont été construits par Philibert de l'Orme. Mais une circonstance nous empêchait de suivre, sans contrôle, cette voie : il y aurait eu, en effet, un grand vide entre les voûtes du portique et le dallage de la terrasse, et des gargouilles, placées au niveau du dessous de l'architrave, nous indiquaient que le niveau du sol de ces terrasses avait dû se trouver toujours en contre-bas du dessus de la corniche. Du Cerceau, dans son élévation de cette face du palais, n'a pas mis de balustrade.

Nous pouvons assurer maintenant que cette disposition, peut-être un peu étrange, d'un garde-corps formé par la partie la plus large d'une corniche assez saillante, était, il y a peu d'années, et a toujours été celle que Philibert de l'Orme avait d'abord adoptée. On la comprend du reste, et nos hésitations en présence de certaines restitutions de cette partie avec balustrades étaient précisément causées par cette considération : qu'avec la largeur des galeries et conséquemment de leurs terrasses, si l'architecte avait ajouté la hauteur normale d'une balustrade à la hauteur obligée de l'entablement de son ordre inférieur, il aurait désagréablement et disproportionnellement coupé le motif de son premier étage, inconvénient qu'il évitait en supprimant cet appendice et en laissant régner sa corniche nue. Cette intention d'effet perspectif se lit dans l'élévation géométrale de cette façade du palais, comme nous l'avons restituée; le soubassement des baies du premier étage, en retraite sur les galeries, est sans autres ornements que des tables saillantes; tandis que les couronnements de toutes ces baies, enrichis de frontons d'une grande richesse d'ornementation, commencent à se dégager suffisamment d'en bas à la distance convenable pour l'angle visuel passant sur le dessus de la corniche des portiques.

On sait que, du temps de Philibert de l'Orme et jusqu'à Louis XIV, une rue, celle qui était nommée *des Tuileries*, longeait la façade occidentale du palais, et se trouvait limitée de l'autre côté par le mur de clôture du grand jardin. On pourrait supposer que Catherine de Médicis avait l'intention de supprimer cette voie gênante de communication, et la disposition des arcades des galeries ouvertes semble indiquer ce projet. Les panneaux d'appui qui ferment le bas des arcades paraissent, en effet, pouvoir être supprimés sans inconvénient; et dans les vues de Sylvestre et de Mat. Ménian, dont nous parlions tout à l'heure, les baies sont figurées ouvertes jusqu'en bas. Mais nous avons conservé ces panneaux dans notre restitution, comme M. Berty l'avait fait lui-même, parce que l'existence de la rue des Tuileries nous paraît impliquer l'impossibilité d'une pareille suppression dans les premiers temps de la construction du palais.

XXII.

NOTE SUR LA PETITE GALERIE ET LE PASSAGE DU LOUVRE.

(Voir, page 63, la note.)

Le Passage ou Galerie qui conduisait du Pavillon du Roi à la Petite Galerie, en passant par-dessus le fossé du château, est aujourd'hui détruit, et le corps de bâtiment élevé à sa place, tout en conservant les trois travées de l'ancienne galerie, n'a point gardé son ordonnance architecturale, surtout pour ce qui regarde les lucarnes du couronnement. Les œils-de-bœuf, indiqués sur les gravures de Sylvestre, et que nous avons reproduits, en les étudiant, sur la planche qui donne la *Restitution de la façade méridionale du Louvre* (page 103), paraissent n'avoir servi que de motifs d'ornementation; ils étaient répétés sur les deux faces. Il est facile de se convaincre que les arcatures étaient destinées à recevoir quelques bas-reliefs ou médaillons. (Voir les planches p. 57, 62 et 103.) On sait que cette galerie du Passage fut soudée au Pavillon après la construction de la Petite Galerie, dite des Antiques, et que les raccords, pour les communications, en furent pratiqués sans trop de recherche, ainsi qu'on le voit dans les plans du premier volume (p. 228 et 229).

Nous avons pu retrouver, grâce à l'obligeance de M. Lefuel, architecte du Palais, dans les substructions du Passage dans les anciens fossés, les arches de pierre qui le portaient. Ces fouilles ne sont point encore terminées au moment où nous écrivons, mais déjà l'extrados des trois voûtes est dégagé dans la partie postérieure, du côté de la cour du nouveau Louvre, et l'on peut constater que le mur de l'ancien passage a été dérasé jusque sur la moulure de soubassement, et que le nouveau mur, qui donne sur le jardin de l'Infante, a été construit sur la même maçonnerie, aujourd'hui enterrée, en laissant une retraite extérieure d'environ quarante centimètres.

APPENDICES. 255

Les trois arches existent dans les remblais du fossé. Nous donnerons dans le troisième volume les relevés de la portion de bâtiment qui a remplacé l'ancienne galerie de communication.

Nous donnons ici le dessin exact d'une portion de corniche de l'ancien Pavillon du Roi, dont une partie existe encore derrière le placage construit sur le quai, en avant de l'ancien Louvre, et qui forme la galerie qui longe les jardins vers le midi.

Cette corniche est celle du bâtiment construit sous les ordres de Pierre Lescot, et elle a, du reste, été copiée ou imitée dans les parties postérieurement construites de ce côté du Louvre.

C'est aussi dans les substructions de ce côté du vieux Palais que se trouvent les témoins de l'ancien château de Philippe-Auguste. Quand on a dégagé les fondations de l'aile occidentale pour achever l'ensemble du Louvre nouveau, vers les Tuileries, on a trouvé les anciens talus de Pierre Lescot, et, dans le béton qui remplit tout le terrain longeant cette façade, se trouve encore engagée la partie basse de la tour qui portait le nom de *Tour en fer à cheval*, et qui plongeait dans le fossé. Cette partie du vieux Louvre, à sa jonction avec la Galerie du bord de l'eau, est demeurée assez longtemps bordée par les fossés. Nous avions d'abord pensé (et on en voit la trace dans notre Notice sur les fouilles du Louvre) que la partie de galerie ajoutée postérieurement à celle du Passage au Pavillon du Roi avait été bâtie sur une arche unique, plus que suffisante pour permettre l'écoulement des eaux du fossé; c'était même l'assurance qui nous avait été donnée, d'après le résultat des fouilles partielles; mais les travaux d'ensemble exécutés actuellement sous le Passage lui-même nous démontrent que les trois arches anciennes ont été continuées jusqu'au parement septentrional. Les voûtes sont construites en pierres de roche d'un échantillon passablement fort; les queues en sont demeurées tout à fait brutes sous les remplissages et les aires des dallages. On remarque, du côté de la Petite Galerie, des amorces de voûtes et des arcs de décharge en plein mur, appuyés vers le mur septentrional; la courbe de ces amorces permet de croire que le point culminant aurait dépassé le niveau du sol actuel de ces locaux. Ces substructions seront l'objet d'un travail spécial dans le troisième volume de cet ouvrage, le dernier de la Région du Louvre et des Tuileries.

Comme on le voit aussi par le plan rectifié du vieux Louvre (t. I, p. 129), c'est à peu près dans le perron actuel de la Petite Galerie, que se trouvent les restes d'une tour, que nous supposons, comme M. Berty, avoir été la tour dite *de l'Engin*. Ces vestiges ont été découverts quand M. Duban, alors architecte du Palais, voulut dégager et reprendre en sous-œuvre cette façade de la Petite Galerie. On constata alors que le terrain intérieur du dessous de la Galerie était vierge, et que cet édifice avait été fondé en rigoles et non en masse. Il en résulte que le sol de cette Galerie n'avait jamais été fouillé. C'était aussi sur le parement extérieur du talus du soubassement placé en retour d'équerre des arches du Passage au quai du fleuve, que l'on remarqua des traces évidentes du passage ou du séjour des eaux. On ne saurait donc douter un instant que la direction du fossé du château à la Seine ne fût exactement celle qui suit le talus de la Petite Galerie, et il n'y a pas lieu d'expliquer des coudes dans le parcours des fossés, coudes qui n'ont pu exister, comme nous l'avons déjà dit dans une note des Fouilles du Louvre.

XXIII.

DOCUMENTS OFFICIELS RELATIFS AUX FOUILLES DU LOUVRE.

Au moment où allait paraître le premier volume de la *Topographie historique du vieux Paris* (Région du Louvre et des Tuileries), M. Berty formula, dans les termes suivants, un vœu qu'il avait conçu depuis plusieurs années :

« Malgré les longs et persévérants efforts qui ont permis d'établir ce volume, on n'a pu, jusqu'ici, aboutir qu'à une *restitution* du périmètre du vieux Louvre, et non à un plan rigoureux et incontestable; or, comme les dimensions prêtées par les historiens au château de Charles V sont extrêmement différentes de celles auxquelles la recherche et l'étude patiente des documents nous ont fait arriver, il nous serait infiniment précieux de pouvoir citer des témoignages matériels à l'appui de nos assertions. Il importe surtout à la Ville, qui n'a rien épargné pour publier une œuvre digne d'elle, de pouvoir dire le dernier mot sur une question si longtemps indécise : les formes et les dimensions véritables du vieux Louvre.

« Les difficultés de cette entreprise sont moindres qu'on ne le croit généralement. Les deux ailes dont il s'agit de fixer l'emplacement existent encore à l'état de substruction, sous le pavé même de la cour du palais actuel; et, comme on connaît avec une assez grande précision le lieu qu'occupent les fondations de l'ancien édifice, il suffira de creuser quelques tranchées pour les voir apparaître. Les résultats historiques et archéologiques que donneront ces fouilles seront certainement des plus considérables. Quand on pense que quelques travaux de ce genre, entrepris sur la place du Carrousel, le quai des Tuileries et aux abords du Théâtre-Français, ont mis à découvert l'enceinte de Charles V, la Porte-Neuve, le pont de la Grande Galerie, les fours de Bernard Palissy, la porte Saint-Honoré et la contrescarpe du fossé, il est impossible de ne pas souhaiter ardemment que la cour du Louvre livre enfin le secret des substructions qu'elle recèle. »

Une communication de ce genre ne pouvait qu'être favorablement accueillie par le Chef de l'Édilité parisienne. Toutefois, avant de faire une démarche, il importait de savoir si quelque circonstance de détail ne s'opposerait pas à la réalisation d'un désir exprimé par les maîtres de la science. Dans cette pensée, M. Lefuel, membre de l'Institut, architecte du palais du Louvre, et

APPENDICES.

M. le comte de Nieuwerkerke, surintendant général des Beaux-Arts, furent consultés officieusement; leur réponse fut une entière adhésion au projet. Il ne restait plus alors qu'à s'adresser officiellement à S. Exc. le Maréchal Ministre de la Maison de l'Empereur et des Beaux-Arts pour obtenir l'autorisation régulière; c'est ce que fit M. le Préfet de la Seine.

II.

LETTRE DE M. LE SÉNATEUR, PRÉFET DE LA SEINE, À SON EXCELLENCE M. LE MINISTRE DE LA MAISON DE L'EMPEREUR ET DES BEAUX-ARTS.

Paris, le 5 mai 1866.

Monsieur le Ministre,

La ville de Paris a entrepris, sur ma proposition, la publication d'un ouvrage intitulé *Topographie historique du vieux Paris*, dont le premier volume, consacré aux quartiers du Louvre et des Tuileries, est sur le point de paraître.

Avant l'achèvement de ce volume, qui contiendra une monographie du Louvre et la restitution du périmètre du vieux château de Charles V, il importerait beaucoup que l'on pût dire le dernier mot sur un sujet si controversé et si obscur. Je viens donc vous prier, Monsieur le Ministre, de vouloir bien autoriser, dans l'intérêt de l'histoire, l'ouverture de trois petites tranchées dans la cour du Louvre, pour constater la vérité de la restitution donnée par la *Topographie historique du vieux Paris*.

Ce travail présenterait moins de difficultés pratiques qu'on pourrait l'imaginer. Les deux ailes du Louvre dont il s'agit de déterminer l'emplacement existent encore, à l'état de substructions, sous le pavé de la cour actuelle, et l'on sait à peu près le lieu qu'occupent les fondations de l'ancien édifice. Les quelques tranchées à ouvrir seraient fort étroites, peu profondes, et n'occuperaient pas plus d'espace que celles qui servent à poser les petites conduites de gaz. On se hâterait de les remblayer au fur et à mesure de l'apparition des murs, de manière à ne pas entraver sensiblement la circulation. Le service chargé de ce soin s'entendrait, au reste, avec l'administration des Musées impériaux, pour que ces recherches pussent se faire sans être pour elle une occasion de gêne.

Veuillez agréer, etc.

Le Sénateur, Préfet de la Seine,
G. E. HAUSSMANN.

III.

RÉPONSE DU MINISTRE DE LA MAISON DE L'EMPEREUR ET DES BEAUX-ARTS À M. LE PRÉFET DE LA SEINE.

Palais des Tuileries, le 18 mai 1866.

Monsieur le Préfet et cher collègue,

J'ai l'honneur de vous annoncer que, conformément au désir exprimé dans votre dépêche en date du 5 mai courant, j'autorise l'ouverture, dans la cour du Louvre, des trois tranchées que vous jugez nécessaires pour retrouver les vestiges de l'ancien château de Charles V.

La personne qui sera chargée de diriger ce travail devra se concerter avec M. l'Architecte de l'Empereur, pour les dispositions à prendre dans l'intérêt de la circulation.

Il est entendu que la dépense à faire, tant pour ces fouilles que pour la remise du sol dans son état actuel, seront à la charge de la Ville.

Agréez, etc.

Le Maréchal de France,
Ministre de la Maison de l'Empereur et des Beaux-Arts,

VAILLANT.

IV.

PROJET DE CONSERVATION DES SUBSTRUCTIONS DU VIEUX LOUVRE.

Conformément à l'autorisation qui précède, les fouilles furent entreprises sous la direction de la Sous-Commission des Travaux historiques, avec le concours de MM. Berty, Vacquer et Lafforgue. Dès les premiers coups de pioche, les substructions apparurent, au point précis où on les cherchait, et guidèrent d'elles-mêmes les explorateurs. C'est ainsi que les trois modestes tranchées qu'on avait eues en vue se transformèrent forcément en un vaste chantier qui occupa pendant plusieurs mois la presque totalité de la cour du Louvre. Les magnifiques résultats que l'on connaît excitèrent au plus haut point l'attention du monde savant, et tous les amis des sciences historiques s'empressèrent de visiter ces restes d'un passé déjà si loin de nous.

Lorsque les travaux de fouilles furent à peu près terminés, et que l'ancienne forteresse de Philippe-Auguste apparut tout entière, l'opinion publique, vivement intéressée par ces importantes découvertes, se préoccupa du parti auquel l'Administration s'arrêterait lorsqu'elle aurait à replacer les choses dans leur état primitif. Enfouirait-on de nouveau, et pour de longues années peut-être, les curieux vestiges qui venaient de revoir le jour? En conserverait-on le souvenir, en dessinant, sur le sol de la cour réparée, le périmètre de l'antique forteresse? Ou plutôt ne ménagerait-on pas aux générations à venir l'imposant spectacle que la ville de Paris avait donné aux érudits de ce siècle, en exhumant ce célèbre château du Louvre disparu depuis la Renaissance?

Ce dernier mode de conservation eût été véritablement digne de l'importance des substructions mises à découvert. Dégagés plus complètement encore, entourés d'un chemin de ronde qui eût permis d'en faire le tour, les deux côtés du Quadrangle, le Donjon, la porte de l'Est, ainsi que les tours du Milieu et de la Taillerie, se seraient montrés aux yeux des visiteurs, avec leur solide structure et tels que le XIIe siècle les a édifiés. Pour cela, il aurait suffi de construire une galerie souterraine, analogue à celles que le Service municipal fait établir pour les égouts de Paris. Une descente commode, ménagée sur un point désigné par le Service d'architecture du Louvre, eût facilité la visite de l'ancienne forteresse, devenue ainsi le complément de toute excursion dans le Palais et les Musées. A côté des splendeurs du Louvre de Pierre Lescot et de Jean Goujon, des Tuileries de Catherine de Médicis et du Louvre de Napoléon III, l'antique manoir de Philippe-Auguste, avec son aspect sévère et les grands souvenirs qu'il rappelle, eût formé, au double point de vue de l'art et de l'histoire, un de ces contrastes que la ville de Londres a su ménager, et que le vieux Paris, grâce aux découvertes du Service historique, peut encore offrir aujourd'hui.

Les documents officiels qui vont suivre se rattachent à cette importante question.

APPENDICES.

V.

LETTRE DE M. LE SÉNATEUR, PRÉFET DE LA SEINE,
A S. EXC. M. LE MARÉCHAL, MINISTRE DE LA MAISON DE L'EMPEREUR ET DES BEAUX-ARTS.

Paris, le 8 novembre 1866.

Monsieur le Ministre,

Les fouilles que Votre Excellence a bien voulu autoriser dans la cour du Louvre ont donné, sur tous les points, des résultats tellement satisfaisants pour la science historique, qu'il a été jugé indispensable de développer le travail au delà des limites qu'on avait prévues tout d'abord. Aujourd'hui, les recherches approchent de leur terme, et le moment semble venu de résoudre une question soulevée par les plus savants archéologues. Faut-il se résigner à enfouir de nouveau et pour toujours les intéressantes substructions qui viennent d'être mises à jour? Ne serait-il pas préférable, au lieu d'en conserver seulement le souvenir écrit, de ménager au public soit la vue même, soit la représentation figurée de ces grands vestiges? Dans le premier cas, on pourrait établir sous le pavé de la cour une galerie souterraine qui permettrait de faire le tour de l'ancienne forteresse. Dans la seconde hypothèse, on se bornerait à en tracer superficiellement le périmètre au moyen d'un pavage spécial.

Si Votre Excellence partageait mon sentiment à cet égard, peut-être jugerait-elle à propos, pour faire examiner mûrement la question, qu'une conférence eût lieu immédiatement entre les services dans les attributions desquels est placé le palais du Louvre et la Commission historique qui a jusqu'ici dirigé les travaux.

Veuillez agréer, etc.

Le Sénateur, Préfet de la Seine,
G. E. HAUSSMANN.

VI.

RÉPONSE DU MINISTRE DE LA MAISON DE L'EMPEREUR ET DES BEAUX ARTS
AU PRÉFET DE LA SEINE.

Paris, le 13 novembre 1866.

Monsieur le Préfet et cher collègue,

Par une dépêche en date du 8 novembre courant, vous appelez mon attention sur les résultats qu'ont donnés, au point de vue historique, les fouilles entreprises dans la cour du Louvre, et vous me proposez de charger une Commission d'examiner si, au lieu de rétablir simplement le sol de la cour, tel qu'il était il y a six mois, il n'y aurait pas convenance, soit de construire une galerie souterraine qui permettrait de faire le tour des substructions qui viennent d'être mises à jour, soit, après l'exécution des remblais, de tracer sur le sol, au moyen de pavages de couleur, les contours de l'ancien château.

J'ai l'honneur de vous annoncer, Monsieur le Préfet et cher collègue, que je donne mon assentiment à la réunion de cette Commission, et que j'ai désigné, pour y représenter mon département, M. Lefuel, architecte de l'Empereur.

Agréez, etc.

Le Maréchal de France,
Ministre de la Maison de l'Empereur et des Beaux-Arts,

VAILLANT.

La réunion de la Commission, retardée par diverses circonstances, ne put avoir lieu que dans le courant de l'année 1867. Les deux systèmes proposés furent l'objet d'un examen approfondi; celui de la figuration superficielle prévalut. M. le Préfet de la Seine porta immédiatement ce fait à la connaissance de S. Exc. le Maréchal Ministre de la Maison de l'Empereur et des Beaux-Arts.

VII.

LETTRE RELATIVE AU PAVAGE DE LA COUR DU LOUVRE.

Paris, le 22 août 1867.

MONSIEUR LE MINISTRE,

Par une dépêche en date du 12 juillet, Votre Excellence m'a demandé de faire établir dans la cour du Louvre un pavage définitif destiné soit à remettre le sol en l'état où il se trouvait avant les fouilles pratiquées par la Ville, soit à reproduire la périmétrie du vieux château.

Ce dernier mode ayant été approuvé par une Commission spéciale, autorisée par Votre Excellence, et dans laquelle M. Lefuel représentait votre département, j'estime qu'il y a lieu de l'adopter.

Je vais donc donner les ordres nécessaires pour que ce travail soit immédiatement exécuté, après entente préalable avec M. l'Architecte du palais du Louvre.

Veuillez agréer, etc.

Le Sénateur, Préfet de la Seine,
G. E. HAUSSMANN.

TABLE ALPHABÉTIQUE

DES MATIÈRES

CONTENUES DANS LES DEUX VOLUMES[1].

A

ABREUVOIR des fossés Saint-Germain, situé dans l'axe de la rue des Poulies, I, 32. — Du Louvre, près de la rue d'Autriche, 32. — De l'Évêque, près du Cours-la-Reine, 317.

ACADÉMIE DE MUSIQUE, OU MAGASIN DES DÉCORS DE L'OPÉRA, rue Saint-Nicaise, I, 77.

ACADÉMIE-ROYALE (Maison dite l'), rue Saint-Honoré, voir MAISON DES TROIS-CROISSANTS OU DU CROISSANT, I, 294.

AKAKIA (Hôtel de la famille), rue Fromenteau et rue Saint-Thomas-du-Louvre, I, 42.

ALGER (Rue d'), I, 298.

ALENÇON (Hôtel de Charles de Valois, duc d'), rue d'Autriche et rue des Poulies, voir GRAND-ALENÇON, I, 88 et suiv.

ALENÇON (Hôtel de Pierre de France, comte de Blois et d'), rue d'Autriche et rue des Poulies, voir GRAND-ALENÇON, I, 88 et suiv.

ALLAINVILLE (Maison appartenant à Charles Jaloux, seigneur d'), rue Fromenteau, voir IMAGE-SAINT-RÉAL, I, 43.

ALLEAUME, professeur de mathématiques, un des Illustres, II, 101.

ALLEMAGNE (Hôtel d'), voir HÔTEL D'ALLEMAGNE.

ALLUYE (Hôtel de la dame d'), rue des Poulies, voir HÔTEL D'ALLUYE, I, 94.

AMAT, fermier général des gabelles; sa demeure, rue du Carrousel, voir HÔTEL DE LA VALLIÈRE, I, 282.

AMAURY (Claude), maître des œuvres de charpenterie du Roi, II, Appendices, 209.

AMI-DU-CŒUR (Maison de l'), rue Fromenteau, voir FIGURE-DU-FEU-ROI-HENRI, I, 43.

AMI-DU-CŒUR (Maison de l'), rue Fromenteau, dépendant du LION-D'OR, rue Saint-Honoré, voir LION-D'OR, I, 58.

ANCRE (Maréchal d'), voir CONCINI.

ANDROUET DU CERCEAU, voir DU CERCEAU.

ANGENNES (Charles d'), voir RAMBOUILLET.

ANDERQUIEZ (Le seigneur d'), familier de Guillaume de Bavière, qui lui cède l'hôtel d'Ostrevant, I, 16.

ANGIVILLIERS (Hôtel du marquis d'), ordonnateur des bâtiments royaux, rue d'Autriche et rue des Poulies, voir HÔTEL D'ALLUYE, I, 94.

ANGIVILLIERS (Rue d'), I, 15, 94.

ANGOULLEVANT (François), serrurier des Tuileries, II, Appendices, 206, 212.

ANGUIER (François), sculpteur, auteur du tombeau du cardinal de Bérulle, I, 55.

ANGUIER (Michel), sculpteur, passe un traité pour la décoration de l'appartement de la reine Anne d'Autriche dans la Petite Galerie, I, 262.

ANGUIN (Hôtel d'), rue Champ-Fleuri, voir HÔTEL D'ANGUIN.

ANIMAUX DE BOUCHERIE (Triage des), au débouché de la rue de l'Arbre-Sec dans celle de la Croix-du-Tiroir, I, 49.

ANJOU (Henri de France, duc d'), roi plus tard sous le nom de Henri III, fait établir un arsenal d'armes dans l'hôtel de Villeroy, I, 91. — Il reçoit dans cet hôtel, devenu l'hôtel d'Anjou, les députés chargés

---

[1] La préparation de cette table est due aux soins de M. Auguste Petit, auxiliaire du Service des Travaux historiques.

de lui annoncer son élection au trône de Pologne, 92. — Il donne ce même hôtel à sa sœur Marguerite, à l'exception d'un pavillon dont il gratifie la dame de Dampierre, 92. — Il trame avec sa mère, dans les jardins des Tuileries, les massacres de la Saint-Barthélemy, II, *Appendices*, 242. — Voir HENRI III.

ANNE D'AUTRICHE fait disposer un appartement d'été dans la Petite Galerie du Louvre, I, 261, 262. — Elle termine l'Orangerie du Louvre, II, 104.

ANNONCIATION-NOTRE-DAME (Maison de l'), puis de la HOTTE et des DEUX-DOCTEURS, rue Saint-Honoré, paroisse Saint-Germain-l'Auxerrois, haute justice et censive de l'Évêché, I, 56.

ANTIN (Hôtel du marquis D'), surintendant des bâtiments, rue d'Autriche et rue des Poulies, voir GRAND-ALENÇON, I, 88 et suiv.

ANTIQUES (Salle des), au Louvre, I, 267, 269.

ARBALÈTE (Maison de l'), rue Saint-Honoré, voir IMAGE-SAINT-JEAN, I, 56.

ARBALÈTE (Maison de l'), puis des TROIS-FLEURS-DE-LIS, rue Saint-Honoré, paroisse Saint-Germain-l'Auxerrois, haute justice et censive de l'Évêché, I, 56.

ARCHE D'AUTRICHE, ou ABREUVOIR DU LOUVRE, ou DESCENTE DU PORT AU FOIN, I, 32.

ARCHE DE BOURBON, ou ABREUVOIR DES FOSSÉS-SAINT-GERMAIN, I, 32.

ARCHE SAINT-NICOLAS, rue Fromenteau, voir HUIS, I, 40.

ARCHERS ET ARQUEBUSIERS (Les) s'exercent au tir des armes à feu sur le quai des Buttes, I, 31.

ARCHITECTES, voir BLONDEL, BULLANT (Charles et Jean), BULLET, CAQUÉ, CELLERIER, CHALGRIN, CHAMBIGES (Pierre I et Pierre II), CHARPENTIER, COIN (Jean), CONTANT, COTTE (Robert DE), CRESPIN (Jean), DE BROSSE (Paul et Salomon), DE L'ORME (Philibert), D'ORBAY, DUBAN, DU CERCEAU (Baptiste Androuet, Jacques Androuet père, Jacques Androuet fils et Jean), DU PÉRAC, ERRARD (Charles), FOURNIER (Florent, Isaïe et Louis), GERMAIN (Thomas), GRAND-REMY (Étienne), GUILLAIN (Pierre), HEURTAUT, LABBE, LASSURANCE (DE), LEBRETON (Jean), LEMERCIER (Jacques), LE MUET (Pierre), LE NÔTRE (André), LESCOT (Pierre), MANSART (François), MARCHAND (Guillaume et Jean), MAROT père, MARQUELET (Robert), MARTIN, MESTIVIER (Antoine), MÉTEZEAU (Clément, Louis et Thibaut), MONTREUIL (Eudes DE), PERRAULT (Claude), PETIT (François), PIDOUX

(Pierre), POYET, RAYMOND DU TEMPLE, SERLIO (Sébastien), VAAST (Les), VERNIQUET.

ARCHIVES DOMANIALES, I, *Préface*, XIII.

ARCOLE (Rue d'), ou de BEAUJOLAIS, I, 70.

ARMAGNAC (Hôtel du comte d'), rue d'Autriche, voir HÔTEL D'OSTREVANT, I, 15, 16.

ARMAGNAC (Hôtel de Louis de Lorraine, comte de Brionne et d'), rue du Carrousel, I, 282.

ARMENONVILLE (Hôtel de Vincent Bertin, seigneur d'), rue Saint-Honoré, voir Maison de la LIBERTÉ, I, 298.

ARMOIRIE (Tour de l'), au Louvre, I, 148.

ARMOIRIES de la maison de Bourbon, dans l'oratoire de l'hôtel de ce nom, I, 37, 39. — De Charles VI, à l'hôtel de Bourbon, 39. — *Id.* sur les vitraux de la chapelle Saint-Nicolas du Louvre, 111. — Du Dauphin, roi plus tard sous le nom de Charles VII, à l'hôtel de Bourbon, 39. — De Jeanne d'Arc, à l'hôtel de Cipières, 94. — D'Isabeau de Bavière, sur les vitraux de la chapelle Saint-Nicolas-du-Louvre, 111. — De Louis XII, dans la chapelle du Louvre, 128. — De la famille Chambiges, 265. — De la Ville, sur la baie de la troisième porte Saint-Honoré, 324. — De Philibert de l'Orme, II, 19. — De Robert Marquelet, 90.

ARQUEBUSIERS, voir ARCHERS ET ARQUEBUSIERS.

ARSENAL du Louvre, I, 125, 126, 160. — Des Célestins, 126, 256.

ARTILLERIE (Jardin et étuves du maître de l'), au Louvre, I, 161.

ARTILLERIE du Louvre, I, 125, 160, 256.

ARTILLERIE (Tour «devers» l'), au Louvre, voir FER A CHEVAL (Tour en).

ARTISANS DIVERS, voir ANGOULLEVANT (François), BAILLEUL (Regnault DE), BEAURAIN (Nicolas), BEAUVAIS (Louis DE), BOILEAU (Jean), BON (Mathurin), BRISETOUT (Guillaume), CLERICY (Antoine), COLLETET (Armand), COURTOIS (Jean), CYARD (Guillaume), DAMPMARTIN (Drouet DE), DE LA CHAPELLE (Hennequin), DE LA GARDE (Abroham), DREUFAVIER, DU BOUT (Maurice), DUGUET (Pierre). DU HAN (François), DU PARVIS (Jacques), DU PONT (Pierre), ÉRARD (Guillaume), FERRIER (Antoine), FONTENAY (Julien DE), GROSBOIS (Jean), GUIGNEBEUF (Étienne), LA BASTE (Colin DE), LA HAMÉE (Jean DE), LANGLOIS (Roger), LAURENS (Girard et Guillaume), LE CHARRON (Colin), LE CLERC (Antoine), LE CONSTANÇOYS (Nicolas), LE GRAND (Jean), LE ROULIER (Thibaut), LE VOIRIER (Bertaut), PETIT (Jean), RAULIN (Étienne),

TABLE ALPHABÉTIQUE DES MATIÈRES. 263

Roussel (Nicolas), Sasso (Pietro), Segalla (Jean et Pierre), Simonieux (Roger de), Sirasse (Marie et Philippe), Suron (Michel), Testu (Laurent), Toutain (Richard), Varinier (Pierre), Vredelay (Jean de), Verger (André).

Artistes, Artisans et Savants logés dans la Grande Galerie du Louvre, voir Illustres.

Artois (Hôtel de Catherine d'), comtesse d'Aumale, rue des Poulies, I, 95.

Artus (Flamant), peintre, travaille à la décoration de la voûte dans la Galerie des Rois, II, 68.

Assomption (Couvent des Dames de l'), rue Saint-Honoré, I, 310. — Son église, 312.

Ateliers pour la fabrication des flèches, au Louvre, I, 161.

Attichi (Hôtel du seigneur d'), quai de l'École, I, 35.

Aubert (Jean), maître maçon, travaille au Louvre, I, 254.

Aubert (Jean), charpentier, travaille au Louvre, I, 182.

Aubert (Thomas), suppléant du contrôleur général des bâtiments royaux, II, *Appendices*, 211.

Aubriot (Hugues), Prévôt de Paris, élève la courtine des Célestins, I, 169.

Aumale (Comtesse d'), voir Artois.

Aumale (Hôtel du duc d'), rue d'Autriche, I, 10, 11.

Aumônier-du-Roi (Maison de l'), aussi dite de la Rose, ou de la Rose-Rouge, à laquelle aboutissait la maison de la rue des Trois-Morts de la rue Saint-Honoré, rue Saint-Thomas-du-Louvre, paroisse Saint-Germain-l'Auxerrois, haute justice et censive de l'Évêché, I, 108.

Aumont (Hôtel de César d'), marquis de la Guerche, rue des Poulies, voir Hôtel de Garancières, I, 93.

Autriche (Arche d'), voir Arche d'Autriche.

Autriche (Rue d'), ou de l'Autruche, ou du Louvre, I, 7 à 17; II, *Appendices*, 189, 190, 191.

Autruche (Maison de l') rue Saint-Honoré, voir Chariot ou Chariot-Rouge, I, 52.

Autruche (Maison de l'), puis du Lion-d'Or, des Trois-Maures et des Trois-Saints-Jean, rue Saint-Honoré, paroisse de Saint-Germain-l'Auxerrois, puis de Saint-Roch, haute justice et censive de l'Évêché, I, 297.

Autruche (Rue de l'), voir Autriche (Rue d').

Aux Bœufs (Jean), couvreur ordinaire du Roi, est chargé de démolir la Grosse-Tour, I, 203. — Sa tuilerie au faubourg Saint-Honoré, 330, 331.

Aveugles (Porte des), ou deuxième porte Saint-Honoré, I, 181.

B

Bac devant l'hôtel de Bourbon, I, 32. — Proposé par Gilles des Froissiz, afin d'établir une communication du Louvre à la tour de Nesle, 32. — Devant les Tuileries, II, 7, 58.

Bacqueville (Hôtel de Guillaume Martel, seigneur de), rue d'Autriche, voir Hôtel de la Rocheguyon, I, 10, et Hôtel d'Étampes ou d'Aumale, 10, 11.

Bahuche (Marguerite), peintre, femme de Jacob Bunel, travaille à la décoration du Louvre et des Tuileries, II, 75, 76, et *Appendices*, 209, 212, 220.

Bailleul (Regnault de), plombier du Roi, travaille au Louvre, I, 190.

Bailly, menuisier-sculpteur, exécute un autel pour l'église de l'Assomption, I, 312.

Bairot (Jean), maître maçon, travaille au Louvre, I, 188.

Bal (Grande salle de), au Louvre, I, 229.

Balances (Maison aux), puis de l'Écu-de-France, paraissant avoir été divisée, pendant quelque temps, en deux parties, dont l'une conservait l'enseigne de l'Écu-de-France ou portait celle du Petit-Écu, rue du Coq, paroisse Saint-Germain-l'Auxerrois, haute justice et censive de l'Évêché, I, 28.

Balzac (Charles de), voir Entragues.

Bannière-de-France (Maison de la), rue Saint-Honoré, voir Pomme-Rouge, I, 55.

Barbe-d'Or (Maison de la), quai de l'École, acquise pour l'agrandissement de l'hôtel de Bourbon, I, 34.

Barbier, entrepreneur de fortifications, I, 303.

Barnée (Maison du marquis de), rue Saint-Honoré, voir Image-Notre-Dame, I, 313.

Barre (Hôtel de M. de la), rue Saint-Thomas-du-Louvre, voir Hôtel de l'Affinoir, I, 107.

Barreaux-Rouges (Maison des), rue Jean-Saint-Denis, voir Souche, I, 72, et Petit-Godet, 24.

Barrière (Jean de la), fondateur de la congrégation des Feuillants, I, 299, 300, 301.

BARRIÈRE-DES-SERGENTS, corps de garde, rue Saint-Honoré, I, 56.

BAS-RELIEF, à l'entrée du cloître des Feuillants, représentant la réception de Jean de la Barrière par Henri III, I, 304. — A la porte de la grande écurie, représentant une tête de cheval, II, 11.

BASSES-COURS du Louvre, I, 156, 159 et suiv. 166, 270.

BASTIONS de l'enceinte de Charles IX, I, 320, 321.

BATAILLE (Maison appartenant à la famille), rue du Coq, voir HÔTEL DE LA BATAILLE, I, 30.

BATTOIR (Maison du), rue Fromenteau, paroisse Saint-Germain-l'Auxerrois, haute justice de l'Évêché, censive du fief de Fromenteau, I, 41.

BAUDOUYN (Gilles), contrôleur de la maison du Roi; sa maison, rue Fromenteau, voir PORTRAIT DE LOUIS XIII, I, 46.

BAUDOUYN (Maison d'Étienne), détachée probablement de la maison de son frère Gilles Baudouyn, rue Fromenteau, voir PORTRAIT-DE-LOUIS-XIII, I, 46.

BAUDOYN (Georges), écuyer de la bouche, concessionnaire d'un terrain dans le rempart de l'enceinte de Charles V, I, 74.

BAUFFREMONT (Hôtel de Marie-Claire DE), rue Saint-Nicaise et rue Saint-Thomas-du-Louvre, voir HÔTEL D'O, I, 103.

BAULLERY (Jérôme), peintre, travaille à la décoration du Louvre, II, 75.

BAVIÈRE (Hôtel de Guillaume DE), comte palatin du Rhin, du Hainaut et d'Ostrevant, rue d'Autriche, voir HÔTEL D'OSTREVANT, I, 15, 16.

BAVIÈRE (Isabelle DE), voir ISABEAU DE BAVIÈRE.

BEAUHARNAIS (Hôtel d'Anne DE), voir HÔTEL DE PONTCHARTRAIN.

BEAUJOLAIS (Rue de), ou d'ARCOLE, I, 70.

BEAUBAIN (Nicolas), verrier, travaille au Louvre, I, 239, 241, 246, 254.

BEAUTREILLIS (Maison du), puis du CHEVAL-BLANC, probablement divisée plus tard en deux portions, l'IMAGE-SAINTE-ANNE et la FLEUR-DE-LIS, rue du Chantre, paroisse Saint-Germain-l'Auxerrois, haute justice et censive de l'Évêché, I, 24.

BEAUVAIS (Louis DE), menuisier, entretient les menuiseries du Louvre et des Tuileries, II, Appendices, 205, 211, 220.

BEAUVAIS (Rue de), I, 17 à 20.

BEAUVOIR (Rue de), voir BEAUVAIS (Rue de).

BEDFORD (Le duc DE), régent du royaume, reçoit en don l'hôtel de Bourbon, sous condition d'en acquitter les redevances arriérées, I, 36. — Il achète la bibliothèque du Louvre, 127.

BELLE (Gachon), maçon et entrepreneur, travaille au palais des Tuileries, II, 49.

BELLE-IMAGE (Maison de la), dite auparavant de l'IMAGE-NOTRE-DAME, rue des Poulies, voir HÔTEL D'ALLUYE, I, 94.

BELLE-OVALE (Maison de la), rue Saint-Louis, voir IMAGE-SAINT-MARTIN, rue Saint-Honoré, I, 285.

BERGERIE (Maison de la), rue Jean-Saint-Denis, voir CORNE-DE-CERF, I, 71.

BERGERON (Antoine), entrepreneur, construit le mur de soutenement du quai des Tuileries, I, 317.

BERINGHEN (Hôtel de Henri DE), premier écuyer, rue Saint-Nicaise, I, 76.

BERNARD (Jean), charpentier, travaille au Louvre, I, 154, 182.

BERRUYER, secrétaire du roi, concessionnaire d'un terrain dans le rempart de l'enceinte de Charles V, I, 74.

BERTHIN, contrôleur des bâtiments, I, 238.

BÉRULLE (Pierre DE), cardinal, instituteur de la congrégation de l'Oratoire en France, I, 29, 53. — Son tombeau dans l'église de l'Oratoire, 55.

BIART (Noël), dit *le grand-père*, sculpteur, travaille à la décoration du Louvre, I, 230, 232, 253, 254, 255.

BIART (Pierre), dit *le père*, sculpteur, auteur du groupe des *Captifs* placé dans la Petite Galerie du Louvre, I, 262; II, 73, 77. — Son épitaphe dans l'église Saint-Paul, 73.

BIART (Pierre), sculpteur, fils du précédent, II, 73. — Il est vraisemblablement le même que le *Pierre Biard* figurant sur l'état des officiers entretenus par le Roi en 1618, *Appendices*, 211.

BIBLIOTHÈQUE du Roi, au Louvre, I, 126, 127, 145, 195; II, 106. — Des Feuillants, I, 304.

BIBLIOTHÈQUE (Rue de la), ou rue CHAMP-FLEURI, I, 20.

BISCHE-MOUCHE (Tour de), au Louvre, I, 148.

BLÉ (Port au), ou partie orientale du port du GUICHET-DU-LOUVRE, I, 170.

BLONDEL, architecte, restaure l'hôtel d'Aumont, I, 93.

BŒUF (Maison du), puis du BŒUF-COURONNÉ et du LOUIS-D'OR, rue Saint-Honoré, paroisse Saint-Germain-l'Auxerrois, haute justice et censive de l'Évêché, I, 55.

BŒUF (Maison du), rue Jean-Saint-Denis, paroisse Saint-Germain-l'Auxerrois, haute justice et censive de l'Évêché, I, 71.

TABLE ALPHABÉTIQUE DES MATIÈRES.

BŒUF-COURONNÉ (Maison du), rue Saint-Honoré. voir BŒUF, I, 55.

BŒUF-COURONNÉ (Maison du), rue Saint-Honoré, voir VOLET-BLANC, I, 55.

BŒUF-COURONNÉ (Maison du), rue Saint-Honoré, voir MAISON DES TROIS-MORTS-ET-DES-TROIS-VIFS, I, 60.

BŒUF-COURONNÉ (Maison du), puis de la VILLE-DE-LYON, rue Jean-Saint-Denis, paroisse Saint-Germain-l'Auxerrois, haute justice et censive de l'Évêché, I, 71.

BOILEAU, sculpteur, travaille à la décoration de la Grande Galerie du Louvre, II, 72.

BOILEAU (Jean), maître chaudronnier, travaille au Louvre, I, 255.

Bois (Château de), au Louvre, I, 174.

Bois (Le), au jardin des Tuileries, II, 94.

Bois (Tour de), au Louvre, I, 149, 169 et suiv. II, 152, 153.

BOIS-DE-BOULOGNE (Maison du), rue Jean-Saint-Denis, paroisse de Saint-Germain-l'Auxerrois, haute justice et censive de l'Évêché, I, 71.

BOISSEAU (Maison du), rue des Poulies, paroisse Saint-Germain-l'Auxerrois, haute justice de l'Évêché, censive du chapitre Saint-Germain-l'Auxerrois, I, 95.

BON (Mathurin), maître serrurier, travaille au Louvre, I, 254.

BON-PASTEUR (Maison du), rue Jean-Saint-Denis, voir SOUCHE, I, 72.

BON-REPOS (Maison du), rue du Chantre, voir CORNE-DE-CERF, I, 25.

BONS-HOMMES (Maison des), rue de Beauvais, paroisse Saint-Germain-l'Auxerrois, haute justice et censive de l'Évêché, I, 18.

BORDEAUX (Hôtel de M. DE), rue des Poulies, I, 93.

BORDONI (Francesco), sculpteur italien, figure sur l'État des officiers entretenus par le Roi en 1608 et 1618, II, Appendices, 205, 210.

BOTTE-ROUGE (Maison de la), rue Saint-Honoré, voir CHEVAL-BLANC, I, 58.

BOUCHAGE (Du), voir JOYEUSE (Henri DE) et HÔTEL DU BOUCHAGE.

BOUCHART (Simon), jardinier des Tuileries, II, Appendices, 213, 221.

BOUCHART (Yves), jardinier des Tuileries, II, Appendices, 206.

BOUCICAUT (Jean le Meingre, dit), maréchal; son hôtel, rue des Poulies, I, 95.

BOUDIN (Thomas), sculpteur, figure sur l'État des officiers entretenus par le Roi en 1618, II, Appendices, 211.

BOULANGER (Nicolas), garde des marbres du Louvre, I, 9.

BOULART (Jeanne), femme de Jean d'Yvoreau; son épitaphe dans l'église des Quinze-Vingts, I, 69.

BOULE (Maison de la), rue Fromenteau, voir CHEVAL-BLANC, I, 44.

BOULE-D'OR (Maison de la), rue Champ-Fleuri, paroisse Saint-Germain-l'Auxerrois, justice et censive du Roi, I, 22.

BOULES (Maison des), rue de Beauvais, paroisse Saint-Germain-l'Auxerrois, haute justice et censive de l'Évêché, I, 19.

BOULOGNE (Bon), peintre, auteur d'une *Présentation au temple* placée dans l'église de l'Assomption, I, 313.

BOURBON (Arche de), voir ARCHE DE BOURBON.

BOURBON (Armes de), à l'hôtel de Bourbon, I, 37, 39.

BOURBON (Chapelle de), à l'hôtel de Bourbon, I, 38, 39, 135; II, Appendices, 171, 172.

BOURBON (Henri DE), voir MONTPENSIER.

BOURBON (Hôtel de Louis DE), fils aîné du comte de Clermont, quai de l'École, voir HÔTEL DE BOURBON, I, 33 et suiv.

BOURBON (Hôtel du connétable DE), quai de l'École, voir HÔTEL DE BOURBON, I, 33 et suiv.

BOURBON (Hôtel de Jacques II DE), voir HÔTEL DE VENDÔME, I, 42.

BOURBON (Marie DE), voir LONGUEVILLE.

BOURBON (Marie-Anne DE), fille de Louis XIV; son hôtel, rue d'Autriche, voir HÔTEL D'ÉTAMPES, puis DE CLERMONT et DE CRÉQUY, I, 15, 16.

BOURBON (Port de), I, 32.

BOURBON (Quai), I, 31.

BOURBON (Rue de), ou des POULIES, I, 84.

BOURBON-SOISSONS, voir NEUFCHÂTEL.

BOURDILLON, amateur cité par De Clarac comme possédant un tableau qui représentait une vue du vieux Louvre, I, 149.

BOURDIN (Michel), sculpteur sur bois, travaille à la décoration du Louvre, I, 241, 253, 254.

BOURGOGNE (Rue de), ou SAINT-FLORENTIN, I, 315.

BOURSIER (Claude), peintre, figure sur l'état des officiers entretenus par le Roi en 1618, II, Appendices, 212.

BOUTEILLE (Maison de la), rue de Beauvais, paroisse Saint-Germain-l'Auxerrois, haute justice et censive de l'Évêché, I, 19.

BOUTEVILLE (Maison de Jean DE), rue des Poulies, voir CLAMECY.

BOUTRAYS (Rodolphe), auteur d'un poëme latin intitulé *Lutetia*; citation d'un passage de son ouvrage relatif au jardin des Tuileries, II, *Appendices*, 223.

BOUVIER, peintre, fils de Nicolas Bouvier, travaille à la décoration du Louvre, II, 76, et *Appendices*, 220.

BOUVIER (Nicolas), peintre, travaille à la décoration du Louvre, notamment à l'ornementation de la Petite Galerie, II, 75, 76.

BOUVOT (Épitaphe de Germaine), dans l'église des Quinze-Vingts, I, 68.

BRAUN (Georges), auteur d'un plan de Paris, I, *Préface*, IV.

BRÉANT (Pierre), barbier du duc de Bretagne; son épitaphe dans l'église Saint-Thomas-du-Louvre, I, 101.

BRETAGNE (Jean VI, duc DE), abandonne la propriété de la *Petite-Bretagne* au chapitre de Saint-Thomas, I, 79.

BRETEZ, dessinateur-géographe, auteur d'un plan de Paris, I, *Préface*, XX.

BRICONNET (Pierre DE), seigneur de Praville; ses terres dans la région des Tuileries, I, 331.

BRIE (Jean DE), peintre, travaille à la décoration du Louvre, II, 75.

BRIONNE (Hôtel DE), rue du Carrousel, voir HÔTEL D'ARMAGNAC OU DE BRIONNE, I, 282.

BRISETOUT (Guillaume), verrier, travaille au Louvre, I, 183, 184.

BROSSE (DE), voir DE BROSSE.

BRUGES (Maison appartenant au prévôt de), rue d'Autriche, voir HÔTEL SAINT-POL, I, 12.

BRUNETTI, peintre, travaille à la décoration de la chapelle de l'hôtel de Noailles, I, 298.

BUDÉ (Antoinette), première femme de Germain de Valenciennes; son épitaphe dans l'église Saint-Thomas-du-Louvre, I, 101.

BUET (Gilles), maître ès arts, notaire du roi au Châtelet; son épitaphe dans l'église des Quinze-Vingts, I, 69.

BULLANT (Charles), architecte, neveu de Jean Bullant, I, 266; II, 34.

BULLANT (Jean), architecte, I, 233, 266, 275. — On lui attribue à tort les premiers travaux de construction de la Grande et de la Petite Galerie, 263. — Renseignements sur sa vie, II, 29, 30. — Ses traités d'*Horlogiographie* (gnomonique) et d'*Architecture*, 30, 31, 32. — Devenu architecte de Catherine de Médicis et surintendant des bâtiments, il dirige les travaux des Tuileries, 32, 33, 107. — Sa famille, 34. — Son testament, 34, 35. — Question soulevée au sujet de ses travaux, 35, 36, 37.

BULLANT (Pavillon de), aux Tuileries, II, 93.

BULLET, architecte, essaye d'achever le grand escalier du palais des Tuileries, II, 15.

BUNEL (Jacob), peintre, décore la salle des Antiques au Louvre, I, 267. — Il travaille à un tableau destiné à l'église des Feuillants, 302. — Il contribue à enrichir de peintures les galeries du Louvre, II, 67, 68, 70, 74. — Il n'accepte pas la proposition qui lui est faite d'exécuter, au lieu de Toussaint du Breul, les peintures dont celui-ci traçerait les dessins, 74, 75. — Il travaille à la décoration du palais des Tuileries, 93, et *Appendices*, 205. — Il est compris au nombre des *Illustres*, 101.

BUSTE-DU-ROI (Maison du), rue Champ-Fleuri, paroisse Saint-Germain-l'Auxerrois, haute justice et censive de l'Évêché, I, 21.

BUTTES (Quai des), ou de l'ÉCOLE, I, 30 à 39.

C

CADRAN (Cour du), ou GRAND CLOÎTRE du chapitre Saint-Nicolas du Louvre, I, 111.

CAGE (Maison de la), rue du Chantre, voir FONTAINE (Maison de la), I, 25.

CAGE (Maison de la), rue Saint-Honoré, voir ÉCU-DE-FRANCE, I, 61.

CAGE (Maison de la), rue Jean-Saint-Denis, voir SAINT-ESPRIT, I, 71.

CAILLOU (Jean), jardinier, travaille au Louvre, I, 195.

CAPITAINE ou CHÂTELAIN du Louvre, I, 16, 127, 128.

CAPITAINERIE (La), ou le GOUVERNEMENT, rue d'Autriche, I, 16.

CAPTIFS (Le groupe des), par Pierre Biart, au Louvre, I, 262; II, 73.

CAPUCINS (Couvent des), rue Saint-Honoré, I, 307, 308, 309. — Son église, 308, 309.

CAQUÉ, architecte, entreprend la construction du portail de l'église de l'Oratoire, I, 54.

TABLE ALPHABÉTIQUE DES MATIÈRES.

CARNEAUX (Hôtel des), rue Saint-Honoré, voir HÔTEL DES CARNEAUX, I, 299.

CARNEAUX (Maison des), puis de l'ÉCHIQUIER, rue Saint Honoré, paroisse de Saint-Germain-l'Auxerrois, puis de Saint-Roch, haute justice et censive de l'Évêché, I, 297.

CARRIÈRES d'où ont été tirés les matériaux de la construction des Tuileries, II, 7.

CARROUSEL (Place du), I, 76.

CARROUSEL (Rue du), continuation de la rue de l'Échelle, I, 282.

CARROUSEL (Rue du), ou rue IMPÉRIALE, I, 96.

CARROUSEL (Terrain de la place du), I, 280.

CARUESSEQUI (Bernard DE), intendant des plantations du jardin des Tuileries, II, 50.

CARYATIDES (Salle des), au Louvre, I, 222, 223, 229, 236, 237.

CASTELLAN (Hôtel d'Honorat DE), conseiller et médecin de Charles IX, rue des Poulies, voir PETIT-ALENÇON, I, 88.

CASTIGLIONE (Rue de), I, 309.

CATHERINE DE MÉDICIS enrichit le *Cabinet des livres*, au Louvre, I, 127. — Son chiffre au Louvre et à la colonne de la Halle au blé, 228. — Ses appartements au Louvre, 250, 251, 252. — Elle acquiert plusieurs maisons dépendantes du grand bâtiment de la Poterie, situé dans la rue de l'Échelle, 279, 293. — Elle achète la maison de la Coquille, située dans la rue Saint-Honoré, pour la donner aux Capucins, 307, 308. — Elle fait poser, par son fils Charles IX, la première pierre des fortifications destinées à protéger le château des Tuileries, 318. — Inscriptions en son honneur, gravées sur des médailles que fait frapper le Corps municipal, 319. — Elle publie des lettres patentes ordonnant la démolition du palais de la Tournelle, II, 1. — Elle acquiert divers terrains nécessaires pour la construction de son palais projeté et la création de son parc, 2 et suiv. — Elle se fait allouer, par Charles IX, des sommes considérables pour la construction de son nouveau palais des Tuileries, 7, 8. — Elle contracte dans le même but un emprunt avec un banquier Florentin, 8. — Ses plans primitifs pour la construction des Tuileries, 9. — Réalisation d'une partie de ses projets, 9 et suiv. — Sa devise aux Tuileries, 36. — Comptes des dépenses des travaux commandés par elle aux Tuileries en 1570 et 1571, 49 et suiv. — Elle renonce à continuer les Tuileries, 52, 53. — État des Tuileries à sa mort, 55.

— Accord fait entre elle et deux bourgeois de Paris pour le recouvrement des restes des comptes affectés à la construction des Tuileries, lettres patentes et arrêts se rapportant au même objet, *Appendices*, 194 à 201. — Elle est félicitée par Philibert de l'Orme et par Ramus, *Appendices*, 222. — Elle nomme Nicolas Molé général de ses finances en remplacement de Regnault de Beaune, *Appendices*, 224 à 227. — Ses intendantes, *Appendices*, 229 à 233. — Elle donne des fêtes dans le jardin de la Coquille et dans celui des Tuileries, *Appendices*, 238 à 241. — Elle trame aux Tuileries les massacres de la Saint-Barthélemy, *Appendices*, 242. — Appréciation des causes qui la déterminèrent à abandonner les Tuileries, *Appendices*, 242, 243. — Ses finances, *Appendices*, 244, 245, 246. — Comptes des réparations et de l'ameublement de sa maison de la rue des Poulies, *Appendices*, 246 à 252. — Remarque à faire à propos de ces comptes, *Appendices*, 251.

CAUCHE (Samuel) reçoit en don, de Louis XIII, des terrains situés rue Saint-Nicaise, I, 79.

CAUMONT (Jacques Nompar DE), voir LA FORCE.

CELLERIER, architecte, construit les écuries de l'hôtel Fitz-James, I, 315.

CELLIER (Jacques); *fac-simile* d'un de ses dessins représentant la vue du Louvre dans la seconde moitié du XVIe siècle, I, 134.

CENTRAL (Pavillon), voir PAVILLON CENTRAL.

CEP-DE-VIGNE (Maison du), rue des Orties, voir TREILLE, I, 84.

CERF (Maison du), rue Saint-Honoré, voir IMAGE-SAINT-JACQUES, I, 56.

CERF (Maison du), puis de la CORNE-DE-CERF et de la REINE-D'ANGLETERRE, rue Saint-Honoré, paroisse Saint-Germain-l'Auxerrois, haute justice et censive de l'Évêché, I, 56.

CERF (Maison du), puis de la CORNE-DE-CERF, du PETIT-CERF et de la COURONNE, paraissant avoir eu aussi pour enseigne l'ÉCU-VERT, rue Saint-Honoré, paroisse Saint-Germain-l'Auxerrois, haute justice et censive de l'Évêché, I, 57.

CERF-VOLANT (Maison du), rue du Dauphin, paroisse de Saint-Germain-l'Auxerrois, puis de Saint-Roch, haute justice et censive de l'Évêché, I, 296.

CHABANNES (François DE), comte de Saignes; sa maison, rue Saint-Honoré, voir IMAGE-NOTRE-DAME, I, 313.

CHALGRIN, architecte, construit l'hôtel du duc de la Vrillère, I, 315.

CHAMBIGES (Perrette), femme de Guillaume Guillain, I, 264. — Son épitaphe dans l'église Saint-Gervais, 265.

CHAMBIGES (Pierre I), maître des œuvres et du pavé de la ville, visite les fortifications avec les Magistrats municipaux, I, 264. — Son épitaphe dans l'église Saint-Gervais, 265.

CHAMBIGES (Pierre II), architecte du Louvre; sa signature, I, 208. — Il est l'édificateur de la Petite Galerie, 263, 267. — Sa famille, 263, 264, 265, 266, 267; II, 107. — Armes de sa famille, I, 265. — Aperçu de sa vie, 265, 266. — Il figure parmi les entrepreneurs choisis pour construire la Grande Galerie, I, 267; II, *Appendices*, 201, 202.

CHAMBRE DE PARADE de Charles V, au Louvre, I, 155, 156. — Du Dauphin, *ibid.* 156. — De Henri II, *ibid.* 230, 231, 232.

CHAMPAGNE (Philippe DE), peintre, décore le retable de la chapelle de l'hôtel de Noailles, I, 298.

CHAMP-FLEURI (Maison du), paraissant avoir eu plus tard pour enseigne la CORNE-DE-CERF, rue Champ-Fleuri, paroisse Saint-Germain-l'Auxerrois, haute justice et censive de l'Évêché, I, 22.

CHAMP-FLEURI (Rue), I, 20 à 23.

CHAMPION (Jacques), entrepreneur de maçonnerie pour la construction du palais des Tuileries, II, 49.

CHAMP-POURRI (Le), I, 62.

CHANOINES (Rue des), ou SAINT-THOMAS-DU-LOUVRE, I, 95.

CHANTEULE (Maison de M. DE), ayant d'abord appartenu à M. de Rolinde, rue Saint-Nicaise, I, 76.

CHANTRE (Rue du), I, 23 à 26.

CHAPEAU-ROUGE (Maison du), divisée plus tard en deux portions, la maison du CROISSANT, peut-être dite ensuite de l'ÉCU, et celle de l'ÉTOILE-D'OR, rue du Coq, paroisse Saint-Germain-l'Auxerrois, haute justice et censive de l'Évêché, I, 27.

CHAPEAU-ROUGE (Maison du), rue Jean-Saint-Denis, voir CHEVAL-BLANC, I, 71.

CHAPELET (Maison du), rue du Chantre, voir CROIX-BLANCHE, I, 25.

CHAPELLE de l'hôtel de Bourbon, I, 38, 39, 135; II, *Appendices*, 171, 172. — Saint-Nicaise, I, 78. — Saint-Nicolas-du-Louvre, 110, 111, 112. — De l'hôtel de Noailles, 298.

CHAPELLES du Louvre, I, 135, 152, 153, 154, 155, 156; II, 117.

CHAPPONAY (Guillaume DE), contrôleur général des bâtiments des Tuileries, II, 49, et *Appendices*, 178, 228, 235.

CHARIOT (Maison du), ou du CHARIOT-ROUGE, plus tard du CHARIOT-ROYAL, dont une dépendance a eu pour enseigne L'AUTRUCHE, rue Saint-Honoré, paroisse Saint-Germain-l'Auxerrois, haute justice de l'Évêché, censive du chapitre de Saint-Germain-l'Auxerrois, I, 52.

CHARIOT-D'OR (Maison du), rue Saint-Honoré, paroisse Saint-Germain-l'Auxerrois, haute justice de l'Évêché, censive du fief de Fromenteau, I, 58.

CHARIOT-ROYAL (Maison du), rue Saint-Honoré, voir CHARIOT, I, 52.

CHARLES IV, empereur d'Allemagne, visite le Louvre, I, 125.

CHARLES V accorde une indemnité à la communauté de Saint-Nicolas-du-Louvre, lésée dans ses intérêts, I, 110. — Il fait exécuter au Louvre des travaux considérables, 124, 125; II, 106, 153 et suiv. — Il enferme ses joyaux dans une des chambres du Louvre, I, 126. — Il fonde la Bibliothèque royale, 126, 127, 145; II, 106. — Ses statues au Louvre, I, 130, 147, 150. — Il fait construire le grand escalier ou Grande-Vis du Louvre, 149; II, 106, 154. — Ses libéralités envers le fils de Raymond du Temple, dont il est le parrain, I, 151. — Il donne l'*hôtel des Lions* à deux officiers de sa maison, 159. — Son enceinte, voir ENCEINTE.

CHARLES VI cède au seigneur de Bacqueville un jardin situé rue d'Autriche, I, 10. — Il permet de conduire à l'hôtel de Bourbon une partie de l'eau amenée au château du Louvre, 36. — Ses armoiries à l'hôtel de Bourbon, 39. — *Id.* dans l'église Saint-Nicolas-du-Louvre, 111. — Il permet aux merciers de tenir leurs assemblées dans une des salles du palais, 78. — Le manoir de la Petite-Bretagne lui appartient, 80. — Sous son règne les Maillotins veulent détruire le Louvre, 125. — Il ordonne aux Parisiens de porter leurs armes au Louvre, 125. — Sa statue au Louvre, 147. — Il fait construire la tour de Bois, 174. — Ses lettres relatives au clos des Quinze-Vingts, 287, 288. — État du Louvre sous son règne, II, 162.

CHARLES VII fait exécuter sa statue et celle de Charles VI par Philippe de Foncières et Guillaume Jasse, I, 147.

CHARLES VIII fait plusieurs acquisitions pour la Bibliothèque royale, I, 127.

CHARLES IX; sa participation à l'exécution des mas-

TABLE ALPHABÉTIQUE DES MATIÈRES. 269

sacres de la Saint-Barthélemy, I, 37, 260, 262, 263. — Il acquiert deux maisons dans la rue Fromenteau, 47. — Il transfère à l'arsenal des Célestins le siége du bailli de l'artillerie établi au Louvre, 126, 256. — Il poursuit la construction de l'aile méridionale du Louvre, 249 et suiv. — Son chiffre au Louvre, 250, 251. — Comptes des travaux du Louvre sous son règne, 253 et suiv. — Il entreprend la construction de la Grande et de la Petite Galerie, 256 et suiv. — Il permet aux Frères mineurs Capucins de s'établir en France, et les prend sous sa protection particulière, 308. — Il pose la première pierre des fortifications destinées à protéger le château des Tuileries, 318. — Inscriptions en son honneur gravées sur des médailles que fait frapper le Corps municipal, 319. — Il alloue à sa mère des sommes considérables pour la construction du palais des Tuileries, II, 8. — Il recommande au Prévôt des Marchands des travaux ayant pour but l'assainissement du faubourg Saint-Honoré, 52. — Il ratifie l'accord fait entre sa mère et deux bourgeois de Paris pour le recouvrement des restes des comptes affectés à la construction des Tuileries, *Appendices*, 197, 198, 199. — Il trame aux Tuileries les massacres de la Saint-Barthélemy, *Appendices*, 242.

Charles-Quint (Travaux d'appropriation au Louvre pour la réception de), I, 205, et *Appendices*, xi.

Charlet (Catherine), *alias* Harlet, femme de Jean Noplet; son épitaphe dans l'église Saint-Thomas-du-Louvre, I, 102.

Charpentier dessine le nouveau jardin de l'hôtel de Noailles, et dirige les grisailles exécutées dans la chapelle de ce même édifice, I, 298.

Charpentiers et Couvreurs, voir Amaury (Claude), Aubert (Jean), Aux Bœufs (Jean), Bernard (Jean), Chartres (Jean de), Fontaine (Léonard), Girard (Claude), Hullot (Nicolas), Leduc (Rolland), Le Gay (Jean), Le Peuple (Jean), Marchant (Charles), Penelle (Claude), Vaillant (Guillaume).

Chartres (Jacques de), sculpteur, auteur d'une des statues destinées à orner le grand escalier du Louvre, I, 150. — Il fait venir des matériaux pour la construction du Louvre, 190.

Chartres (Jean de), maître de la charpenterie, prend part à la construction du collége de Beauvais, II, 155.

Chartres (Rue de), ou de Malte, I, 70.

Chartreuse (Maison de la), rue Saint-Honoré, voir Citerne, I, 314.

Chasse-Royale (Maison de la), rue Saint-Honoré, voir Image-Saint-Jacques, I, 56.

Chasse-Royale (Maison de la), rue Saint-Honoré, voir Nef-d'Argent, I, 56.

Château du Louvre, I, 113 et suiv. — Des Tuileries, 325 et suiv.; II, 1 et suiv.

Château-d'Eau (Le), place du Palais-Royal, I, 60.

Château-Fétu (Rue du), ancienne section de la rue Saint-Honoré, I, 49, 50.

Château-Royal (Maison du), rue Fromenteau, voir Écu-de-France, I, 45.

Châteauvieux (Henri de), voir Savoie.

Châtel (Jean); endroit où il commit son attentat contre la vie de Henri IV, I, 47.

Châtelains ou Capitaines du Louvre, voir Danville (Jean de), Genlis (Le sieur de), Luynes Charles d'Albert de), Marigny (Enguerrand de), Renaud, Séguin.

Chat-Lié (Maison du), rue Fromenteau, paroisse Saint-Germain-l'Auxerrois, haute justice de l'Évêché, censive du fief de Fromenteau, I, 41.

Chaulnes (Maison d'Antoine de), trésorier des guerres, rue des Poulies, voir Clamecy.

Chaumont (Guy de), seigneur de Quitry; son hôtel, rue des Orties, bâti sur l'emplacement de l'hôtel Matignon, I, 84.

Chaumont (Jean de), maître maçon, travaille au Louvre, I, 182, 186, 187.

Chausse (Maison de la), rue du Coq, voir Pomme-de-Pin, I, 27.

Chef-Saint-Denis (Maison du), réunie plus tard à l'*hôtel de Vignolles* de la rue Saint-Honoré, rue Fromenteau, paroisse Saint-Germain-l'Auxerrois, haute justice de l'Évêché, censive du fief de Fromenteau, I, 44.

Chésy (Jean de Fourcy, sieur de), voir Fourcy.

Cheval-Blanc (Maison du), rue de Beauvais, voir Gobelet-d'Argent, I, 18.

Cheval-Blanc (Maison du), rue de Beauvais, paroisse Saint-Germain-l'Auxerrois, haute justice de l'Évêché, censive du fief de Fromenteau, I, 19.

Cheval-Blanc (Maison du), rue Champ-Fleuri, paroisse Saint-Germain-l'Auxerrois, haute justice et censive de l'Évêché, I, 22.

Cheval-Blanc (Maison du), rue Champ-Fleuri, voir Cheval-Rouge, I, 23.

Cheval-Blanc (Maison du), rue du Chantre, voir Beautreillis, I, 24.

Cheval-Blanc (Maison du), rue du Coq, paroisse

Saint-Germain-l'Auxerrois, haute justice et censive de l'Évêché, 1, 30.

Cheval-Blanc (Maison du), dite ensuite l'Hôtel Bourgeois, la Boule et l'Image-Saint-Louis, rue Fromenteau, paroisse Saint-Germain-l'Auxerrois, haute justice de l'Évêché, censive du fief de Fromenteau, I, 44.

Cheval-Blanc (Maison du), puis du Sabot et de l'Image-Saint-Louis, rue Fromenteau, paroisse Saint-Germain-l'Auxerrois, haute justice dont l'Évêché, censive du fief de Fromenteau, I, 46.

Cheval-Blanc (Maison du), puis de l'Image-Sainte-Geneviève et de la Botte-Rouge, rue Saint-Honoré, paroisse Saint-Germain-l'Auxerrois, haute justice et censive de l'Évêché, I, 58.

Cheval-Blanc (Maison du), rue Saint-Honoré, voir Tête-Noire, I, 57.

Cheval-Blanc (Maison du), rue Saint-Honoré, paroisse de Saint-Germain-l'Auxerrois, puis de Saint-Roch, haute justice et censive de l'Évêché, I, 292.

Cheval-Blanc (Maison du), puis du Coq et du Chapeau-Rouge, rue Jean-Saint-Denis, paroisse Saint-Germain-l'Auxerrois, haute justice et censive de l'Évêché, I, 71.

Cheval-Blanc (Maison du), rue Jean-Saint-Denis, voir Écu-de-Berry, I, 72, 73.

Cheval-d'Or (Maison du), rue du Chantre, voir Image-Sainte-Barbe, I, 26.

Cheval-Noir (Maison du), rue du Chantre, voir Petit-Cerf, I, 25.

Cheval-Noir (Maison du), rue Jean-Saint-Denis, voir Saint-Esprit, I, 71.

Cheval-Noir (Maison du), rue Fromenteau, voir Corne-de-Cerf, I, 45.

Cheval-Rouge (Maison du), rue Champ-Fleuri, voir Patin, I, 22.

Cheval-Rouge (Maison du), puis du Cheval-Blanc, de l'Écu-de-Bretagne et du Croissant, rue Champ-Fleuri, paroisse Saint-Germain-l'Auxerrois, haute justice et censive de l'Évêché, I, 23.

Cheval-Rouge (Maison du), appelée plus tard le Petit-Soleil tout en conservant son enseigne primitive, et ayant formé deux maisons, dont l'une avait pour enseigne les Images-Saint-Siméon-et-Saint-Jude, rue Fromenteau, paroisse Saint-Germain-l'Auxerrois, haute justice de l'Évêché, censive du fief de Fromenteau, et rue Saint-Thomas-du-Louvre, même paroisse et même justice que ci-dessus, mais censive de l'Évêché, I, 43, 109.

Cheval-Rouge (Maison du), puis de l'Écu-de-France, ayant aussi eu pour enseigne l'Écu-de-Navarre, rue Saint-Honoré, paroisse Saint-Germain-l'Auxerrois, haute justice de l'Évêché, censive du chapitre de Saint-Germain-l'Auxerrois, I, 51.
— Partie de cette maison, rue des Poulies, 95.

Cheval-Royal (Maison du), rue Jean-Saint-Denis, voir Écu-de-Berry, I, 72, 73.

Cheverny (Le comte de) est autorisé à clore de murs la partie des fossés comprise entre la troisième porte Saint-Honoré et le jardin des Tuileries, I, 315.

Chevreuse (Hôtels de Claude de Lorraine, duc de): 1° rue d'Autriche, voir Hôtel d'Étampes ou d'Aumale, I, 10, 11; 2° rue Saint-Thomas-du-Louvre, voir Hôtel d'O, 103.

Chevreuse (Hôtel de Pierre, seigneur de), rue Fromenteau et rue Saint-Thomas-du-Louvre, voir Hôtel de Vendôme, I, 42.

Childebert est mentionné à tort, par un historien, comme le fondateur du Louvre, I, 113.

Chiffre de Henri II et Diane de Poitiers, au Louvre, I, 227, 228. — De Henri II et Catherine de Médicis, à la colonne de la Halle au blé, 228. — De Henri II, au Louvre, 250. — De Charles IX, au Louvre, 250, 251. — De Henri IV et Gabrielle d'Estrées, au Louvre, 260; II, 61, 73. — De Henri IV, au Louvre, I, 269. — De Henri IV et Marie de Médicis, au Louvre, II, 63. — Id. aux Tuileries, 93. — De Henri IV, au jardin des Tuileries, 98.

Choisy (Hôtel du duc de), rue d'Autriche et rue des Poulies, voir Petit-Alençon, I, 88.

Christine de Pisan parle du Louvre, I, 124.

Cipières (Hôtel de la famille de), rue d'Autriche et rue des Poulies, voir Hôtel d'Alluye, I, 94.

Citerne (Maison de la), puis de la Chartreuse, rue Saint-Honoré, paroisse de Saint-Germain-l'Auxerrois, puis de Saint-Roch, haute justice et censive de l'Évêché, I, 314.

Civeton, dessinateur, seconde De Clarac dans la composition d'un plan de l'ancien Louvre, I, 152.

Clamecy (Me Gilles de), prévôt de Paris; sa maison, rue des Poulies, paroisse Saint-Germain-l'Auxerrois, haute justice de l'Évêché, censive du chapitre Saint-Germain-l'Auxerrois, I, 93.

Clarac (De), auteur d'une Description du Louvre; appréciation de cet ouvrage, I, 152.

Clef (Maison de la), puis du Pot-d'Étain, du Petit-Panier, du Panier-Vert et de la Ville-

TABLE ALPHABÉTIQUE DES MATIÈRES. 271

DE-LUDE, rue Saint-Honoré, paroisse Saint-Germain-l'Auxerrois, haute justice et censive de l'Évêché, I, 57.

CLÉRICY (Antoine), potier émailleur, II, *Appendices*, 209.

CLERMONT (Hôtel du comte DE), rue d'Autriche, voir HÔTEL D'ÉTAMPES, I, 14, 15.

CLÈVES (Catherine DE), duchesse de Guise; son hôtel, rue d'Autriche, voir HÔTEL D'ÉTAMPES ou D'AUMALE, I, 10, 11.

CLICHY (Chemin de), I, 50, 51.

CLOCHE-D'ARGENT (Maison de la), puis du GRAND-ALEXANDRE, rue Champ-Fleuri, paroisse Saint-Germain-l'Auxerrois, haute justice et censive de l'Évêché, I, 23.

CLOCHES (Jardin et logis des), dans la région des Tuileries, I, 331; II, 2, 3, 5, 6.

CLOÎTRE SAINT-LOUIS, ou ensemble des bâtiments claustraux dépendant de la chapelle Saint-Nicolas-du-Louvre, I, 111.

CLOS des Aveugles, ou des Quinze-Vingts, I, 285 et suiv. 326 et suiv. 341 et suiv. — Des Essarts, 286, 288, 291. — De la Poterie, 292. — Pigeon, 310. — Maudole, 326 et suiv. — De Guillaume de Moucy, 326, 327, 328. — Le Viste, 330, 331. — Le Gendre, II, 5.

CLOUET (Pierre), sous-contrôleur des jardins du Roi, II, *Appendices*, 219.

COCHES (Maison des), rue des Poulies, acquise pour l'agrandissement de l'hôtel de Bourbon, I, 34.

COCHET (Christophe), sculpteur, figure sur l'État des officiers entretenus par le Roi en 1618, II, *Appendices*, 211.

COEUR-NAVRÉ (Maison du), rue de l'Échelle, voir PIED-DE-BICHE, I, 279.

COËTANFAO (Hôtel de François Toussaint, marquis DE), rue Saint-Nicaise, voir HÔTEL DE CRÉQUY et D'ELBEUF, I, 78.

COIN (Jean), ou PLAIN, architecte, élève la Petite Galerie du Louvre, II, 8, 76, 108. — Il est employé comme expert avec les jurés du Roi et entreprend divers travaux, 78.

COIN (Tour du), ou JEHAN-DE-LESTANG, I, 165, 166, 167, 169, 174, 175, 176; II, 133.

COLLÉGIALE de Saint-Honoré, I, 23. — De Saint-Thomas-du-Louvre, 96 et suiv.

COLLETET (Armand), tourneur de pierre et de bois, travaille au Louvre, I, 241, 247.

COLLIN (Remi), maître des œuvres de maçonnerie du Roi, s'engage à exécuter les travaux de construction de l'église des Feuillants, I, 302. — Il figure sur l'État des officiers entretenus par le Roi en 1624, II, 218.

COLOMBE (Maison de la), puis PETIT HÔTEL DE VILLEQUIER et HÔTEL DE PROVENCE, rue des Poulies, paroisse Saint-Germain-l'Auxerrois, haute justice de l'Évêché, censive du chapitre de Saint-Germain-l'Auxerrois, I, 92, 93.

COLOMBEL (Jean), maçon, travaille au Louvre, I, 151, 196.

COLOMBIER (Jean), peintre, travaille à la décoration du Louvre, II, 75.

COMBAULT (Hôtel de Robert DE), seigneur d'Arcissur-Aube, premier maître d'hôtel du Roi, I, 87.

COMMUNAUTÉS, voir ASSOMPTION, CAPUCINS, FEUILLANTS, ORATOIRE, SAINT-NICOLAS-DU-LOUVRE.

COMMUNS du Louvre, I, 161.

COMPAS (Maison du), rue Saint-Nicaise, voir ÉPÉE-DE-BOIS, I, 79.

COMPAS (Maison du), rue du Dauphin, paroisse de Saint-Germain-l'Auxerrois, puis de Saint-Roch, haute justice et censive de l'Évêché, I, 296.

COMPAS (Rue du), I, 83.

COMPTABLES, TRÉSORIERS, CONTRÔLEURS et INTENDANTS des bâtiments royaux mentionnés dans les comptes du Louvre et des Tuileries ou dans l'État des officiers entretenus par le Roi pour le service du Louvre et des Tuileries, voir AUBERT (Thomas), BERTHIN, CASUESSEQUI, CHAPPONAY (Guillaume DE), CLOUET (Pierre), CULDOË (Pierre), DES HÔTELS (Pierre), DOXON (Jean et Louis DE), DU PERRON (Marie de Pierrevive, dame), DURANT (Jean), FOURCY (Henri et Jean DE), GELÉE (Jean), GONDI (Pierre DE), GRAND-REMY (Étienne), HARLAY (Nicolas DE), LA BARRE (Jean DE), MAISONCELLES (DE), MARGERIT (Léonard), MICHEL (Jacques), NEUFVILLE (Nicolas DE), REGNAUT (Pierre), SULLY (Le duc DE), VEAU (Alain), VERDUN (Jean DE).

COMPTES des dépenses faites au Louvre sous Charles V, I, 181 à 199. — *Id*. sous Henri II, y compris les comptes se rattachant à cinq mois et demi du règne de François II, 238 à 247. — *Id*. sous Charles IX, 253 à 256. — Des dépenses faites pour la construction des Tuileries en 1570 et 1571, II, 49, 50, 51. — De divers droits et cens au profit du Prieur de Saint-Denis-de-la-Chartre, *Appendices*, 189, 190, 191. — Des dépenses faites au Louvre et aux Tuileries en 1624, *Appendices*, 216, 217, 218. — De diverses dépenses et recettes de Catherine de Médicis, *Appendices*, 229 à 233. — De la fontaine des Tuileries, *Appendices*, 233 à 236. — De la grotte émaillée des Tuileries, *Appendices*, 236 à 238. — Des travaux pour les préparatifs des fêtes données dans le jardin de la Coquille, *Appendices*, 238, 239, 240. — De diverses recettes de Catherine de Médicis, *Appendices*, 244, 245, 246. — Des réparations et de l'ameublement d'une maison située dans la rue des Poulies et appartenant à Catherine de Médicis, *Appendices*, 246 à 252.

Concini, maréchal d'Ancre; sa maison, rue d'Autriche, I, 8, 9. — Endroit où il fut assassiné, 9, 147.

Conférence (Porte de la), I, 321, 322, 323, 324.

Conseil (Chambre du), au Louvre, I, 148.

Conseil (Salle du), au Louvre, I, 154, 156.

Contant, architecte du Roi, élève un bâtiment dans le jardin de l'hôtel de Longueville acheté par les fermiers généraux, I, 104.

Contre-sceau du chapitre de Saint-Thomas-du-Louvre, I, 100. — *Id.* gravure qui le représente, 111. — Du collège Saint-Nicolas, 112. — *Id.* gravure qui le représente, 111.

Contrôle (Maison du), bâtie sur l'emplacement de l'hôtel Matignon, rue des Orties, I, 84.

Conty (Hôtel de Louise de Lorraine, princesse de), rue d'Autriche, voir Hôtel de Retz et de Conty, I, 16, 17.

Conty (Hôtel de la princesse de), rue d'Autriche et rue des Poulies, voir Hôtel d'Alluye, I, 94.

Convention (Rue de la), ou du Dauphin, I, 295.

Coq (Maison du), rue d'Autriche, emplacement non déterminé, I, 12.

Coq (Maison du), ou du Grand-Coq, qui contribua à former l'Hôtel du Boucpage, rue du Coq, paroisse Saint-Germain-l'Auxerrois, haute justice et censive de l'Évêché, I, 26, 29.

Coq (Maison du), rue du Coq, voir Magdeleine, I, 28.

Coq (Maison du), rue Jean-Saint-Denis, voir Cheval-Blanc, I, 71.

Coq (Maison du), rue Saint-Honoré, voir Écu-de-France, I, 292.

Coq (Rue du), I, 26 à 29.

Coquille (Maison ou hôtel de la), rue Saint-Honoré, paroisse de Saint-Germain-l'Auxerrois, puis de Saint-Roch, haute justice et censive de l'Évêché, I, 307, 308. — Son jardin, II, 49, et *Appendices*, 238 à 241.

Corne-de-Cerf (Maison de la), rue Champ-Fleuri, voir Image-Saint-Nicolas, I, 21.

Corne-de-Cerf (Maison de la), rue Champ-Fleuri, voir Maison du Champ-Fleuri, I, 22.

Corne-de-Cerf (Maison de la), rue Champ-Fleuri, voir Corne-de-Dain, I, 22.

Corne-de-Cerf (Maison de la), puis du Lion-d'Argent, rue Champ-Fleuri, paroisse Saint-Germain-l'Auxerrois, haute justice et censive de l'Évêché, I, 23.

Corne-de-Cerf (Maison de la), pouvant être une des parties de la maison du Croissant, rue du Chantre, paroisse Saint-Germain-l'Auxerrois, haute justice et censive de l'Évêché, I, 24.

Corne-de-Cerf (Maison de la), puis du Bon-Repos, dont un des corps d'hôtel portait peut-être l'enseigne du Louis-d'Or, rue du Chantre, paroisse Saint-Germain-l'Auxerrois, haute justice et censive de l'Évêché, I, 25.

Corne-de-Cerf (Maison de la), rue du Coq, voir Maison de la Corne-de-Cerf et du Sabot, I, 27.

Corne-de-Cerf (Maison de la), rue Fromenteau, paroisse Saint-Germain-l'Auxerrois, haute justice de l'Évêché, censive du fief de Fromenteau, I, 41.

Corne-de-Cerf (Maison de la), puis du Cheval-Noir, rue Fromenteau, paroisse Saint-Germain-l'Auxerrois, haute justice de l'Évêché, censive du fief de Fromenteau, I, 45.

Corne-de-Cerf (Maison de la), puis des Lions, réunie plus tard à d'autres maisons pour former l'Hôtel de Souvré, rue Fromenteau, paroisse Saint-Germain-l'Auxerrois, haute justice de l'Évêché, censive du fief de Fromenteau, I, 46.

Corne-de-Cerf (Maison de la), rue Saint-Honoré, voir Cerf, I, 56.

Corne-de-Cerf (Maison de la), rue Saint-Honoré, voir Cerf, I, 57.

Corne-de-Cerf (Maison de la), rue Saint-Honoré, voir Maison des Trois-Morts-et-des-Trois-Vifs, I, 60.

Corne-de-Cerf (Maison de la), dite plus tard l'Hôtel de Pluvinel, rue Saint-Honoré, paroisse de Saint-Germain-l'Auxerrois, puis de Saint-Roch, haute justice et censive de l'Évêché, I, 289, 294.

Corne-de-Cerf (Maison de la), et aussi du Lion-d'Or, rue Saint-Honoré, paroisse Saint-Germain-l'Auxerrois, puis de Saint-Roch, haute justice et censive de l'Évêché, I, 290, 297.

Corne-de-Cerf (Maison de la), puis de la Bergerie, rue Jean-Saint-Denis, paroisse de Saint-

TABLE ALPHABÉTIQUE DES MATIÈRES. 273

Germain-l'Auxerrois, haute justice et censive de l'Évêché, I, 71.

Corne-de-Cerf (Maison de la), rue Jean-Saint-Denis, voir Écu-de-Berry, I, 72, 73.

Corne-de-Cerf (Maison de la), rue des Poulies, voir Écu-de-Navarre, I, 95.

Corne-de-Cerf (Maison de la), rue du Dauphin, paroisse de Saint-Germain-l'Auxerrois, puis de Saint-Roch, haute justice et censive de l'Évêché, I, 296.

Corne-de-Cerf-et-Sabot, voir Maison de la Corne-de-Cerf et du Sabot.

Corne-de-Daim (Maison de la), puis de la Croix-d'Or et de la Montagne, rue Champ-Fleuri, paroisse Saint-Germain-l'Auxerrois, haute justice et censive de l'Évêché, I, 22.

Corne-de-Daim (Maison de la), puis de la Corne-de-Cerf, rue Champ-Fleuri, paroisse Saint-Germain-l'Auxerrois, haute justice et censive de l'Évêché, I, 22.

Cornet-d'Or (Maison du), rue Champ-Fleuri, voir Gros-Tournois, I, 22.

Cornet-d'Or (Maison du), puis du Grand-Cornet et de Notre-Dame-de-Paix, paraissant avoir été divisée en deux parties, le Grand et le Petit-Cornet, rue Saint-Honoré, paroisse de Saint-Germain-l'Auxerrois, puis de Saint-Roch, haute justice et censive de l'Évêché, I, 292.

Corps municipal (Le) demande au maréchal de Montmorency, pour les archers et arquebusiers, l'autorisation de continuer les exercices de tir sur le quai des Buttes, I, 31. — Il ordonne au maître des œuvres de visiter le terrain sur lequel doit s'ouvrir la rue Saint-Nicaise, et fait dresser le plan de cette rue, 74. — Il délibère à propos d'une lettre du gouverneur de Paris recommandant de commencer promptement le quai du Louvre, 175. — Il se rend auprès de François Ier et en reçoit l'invitation de presser les travaux du quai du Louvre, 176. — Il reçoit de Henri IV l'ordre de démolir le ravelin placé devant la deuxième porte Saint-Honoré, 180. — Il visite les fortifications de Paris, 264. — Il adresse des plaintes à Louis XIII au sujet de la démolition de l'enceinte de Charles V, 281. — Il rend une ordonnance ayant pour but le pavage du faubourg Saint-Honoré, 283. — Il assiste à la pose de la première pierre des fortifications des Tuileries, après avoir fait frapper des médailles commémoratives de cet événement, 319. — Il procède au pavage des quais du Louvre au moyen de pierres prises dans les ateliers des fortifications des Tuileries, 319. — Il reçoit de Charles IX une lettre qui prescrit certains travaux ayant pour but l'assainissement du faubourg Saint-Honoré, II, 52. — Il reçoit de Henri III l'ordre de prendre des mesures propres à soustraire les jardins des Tuileries à la vue du public, 53. — Il fait une visite à Henri IV après la prise d'Amiens, *Appendices*, 224.

Coste (Jean), peintre et sergent d'armes du roi, orne de fleurs de lis les bannières des tours du Louvre I, 143, 190.

Cotte (Robert de), architecte, entrepreneur des travaux du Louvre; sa demeure dans une construction élevée sur les terrains de l'hôtel Souvré, I, 46. — Il bâtit le château d'eau de la place du Palais-Royal, 60.

Coupeau (Hôtel de Germain II de Valenciennes, seigneur d'Ormoy et de), rue des Orties, voir Petite-Bretagne, I, 79 et suiv.

Coupe-d'Or (Maison de la), rue Saint-Honoré, paroisse Saint-Germain-l'Auxerrois, haute justice et censive de l'Évêché, I, 56.

Couperay (Maison appartenant à Jean Teste, seigneur de), rue Saint-Honoré, I, 291, 307.

Courcelles (Jean de), peintre, travaille à la décoration du Louvre, II, 75.

Cour du Louvre, I, 132 et suiv. II, 120, 121, 134.

Couronne (Maison de la), ou de la Couronne-d'Or et peut-être de l'Image-Notre-Dame, rue Fromenteau, paroisse Saint-Germain-l'Auxerrois, haute justice de l'Évêché, censive du fief de Fromenteau, I, 44.

Couronne (Maison de la), rue Saint-Honoré, voir Cerf, I, 57.

Couronne-d'Épines (Maison de la), rue du Coq, paroisse Saint-Germain-l'Auxerrois, haute justice et censive de l'Évêché, I, 30.

Couronne-d'Or (Maison de la), rue Fromenteau, voir Couronne, I, 44.

Courtanvaux (Marquis de), voir Souvré.

Courtine du bord de l'eau ou Courtine de Charles V, près du Louvre, I, 167, 169 et suiv. et *Appendices*, viii, ix.

Courtois (Pierre), orfèvre, l'un des *Illustres*, II, 101.

Coustou (Les), sculpteurs; demeure de l'un d'eux dans une construction élevée sur les terrains de l'hôtel Souvré, I, 46. — Le plus jeune orne de statues le château d'eau de la place du Palais-Royal, 60.

COUTUMES, voir MŒURS ET COUTUMES.

COYPEL (Antoine), peintre, auteur d'un tableau représentant la *Conception* et placé dans l'église de l'Assomption, I, 313.

COYPEL (Noël), peintre, auteur d'un Christ placé dans l'église de l'Assomption, I, 313.

CRAMOY (Étienne), sculpteur, travaille à la décoration du Louvre, I, 232, 236, 240, 243, 250, 252, 254, 255.

CRÉCY (Hôtel de Marie de Caumont, dame DE), rue Saint-Nicaise, voir HÔTEL D'UZÈS et DE CRUSSOL, I, 78.

CRÉQUY (Charles DE), comte de Saulx, maréchal; son hôtel, rue d'Autriche, voir HÔTEL D'ÉTAMPES, I, 14, 15.

CRÉQUY (Hôtel du maréchal François DE), rue Saint-Nicaise, voir HÔTEL DE CRÉQUY et D'ELBEUF, I, 78.

CRESPIN (Jean), architecte, dirige les travaux de construction d'une partie de l'église des Feuillants, I, 302.

CROISSANT (Maison du), rue d'Autriche, paroisse Saint-Germain-l'Auxerrois, haute justice de l'Évêché, censive de Saint-Denis-de-la-Chartre, I, 9.

CROISSANT (Maison du), rue Champ-Fleuri, voir CHEVAL-ROUGE, I, 23.

CROISSANT (Maison du), divisée plus tard en deux portions, rue du Chantre, paroisse Saint-Germain-l'Auxerrois, haute justice et censive de l'Évêché, I, 24.

CROISSANT (Maison du), rue du Coq, voir CHAPEAU-ROUGE, I, 27.

CROISSANT (Maison du), plus tard dite Maison de la LONGUE-ALLÉE et HÔTEL DE PICARDIE, rue Saint-Honoré, paroisse Saint-Germain-l'Auxerrois, haute justice et censive de l'Évêché, I, 58.

CROISSANT (Maison du), puis du BOIS-DE-BOULOGNE, rue Jean-Saint-Denis, paroisse Saint-Germain-l'Auxerrois, haute justice et censive de l'Évêché, I, 71.

CROIX-BLANCHE (Maison de la), rue de Beauvais, voir PIED-DE-GRIFFON, I, 19.

CROIX-BLANCHE (Maison de la), rue Champ-Fleuri, paroisse Saint-Germain-l'Auxerrois, haute justice et censive de l'Évêché, I, 21.

CROIX-BLANCHE (Maison de la), rue Champ-Fleuri, voir PATIN, I, 22.

CROIX-BLANCHE (Maison de la), rue du Chantre, voir PETIT-GODET, I, 24, 25.

CROIX-BLANCHE (Maison de la), puis du CHAPELET et du PIED-DE-BICHE, dépendant d'une maison sise dans la rue Champ-Fleuri et portant cette dernière enseigne, rue du Chantre, paroisse Saint-Germain-l'Auxerrois, haute justice et censive de l'Évêché, I, 25.

CROIX-BLANCHE (Maison de la), rue du Chantre, voir IMAGE-SAINTE-BARBE, I, 26.

CROIX-BLANCHE (Maison de la), ou de la CROIX-VERTE, rue du Coq, I, 28.

CROIX-BLANCHE (Maison de la), ou du NOM-DE-JÉSUS, rue du Coq, paroisse Saint-Germain-l'Auxerrois, haute justice et censive de l'Évêché, I, 29.

CROIX-BLANCHE (Maison de la), puis de la CROIX-ROUGE, rue Fromenteau, paroisse Saint-Germain-l'Auxerrois, haute justice et censive de l'Évêché, censive du fief de Fromenteau, I, 44.

CROIX-BLANCHE (Maison de la), rue Saint-Honoré, voir LION-D'OR, I, 58.

CROIX-BLANCHE (Maison de la), rue des Orties, voir CROIX-DE-FER, I, 84.

CROIX-BLANCHE (Maison de la), appelée ensuite le PETIT-MOISSET, rue Saint-Thomas-du-Louvre, paroisse Saint-Germain-l'Auxerrois, haute justice et censive de l'Évêché, 108.

CROIX-D'ARGENT (Maison de la), rue du Chantre, voir IMAGE-SAINTE-BARBE, I, 26.

CROIX-DE-FER (Maison de la), puis de l'ÉPÉE-DE-BOIS, rue Saint-Honoré, paroisse Saint-Germain-l'Auxerrois, haute justice et censive de l'Évêché, I, 60.

CROIX-DE-FER (Maison de la), puis de la CROIX-BLANCHE, rue des Orties, paroisse Saint-Germain-l'Auxerrois, haute justice et censive de l'Évêché, I, 84.

CROIX-DE-FER (Maison de la), rue des Orties, paroisse Saint-Germain-l'Auxerrois, haute justice et censive de l'Évêché, I, 84.

CROIX-DE-LORRAINE (Maison de la), ou de la SERAINE, rue Fromenteau, I, 40.

CROIX-DE-LORRAINE (Maison de la), rue Saint-Honoré, paroisse de Saint-Germain-l'Auxerrois, puis de Saint-Roch, haute justice et censive de l'Évêché, I, 299.

CROIX-D'OR (Maison de la), rue Champ-Fleuri, voir CORNE-DE-DAIM, I, 22.

CROIX-D'OR (Maison de la), ou de l'IMAGE-SAINT-CLAUDE, rue du Chantre, I, 24.

CROIX-D'OR (Maison de la), rue Saint-Honoré, paroisse Saint-Germain-l'Auxerrois, haute justice et censive de l'Évêché, I, 57.

CROIX-D'OR (Maison de la), rue Fromenteau, voir DAUPHIN, I, 40.

CROIX-D'OR (Maison de la), rue Saint-Honoré, voir TROIS-ROIS, I, 56.
CROIX-D'OR (Maison de la), rue Saint-Honoré, voir GODET, I, 61.
CROIX-D'OR (Maison de la), rue Jean-Saint-Denis, voir IMAGE-SAINT-CLAUDE, I, 72.
CROIX-DU-TIROIR (Rue de la), I, 49.
CROIX-ROUGE (Maison de la), rue Fromenteau, voir CROIX-BLANCHE, I, 44.
CROIX-ROUGE (Maison de la), rue Saint-Nicaise, paroisse Saint-Germain-l'Auxerrois, haute justice et censive de l'Évêché, I, 77.
CROIX-VERTE (Maison de la), partie de la maison qui contenait l'IMAGE-NOTRE-DAME, rue du Coq, I, 28.
CROIX-VERTE (Maison de la), rue Jean-Saint-Denis, voir IMAGE-SAINT-LOUIS, I, 72.
CROIX-VERTE (Maison de la), rue Jean-Saint-Denis, voir ÉCU-DE-BERRY, I, 72.
CROIX-VERTE (Maison de la), rue Saint-Honoré, voir HÔTEL DE GALLYE, I, 293.
CROIX-VERTE (Maison de la), rue Saint-Honoré, voir TROIS-ROIS, I, 56.
CROSSE (Maison de la), puis du SINGE-VERT, dont une dépendance a également eu pour enseigne la CROSSE, rue Saint-Honoré, paroisse Saint-Germain-l'Auxerrois, haute justice et censive de l'Évêché, I, 60.
CRUSSOL (Charles-Emmanuel DE), voir UZÈS.
CULDOË (Pierre), lieutenant du châtelain du Louvre, payeur des travaux du Louvre ; ses comptes des dépenses faites au Louvre sous Charles V, I, 181 à 199.

CUILLER (Maisons de la), rue Fromenteau, paroisse Saint-Germain-l'Auxerrois, haute justice de l'Évêché, censive du fief de Fromenteau, I, 44.
CUILLER (Maison de la), rue Fromenteau, voir SOUCHE, I, 45.
CUILLER-DE-BOIS (Maison de la), rue Fromenteau, voir CUILLIÈRE, I, 44.
CUILLIÈRE (Maison de la), puis de la CUILLER-DE-BOIS et du DAUPHIN, paraissant aussi avoir eu pour enseigne l'IMAGE-NOTRE-DAME, rue Fromenteau, paroisse Saint-Germain-l'Auxerrois, haute justice de l'Évêché, censive du fief de Fromenteau, I, 44.
CUISINE DU LOUVRE (Maison dite la), I, 159.
CUISINES (Cour des), au Louvre, I, 204.
CULTURE-L'ÉVÊQUE, voir clos des QUINZE-VINGTS, I, 285 et suiv.
CYARD (Guillaume), maître serrurier, travaille au Louvre, I, 238.
CYGNE (Maison du), divisée ensuite en deux portions, 1° la LONGUE-ALLÉE, plus tard l'IMAGE-SAINT-JACQUES, 2° l'ÉTRILLE-FAUVEAU, rue du Coq, paroisse Saint-Germain-l'Auxerrois, haute justice et censive de l'Évêché, I, 28.
CYGNE (Maison du), rue Saint-Honoré, paroisse de Saint-Germain-l'Auxerrois, puis de Saint-Roch, haute justice et censive de l'Évêché, I, 294.
CYGNE-DE-LA-CROIX (Maison du), rue Champ-Fleuri, paroisse Saint-Germain-l'Auxerrois, haute justice et censive de l'Évêché, I, 22.

D

DAGOBERT ; mention d'une charte qui lui est faussement attribuée, I, 113, 114.
D'ALBERT (Charles), voir LUYNES.
DAMPIERRE (Pavillon de Jeanne de Vinon DE), dame d'honneur de Catherine de Médicis, rue d'Autriche, voir HÔTEL DE RETZ et DE CONTI, I, 16, et PETIT-ALENÇON, 88.
DAMPMARTIN (Drouet DE), tailleur de pierre, travaille au Louvre, I, 187.
DAMPMARTIN (Guy DE), sculpteur, exécute une des statues du grand escalier du Louvre, I, 150.
DANVILLE (Jean DE), châtelain du Louvre, I, 181.
DAUPHIN (Maison du), rue du Coq, paroisse Saint-Germain l'Auxerrois, haute justice et censive de l'Évêché, I, 30.

DAUPHIN (Maison du), puis de la CROIX-D'OR, rue Fromenteau, paroisse Saint-Germain-l'Auxerrois, haute justice et censive de l'Évêché, I, 40.
DAUPHIN (Maison du), rue Fromenteau, voir CUILLIÈRE, I, 44.
DAUPHIN (Maison du), puis du DAUPHIN-VERT, rue Saint-Honoré, paroisse Saint-Germain-l'Auxerrois, haute justice et censive de l'Évêché, I, 57.
DAUPHIN (Maison du), puis des SERPETTES, et, plus tard, encore du DAUPHIN, dont une portion s'appelait la maison des DEUX-SUISSES, rue Saint-Honoré, paroisse de Saint-Germain-l'Auxerrois, puis de Saint-Roch, haute justice et censive de l'Évêché, I, 293.
DAUPHIN (Rue du), I, 294, 295, 296.

35.

DAUPHIN-VERT (Maison du), rue Saint-Honoré, voir DAUPHIN, I, 57.

DE BROSSE (Paul), architecte, figure sur l'État des officiers entretenus par le Roi en 1618 et 1624, II, *Appendices*, 208, 218.

DE BROSSE (Salomon), architecte du Luxembourg, II, 79. — Il figure sur l'État des officiers entretenus par le Roi en 1618 et 1624, *Appendices*, 208, 218.

DE FER (Nicolas), géographe, éditeur d'un plan de Paris, I, *Préface*, v.

DE LA CHAPELLE (Hennequin), huchier, fournit divers objets pour l'ameublement du Louvre, I, 192, 193.

DE LA CROIX (Claude), bourgeois de Paris; son épitaphe dans l'église Saint-Thomas-du-Louvre, I, 102.

DE LA GARDE (Abraham), horloger du roi, un des *Illustres*, II, 101.

DE LAGRIVE, géographe de la Ville, I, *Préface*, IX, XII, XIII.

DE LA GROYE (Étienne), jardinier, travaille au Louvre, I, 198.

DE LAMARE, auteur du *Traité de la police*, I, *Préface*, V, VI; II, 152.

DELORME (Passage), rue Saint-Honoré, voir Maison de l'IMAGE-NOTRE-DAME, I, 293.

DE L'ORME (Jean), frère du suivant, maître général des œuvres de maçonnerie du Roi; II, 28, et *Appendices*, 223.

DE L'ORME (Philibert), inspecteur des bâtiments royaux, architecte des Tuileries, I, 208, 209, 240, 263; II, 7, 14 et suiv. 35, 36, 37, 107, et *Appendices*, 177, 178, 222, 223. — Sa signature, I, 208. — Ses armoiries, II, 19. — Son caractère, 20, 21. — Appréciation de son talent, 24, 25. — Ses ouvrages sur l'architecture, 25 à 28. — Sa famille, 28, 29. — Mémoire manuscrit sur sa vie et ses œuvres, *Appendices*, 179 à 185. — Son testament, *Appendices*, 185 à 189.

DÉPENSES faites au Louvre et aux Tuileries, voir COMPTES.

DESCENTE DU PASSEUX, située entre l'abreuvoir du Louvre et celui des Fossés Saint-Germain, I, 32.

DESCENTE DU PORT AU FOIN, ou ARCHE D'AUTRICHE, ou ABREUVOIR DU LOUVRE, I, 32.

DESCLUSEAUX, gardien de la volière des Tuileries, II, *Appendices*, 215.

D'ESCOUBLEAU (Charles), voir SOURDIS.

DES ESSARTS (Antoine), garde de la bibliothèque royale, au Louvre, I, 127. — Sa maison, rue de l'Échelle, voir IMAGE-NOTRE-DAME, 279.

DES ESSARTS (Pierre), bourgeois de Paris et conseiller du Roi; sa maison, rue de l'Échelle, voir IMAGE-NOTRE-DAME, I, 279, et terrain de la place du CARROUSEL, 280. — Ses terres ou son clos, dans la Culture-l'Évêque, 286, 288, 291.

DESGODETS, auteur d'un plan manuscrit du Louvre, I, 133.

DESCOTZ (Jean), jardinier des Tuileries, II, *Appendices*, 213.

DESCOTZ (Pierre), jardinier des Tuileries, II, *Appendices*, 221.

DES HAYES (Étienne), valet de chambre de Henri III; sa maison, rue d'Autriche, I, 16.

DES HÔTELS (Pierre), contrôleur des bâtiments royaux, I, 237.

DES MARTINS (Pierre), peintre, l'un des *Illustres*, II, 101.

DES NOYERS (Nicolas), sieur de la Brosse; sa maison, rue Fromenteau, voir TROIS-FLEURS-DE-LIS-COURONNÉES, I, 41.

DESTAILLEUR (M.) possède le dessin d'une grotte pour les Tuileries par Bernard Palissy, II, 40.

DEULX (Bertrand), maçon et entrepreneur, travaille au bâtiment des écuries et à la clôture du grand jardin des Tuileries, II, 49.

DEUX-BOULES (Maison des), rue du Coq, paroisse Saint-Germain-l'Auxerrois, haute justice et censive de l'Évêché, I, 30.

DEUX-COIGNÉES (Maison des), puis de la MOUFFLE et de la POMME DE PIN, rue Champ-Fleuri, paroisse Saint-Germain-l'Auxerrois, haute justice et censive de l'Évêché, I, 23.

DEUX-DOCTEURS (Maison des), rue Saint-Honoré, voir ANNONCIATION-NOTRE-DAME, I, 56.

DEUX-SUISSES (Maison des), rue Saint-Honoré, voir DAUPHIN, 293.

DEUX-VISAGES (Maison des), rue Jean-Saint-Denis, paroisse Saint-Germain-l'Auxerrois, haute justice et censive de l'Évêché, I, 71.

DEVISE de l'ordre du Chardon, à l'hôtel de Bourbon, I, 37, 38, 39. — De François Iᵉʳ, dans le *Grand-Alençon*, 92. — De Henri II, 227. — De Diane de Poitiers, 228. — De Catherine de Médicis, aux Tuileries, II, 36. — Composée pour Henri IV et destinée à être inscrite sur le soubassement d'un portique projeté dans la Galerie des Rois, 66.

DEVISE-ROYALE (Maison de la), rue Saint-Honoré,

TABLE ALPHABÉTIQUE DES MATIÈRES. 277

voir Maison des Trois-Morts-et-des-Trois-Vifs, I, 60.

Diable (Fontaine du), à l'angle des rues Saint-Louis et de l'Échelle, I, 285.

Dieu-d'Amour (Maison du), rue Saint-Honoré, paroisse Saint-Germain-l'Auxerrois, haute justice et censive de l'Évêché, I, 58.

Divisions de Paris, I, *Préface*, xvi, xvii.

Donon (Jean de), trésorier du Roi et contrôleur des bâtiments royaux, II, *Appendices*, 202.

Donon (Louis de), contrôleur général des bâtiments royaux, II, *Appendices*, 206, 215.

Dorat (Jean), poëte, auteur d'un opuscule sur les fêtes données dans le jardin des Tuileries; citation de vers latins tirés de son livre, II, *Appendices*, 240.

D'Orbay, architecte du Louvre; son logement dans l'hôtel de Longueville, I, 92.

Dormans (Jean de), évêque de Beauvais, chancelier de France, II, 154, 155.

Dornich (Helmich de), écuyer et familier de Guillaume de Bavière, qui lui cède l'hôtel d'Ostrevant, I, 15.

D'Orval, premier écuyer de la reine Anne d'Autriche; sa demeure, rue d'Autriche et rue des Poulies, voir Hôtel d'Alluye, I, 94.

Doyenné de Saint-Thomas-du-Louvre, I, 100.

Doyenné (Cul-de-sac du), ou Saint-Thomas, I, 83.

Doyenné (Rue du), ou Neuve-Saint-Thomas, I, 83.

Dreufavier, tailleur de pierre, travaille au Louvre, I, 198.

Dreux (Robert Ier, comte de) fait une donation de plusieurs maisons et constitue des rentes en faveur des pauvres clercs du Louvre, I, 96.

Dreux (Robert IV, comte de), voir Montfort.

Duban (M.), architecte, restaure les galeries du Louvre, I, 141; II, 61.

Du Bois (Ambroise), peintre, travaille à la décoration du Louvre, II, 75.

Du Bois (Arnauld), bourgeois de Paris, fait un accord avec Catherine de Médicis pour le remboursement des restes des comptes affectés à la construction des Tuileries, II, *Appendices*, 194 et suiv.

Du Bois (Marie), femme de Claude de la Croix; son épitaphe dans l'église des Quinze-Vingts, I, 102.

Du Bout (Maurice), tapissier de haute lisse, un des *Illustres*, II, 101, et *Appendices*, 214.

Du Boys (Pierre), concessionnaire d'un terrain dans le rempart de l'enceinte de Charles V, I, 74.

Du Breuil (Jean), alias Le Breuil, peintre, travaille à la décoration du Louvre, I, 232, 240, 241, 245.

Du Breul (Toussaint), peintre du Roi, II, 63. — Il travaille à la décoration des galeries du Louvre, 66, 68, 74. — Le Roi veut lui associer Jacob Bunel, 74, 75.

Du Buisson (Thomas), peintre, exécute divers travaux au Louvre, I, 150, 190.

Duc-de-Bourgogne (Maison du), rue Saint-Honoré; voir Huchette, I, 56.

Duc-de-Valois (Maison du), rue Saint-Honoré, voir Longue-Allée, I, 52.

Du Cerceau (Baptiste Androuet), surintendant des bâtiments royaux, est nommé architecte du Louvre après la mort de Pierre Lescot, I, 271, 272, 273; II, 108. — Son entrée au service de Henri III, I, 274. — Ses titres et fonctions, 274, 275. — Il subit une disgrâce momentanée, 275. — Il dirige la construction des bâtiments du couvent des Feuillants, 300. — Sa famille, II, 89.

Du Cerceau (Jacques Androuet), le père, architecte et graveur, I, 258, 273, 274, 275. — Citation d'un passage de son ouvrage sur le Louvre, 258. — Notice sur sa vie et ses travaux, II, 84 et suiv. — Ses descendants, 87, 88, 89.

Du Cerceau (Jacques Androuet), le fils, architecte, I, 273, 275. — Fonctions exercées par lui, II, 87. — Il dresse les plans et dirige la construction de la seconde moitié de la Grande Galerie du Louvre, 89, 107. — Il s'oppose à l'entérinement des lettres de commission de Louis Métezeau, *Appendices*, 191. — Il est vraisemblablement le Du Cerceau mentionné dans l'État des officiers entretenus par le Roi en 1608, *Appendices*, 205.

Du Cerceau (Jean Androuet), fils de Baptiste Androuet, I, 273; II, 81. — Il est nommé architecte de Louis XIII, en remplacement d'Antoine Mestivier, 88. — Ses travaux à Paris, 88, 89. — Il figure sur l'État des officiers entretenus par le Roi en 1618 et 1624, *Appendices*, 208, 219.

Dunoy (Jean), jardinier, travaille au Louvre, I, 198.

Du Faur (Guy), voir Pibrac.

Du Gast, colonel général des Gascons, I, 91.

Duguet (Pierre), ou Daguet, menuisier, travaille au Louvre, I, 246.

Du Han (François), tailleur de marbre, travaille au Louvre, I, 252, 255.

Dulaure, historien de Paris, I, *Préface*, vii.

Du Lis (Les), de la famille de Jeanne d'Arc; l'un d'eux a pu habiter l'hôtel de Cipières, qui par suite aurait porté le nom d'*hôtel de Vaucouleurs*, I, 94.

Dumée (Guillaume), peintre, travaille à la décoration du Louvre, II, 75. — Il figure sur l'État des officiers entretenus par le Roi en 1608 et 1618, *Appendices*, 206, 210.

Du Parent, voir Villemenon.

Du Parvis (Jacques), huchier, exécute divers travaux dans la bibliothèque du Louvre, I, 145, 194.

Du Pérac (Étienne), architecte et peintre, est chargé de l'exécution du pavillon de Flore, II, 81. — Appréciation de son talent, 82. — Part qui peut lui revenir dans l'édification de la Grande Galerie du Louvre, 83, 108.

Du Perron (Marie de Pierrevive, dame), intendante de Catherine de Médicis; sa maison dans le clos des Quinze-Vingts, I, 291, 305. — Elle surveille les travaux des Tuileries, II, 7, 41, 51, et *Appendices*, 178. — Articles de dépense et autres détails qui la concernent, *Appendices*, 229, 230, 231.

Du Peyrat (Guillaume), poëte; ses vers sur le cadran solaire et lunaire du jardin des Tuileries, II, 38. — *Idem* sur le *Dedalus* du jardin des Tuileries, *Appendices*, 242. — *Idem* sur l'état désastreux des Tuileries pendant le siége de Paris, *Appendices*, 243.

Du Pont (Pierre), tapissier en ouvrages du Levant, auteur d'un traité de *Stromatourgie* et l'un des *Illustres*, II, 70, 101.

Du Pré (Guillaume), sculpteur, contrôleur général des poinçons des monnaies, un des *Illustres*, II, 101, et *Appendices*, 205, 211.

Durant (Jean), comptable du vieux et du nouveau Louvre, I, 237, 239, 241, 242, 253.

Durant (Périn), jardinier, travaille au Louvre, I, 181.

Dure (Jean), maître maçon, travaille au Louvre, I, 182.

Du Ry (Charles), entrepreneur de fortifications, adjudicataire des travaux de construction d'une porte Saint-Honoré, II, 322, 323.

Dyonise (Pierre), sculpteur sur bois, exécute la menuiserie de l'infirmerie des Feuillants, I, 305.

E

Échaudé (Rue de l'), ou Saint-Louis, ou des Tuileries, I, 284.

Échaudoir (Maison avec), rue Fromenteau, paroisse Saint-Germain-l'Auxerrois, haute justice de l'Évêché, censive du fief de Fromenteau, I, 45.

Échelle (Rue de l'), I, 277 à 280.

Échiquier (Maison de l'), rue Saint-Honoré, dite d'abord des Carneaux, I, 297, 329.

Écho du jardin des Tuileries, II, 37, 38, et *Appendices*, 224.

Écluse (Tour de l'), au Louvre, I, 148, 149.

École (Quai de l'), ou des Buttes, I, 30 à 39.

École Saint-Germain-l'Auxerrois, I, 31.

Écritoire (Maison de l'), rue Saint-Honoré, paroisse de Saint-Germain-l'Auxerrois, puis de Saint-Roch, haute justice et censive de l'Évêché, I, 296.

Écu (Maison de l'), rue du Coq, voir Chapeau-Rouge, I, 27.

Écu (Maison de l'), rue du Coq, voir Image-Saint-Martin, I, 27.

Écu (Maison de l'), ou Petit-Écu de France, rue Fromenteau, paroisse Saint-Germain-l'Auxerrois, haute justice de l'Évêché, censive du fief de Fromenteau, I, 41.

Écu-de-Berry (Maison de l'), puis de la Montjoye, divisée en trois corps d'hôtel, 1° l'Écu-de-Berry, puis la Montjoye, subdivisé en deux portions, dont l'une, après avoir eu pour enseigne la Grimace, fut subdivisée à son tour en deux, la Grimace et la Croix-Verte, appelée plus tard le Grand-Monarque; 2° le Fer-à-Cheval, dit ensuite le Cheval-Royal; 3° la Montjoye-Saint-Denis, appelée aussi la Corne-de-Cerf, puis le Cheval-Blanc, rue Jean-Saint-Denis, paroisse Saint-Germain-l'Auxerrois, haute justice et censive de l'Évêché, I, 72, 73.

Écu-de-Bourbon (Maison de l'), puis de l'Image-Saint-Claude, rue Saint-Honoré, paroisse St-Germain-l'Auxerrois, haute justice de l'Évêché, censive du chapitre de St-Germain-l'Auxerrois, I, 52.

Écu-de-Bretagne (Maison de l'), rue Champ-Fleuri, voir Cheval-Rouge, I, 23.

Écu-de-Bretagne (Maison de l'), quai de l'École, acquise pour l'agrandissement de l'hôtel de Bourbon, I, 35.

Écu-de-Bretagne (Maison de l'), puis de l'Écu-de-France, rue Saint-Honoré, paroisse Saint-Germain-l'Auxerrois, haute justice et censive de l'Évêché, I, 57.

Écu-de-Flandres (Maison de l'), puis du Lion-Noir, dont une partie s'est appelée l'Écu-de-France et l'autre l'Hôtel des Américains, rue Saint-Honoré, paroisse Saint-Germain-l'Auxerrois, haute justice de l'Évêché, censive du chapitre de Saint-Germain-l'Auxerrois, I, 5a.

Écu-de-France (Maison de l'), et aussi de l'Image-Saint-Claude, rue Jean-Saint-Denis, paroisse Saint-Germain-l'Auxerrois, haute justice et censive de l'Évêché, I, 72. — Partie postérieure de cette maison dans la rue du Chantre, 24.

Écu-de-France (Maison de l'), rue du Coq, voir Maison aux Balances, I, 28.

Écu-de-France (Maison de l'), quai de l'École, acquise pour l'agrandissement de l'Hôtel de Bourbon, I, 35.

Écu-de-France (Maison de l'), puis du Château-Royal, appelée ensuite l'Hôtel de Nevers, rue Fromenteau, paroisse Saint-Germain-l'Auxerrois, haute justice de l'Évêché, censive du fief de Fromenteau, I, 45.

Écu-de-France (Maison de l'), puis du Port-de-Salut, rue Fromenteau, paroisse Saint-Germain-l'Auxerrois, haute justice de l'Évêché, censive du fief de Fromenteau, I, 47.

Écu-de-France (Maison de l'), rue Saint-Honoré, voir Cheval-Rouge, I, 51.

Écu-de-France (Maison de l'), rue Saint-Honoré, paroisse Saint-Germain-l'Auxerrois, haute justice de l'Évêché, censive du chapitre de Saint-Germain-l'Auxerrois, I, 52.

Écu-de-France (Maison de l'), rue Saint-Honoré, voir Écu-de-Bretagne, I, 57.

Écu-de-France (Maison de l'), rue Saint-Honoré, paroisse Saint-Germain-l'Auxerrois, haute justice de l'Évêché, censive du fief de Fromenteau, I, 58, 59.

Écu-de-France (Maison de l'), puis de l'Image-Saint-Christophe, et aussi de la Cage, rue Saint-Honoré, paroisse Saint-Germain-l'Auxerrois, haute justice et censive de l'Évêché, I, 61.

Écu-de-France (Maison de l'), puis du Coq, ayant formé antérieurement, avec quelques maisons voisines, le clos de la Poterie, rue Saint-Honoré, paroisse de Saint-Germain-l'Auxerrois, puis de Saint-Roch, haute justice et censive de l'Évêché, I, 292.

Écu-de-France (Maison de l'), puis de l'Épée-Royale, rue Saint-Honoré, paroisse de Saint-Germain-l'Auxerrois, puis de Saint-Roch, haute justice et censive de l'Évêché, I, 296.

Écu-de-France (Maison de l'), rue du Dauphin, paroisse de Saint-Germain-l'Auxerrois, puis de Saint-Roch, haute justice et censive de l'Évêché, I, 296.

Écu-de-Navarre (Maison de l'), rue Saint-Honoré, voir Cheval-Rouge, I, 51.

Écu-de-Navarre (Maison de l'), ayant d'abord fait partie de la grande maison de ce nom, rue Saint-Honoré, I, 52.

Écu-de-Navarre (Maison de l'), divisée en deux maisons dont l'une s'est appelée la Corne-de-Cerf, rue des Poulies, paroisse Saint-Germain-l'Auxerrois, haute justice de l'Évêché, censive du chapitre Saint-Germain-l'Auxerrois, I, 95.

Écu-de-Pologne (Maison de l'), rue Saint-Honoré, voir Maison des Rats, I, 55.

Écu-d'Orléans (Maison de l'), rue Fromenteau, paroisse Saint-Germain-l'Auxerrois, haute justice de l'Évêché, censive du fief de Fromenteau, I, 45.

Écurie (La grande), aux Tuileries, II, 10, 11. — Devis de la charpente de ses combles, Appendices, 176, 177.

Écuries de Madame de la Vallière, rue Saint-Nicaise, I, 76. — De la Reine mère, dans l'hôtel d'Uzès, rue Saint-Nicaise, 79. — Du Roi, ibid. 79. — Du premier Consul, dans l'hôtel de Longueville, rue Saint-Thomas-du-Louvre, 104. — Du duc d'Orléans (Philippe-Égalité), à l'hôtel de Rambouillet, rue Saint-Thomas-du-Louvre, 107. — De Louis-Philippe, ibid. 107.

Écu-Vert (Maison de l'), rue Saint-Honoré, voir Cerf, I, 57.

Église de l'Oratoire, I, 53, 54, 55. — Des Quinze-Vingts, 67 et suiv. — De Saint-Thomas-du-Louvre, 96 et suiv. — Des Feuillants, 302, 303, 304. — Des Capucins, 308, 309. — De l'Assomption, 312, 313.

Éléonore d'Autriche (Fêtes données au Louvre en l'honneur d'), I, 204.

Élie, peintre, fait des cartons pour les vitraux du cloître des Feuillants, I, 304.

Enceinte de Philippe-Auguste, I, 134, 157, 163 et suiv. 174; II, 138, 141, 142, 166. — De Charles V, I, 73, 168 et suiv. 174, 177 et suiv. et Appendices, VII, VIII, IX. — Bastionnée. 318 et suiv.

ENFANT-JÉSUS (Maison de l'), rue Saint-Honoré, voir TROIS-SERPETTES, I, 55.
ENGIN (Maison de l'), sur le chemin du bord de l'eau, contiguë à la tour de l'Engin, I, 162, 163; II, 131.
ENGIN (Tour de l'), au Louvre, I, 162, 163; II, 132, 150, 151, 166, et *Appendices*, 256.
ENGUERRAND (Pierre), maçon, fournit ou met en œuvre des matériaux pour le Louvre, I, 151, 185.
ENTONNOIR (Maison de l'), puis de la VILLE-DE-MANTES ou de MUNSTER, et de la VILLE-DE-BRUXELLES, rue Champ-Fleuri, paroisse Saint-Germain-l'Auxerrois, haute justice et censive de l'Évêché, I, 22.
ENTRAGUES (Hôtel de Charles de Balzac, seigneur de Clermont d'), rue d'Autriche, voir HÔTEL-D'ÉTAMPES ou d'AUMALE, I, 10, 11.
ENTRÉES du Louvre, I, 147, 148, 162, 165, 175; II, 129, 142, 149, 151.
ENTREPRENEURS de travaux de construction, voir BARBIER, BELLE (Gachon), BERGERON (Antoine), CHAMPION (Jacques), COLLIN (Remi), DEULX (Bertrand), DU RY (Charles), FROGER (Charles), GUILLAIN (Guillaume), HOUDAN (Nicolas), LA VALLÉE (Marin DE), MARCHANT (Charles), MAZIÈRE (André), RÉGNIER (Georges), SAINT-QUENTIN.
ÉPÉE-DE-BOIS (Maison de l'), rue Fromenteau, paroisse Saint-Germain-l'Auxerrois, haute justice de l'Évêché, censive du fief de Fromenteau, I, 41.
ÉPÉE-DE-BOIS (Maison de l'), rue Saint-Honoré, voir CROIX-DE-FER, I, 60.
ÉPÉE-DE-BOIS (Maison de l'), réunie à la maison du coin de la rue Matignon et nommée alors le COMPAS, rue Saint-Nicaise, paroisse Saint-Germain-l'Auxerrois, haute justice et censive de l'Évêché, I, 79.
ÉPÉE-ROMPUE (Maison de l'), rue Fromenteau, voir IMAGE-SAINT-LOUIS, I, 45.
ÉPÉE-ROYALE (Maison de l'), rue Saint-Nicaise, paroisse Saint-Germain-l'Auxerrois, haute justice et censive de l'Évêché, I, 77.
ÉPERNON (Hôtel de Bernard de Nogaret, duc D'), ou HÔTEL D'O, rue Saint-Nicaise et rue Saint-Thomas-du-Louvre, I, 103, 104, 105.
ÉPERON-D'OR (Maison de l'), rue Saint-Honoré, voir TROIS-SERPETTES, I, 55.
ÉPITAPHES, voir BIART (Pierre), BOULART (Jeanne), BOUVOT (Germaine), BRÉANT (Pierre), BUDÉ (Antoinette), BUET (Gilles), CHAMBIGES (Perrette). CHAMBIGES (Pierre I), DE LA CROIX (Claude), DU BOIS (Marie), FOUCAULT (Marie), FOURNIER (Jeanne), GUILLAIN (Guillaume), GUILLOT (Guillaume), JOYEUSE (Henri DE), LAURÉ (Raoul), LAURENS (Jacqueline), LAVERGNOT (Nicolas), LESCOT (Pierre), MARCHANT (Méry), MELLIN DE SAINT-GELAIS, MOYEN (François), NOPLET (Jean), ROBIN (Vincent), ROMEY (Jacques DE), ROSTIEL (Guillaume), ROUSSEAU (Robert), ROUVEZ (Jacques DE).
ÉRARD, peintre, figure sur l'État des officiers entretenus par le Roi en 1618, II, *Appendices*, 210.
ÉRARD (Guillaume), serrurier, travaille au Louvre, I, 239, 240, 244.
ERRARD (Charles), architecte, directeur de l'Académie française à Rome, dessine les plans et conduit les travaux de construction de l'église de l'Assomption, I, 312.
ESCALIER (Le Grand), ou Grande-Vis, au Louvre, I, 149, 150, 151, 153, 237; II, 118, 119, 120, 127, 137, 140, 154, 156 et suiv. 163, 166.
— Dans la tour de l'hôtel de Bourgogne, I, 150.
— Aux Tuileries, II, 14, 15.
ESPAGNE (Hôtel de Blanche d'), formant une partie du GRAND-ALENÇON, rue d'Autriche et rue des Poulies, I, 90.
ESSARTS (Antoine et Pierre DES), voir DES ESSARTS.
ESTRÉES (Gabrielle D') prend en location l'hôtel Du Bouchage qui, en conséquence, porte temporairement le nom d'hôtel d'Estrées, I, 29. — Elle reçoit en don, de Henri IV, l'hôtel de Schomberg, 47. — Son chiffre au Louvre, 260; II, 61.
ÉTAMPES (Hôtels d'), rue d'Autriche, voir HÔTEL D'ÉTAMPES ou D'AUMALE, I, 10, 11, et HÔTEL D'ÉTAMPES, puis DE CLERMONT et DE CRÉQUY, 14, 15.
ÉTANG (Bassin dit l'), aux Tuileries, II, 95.
ÉTATS GÉNÉRAUX (Tenue des), à l'hôtel de Bourbon, I, 36; II, *Appendices*, 172. — Dans une des salles du Louvre, II, 57.
ÉTOILE (Maison de l'), morcellement de l'HÔTEL DE VENDÔME, rue Fromenteau, paroisse Saint-Germain-l'Auxerrois, haute justice de l'Évêché, censive du fief de Fromenteau, I, 42.
ÉTOILE (Maison de l'), puis de la FLEUR-DE-LIS et de la VILLE-DE-LUNEL, rue Saint-Honoré, paroisse Saint-Germain-l'Auxerrois, haute justice et censive de l'Évêché, I, 58.
ÉTOILE (Maison de l'), morcellement d'une maison du même nom, rue Saint-Honoré, I, 58.
ÉTOILE (Maison de l'), rue de l'Échelle, paroisse Saint-Germain-l'Auxerrois, haute justice et censive de l'Évêché, puis du Roi, I, 280.

TABLE ALPHABÉTIQUE DES MATIÈRES. 281

Étoile-d'Or (Maison de l'), rue Champ-Fleuri, voir Étrille, I, 23.

Étoile-d'Or (Maison de l'), rue du Coq, voir Chapeau-Rouge, I, 27.

Étrille (Maison de l'), puis de l'Image-Saint-Julien, de l'Étoile-d'Or et de l'Image-Saint-Pierre, rue Champ-Fleuri, paroisse Saint-Germain-l'Auxerrois, haute justice et censive de l'Évêché, I, 23.

Étrille (Maison de l'), rue Saint-Honoré, voir Tête-Noire, I, 57.

Étrille-Fauveau (Maison de l'), rue du Coq, voir Cygne, I, 28.

Eu, voir Aumale.

Évreux (Louis, fils de Philippe le Hardi, chef de la maison d'), comte de Gien et d'Étampes; son hôtel, rue d'Autriche, voir Hôtel d'Étampes ou d'Aumale, I, 10, 11, et Hôtel d'Étampes, puis de Clermont et de Créquy, 14, 15.

Evrout (Rue Jehan-), voir Jehan-Evrout.

F

Faits relatifs à la topographie parisienne : Séquestration des titres des propriétés féodales à Paris, I, *Préface*, x. — Destruction complète des titres de la censive du Roi par l'incendie de la Chambre des Comptes, *Préface*, x, et 125. — Acquisition du fief de l'Évêché par Louis XIV, 2. — Rétrocession faite au roi de la portion de l'enceinte de Charles V s'étendant de la porte Neuve à la porte Saint-Honoré, 3. — Nouvelle division de la région du Louvre, 4, 5. — Percement des rues Jean-Saint-Denis, du Chantre, Champ-Fleuri et de Beauvais, 5. — Fondation de l'enceinte de Charles V, 5. — Suppression d'une partie de la rue d'Autriche et élargissement de l'autre partie, appelée la rue de l'Oratoire, 7. — Suppression des justices seigneuriales, 8. — Cession faite par Charles VI, au seigneur de Bacqueville, d'un jardin attenant à l'hôtel de ce dernier, 8. — Assassinat du maréchal d'Ancre sous le portail oriental du Louvre, 9, 147, 148. — Confiscation de l'hôtel de Bacqueville, 10. — Cession faite à Louis XIV, par le maréchal Antoine III de Grammont, de son hôtel situé rue d'Autriche, 11. — Requête adressée à François Ier, par Nicolas de Neufville, au sujet de certaines maisons mal famées, situées rue d'Autriche, dans le voisinage de son hôtel, 12. — Fondation de l'hôtel d'Étampes par Louis, troisième fils de Philippe le Hardi, 14. — Percement de la rue d'Angivilliers, 15. — Acquisition faite par Louis XIV de l'hôtel de la Force, en vue de l'agrandissement du Louvre, 16. — Démolition de la *Capitainerie* du Louvre pour le percement de la place de l'Oratoire, 16. — Donation de l'hôtel d'Alençon faite par le duc d'Anjou à sa sœur Marguerite, 16, 92. — Acquisition, par Louis XIV, de l'hôtel du Petit-Conty, 17. — Démolition de la plupart des maisons du côté méridional de la rue de Beauvais, pour le prolongement de l'aile occidentale du Louvre, 17. — Création d'une place devant le Louvre, 17. — Affectation de la rue Champ-Fleuri aux filles de joie, 20. — Suppression de la rue du Chantre, 24. — Élargissement et renouvellement de la rue du Coq, 27. — Modifications apportées au quai de l'École, 31. — Demande adressée par le Corps municipal au maréchal de Montmorency, au sujet du tir à l'arquebuse sur le quai des Buttes, 31. — Établissement d'un bac devant l'hôtel de Bourbon, 32. — Confiscation de l'hôtel du connétable de Bourbon, 36. — Démolition de la plus grande partie de l'hôtel de Bourbon, en vue de la construction de l'aile orientale du Louvre moderne, 36. — Participation de Charles IX à l'exécution des massacres de la Saint-Barthélemy, 37, 260, 262, 263. — Suppression de la rue Fromenteau, 40. — Donation faite par Louis XV de l'hôtel de Pontchartrain à la comtesse de Mailly, puis au marquis de Marigny, frère de la duchesse de Pompadour, 42. — Attentat commis par Jean Châtel contre la vie de Henri IV, à l'hôtel du Bouchage, 47. — Fondation de la communauté des prêtres de l'Oratoire, 53. — Ouverture de la place du Palais-Royal, 59. — Fondation de l'hospice des Quinze-Vingts, 61, 62, 63. — Ouverture des rues des Quinze-Vingts, de Rohan, de Chartres, de Montpensier et de Beaujolais sur l'emplacement des Quinze-Vingts, 70. — Suppression de la rue Pierre-Lescot, 70. — Percement de la rue Saint-Nicaise, 74, 75. — Établissement du bureau des voitures de la cour sur la place du *Magasin des Marbres*, 77. — Acquisition de l'hôtel de Mati-

II.   36 gnon par Henri IV, et démolition d'une partie de cet édifice, pour la construction de la Grande Galerie du Louvre, 80. — Création et suppression de la rue de Matignon, 83. — Démolition des bâtiments situés devant la colonnade du Louvre, 86. — Condamnation d'Enguerrand de Marigny et confiscation de son hôtel situé rue des Poulies, 91. — Donation de ce même hôtel faite par Louis X à son frère Philippe, plus tard roi sous le nom de Philippe le Long, et par ce dernier à son frère Charles, chef de la maison d'Alençon, 91. — Établissement d'un arsenal d'armes dans le même hôtel, devenu l'hôtel d'Anjou, 91. — Réception, à l'hôtel d'Anjou, des ambassadeurs chargés d'annoncer au duc d'Anjou son élection au trône de Pologne, 92. — Abandon fait à Louis XV de l'hôtel d'Anjou, en échange de l'hôtel de Chevreuse, 92. — Établissement de l'administration des postes dans l'hôtel d'Anjou, 92. — Confiscation de l'hôtel de Catherine d'Artois, comtesse d'Aumale, 95. — Suppression de la rue Saint-Thomas-du-Louvre et de la rue du Carrousel, 96. — Fondation de l'église collégiale de Saint-Thomas-du-Louvre, 96, 97. — Confirmation, par Philippe-Auguste, des libéralités de Robert Ier, comte de Dreux, à l'égard des religieux de Saint-Thomas-du-Louvre, 97. — Écroulement du vieux clocher de l'église de Saint-Thomas-du-Louvre, 99. — Suppression de la nouvelle église de Saint-Thomas-du-Louvre, consacrée sous l'invocation de Saint-Louis, 99. — Ordre donné par Marie de Médicis aux architectes du Luxembourg de visiter l'hôtel de Rambouillet, 106. — Établissement du chapitre de Saint-Nicolas du Louvre, 110. — Fondation du Louvre, 113 et suiv. — Incarcération du comte Ferrand dans la tour Neuve, 114, 126. — Acquisition d'une maison pour l'établissement d'une ménagerie au Louvre, 124. — Ordre donné par Charles VI aux Parisiens de déposer leurs armes au Louvre, 125. — Translation du siége de la Prévôté de Paris du Châtelet au Louvre, 125. — Réception de l'empereur Charles IV au Louvre, 125. — Démolition des bâtiments de l'arsenal du Louvre ordonnée par François Ier, 126. — Translation du siége du bailli de l'artillerie du Louvre à l'arsenal des Célestins, 126. — Incarcération de Jean II, duc d'Alençon, dans la tour Neuve ou Grosse-Tour du Louvre, 126. — Fondation de la bibliothèque royale du Louvre, 126. — Translation de la bibliothèque royale du Louvre à Blois, 127. — Incarcération de Hugues de Saluces dans la tour de l'Écluse, au Louvre, 149. — Fondation d'une chapellenie au Louvre, 155. — Érection de la première porte Saint-Honoré, 164. — Pose des fondements de la courtine du bord de l'eau, 169. — Construction d'une maison près de la porte Neuve pour loger le grand Prévôt, 171. — Construction du quai du Louvre, 175, 176, 201, 202. — Érection de la porte Neuve, 179. — Destruction d'une partie de l'enceinte de Charles V, 180, 181, 281. — Démolition de la Grosse-Tour par l'ordre de François Ier, 203. — Joutes et autres réjouissances préparées au Louvre en plusieurs occasions, notamment lors de l'arrivée de la reine Éléonore d'Autriche et à propos du mariage du duc de Longueville, 204. — Préparatifs pour la réception de l'empereur Charles-Quint au Louvre, 205. — Nomination de Pierre Lescot aux fonctions d'architecte du Louvre, 211, 212, 213. — Confirmation de Pierre Lescot dans les fonctions d'architecte du Louvre, 221. — Exécution de Louschart et de ses complices dans la salle des Caryatides, au Louvre, 229. — Nouvelle confirmation de Pierre Lescot dans ses fonctions d'architecte du Louvre, 249. — Continuation de la reconstruction de l'aile méridionale du Louvre, 249 et suiv. — Construction de la Petite Galerie du Louvre, de la salle des Antiques et de la Grande Galerie, 256 et suiv. — Visite des fortifications de Paris par les Magistrats municipaux, 264. — Nomination de Baptiste Androuet du Cerceau aux fonctions d'architecte du Louvre, 271, 272, 273. — Ouverture de la rue Saint-Louis, 284. — Établissement du marché des Quinze-Vingts, 285. — Combat livré, dans la rue du Dauphin, entre les troupes de la Convention et les sections insurgées, 295. — Réception, par Henri III, de Jean de la Barrière, et établissement de la communauté des Feuillants à Paris, 300 et suiv. — Contestation entre la communauté des Feuillants et celle des Capucins au sujet des limites de leur terrain, 306. — Installation de la communauté des Capucins à Paris, 307, 308. — Suppression de la communauté des Capucins par l'Assemblée nationale, 309. — Ouverture des rues du Mont-Thabor et de Mondovi, et prolongement de la rue du Luxembourg sur l'emplacement des couvents des Feuillants et des Capucins, 309. — Établissement de la com-

TABLE ALPHABÉTIQUE DES MATIÈRES.   283

munauté des dames de l'Assomption à Paris, 310, 311, 312. — Ouverture de la rue de l'Orangerie, 314. — Démolition de la courtine attenante à la rue de l'Orangerie, et disparition de cette rue, qui se trouve remplacée par celle de Saint-Florentin, 315. — Pose de la première pierre des fortifications destinées à protéger le château des Tuileries, 318, 319. — Pavage des ports du Louvre au moyen de matériaux pris, d'après l'ordre du Prévôt des Marchands, dans les ateliers des fortifications des Tuileries, 319. — Continuation par Henri III et reprise par Louis XIII des travaux des fortifications des Tuileries, 319. — Reconstruction de la troisième porte Saint-Honoré, 319, 322, 323, 324. — Édification de la porte de la Conférence, 321. — Mise en adjudication, par le Prévôt des Marchands, des travaux de construction d'une porte Saint-Honoré, 322. — Donation faite par Louis XIII, à un nommé Regnard, du terrain dit *la Garenne*, près du mur de clôture du parc des Tuileries, 324. — Acquisition, par François Iᵉʳ, des propriétés de Nicolas de Neufville, comprenant la maison des *Tuileries*, pour en faire la résidence de la duchesse d'Augoulême, sa mère, 332, 333, 334. — Donation en viager, faite par la duchesse d'Angoulême, de la maison des Tuileries à Jean Tiercelin et à sa femme, 334, 335. — Publication des lettres patentes ordonnant la démolition du palais des Tournelles, II, 1. — Projet, conçu par Catherine de Médicis, de construire un nouveau palais pour remplacer celui des Tournelles, 2. — Acquisition de plusieurs terrains par Catherine de Médicis pour l'édification de son nouveau palais, 2 et suiv. — Établissement d'un bac pour le transport des matériaux destinés à la construction du palais des Tuileries, 7. — Lettres de Charles IX, accordant à sa mère la somme de 100,000 livres tournois pour subvenir aux dépenses de la construction du palais des Tuileries, 8. — Emprunt contracté pour continuer les travaux de construction du palais des Tuileries, 8. — Réalisation d'une partie du plan conçu par Catherine de Médicis relativement à son palais et à ses jardins des Tuileries, 9 et suiv. — Construction de l'escalier du pavillon central des Tuileries, 14, 15. — Lettres patentes dépossédant Philibert de l'Orme de la charge d'inspecteur des bâtiments royaux, 22. — Nomination de Jean Bullant aux fonctions de contrôleur des bâtiments de la Couronne, puis disgrâce de cet architecte, 29, 30. — Projet d'un canal destiné à faire communiquer le grand jardin des Tuileries avec la Seine, 38, 39. — Lettre adressée par Henri III au Prévôt des Marchands, pour lui recommander des travaux ayant pour but l'assainissement du faubourg Saint-Honoré, 52. — Discontinuation des travaux des Tuileries, par suite des craintes superstitieuses de Catherine de Médicis, 52, 53. — Lettre adressée par Henri III au bureau de la Ville, et prescrivant les mesures propres à soustraire les jardins des Tuileries à la vue du public, 53. — Lettres patentes de Henri III ordonnant d'employer les deniers des restes des comptes à la construction du palais des Tuileries, 53, 54. — Établissement du petit jardin des Tuileries et édification de la contrescarpe à éperons du fossé, 54, 55. — Tenue des États Généraux dans la nouvelle «salle haute» du Louvre, 57. — Reprise des travaux du Louvre et des Tuileries sous le règne de Henri IV, 57, 58. — Lettres royales de Henri IV affectant certaine partie de ses revenus au payement des travaux du Louvre et des Tuileries, 58, 59. — Construction, par l'ordre de Henri IV, de la Grande et de la Petite Galerie du Louvre, 59 et suiv. — Nomination de Louis Métezeau aux fonctions d'architecte du Roi et de concierge et garde des meubles du palais des Tuileries, 79. — Nomination de Charles d'Albert de Luynes aux fonctions de capitaine et concierge des Tuileries, en remplacement de Louis Métezeau, 80. — Nomination de Jean Du Cerceau aux fonctions d'architecte du roi, 88. — Érection du pavillon de Flore aux Tuileries, 91. — Création d'un nouveau jardin aux Tuileries, et modifications apportées par Henri IV au grand jardin établi par Catherine de Médicis, 93, 94. — Fondation d'une magnanerie par Henri IV, 94. — Lettres patentes de Henri IV ordonnant de loger dans la Grande Galerie du Louvre les artistes et les artisans les plus habiles, 100, 101, 102. — Mise en adjudication, par ordre du Prévôt des Marchands, des travaux d'une tranchée destinée à amener l'eau au Louvre, 102, 103. — Construction de l'Orangerie du Louvre, par l'ordre de Louis XIII, 104. — Développement des bâtimnts du quadrangle du Louvre d'après les plans de Lemercier, 105. — Donation faite par Henri IV au sieur de Frontenac d'un terrain situé sur l'emplacement de l'hôtel de Bacqueville, *Appendices*,

36.

171. — Tenue des États Généraux à l'hôtel de Bourbon, *Appendices*, 172. — Décision de la Chambre des Comptes relativement aux lettres de commission de Métezeau, *Appendices*, 191, 192. — Accord fait entre Catherine de Médicis et deux bourgeois de Paris pour le remboursement des restes des comptes affectés à la construction des Tuileries; ratification de cet accord et arrêts qui s'y rapportent, *Appendices*, 194 à 201. — Publication d'une déclaration royale pour l'aliénation des hôtels royaux des Tournelles et d'Angoulême, *Appendices*, 222. — Nomination de Nicolas Molé comme général des finances de Catherine de Médicis, *Appendices*, 224 à 228. — Fêtes données aux députés polonais, *Appendices*, 240, 241. — Préparation des massacres de la Saint-Barthélemy, *Appendices*, 242. — Fuite de Henri III aux Tuileries, *Appendices*, 243. — La Sous-Commission des Travaux historiques demande et obtient l'autorisation de faire pratiquer des fouilles dans la cour du Louvre, *Appendices*, 256 à 260.

FALCONNET, sculpteur, exécute les statues destinées à orner le jardin de l'hôtel de Noailles, I, 298.

FAUBOURG-SAINT-HONORÉ (Rue du), I, 283.

FAUCON (Maison du), paraissant être la même que celle de la SALAMANDRE, rue de l'Échelle, paroisse Saint-Germain-l'Auxerrois, haute justice et censive de l'Évêché, puis du Roi, I, 280.

FAUCONNERIE (Tour de la), ou «devers» la FAUCONNERIE, ou de la LIBRAIRIE, ou du NORD-OUEST, au Louvre, I, 143, 144, 145, 146; II, 118, 127, 128, 161, 166.

FAVIER, avocat; sa maison, rue Saint-Thomas-du-Louvre, paroisse Saint-Germain-l'Auxerrois, haute justice et censive de l'Évêché, I, 103.

FEILLENS (Maison du comte DE), ayant appartenu à M. de Rolinde et à M. de Chanteule, rue Saint-Nicaise, I, 76.

FELIPEU (Place de), ou de FELLIFEUX, I, 318.

FENÊTRES du Louvre, I, 229; II, 118.

FER-À-CHEVAL (Maison du), subdivision de l'IMAGE-SAINT-CLAUDE, rue du Chantre, I, 24.

FER-À-CHEVAL (Maison du), puis, peut-être, du LOUIS-D'OR, rue du Chantre, paroisse Saint-Germain-l'Auxerrois, haute justice et censive de l'Évêché, I, 25.

FER-À-CHEVAL (Maison du), rue Fromenteau, voir IMAGE-SAINT-NICOLAS, I, 46.

FER-À-CHEVAL (Maison du), rue Jean-Saint-Denis, voir ÉCU-DE-BERRY, I, 72, 73.

FER À CHEVAL (Tour en), ou «devers» l'ARTILLERIE, au Louvre, I, 146; II, 128, et *Appendices*, 255.

FER-À-MOULIN (Maison du), quai de l'École, acquise pour l'agrandissement de l'hôtel de Bourbon, I, 35.

FERRAND, comte de Flandre, est enfermé dans la Grosse-Tour du Louvre, I, 114.

FERRAND (Tour), au Louvre, voir GROSSE-TOUR.

FERRIER (Antoine), horloger et ouvrier en instruments de mathématiques, un des *Illustres*, II, 101.

FEUILLANTS (Couvent des), rue Saint-Honoré, I, 299 et suiv. — Son église, 302, 303, 304. — Sa bibliothèque, 304. — Son passage, 306.

FIDÉLITÉ (Maison de la), rue du Chantre, voir IMAGE-SAINTE-MARGUERITE, I, 25.

FIEF de Fromentel, I, 2. — De Saint-Denis de la Chartre, 2. — De Saint-Germain-l'Auxerrois, 2. — Formé par l'enceinte de Charles V, 3. — Du chapitre de Saint-Nicolas, 4. — Du chapitre de Saint-Thomas, 4.

FIGURE-DU-FEU-ROI-HENRI (Maison de la), dite plus tard l'AMI-DU-COEUR, et paraissant avoir formé primitivement, avec la maison précédente, l'IMAGE-SAINT-PIERRE, rue Fromenteau, haute justice de l'Évêché, censive du fief de Fromenteau, I, 43.

FILS-DU-ROI-DE-FRANCE (Maison du), rue des Orties, voir IMAGE-SAINT-LOUIS, I, 84.

FITZ-JAMES (Hôtel de), voir HÔTEL FITZ-JAMES.

FIZES (Simon DE), seigneur du Saulne; sa maison, ayant appartenu auparavant à Madeleine de Fizes, rue d'Autriche, paroisse Saint-Germain-l'Auxerrois, haute justice de l'Évêché, censive de Saint-Denis-de-la-Chartre, I, 12; II, *Appendices*, 190.

FLACON-D'ÉTAIN (Maison du), comprise anciennement dans la grande maison de l'ÉCU-DE-NAVARRE, rue Saint-Honoré, I, 52.

FLEIX (Gaston de Foix, comte DE), I, 103.

FLEUR-DE-LIS (Maison de la), rue de Beauvais, paroisse Saint-Germain-l'Auxerrois, haute justice et censive de l'Évêché, I, 19.

FLEUR-DE-LIS (Maison de la), puis du PLAT-D'ÉTAIN, renfermant un jeu de paume qui paraît avoir eu pour enseigne l'IMAGE-SAINT-NICOLAS, rue Champ-Fleuri, paroisse Saint-Germain-l'Auxerrois, haute justice et censive de l'Archevêché, I, 22.

FLEUR-DE-LIS (Maison de la), rue du Chantre, voir BEAUTREILLIS, I, 24.

FLEUR-DE-LIS (Maison de la), rue Fromenteau et

TABLE ALPHABÉTIQUE DES MATIÈRES. 285

rue Saint-Thomas-du-Louvre, voir Image-Notre-Dame, I, 43.
Fleur-de-Lis (Maison de la), puis de la Reine-de-France, rue Saint-Honoré, paroisse Saint-Germain-l'Auxerrois, haute justice et censive de l'Évêché, 1, 70.
Fleury (Mausolée du cardinal), dans l'église Saint-Thomas-du-Louvre, I, 100.
Flore (Pavillon de), voir Pavillon de Flore.
Foin (Port au), ou du Guichet-du-Louvre, I, 170.
Foix (Gaston de), voir Fleix.
Foix (Hôtel de la comtesse de), rue Saint-Honoré, voir Maison de la Liberté, 1, 298.
Foncières (Philippe de), sculpteur, exécute une des statues destinées à orner la grande porte du Louvre, I, 147.
Fonderie (Pavillon de la), au Louvre, I, 161.
Fontaine (Léonard), charpentier, travaille à la construction du *logis du Roi*, près de la porte Neuve, I, 172. — Il exécute des travaux au Louvre, 241.
Fontaine de l'hôtel de Longueville, rue des Poulies, I, 92. — De la cour du Louvre, dans la direction de l'axe de la rue d'Autriche, 133. — Dite *du Diable*, à l'angle des rues Saint-Louis et de l'Échelle, 285. — Du jardin des Tuileries, recevant les eaux de Saint-Cloud, II, 38, 39, 50, et *Appendices*, 233 à 236.
Fontaine (Maison de la), ayant eu primitivement un crucifix à l'entrée, appelée plus tard la maison de la Cage, et enfin de la Magdeleine, rue du Chantre, paroisse Saint-Germain-l'Auxerrois, haute justice et censive de l'Évêché, I, 25.
Fontenay (Julien de), graveur en pierres fines, un des *Illustres*, II, 101.
Fossé-Mademoiselle (Rue du), ou Saint-Nicaise, I, 75.
Fossés du Louvre, I, 134, 140, 173; II, 107, 118, 119, 120, 122, 123, 131, 132, 148 et suiv. et *Appendices*, 212, 254 à 256.
Fossés (Rue des), voir Échelle (Rue de l').
Fossés-Saint-Germain (Rue des), I, 86.
Foucault (Marie), femme de Marc de Brion, sieur de Guytrancourt; son épitaphe dans l'église des Feuillants, I, 303.
Fouilles du Louvre en 1866; observations préliminaires, II, 111, 112, 113. — Notice, 115 à 134. — Notice complémentaire, 135 à 168; — Documents officiels, *Appendices*, 256 à 260.
Foulerie (Maison de la), rue Fromenteau, voir Pomme-de-Pin, I, 41.

Fouquart (Guillaume), garde des coffres du Roi; son hôtel, rue des Poulies, I, 95.
Fouquet (François), surintendant des finances; sa maison, rue Saint-Honoré, voir la Petite-Maison, I, 310.
Foucry (Jean de), sieur de Chésy, trésorier général de France, surintendant des bâtiments et manufactures du Roi, II, 70, et *Appendices*, 202, 203, 215.
Foucry (Henri de), fils du précédent, suppléant de son père, II, *Appendices*, 215.
Fournier (Florent), architecte, I, 266.
Fournier (Gabriel), conseiller au parlement; son hôtel, rues Saint-Honoré, Fromenteau et Saint-Thomas-du-Louvre, voir Hôtel de Laval, I, 59.
Fournier (Isaïe), peintre et architecte, élève l'étage supérieur de la Petite Galerie du Louvre, II, 76, 108. — Renseignements sur sa personne et ses travaux, 76, 77. — Il figure parmi les entrepreneurs choisis pour construire la Grande Galerie du Louvre, 89, 201, 202. — Il est mentionné dans l'État des officiers entretenus par le Roi en 1608, *Appendices*, 205.
Fournier (Jeanne), femme de Raolin; son épitaphe dans l'église des Quinze-Vingts, I, 69.
Fournier (Louis), architecte, peut-être le même que Isaïe Fournier, II, 77.
Fournière du Louvre, I, 161.
Fours de Bernard Palissy, II, 46, 47, 48.
France (Henri de), voir Anjou.
France (Pierre de), voir Alençon.
Francin, statuaire du roi, exécute les sculptures du portail de l'église de l'Oratoire, I, 55.
Francine, ingénieur et intendant des eaux, est chargé d'organiser les préparatifs de l'entrée de la reine Marie de Médicis, II, 79. — Il figure sur l'État des officiers entretenus par le Roi en 1608, 1618 et 1624, *Appendices*, 206, 211, 214, 219.
François Ier; ses lettres relatives à une requête présentée par Nicolas de Neufville, I, 12. — Il fait établir un bac devant l'hôtel de Bourbon, 32. — Il ratifie une donation faite par la duchesse d'Angoulême, sa mère, à Jean Leverrier, dit *de Nismes*, 87. — Il détruit les bâtiments de l'arsenal du Louvre, 126. — Il rétablit le trésor dans une des tours du Louvre, 126. — Il démolit le corps de logis contenant la salle Saint-Louis, 154. — Il fait construire le quai du Louvre, 162, 175, 176, 201, 202. — Il fait abattre la fausse porte Saint-Honoré, 164. — Il est le fondateur du Louvre moderne, 201. —

Il fait raser la Grosse-Tour, 203; II, 106, 163. — Il démolit les basses-cours occidentales du Louvre, et entreprend divers travaux d'appropriation dans cet édifice, I, 204; II, 106, 163. — Ses préparatifs pour la réception de Charles-Quint au Louvre, I, 205, et *Appendices*, xi. — Il accueille l'architecte Serlio, 207.—Il nomme Pierre Lescot architecte du Louvre, 211 et suiv. — Détermination de l'époque à laquelle il commença à reconstruire le Louvre, 215 et suiv. — Travaux exécutés sous son règne pour fortifier le faubourg Saint-Honoré, 318. — Il acquiert la maison des *Tuileries* pour en faire la résidence de sa mère, 332, 333, 334.

FRANÇOIS II confirme Pierre Lescot dans sa charge d'architecte du Louvre, I, 249. — Impossibilité de reconnaître les parties du Louvre construites sous son règne, 249. — Ses lettres patentes dépossédant Philibert de l'Orme de la charge d'inspecteur des bâtiments royaux, II, 22.

FRANQUEVILLE, sculpteur, un des *Illustres*, II, 101, et *Appendices*, 205.

FRÉMONT (Sire Beaudoin DE), familier de Guillaume de Bavière, qui lui cède l'hôtel d'Ostrevant, I, 16.

FREMYN, sculpteur du roi d'Espagne, auteur d'un maître-autel placé dans l'église Saint-Thomas-du-Louvre, I, 100.

FRESNOY (Hôtel de Gervais et de Gilles DE), rue des Poulies, voir PETIT-ALENÇON, I, 88.

FRESQUE du château de Fontainebleau, représentant un projet de réunion des Tuileries au Louvre, II, 97, 98, 99.

FROID-MANTEAU (Rue), voir FROMENTEAU.

FROGER (Charles), entrepreneur de la construction de l'enceinte bastionnée, I, 75, 281, 319.

FROISSY (Gilles DE); son projet pour l'établissement d'un bac devant le Louvre, I, 32.

FROMENTEAU (Rue), ou FROID-MANTEAU, I, 39 à 48.

FROMANTEL (Rue), ou FROID-MANTEL, voir FROMENTEAU.

G

GAGUIN (Robert), garde de la Bibliothèque royale, I, 127.

GAILLARD-BOIS (Maison du), rue Saint-Louis, paroisse de Saint-Germain-l'Auxerrois, puis de Saint-Roch, justice et censive du Roi, I, 284.

GAILLON (Maison du), rue Fromenteau, voir GALÈRE-ROYALE, I, 44.

GAILLONEL (Hôtel de Guillaume DE), chevalier et maître d'hôtel du Roi, rue Saint-Thomas-du-Louvre, voir HÔTEL D'O, I, 103.

GALANDE (Hôtel de Pierre DE), secrétaire du Roi, rues Saint-Honoré, Fromenteau et Saint-Thomas du Louvre, voir HÔTEL DE LAVAL, I, 59.

GALÈRE-ROYALE (Maison de la), rue Fromenteau, paroisse Saint-Germain-l'Auxerrois, haute justice de l'Évêché, censive du fief de Fromenteau, I, 44.

GALERIE DES ROIS, voir GALERIES DU LOUVRE.

GALERIE DORÉE (La), à l'hôtel de Bourbon, I, 37.

GALERIES (Rue des), ou des ORTIES, I, 177.

GALERIES DU LOUVRE. Fondation de la Grande et de la Petite Galerie, I, 257 et suiv. II, 107, 108. — Construction de l'étage supérieur de la Petite Galerie et continuation de la Grande Galerie, 60, 76 et suiv. 108. — Restauration de la Grande Galerie par M. Duban, 61. — Projet de décoration du nouvel étage de la Petite Galerie, appelée plus tard la Galerie des Rois, 63 et suiv. — Description de la Galerie des Rois, 66 et suiv. — Continuation de la seconde partie de la Grande Galerie, 71, 72, 108. — Henri IV loge des artistes dans la Grande Galerie, 99 à 102. — Sommations à propos des travaux de la Grande Galerie, *Appendices*, 201, 202. — Note sur la Petite Galerie, *Appendices*, 254, 255, 256.

GALERIES-DU-LOUVRE (Quai des), voir LOUVRE (Quai du).

GARANCIÈRES (Hôtel des Seigneurs DE), rue des Poulies, I, 93.

GARDE-MEUBLE de la Couronne, établi rue des Poulies, dans une partie des bâtiments de l'hôtel Bourbon, I, 36.

GARDES et CONCIERGES, voir BOULANGER (Nicolas), DESCLUSEAUX, DES ESSARTS (Antoine), GAGUIN (Robert), HOGUELET (Jeannin), LE CHUEL (Michel-Ange), LE JEUNE (Antoine), LE RAMBERT (Louis et Simon), MALET, (Giles), MAULIN (Jean), MOYNIER, NATIN (Guy), NEVERS (le comte DE), PALMIER (Laurent), PERRON (Jean), SAINT-YON (Garnier DE).

GARDES-FRANÇAISES (Quartier des), I, 5.

GARENNE (Terrain de la), situé entre le mur de clôture du parc des Tuileries et l'enceinte bastionnée, transformé en jardin par Regnard, et

TABLE ALPHABÉTIQUE DES MATIÈRES. 287

enfin englobé dans l'enceinte des Tuileries, I, 324.

Gassot (Jean), maçon, travaille au Louvre, I, 198.

Gelée (Jean), payeur général du vieux et du nouveau Louvre, I, 237.

Genlis (Le sieur de), châtelain du Louvre, I, 128.

Gerbe-d'Or (Maison de la), rue Saint-Honoré, paroisse Saint-Germain-l'Auxerrois, haute justice de l'Évêché, censive du fief de Fromenteau, I, 58.

Gerbe-d'Or (Maison de la), rue Jean-Saint-Denis, voir Image-Saint-Louis, I, 72.

Germain (Thomas), orfévre du Roi et architecte, dessine les plans de la nouvelle église Saint-Thomas-du-Louvre ou église Saint-Louis, I, 99.

Girard (Claude), ou Gérard, charpentier, travaille au Louvre, I, 238.

Girard (Claude), charpentier, probablement fils du précédent, travaille au Louvre, I, 242, 253.

Girouettes du Louvre, I, 143, 205.

Gobelet-d'Argent (Maison du), puis du Cheval-Blanc, rue de Beauvais, paroisse Saint-Germain-l'Auxerrois, haute justice et censive de l'Évêché, I, 18.

Gobelet-d'Argent (Maison du), puis de l'Image-Saint-Louis, rue de Beauvais, paroisse Saint-Germain-l'Auxerrois, haute justice et censive de l'Évêché, I, 19.

Godet (Maison du), paraissant être la même que la maison dite le Puits-sans-Vin, et ensuite la Croix-d'Or, rue Saint-Honoré, paroisse Saint-Germain-l'Auxerrois, haute justice et censive de l'Évêché, I, 61.

Goguier (Claude de Beaune, demoiselle du), intendante de Catherine de Médicis, II, *Appendices*, 232, 233.

Gomboust, auteur d'un plan de Paris, I, *Préface*, IX. — Vue du Louvre d'après ce plan, 138.

Gondi (Marguerite de), voir Maignelay.

Gondi (Pierre de), évêque de Paris, intendant en titre des bâtiments de Catherine de Médicis, II, 49, et *Appendices*, 231.

Goujacre (Maison appartenant à Jean Dessous-le-Four, seigneur de), rue Fromenteau, voir Image-Saint-Béal, I, 43.

Goujon (Jean), sculpteur, 208. — Ouvrages exécutés par lui antérieurement à ses travaux du Louvre, I, 211, 233, 234. — Ses travaux au Louvre, 223, 235 et suiv. 252, 253, et *Appendices*, XI; II, 106. — Aperçu de sa vie, I,

232 et suiv. — Époque de sa mort. 234, 235. et *Appendices*, XI.

Goulu (Dom), général de l'ordre des Feuillants; son tombeau dans l'église des Feuillants, I, 304.

Gourdes (Canton des), I, 277.

Gouvernement (Le), ou la Capitainerie, rue d'Autriche, I, 16.

Grâce-de-Dieu (Maison de la), rue Saint-Honoré. voir Trois-Saucières, I, 296.

Gracieux (Maison des), appelée ensuite l'Hôtel d'Armagnac, rue Fromenteau, paroisse Saint-Germain-l'Auxerrois, haute justice de l'Évêché, censive du fief de Fromenteau, I, 43.

Gramont (Hôtel d'Antoine III, maréchal de), rue d'Autriche, voir Hôtel d'Étampes ou d'Aumale, I, 10, 11.

Gramont (Hôtel de), rue Fromenteau et rue Saint-Thomas-du-Louvre, voir Hôtel de Pontchartrain, I, 41, 42.

Grand-Alençon (Le), ou Grand hôtel d'Alençon, de Villeroy, d'Anjou et de Longueville, rue des Poulies, paroisse Saint-Germain-l'Auxerrois, haute justice de l'Évêché, censive du chapitre Saint-Germain-l'Auxerrois, et rue d'Autriche, même paroisse et même justice que ci-dessus, mais censive de Saint-Denis-de-la-Chartre, I, 88 et suiv.

Grand-Alexandre (Maison du), rue Champ-Fleuri, voir Cloche-d'Argent, I, 23.

Grand-Cloître, ou cour du Cadran, du chapitre Saint-Nicolas-du-Louvre, I, 109, 111.

Grand-Coq (Maison du), rue du Coq, voir Coq, I, 29.

Grand-Cornet (Maison du), rue Saint-Honoré, voir Cornet-d'Or, I, 292.

Grand-Dauphin (Maison du), rue des Poulies, voir Marteau-d'Or, I, 95.

Grand-Godef (Maison du), rue du Chantre, voir Image-Saint-Claude, I, 24.

Grand-Godet (Maison du), puis de l'Image-Sainte-Barbe, rue Saint-Honoré, paroisse Saint-Germain-l'Auxerrois, haute justice et censive de l'Évêché, 56.

Grand Hôtel d'Alençon, ou Grand-Alençon, rue d'Autriche et rue des Poulies, I, 88 et suiv.

Grand Hôtel Neuf, nom donné à l'Hôtel de Bourbon, I, 36.

Grand Jardin du Louvre, I, 156, 157, 158, 275, 276.

Grand Jardin des Tuileries; son emplacement, I, 325 et suiv. — Description, II, 37, 38. —

288   TOPOGRAPHIE HISTORIQUE DU VIEUX PARIS.

Projet d'un canal destiné à le faire communiquer avec la rivière, 39. — Sa grotte rustique, 38, 39 et suiv. 50, 51, et *Appendices*, 236 à 238. — Articles de dépenses qui s'y rapportent, 49, 50. — Modifications qui y sont apportées, 94, 95.

GRAND-LOUIS (Maison du), ou du GRAND-MONARQUE, rue Saint-Honoré, voir MAISON DU BOEUF-ET-DU-MOUTON, I, 60.

GRAND-MONARQUE (Maison du), rue Jean-Saint-Denis, voir ÉCU-DE-BERRY, I, 72.

GRAND-MONARQUE (Maison du), rue des Orties, voir IMAGE-SAINT-LOUIS, I, 84.

GRAND-REMY (Étienne), architecte, comptable spécial du vieux Louvre, I, 237, 253, 255, 256. — Sa signature, II, 89.

GRANDS-DEGRÉS (Escalier dit les), au Louvre, I, 228.

GRANDE (Madame LA), nom donné aux deux femmes de Claude Gouffier, grand écuyer, comme surintendantes de la Maison de la Reine mère, et peut-être porté aussi par Marie de Pierrevive, dame du Perron, II, 41.

GRANDE-CHAPELLE (Tour de la), au Louvre, présumée la même que la tour du SUD-EST, I, 143, 147, 149.

GRANDE-GRENADE (Maison de la), rue Fromenteau, voir PAON, I, 45.

GRANDE-MAISON (LA), rue Saint-Thomas-du-Louvre, voir PÈLERIN-SAINT-JACQUES, I, 109.

GRANDE-SALLE (La), au Louvre, I, 154, 215, 216. — A l'hôtel de Bourbon, II, *Appendices*, 171, 172.

GRANDES-MARCHES (Les), rue Fromenteau et rue Saint-Thomas-du-Louvre, voir HÔTEL DE VENDÔME, I, 42.

GRIMACE (Maison de la), rue Jean-Saint-Denis, voir ÉCU-DE-BERRY, I, 72.

GRIMONVILLE (Le seigneur DE), voir LARCHANT.

GROS-BOIS (Jean), huchier, exécute divers travaux dans la Bibliothèque du Louvre, I, 145, 194, 195.

GROS-PAVILLON, voir PAVILLON DU ROI.

GROSSE-TOUR, ou TOUR-FERRAND, ou TOUR-NEUVE, ou TOUR-DE-PARIS, au Louvre, I, 114 et suiv. 124, 126, 129, 130, 146, 149, 203, 216; II, 106, 118, 119, 121, 122, 123, 134, 136, 142 et suiv.

GROS-TOURNOIS (Maison du), puis du CORNET-D'OR, rue Champ-Fleuri, paroisse-Saint-Germain-l'Auxerrois, haute justice et censive de l'Évêché, I, 22.

GROTTE (Chapelle dite la) dans l'église des Feuillants, I, 302.

GROTTE rustique de Palissy dans le jardin des Tuileries, II, 39 et suiv. 50, 51, et *Appendices*, 236 à 238.

GUÉMÉNÉ (Princesse DE), voir SCHOMBERG.

GUÉRIN (Nicolas), jardinier du Louvre, II, *Appendices*, 213, 221.

GUICHET-DU-LOUVRE (Port du), ou SAINT-NICOLAS, I, 170.

GUICHETS du Louvre, I, 9, 170, 175.

GUIGNEBEUF (Étienne), nattier, fournit des nattes pour le Louvre, I, 239, 241, 246, 254, 255. — Il fournit les mêmes objets pour la maison de Catherine de Médicis dans la rue des Poulies, II, *Appendices*, 247.

GUILLAIN, sculpteur, exécute deux figures destinées à orner le portail de l'église des Feuillants, I, 302.

GUILLAIN (Augustin), maître des œuvres de la ville, visite le terrain sur lequel s'ouvrira la rue Saint-Nicaise, I, 74. — Il doit sa charge à la démission de son père, II, 89.

GUILLAIN (Guillaume), maître des œuvres de la ville et entrepreneur des travaux du Louvre, I, 232, 238, 239, 240, 241, 242, 253, 254, 255, 264. — Son épitaphe dans l'église Saint-Gervais, 265. — Sa signature, II, 89.

GUILLAIN (Pierre), architecte de la ville et entrepreneur des travaux du Louvre, contribue à l'érection de la Grande Galerie, II, 89, et *Appendices*, 201, 202. — Sa signature, 89. — Il entreprend les travaux de maçonnerie au palais des Tuileries, 93, et *Appendices*, 202, 203.

GUILLAIN (Simon), trésorier des bâtiments du Roi, I, 232.

GUILLOT (Guillaume), sœur de la maison des Quinze-Vingts; son épitaphe dans l'église des Quinze-Vingts, I, 69.

GUISE (Duchesse DE), voir CLÈVES.

GUISE (Hôtel appartenant au duc DE), rue d'Autriche, voir HÔTEL DE RETZ et DE CONTY, I, 16, 17.

GUISE (Hôtel de Charles de Lorraine, duc DE), rue du Coq, voir HÔTEL DU BOUCHAGE, I, 29.

GUISE (Maison appartenant en partie à la duchesse DE), rue d'Autriche, voir FIZES (Simon DE).

GUYMIER (Côme), jurisconsulte; son tombeau dans l'église Saint-Thomas-du-Louvre, I, 99.

GUYOT (Laurens), peintre, figure sur l'État des officiers entretenus par le Roi en 1618, II, *Appendices*, 210.

H

Hainaut (Hôtel du comte de), rue d'Autriche, voir Hôtel d'Ostrevant, I, 15, 16.

Halle (Abraham et Claude), peintres, travaillent à l'ornementation de la Petite Galerie du Louvre, II, 75.

Hanqueil (Isabelle de), veuve de Louis Métezeau, II, 79, 80, et *Appendices*, 209. 214, 220.

Harcourt (Le comte d'), voir Lorraine.

Hardouyns (Les), sculpteurs, travaillent à la décoration du Louvre, I, 230, 232.

Harlay (Nicolas de), sieur de Sancy, surintendant des bâtiments du Roi, II, *Appendices*, 202, 203.

Heaume (Maison du), rue Saint-Honoré, paroisse Saint-Germain-l'Auxerrois, haute justice et censive de l'Évêché, I, 55.

Henri II ordonne l'établissement d'un bac devant l'hôtel de Bourbon, I, 32. — Il maintient le Trésor dans une des tours du Louvre, 126. — Travaux entrepris ou poursuivis au Louvre par ce prince, 219 et suiv. — Il confirme Pierre Lescot dans ses fonctions d'architecte du Louvre, 221. — Inscriptions énonçant qu'il a achevé la reconstruction du Louvre commencée par son prédécesseur, 222, 223. — Il autorise au Louvre des démolitions motivées par la modification des plans de reconstruction, 224, 225. — Il accorde un traitement mensuel à Pierre Lescot, architecte du Louvre, 226. — Sa devise, 227. — Son chiffre au Louvre, 227, 228. — *Id.* à la colonne de la Halle au blé, 228. — Ses appartements particuliers au Louvre, 230, 231. — Compte des travaux du Louvre sous son règne, 238 à 247. — Philibert de l'Orme est son architecte préféré, II, 18, et *Appendices*, 223.

Henri III bouleverse le grand jardin du Louvre, I, 158, 275. — Travaux exécutés au Louvre sous son règne, 269 et suiv. — Il nomme Baptiste Androuet Du Cerceau architecte du Louvre, 271. — Il fait tuer les animaux enfermés dans la ménagerie du Louvre, 276. — Il achète l'hôtel des Corneaux situé rue Saint-Honoré, 299. — Il donne cette maison à Jean de la Barrière pour y loger les Feuillants, 300. — Bas-relief représentant la réception de Jean de la Barrière par ce prince, 304. — Il prend un engagement envers les Capucins au sujet de certaines constructions élevées par lui sur leur terrain, 305. — Il ratifie une donation faite par sa mère au couvent des Capucins, 308. — Il fait continuer jusqu'à la nouvelle porte Saint-Honoré les fortifications entreprises sous le règne de Charles IX pour la défense des Tuileries, 319. — Il ordonne certains travaux ayant pour but l'assainissement du faubourg Saint-Honoré, II, 52. — Il prescrit des mesures propres à soustraire les jardins des Tuileries à la vue du public, 53. — Il manifeste l'intention de continuer le palais des Tuileries, 53, 54. — Assiégé dans le Louvre, il se réfugie dans le palais des Tuileries, *Appendices*, 243.

Henri IV confie à Louis Lerambert la garde des marbres du Louvre, I, 9. — Il acquiert une maison rue Fromenteau, 45. — Il achète l'hôtel de Schomberg pour le donner à Gabrielle d'Estrées, 47. — Il en fait abattre une partie pour continuer la construction de la Grande Galerie du Louvre, et donne le reste au président Jeannin, 80. — Son *Cabinet des Livres* au Louvre, 127. — Il fait démolir le ravelin construit devant la deuxième porte Saint-Honoré, 180. — Il place au Louvre une inscription constatant que la Grande Galerie a été commencée par Charles IX, 258; II, 60. — Son chiffre au Louvre et aux Tuileries, I, 260, 269; II, 61, 73, 93, 98. — Il poursuit la construction de la Grande et de la Petite Galerie, I, 260 et suiv. II, 60 et suiv. 108. — Il donne à son jardinier Claude Mollet un terrain et un jardin dans la rue du Carrousel, I, 282. — Il approuve l'institution des Feuillants, 301. — Il ratifie un arrangement entre les Feuillants et les Capucins, 306. — Il accorde au couvent des Feuillants une distribution d'eau, 309. — Il ordonne la reprise des travaux du Louvre et des Tuileries, II, 57, 58. — Moyen qu'il emploie pour subvenir aux dépenses de ces travaux, 58, 59. — Projet d'un portique contenant sa statue avec inscriptions et devise, 66. — Il veut faire peindre par Bunel les dessins tracés par Toussaint Du Breul, 74, 75. — Ses constructions aux Tuileries, 91, 92, 93. — Inscription en son honneur aux Tuileries, 92. — Il crée un nouveau jardin aux Tuileries et fait subir d'importantes modifications au grand jardin établi par Catherine de Médicis, 93, 94. — Il fonde une magnanerie, 94. — Son projet de réunir le Louvre aux Tuileries, 95 et suiv. 107. — Il donne l'ordre de loger dans la Grande Galerie du Louvre les artistes et les artisans les plus habiles, 99 à 102. — État des officiers entretenus pour son service au Louvre et aux Tuileries en 1608, *Appendices*, 205, 206.

HENRI VI, roi de fait, donne à son conseiller Jean de Courcelles de Saint-Liébaut la maison de l'*Image-Notre-Dame* appelée plus tard l'hôtel d'Alluye, I, *Appendices*, VII.

HERMITAGE (Maison de l'), rue du Coq, emplacement non déterminé, I, 30.

HERODIAS (Maison ayant pour enseigne), rue Saint-Thomas-du-Louvre, paroisse Saint-Germain-l'Auxerrois, haute justice et censive de l'Évêché, I, 108.

HÉROUARD, médecin du Roi, concessionnaire d'un terrain dans le rempart de l'enceinte de Charles V, I, 74.

HERSE (Maison de la), puis du NOM-DE-JÉSUS, rue Jean-Saint-Denis, paroisse Saint-Germain-l'Auxerrois, haute justice et censive de l'Évêché, I, 71.

HEURLES (DE), maître d'hôtel du roi, concessionnaire d'un terrain dans le rempart de l'enceinte de Charles V, I, 74.

HEURTAUT, architecte, inspecteur des travaux des Tuileries, II, 11.

HOCQUINCOURT (Hôtel du sieur DE), I, 171.

HOGUELET (Jeannin), garde des chambres du château de Vincennes, donataire de l'*hôtel des Lions* du Louvre, I, 159.

HOLLANDE (Hôtel de), rue Fromenteau, voir POMME-ROUGE, I, 43.

HOMME-SAUVAGE (Ma son de l'), rue Saint-Honoré, paroisse Saint-Germain-l'Auxerrois, haute justice et censive de l'Évêché, I, 60.

HONNET (Gabriel), peintre, travaille à la décoration du Louvre, II, 75.

HONORÉ, voir SAINT-HONORÉ.

HORLOGE du Louvre, I, 147.

HORLOGE (Pavillon de l'), voir PAVILLON DE L'HORLOGE.

HORLOGE (Tour de l'), au Louvre, I, 148.

HOSTERICHE (Hôtel d'), ou GRAND-ALENÇON, rue d'Autriche et rue des Poulies, I, 89.

HÔTEL BOURGEOIS (Maison dite l'), rue Fromenteau, voir CHEVAL-BLANC, I, 44.

HÔTEL DE L'AFFINOIR (Maison dite l'), devenue plus tard l'HÔTEL DE LA BARRE OU DES BARRES, rue Saint-Thomas-du-Louvre, paroisse Saint-Germain-l'Auxerrois, haute justice et censive de l'Évêché, I, 107.

HÔTEL D'ALLEMAGNE (Maison dite l'), rue de Beauvais, paroisse Saint-Germain-l'Auxerrois, haute justice de l'Évêché, censive du fief de Fromenteau, I, 19. — Voir aussi Maison du PIED-DE-BICHE, rue Fromenteau, 45.

HÔTEL D'ALLUYE, puis DE CIPIÈRES, DE CONTY et D'ANGIVILLIERS, appelé aussi HÔTEL D'ARGENSON et DE TRESMES, formé primitivement de la maison de l'IMAGE-NOTRE-DAME ou de la BELLE-IMAGE, rue des Poulies et rue d'Autriche, paroisse Saint-Germain-l'Auxerrois, haute justice de l'Évêché, censive du chapitre Saint-Germain-l'Auxerrois, I, 94, et *Appendices*, VII.

HÔTEL DES AMÉRICAINS (Maison dite l'), rue Saint-Honoré, voir ÉCU-DE-FLANDRES, I, 52.

HÔTEL D'ANGUIN (Maison dite l'), rue Champ-Fleuri, paroisse Saint-Germain-l'Auxerrois, haute justice et censive de l'Évêché, I, 23.

HÔTEL D'ANJOU, rue d'Autriche et rue des Poulies, voir GRAND-ALENÇON, I, 88 et suiv.

HÔTEL D'ANTIN OU DE LA SURINTENDANCE, rue d'Autriche et rue des Poulies, voir GRAND-ALENÇON, I, 88 et suiv.

HÔTEL D'ARGENSON, rue d'Autriche et rue des Poulies, voir HÔTEL D'ALLUYE, I, 94.

HÔTEL D'ARMAGNAC (Maison dite l'), rue du Chantre, voir TROIS-CROISSANTS, I, 24.

HÔTEL D'ARMAGNAC (Maison dite l'), rue Fromenteau, voir Maison des GRACIEUX, I, 43.

HÔTEL D'ARMAGNAC OU DE BRIONNE, rue du Carrousel, paroisse Saint-Germain-l'Auxerrois, haute justice et censive de l'Évêché, puis du Roi, I, 282.

HÔTEL D'ARMENONVILLE, rue Saint-Honoré, voir Maison de la LIBERTÉ, I, 298.

HÔTEL D'AUMONT, rue des Poulies, voir HÔTEL DE GARANCIÈRES, I, 93.

HÔTEL DE BACQUEVILLE, OU DE LA ROCHEGUYON, rue d'Autriche, I, 10; II, *Appendices*, 171.

HÔTEL DE LA BATAILLE (Maison dite l'), rue du Coq, paroisse Saint-Germain-l'Auxerrois, haute justice et censive de l'Évêché, I, 30.

HÔTEL DE BERINGHEN, rue Saint-Nicaise, paroisse Saint-Germain-l'Auxerrois, haute justice de l'Évêché, censive de l'Évêché, puis de la Ville, I, 76, 177.

HÔTEL DE BOURBON, quai de l'École, paroisse Saint-Germain-l'Auxerrois, haute justice de l'Évêché, partie en censive de Saint-Denis-de-la-Chartre, partie en censive de Saint-Germain-l'Auxerrois,

TABLE ALPHABÉTIQUE DES MATIÈRES.

I, 20, 33 et suiv. 133, 134, et *Appendices*, VI; II, *Appendices*, 171, 172.

Hôtel de Brionne, rue du Carrousel, voir Hôtel d'Armagnac ou de Brionne, I, 282.

Hôtel des Carneaux, formé de deux maisons, rue Saint-Honoré, paroisse de Saint-Germain-l'Auxerrois, puis de Saint-Roch, haute justice et censive de l'Évêché, I, 299.

Hôtel de Castellan, rue des Poulies, voir Petit-Alençon, I, 88.

Hôtel de Chevreuse, rue Fromenteau et rue Saint-Thomas-du-Louvre, voir Hôtel de Vendôme, I, 42.

Hôtel de Chevreuse, rue Saint-Nicaise et rue Saint-Thomas-du-Louvre, voir Hôtel d'O, I, 103, 104, 105, et *Appendices*, VII.

Hôtel de Choisy, rue d'Autriche et rue des Poulies, voir Petit-Alençon, I, 88.

Hôtel de Cipières, rue d'Autriche et rue des Poulies, voir Hôtel d'Alluye, I, 94.

Hôtel de la Clef, rue Fromenteau, I, 44.

Hôtel de Clermont, rue d'Autriche, voir Hôtel d'Étampes, I, 14, 15.

Hôtel de Clèves, rue d'Autriche, voir Hôtel d'Étampes ou d'Aumale, I, 10, 11, et Hôtel de Bacqueville, II, *Appendices*, 171.

Hôtel de Coëtanfao, rue Saint-Nicaise, voir Hôtel de Créquy et d'Elbeuf, I, 78.

Hôtel de Combault, rue des Poulies, paroisse Saint-Germain-l'Auxerrois, haute justice de l'Évêché, censive du chapitre Saint-Germain-l'Auxerrois, I, 87.

Hôtel de Conty, rue d'Autriche et rue des Poulies, voir Hôtel d'Alluye, I, 94.

Hôtel de Coupeau, rue des Orties, voir Petite-Bretagne, I, 79 et suiv.

Hôtel de Créquy, rue d'Autriche, voir Hôtel d'Étampes, I, 14, 15.

Hôtel de Créquy et d'Elbeuf, rue Saint-Nicaise, paroisse Saint-Germain-l'Auxerrois, haute justice et censive de l'Évêché, I, 78.

Hôtel de Crussol, rue Saint-Thomas-du-Louvre, anciennement Hôtel de Pisany, I, 107.

Hôtel d'Estrées, rue du Coq, voir Hôtel du Bouchage, I, 29.

Hôtel d'Étampes ou d'Aumale, appelé plus tard l'Hôtel de Clèves, puis de Gramont, rue d'Autriche, paroisse Saint-Germain-l'Auxerrois, haute justice de l'Évêché, censive de Saint-Denis-de-la-Chartre, I, 10, 11, 30.

Hôtel d'Étampes, puis de Clermont et de Créquy, rue d'Autriche, paroisse de Saint-Germain-l'Auxerrois, haute justice de l'Évêché, censive de Saint-Germain-l'Auxerrois, I, 14, 15.

Hôtel d'Eu, rue d'Autriche, voir Hôtel d'Étampes ou d'Aumale, I, 10, 11, et Hôtel de Bacqueville, II, *Appendices*, 171.

Hôtel de Fitz-James, rue Saint-Florentin, paroisse Saint-Roch, justice et censive du Roi, I, 315.

Hôtel de Foix (Maison dite l'), puis l'Hôtel Pussort, l'Hôtel d'Armenonville, et enfin l'Hôtel de Noailles, rue Saint-Honoré, paroisse de Saint-Germain-l'Auxerrois, puis de Saint-Roch, haute justice et censive de l'Évêché, I, 298.

Hôtel de Gallye (Maison dite l'), puis du Val-de-Gallye, et de la Croix-Verte, rue Saint-Honoré, paroisse de Saint-Germain-l'Auxerrois, puis de Saint-Roch, haute justice et censive de l'Évêché, I, 293.

Hôtel de Garancières, puis de Nevers, de Villequier et d'Aumont, ayant eu aussi pour enseigne le Lion-Couronné, rue des Poulies, paroisse Saint-Germain-l'Auxerrois, haute justice de l'Évêché, censive du chapitre Saint-Germain-l'Auxerrois, I, 93.

Hôtel de Grammont, rue d'Autriche, voir Hôtel d'Étampes ou d'Aumale, I, 10, 11.

Hôtel de Grammont, rue Fromenteau et rue Saint-Thomas-du-Louvre, voir Hôtel de Pontchartrain, I, 41, 42.

Hôtel de Hollande (Maison dite l'), rue Fromenteau, voir Pomme-Rouge, I, 43.

Hôtel d'Hosteriche, ou Grand-Alençon, rue d'Autriche et rue des Poulies, I, 88 et suiv.

Hôtel de la Force, formé par l'Hôtel Larchant augmenté d'une partie des jardins de l'ancien Hôtel d'Anjou, rue d'Autriche, I, 16.

Hôtel de la Marche ou de la Grande-Marche, rue Fromenteau et rue Saint-Thomas-du-Louvre, voir Hôtel de Vendôme, I, 42.

Hôtel de Lancastre (Maison dite l'), rue Saint-Thomas-du-Louvre, paroisse Saint-Germain-l'Auxerrois, haute justice et censive de l'Évêché, I, 108.

Hôtel de la Petite-Marche, appelé plus tard les Petites-Marches, dépendant de l'Hôtel de la Marche et aboutissant rue Saint-Thomas-du-Louvre par un corps de logis qui portait l'enseigne de l'*Image-Saint-Martin*, rue Fromenteau, paroisse Saint-Germain-l'Auxerrois, haute justice de l'Évêché, censive du fief de Fromenteau, I, 43.

HÔTEL DE LA PETITE-BRETAGNE, rue des Orties, I, 79 et suiv.

HÔTEL DE L'ARCHANT, rue d'Autriche, I, 16.

HÔTEL DE LA ROCHEGUYON, puis DE BACQUEVILLE, rue d'Autriche, paroisse Saint-Germain-l'Auxerrois, haute justice de l'Évêché, censive de Saint-Denis-de-la-Chartre, I, 10; *Appendices*, II, 171.

HÔTEL DE LA ROSE (Groupe de trois maisons dit l'), divisé plus tard en quatre portions, sur l'emplacement de l'une desquelles fut bâtie la partie postérieure de l'HÔTEL DE PONTCHARTRAIN, rue Fromenteau, paroisse Saint-Germain-l'Auxerrois, haute justice de l'Évêché, censive du fief de Fromenteau, I, 41, 42.

HÔTEL DE LA TRÉMOUILLE, puis DE JOYEUSE OU DU BOUCHAGE, rue Saint-Honoré, paroisse Saint-Germain-l'Auxerrois, puis de Saint-Roch, haute justice et censive de l'Évêché, I, 309.

HÔTEL DE LAVAL, puis DE VIGNOLLES et DE SILLERY, rue Saint-Honoré, s'étendant aussi sur les rues Fromenteau et Saint-Thomas-du-Louvre, paroisse Saint-Germain-l'Auxerrois, haute justice de l'Évêché, partie en censive du fief de Fromenteau, partie en censive de l'Évêché, I, 59.

HÔTEL DE LA VALLIÈRE, rue du Carrousel, paroisse Saint-Germain-l'Auxerrois, haute justice et censive de l'Évêché, puis du Roi, I, 282.

HÔTEL DE LA VIEUVILLE, rue Saint-Nicaise et rue Saint-Thomas-du-Louvre, voir HÔTEL D'O, I, 103, 104, 105.

HÔTEL DE LESDIGUIÈRES, rue Fromenteau et rue Saint-Thomas-du-Louvre, voir HÔTEL DE PONTCHARTRAIN, I, 41, 42.

HÔTEL DE LONGUEVILLE, ou GRAND-ALENÇON, rue d'Autriche et rue des Poulies, voir I, 88 et suiv.

HÔTEL DE LONGUEVILLE, rue Saint-Nicaise et rue Saint-Thomas-du-Louvre, voir HÔTEL D'O, I, 103, 104, 105.

HÔTEL DE MARIGNY, rue Fromenteau et rue Saint-Thomas-du-Louvre, voir HÔTEL DE PONTCHARTRAIN, I, 41, 42.

HÔTEL DE MATIGNON, rue des Orties, voir PETITE-BRETAGNE, I, 79 et suiv.

HÔTEL DE MONTAUSIER, anciennement HÔTEL DE PISANY, rue Saint-Thomas-du-Louvre, I, 107.

HÔTEL DE MONTPENSIER, rue du Coq, voir HÔTEL DU BOUCHAGE, I, 29.

HÔTEL DE MONTMORIN (Maison dite l'), rue Fromenteau, voir POMME-ROUGE, I, 43.

HÔTEL DE NANTES (Maison dite l'), rue Fromenteau, voir IMAGE-SAINT-SÉBASTIEN, I, 45.

HÔTEL DE NANTES (Maison dite l'), rue Saint-Nicaise, paroisse Saint-Germain-l'Auxerrois, haute justice et censive de l'Évêché, I, 78.

HÔTEL DE NEVERS (Maison dite l'), rue Fromenteau, voir ÉCU-DE-FRANCE, I, 45.

HÔTEL DE NEVERS, rue des Poulies, voir HÔTEL DE GARANCIÈRES, I, 93.

HÔTEL DE NOAILLES, rue Saint-Honoré, voir Maison de la LIBERTÉ, I, 298.

HÔTEL DE NOIRMOUTIERS, nom donné, d'après Sauval, à l'HÔTEL DE RAMBOUILLET, I, 106.

HÔTEL D'O, puis DE LA VIEUVILLE, DE CHEVREUSE, D'ÉPERNON et DE LONGUEVILLE, rue Saint-Nicaise et rue Saint-Thomas-du-Louvre, paroisse Saint-Germain-l'Auxerrois, haute justice et censive de l'Évêché, I, 103, 104, 105, et *Appendices*, VII.

HÔTEL D'OSTREVANT, rue d'Autriche, paroisse Saint-Germain-l'Auxerrois, haute justice de l'Évêché, mentionné dans les censives de l'Évêché, I, 15, 16.

HÔTEL DES PARFUMS (Maison dite l'), rue Saint-Honoré, voir LICORNE, I, 52.

HÔTEL DE PICARDIE (Maison dite l'), rue Saint-Honoré, voir CROISSANT, I, 58.

HÔTEL DE PISANY, puis DE RAMBOUILLET, plus tard appelé successivement HÔTEL DE MONTAUSIER, DE CHUSSOL et D'UZÈS, rue Saint-Thomas-du-Louvre, paroisse Saint-Germain-l'Auxerrois, haute justice et censive de l'Évêché, I, 105, 106, 107.

HÔTEL DE PLUVINEL, appelé d'abord Maison de la CORNE-DE-CERF, rue Saint-Honoré, 294, 309.

HÔTEL DE PONTCHARTRAIN OU DE PHÉLYPEAUX, puis DE GRAMONT, DE LESDIGUIÈRES et DE MARIGNY, bâti en partie sur un des lots de l'HÔTEL DE LA ROSE, et s'étendant sur la rue Fromenteau et la rue Saint-Thomas-du-Louvre, paroisse Saint-Germain-l'Auxerrois, haute justice de l'Évêché, partie en censive du fief de Fromenteau, partie en censive de l'Évêché, I, 41, 42. — Partie postérieure dans la rue Saint-Thomas-du-Louvre, 109.

HÔTEL DE PROVENCE, rue des Poulies, voir Maison de la COLOMBE, I, 92.

HÔTEL DE QUITRY, dit plus tard PETIT HÔTEL D'ARGUIN, bâti sur l'emplacement de l'hôtel de Matignon, I, 84.

HÔTEL DE RAMBOUILLET, ou DE PISANY, rue Saint-Thomas-du-Louvre, I, 105, 106, 107.

HÔTEL DE RETZ, rue des Poulies, voir PETIT-ALENÇON, I, 88.

HÔTEL DE RETZ et DE CONTY, rue d'Autriche, pa-

TABLE ALPHABÉTIQUE DES MATIÈRES.   293

roisse Saint-Germain-l'Auxerrois, haute justice de l'Évêché, censive de Saint-Denis-de-la-Chartre, I, 16, 17, 88.
Hôtel de Roquelaube, rue Saint-Nicaise, voir Hôtel de Beringhen, I, 76.
Hôtel de Rostaing, rue de Beauvais, voir Image-Notre-Dame, I, 18.
Hôtel de Saulx, rue d'Autriche, voir Hôtel d'Étampes, I, 14, 15.
Hôtel de Schomberg, rue Fromenteau, voir Trois-Pas-de-Degré, I, 46.
Hôtel de Souvré, rue Fromenteau, paroisse Saint-Germain-l'Auxerrois, haute justice de l'Évêché, censive du fief de Fromenteau, I, 46.
Hôtel de Torcy, puis maison du Mouton, rue Saint-Thomas-du-Louvre, paroisse Saint-Germain-l'Auxerrois, haute justice et censive de l'Évêché, I, 103.
Hôtel de Tresmes, rue d'Autriche et rue des Poulies, voir Hôtel d'Alluye, I, 94.
Hôtel des Tuileries (Maison dite l'), rue de l'Échelle, voir Image-Notre-Dame, I, 279, et Terrain de la place du Carrousel, 280.
Hôtel de Vaucouleurs, nom attribué par une note manuscrite à l'hôtel de Cipières, qui, d'après cette même note, aurait servi de demeure à Jeanne d'Arc, I, 94.
Hôtel de Vendôme, puis de Chevreuse et de la Marche, appelé aussi la Grande-Marche, et plus tard les Grandes-Marches, rue Fromenteau, paroisse Saint-Germain-l'Auxerrois, haute justice de l'Évêché, censive du fief de Fromenteau, et rue Saint-Thomas-du-Louvre, même paroisse et même justice que ci-dessus, mais censive de l'Évêché, I, 42, 109.
Hôtel de Vieux-Pont, rue Saint-Nicaise, voir Hôtel de Créquy et d'Elbeuf, I, 78.
Hôtel de Vignolles, rue Saint-Honoré et rue Saint-Thomas-du-Louvre, voir Hôtel de Laval, I, 59.
Hôtel de Villequier, rue des Poulies, voir Hôtel de Garancières, I, 93.
Hôtel de Villeroy, ou Grand-Alençon, rue d'Autriche et rue des Poulies, I, 88 et suiv.
Hôtel du Bouchage, appelé quelque temps l'Hôtel d'Estrées, puis l'Hôtel de Montpensier, rue du Coq, paroisse Saint-Germain-l'Auxerrois, haute justice et censive de l'Évêché, I, 29, 30, 53.

Hôtel du Petit-Alençon, ou le Petit-Alençon, rue des Poulies, I, 88.
Hôtel du Petit-Conty, rue d'Autriche, voir Hôtel de Retz et de Conty, I, 16, 17.
Hôtel d'Uzès, anciennement Hôtel de Pisany, rue Saint-Thomas-du-Louvre, I, 107.
Hôtel d'Uzès et de Crussol, rue Saint-Nicaise, paroisse Saint-Germain-l'Auxerrois, haute justice et censive de l'Évêché, I, 78.
Hôtel Pussort, rue Saint-Honoré, voir Maison de la Liberté, 298.
Hôtel Saint-Pol, rue d'Autriche, paroisse Saint-Germain-l'Auxerrois, haute justice de l'Évêché, censive de Saint-Denis-de-la-Chartre, I, 12 et suiv. — Partie de cet hôtel dans la rue Saint-Honoré, 52. — Dépendances de son jardin, rue du Coq, 29.
Hoteriche (Rue), voir Autriche (Rue d').
Hotte (Maison de la), rue Saint-Honoré, voir Annonciation-Notre-Dame, I, 56.
Hotte ou Hotte-Fleurie (Maison de la), rue Saint-Honoré, voir Nef-d'Argent, I, 56.
Houasse, peintre, auteur d'un retable destiné à l'église de l'Assomption, I, 313.
Houdan (Nicolas), entrepreneur de maçonnerie pour la construction du palais des Tuileries, II, 49.
Houlles (Maison appartenant au seigneur de), rue des Poulies, voir Hôtel de Combault, I, 87.
Huau (Nicolas), maître maçon, est chargé de nettoyer les fossés du Louvre, II, *Appendices*, 212, 220.
Huchette (Maison de la), puis des Trois-Docteurs, et du Duc-de-Bourgogne, rue Saint-Honoré, paroisse Saint-Germain-l'Auxerrois, haute justice et censive de l'Évêché, I, 56.
Huis (L'), ou Petit-Huis du Cloître, aussi dit Arche Saint-Nicolas, rue Fromenteau, I, 40.
Huîtres (Port aux), ou partie orientale du port du Guichet-du-Louvre, I, 170.
Hulot (Nicolas), couvreur, entretient la toiture du Louvre, des Tuileries et autres bâtiments royaux, II, *Appendices*, 212.
Hure-de-Sanglier (Maison de la), divisée ensuite en deux maisons, 1° la Vertu-de-l'Assurance, plus tard la Petite-Vertu, 2° le Roi-Henri-IV, rue Champ-Fleuri, paroisse Saint-Germain-l'Auxerrois, haute justice et censive de l'Évêché, I, 23.

I

Île-d'Amour (Maison de l'), rue Saint-Honoré, voir Maison des Trois-Morts-et-des-Trois-Vifs, I, 60.

Illiers (Hôtel d'Hélène d'), veuve de Jean d'O, rue Saint-Thomas-du-Louvre, voir Hôtel d'O, I, 103.

Illustres (Les), ou artistes, artisans et savants logés dans la Grande Galerie du Louvre, voir Alleaume, Bunel (Jacob), Courtois (Pierre), De la Garde (Abraham), Des Martins (Pierre), Du Bout (Maurice), Du Pont (Pierre), Du Pré (Guillaume), Ferrier (Antoine), Fontenay (Julien de), Franqueville, Laurens (Girard), Marin (Bourgeois), Petit (Jean), Raulin (Étienne), Roussel (Nicolas), Séjourne (Jean), Sétabre (Laurens), Varinier (Pierre).

Image-Notre-Dame (Maison de l'), depuis Hôtel de Rostaing, rue de Beauvais, paroisse Saint-Germain-l'Auxerrois, haute justice et censive de l'Évêché, I, 18.

Image-Notre-Dame (Maison de l'), rue Champ-Fleuri, paroisse Saint-Germain-l'Auxerrois, haute justice et censive de l'Évêché, I, 21.

Image-Notre-Dame (Maison de l'), rue du Chantre, paroisse Saint-Germain-l'Auxerrois, haute justice et censive de l'Évêché, I, 25.

Image-Notre-Dame (Maison de l'), faisant partie d'une maison dont une autre portion a eu pour enseigne la Croix-Verte, puis la Croix-Blanche, rue du Coq, paroisse Saint-Germain-l'Auxerrois, haute justice et censive de l'Évêché, I, 28.

Image-Notre-Dame (Maison de l'), rue des Poulies, acquise pour l'agrandissement de l'hôtel de Bourbon, I, 34.

Image-Notre-Dame (Maison de l'), puis de la Fleur-de-Lis, rue Fromenteau, paroisse Saint-Germain-l'Auxerrois, haute justice et censive du fief de Fromenteau; et rue Saint-Thomas-du-Louvre, même paroisse et même justice que ci-dessus, mais censive de l'Évêché, I, 43, 108.

Image-Notre-Dame (Maison de l'), rue Fromenteau, voir Couronne, I, 44.

Image-Notre-Dame (Maison de l'), rue Fromenteau, voir « Cuillière, » I, 44.

Image-Notre-Dame (Maison de l'), rue Saint-Honoré, voir Image-Saint-Jean-Baptiste, I, 52.

Image-Notre-Dame (Maison de l'), puis de l'Image-Saint-Jacques, rue Saint-Honoré, paroisse Saint-Germain-l'Auxerrois, haute justice et censive de l'Évêché, I, 56.

Image-Notre-Dame (Maison de l'), sur l'emplacement de laquelle a été percé le passage Delorme, rue Saint-Honoré, paroisse de Saint-Germain-l'Auxerrois, puis de Saint-Roch, haute justice et censive de l'Évêché, I, 289, 293.

Image-Notre-Dame (Maison de l'), rue Jean-Saint-Denis, paroisse Saint-Germain-l'Auxerrois, haute justice et censive de l'Évêché, I, 71.

Image-Notre-Dame (Maison de l'), rue des Orties, voir Image-Saint-Louis, I, 84.

Image-Notre-Dame (Maison de l'), puis de la Belle-Image, rue des Poulies, voir Hôtel d'Alluye, I, 94.

Image-Notre-Dame (Maison de l'), rue de l'Échelle, paroisse Saint-Germain-l'Auxerrois, haute justice et censive de l'Évêché, puis du Roi, I, 279.

Image-Notre-Dame (Maison de l'), rue du Dauphin, paroisse de Saint-Germain-l'Auxerrois, puis de Saint-Roch, haute justice et censive de l'Évêché, I, 296.

Image-Saint-André (Maison de l'), rue de Beauvais, voir Image-Sainte-Marguerite, I, 18.

Image-Saint-Antoine (Maison de l'), rue Saint-Honoré, voir Maison du Pavillon, I, 293.

Image-Saint-Béal (Maison de l'), du Pot-de-Fer et de l'Image-Saint-Leu, rue Fromenteau, paroisse Saint-Germain-l'Auxerrois, haute justice de l'évêché, censive du fief de Fromenteau; et rue Saint-Thomas du Louvre, même paroisse et même justice que ci-dessus, mais censive de l'Évêché, I, 43, 108.

Image-Saint-Christophe (Maison de l'), rue Saint-Honoré, voir Écu-de-France, I, 61.

Image-Saint-Claude (Maison de l'), puis du Grand-Godet, bâtie sur la partie postérieure de la maison de l'Écu-de-France de la rue Jean-Saint-Denis, paraissant avoir été divisée plus tard en quatre portions, dont une avait pour enseigne le Fer-à-Cheval, et une autre l'Image-Saint-Claude, puis la Croix-d'Or, rue du Chantre, paroisse Saint-Germain-l'Auxerrois, haute justice et censive de l'Évêché, I, 24.

Image-Saint-Claude (Maison de l'), subdivision de la précédente, rue du Chantre, I, 24.

Image-Saint-Claude (Maison de l'), rue du Chantre, voir Petit-Godet, I, 24, 25.

Image-Saint-Claude (Maison de l'), rue Saint-Honoré, voir Maison du «Papegault,» I, 52.

Image-Saint-Claude (Maison de l'), rue Jean-Saint-Denis, voir Souche, I, 72.

Image-Saint-Claude (Maison de l'), appelée plus tard la Croix-d'Or, rue Jean-Saint-Denis, paroisse Saint-Germain-l'Auxerrois, haute justice et censive de l'Évêché, I, 72.

Image-Saint-Claude (Maison de l'), rue Jean-Saint-Denis, voir Écu-de-France, I, 72.

Image-Saint-Claude (Maison de l'), rue des Orties, voir Treille, I, 84.

Image-Saint-Christophe (Maison de l'), puis du Saint-Esprit, rue de Beauvais, paroisse Saint-Germain-l'Auxerrois, haute justice et censive de l'Évêché, I, 18.

Image-Saint-Étienne (Maison de l'), rue Fromenteau, voir Image-Saint-Hugues, I, 43.

Image-Saint-Eustache (Maison de l'), rue Champ-Fleuri, paroisse Saint-Germain-l'Auxerrois, haute justice et censive de l'Évêché, I, 22.

Image-Saint-Eustache (Maison de l'), rue des Poulies, paroisse Saint-Germain-l'Auxerrois, haute justice de l'Évêché, censive du chapitre Saint-Germain-l'Auxerrois, I, 94.

Image-Saint-Fiacre (Maison de l'), rue Saint-Honoré, voir Maison du Pavillon, I, 293.

Image-Saint-François (Maison de l'), rue du Coq, voir Plat-d'Étain, I, 27.

Image-Saint-François (Maison de l'), rue Fromenteau, voir Image-Saint-François, I, 43.

Image-Saint-François (Maison de l'), rue Saint-Honoré, voir Lion-d'Or, I, 58.

Image-Saint-François (Maison de l'), rue Jean-Saint-Denis, paroisse Saint-Germain-l'Auxerrois, haute justice et censive de l'Évêché, I, 73.

Image-Saint-Hugues (Maison de l'), puis de l'Image-Saint-François et de l'Image-Saint-Étienne, rue Fromenteau, paroisse Saint-Germain-l'Auxerrois, haute justice de l'Évêché, censive du fief de Fromenteau, I, 43.

Image-Saint-Jacques (Maison de l'), rue Champ-Fleuri, voir Saint-Esprit, I, 21.

Image-Saint-Jacques (Maison de l'), puis de la Montagne-Saint-Jacques, rue du Chantre, paroisse Saint-Germain-l'Auxerrois, haute justice et censive de l'Évêché, I, 26.

Image-Saint-Jacques (Maison de l'), rue du Coq, voir Cygne, I, 28.

Image-Saint-Jacques (Maison de l'), rue Fromenteau, voir Ville-de-Tours, I, 45, 161.

Image-Saint-Jacques (Maison de l'), rue Fromenteau, paroisse Saint-Germain-l'Auxerrois, haute justice de l'Évêché, censive du fief de Fromenteau, I, 46.

Image-Saint-Jacques (Maison de l'), puis du Cerf et de la Chasse-Royale, rue Saint-Honoré, paroisse Saint-Germain-l'Auxerrois, haute justice et censive de l'Évêché, I, 56.

Image-Saint-Jacques (Maison de l'), rue Saint-Honoré, voir Image-Notre-Dame, I, 56.

Image-Saint-Jacques (Maison de l'), rue Saint-Honoré, paroisse de Saint-Germain-l'Auxerrois, puis de Saint-Roch, haute justice et censive de l'Évêché, I, 297.

Image-Saint-Jacques (Maison de l'), rue Saint-Thomas-du-Louvre, paroisse Saint-Germain-l'Auxerrois, haute justice et censive de l'Évêché, I, 108.

Image-Saint-Jean (Maison de l'), rue de Beauvais, paroisse Saint-Germain-l'Auxerrois, haute justice et censive de l'Évêché, I, 18.

Image-Saint-Jean (Maison de l'), puis de la Vache ou Vache-Couronnée, et de l'Arbalète, rue Saint-Honoré, paroisse Saint-Germain-l'Auxerrois, haute justice et censive de l'Évêché, I, 56.

Image-Saint-Jean (Maison de l'), rue Saint-Honoré, paroisse de Saint-Germain-l'Auxerrois, puis de Saint-Roch, haute justice et censive de l'Évêché, I, 299.

Image-Saint-Jean (Maison de l'), rue Jean-Saint-Denis, voir Paradis, I, 71.

Image-Saint-Jean (Maison de l'), rue Saint-Thomas-du-Louvre, paroisse Saint-Germain-l'Auxerrois, haute justice et censive de l'Évêché, I, 108.

Image-Saint-Jean-Baptiste (Maison de l'), divisée ensuite en deux, 1° la Ville-de-Bruxelles, 2° l'Image-Notre-Dame, plus tard le Mont-Saint-Michel, rue Saint-Honoré, paroisse Saint-Germain-l'Auxerrois, haute justice de l'Évêché, censive du chapitre de Saint-Germain-l'Auxerrois, I, 52.

Image-Saint-Julien (Maison de l'), composée de deux corps d'hôtel, dont l'un s'appelait la maison du Coq, rue de Beauvais, paroisse Saint-Germain-l'Auxerrois, haute justice et censive de l'Évêché, I, 20.

Image-Saint-Julien (Maison de l'), rue Champ-Fleuri, voir Étrille, I, 23.

IMAGE-SAINT-LEU (Maison de l'), rue Fromenteau, voir IMAGE-SAINT-BÉAL, I, 43.

IMAGE-SAINT-LOUIS (Maison de l'), rue de Beauvais, voir GOBELET-D'ARGENT, I, 19.

IMAGE-SAINT-LOUIS (Maison de l'), rue Champ-Fleuri, paroisse Saint-Germain-l'Auxerrois, haute justice et censive de l'Évêché, I, 23.

IMAGE-SAINT-LOUIS (Maison de l'), rue Fromenteau, voir CHEVAL-BLANC, I, 44.

IMAGE-SAINT-LOUIS (Maison de l'), puis de l'ÉPÉE-ROMPUE, rue Fromenteau, paroisse Saint-Germain-l'Auxerrois, haute justice de l'Évêché, censive du fief de Fromenteau, I, 45.

IMAGE-SAINT-LOUIS (Maison de l'), rue Fromenteau, voir CHEVAL-BLANC, I, 46.

IMAGE-SAINT-LOUIS (Maison de l'), rue Saint-Honoré, paroisse Saint-Germain-l'Auxerrois, haute justice et censive de l'Évêché, I, 57.

IMAGE-SAINT-LOUIS (Maison de l'), divisée en deux parties, l'une qui se subdivisait en deux corps d'hôtel, le PRÉ-FLEURI et la CROIX-VERTE, l'autre qui s'est appelée la GERBE-D'OR, puis le PETIT-SAINT-JEAN, rue Jean-Saint-Denis, paroisse Saint-Germain-l'Auxerrois, haute justice et censive de l'Évêché, I, 72.

IMAGE-SAINT-LOUIS (Maison de l'), appelée plus tard maison du GRAND-MONARQUE, de l'IMAGE-NOTRE-DAME, du FILS-DU-ROI-DE-FRANCE et de l'HERMITAGE, rue des Orties, paroisse Saint-Germain-l'Auxerrois, haute justice et censive de l'Évêché, I, 84.

IMAGE-SAINT-LOUIS (Maison de l'), dite d'abord maison de la « SERPENTE, » rue Saint-Honoré, I, 297, 329.

IMAGE-SAINT-MARTIN (Maison de l'), puis de l'ÉCU, rue du Coq, paroisse Saint-Germain-l'Auxerrois, haute justice et censive de l'Évêché, I, 27.

IMAGE-SAINT-MARTIN (Maison de l'), rue Saint-Thomas-du-Louvre, voir HÔTEL DE LA PETITE-MARCHE, I, 43, 109.

IMAGE-SAINT-MARTIN (Maison de l'), rue Fromenteau, paroisse Saint-Germain-l'Auxerrois, haute justice de l'Évêché, censive du fief de Fromenteau, I, 46.

IMAGE-SAINT-MARTIN (Maison de l'), puis du RABOT, et du ROI-DE-FRANCE, rue Saint-Honoré, paroisse Saint-Germain-l'Auxerrois, haute justice et censive de l'Évêché, I, 55.

IMAGE-SAINT-MARTIN (Maison de l'), rue Saint-Honoré, voir PLAT, I, 57.

IMAGE-SAINT-MARTIN (Maison de l'), rue Saint-Honoré, voir MAISON DU BOEUF-ET-DU-MOUTON, I, 60.

IMAGE-SAINT-MARTIN (Maison de l'), rue Saint-Honoré, paroisse Saint-Germain-l'Auxerrois, puis de Saint-Roch, justice et censive du Roi, I, 285.

IMAGE-SAINT-MARTIN (Maison de l'), bâtie sur l'emplacement de l'hôtel Matignon, rue des Orties, I, 83.

IMAGE-SAINT-MICHEL (Maison de l'), puis de l'IMAGE-SAINT-ROCH, rue de Beauvais, paroisse Saint-Germain-l'Auxerrois, haute justice et censive de l'Évêché, I, 18.

IMAGE-SAINT-MICHEL (Maison de l'), rue de Beauvais, emplacement non déterminé, I, 20.

IMAGE-SAINT-MICHEL (Maison de l'), rue Saint-Honoré, paroisse Saint-Germain-l'Auxerrois, haute justice et censive de l'Évêché, I, 56.

IMAGE-SAINT-MICHEL (Maison de l'), rue Saint-Honoré, paroisse Saint-Germain-l'Auxerrois, près de Saint-Roch, haute justice et censive de l'Évêché, I, 294.

IMAGE-SAINT-NICOLAS (Maison de l'), puis de la CORNE-DE-CERF et de SAINT-NICOLAS, rue Champ-Fleuri, paroisse Saint-Germain-l'Auxerrois, haute justice et censive de l'Évêché, I, 21.

IMAGE-SAINT-NICOLAS (Jeu de paume de l'), rue Champ-Fleuri, voir FLEUR-DE-LIS, I, 22.

IMAGE-SAINT-NICOLAS (Maison de l'), puis du FER-À-CHEVAL, rue Fromenteau, paroisse Saint-Germain-l'Auxerrois, haute justice de l'Évêché, censive du fief de Fromenteau, I, 46.

IMAGE-SAINT-PIERRE (Maison de l'), rue de Beauvais, voir PETIT-JEAN-SAINT-DENIS, I, 19.

IMAGE-SAINT-PIERRE (Maison de l'), rue Champ-Fleuri, voir ÉTRILLE, I, 23.

IMAGE-SAINT-PIERRE (Maison de l'), rue Fromenteau, voir MAL-ASSIS, I, 41.

IMAGE-SAINT-PIERRE (Maison de l'), rue Fromenteau, voir FIGURE-DU-FEU-ROI-HENRI, I, 43.

IMAGE-SAINT-ROCH (Maison de l'), rue de Beauvais, voir IMAGE-SAINT-MICHEL, I, 18.

IMAGE-SAINT-SÉBASTIEN (Maison de l'), puis des IMAGES-SAINT-SIMÉON-ET-SAINT-JUDE, appelée plus tard HÔTEL DE NANTES et ensuite Maison de la ROSE-BLANCHE, rue Fromenteau, paroisse Saint-Germain-l'Auxerrois, haute justice de l'Évêché, censive du fief de Fromenteau, I, 45.

IMAGE-SAINT-VINCENT (Maison de l'), démembrement de l'ÉCU-DE-FRANCE, rue Saint-Honoré, I, 61.

IMAGE SAINT-YVES (Maison de l'), rue Fromenteau, paroisse Saint-Germain-l'Auxerrois, haute justice de l'Évêché, censive du fief de Fromenteau, I, 44.

TABLE ALPHABÉTIQUE DES MATIÈRES.

Images-Saint-Côme-et-Saint-Damien (Maison des), rue de Beauvais, paroisse S'-Germain-l'Auxerrois, haute justice et censive de l'Évêché, I, 18.

Images-Saint-Jean-et-Saint-Denis (Maison des), dite plus tard du Petit-Saint-Denis, rue de Beauvais, paroisse Saint-Germain-l'Auxerrois, haute justice et censive de l'Évêché, I, 19.

Images-Saint-Siméon-et-Saint-Jude (Maison des), rue Fromenteau, voir Cheval-Rouge, I, 43.

Images-Saint-Siméon-et-Saint-Jude (Maison des), rue Fromenteau, voir Image-Saint-Sébastien, I, 45.

Image-Sainte-Anne (Maison de l'), rue du Chantre, voir Beautreillis, I, 24.

Image-Sainte-Anne (Maison de l'), sur l'emplacement de laquelle a existé la maison de la Galère, rue Saint-Thomas-du-Louvre, paroisse Saint-Germain-l'Auxerrois, haute justice et censive de l'Évêché, I, 108.

Image-Sainte-Anne (Maison de l'), rue de l'Échelle, paroisse Saint-Germain-l'Auxerrois, haute justice et censive de l'Évêché, puis du Roi, I, 279.

Image-Sainte-Barbe (Maison de l'), divisée plus tard en deux portions, 1° la Maison de la Rose-Rouge, puis de la Croix-Blanche, 2° la Maison de l'Image-Sainte-Geneviève, subdivisée à son tour en deux parties, dont l'une eut pour enseigne la Croix-d'Argent, et l'autre l'Image-Sainte-Barbe, puis le Cheval-d'Or, rue du Chantre, paroisse Saint-Germain-l'Auxerrois, haute justice et censive de l'évêché, I, 26.

Image-Sainte-Barbe (Maison de l'), rue du Chantre, subdivision de la maison précédente, I, 26.

Image-Sainte-Barbe (Maison de l'), rue Saint-Honoré, voir Nef-d'Argent, I, 56.

Image-Sainte-Barbe (Maison de l'), rue Saint-Honoré, voir Grand-Godet, I, 56.

Image-Sainte-Catherine (Maison de l'), rue de Beauvais, paroisse Saint-Germain-l'Auxerrois, haute justice et censive de l'Évêché, I, 18.

Image-Sainte-Catherine (Maison de l'), quai de l'École, acquise pour l'agrandissement de l'hôtel de Bourbon, I, 34.

Image-Sainte-Geneviève (Maison de l'), rue du Chantre, voir Image-Sainte-Barbe, I, 26.

Image-Sainte-Geneviève (Maison de l'), rue Fromenteau, voir Pomme-de-Pin, I, 41.

Image-Sainte-Geneviève (Maison de l'), rue Saint-Honoré, voir Cheval-Blanc, I, 58.

Image-Sainte-Geneviève (Maison de l'), rue Saint-Honoré, paroisse de Saint-Germain-l'Auxerrois, puis de Saint-Roch, haute justice et censive de l'Évêché, I, 290, 298, 331.

Image-Sainte-Geneviève (Maison de l'), rue Jean-Saint-Denis, paroisse Saint-Germain-l'Auxerrois, haute justice et censive de l'Évêché, I, 71.

Image-Sainte-Marguerite (Maison de l'), puis de l'Image-Saint-André, rue de Beauvais, paroisse Saint-Germain-l'Auxerrois, haute justice et censive de l'Évêché, I, 18.

Image-Sainte-Marguerite (Maison de l'), puis de la Fidélité, du Nom-de-Jésus et du Soleil-d'Or, rue du Chantre, paroisse Saint-Germain-l'Auxerrois, haute justice et censive de l'Évêché, I, 25.

Imbert (François), reçoit de la Ville une butte de terre située près du Marché aux moutons, pour y construire un moulin à vent, I, 180.

Inscription gravée à l'extérieur de la chapelle absidale de l'église de l'Oratoire, I, 54. — Gravée sur la pierre de fondation de l'hôtel de Rambouillet, et indiquant que cet édifice a été rebâti par Charles d'Angennes, 106. — Gravée sur un jeton et relative au trésor de France, déposé au Louvre, 147. — Gravée sur une pierre de la contrescarpe à éperons des Tuileries, et relative à la fondation de cette fortification, 178. — Placée au-dessus de la porte de la salle des Caryatides et énonçant que Henri II a achevé la reconstruction du Louvre, commencée par François Ier, 222, 223. — En l'honneur de Henri II, au Louvre, 229. — Gravée par l'ordre de Henri IV, au Louvre, et relative à la construction de la Grande Galerie, 258; II, 60. — Gravée sur des médailles et destinée à conserver le souvenir de la fondation des premières fortifications du château des Tuileries, I, 319. — Proposée en l'honneur de Henri IV, pour le soubassement d'un portique à construire dans la galerie des Rois, au Louvre, 66. — En l'honneur de Henri IV, aux Tuileries, 92.

Inscriptions funèbres, voir Épitaphes.

Intérieur des bâtiments, au Louvre, I, 152 et suiv.

Isabeau de Bavière; ses armoiries peintes sur un vitrail de l'église Saint-Nicolas-du-Louvre, I, 111.

— Le Louvre lui sert de résidence, II, 162.

Ive (Eustache), maître maçon, travaille au *Logis du Roi*, près de la porte Neuve, I, 172. — Il exécute divers travaux au Louvre, 240, 254, 255, 256.

J

Jacquelin (Jean), trésorier des bâtiments du Roi, II, *Appendices*, 201, 203.
Jacquet (Germain), sculpteur, II, *Appendices*, 205.
Jacquet (Mathieu), sculpteur, II, *Appendices*, 205.
Jaillot, archéologue et topographe, I, *Préface*, vi, ix, xi.
Jardin dépendant du Louvre, rue Fromenteau, I, 46.
Jardin de Regnard, voir Garenne.
Jardin des Cloches, voir Cloches.
Jardiniers, voir Bouchart (Simon et Yves), Caillou (Jean), De la Groye (Étienne), Desgotz (Jean-Pierre), Duboy, Durant (Périn), Guérin (Nicolas), La Lande (Jean de), Le Febvre (Geoffroy), Le Juge (François), Le Nôtre (Jean), Mollet (Claude), Regnault (Marc), Tarquin (Bastien), Trouillet (Françoise).
Jardin Neuf du Louvre, dit ensuite le Petit Jardin du Louvre, le Jardin des vues du Louvre et le Jardin de l'Infante, I, 270; II, 103, 107, et *Appendices*, 213.
Jardin Neuf des Tuileries, créé sur l'emplacement du Petit Jardin, II, 93, 94.
Jardins du Louvre et des Tuileries, voir Grand Jardin du Louvre, Grand Jardin des Tuileries, Jardin Neuf du Louvre, Jardin Neuf des Tuileries, Petit Jardin des Tuileries.
Jardins (Salle sur les), au Louvre, I, 153.
Jardins (Tour «devers» les), au Louvre, voir Milieu (Tour du).
Jasse (Guillaume), sculpteur, exécute une statue destinée à orner la grande porte du Louvre, I, 147.

Jean VI, duc de Bretagne, cède au chapitre de Saint-Thomas-du-Louvre son manoir de la *Petite-Bretagne*, I, 98.
Jean le Bon commence la restauration du Louvre, I, 125.
Jeanne d'Arc; ses armoiries, peintes sur verre, trouvées dans l'hôtel de Cipières, rue des Poulies, I, 94. — Boulets provenant de l'attaque qu'elle dirigea contre Paris, *Appendices*, x.
Jeannin (Le président Pierre) reçoit en don une partie de l'hôtel Matignon, I, 80, 81.
Jean-Saint-Denis (Rue), I, 70 à 73.
Jehan-de-Lestang (Tour), voir Coin (Tour du).
Jehan-Evrout (Rue), ou du Noyer, portion de la rue des Poulies, I, 86.
Jeu de paume de l'Image-Saint-Nicolas, rue Champ-Fleuri, I, 22. — De la Liberté, rue Saint-Honoré, 298.
Jeux de paume du Louvre, I, 9, 134, 161, 202, 204.
Joutes (Tour des), au Louvre, I, 148.
Joyeuse (Henri, *alias* frère Ange de), comte du Bouchage, maréchal de France et capucin; ses hôtels, 1° dans la rue du Coq, voir Hôtel du Bouchage, I, 29; 2° dans la rue Saint-Honoré, voir Hôtel de la Trémouille, 309. — Son tombeau dans l'église des Capucins, 308.
Joyeuse (Hôtel du cardinal de), rue du Coq, voir Hôtel du Bouchage, I, 29.
Jule (La dame), Italienne, dirige la magnanerie des Tuileries, II, 94.

L

La Baste (Colin de), huchier, travaille au Louvre, I, 193.
Labbé, architecte, inspecteur des bâtiments du roi, commence la reconstruction de l'hospice des Quinze-Vingts, I, 69.
Labbé (Raoul), maître ès arts; son épitaphe dans l'église Saint-Thomas-du-Louvre, I, 101.
La Boderie (Guy le Fèvre de), poëte, auteur de la *Galliade*, I, *Appendices*, 9.
Labyrinthe ou Dedalus du jardin des Tuileries, II, 37, et *Appendices*, 242.
La Brosse (Le seigneur de), voir Des Noyers.

La Force (Hôtel de Jacques Nompar de Caumont, duc de), rue d'Autriche, I, 16.
Lafosse (Charles), peintre, travaille à un tableau pour l'église des Feuillants, I, 302. — Il décore la coupole de l'église de l'Assomption, 312. — Il est l'auteur d'un Saint-Pierre placé dans l'église de l'Assomption, I, 313.
La Garde (Abraham de), voir De la Garde.
La Grange (Sébastien de), sieur de Trianon; son hôtel, rue des Poulies, voir Hôtel de Garancières, I, 93.
La Hamée (Jean de), verrier, travaille au Lou-

vre, I, 240, 254, 255. — Il travaille aux Tuileries, II, 2.

La Lande (Jean de), jardinier du Roi à Saint-Germain-en-Laye, travaille aussi aux jardins des Tuileries, II, *Appendices*, 207.

La Marche (Hôtel de Jacques II de Bourbon, comte de), rue Fromenteau et rue Saint-Thomas-du-Louvre, voir Hôtel de Vendôme, I, 42. — Jardin et grange appartenant au même personnage, rue Saint-Thomas-du-Louvre, voir Hôtel de Pisany, 105.

Langlois (Roger), maître fondeur en sable, travaille aux Tuileries, II, 50, et *Appendices*, 233, 234, 235.

Lanquetot (Terrains appartenant à Claude Bretel, seigneur de) : 1° rue Saint-Nicaise, à l'endroit où s'éleva l'Hôtel de Créquy et d'Elbeuf, I, 78; 2° rue des Orties, sur une partie de l'emplacement de la Petite-Bretagne, 81.

Lanterne des Galeries, voir Pavillon de Lesdiguières.

Larchant (Hôtel de messire de Grimonville, seigneur de), rue d'Autriche, I, 16, 92.

La Rochefoucauld (Maison de Charlotte de Meslay de), rue Fromenteau, I, 41.

La Rocheguyon (Hôtel de Guy, seigneur de), rue d'Autriche, I, 10.

L'Assurance (De), architecte, rebâtit l'hôtel de Foix, devenu la propriété de Henri Pussort, I, 298.

La Trémouille (Hôtel de), voir Hôtel de la Trémouille.

L'Aubépine (Tombeau de Claude de), dans l'église des Feuillants, I, 303.

Launay (Jean de), sculpteur, auteur d'une des statues destinées à orner le grand escalier du Louvre, I, 150.

Laurens (Girard), tapissier de haute lisse, un des *Illustres*, II, 101, et *Appendices*, 214.

Laurens (Guillaume), maître plombier et fontainier de la ville, fournit des ouvrages pour le Louvre, I, 238, 240, 244, 253.

Laurens (Jacqueline), femme de Pierre Chambiges, I, 264. — Son épitaphe dans l'église Saint-Gervais, 265.

Laval (Antoine de), géographe; son projet de décoration pour la Petite Galerie du Louvre, II, 63 et suiv.

Laval (Hôtel de Guy, seigneur de), rue Saint-Honoré, I, 59. — Dépendances de cet hôtel dans la rue Fromenteau, 44.

La Vallée (Marin de), entrepreneur de fortifications, soumissionnaire des travaux de construction d'une porte Saint-Honoré, I, 322.

La Vallière (Écuries de Mme de), rue Saint-Nicaise, I, 76.

La Vallière (Hôtel de Jean-François de la Baume le Blanc, marquis de), rue du Carrousel, I, 282.

La Varenne (Hôtel du sieur de), rue Fromenteau, voir Hôtel de Souvré, I, 46.

Lavergnot (Nicolas), chirurgien de François Ier; son épitaphe dans l'église Saint-Thomas-du-Louvre, I, 102.

La Vieuville (Le marquis de), surintendant des bâtiments, adresse des plaintes au roi au sujet de la construction de l'église de l'Oratoire, I, 53.

La Vieuville (Robert de), baron de Rugles; son hôtel rue Saint-Thomas-du-Louvre, voir Hôtel d'O, I, 103, 104, 105.

La Vrillière (Duc de), voir Saint-Florentin.

Le Bauly (Jean), sergent des œuvres du Louvre, I, 191.

Lebeuf, auteur de l'*Histoire du diocèse de Paris*, I, *Préface*, xi.

Le Breton (Guillaume), poëte, auteur de la *Philippide*, I, 114, 115, 118; II, 143.

Lebreton (Jean), architecte, I, 266.

Le Breuil (Louis), *alias* Le Breuil ou Du Breuil, peintre, travaille à la décoration du Louvre, I, 232, 238, 239, 240, 241, 242, 244, 253, 254.

Lebrun, architrésorier sous le premier empire; son hôtel, rue Saint-Honoré, voir Maison de la Liberté, I, 298.

Lebrun, peintre, auteur d'un retable représentant l'Assomption et destiné à l'église des Capucins, I, 308.

Lecadet (Adam), statuaire du roi, travaille au portail de l'église de l'Oratoire, I, 55.

Le Charron (Colin), tailleur de pierres, travaille au Louvre, I, 187.

Le Chuel (Michel-Ange), concierge du grand jardin et du parc des Tuileries, II, *Appendices*, 221.

Le Clerc (Antoine), verrier, travaille au Louvre, I, 255.

Le Clerc (Jacques), conseiller au parlement; sa maison, rue d'Autriche, voir Hôtel d'Étampes, I, 14.

Le Comte (Charles), maître charpentier du roi, achète la partie de l'hôtel Saint-Pol située sur la rue d'Autriche, I, 13; II, *Appendices*, 190.

38.

LE COMTE (Jean), quartenier, fils de Charles Le Comte, fait la déclaration foncière de la maison de son père située rue d'Autriche, I, 13.

LE CONSTANÇOIS (Nicolas), horloger, travaille au Louvre, I, 255.

LE COQ (Maison de M° Gérard), rue Saint-Honoré, paroisse de Saint-Germain, puis de Saint-Roch, haute justice et censive de l'Évêché, I, 310.

LEDUC (Roland), maître couvreur, entretient la toiture du Louvre et d'autres bâtiments royaux, II, *Appendices*, 206.

LE FEBVRE (Geoffroy), jardinier, travaille au Louvre, I, 195.

LE FLAMAND, bourgeois de Paris, empêche les Maillotins de démolir le Louvre, I, 125.

LE FORT (Martin), sculpteur, travaille à la décoration du Louvre, I, 250, 252, 253, 254.

LE GAY (Jean), couvreur, travaille à la construction du *Logis du Roi*, près de la porte Neuve, I, 172.
— Il exécute des ouvrages au Louvre, 241.

LE GENDRE (Pierre), seigneur de Villeroy; ses terres dans la région des Tuileries, I, 330 et suiv.

LE GRAND (Jean), chasublier, fournit divers objets pour le Louvre, I, 184.

LE JEUNE (Antoine), garde du palais des Tuileries, II, *Appendices*, 220.

LE JEUNE (Jean), peintre, travaille à la décoration du Louvre, I, 232, 240, 245.

LE JUGE (François), jardinier des Tuileries; son terrain, rue Saint-Honoré, près de la porte de l'Orangerie des Tuileries, voir Maison de l'IMAGE-NOTRE-DAME, I, 313.

LEMERCIER (Jacques), architecte, dessine les plans de l'église de l'Oratoire, I, 54, 55. — Il dirige les travaux de démolition et de reconstruction du Louvre, 131, 138, 151, 160, 220; II, 105, 107. — Il figure dans l'État des officiers entretenus par le roi en 1618 et 1624, *Appendices*, 209, 219.

LEMOINE, sculpteur, auteur d'une statue d'Apollon placée dans le jardin de l'hôtel d'Aumont, I, 93.
— Il travaille à la décoration d'une chapelle et exécute le mausolée du cardinal Fleury dans l'église Saint-Thomas-du-Louvre, 100.

LE MUET (Pierre), architecte, figure sur l'État des officiers entretenus pour le service du Roi en 1618 et 1624, II, *Appendices*, 209, 219.

LE NÔTRE (André), architecte, contrôleur des bâtiments de Louis XIV; sa maison, rue Saint-Honoré, voir ÉCU DE FRANCE, I, 296. — Il bouleverse le jardin des Tuileries, 325.

LE NÔTRE (Jean), jardinier des Tuileries, II, *Appendices*, 206, 213, 219, 221.

LE NÔTRE (Pierre), pépiniériste, entretient les parterres des jardins des Tuileries, II, *Appendices*, 179.

LE PETIT (Claude), poète, auteur de *Paris ridicule*; citation d'un passage de son poëme relatif au jardin des Tuileries, II, *Appendices*, 224.

LE PEUPLE (Jean), charpentier, travaille au Louvre, I, 238, 239, 240, 241, 242, 244, 253, 254, 255.

LE PILEUR (Henri-Augustin), évêque de Saintes; sa maison, rue Fromenteau, voir TROIS-FLEURS-DE-LIS-COURONNÉES, I, 41, 42.

LE PLASTRIER (Thomas), peintre, travaille à la décoration du Louvre, I, 232, 240, 245.

LE PRÉVOST (Jean), président au parlement; sa maison, rue d'Autriche, voir HÔTEL D'ÉTAMPES, I, 14.

LERAMBERT (Henri), peintre, travaille à la décoration du Louvre, II, 75. — Il figure dans l'État des officiers entretenus par le Roi en 1608, II, *Appendices*, 205.

LERAMBERT (Louis), sculpteur du Roi, gardien des marbres du Louvre et des Tuileries, I, 9; II, *Appendices*, 205.

LERAMBERT (Simon), gardien des statues dans les maisons du Roi, II, *Appendices*, 211, 219.

LE REDDE (Gille), maître des œuvres de charpenterie du Roi, II, *Appendices*, 219.

LE ROULIER (Thibaut), huchier, fournit divers objets pour le Louvre, I, 192.

LESCOT (Léon), neveu de Pierre Lescot, I, 213; II, 77. — Son épitaphe, *Appendices*, 173, 174.

LESCOT (Pierre), architecte du Louvre; travaux effectués ou projetés par lui au Louvre, I, 132, 137, 138, 206, 207, 222 et suiv. 252, et *Appendices*, XI; II, 163. — Renseignements sur sa vie et sur sa famille, I, 207, 208, 209, 210, 213, 214; II, 77. — Épître qui lui est adressée par Ronsard, I, 208, 209. — Sa signature, 208. — Il est nommé architecte du Louvre, 211, 212, 213; II, 106. — Il est confirmé dans ces dernières fonctions, I, 221. — Il est autorisé à opérer au Louvre des démolitions motivées par la modification des plans de reconstruction, 224, 225. — Le Roi lui accorde un traitement mensuel, 226. — Mention de son nom dans les comptes de dépenses du Louvre, soit pour le payement de ses honoraires, soit pour des marchés passés par lui avec les entrepreneurs, 238, 239, 241 à 247, 250, 253, 254, 255. — L'obligation de respecter ses plans pour la reconstruction du Louvre est imposée à son successeur, 271, 272, 273. — Sa tombe dans l'église Notre-Dame de Paris, II, *Appendices*, 172, 173, 174.

LESDIGUIÈRES (Hôtel du sieur DE), rue Fromenteau et rue Saint-Thomas-du-Louvre, voir HÔTEL DE PONTCHARTRAIN, I, 41, 42.

LESDIGUIÈRES (Pavillon de), voir PAVILLON DE LESDIGUIÈRES.

LESUEUR (Hubert), sculpteur, figure sur l'État des officiers entretenus par le Roi en 1618, II, *Appendices*, 210.

LE TÉLIER (Achille), conducteur des travaux de construction aux Feuillants, I, 302.

L'ESTANG (Jean DE), occupant en vertu d'un don royal la tour de ce nom et la vieille porte de la basse-cour du Louvre, se voit contester par la Ville son droit de possession, I, 166.

LE VACHER (Guillaume), contrôleur du poisson à Paris, fait un accord avec Catherine de Médicis pour le remboursement des restes des comptes affectés à la construction des Tuileries, II, *Appendices*, 194 et suiv.

LE VERRIER (Jean), dit DE NISMES, valet de chambre de François Iᵉʳ; sa maison, rue des Poulies, voir HÔTEL DE COMBAULT, I, 87.

LE VISTE (Clos du président), dans la région des Tuileries, I, 330, 331.

LE VOIRIER (Bertaut), verrier, travaille au Louvre, I, 190.

L'HEUREUX (François), sculpteur, travaille à la décoration du Louvre, 250, 252, 253, 254; II, 108.

L'HEUREUX (Pierre), sculpteur, travaille à la décoration du Louvre, I, 250, 252, 253; II, 108.

LIBERTÉ (Maison de la), contenant un jeu de paume, dite ensuite l'HÔTEL DE FOIX, puis rebâtie et appelée HÔTEL PUSSORT, HÔTEL D'ARMENONVILLE, et enfin HÔTEL DE NOAILLES, rue Saint-Honoré, paroisse de Saint-Germain-l'Auxerrois, puis de Saint-Roch, haute justice et censive de l'Évêché, I, 298, 329.

LIBRAIRIE (Tour de la), au Louvre, voir FAUCONNERIE (Tour de la).

LICORNE (Maison de la), divisée plus tard en deux parties, dont l'une conserva l'ancienne enseigne, et l'autre s'appela l'HÔTEL DES PARFUMS, rue Saint-Honoré, paroisse Saint-Germain-l'Auxerrois,

haute justice de l'Évêché, censive du chapitre de Saint-Germain-l'Auxerrois, I, 52.

LIÉGE (Jean DE), sculpteur, exécute une des statues destinées à orner le grand escalier du Louvre, I, 150.

LIGNY (Le seigneur DE), familier de Guillaume de Bavière qui lui cède l'hôtel d'Ostrevant, I, 16.

LION-COURONNÉ (Hôtel portant pour enseigne le), rue des Poulies, voir HÔTEL DE GARANCIÈRES, I, 93.

LION-D'ARGENT (Maison du), rue Champ-Fleuri, voir CORNE-DE-CERF, I, 23.

LION-D'ARGENT (Maison du), rue Saint-Thomas-du-Louvre, paroisse Saint-Germain-l'Auxerrois, haute justice et censive de l'Évêché, I, 109.

LION-D'OR (Maison du), rue du Coq, paroisse Saint-Germain-l'Auxerrois, haute justice et censive de l'Évêché, I, 30.

LION-D'OR (Maison du), rue des Orties, I, 84. — Voir aussi Maison du DAUPHIN, rue Fromenteau, 40.

LION-D'OR (Maison du), rue Saint-Honoré, voir TROIS-SERPETTES, I, 55.

LION-D'OR (Maison du), divisé en deux portions, 1° la CROIX-BLANCHE, 2° le LION-D'OR, qui porta aussi l'enseigne de l'IMAGE-SAINT-FRANÇOIS, et ayant eu plus tard, sur la rue Fromenteau, un troisième corps d'hôtel, l'AMI-DU-COEUR, rue Saint-Honoré, paroisse Saint-Germain-l'Auxerrois, haute justice de l'Évêché, censive du fief de Fromenteau, I, 58.

LION-D'OR (Maison du), rue Saint-Honoré, voir PIGEONS, I, 294.

LION-D'OR (Maison du), rue Saint-Honoré, voir AUTRUCHE, I, 297.

LION-D'OR (Maison du), rue Saint-Honoré, voir CORNE-DE-CERF, I, 297.

LION-D'OR (Maison du), rue de l'Échelle, paroisse Saint-Germain-l'Auxerrois, haute justice et censive de l'Évêché, puis du Roi, I, 280.

LION-D'OR (Maison du), rue du Dauphin, paroisse de Saint-Germain-l'Auxerrois, puis de Saint-Roch, haute justice et censive de l'Évêché, I, 295.

LION-NOIR (Maison du), rue Saint-Honoré, voir ÉCU-DE-FLANDRES, I, 52.

LIONS (Maison des), rue Fromenteau, voir CORNE-DE-CERF, I, 46.

L'ISLE (Maison de Michel DE), rue du Coq, voir PETIT-COQ, I, 29.

LOGEMENTS concédés dans la Grande Galerie du Louvre aux artistes, artisans et savants dits les *Illustres*, II, 99 à 102.

Logis du Roi (Le), consistant en un pavillon voisin de la porte Neuve, I, 171, 172.

Loménie (Maison appartenant à Antoine de), secrétaire d'État, rue Saint-Thomas-du-Louvre, voir Hôtel de l'Affinoir, I, 107.

Longue-Allée (Maison de la), rue du Coq, voir Cygne, I, 28.

Longue-Allée (Maison de la), plus tard du Duc-de-Valois, réunie primitivement à une maison voisine sous le nom de la Rose, rue Saint-Honoré, paroisse Saint-Germain-l'Auxerrois, haute justice de l'Évêché, censive du chapitre de Saint-Germain-l'Auxerrois, I, 52.

Longue-Allée (Maison de la), rue Saint-Honoré, voir Croissant, I, 58.

Longueville (Hôtels de Henri II, duc de) : 1° rue des Poulies, voir Grand-Alençon, I, 88 et suiv. 2° rue Saint-Thomas-du-Louvre, voir Hôtel d'O, 103, 104, 105.

Longueville (Hôtel de Marie de Bourbon, duchesse de), rue d'Autriche et rue des Poulies, voir Grand-Alençon, I, 88 et suiv.

Lorraine (Alphonse de), chevalier de l'ordre de Saint-Jean-de-Jérusalem; son tombeau dans l'église des Feuillants, I, 303.

Lorraine (Charles de), voir Guise.

Lorraine (Charles-Marie de), voir Elbeuf.

Lorraine (Claude de), voir Chevreuse.

Lorraine (Henri de), comte d'Harcourt; son tombeau dans l'église des Feuillants, I, 303.

Lorraine (Louis de), comte de Brionne, voir Armagnac.

Lorraine (Louise de), voir Conty.

Lorris (Guillaume de), poëte, auteur du *Roman de la Rose*, I, 129.

Lotissements (Procédés pour discerner les anciens), I, *Préface*, xv.

Louis VIII; citation d'un passage de son testament, I, 118. — Il dépose ses épargnes au Louvre, 126.

Louis IX, voir Saint Louis.

Louis X donne à son frère, roi après lui sous le nom de Philippe le Long, l'hôtel d'Enguerrand de Marigny, I, 91.

Louis XI fait enfermer le duc d'Alençon dans la Grosse-Tour du Louvre, I, 126. — Il reconstitue la Bibliothèque royale, 127.

Louis XII; sous son règne la Bibliothèque royale établie au Louvre est transportée à Blois, I, 127. — Travaux exécutés par ses ordres dans la grande chapelle du Louvre, 128. — Ses armes dans cette chapelle, 128.

Louis XIII donne à la maréchale d'Ancre un terrain, situé rue d'Autriche, pour y construire une maison, I, 8. — Il se propose de comprendre dans le Louvre une partie de la maison de l'Oratoire, 54. — Il accorde diverses places à prendre dans le rempart près de la deuxième porte Saint-Honoré, 74. — Il donne à Nicolas Monnant et à Samuel Cauche des terrains situés rue Saint-Nicaise, 79. — Il fait abattre une partie du mur du Louvre tenant au côté méridional de la rue de Beauvais, 156. — Il ordonne la destruction d'une partie de l'enceinte de Charles V, 180, 181. — Le Corps municipal lui adresse des plaintes au sujet de la démolition de l'enceinte de Charles V, 281. — Le portail de l'église des Feuillants est terminé à l'aide de ses libéralités, 302. — Il donne à François Le Juge, jardinier des Tuileries, un terrain situé rue Saint-Honoré, 313. — Il fait recommencer les travaux ordonnés par Henri III en vue de la continuation des fortifications des Tuileries, 319. — Il donne à Regnard le terrain appelé *la Garenne* et la maison sise en cet endroit, 324. — Appartements du Louvre sous son règne, *Appendices*, xi, xii. — Il prescrit des travaux dans le but d'amener l'eau au Louvre, et transforme en jardin la basse-cour méridionale du Louvre, II, 103. — Il fait construire l'Orangerie du Louvre, 104. — États des officiers entretenus pour son service au Louvre et aux Tuileries en 1618 et 1624, *Appendices*, 208 à 215, 218 à 222. — Compte des dépenses des travaux commandés par lui au Louvre et aux Tuileries en 1624, *Appendices*, 216, 217, 218.

Louis XIV transfère à Saint-Nicolas-du-Louvre la chapelle de Notre-Dame-des-Vertus, I, 111. — Il fait abattre la tour de l'angle sud-est au Louvre, 269. — Il donne l'hôtel de la Vallière au duc et à la duchesse de Vaujour, 282. — Il accorde à Ursule Motta la permission d'établir le marché des Quinze-Vingts, 285. — Ses acquisitions d'hôtels ou de maisons, voir Hôtel de Combault, Hôtel d'Étampes ou d'Aumale, Hôtel de la Force, Hôtel de Longueville, Hôtel de Retz et de Conty, Hôtel Souvré, Portrait de Louis XIII.

Louis XV donne l'hôtel de Pontchartrain d'abord à la comtesse de Mailly, puis au marquis de Marigny, frère de la duchesse de Pompadour, I, 42. — Il acquiert les hôtels d'Aumont et de Provence, 93. — Il accorde, sur le produit des

TABLE ALPHABÉTIQUE DES MATIÈRES. 303

Fermes, une somme de 150,000 livres au chapitre de Saint-Thomas-du-Louvre pour la reconstruction de son église, 99. — Il achète l'hôtel des ducs de Luynes et le petit hôtel de Longueville, 104.

Louis-d'Or (Maison du), rue du Chantre, voir Maisons du Fer-à-Cheval et de la Corne-de-Cerf, I, 25.

Louis-Philippe (Écuries du roi), dans l'hôtel de Rambouillet, rue Saint-Thomas-du-Louvre, I, 107.

Louis-Philippe Ier (Rue), ou d'Alger, I, 298.

Louschart et ses complices; lieu où ils furent exécutés, I, 229.

Louvre (Château du). Origine, I, 113 et suiv. — Histoire du vieux Louvre, 123 et suiv. II, 141 et suiv. — Ménagerie, I, 124, 159, 276. — Arsenal, ou Artillerie, 125, 126, 160, 161, 256. — Bibliothèque royale, 126, 127, 145, 195; II, 106. — Grosse-Tour, ou tour Ferrand, I, 114 et suiv. 124, 126, 129, 130, 146, 149, 203, 216; II, 106, 118, 119, 121, 122, 123, 134, 136, 142 et suiv. — Tour du Sud-Est, présumée la même que la tour de la Grande-Chapelle, I, 143, 147, 149. — Tour de la Fauconnerie ou de la Librairie, 143, 144, 145, 146; II, 118, 127, 128, 161, 166. — Tour du Milieu, 144, 145, 146; II, 118, 127, 128. — Tour de la Taillerie ou du Nord-Est, I, 145, 146, 149; II, 125, 127, 128, 137, 162. — Tour « devers » l'Artillerie, I, 146; II, 128, et *Appendices*, 254. — Tour du Sud-Ouest, I, 146, 148. — Tours de Bische-Mouche, des Joutes, de la grande chambre de la Tournelle, de la Petite-Chapelle, de l'Horloge, de l'Armoirie, d'Orgueil, de Windal, de l'Écluse, devers Saint-Thomas, 148. — Tour ou château de Bois, 149, 169 et suiv. II, 152, 153. — Tour de l'Engin, I, 162, 163; II, 122, 150, 151, 166, et *Appendices*, 254. — Tour du Coin ou Jehan-de-Lestang, I, 165, 166, 167, 169, 174, 175, 176; II, 133. — Concierges des tours, I, 148, 149. — Quadrangle, 131; II, 119 et suiv. — Étendue de la cour, I, 132 et suiv. II, 120, 121, 134. — Fossés, I, 134, 140, 173; II, 107, 118, 119, 120, 122, 123, 131, 132, 148 et suiv. et *Appendices*, 212, 254, 255. — Jeux de paume du Louvre, I, 9, 134, 161, 202, 204. — Chapelles, 135, 152, 153, 154, 155, 156; II, 117. — Girouettes, I, 143, 205. — Portes, 147, 148, 162, 165, 175; II, 129, 142, 149, 150, 151. — Ponts-levis, I, 147, 148, 228; II, 123, 132, 138, 147, 148. — Ponts-dormants, 228; II, 123, 132, 136, 138, 148. Le grand escalier ou Grande-Vis, I, 149, 150, 151, 153, 237; II, 118, 119, 120, 127, 137, 140, 154, 156 et suiv. 163, 166. — Aspect de la façade orientale, I, 149. — Intérieur des bâtiments, 152 et suiv. — Salle de Saint-Louis, 124, 131, 146, 152, 153, 154; II, 123. — Salle neuve de la Reine, I, 132, 152, 153. — Salle neuve du Roi, 153. — Salle sur les Jardins, 153. — Salle du Conseil, 154, 156. — Grande Salle, 154, 215, 216. — Chambre aux Oiseaux, 155. — Mobilier des salles, 155. — Chambres de parade, 155, 156. — Appartement de la Reine, 156. — Grand Jardin, 156, 157, 158, 275, 276. — Basses-cours, 156, 159 et suiv. 166, 270. — Fourrière, 161. — Entrée principale, 165. — Travaux de démolition et d'appropriation sous François Ier, 201 à 217; II, 106, 163. — Travaux de reconstruction sous Henri II, I, 219 et suiv. — Projet primitif du nouveau Louvre, 220. — Salle des Caryatides, 222, 223, 229, 236, 237. — Fenêtres, I, 229; II, 118. — Pavillon du Roi, I, 230; II, 63, et *Appendices*, 253, 254. — Chambre de parade du nouveau Louvre, I, 230, 231, 232. — Comptes des dépenses faites sous Henri II et pendant une partie du règne de François II, 242 à 247. — Le Louvre sous François II, 249. — Le Louvre sous Charles IX, 249 et suiv. — Appartements de la Reine sous Charles IX, 252. — Comptes des dépenses sous Charles IX, 253 à 256. — Salle des Antiques, 256, 267, 269. — Galeries, voir Galeries du Louvre. — Appartements d'été de la reine Anne d'Autriche, 261, 262. — Petit Jardin ou Jardin Neuf, dit plus tard de l'Infante, 270; II, 103, 107, et *Appendices*, 212. — Orangerie, I, 270, 271; II, 103, 104. — Résumé de l'histoire monumentale du Louvre, 105 à 108. — Observations préliminaires sur les fouilles de 1866, 111, 112, 113. — Notice sur les fouilles de 1866, 115 à 134. — Notice complémentaire sur le même sujet, 135 à 168. — États des officiers des bâtiments du Louvre en 1608, 1618 et 1624, *Appendices*, 205, 206, 208 à 215, 218 à 222. — Compte des dépenses faites au Louvre en 1624, *Appendices*, 216 à 218. — Note

sur la Petite Galerie et le passage du Louvre, *Appendices*, 253, 254, 255. — Documents officiels relatifs aux fouilles, *Appendices*, 256 à 260.
LOUVRE (Guichets du), I, 9, 170, 175.
LOUVRE (Place du), I, 21.
LOUVRE (Port du), I, 32.
LOUVRE (Porte du), I, 162.
LOUVRE (Quai du), I, 165, 175, 176.
LOUVRE (Quartier du), I, 4.
LOUVRE (Rue du), ou d'AUTRICHE, I, 7.
LOUVRE (Rue du), ou du PETIT-BOURBON, I, 20.
LOUVRE (Rue du), ou des POULIES, I, 86.
LOZON (Hôtel du président DE), rue Saint-Honoré, voir Maison des CARNEAUX, I, 297.
LUDE (Hôtel de François de Daillon, comte DU), rue Fromenteau, voir TROIS-PAS-DE-DEGRÉ, I, 46.
LUXEMBOURG (Waleran DE), voir SAINT-POL.
LUYNES (Charles d'Albert, duc DE), châtelain du Louvre, I, 128.
LUYNES (Hôtel des ducs DE), rue Saint-Nicaise et rue Saint-Thomas-du-Louvre, voir HÔTEL D'O, I, 103, 104, 105.

M

MAÇONS, voir AUBERT (Jean), BAIROT (Jean), BELLE (Gachon), CHAUMONT (Jean DE), COLOMBEL (Jean), DEULX (Bertrand), DURE (Jean), ENGUERRAND (Pierre), GASSOT (Jean), HUAU (Nicolas), IVE (Eustache), MOREAU (Pierre), NEUFMUR (Jean DE), PERRAULT (Antoine), PITOIS (Richard), SOYE (André).
MADELEINE (Paroisse de la), I, 313.
MAGASIN de fers pour les bâtiments royaux, rue du Carrousel, I, 282.
MAGASIN-DES-MARBRES (Place du), rue Saint-Nicaise, I, 77.
MAGDELEINE (Maison de la), rue du Chantre, voir Maison de la FONTAINE, I, 25.
MAGDELEINE (Maison de la), puis du Coq, dont une partie paraît avoir pris plus tard l'enseigne du NOM-DE-JÉSUS, rue du Coq, paroisse Saint-Germain-l'Auxerrois, haute justice et censive de l'Évêché, I, 28.
MAGNY (DE), peintre, auteur de plusieurs «inventions pour les mascarades et tournois,» I, 274.
MAIGNELAY (Hôtel de Marguerite de Gondi, marquise DE), rue Saint-Honoré, voir HÔTEL DE LA TRÉMOUILLE, I, 309.
MAILLARD (Roland), sculpteur sur bois, travaille à la décoration du Louvre, I, 230, 232, 239, 241, 245, 247, 254, 255.
MAILLOTINS (Les) veulent démolir le Louvre, I, 125.
MAILLY (Hôtel de la comtesse DE), rue Fromenteau et rue Saint-Thomas-du-Louvre, voir HÔTEL DE PONTCHARTRAIN, I, 41, 42.
MAINTENON (Hôtel de M. DE), rue Saint-Thomas-du-Louvre, voir HÔTEL D'O, I, 103.
MAISONCELLES (DE), contrôleur général des jardins royaux, II, *Appendices*, 215.

MAISON DU BOEUF-ET-DU-MOUTON, puis du BOEUF-COURONNÉ, de l'IMAGE-SAINT-MARTIN et du GRAND-LOUIS ou GRAND-MONARQUE, rue Saint-Honoré, paroisse Saint-Germain-l'Auxerrois, haute justice et censive de l'Évêché, I, 60.
MAISON DE LA CORNE-DE-CERF et DU SABOT, plus tard dite simplement MAISON DE LA CORNE-DE-CERF, composée de trois corps d'hôtel, dont l'un finit par former une maison à part, tandis que les deux autres devinrent une seconde maison qui conserva l'enseigne de la CORNE-DE-CERF, rue du Coq, paroisse Saint-Germain-l'Auxerrois, haute justice et censive de l'Évêché, I, 27, 28.
MAISON-NEUVE (La), rue Saint-Thomas-du-Louvre, voir PÈLERIN SAINT-JACQUES, I, 109.
MAISON-ROUGE (La), rue Saint-Nicaise, paroisse Saint-Germain-l'Auxerrois, haute justice et censive de l'Évêché, I, 79.
MAISON-ROUGE (La), rue des Poulies, paroisse Saint-Germain-l'Auxerrois, haute justice de l'Évêché, censive du chapitre Saint-Germain-l'Auxerrois, I, 95.
MAISON DES TROIS-MORTS-ET-DES-TROIS-VIFS, divisée ensuite en deux corps d'hôtel, LES TROIS-MORTS-ET-LES-TROIS-VIFS et la CORNE-DE-CERF, dont l'un doit avoir eu plus tard pour enseigne la DEVISE-ROYALE, puis l'ÎLE-D'AMOUR, rue Saint-Honoré, paroisse Saint-Germain-l'Auxerrois, haute justice et censive de l'Évêché, I, 60.
MAISONS MAL FAMÉES de la rue d'Autriche, dites les *Lupanares de Bourbon*, I, 8, 12. — De la rue Champ-Fleuri, 20.
MALAPERT (Nicolas), peintre, travaille à la décoration du Louvre, II, 75.
MAL-ASSIS (Maison du), puis de l'IMAGE-SAINT-PIERRE, rue Fromenteau, paroisse de Saint-Germain-

TABLE ALPHABÉTIQUE DES MATIÈRES. 305

l'Auxerrois, haute justice de l'Évêché, censive du fief de Fromenteau, I, 41.

MALET (Giles), maître d'hôtel de Charles V et garde de la Bibliothèque royale, I, 127.

MALTE (Rue de), ou de CHARTRES, I, 70.

MANÈGE des Tuileries, I, 289, 290, 291; II, 11.

MANSARD (François), architecte, auteur du portail de l'église des Feuillants, I, 302.

MANSART (Jean), sculpteur, figure sur l'État des officiers entretenus par le Roi en 1608, II, *Appendices*, 205.

MANSART (Pierre), fils du précédent, sculpteur, figure sur l'État des officiers entretenus par le Roi en 1618, II, *Appendices*, 211.

MARBRES (Cour des), rue d'Autriche, I, 9.

MARCEAU (Rue), ou de ROHAN, I, 70.

MARCEL (Claude), receveur général des finances de Catherine de Médicis, II, *Appendices*, 228, 248.

MARCHANT (Charles), capitaine des archers et maître charpentier de la Ville, entrepreneur des travaux du Louvre, fait une partie des combles de la Grande Galerie, II, 91. — Il travaille à la maison de Catherine de Médicis située dans la rue des Poulies, *Appendices*, 249.

MARCHANT (Guillaume), architecte, juré du Roi et entrepreneur des travaux du Louvre, contribue à l'érection de la Grande Galerie, II, 89, 91, et *Appendices*, 201, 202. — Sa signature, 89.

MARCHANT (Jean), architecte, fils de Charles Marchant, II, 91.

MARCHANT (Méry), maître couvreur; son épitaphe dans l'église des Quinze-Vingts, I, 68.

MARCHE (Hôtel de la PETITE-), rue Fromenteau, voir HÔTEL DE LA PETITE-MARCHE.

MARCHÉ aux moutons, I, 73, 74, 177, 180. — Aux pourceaux, 278; II, 52. — Des Quinze-Vingts, I, 285.

MARCHÉ-AUX-POURCEAUX (Rue du), nom improprement donné à la rue de l'ÉCHELLE, I, 278.

MARENGO (Place de), ou de l'ORATOIRE, I, 17.

MARENGO (Rue de), ou du Coq, I, 26.

MARGERIT (Léonard), suppléant des intendants des bâtiments royaux, II, *Appendices*, 211.

MARGUERITE DE NAVARRE reçoit en don une partie de l'hôtel d'Anjou ou *Grand-Alençon*, I, 16, 92.

MARIE DE MÉDICIS; ses entrevues secrètes avec Concini, I, 9. — Elle acquiert l'hôtel de Bourbon, 36. — Réclamation qui lui est adressée au sujet de l'hôtel de Combault, 87. — Son chiffre au Louvre, II, 63. — *Id.* aux Tuileries, 93. —

Son portrait par Porbus, au Louvre, 67. — Préparatifs pour son entrée solennelle à Paris, 74, 79. — Pendant sa régence, la mode s'établit de donner des concerts à l'écho du jardin des Tuileries, *Appendices*, 224.

MARIGNY (Hôtel d'Abel-François Poisson de Vandières, marquis DE), rue Fromenteau et rue Saint-Thomas-du-Louvre, voir HÔTEL DE PONT-CHARTRAIN, I, 41, 42.

MARIGNY (Enguerrand DE), surintendant; son hôtel, rue d'Autriche et rue des Poulies, voir GRAND-ALENÇON, I, 88 et suiv. — Il est mentionné dans le nombre des châtelains du Louvre, 128.

MARILLAC (Maison appartenant à M. DE), rue Saint-Thomas-du-Louvre, I, 108.

MARILLAC (Mausolée du maréchal DE) dans l'église des Feuillants, I, 303.

MARIN (Bourgeois), peintre, sculpteur et mécanicien, un des *Illustres*, II, 101.

MARLE (Maisons appartenant à Germain DE), Prévôt des Marchands : 1° rue du Chantre, I, 25; 2° rue Saint-Thomas-du-Louvre, 105, 106.

MAROT (Clément), poëte; citation de son *Épître du Coq-à-l'âne*, I, 28.

MAROT père, architecte et graveur, grave les plans de l'hôtel d'Aumont, I, 93. — Il est auteur d'une *Élévation de la Petite Galerie du Louvre*, 140. — On lui attribue une des façades de l'hôtel Pussort, 298.

MARQUELET (Robert), entrepreneur de travaux, juré du Roi, concierge et garde-meuble des Tuileries, contribue à l'érection de la Grande Galerie du Louvre, II, 89, et *Appendices*, 201, 202. — Sa signature, 89. — Son épitaphe et ses armoiries, 90. — Il entreprend les travaux de maçonnerie au palais des Tuileries, 93, et *Appendices*, 202, 203.

MARQUES DE TÂCHERONS sur un moellon trouvé dans les fondations de la Grande Galerie du Louvre, I, *Appendices*, VIII. — Sur la porte orientale du Louvre, II, 129, 138.

MARTEAU-D'OR (Maison du), puis du GRAND-DAUPHIN, dépendant du CHEVAL-ROUGE de la rue Saint-Honoré, rue des Poulies, paroisse Saint-Germain-l'Auxerrois, haute justice de l'Évêché, censive du chapitre Saint-Germain-l'Auxerrois, I, 95.

MARTIN, architecte, continue les travaux de reconstruction de l'hospice des Quinze-Vingts, I, 69.

MARTINE (Louis), avocat du Roi au bailliage du palais; son hôtel, rue d'Autriche, I, 13; II, *Appendices*, 190.

MARTINS (Pierre DES), voir DES MARTINS.
MASURES (Maison des), rue du Coq, voir Maison du Vent, I, 30.
MATIGNON (Jacques DE), comte de Thorigny; son hôtel, rue des Orties, voir PETITE-BRETAGNE, I, 79 et suiv.
MATIGNON (Rue de), I, 83.
MAUDOLE (Clos), dans la région des Tuileries, I, 326 et suiv.
MAULIN (Jean), garde de la Bibliothèque royale, I, 127.
MAZIÈRE (André), entrepreneur, construit les murs de soutènement du quai des Tuileries, I, 317.
MÉDAILLES frappées par le Corps municipal et portant des inscriptions en l'honneur de Charles IX et de Catherine de Médicis, I, 319.
MÉDICIS (Catherine DE), voir CATHERINE DE MÉDICIS.
MÉDICIS (Marie DE), voir MARIE DE MÉDICIS.
MELLIN DE SAINT-GELAIS, poëte; son tombeau dans l'église Saint-Thomas-du-Louvre, I, 99. — Son épitaphe, 101.
MÉNAGERIE du Louvre, I, 124, 159, 276.
MÉRIAN (Vue du Louvre d'après le plan de), I, 138.
MESLAY (Charlotte DE), voir LA ROCHEFOUCAULD.
MESTIVIER (Antoine), architecte du Roi, II, 88.
MÉTEZEAU (Clément), architecte, dresse les premiers plans de l'église de l'Oratoire, I, 54. — Il rebâtit l'hôtel de la Vieuville devenu la propriété du duc de Chevreuse, 103. — Il est l'inventeur de la digue de la Rochelle, 267, 312, II, 79. — Il dresse les plans d'une des ailes du cloître de l'Assomption, I, 312. — Tableau généalogique de sa famille, II, 81. — Il figure sur l'État des officiers entretenus par le Roi en 1618 et 1624, *Appendices*, 208, 218.
MÉTEZEAU (Louis), architecte du Louvre; sa signature, I, 208. — Il est architecte du Roi, 269. — Il est chargé de bâtir l'étage supérieur de la première moitié de la Grande Galerie, II, 79, 108. — Ses titres et ses diverses fonctions, 79, 80. — Décision de la Chambre des Comptes qui le concerne, *Appendices*, 191, 192. — Il figure sur l'État des officiers entretenus par le Roi en 1608, *Appendices*, 205.
MÉTEZEAU (Thibaut), architecte du Louvre; sa signature, I, 208. — Il conduit les travaux de la salle des Antiques au Louvre, 267, 269. — Renseignements sur sa personne et sa famille, 267, 268, 269; II, 79, 80, 81. — Il commence la construction de la Grande Galerie du Louvre, I, 269; II, 79, 107.

MICHEL (M* Jacques), payeur général du vieux et du nouveau Louvre, I, 237, 238, 239.
MIGNARD, peintre, décore les plafonds de l'hôtel de Longueville, I, 104.
MILIEU (Tour du), ou «devers» les JARDINS, au Louvre, I, 144, 145, 146; II, 118, 127, 128.
MŒURS ET COUTUMES. Immutabilité presque complète, au moyen âge, des murs mitoyens latéraux des maisons, I, *Préface,* XIII, XIV. — Maisons mal famées de la rue d'Autriche, 8, 12. — Séquestration des filles de joie dans certaines rues, notamment dans la rue Champ-Fleuri, 21. — Exercice du tir de l'arquebuse pratiqué sur le quai des Buttes, le 1ᵉʳ mai de chaque année, 31. — Couleur jaune appliquée par la main du bourreau aux maisons des coupables de haute trahison, 36. — Triage des animaux de boucherie au débouché de la rue de l'Arbre-Sec dans celle de la Croix-du-Tiroir, portion de la rue Saint-Honoré, 49. — Le pain crié par les aveugles de Paris, 62. — Joutes et autres réjouissances au Louvre, 148, 204. — Morgue des artistes italiens appelés en France pour travailler à la construction ou à la décoration des bâtiments royaux, notamment du Louvre, 206. — Forme triangulaire donnée aux échaudés et qui a fait désigner par le nom d'*Échaudé* plusieurs rues de Paris, 284. — Prédilection des seigneurs de la Cour pour le jardin de Regnard, 325. — Concerts donnés à l'écho du jardin des Tuileries, II, 37, et *Appendices*, 224.
MOLAN, trésorier de l'épargne; sa maison, rue Saint-Thomas-du-Louvre, paroisse Saint-Germain-l'Auxerrois, haute justice et censive de l'Évêché, I, 103.
MOLANGE (Place de la), I, 318.
MOLÉ (Athanase), frère du président Mathieu Molé; son tombeau dans l'église des Capucins, I, 308.
MOLÉ (Nicolas), général des finances de Catherine de Médicis, II, *Appendices*, 224 à 227.
MOLLET (Claude), ou MOLET, jardinier des Tuileries, plante une pépinière de mûriers dans l'hôtel de Matignon, devenu propriété royale, I, 80. — Henri IV lui donne un terrain et un jardin dans la rue du Carrousel, 282. — Il compose les parterres du jardin neuf des Tuileries, II, 93. — Il figure dans l'État des officiers entretenus par le Roi en 1608, 1618 et 1624, *Appendices*, 206, 211, 213, 219, 221.
MOLLET, contrôleur des bâtiments; sa maison, rue

TABLE ALPHABÉTIQUE DES MATIÈRES.

du Carrousel, paroisse Saint-Germain-l'Auxerrois, justice et censive du Roi, I, 282.

Mondovi (Rue de), I, 309.

Monnant (Nicolas) reçoit en don, de Louis XIII, des terrains situés rue Saint-Nicaise, I, 79.

Monographies ayant fourni des matériaux pour l'histoire topographique de Paris, I, *Préface*, xi, xii.

Montagne (Maison de la), rue Champ-Fleuri, voir Corne-de-Daim, I, 22.

Montagne Saint-Jacques (Maison de la), rue du Chantre, voir Image-Saint-Jacques, I, 26.

Montausier (Hôtel de Charles de Sainte-Maure, duc de), rue Saint-Thomas-du-Louvre, auparavant Hôtel de Rambouillet, I, 107.

Montbazon (Le duc de), gouverneur de Paris, pose, au nom du roi, la première pierre de l'église de l'Oratoire, I, 53.

Montenay (Guillaume de), seigneur des Garancières ; son hôtel, I, 93.

Montfort (Maison de Béatrix de), veuve de Robert IV, comte de Dreux, rue Fromenteau et rue Saint-Thomas-du-Louvre, voir Hôtel de Vendôme, I, 42.

Montgobert (Hôtel de Marguerite de Clermont, dame de), rue d'Autriche, voir Hôtel Saint-Pol, I, 12, 13.

Montholon (Guillaume), conseiller d'État; son tombeau dans l'église des Feuillants, I, 303.

Montigny (François de), marquis de Congis; sa maison, rue Saint-Thomas-du-Louvre, voir Hôtel de Torcy, I, 103.

Montigny (Gabriel de Congis, seigneur de), gouverneur des Tuileries; sa maison, portant l'enseigne de l'Image-Notre-Dame, rue Saint-Honoré, I, 313.

Montjoie (Maison de la), rue Jean-Saint-Denis, voir Écu-de-Berry, I, 72, 73.

Montjoie-Saint-Denis (Maison de la), rue Jean-Saint-Denis, voir Écu-de-Berry, I, 72, 73.

Montlouis (Maison de Diane de Clermont, dame de), rue Saint-Thomas-du-Louvre, voir Aumônier-du-Roi, I, 108.

Montmorin (Maison appartenant à Jacques de), rue Fromenteau, I, 43.

Montpensier (Hôtel de Henri de Bourbon, duc de), rue du Coq, voir Hôtel du Bouchage, I, 29.

Montpensier (Rue ou passage de), ou de Quiberon, I, 70.

Montreuil (Eudes de), architecte, constructeur présumé de la première chapelle des Quinze-Vingts, I, 68.

Mont-Saint-Michel (Maison du), rue Saint-Honoré, voir Image-Saint-Jean-Baptiste, I, 52.

Mont-Thabor (Rue du), I, 309.

Moreau (Pierre), maçon, visite les fortifications avec les Magistrats municipaux, I, 264.

Morel (Charles), sculpteur, travaille à la décoration de la Grande Galerie du Louvre, II, 72.

Mortemart (Hôtel du duc de), rue d'Autriche, voir Hôtel de Retz et de Conty, I, 16, 17.

Mortier-d'Argent (Maison du), rue Saint-Honoré, voir Quatre-Vents, I, 292.

Mortier-d'Argent (Maison du), rue Saint-Honoré, paroisse de Saint-Germain-l'Auxerrois, puis de Saint-Roch, haute justice et censive de l'Évêché, I, 293.

Moucy (Clos de Guillaume de), dans la région des Tuileries, I, 326, 327, 328.

Moufle (Maison de la), rue Champ-Fleuri, voir Deux-Coignées, I, 23.

Moutheaux (Le seigneur de), familier de Guillaume de Bavière qui lui cède l'hôtel d'Ostrevant, I, 16.

Mouton (Maison du), rue Fromenteau, paroisse de Saint-Germain-l'Auxerrois, haute justice de l'Évêché, censive du fief de Fromenteau, I, 45.

Mouton (Maison du), rue Saint-Thomas-du-Louvre, voir Hôtel de Torcy, I, 103.

Moutons (Marché aux), I, 73, 74, 177, 180.

Moy (Maison de Nicolas de), rue Saint-Honoré, voir Image-Notre-Dame, I, 313.

Moyen (Épitaphe de François) dans l'église Saint-Thomas-du-Louvre, I, 102.

Moynier, concierge du Louvre, gardien de la Grande et de la Petite Galerie, II, *Appendices*, 219, 220.

Munster (Sébastien), auteur d'un des plus anciens plans de Paris, I, *Préface*, iv.

Murs mitoyens (Données fournies par les), I, *Préface*, xiii, xiv.

Musée des Souverains, au Louvre; boiseries qu'on y conserve, I, 232.

Musée (Rue du), ou Fromenteau, I, 40.

Muséum (Quartier du), I, 4.

N

Nantes (Hôtel de), voir Hôtel de Nantes.

Nanyn (Pierre), sculpteur, travaille à la décoration du Louvre, I, 250, 252, 253.

Nasse (Maison de la), rue d'Autriche, acquise pour l'agrandissement de l'hôtel de Bourbon, I, 35.

Natin (Guy), gardien de la ménagerie du Louvre, donataire de l'*hôtel des Lions*, I, 159.

Navarre (Marguerite de), voir Marguerite de Navarre.

Nef-d'Argent (Maison de la), puis de l'Image-Sainte-Barbe, de la Hotte ou Hotte-Fleurie, et de la Chasse-Royale, rue Saint-Honoré, paroisse Saint-Germain-l'Auxerrois, haute justice et censive de l'Évêché, I, 56.

Neufchâtel (Hôtel de Louis-Henri de Bourbon-Soissons, prince de), rue Saint-Nicaise et rue Saint-Thomas-du-Louvre, voir Hôtel d'O, I, 103.

Neufmur (Jean de), maître maçon, travaille au Louvre, I, 182, 186.

Neufville (Jean de), seigneur de Chanteloup, cède l'hôtel de Villeroy au duc d'Anjou, I, 91; II, *Appendices*, 252. — Son héritage dans la région des Tuileries, I, 336. — Il cède à Catherine de Médicis une maison située dans la rue des Poulies, II, *Appendices*, 252.

Neufville (Nicolas de), le père, seigneur de Villeroy, trésorier de France; ses propriétés, 1° rue d'Autriche, I, 12, 91, et II, *Appendices*, 189, 190; 2° dans la région des Tuileries, I, 307, 330 et suiv. — Il est chargé de passer des marchés pour les bâtiments royaux, 237. — Il cède à François Ier la maison des *Tuileries*, 332.

Neufville (Nicolas de), le fils, seigneur de Villeroy, cède l'hôtel de Villeroy au duc d'Anjou, I, 91; II, *Appendices*, 252. — Il hérite du clos Le Gendre, situé dans la région des Tuileries, I, 336.

Neufville (Simon de); ses terres dans la région des Tuileries, I, 331.

Neuve (Porte), au Louvre, I, 170 et suiv.

Neuve (Salle), au Louvre, I, 153.

Neuve (Tour), au Louvre, voir Grosse-Tour.

Neuve-Saint-Thomas (Rue), ou du Doyenné, I, 83.

Neuville (Hôtel du baron de), rue Saint-Honoré, paroisse Saint-Roch, haute justice et censive de l'Évêché, puis du Roi, I, 315.

Nevers (Le comte de), concierge de la tour du Windal, I, 148.

Nevers (Hôtel du duc de), rue des Poulies, voir Hôtel de Garancières, I, 93.

Nicaise, voir Saint-Nicaise.

Nicolas, voir Saint-Nicolas.

Nismes (De), voir Le Verrier (Jean).

Niveau dit de Rivoli, adopté sur les chantiers du Louvre, I, *Appendices*, vii.

Noailles (Hôtel du duc de), rue Saint-Honoré, voir Maison de la Liberté, I, 298.

Nogaret (Bernard de), voir Épernon.

Noirmoutiers (Hôtel de), voir Hôtel de Noirmoutiers.

Nom-de-Jésus (Maison du), rue du Chantre, voir Image-Sainte-Marguerite, I, 25.

Nom-de-Jésus (Maison du), rue du Coq, voir Magdeleine, I, 28.

Nom-de-Jésus (Maison du), rue du Coq, voir Croix-Blanche, I, 29.

Nom-de-Jésus (Maison du), rue Jean-Saint-Denis, voir Herse, I, 71.

Nom-de-Jésus (Maison du), rue de l'Échelle, paroisse Saint-Germain-l'Auxerrois, haute justice et censive de l'Évêché, puis du Roi, I, 279.

Nom-de-Jésus (Maison du), rue du Dauphin, paroisse de Saint-Germain-l'Auxerrois, puis de Saint-Roch, haute justice et censive de l'Évêché, I, 295.

Nonin (Guillaume), maître des œuvres de la Ville; sa maison, rue Champ-Fleuri, voir Gros-Tournois, I, 22.

Noplet (Jean), secrétaire du cardinal de Lorraine; son épitaphe dans l'église Saint-Thomas-du-Louvre, I, 102.

Nord-Est (Tour du), au Louvre, voir Taillerie (Tour de la).

Nord-Ouest (Tour du), au Louvre, voir Fauconnerie (Tour de la).

Normands; possibilité de l'existence d'un lieu fortifié par eux sur l'emplacement du Louvre, II, 144 et suiv.

Notre-Dame-de-Paix (Maison de), rue Saint-Honoré, voir Cornet-d'Or, I, 292.

Noyen (Maison du), rue des Poulies, acquise pour l'agrandissement de l'hôtel de Bourbon, I, 33, 34, 35.

Noyer (Rue du), ou Jehan-Evrout, portion de la rue des Poulies, I, 86.

Noyers (Maison de François Sublet de), surintendant des bâtiments royaux, rue Saint-Honoré, voir maison de l'Image-Notre-Dame, I, 313.

O

O (Hôtel d'), voir Hôtel d'O.

Odeau (Hélye), contrôleur de la maison du Roi, acquiert la partie de l'hôtel Saint-Pol aboutissant à la rue du Coq, I, 13; II, *Appendices*, 190. — Il obtient la propriété d'une partie du mur d'enceinte de Philippe-Auguste, I, 13, 164, 165.

Officiers entretenus pour le service des bâtiments royaux; état des fonds qui leur sont alloués, II, *Appendices*, 204 à 215, 218 à 222.

Ogier (Philippe), maître général des œuvres de charpenterie. fait venir des matériaux pour le Louvre, I, 190.

Oiseaux (Chambre aux), au Louvre, I, 155.

Opéra (Magasin des décors de l'), indiqué sur certains plans par le nom d'Académie de musique, rue Saint-Nicaise, I, 77.

Orangerie du Louvre, I, 270, 271; II, 104. — Des Tuileries, II, 95.

Orangerie (Rue de l'), I, 314, 315, 320.

Oratoire (Maison de l'), rue Saint-Honoré, I, 53, 54, 55.

Oratoire (Place de l'), ou de Marengo, I, 18.

Oratoire (Rue de l'), portion de la rue d'Autriche, I, 7.

Orbay (D'), voir d'Orbay.

Orbec (Maison du vicomte d'), rue du Coq, voir Deux-Boules, I, 30.

Orgueil (Tour d'), au Louvre, I, 148.

Orléans (Écuries de Philippe-Égalité, duc d'), dans l'hôtel de Rambouillet, rue Saint-Thomas-du-Louvre, I, 107.

Orléans (Gaston d'), frère de Louis XIII; hôtel qui lui appartient dans la rue des Poulies, voir Hôtel de Combault, I, 87.

Orléans (Marie d'), fille du duc Henri II de Longueville; son hôtel, rue Saint-Thomas-du-Louvre, voir Hôtel d'O, I, 103.

Orliens (Jean d'), peintre, décore la chambre de parade, au Louvre, I, 155.

Orties (Rue des), I, 79 à 84, 177.

Orval (D'), voir d'Orval.

Ostriche, voir Autriche.

Ostrevant (Hôtel d'), voir Hôtel d'Ostrevant.

P

Palais-Royal (Place du), voir Hôtel de Laval, I, 59, 60.

Palissy (Bernard), émailleur, I, 234. — Il travaille à une grotte rustique dans le jardin des Tuileries, II, 39, 40, 108. — Dessin paraissant émané de lui et représentant le projet de cette même grotte, 40, 41. — Manuscrit qui lui est attribué et qui traite de ce même sujet, 42, 43, 44, 45. — Son atelier dans le jardin des Tuileries, 45, 46. — Découverte de ses fours sous les bâtiments des Tuileries, 46, 47, 48. — Articles d'un compte de dépenses qui le concerne, 50, 51, et *Appendices*, 237, 238.

Palissy (Mathurin), élève et aide de Bernard Palissy, II, 40, 50, 51, et *Appendices*, 237, 238.

Palissy (Nicolas), élève et aide de Bernard Palissy, II, 40, 50, 51, et *Appendices*, 237, 238.

Palmier (Laurent), garde de la Bibliothèque royale. au Louvre, I, 127.

Panier-Vert (Maison du), rue Saint-Honoré, voir Clef, I, 57.

Pantoufle (Maison de la), rue Champ-Fleuri, voir Saint-Esprit, I, 21.

Paon (Maison du), dont une partie a eu plus tard pour enseigne la Grande-Grenade, rue Fromenteau, paroisse Saint-Germain-l'Auxerrois, haute justice de l'Évêché, censive du fief de Fromenteau, I, 45.

«Papegault» (Maison du), rue Saint-Honoré, paroisse Saint-Germain-l'Auxerrois, haute justice de l'Évêché, censive du chapitre de Saint-Germain-l'Auxerrois, I, 52.

Parade (Chambres de), voir Chambre de parade.

Paradis (Maison du), puis du Petit-Paradis et de l'Image-Saint-Jean, rue Jean-Saint-Denis, paroisse

310   TOPOGRAPHIE HISTORIQUE DU VIEUX PARIS.

Saint-Germain l'Auxerrois, haute justice et censive de l'Évêché, I, 71.

Paroisse de Saint-Germain-l'Auxerrois, I, 1. — De Saint-Roch, 1, 2, 284.

Parrocel, le neveu, peintre, exécute des grisailles dans la chapelle de l'hôtel de Noailles, I, 298.

Pascal (Maison appartenant à un nommé), située sur le terrain de la Garenne, I, 324.

Passage de Montpensier, I, 70. — Delorme, rue Saint-Honoré, 293. — Des Feuillants, rue Saint-Honoré, 306. — Conduisant de la Petite Galerie au Pavillon du Roi, II, *Appendices*, 254, 255.

Passage (Arche de) conduisant de l'aile septentrionale du Louvre à la Grosse-Tour, I, 130; II, 119, 120, 121. 126, 137, 148, 156 et suiv. 163, 166.

Passeux (Descente du), voir Descente du Passeux.

Patin (Jacques), peintre, travaille à la décoration du Louvre, I, 253, 255.

Patin (Maison du), puis du Cheval-Rouge et de la Croix-Blanche, rue Champ-Fleuri, paroisse Saint-Germain-l'Auxerrois, haute justice et censive de l'Évêché, I, 22.

Pavée (Cour), aux Quinze-Vingts, I, 66.

Pavillon (Maison du), réunie plus tard à une maison contiguë sous l'enseigne de l'Image-Saint-Fiacre, puis maison distincte sous la désignation de l'Image-Saint-Antoine, et enfin devenant le logis du Pont-Saint-Pierre, rue Saint-Honoré, paroisse de Saint-Germain-l'Auxerrois, puis de Saint-Roch, haute justice et censive de l'Évêché, I, 293.

Pavillon voisin de la porte Neuve, voir Logis du Roi.

Pavillon central, aux Tuileries, II, 10.

Pavillon de Flore, aux Tuileries, II, 91, 108, 120.

Pavillon de Lesdiguières, appelé quelque temps la Lanterne des Galeries, au Louvre, II, 70, 74.

Pavillon de l'Horloge, au Louvre, I, 161.

Pavillon de Médicis, aux Tuileries, II, 37.

Pavillon du Roi, ou Gros-Pavillon, au Louvre, I, 230; II, *Appendices*, 254, 255.

Pavillon-Royal (Maison du), rue Saint-Nicaise, paroisse Saint-Germain-l'Auxerrois, haute justice et censive de l'Évêché, I, 77.

Peintres, voir Artus (Flamant), Babuche (Marguerite), Baullery (Jérôme), Boulogne (Bon), Bouvier (Les), Boursier (Claude), Brie (Jean de), Brunetti, Bunel (Jacob), Champagne (Philippe de), Colombier (Jean), Coste (Jean), Courcelles (Jean de), Coypel (Antoine et Noël), Des Martins (Pierre), Du Bois (Ambroise), Du Breul (Toussaint), Du Buisson (Jean), Dumée (Guillaume), Du Pérac (Étienne), Élie, Érard, Fournier (Isaïe), Fréminet (Martin), Guyot (Laurens), Halle (Abraham et Claude), Honnet (Gabriel), Houasse, Lafosse (Charles), Le Brueil (Louis), Lebrun, Le Jeune (Jean), Le Plastrier (Thomas), Lerambert (Henri), Magny (De), Malapert (Nicolas), Marin (Bourgeois), Mignard, Parrocel, Orliens (Jean d'), Patin (Jacques), Petit (Jean), Picou (Robert), Poisson (Louis), Pontheron (David et Nicolas), Porbus (François), Quétry (Barthélemy), Rogery (Roger de), Romanelli, Sallé (Claude), Sempi, Testart (Jean), Testelin (Gilles et Pasquier), Van Eyck, Vouet (Aubin et Simon), Warin (Quentin), Zeeman (Remi).

Pèlerin-Saint-Jacques (Maison du), rue du Chantre, voir Petit-Godet, I, 24.

Pèlerin-Saint-Jacques (Maison du), aussi appelée la Grande-Maison et la Maison-Neuve, rue Saint-Thomas-du-Louvre, paroisse Saint-Germain-l'Auxerrois, haute justice et censive de l'Évêché, I, 109.

Pelle (Maison de la), puis du Saumon, rue Saint-Honoré, paroisse Saint-Germain-l'Auxerrois, haute justice et censive de l'Évêché, I, 57.

Penelle (Claude), couvreur, travaille au Louvre, I, 241, 242, 253, 254, 255.

Perdrix (Maison de la), rue Fromenteau, voir Trois-Fleurs-de-Lis-couronnées, I, 41.

Perle-des-Plumes (Maison de la), rue Saint-Honoré, voir Maison des Rats, I, 55.

Périgord (Hôtel d'Archambaud II, comte de), rue d'Autriche et rue des Poulies, 89.

Perrault (Antoine), maître maçon, travaille au Louvre, I, 239.

Perrault (Claude), architecte, adosse une nouvelle façade à l'aile méridionale du quadrangle du Louvre, I, 132.

Perron (Jean), gardien des portes des Galeries du Louvre, II, *Appendices*, 206.

Petit (François), architecte, entrepreneur des travaux du Louvre, I, 266. — Il contribue à l'érection de la Grande Galerie, II, 89, et *Appendices*, 201, 202. — Sa signature, 89. — Ses travaux dans Paris, 91.

Petit (Jean), peintre et doreur, travaille à l'ornementation des Tuileries, II, *Appendices*, 178.

TABLE ALPHABÉTIQUE DES MATIÈRES. 311

PETIT (Jean), doreur et damasquineur, un des *Illustres*, II, 101.

PETIT-ALENÇON (Le), ou HÔTEL DU PETIT-ALENÇON, DE CASTELLAN et DE RETZ, rue des Poulies, paroisse Saint-Germain-l'Auxerrois, haute justice de l'Évêché, censive du chapitre Saint-Germain-l'Auxerrois, I, 88.

PETIT-BOURBON (Le), voir HÔTEL DE BOURBON.

PETIT-BOURBON (Rue du), ouverte sur l'emplacement de l'hôtel de Bourbon, I, 20.

PETIT-CERF (Maison du), puis du CHEVAL-NOIR, rue du Chantre, paroisse Saint-Germain-l'Auxerrois, haute justice et censive de l'Évêché, I, 25.

PETIT-CERF (Maison du), rue Saint-Honoré, voir CERF, I, 57.

PETIT-CLOÎTRE du chapitre Saint-Nicolas du Louvre, I, 111.

PETIT-COQ (Maison du), puis du GROS-CHAPELET, ayant fait, pendant quelque temps, partie de la maison du *Rabot* de la rue Saint-Honoré, rue du Coq, paroisse Saint-Germain-l'Auxerrois, haute justice et censive de l'Évêché, I, 29.

PETIT-CORNET (Maison du), rue Saint-Honoré, voir CORNET-D'OR, I, 292.

PETIT-DOYENNÉ (Le), ou HÔTEL DU DOYENNÉ, maison destinée au doyen de Saint-Thomas-du-Louvre, I, 100.

PETIT-ÉCU (Maison du), rue du Coq, voir Maison aux BALANCES, I, 28.

PETIT-ÉCU (Maison du), rue Jean-Saint-Denis, voir HERSE, I, 71.

PETIT-ÉCU-DE-FRANCE (Maison du), rue Fromenteau, voir ÉCU, I, 41.

PETIT-GODET (Maison du), sur l'emplacement de laquelle paraissent avoir été bâties la maison du PÈLERIN-SAINT-JACQUES, la maison de l'IMAGE-SAINT-CLAUDE réunie plus tard à la maison des BARREAUX-ROUGES de la rue Jean-Saint-Denis, et la maison de la CROIX-BLANCHE, rue du Chantre, paroisse Saint-Germain-l'Auxerrois, haute justice et censive de l'Évêché, I, 24.

PETIT HÔTEL D'ANGUIN, auparavant appelé l'HÔTEL DE QUITRY, bâti sur l'emplacement de l'hôtel de Matignon, rue des Orties, I, 84.

PETIT HÔTEL DE LONGUEVILLE, formé par une maison réunie à l'HÔTEL DE LONGUEVILLE, rue Saint-Thomas-du-Louvre, I, 102.

PETIT HÔTEL DE RETZ, rue d'Autriche, voir HÔTEL DE RETZ et DE CONTY, I, 16, 17.

PETIT HÔTEL DE VENDÔME (Maison dite le), rue Fromenteau, voir TROIS-PAS-DE-DEGRÉ, I, 46.

PETIT HÔTEL DE VILLEQUIER, rue des Poulies, voir Maison de la COLOMBE, I, 92.

PETIT-HUIS DU CLOÎTRE, rue Fromenteau, voir HUIS, I, 40.

PETIT JARDIN du Louvre, voir JARDIN NEUF du Louvre.

PETIT JARDIN des Tuileries, situé sur le terrain occupé plus tard par le JARDIN NEUF dû à Henri IV, II, 53, 54, 94.

PETIT-JEAN-SAINT-DENIS (Maison du), paraissant avoir eu aussi pour enseigne l'IMAGE-SAINT-PIERRE, rue de Beauvais, paroisse Saint-Germain-l'Auxerrois, haute justice de l'Évêché, censive du fief de Fromenteau, I, 19.

PETIT-MOISSET (Maison dite le), rue Saint-Thomas-du-Louvre, voir CROIX-BLANCHE, I, 108.

PETIT-MONDE (Maison du), rue Fromenteau, paroisse Saint-Germain-l'Auxerrois, haute justice et censive de l'Évêché, I, 40.

PETIT-PANIER (Maison du), rue Saint-Honoré, voir CLEF, I, 57.

PETIT-PARADIS (Maison du), rue Jean-Saint-Denis, voir PARADIS, I, 71.

PETIT-SAINT-DENIS (Maison du), rue de Beauvais, voir IMAGES-SAINT-JEAN-ET-SAINT-DENIS, I, 19.

PETIT-SAINT-JEAN (Maison du), rue Jean-Saint-Denis, voir IMAGE-SAINT-LOUIS, I, 72.

PETIT-SAINT-LOUIS (Maison du), rue Saint-Honoré, voir «SERPENTE», I, 297.

PETIT-TREILLIS (Maison du), puis des TROIS-BALCONS, rue Fromenteau, paroisse Saint-Germain-l'Auxerrois, haute justice de l'Évêché, censive du fief de Fromenteau, I, 44.

PETITE-BRETAGNE (La), ou HÔTEL DE LA PETITE-BRETAGNE, DE COUPEAU et DE MATIGNON, rue des Orties, paroisse Saint-Germain-l'Auxerrois, haute justice et censive de l'Évêché, I, 79 et suivants.

PETITE-CHAPELLE (Tour de la), au Louvre, I, 148.

PETITE-MAISON (Bâtiment dit la), portion de l'HÔTEL DE LA TRÉMOUILLE, rue Saint-Honoré, I, 310.

PETITE-MONNAIE (Rue de la), portion de la rue des Orties, I, 177.

PETITE-VERTU (Maison de la), rue Champ-Fleuri, voir HURE-DE-SANGLIER, I, 23.

PETITES-MARCHES (Les), rue Fromenteau, voir HÔTEL DE LA PETITE-MARCHE, I, 43.

PHÉLYPEAUX (Raymond), seigneur d'Herbaut; son mausolée dans l'église des Feuillants, I, 303.

PHILIPPE-AUGUSTE; circonscriptions et aspect général de la région du Louvre sous son règne, I, 1 et suiv. — Transactions entre ce prince et l'Évêque de Paris, 31, 115. — Il confirme les donations faites par Robert I*er*, comte de Dreux, aux religieux de Saint-Thomas du Louvre, 97. — Il est le fondateur du Louvre, 113 et suiv. 123, 124; II, 105, 141 et suiv. — Son enceinte, voir ENCEINTE.

PHILIPPE LE BEL autorise les aveugles des Quinze-Vingts à porter une marque indiquant que leur maison est de fondation royale, I, 64. — Il fait avec Jeanne de Châtillon, veuve du comte d'Alençon, un accord au sujet de la portion d'hôtel possédée par son mari, 89. — Il amortit les biens de la communauté de Saint-Nicolas du Louvre, 110. — Il fait travailler au Louvre, 124. — Il institue une chapellenie dans cet édifice, 155.

PHILIPPE DE VALOIS donne à son frère Charles l'ancien hôtel d'Enguerrand de Marigny, rentré dans le domaine de la couronne par l'avénement de Philippe le Long, I, 91. — Il achète une maison pour établir une ménagerie au Louvre, I, 124, 159; II, 105, 151.

PIBRAC (Hôtel de Guy du Faur DE), conseiller au parlement, rue d'Autriche et rue des Poulies, I, 92.

PICOU (Robert), peintre, est chargé de l'entretien des peintures du Louvre et des Tuileries, II, 75, 76, et *Appendices*, 212, 220.

PIDOUX (Pierre), architecte, remplace par une porte monumentale la fausse porte Saint-Honoré, I, 283, 319, 322, 323. — Il rebâtit la porte de la Conférence, 322.

PIED-DE-BICHE (Maison du), rue du Champ-Fleuri, paroisse Saint-Germain-l'Auxerrois, haute justice et censive de l'Évêché, I, 22. — Dépendance de cette maison dans la rue du Chantre, 25.

PIED-DE-BICHE (Maison du), rue du Chantre, voir CROIX-BLANCHE, I, 25.

PIED-DE-BICHE (Maison du), rue Fromenteau, paroisse Saint-Germain-l'Auxerrois, haute justice de l'Évêché, censive du fief de Fromenteau, I, 45.

PIED-DE-BICHE (Maison du), puis du COEUR-NAVRÉ et des PLONGEONS, rue de l'Échelle, paroisse Saint-Germain-l'Auxerrois, haute justice et censive de l'Évêché, puis du Roi, I, 279.

PIED-DE-GRIFFON (Maison du), puis de la CROIX-BLANCHE, rue de Beauvais, paroisse Saint-Germain-l'Auxerrois, haute justice et censive de l'Évêché, I, 19.

PIERRE-LESCOT (Rue), ou JEAN-SAINT-DENIS, I, 70.

PIERREVIVE (Pierre DE), seigneur de Lézigny; son enclos dans la région des Tuileries, I, 331.

PIGEON (Clos), I, 310.

PIGEON (Maison du), rue de Beauvais, paroisse Saint-Germain-l'Auxerrois, haute justice et censive de l'Évêché, I, 20.

PIGEONS (Maison des), puis du LION-D'OR et des TROIS-PIGEONS, rue Saint-Honoré, paroisse de Saint-Germain-l'Auxerrois, puis de Saint-Roch, haute justice et censive de l'Évêché, I, 294.

PILON (Germain), sculpteur; on lui attribue sans fondement le bas-relief placé au-dessus de la porte monumentale de la Grande Écurie, I, 11.

PINARD, secrétaire des commandements du Roi, I, 80.

PISANY (Hôtel de Jean de Vivonne, marquis DE), rue Saint-Thomas-du-Louvre, I, 105, 106, 107.

PITOIS (Richard), maçon, travaille au Louvre, I, 191.

PLAIN, architecte, voir COIN (Jean).

PLAN de restitution; sa base géométrale et ses divisions, I, *Préface*, XIX.

PLAN primitif des Tuileries, II, 9.

PLAN DE LA TAPISSERIE, I, *Préface*, X. — Vue du Louvre d'après ce plan, 138.

PLANS d'époques, I, *Préface*, XIX, XX.

PLANS manuscrits de Paris, I, *Préface*, XII, XIII.

PLAT (Maison du), ou du POT-D'ÉTAIN, puis de l'IMAGE-SAINT-MARTIN et des TROIS-PILONS, paraissant avoir eu aussi pour enseigne la TÊTE-NOIRE, rue Saint-Honoré, paroisse Saint-Germain-l'Auxerrois, haute justice et censive de l'Évêché, I, 57.

PLAT-D'ÉTAIN (Maison du), rue Champ-Fleuri, voir FLEUR-DE-LIS, I, 22.

PLAT-D'ÉTAIN (Maison du), puis de l'IMAGE-SAINT-FRANÇOIS, rue du Coq, paroisse Saint-Germain-l'Auxerrois, haute justice et censive de l'Évêché, I, 27.

PLAT-D'ÉTAIN (Maison du), quai de l'École, acquise pour l'agrandissement de l'hôtel de Bourbon, I, 34.

PLÂTRIÈRE, rue Champ-Fleuri, I, 23.

PLONGEONS (Maison des), rue de l'Échelle, voir PIED-DE-BICHE, I, 279.

PLUVINEL (Antoine DE), écuyer de Louis XIII, auteur du « *Maneige royal*, » son hôtel, appelé d'abord maison de la CORNE-DE-CERF, rue Saint-Honoré, I, 294, 329. — Son ouvrage, II, 11.

POËTES, voir BOUTRAYS (Rodolphe), DORAT (Jean), DU PEYRAT (Guillaume), LA BODERIE (Guy le

TABLE ALPHABÉTIQUE DES MATIÈRES.

Fèvre DE), LE PETIT (Claude), LE BRETON (Guillaume), LOBRIS (Guillaume DE), MAROT (Clément), RONSARD, RUTEBEUF.

POISSON (Louis), peintre, figure sur l'État des officiers entretenus par le Roi en 1618, II, *Appendices*, 210.

POITIERS (Diane DE), duchesse de Valentinois; sa maison, rue du Coq, voir HÔTEL DE LA BATAILLE, I, 30. — Son chiffre au Louvre, 227, 228. — Sa devise, 228. — Philibert de l'Orme est son architecte préféré, II, 18, et *Appendices*, 223.

POMME-DE-PIN (Maison de la), rue Champ-Fleuri, voir DEUX-COIGNÉES, I, 23.

POMME-DE-PIN (Maison de la), pouvant avoir eu antérieurement l'enseigne de la CHAUSSE, rue du Coq, paroisse Saint-Germain-l'Auxerrois, haute justice et censive de l'Évêché, I, 27.

POMME-DE-PIN (Maison de la), paraissant avoir en aussi pour enseigne l'IMAGE-SAINT-FRANÇOIS, et avoir formé une des moitiés de la maison de la FOULERIE dite ensuite l'IMAGE-SAINTE-GENEVIÈVE, rue Fromenteau, paroisse Saint-Germain-l'Auxerrois, haute justice de l'Évêché, censive du fief de Fromenteau, I, 41.

POMME-ROUGE (Maison de la), rue du Chantre, paroisse Saint-Germain-l'Auxerrois, haute justice et censive de l'Évêché, I, 26.

POMME-ROUGE (Maison de la), puis de la ROSE-ROUGE, dite ensuite HÔTEL DE MONTMORIN, Maison de la SERPETTE et HÔTEL DE HOLLANDE, rue Fromenteau, paroisse Saint-Germain-l'Auxerrois, haute justice de l'Évêché, censive du fief de Fromenteau, I, 43.

POMME-ROUGE (Maison de la), puis de la BANNIÈRE-DE-FRANCE, rue Saint-Honoré, paroisse Saint-Germain-l'Auxerrois, haute justice et censive de l'Évêché, I, 55.

PONCE-JACQUIAU, appelé aussi M° PONCE, sculpteur, travaille à la décoration du Louvre, I, 230, 232, 235. — Il sculpte des figures sur les frontons du palais des Tuileries, II, 12.

PONCE-TREBATTI (Paul), sculpteur italien, mentionné à tort comme ayant travaillé à la décoration du Louvre en même temps que Jean Goujon, I, 232, 235. 236, 237. — Il prend part aux travaux des Tuileries, 236.

PONT-D'AMOUR (Le), unissant la maison de Concini et le petit jardin du Louvre dit plus tard *de l'Infante*, I, 8.

PONTCHARTRAIN (Hôtel d'Anne de Beauharnais, veuve de Paul Phélypeaux DE), rue Fromenteau et rue Saint-Thomas-du-Louvre, voir HÔTEL DE PONTCHARTRAIN, I, 41, 42.

PONTHERON (David), peintre, travaille à la décoration du Louvre, notamment aux ornements de la Petite Galerie, II, 75.

PONTHERON (Nicolas), peintre, travaille à la décoration du Louvre, notamment à l'ornementation de la Petite Galerie, II, 75, 76, et *Appendices*, 220.

PONTS-DORMANTS du Louvre, I, 228; II, 123, 132, 136, 138, 148.

PONTS-LEVIS du Louvre, I, 147, 148, 228; II, 123, 132, 138, 147, 148.

PONT-SAINT-PIERRE (Logis du), rue Saint-Honoré, voir Maison du PAVILLON, I, 293.

PORBUS (François), peintre, auteur d'un portrait de Marie de Médicis, II, 67.

Port de Bourbon, I, 32. — Du Louvre, 33. — Du Guichet-du-Louvre, 170.

PORT-DE-SALUT (Maison du), rue Fromenteau, voir ÉCU-DE-FRANCE, I, 47.

PORTE-DORÉE (La), à l'hôtel de Bourbon, I, 37.

PORTES Saint-Honoré : Première, I, 164, 165. — Deuxième, 177 et suiv. — Troisième, 322, 323, 324. — Neuve, 170 et suiv. — De la Conférence. 321, 322, 323, 324.

PORTRAIT-DE-LOUIS-XIII (Maison du), rue Fromenteau, paroisse Saint-Germain-l'Auxerrois, haute justice de l'Évêché, censive du fief de Fromenteau, I, 46.

POSTES (L'administration des) est établie dans l'hôtel d'Antin ou *Grand-Alençon*, I, 92.

POT-DE-FER (Maison du), rue Fromenteau et rue Saint-Thomas-du-Louvre, voir IMAGE-SAINT-BÉAL, I, 43. — Partie postérieure de cette maison, 108.

POT-D'ÉTAIN (Maison du), puis de la VIERGE, rue Champ-Fleuri, paroisse Saint-Germain-l'Auxerrois, haute justice et censive de l'Évêché, I, 23.

POT-D'ÉTAIN (Maison du), rue du Coq, paroisse Saint-Germain-l'Auxerrois, haute justice et censive de l'Évêché, I, 29.

POT-D'ÉTAIN (Maison du), rue Saint-Honoré, voir CLEF, I, 57.

POTERIE (Maison ou clos de la), rue Saint-Honoré et rue de l'Échelle, I, 279, 287, 292, 293.

POULIES (Rue des), 84 à 95.

POURCEAUX (Marché aux), I, 278; II, 52.

POYET (Bernard), architecte, construit les écuries de Philippe d'Orléans dans l'hôtel de Rambouillet devenu la propriété de ce prince, I, 107.

PRÉ-FLEURI (Maison du), rue Jean-Saint-Denis, voir IMAGE-SAINT-LOUIS, I, 72.

PREMIER (M. LE), titre s'appliquant au premier écuyer du Roi comme au premier président du parlement, I, 76.

PRESSOIR (Maison avec) ayant servi à remiser les voitures de la reine de Navarre, rue Saint-Thomas-du-Louvre, I, 112.

PRÉVÔT (Hôtel du grand), près de la porte Neuve, I, 171.

PRÉVÔT DES MARCHANDS, voir CORPS MUNICIPAL.

PRÉVÔTÉ (Hôtel ou maison de la), du chapitre Saint-Nicolas-du-Louvre, I, 109, 111.

PRÉVÔTÉ DE PARIS (Le siège de la) est transporté au Louvre, I, 125.

PRIEUR (Barthélemy), sculpteur, auteur d'une statue de Vénus placée dans la salle des *Ambassadeurs* au Louvre, II, 62. — Il travaille à la décoration des galeries du Louvre, notamment à l'exécution des bas-reliefs ornant les tympans d'arcade de la Petite Galerie et le pavillon de Lesdiguières,

73, 74. — Il exécute des statues en plâtre pour l'entrée solennelle de Marie de Médicis, 74. — Il figure dans l'État des officiers entretenus par le Roi en 1608, *Appendices*, 205.

PRIMATICCIO ou LE PRIMATICE, peintre et inspecteur des bâtiments royaux; on lui attribue à tort les dessins des sculptures de la chambre de parade au Louvre, I, 230. — Remarque au sujet de son nom, 263. — Ses intrigues pour supplanter Philibert de l'Orme, II, 22, 23.

PROVENCE (Hôtel de), rue des Poulies, voir maison de la COLOMBE, I, 92.

PUBLICATION DE LA TOPOGRAPHIE DU VIEUX PARIS ; ses divisions et sa marche, I, *Préface*, XVI, XVII. — Ses limites et ses développements, *Préface*, XVIII.

PUITS circulaire du Louvre, II, 121, 136.

PUITS-SANS-VIN (Maison du), rue Saint-Honoré, voir GODET, I, 61.

PUSSORT (Hôtel de Henri), rue Saint-Honoré, voir Maison de la LIBERTÉ, I, 298.

PYRAMIDES (Rue des), voir Maison du CYGNE, rue Saint-Honoré, I, 294.

Q

QUADRANGLE du Louvre, I, 131 et suiv. II, 119 et suiv.

QUAI de l'École ou des Buttes, I, 30 à 39. — Bourbon, 31. — Du Louvre, 165, 175, 176. — Des Tuileries, 317, 318.

QUARTIER Saint-Germain-l'Auxerrois ou du Louvre, I, 4. — Du Palais-Royal, 4. — Des Tuileries, 4. — Du Muséum, 4. — Saint-Honoré, ou de l'Oratoire, ou des Gardes-Françaises, formant une partie du quartier actuel de Saint-Germain-l'Auxerrois, 5.

QUATRE-FILS-AYMON (Maison des), rue Saint-Honoré, paroisse Saint-Germain-l'Auxerrois, haute justice et censive de l'Évêché, I, 58.

QUATRE-VENTS (Maison des), puis du MORTIER D'ARGENT, rue Saint-Honoré, paroisse de Saint-Germain-l'Auxerrois, puis de Saint-Roch, haute justice et censive de l'Évêché, I, 292.

QUESNEL (François), auteur d'un plan de Paris; la région du Louvre et des Tuileries d'après ce plan, I, 7.

QUÉTRY (Barthélemy), ou GETTY, peintre, exécute divers travaux pour la décoration de la salle du jeu de paume du Louvre, I, 9.

QUEUE-DE-RENARD (Maison de la), rue Saint-Honoré. paroisse de Saint-Germain-l'Auxerrois, puis de Saint-Roch, haute justice et censive de l'Évêché, I, 298.

QUIBERON (Rue de), ou de MONTPENSIER, I, 70.

QUINZE-VINGTS (Hospice des), I, 61 et suiv. — Vers satiriques de Rutebeuf sur la fondation de cet établissement, 61. — Son église, 67 et suiv. — Son sceau, 68. — Son marché et son clos, 285 et suiv. 316 et suiv. II, 6, 7.

QUINZE-VINGTS (Plâtrière appartenant aux), rue Champ-Fleuri, I, 23.

QUINZE-VINGTS (Rue des), I, 70.

R

RABOT (Maison du), rue Saint-Honoré, voir IMAGE-SAINT-MARTIN, I, 55.

RAMBOUILLET (Hôtel de Charles d'Angennes, marquis DE), rue Saint-Thomas-du-Louvre,

TABLE ALPHABÉTIQUE DES MATIÈRES. 315

voir Hôtel de Pisany, I, 105, 106, 107.

Ranconnet (Hôtel du président Pierre de), rue des Poulies, voir Hôtel d'Alluye, I, 94.

Raolin, bourgeois de Paris; son épitaphe dans l'église des Quinze-Vingts, I, 69.

Raquette (Maison de la), rue Jean-Saint-Denis, voir Saint-Esprit, I, 71.

Rats (Maison des), puis de l'Écu-de-Pologne, et de la Perle-des-Plumes, rue Saint-Honoré, paroisse Saint-Germain-l'Auxerrois, haute justice et censive de l'Évêché, I, 55.

Raulin (Étienne), ouvrier en instruments de mathématiques, un des *Illustres*, II, 101.

Ravaillac; hôtellerie située dans la rue Saint-Honoré et dont il est question dans son procès, voir Maison des Pigeons, I, 294.

Raymond du Temple, architecte ordinaire de Charles V, élève le grand escalier du Louvre, I, 151; II, 106, 122, 154, 156 et suiv. — Son sceau, I, 51, 152. — Il construit le fronton de la principale porte de la chapelle du Louvre, 154. — Il passe des marchés avec les fournisseurs de matériaux pour les travaux du Louvre, 184, 186, 187. — Sa signature, II, 154. — Il dirige la construction de la chapelle du collège de Beauvais, 154, 155, 164.

Réale (Maison de la), rue Saint-Honoré, paroisse de Saint-Germain-l'Auxerrois, puis de Saint-Roch, haute justice et censive de l'Évêché, I, 294.

Regnard (Jardin de), établi sur le terrain de la *Garenne*, et plus tard englobé dans l'enceinte des Tuileries, I, 324, 325.

Regnault (Marc), jardinier des Tuileries, II, *Appendices*, 206.

Regnault (Pierre), comptable spécial du nouveau Louvre, I, 237.

Régnier (Georges), entrepreneur des fortifications comprises entre la porte de la Conférence et la troisième porte Saint-Honoré, I, 321.

Reine (Salle neuve de la), au Louvre, I, 132, 152, 153.

Reine d'Angleterre (Maison de la), rue Saint-Honoré, voir Cerf, I, 56.

Reine-de-France (Maison de la), rue Saint-Honoré, voir Fleur-de-Lis, I, 70.

Rempart (Rue du), ou Saint-Nicaise, I, 75.

Renard (Maison du), rue Saint-Honoré, voir Trois-Serpettes, I, 55.

Renard (Nicolas), sculpteur, exécute le cénotaphe de Henri et d'Alphonse de Lorraine, I, 303.

Renaud, premier châtelain du Louvre, I, 128.

Resnel (Hôtel du marquis de), rue Saint-Honoré, paroisse Saint-Roch, haute justice et censive du Roi, I, 315.

Retable du Palais de Justice, donnant une vue du vieux Louvre, I, 147, 149, 176. — Notes sur ce tableau, *Appendices*, v, vi; II, *Appendices*, 174, 175, 176.

Retz (Hôtel d'Albert de Gondi, duc de), rue d'Autriche, voir Hôtel de Retz et de Conty, I, 16, 17, et Petit-Alençon, 88.

Retz (Hôtel de Henri de Gondi, duc de), rue d'Autriche, voir Hôtel de Retz et de Conty, I, 16, 17, et Petit-Alençon, 88.

Richebourg (Rue de), dite ensuite du Coq, I, 26.

Rigord, biographe de Philippe-Auguste, II, 143.

Riolle Richard ou Richault, sculpteur sur bois, travaille à la décoration du Louvre, I, 232, 242, 245, 253, 254, 255.

Rivoli (Rue de), I, 21.

Robin (Vincent), bourgeois de Paris; son épitaphe dans l'église des Quinze-Vingts, I, 69.

Rochefort (Jouvin de), trésorier de France et dessinateur-géographe, auteur d'un plan de Paris, I, *Préface*, v.

Rogery (Roger de), peintre, dirige les travaux de son art exécutés au château de Fontainebleau, II, 74.

Rohan (Marie de); son hôtel, rue Saint-Thomas-du-Louvre, I, 103.

Rohan (Rue de), ou Marceau, I, 70.

Roi (Chambre du), appelée aussi Chambre de parade, au Louvre, I, 230.

Roi (Pavillon du), voir Pavillon du Roi.

Roi (Salle neuve du), au Louvre, I, 153.

Roi-de-France (Maison du), rue Saint-Honoré, voir Image-Saint-Martin, I, 55.

Roi-Henri-IV (Maison du), rue Champ-Fleuri, voir Hure-de-Sanglier, I, 23.

Rois (Galerie des), au Louvre, voir Galeries du Louvre.

Rois et Reines de France, voir Anne d'Autriche, Catherine de Médicis, Charles V, Charles VI, Charles VII, Charles VIII, Charles IX, Childebert, Dagobert, François Ier, François II, Henri II, Henri III, Henri IV, Isabeau de Bavière, Jean le Bon, Louis VIII, Louis X, Louis XI, Louis XII, Louis XIII, Louis XIV, Louis XV, Philippe-Auguste, Philippe de Valois, Philippe le Bel, Saint Louis.

Rolinde (Maison de M. de), rue Saint-Nicaise, pa-

40.

roisse Saint-Germain-l'Auxerrois, haute justice de l'Évêché, censive de l'Évêché, puis de la Ville, I, 76.

ROMANELLI, peintre, dirige les travaux de décoration de l'appartement d'Anne d'Autriche dans la Petite Galerie, I, 262.

ROMEY (Jacques DE), écuyer, seigneur de Romainville; son épitaphe dans l'église Saint-Thomas-du-Louvre, I, 102.

RONSARD, poëte; son épître à Pierre Lescot, I, 208, 209. — Son antipathie contre Philibert de l'Orme, II, 21.

ROQUELAURE (Hôtel de), rue Saint-Nicaise, voir HÔTEL DE BERINGHEN, I, 76.

ROSE (Maison de la), puis de la ROSE-BLANCHE, rue du Chantre, paroisse Saint-Germain-l'Auxerrois, haute justice et censive de l'Évêché, I, 26.

ROSE (Maison de la), rue Saint-Honoré, voir LONGUE-ALLÉE, I, 52.

ROSE (Maison de la), puis de la ROSE-ROUGE, rue Saint-Honoré, paroisse Saint-Germain-l'Auxerrois, haute justice et censive de l'Évêché, I, 57.

ROSE (Maison de la), rue Saint-Thomas-du-Louvre, voir AUMÔNIER-DU-ROI, I, 108.

ROSE-BLANCHE (Maison de la), rue du Chantre, voir ROSE, I, 26.

ROSE-BLANCHE (Maison de la), rue Fromenteau, voir IMAGE-SAINT-SÉBASTIEN, I, 45.

ROSE-ROUGE (Maison de la), rue du Chantre, paroisse Saint-Germain-l'Auxerrois, haute justice et censive de l'Évêché, I, 24.

ROSE-ROUGE (Maison de la), rue du Chantre, voir IMAGE-SAINTE-BARBE, I, 26.

ROSE-ROUGE (Maison de la), rue Fromenteau, voir POMME-ROUGE, I, 43.

ROSE-ROUGE (Maison de la), rue Saint-Honoré, voir ROSE, I, 57.

ROSE-ROUGE (Maison de la), rue Saint-Thomas-du-Louvre, voir AUMÔNIER-DU-ROI, I, 108.

ROSTAING (Chapelle funéraire de la famille DE), dans l'église des Feuillants, I, 303.

ROSTAING (Hôtel de Tristan DE), rue de Beauvais, voir Maison de l'IMAGE-NOTRE-DAME, I, 18.

ROSTIEL (Guillaume), chevalier; son épitaphe dans l'église Saint-Thomas-du-Louvre, I, 100.

ROUHIER (Claude), élève de Clément Métezeau, II, Appendices, 218.

ROUILLÉ (M. DE), ministre de la marine; son hôtel, rue des Poulies, voir HÔTEL DE GARANCIÈRES, I, 93.

ROUILLÉ (Robin), maître des requêtes; sa maison, rue Saint-Thomas-du-Louvre, paroisse Saint-Germain-l'Auxerrois, haute justice et censive de l'Évêché, I, 109.

ROUSSEAU (Robert), prêtre; son épitaphe dans l'église Saint-Thomas-du-Louvre, I, 102.

ROUSSEL (Nicolas), orfévre et parfumeur, un des Illustres, II, 101.

ROUVRE (Jacques DE), maître ès arts; son épitaphe dans l'église Saint-Thomas-du-Louvre, I, 101.

RUES formant l'objet d'une description détaillée, voir AUTRICHE, BEAUVAIS, CHAMP-FLEURI, CHANTRE, COQ, DAUPHIN, ÉCHELLE, FROMENTEAU, JEAN-SAINT-DENIS, ORANGERIE, ORTIES, PETIT-BOURBON, POULIES, SAINT-HONORÉ, SAINT-NICAISE, SAINT-THOMAS-DU-LOUVRE.

RUES (Méthode suivie pour l'énumération des), Préface, I, XVII, XVIII.

RUGLES (Le baron DE), voir LA VIEUVILLE.

RUTEBEUF, poëte; ses vers satiriques sur la fondation des Quinze-Vingts, I, 61.

S

SABOT (Maison du), dépendant de l'*Hôtel de Laval* de la rue Saint-Honoré, rue Fromenteau, paroisse Saint-Germain-l'Auxerrois, haute justice de l'Évêché, censive du fief de Fromenteau, I, 44.

SABOT (Maison du), rue Fromenteau, voir CHEVAL-BLANC, 46.

SABOT (Maison du), rue Saint-Honoré, paroisse Saint-Germain-l'Auxerrois, haute justice et censive de l'Évêché, I, 60.

SAIGNE (Comte DE), voir CHABANNES.

SAINT-DENIS-DE-LA-CHARTRE; articles du censier de cette église relatifs à la rue d'Autriche, II, Appendices, 189, 190, 191.

SAINT-ESPRIT (Maison du), rue de Beauvais, voir IMAGE-SAINT-CHRISTOPHE, I, 18.

SAINT-ESPRIT (Maison du), puis de la PANTOUFLE et de l'IMAGE-SAINT-JACQUES, rue Champ-Fleuri, paroisse Saint-Germain-l'Auxerrois, haute justice et censive de l'Évêché, I, 21.

SAINT-ESPRIT (Maison du), divisée en deux portions, la RAQUETTE et le CHEVAL-NOIR, et paraissant s'être confondue avec la CAGE, rue Jean-Saint-Denis, paroisse Saint-Germain-l'Auxerrois, haute justice et censive de l'Évêché, I, 71.

SAINT-FLORENTIN (Hôtel du duc de la Vrillière, comte DE), rue Saint-Florentin, paroisse Saint-Roch, justice et censive du Roi, I, 315.

SAINT-FLORENTIN (Rue), ou de BOURGOGNE, I, 315.

SAINT-GERMAIN-L'AUXERROIS (Le chapitre de) obtient que l'hôtel de Bourbon lui soit adjugé, I, 36.

SAINT-GERMAIN-L'AUXERROIS (Paroisse de), I, 1.

SAINT-HONORÉ (Portes) : Première, I, 164, 165. — Deuxième, 177 et suiv. et *Appendices*, IX, X. — Troisième, 322, 323, 324.

SAINT-HONORÉ (Rue), I, 48 à 69, 283 à 294, 296 à 315.

SAINT-HONORÉ (Chaussée), voir Rue SAINT-HONORÉ, I, 283.

SAINT-JEAN (Chapelle), au Louvre, I, 155.

SAINT-LIÉBAUT (Jean, seigneur de Courcelles DE), conseiller de Henri VI, reçoit en don la maison de l'*Image-Notre-Dame*, appelée plus tard l'hôtel d'Albuye, I, *Appendices*, VII.

SAINT LOUIS fonde l'hospice des Quinze-Vingts en faveur des pauvres aveugles de Paris, I, 61, 62, 63. — Sa statue présumée dans l'église des Quinze-Vingts, 68. — Le corps des merciers le reconnaît pour patron, 78. — Il fait exécuter des travaux au Louvre, 124; II, 151. — Il lègue ses livres à des communautés religieuses, I, 126. — Il fonde dans l'aile occidentale du Louvre la salle qui porte son nom, 153; II, 123.

SAINT-LOUIS (Clos), nom donné quelquefois au clos des QUINZE-VINGTS, I, 292.

SAINT-LOUIS (Grande rue ou rue Neuve), section de la rue SAINT-HONORÉ, I, 283.

SAINT-LOUIS (Rue), ou de l'ÉCHAUDÉ, ou des TUILERIES, I, 284.

SAINT-LOUIS (Salle de), au Louvre, I, 124, 131, 146, 152, 153, 154; II, 123.

SAINT-MAURIS (Le sieur DE), alias SAINT-MAURIET, organisateur de divers travaux d'art au Louvre, II, *Appendices*, 209, 219.

SAINT-NICAISE (Chapelle), I, 78.

SAINT-NICAISE (Rue), I, 73 à 79.

SAINT-NICOLAS (Maison de), rue Champ-Fleuri, voir IMAGE-SAINT-NICOLAS, I, 21.

SAINT-NICOLAS-DU-LOUVRE (Hospice, collége ou chapitre), I, 109 et suiv. — Sceau du chapitre, 112.

SAINT-NICOLAS-DU-LOUVRE (Rue), 177.

SAINT-POL (Hôtel de Waleran de Luxembourg, comte DE), rue d'Autriche, I, 12, 13, 14, 52.

SAINT-POL (Le connétable DE), châtelain du Louvre, I, 128.

SAINT-QUENTIN, entrepreneur des travaux du Louvre, I, 232, 238, 239, 240, 241, 242, 253, 254, 255, 265.

SAINT-ROCH (Paroisse de), I, 1, 2. — Ses limites dans la rue Saint-Honoré, 284.

SAINT-ROMAIN (Jean DE), conseiller du Roi ; son hôtel, rue Saint-Thomas-du-Louvre, voir HÔTEL D'O, I, 103, 104, 105.

SAINT-ROMAIN (Jean DE), sculpteur habituel de Charles V, I, 103. — Il exécute plusieurs statues pour la décoration du Louvre, 130, 150, 154, 187, 188.

SAINT-THOMAS (Chapitre), I, 80.

SAINT-THOMAS (Cul-de-sac), ou du DOYENNÉ, I, 83.

SAINT-THOMAS (Tour «devers»), voir SUD-OUEST (Tour du).

SAINT-THOMAS-DU-LOUVRE (Église collégiale de), I, 96 et suiv. — Sceau du chapitre, 100. — Épitaphes, 100, 101, 102.

SAINT-THOMAS-DU-LOUVRE (Rue), I, 95 à 112.

SAINT-VINCENT (Rue), ou du DAUPHIN, I, 295.

SAINT-YON (Garnier DE), Échevin de Paris et garde de la Bibliothèque royale, I, 127.

SAINTE-MAURE (Charles DE), voir MONTAUSIER.

SALAMANDRE (Maison de la), rue de l'Échelle, voir FAUCON, I, 280.

SALLÉ (Claude), peintre, figure sur l'État des officiers entretenus par le Roi en 1618, II, *Appendices*, 210.

SALUCES (Hugues DE) est enfermé dans la tour de l'Écluse, au Louvre, I, 149.

SANCERRE (Maison appartenant à la comtesse DE), rue d'Autriche, voir HÔTEL SAINT-POL, I, 12.

SANCY (Nicolas de Harlay, sieur DE), voir HARLAY.

SARRAZIN (Jacques), sculpteur, auteur d'une des statues ornant l'église des Feuillants, I, 303.

SASSO (Pietro), stucateur, passe un traité pour la décoration de l'appartement d'Anne d'Autriche dans la Petite Galerie du Louvre, I, 262.

SAULX, voir CRÉQUY.

SAUMON (Maison du), rue Saint-Honoré, voir PELLE, I, 57.

SAUMONIÈRE (Place dite les MOTTES DE LA), I, 318.

SAUVAGE (Maison du), rue Fromenteau, voir TROIS-ÉCHAUDOIRS, I, 47.

SAUVAL, auteur des *Antiquités de Paris*; mention de

son ouvrage, *passim*. — Appréciation de ce même ouvrage, I, 139. — Manuscrit sur le même sujet, 171.

SCARRON DE VAURE (Thomas), oncle du poëte Scarron; sa maison, rue Fromenteau, voir TROIS-PAS-DE-DEGRÉ, I, 46.

SCEAU de la Prévôté des Marchands, I, *frontispice*. — Des Quinze-Vingts, 68. — Du chapitre de Saint-Thomas-du-Louvre, 100. — *Idem* (gravure), 111. — Du collége Saint-Nicolas-du-Louvre, 112. — *Idem* (gravure), 111. — De Raymond du Temple, 151.

SCHOMBERG (Hôtel du comte DE), rue Fromenteau, voir TROIS-PAS-DE-DEGRÉ, I, 46.

SCHOMBERG (Jeanne-Armande DE), princesse de Guéméné; son tombeau dans l'église des Feuillants, I, 303.

SCULPTEURS, voir ANGUIER (François et Michel), BAILLY, BIART (Noël et les deux Pierre), BOUDIN (Thomas), BOILEAU, BORDONI (Francesco), BOURDIN (Michel), CHARTRES (Jacques DE), COUSTOU (Les), COCHET (Christophe), CRAMOY (Étienne), DAMPMARTIN (Guy DE), DU PRÉ (Guillaume), DYONISE, FALCONNET, FONCIÈRES (Philippe DE), FRANCIN, FRANQUEVILLE, FREMYN, GOUJON (Jean), GUILLAIN, HARDOUYNS (Les), JACQUET (Germain et Mathieu), JASSE (Guillaume), LAUNAY (Jean DE), LECADET (Adam), LE FORT (Martin), LEMOINE, LERAMBERT (Louis), LESUEUR (Hubert), L'HEUREUX (François et Pierre), LIÉGE (Jean DE), MAILLART (Roland), MANSART (Jean et Pierre), MOREL (Charles), NANYN (Pierre), PILON (Germain), PONCE-JACQUIAU, PONCE-TREBATTI, PRIEUR (Barthélemy), RENARD (Nicolas), RIOLLE-RICHARD, SAINT-ROMAIN (Jean DE), SARRAZIN (Jacques), SÉJOURNE (Jean), SERBECQ (Francisque), SETARBE (Laurens), TACET (Jean), THURIN (Thomas), TREMBLAY (Barthélemy).

SEGALLA (Jean), serrurier du Louvre et des Tuileries, II, *Appendices*, 206, 212.

SEGALLA (Pierre), serrurier du Louvre et des Tuileries, II, *Appendices*, 221.

SEGUIN, capitaine du Louvre, habite une partie des bâtiments de l'hôtel de la Force, qui prend alors le nom de *Capitainerie*, I, 16.

SEINE (Maison du baron DE), rue du Coq, voir PETIT-COQ, I, 29.

SEINE (Chemin de), I, 317.

SEINE (Rue de), ou des ORTIES, I, 177.

SÉJOURNE (Jean), sculpteur et fontainier, un des *Illustres*, II, 101.

SEMPI, peintre, travaille à la décoration des vitraux du cloître des Feuillants, I, 304.

SERAINE (Maison de la), ou de la CROIX-DE-LORRAINE, rue Fromenteau, paroisse Saint-Germain-l'Auxerrois, haute justice et censive de l'Évêché, I, 40.

SÉRAPHIN, prédicateur ordinaire de Louis XIV; son tombeau dans l'église des Capucins, I, 308.

SERBECQ (Francisque), ou SERBECQ, dit *de Carpy* ou *Scarphy*, sculpteur florentin, travaille à l'ornementation de la chambre de parade, au Louvre, I, 230. — Il contribue à la décoration du nouveau Louvre, 232, 239, 240, 241, 245, 246.

SERLIO (Sébastien), architecte bolonnais, est amené en France par le cardinal de Lorraine, I, 206, 215. — Il est accueilli par François Ier, 207. — On lui attribue à tort l'édification de la Grande Galerie du Louvre, II, 78.

SERPENTE (Maison de la), puis de l'IMAGE-SAINT-LOUIS et du PETIT-SAINT-LOUIS, rue Saint-Honoré, paroisse Saint-Germain-l'Auxerrois, puis de Saint-Roch, haute justice et censive de l'Évêché, I, 297.

SERPETTE (Maison de la), rue Fromenteau, voir POMME-ROUGE, I, 43.

SERPETTES (Maison des), rue Saint-Honoré, voir DAUPHIN, I, 293.

SETARBE (Laurens), sculpteur, faiseur de cabinets, un des *Illustres*, II, 101.

SIMONIEUX (Roger DE), mouleur, travaille à la décoration du Louvre, I, 232, 241.

SIGNATURES des architectes du Louvre et des Tuileries, I, 208. — Les constructeurs du Louvre et des Tuileries, II, 89.

SILLERY (Noël Bruslart DE), commandeur de l'ordre Saint-Jean-du-Temple; son hôtel, rue Saint-Honoré, voir HÔTEL DE LAVAL, I, 59. — Son tombeau dans l'église des Capucins, 308.

SINGE-VERT (Maison du), rue Saint-Honoré, voir CROSSE, I, 60.

SIRASSE (Marie), huchière, fournit divers objets pour le Louvre, I, 193.

SIRASSE (Philippe), huchier, travaille au Louvre, I, 198.

SIXTE, banquier florentin, s'engage à prêter 150,000 livres à Catherine de Médicis, pour subvenir aux dépenses de construction du palais des Tuileries, II, 8.

SOLEIL ou PETIT-SOLEIL (Maison du), rue Saint-Honoré, paroisse Saint-Germain-l'Auxerrois, haute justice et censive de l'Évêché, I, 56.

TABLE ALPHABÉTIQUE DES MATIÈRES.   319

Soleil-d'Or (Maison du), rue du Chantre, voir Image-Sainte-Marguerite, I, 25.

Soleil-d'Or (Maison du), rue Saint-Thomas-du-Louvre, paroisse Saint-Germain-l'Auxerrois, haute justice et censive de l'Évêché, I, 109.

Sommations au Trésorier des bâtiments, à propos des travaux de la Grande Galerie du Louvre et du palais des Tuileries, II, *Appendices*, 201, 202, 203. — Au Surintendant des bâtiments, à propos des mêmes travaux, *Appendices*, 202, 203, 204.

Souche (Maison de la), puis de la Cuiller, rue Fromenteau, paroisse Saint-Germain-l'Auxerrois, haute justice de l'Évêché, censive du fief de Fromenteau, I, 45.

Souche (Maison de la), divisée en trois parties, dont la deuxième s'est appelée le Bon-Pasteur, et la troisième l'Image-Saint-Claude, puis les Barreaux-Rouges, rue Jean-Saint-Denis, paroisse Saint-Germain-l'Auxerrois, haute justice et censive de l'Évêché, I, 72.

Sources principales de l'histoire topographique de Paris, I, *Préface*, x, xi.

Sourdis (Hôtel de Charles d'Escoubleau, marquis de), rue Saint-Honoré, voir Hôtel de Laval, I, 59.

Souverains étrangers, voir Charles IV, Charles-Quint, Éléonore d'Autriche, Henri VI.

Souverains français, voir Rois et Reines de France.

Souvré (Hôtel de Gilles de), maréchal, ayant appartenu ensuite à Charles de Souvré, marquis de Courtanvaux, rue Fromenteau, I, 46.

Soye (André), maître maçon, travaille au Louvre, I, 255, 256.

Sublet, voir Noyers.

Sud-Est (Tour du), présumée la même que la tour de la Grande-Chapelle, au Louvre, I, 143, 147, 149.

Sud-Ouest (Tour du), vraisemblablement la même que la tour « devers » Saint-Thomas, I, 146, 148.

Sully (Le duc de), surintendant des bâtiments royaux de Paris et Saint-Germain-en-Laye, II, *Appendices*, 215.

Suron (Michel), maître serrurier, travaille au Louvre, I, 254, 255, 256.

Sylvestre (Israël); *fac-simile* des gravures et planches exécutées d'après ses dessins : Vue intérieure de l'hospice des Quinze-Vingts, I, 68. — Vue de la porte Neuve, 171. — Vue de la Petite Galerie du Louvre vers 1650, 262. — Vue de la porte de la Conférence, 321. — Vue de la porte Saint-Honoré au milieu du xviie siècle, 324.

T

Tabacs (Magasin général des), établi dans l'hôtel de Longueville, I, 104.

Tableau de Saint-Germain-des-Prés offrant une vue du vieux Louvre, I, 32, 37, 129, 145, 147; II, 153. — Note sur cette peinture, I, *Appendices*, III, IV, V.

Tacet (Jean), ou Tacquet, sculpteur, travaille à la décoration du Louvre, I, 252, 255.

Taillerie (Tour de la), ou du Nord-Est, au Louvre, I, 145, 146, 149; II, 125, 127, 128, 137, 162.

Tarquin (Bastien), jardinier des Tuileries, II, 50, 55.

Terrasses du palais des Tuileries, II, *Appendices*, 252, 253.

Testart (Jean), peintre, travaille à la décoration du Louvre, I, 232, 240, 245.

Testelin (Gilles), peintre, figure sur l'État des officiers entretenus par le Roi en 1618, II, *Appendices*, 212.

Testelin (Pasquier), peintre, travaille à la décoration du Louvre, II, 75. — Il figure sur l'État des officiers entretenus par le Roi en 1608. *Appendices*, 207.

Testu (Laurent), chaudronnier, travaille au Louvre, I, 242, 253.

Tête-de-Bélier ou Tête-de-Mouton (Maison de la), rue Fromenteau, paroisse Saint-Germain-l'Auxerrois, haute justice de l'Évêché, censive du fief de Fromenteau, I, 46, 158, 159.

Tête-Noire (Maison de la), rue de Beauvais, paroisse Saint-Germain-l'Auxerrois, haute justice et censive de l'Évêché, I, 18.

Tête-Noire (Maison de la), puis de l'Étrille et du Cheval-Blanc, réunie plus tard à une maison contiguë (la Croix-d'Or), et ayant dès lors pour enseignes le Cheval-Blanc et la Ville-de-Cornouailles, rue Saint-Honoré, paroisse Saint-Germain-l'Auxerrois, haute justice et censive de l'Évêché, I, 57.

TÊTE-NOIRE (Maison de la), rue Saint-Honoré, voir PLAT, I, 57.
THOMAS, voir SAINT-THOMAS.
THORIGNY (Comte DE), voir MATIGNON.
THOU (Maison appartenant à Augustin DE), rue Saint-Thomas-du-Louvre, voir HÔTEL DE L'AFFINOIR, I, 107.
THUMERY (Pierre DE), valet de chambre du duc de Bourbon; son hôtel, rue Saint-Thomas-du-Louvre, voir HÔTEL D'O, I, 103.
THURIN (Thomas), sculpteur et garde des marbres du Roi, est chargé de veiller à la conservation de plusieurs objets d'art déposés dans une basse-cour du Louvre, II, 103.
TIERCELIN (Jean), maître d'hôtel du Dauphin, reçoit en don viager la maison des *Tuileries*, I, 334; II, 2.
TIR à l'arquebuse, au quai des Buttes, I, 31.
TIROIR (Croix du), voir CROIX-DU-TIROIR.
TOIRAS ou THORAS, gardien de la volière des Tuileries, II, *Appendices*, 222.
TOITURE du Louvre, II, 164.
TOPOGRAPHES ou GÉOGRAPHES ayant exécuté ou publié des plans de Paris, voir BRAUN (Georges), BRETEZ, DE FER (Nicolas), DE LAGRIVE, DE LAMARE, DU CERCEAU (Jacques Androuet), DULAURE, GOMBOUST, JAILLOT, MÉRIAN, MUNSTER (Sébastien), QUESNEL (François), ROCHEFORT (Jouvin DE), VERNIQUET.
TORCY (Hôtel de), voir HÔTEL DE TORCY.
TOURNELLE (Tour de la grande chambre de la), au Louvre, I, 148.
TOURS du Louvre, I, 142 et suiv. II, 118, 127 et suiv. 166.
TOUTAIN (Richard), orfévre, travaille au Louvre, I, 246.
TRAVAUX pour amener l'eau au Louvre, II, 102, 103.
TREBATTI, voir PONCE-TREBATTI.
TREILLE (Maison de la), puis du CEPS-DE-VIGNE, puis de l'IMAGE-SAINT-CLAUDE, rue des Orties, paroisse Saint-Germain-l'Auxerrois, haute justice et censive de l'Évêché, I, 84.
TREMBLAY (Barthélemy), sculpteur, figure sur l'État des officiers entretenus par le Roi en 1608 et 1618, II, *Appendices*, 205, 211.
TREMBLAY (Le Clerc DU), dit *le Père Joseph*; son tombeau dans l'église des Capucins, I, 308.
TRESMES (Hôtel de), rue des Poulies, voir HÔTEL D'ALLUYE, I, 94.
TRÉSOR de France, au Louvre, I, 126. — Inscription s'y rapportant, 147.

TRIBUNAL (Salle dite le), au Louvre, I, 229.
TRIE (Hôtel du maréchal DE), rue des Poulies, I, 35, 87.
TRINITÉ (Maison de la), rue du Dauphin, paroisse de Saint-Germain-l'Auxerrois, puis de Saint-Roch, haute justice et censive de l'Évêché, I, 296.
TRINITÉ (Maison de la), paraissant avoir fait partie de la maison des CARNEAUX, rue Saint-Honoré, I, 297.
TROCADÉRO (Rue du), ou du DAUPHIN, I, 295.
TROIS-BALCONS (Maison des), rue Fromenteau, voir PETIT-TREILLIS, I, 44.
TROIS-CROISSANTS (Maison des), dite plus tard l'HÔTEL D'ARMAGNAC, rue du Chantre, paroisse Saint-Germain-l'Auxerrois, haute justice et censive de l'Évêché, I, 24.
TROIS-CROISSANTS (Maison des), ou du CROISSANT, appelée plus tard l'ACADÉMIE-ROYALE, rue Saint-Honoré, paroisse de Saint-Germain-l'Auxerrois, puis de Saint-Roch, haute justice et censive de l'Évêché, I, 294.
TROIS-DOCTEURS (Maison des), rue Saint-Honoré, voir HUCHETTE, I, 56.
TROIS-ÉCHAUDOIRS (Maison des), ou des TROIS-MASURES, puis du SAUVAGE, rue Fromenteau, paroisse Saint-Germain-l'Auxerrois, haute justice de l'Évêché, censive du fief de Fromenteau, I, 47.
TROIS-FLEURS-DE-LIS (Maison des), rue Saint-Honoré, voir ARBALÈTE, I, 56.
TROIS-FLEURS-DE-LIS-COURONNÉES (Maison des), puis de la PERDRIX, rue Fromenteau, paroisse Saint-Germain-l'Auxerrois, haute justice de l'Évêché, censive du fief de Fromenteau, I, 41.
TROIS-MASURES (Maison des), rue Fromenteau, voir Maison des TROIS-ÉCHAUDOIRS, I, 47.
TROIS-MAURES (Maison des), rue Saint-Honoré, voir AUTRUCHE, I, 297.
TROIS-MORTS-ET-TROIS-VIFS (Maison des), rue Saint-Honoré, voir MAISON DES TROIS-MORTS-ET-DES-TROIS-VIFS, I, 60.
TROIS-PAS-DE-DEGRÉ (Maison des), appelée ensuite HÔTEL DE SCHOMBERG et HÔTEL OU PETIT HÔTEL DE VENDÔME, rue Fromenteau, paroisse Saint-Germain-l'Auxerrois, haute justice de l'Évêché, censive du fief de Fromenteau, I, 46.
TROIS-PIGEONS (Maison des), rue Saint-Honoré, voir PIGEONS, I, 294.
TROIS-PILONS (Maison des), rue Saint-Honoré, voir PLAT, I, 57.
TROIS-POISSONS (Maison des), rue du Coq, paroisse

TABLE ALPHABÉTIQUE DES MATIÈRES.

Saint-Germain-l'Auxerrois, haute justice et censive de l'Évêché, I, 30.

Trois-Rois (Maison des), puis de la Croix-Verte et de la Croix-d'Or, rue Saint-Honoré, paroisse Saint-Germain-l'Auxerrois, haute justice et censive de l'Évêché, I, 56.

Trois-Rois (Maison des), rue de l'Échelle, paroisse Saint-Germain-l'Auxerrois, haute justice et censive de l'Évêché, puis du Roi, I, 279.

Trois-Saints-Jean (Maison des), rue Saint-Honoré, voir Autruche, I, 297.

Trois-Saucières (Maison des), puis de la Grâce-de-Dieu, rue Saint-Honoré, paroisse de Saint-Germain-l'Auxerrois, puis de Saint-Roch, haute justice et censive de l'Évêché, I, 296.

Trois-Serpettes (Maison des), puis du Renard et de l'Éperon-d'Or, dont plus tard l'emplacement a été couvert, en partie, par la maison du Lion-d'Or et celle de l'Enfant-Jésus, rue Saint-Honoré, paroisse Saint-Germain-l'Auxerrois, haute justice et censive de l'Évêché, I, 55.

Trouillet (Françoise), ou Trouillat, dirige l'entretien du jardin des Tuileries, II, *Appendices*, 213, 221.

Truie-qui-file (Maison de la), rue Saint-Honoré, paroisse de Saint-Germain-l'Auxerrois, puis de Saint-Roch, haute justice et censive de l'Évêché, I, 296.

Tuileries situées sur la rive droite de la Seine, I, 296 et suiv. — Énumération de ces établissements, 327.

Tuileries (Canton des), I, 277.

Tuileries (Petite rue des), ou de l'Orangerie, I, 314.

Tuileries (Quai des), I, 317, 318.

Tuileries (Rue des), ou Saint-Louis, ou de l'Échaudé, I, 284.

Tuileries (Maison dite des), chemin au long des Fossés (rue de l'Échelle), paroisse Saint-Germain-l'Auxerrois, haute justice et censive de l'Évêché, I, 278, 280, 332.

Tuileries (Château des). Emplacement du palais et du jardin, I, 325 et suiv. — Le palais au temps de Catherine de Médicis, II, 1 et suiv. — Acquisition du jardin des Cloches, 2. — Acquisition sur le terrain des Quinze-Vingts, 6. — Plan primitif, 9. — La Grande Écurie et le manége, 9, 11, et *Appendices*, 176, 177. — Aspect des Tuileries à la fin du XVIᵉ siècle, 11 et suiv. — Le Pavillon central, 13. — Le Grand Escalier, 14, 15. — Les architectes des Tuileries, 15 et suiv. — Terrasses des Tuileries, *Appendices*, 252, 253. — Le Grand Jardin, 37 et suiv. — Projet d'un canal destiné à réunir le jardin avec la rivière, 39. — La grotte rustique de Palissy dans le jardin, 39 à 45. — Résumé des comptes des constructions pendant les années 1570 et 1571, 49, 50, 51, et *Appendices*, 236. — Premier établissement du Petit Jardin, 54. — Contrescarpe à éperon du fossé, 55. — Le palais et les jardins dans les dernières années de la vie de Catherine de Médicis, 52, et *Appendices*, 222, 223. — Construction du Pavillon de Flore, 91, 92. — Pavillon de Bullant, 93. — Petit Jardin ou Jardin Neuf, 93. — Modifications apportées au Grand Jardin, 93, et *Appendices*, 233 et suiv. — Tonnelle et allée des Mûriers, 94. — Orangerie, 94. — Bassin dit l'*Étang*, 95. — Projet de réunir le Louvre aux Tuileries, 95 et suiv. — Résumé de l'histoire monumentale du palais, des jardins et des fortifications, 107, 108. — Sommations à propos des travaux du palais, *Appendices*, 202 à 204. — Comptes des dépenses faites en 1624, *Appendices*, 216 à 218. — Officiers entretenus, en 1608, 1618 et 1624, pour le service du palais et des jardins, 204 à 215, 218 à 222.

U

Ussé (Maison de Louis de Valentiné, marquis d'), rue Saint-Honoré, voir Maison des Carneaux, I, 297.

Uxelles (Tombeau du maréchal d'), dans l'église des Feuillants, I, 303.

Uzès (Hôtel de Charles-Emmanuel, sire de Crussol, duc d'), rue Saint-Nicaise, I, 79.

Uzès (Hôtel d'Emmanuel II, comte de Crussol, duc d'), rue Saint-Thomas-du-Louvre, I, 107.

V

Vaast (Les), architectes; l'un d'eux est mentionné comme ayant aidé Philibert de l'Orme dans la construction du grand escalier des Tuileries, II, 15.

Vache ou Vache-Couronnée (Maison de la), rue Saint-Honoré, voir Image-Saint-Jean, I, 56.

Vache-Noire (Maison de la), rue Saint-Louis, voir Image-Saint-Martin, rue Saint-Honoré, I, 285.

Valenciennes (Famille de); son hôtel, rue des Orties, voir Petite-Bretagne, I, 79 et suiv.

Valenciennes (Germain de), seigneur d'Ormoy, de Coupeau et de Villabé, écuyer et essayeur général des monnaies; son épitaphe dans l'église Saint-Thomas-du-Louvre, I, 101.

Valentiné (Louis de), voir Ussé.

Valentinois (La duchesse de), voir Diane de Poitiers.

Valois (Charles de), voir Alençon.

Van Eyck, peintre flamand, auteur présumé du retable du Palais de Justice, I, *Appendices*, v.

Varinier (Pierre), coutelier et forgeron d'épées, un des *Illustres*, II, 101.

Vaucouleurs (Hôtel de), voir Hôtel de Vaucouleurs.

Vaudeville (Théâtre du), établi dans l'hôtel de Rambouillet, I, 107.

Vaugain (Hôtel de Jean de), sieur de Blainville, conseiller d'État, rue des Poulies, voir Petit-Alençon, I, 88 et suiv.

Vaujour (Hôtel du duc de), rue du Carrousel, voir Hôtel de la Vallière, I, 282.

Vauxhall d'hiver, formé par l'hôtel de Rambouillet, I, 107.

Veau (Alain), receveur général des finances, comptable spécial du nouveau Louvre, I, 237, 255.

Vendôme (Hôtel de Jean V, comte de), rue Fromenteau et rue Saint-Thomas-du-Louvre, I, 42.

Vendôme (Hôtel du comte de), rue Fromenteau, voir Trois-Pas-de-Degré, I, 46.

Vent (Maison du), puis des Masures, paraissant avoir dépendu de l'Hôtel de la Bataille, rue du Coq, paroisse Saint-Germain-l'Auxerrois, haute justice et censive de l'Évêché, I, 30.

Verdelay (Jean de), huchier, travaille au Louvre, I, 193.

Verdun (Mᵉ Jean de), payeur des constructions du palais des Tuileries, II, 55.

Verger (André), ou Du Verger, forgeron, travaille au Louvre, I, 183, 189, 196.

Verniquet, architecte et commissaire-voyer, auteur d'un plan géométral de Paris, I, *Préface*, xix.

Vertu-de-l'Assurance (Maison de la), rue Champ-Fleuri, voir Hure-de-Sanglier, I, 23.

Vierge (Maison de la), rue Champ-Fleuri, voir Pot-d'Étain, I, 23.

Vieux-Pont (Hôtel de), rue Saint-Nicaise, voir Hôtel de Créquy et d'Elbeuf, I, 78.

Vignolles (Hôtel de Jean de), secrétaire de la Cour, rue Saint-Honoré et rue Saint-Thomas-du-Louvre, voir Hôtel de Laval, 59, 60.

Ville (Armes de la) sculptées au-dessus de la baie de la troisième porte Saint-Honoré reconstruite par Pidoux, I, 324.

Ville-de-Bruxelles (Maison de la), rue Champ-Fleuri, voir Entonnoir, I, 22.

Ville-de-Bruxelles (Maison de la), rue Saint-Honoré, voir Image-Saint-Jean-Baptiste, I, 52.

Ville-de-Cornouailles (Maison de la), rue Saint-Honoré, voir Tête-Noire, I, 57.

Ville-de-Lude (Maison de la), rue Saint-Honoré, voir Clef, I, 57.

Ville-de-Lunel (Maison de la), rue Saint-Honoré, voir Étoile, I, 58.

Ville-de-Lyon (Maison de la), rue Jean-Saint-Denis, voir Bœuf-Couronné, I, 71.

Ville-de-Mantes (Maison de la), rue Champ-Fleuri, voir Entonnoir, I, 22.

Ville-de-Munster (Maison de la), rue Champ-Fleuri, voir Entonnoir, I, 22.

Ville-de-Tours (Maison de la), paraissant avoir eu ensuite pour enseigne l'Image-Saint-Jacques, rue Fromenteau, paroisse Saint-Germain-l'Auxerrois, haute justice de l'Évêché, censive du fief de Fromenteau, I, 45.

Villemenon (Terrain appartenant à Paul du Parent, sieur de), près de l'enceinte bastionnée, I, 314.

Villequier, chambellan du duc d'Anjou; sa demeure, rue d'Autriche, voir Hôtel de Retz et de Conty, I, 16.

Villequier (Le baron René de), gouverneur de Paris; son hôtel, rue des Poulies, voir Hôtel de Garancières, I, 93.

VILLEQUIER (Rue de), portion de la rue des POULIES, I, 86.
VILLEROY (Hôtels et terres de la famille DE), voir LE GENDRE (Pierre) et NEUFVILLE (Nicolas DE).
VILLIERS (Maison du comte DE), rue Saint-Honoré, voir IMAGE-NOTRE-DAME, I, 313.
VINCENT, voir SAINT-VINCENT.
VINGT-NEUF-JUILLET (Rue du), I, 297.
VIOLLE (Nicolas), seigneur de Noirzeau en Brie, aumônier du Roi; son épitaphe dans l'église des Quinze-Vingts, I, 68.
VIVIER (Vespasien Calvoisin), écuyer du Roi, reçoit en don viager la maison des *Tuileries*, II, 2.
VIVONNE (Jean DE), voir PISANY.

VOITURES ou COCHES DE LA COUR (Bureau des), rue Saint-Nicaise, I, 77.
VOLET-BLANC (Maison du), puis du BŒUF-COURONNÉ, rue Saint-Honoré, paroisse Saint-Germain-l'Auxerrois, haute justice et censive de l'Évêché, I, 55.
VOLIÈRES du Louvre et des Tuileries, II, 95, 103.
VOUET (Aubin), peintre, auteur de tableaux placés dans l'église des Feuillants, I, 304.
VOUET (Simon), peintre, travaille à la décoration de l'église des Feuillants, I, 303. — Il figure sur l'État des officiers entretenus par le Roi en 1618, II, *Appendices*, 210.
VULCAIN (Statue de), au Louvre, I, *Appendices*, XI.

W

WARIN (Jean), intendant des bâtiments, graveur des monnaies; son hôtel, rue Saint-Nicaise, voir HÔTEL BERINGHEN, I, 76.
WARIN (Quentin), peintre, figure sur l'État des officiers entretenus par le Roi en 1618, II, *Appendices*, 210.
WINDAL (Tour du), au Louvre, I, 148.

Y

YVOREAU (M⁰ Jean D'), commissaire au Châtelet; son épitaphe dans l'église des Quinze-Vingts, I, 68.

Z

ZEEMAN (Remi), peintre, auteur d'un tableau représentant le Louvre et l'hôtel de Bourbon, I, 136; II, 117.

HISTOIRE GÉNÉRALE DE PARIS.

Les volumes de la collection sont de format grand in-4°.

Introduction à l'Histoire générale de Paris, 1 vol. .... III.

TOPOGRAPHIE

Topographie historique [...]
du Louvre et des Tuileries [...],
historiographe de la Ville [...]
planches sur acier, dix bois gravés [...]
plan général de l'Institut.

Topographie historique du Vieux [...]
du Louvre et des Tuileries (II), par feu A. Berty,
continuée par H. Legrand, archiviste [...]
attaché aux Travaux historiques de la Ville de Paris,
avec trente-neuf planches sur acier, onze bois gravés
et deux lithographies. .... 50 fr.

SCRIPTORES RERUM PARISIENSIUM

Paris et ses Historiens aux XIVᵉ et XVᵉ siècles, Documents et Écrits originaux, recueillis et commentés par MM. Le Roux de Lincy, conservateur honoraire de la Bibliothèque de l'Arsenal, et L.-M. Tisserand, secrétaire-rédacteur de la Commission des Travaux historiques de la Ville de Paris; un très-fort volume avec trente-huit planches hors texte, dont treize tirées en or et en couleurs, et cinquante gravures sur bois ou en héliographie dans le texte.

BIBLIOTHÈQUES

Les anciennes Bibliothèques de Paris (Églises, Monastères, Collèges, etc.), par M. Alfred Franklin, de la Bibliothèque Mazarine; un volume avec neuf planches hors texte et plus de cent quarante gravures sur bois ou en héliographie dans le texte, t. I. .... 40 fr.

Le Cabinet des manuscrits de la [Bibliothèque] **Impériale**, [...]
présent les Dessins d'une histoire de la miniature, [...]
à Paris avant la découverte de l'imprimerie,
par L. Delisle, membre de l'Institut [...]

GÉOLOGIE ET PALÉONTOLOGIE

La Seine. — [...]
Chaussées, directeur [...] Ville de Paris; un volume avec de nombreuses [...]
en chromolithographies et en photolithographie (sous presse).

N.B. Tous les volumes de la Collection [...]

LIBRAIRES DÉPOSITAIRES

Aubry, libraire de la Société [...] de la
  Bourse, 16.
Asher, rue Dauphine, 19.
Cassette, rue de Seine, 85.
Davy, Palais-Royal (Galerie d'Orléans), 12 et 13.

Dentu, rue Saint-Benoit-Saint-Germain, 52.
Durand, quai des Grands-Augustins, 23.
Delion, rue Dupuy, [...]
E.-F. Bates, à Londres, King Street [...]

[...] rue des [...]
[...] rue de Richelieu, [...]
Lacroix et Cⁱᵉ, Boulevard [...]
Morgand, rue [...]
Raphel, rue [...]
[...]

www.ingramcontent.com/pod-product-compliance
Lightning Source LLC
Chambersburg PA
CBHW060935230426
43665CB00015B/1954